KB173306

중국사상의 지혜

중국철학총서 6

중국사상의 지혜

지은이 郭齊勇
옮긴이 고성애
펴낸이 오정혜
펴낸곳 예문서원

편집 유미희
인쇄 및 제책 주) 상지사 P&B

초판 1쇄 2022년 7월 26일

출판등록 1993년 1월 7일(제307-2010-51호)
주소 서울시 성북구 안암로 9길 13, 4층
전화 925-5913~4 | 팩스 929-2285
전자우편 yemoonsw@empas.com

ISBN 978-89-7646-474-3 93150
YEMOONSEOWON 13, Anam-ro 9-gil, Seongbuk-Gu, Seoul, KOREA 02857
Tel) 02-925-5913~4 | Fax) 02-929-2285

값 38,000원

중국철학총서 6

중국사상의 지혜

郭齊勇 지음
고성애 옮김

예문서원

지은이의 말

항간의 어떤 사람이 일부 잔꾀, 권술, 계략, 후흑학後黑學(Thick Black Theory) 등을 제기하였는데 이에 근거하여 중국문화를 권모술수와 동일시하고 심지어 무시하는 사람도 있는데 이는 당연히 크게 잘못된 것이다. 중국의 지혜는 보잘것없는 재주가 아니라 기백이 넘치는 대국의 공명정대한 큰 지혜이다.

또한 포장을 거쳐 항간에서 뜨겁게 환영 받는, 소위 말하는 미문美文이 있는데 믿을 수 없고 근거가 없을뿐더러 뿌리도 없고 천박하기 그지없어서 학자들의 질의를 받지 않을 수 없다. 우리가 강조하는 것은 경전을 열심히 읽음으로써 터득하게(反哺) 되는 진정한 중국지혜이다.

중국과 서양의 지혜에 관한 저서로는 모티머 애들러(Mortimer J. Adler, 1902~2001) 박사의 『서양의 지혜』가 있는데, 2000여 년의 서양사상사에 근거하여 107개의 문제를 논의하였다. 대만의 사상가 위정통韋政通(1927~2018) 선생은 애들러의 이 저서를 모방하여 『중국의 지혜』를 지었고 90개의 문제에 대하여 논의하였는데, 그 중 70개는 애들러가 논의한 문제와 같은 것이었고 나머지 20개는 중국사상의 특징이었다. 이러한 저서들의 장점은 포인트가 있어 읽기 쉬운 것이지만 단점은 너무 지나치게 소소하여 무게가 부족한 것이다. 영국의 철학자 러셀(Bertrand Russell, 1872~1970)도 『서양의 지혜』라는 저서를 지었다. 이는 그가 『서양철학사』 이후 또 한 번 고대 그리스로부터 현대에 이르기까지 2500여 년의 철학발전사에 대하여 논한 저서이다. 『서양의 지혜』에서 러셀은 『서양철학사』의 기본 내용을 그대로 두고 편폭은 절반 이상 줄였으며 어떤 장절에서는 약간의 새로운 내용을 추가하였다. 서양철학사에서 주요한 학파 및 철학 문제를 평론·소개하였는데 십여 개의 측면을 집중적으로 다룸으로써 비교적 깊이가 있고 탄탄하며 체계적이고 사상성이 매우 강하다. 비교해 보면 우리는 러셀의 『서양의 지혜』 쪽을 더욱 선호한다. 저자는 재주가 변변치 않아서 감히 러셀과는 비교할 수 없지만, 저자 역시 『중국철학사』를 지은 뒤에 이 책을 지었음을 밝혀 둔다. 저자의 『중국철학사』는 고등교육출판사高等敎育出版社 판본이 상대적으로 영향력이 크고 광범위하게 사용되고 있으며 비교적 환영을 받고 있다. 이에 용기를 얻어 대담하게 러셀을 흉내 내어 이 책을 펴내게 되었다.

이 책에서 저자는 중국 전통의 주요한 철학학파와 대철학자의 사상(寶庫)을 파고들어 핵심적인 사상, 특히 근본적인 방법론적 의의를 가지고 있는 지혜를 발견하고 발굴하고자 노력하였다. 중국철학사는 바로 중국 사람들의 가장 소중한 지혜의 원천이다.

여러 독자들이 고대 철학자들의 창조적인 마음세계에 다가가고 나아가 빠져들며 중국의 문화자원이자 역사적으로 주요한 학술유파인 유가, 도가, 묵가, 병가, 법가, 명가 등의 중요하고 대표적인 사상과 방법을 배우고 이해하는 데 이 책이 도움이 되기를 희망한다. 이 책에서는 선진자학先秦子學, 위진현학魏晉玄學, 불교선학佛敎禪學과 송명리학宋明理學에 대하여 언급하였는데, 대표적인 인물로는 공자, 노자, 묵자, 손자, 맹자, 장자, 혜시, 공손룡, 순자, 상앙, 한비, 왕필, 혜강, 혜능, 마조, 주자, 왕양명 등이 있다. 이 책은 독자들이 상술한 사상가들의 핵심적인 사상 및 『주역』, 『예기』 등 경전을 이해함에 있어서 매우 편리하다. 특히 개별적인 사상(전문적인 사상가의 전문적인 저서)에 대한 깊이 있는 탐구를 강조하였는데, 이로부터 성현의 문제의식, 질문과 사고방식, 문제를 분석하고 해결하는 능력 및 이론과 실제의 모순, 난제에 대처하는 방법을 이해할 수 있기 때문이다. 이러한 개별적인 사상에는 매우 풍부한 인생, 관리, 생태, 윤리의 지혜가 포함되어 있는데 깊이 음미하고 생각할 만한 가치가 있는 부분이다. 이를 통하여 적지 않은 계발을 얻을 수 있고 이익을 얻는 바가 있을뿐더러 자신의 생명을 다채롭게 할 수 있을 것이다.

여러 독자들이 이 책을 읽음으로써 고대의 일부 철학자들의 경전을 다시 정독하고 반복적으로 사색하여 선현들의 심오하고 큰 지혜를 천천히 음미할 수 있기를 희망한다. 더욱 많은 사람들이 경전을 읽고 다양하게 사고함으로써 우리들의 인생이 더욱 지혜로워지기를 바라는 바이다.

곽제용郭齊勇이 2017년 삼복에 무창武昌 낙가산珞珈山에서 지음

옮긴이의 말

이 책은 곽제용郭齊勇 교수의 『중국인의 지혜』(中國人的智慧, 中華書局, 2018)를 옮긴 것이다. 『중국유학의 정신』(中國儒學之精神, 復旦大學出版社, 2017)에 이어 두 번째로 번역을 맡은 책인데 공교롭게도 같은 저자가 지은 것이고 모두 예문서원에서 역서의 출판을 맡았다. 이에 대한 궁금증이 풀리려면 곽제용 교수님과 예문서원 오정혜 사장님과의 인연을 말하지 않을 수 없다.

곽제용 교수는 중국철학사 관련 수많은 저술과 논문들을 발표하였고 국제중국철학회(ISCP)의 회장 등 다수의 보직을 맡았으며 일흔이 넘은 지금까지도 학계에서의 활발한 연구와 더불어 학술교류 사업을 이끌고 있다. 교수님과의 인연은 서울대학교 대학원 석사과정 때 강연을 들은 것을 계기로 시작되었다. 그 뒤로 많은 시간이 지나 유학생활을 마치고 귀국하여 자리를 잡게 되었고 2019년 중국 국가사회과학기금國家社會科學基金의 중화학술번역프로젝트(中華學術飜譯項目)를 준비하면서 다시 연락하게 되었다. 결국 운 좋게 프로젝트에 성공적으로 선정되었고 많은 사람들의 도움으로 순리롭게 진행되어 현재 마무리 절차만 남겨 놓고 있는 상태이다.

첫 번역서인 『중국유학의 정신』이 순리롭게 출간되기까지 예문서원 오정혜 사장님의 노고가 컸다. 무엇보다 중국 학계의 사정을 잘 알고 계셔서 다소 무리한 요구도 최대한 들어주셨고 번역과 교정 작업이 잘 이루어질 수 있도록 배려해 주셨다. 그리고 고집이 세고 가끔은 융통성이 부족한 역자가 마음에 드셨는지 『중국인의 지혜』의 역자로 추천해 주셨다. 참 고맙고 감사할 따름이다.

이 책은 제자백가, 불교사상과 송명리학을 아우르는 중국철학사상 전반에 대하여 폭넓게 다룬 것이다. 공자, 노자, 묵자, 손자, 맹자, 장자, 혜시, 공손룡, 순자, 상앙, 한비, 왕필, 혜강, 혜능, 마조, 주희, 왕양명 등 대표적인 사상가들의 핵심적인 사상을 심도 있게 다루고 있는데, 필요에 의하여 책 제목은 『중국사상의 지혜』로 바꾸고 선진유가사상(공자, 『주역』, 『대학』, 『중용』, 맹자, 예악, 순자), 선진제가사상(노자, 묵자, 장자, 병가, 명가, 법가), 선진 이후의 사상(현학, 불선, 주자, 왕양명, 관리지혜) 세 부분으로 나누었다. 이 책에서 저자는 사상가들의 경전에 대한 이해로부터 출발하여 성현들의 문제의식, 문제를 제기하고 분석하고 해결하는 능력 및 이론과 현실의 괴리 극복방안에 대하여 면밀하게 살펴보고 있다. 이로부터 인생, 윤리, 생태, 관리 등 여러 가지 차원의 지혜를 발견하고 발굴해 냄으로써 독자들이 천천히 음미하고 계발을 받아 자신의 인생을 지혜롭게 개척하기를 희망하였다. 이러한 저자의 명확한 의도와 간절한 바람은 책 전반에서 찾아볼 수 있는데, 유가, 도가, 묵가, 병가, 법가, 명가 등 대표적인 학술유파의 사상과 방법을 이해함에 있어서 꼭 필요한 책임에 틀림없다.

그런 만큼 번역에 많은 어려움을 겪었다. 번역하는 내내 같은 저자의 책이라고 겁 없이 용기를 낸 자신이 얼마나 무모하고 한심하였는지를 반성하고 또 반성하였다. 무엇보다 중국철학사상사 전반에 대한 체계적이고 투철한 이해가 필요하였다. 대표적인 사상가들의 원전 속 내용을 자유자재로 인용하였고, 특히 도가와 명가, 병가는 상대적으로 생소한 사상이라 번역이 쉽지 않았다. 나름 애써 보았으나 부족한 점이 많을 것이다. 미묘한 차이를 살려내면서 간결한 중국어를 적절한 한글로 번역해 내는 것은 참으로 어려운 일인 것 같다. 저자의 심오한 뜻을 잘못 전달한 부분이 없기를 간절히 바랄 뿐이다.

이 책의 번역은 최종현학술원의 지원을 받아 방문학자로 한국 체류 중에 완성한 것이다. 코로나 시국에 오도 가도 못하는 상황인지라 홀로 아이 둘을 돌보고 있는 남편한테 고맙다. 그리고 언제나 공부하는 엄마를 믿고 응원하고 지지해 주는 두 아이들과 늘 뒤에서 묵묵히 지켜봐 주시는 부모님께 감사하다. 번역작업에 몰두할 수 있도록 쾌적한 연구 환경을 마련해 준 규장각한국학연구원 국제한국학센터에도 감사하다.

2022년 3월
고성애

제1부 선진유가사상과 지혜

1장 공자의 지혜

    선교사에 의하여 중국문화가 서양에 전해졌을 때 서양의 사상가들이 가장 경이롭게 여겼던 점은 바로 중국 사람들에게 서양의 기독교와 같은 일신교一神敎의 종교가 없음에도 불구하고 어떻게 양호한 도덕문명과 사회질서가 가능한가 라는 것이었다. 중국에서는 상제의 감화가 필요하지 않았고 사람들은 학습과 깨달음을 통하여 자연스럽게 자아와 공리적인 것으로부터 벗어나 타자와 도의적인 것으로 향할 수 있었다. 신학자 한스 큉(Hans Küng, 1928~)은 이것이 바로 중국의 지혜이고 공자의 지혜라 여겼다.

    공자는 중국과 세계의 문화 위인偉人이다. 공자의 사상과 인격은 이천여 년래 중국 사람들의 영혼과 품행에 영향을 주었다. 사마천司馬遷은 공자를 이렇게 칭찬하였다. "공자는 서민이었지만 십여 세대로 전해지며 배우는 자들이 본받았다. 천자와 왕후로부터 중국에서 육예를 말하는 사람들이 모두 공자의 이론으로 절충하였으니 지극한 성인이라 할 수 있을 것이다!"[1] 유이징柳詒徵(1880~1956), 전목錢穆(1895~1990) 등의 대학문가들은 모두 공자 이전의 이천오백 년의 문화는 공자에 의하여 전해졌고 공자 이후의 이천오백 년의 문화는 공자에 의하여 생겨나게 되었다고 말하였다.

    공자 문하의 제자와 재전, 삼전三傳 제자 및 후세 사람들에 의하여 편찬된 『논어』는 공지의 제자 그리고 당시의 사람들이 나눈 대화 및 그들의 행위를 기록한 책이다. 한 부의 『논어』에는 공자와 그의 제자들의 정신적인 품격이 곳곳에서

---

1) 『史記』, 「孔子世家」, "孔子布衣, 傳十餘世, 學者宗之. 自天子王侯, 中國言六藝者折衷於夫子, 可謂至聖矣!"

드러나고 있다. 『논어』의 첫 편은 「학이」편인데, 첫 구절이 바로 사람들에게 익히 알려진 "공자가 말하였다. '배우고 늘 익히면 기쁘지 아니한가?'"²⁾이다. 그렇다면 『논어』의 첫 글자는 "자왈"을 빼면 바로 '학學'자이다. 『논어』의 첫 키워드는 '학습'이 여야 한다. 공자는 배움을 강조하였고 중국문화는 사실상 배움의 문명이었으며 인문적인 교육을 가장 중요시하였다. 무엇을 배우는가? 우선은 사람이 되는 것, 광명정대한 사람이 되는 것을 배운다.

중국 사람들에게도 '하늘'(天), 자연과 조상 신령神靈 및 성현에 대한 예배와 경외敬畏하는 마음과 같이 신앙과 신념이 있다. 하지만 중국 사람들의 '교敎'는 주요하게 인문적인 교화이고 인문적인 종교였다. 만약 서양, 인도, 아랍 세계에서 사람들의 도덕의식이 종교를 통하여 백성들에게 전달되었다면, 중국 사람들의 도덕문명은 인문적인 교육을 통하여 백성들에게 스며들었고 대대로 전해지게 되었다. 이는 공자의 지혜 덕분에 생겨난 결과이다.

1. 공자라는 사람

공자는 기원전 551년에 태어났고 기원전 479년에 돌아갔다. 성씨는 '공孔'이고, 이름은 '구丘'이며, 자는 중니仲尼이고, 노나라 추읍陬邑(지금의 산동성 곡부시 동남쪽) 사람이다. 공자의 선조는 송宋나라 귀족이었고 송나라는 은殷 왕실의 후예였다. 선조가 어쩔 수 없이 노魯나라로 도망친 것이다. 공자의 아버지 숙량흘叔梁紇(자는 숙량이고 이름이 흘이다.)은 노나라의 이름 있는 용사였고 어머니 안씨安氏와 공자를 낳았다. 전해진 바에 의하면, 공자의 어머니는 일찍이 니구尼丘(즉 니산)에 가서 점지를 빌었다고 한다. 공자를 낳은 뒤 그의 출생이 니구와 관련이 있고 또 두 번째 아이라서 이름을 '구'라 지었고 자는 '중니'라 하였다. 다른 한 가지 설은

---

2) 『論語』, 「學而」, "子曰: 學而時習之, 不亦說乎?" 아래에서는 편명만 밝히도록 한다.

공자가 갓 태어나자마자 보니 머리 꼭대기 가운데가 움푹 들어갔기 때문에 이름을 '구'라 지었다는 것이다. 공자가 3세 때 아버지가 병으로 돌아갔다. 공자는 어려서부터 총명하였고 배우기를 좋아하였으며 시, 서, 예, 악에 대한 흥취가 농후하였지만 지위가 비천하고 또 살림이 넉넉지 않았는데, 모자의 생활고는 가히 짐작할 수 있다. 공자는 어려서부터 문화를 배우기 시작하였지만 대부분의 시간에는 일을 하지 않으면 안 되었다. 더욱 불행한 것은 열여섯, 일곱 살 때 어머니마저 돌아갔다. 하지만 어려운 생활환경과 부지런한 노동은 그를 더욱 단련시켰고 고집스럽고 굽히지 않는 품격과 강건한 심신을 소유하게 하였다. 21세 때 공자는 위리委吏(창고지기)가 되어 관리와 계량을 오차 없이 하였고, 22세 때 승전乘田(축사지기)이 되어 가축을 잘 길러 번식하여 많아지게 하였다. 그는 배움에 정해진 스승이 없었지만 명민하여 배우기를 좋아하였고 아랫사람들한테 묻는 것을 부끄러워하지 않음으로써 끝내 배움에 큰 성취를 이룩하였다.

공자가 생활하였던 춘추시대 말기는 주周나라 왕실이 쇠퇴하고 예악이 붕괴되는 시기였다. 노나라도 중손씨仲孫氏, 숙손씨叔孫氏와 계손씨季孫氏의 세 귀족에 의하여 분할되었다. 그들은 권력을 독점하였고 예제를 참람하게 사용하였다. 공자는 주나라의 예악문화의 전통을 계승하는 사람이 없을 것을 염려하여 문화유산에 대한 수집과 정리에 주목하였다. 공자는 30세 이전에 이미 제자들을 모아 학교를 세우기 시작하였고 사학私學을 창립하였다. 이때로부터 그는 주로 문화교육 사업에 종사하였는데, 열국을 돌아다닐 때에도 중단됨이 없었고 생명의 마지막 순간까지 이어 갔다. 공자는 계씨가 주나라의 '예'를 파괴하고 군주에 대한 반역행위를 저질렀음을 여러 차례 비판하였고 결국에는 관직을 사직하고 은퇴하여 『시』, 『서』, 『예』, 『악』을 정리하였다. 따라서 제자가 더욱 많아졌고 먼 곳으로부터 계속히여 찾아와 공자가 전수하는 학업을 받아들였다.

50세 때 공자는 노나라의 "중도재中都宰"가 되었는데 직위가 높지는 않았다. 일 년 만에 실적이 훌륭하여 "사방의 본이 되었다"(四方皆則之)고 한다. 이듬해에 공자는 노나라의 "소사공小司空"으로 승진하였는데 토목을 관리하는 부관이었다.

후에는 또 "대사구大司寇"가 되었는데 이는 나라의 사법, 형옥刑獄과 치안을 책임지는 최고의 장관이었고 작위는 대부大夫였다. 제齊나라와 노나라가 협곡夾谷에서 회맹할 때 공자는 지혜와 계략으로 노나라가 외교와 군사에서 승리를 취득하게 하였다. 정공 14년, 공자가 56세 때 '사구司寇'직을 담당하여 정승 업무를 섭정하였고 노나라 최고의 행정사무를 대행하였다. 그가 국정사무를 대행하였던 3개월 동안 사람들은 양고기와 돼지고기를 팔면서 제멋대로 가격을 올리지 않았고 길가에 떨어진 것을 줍지 않았으며 밤에 문을 잠그지 않았다. 사방에서 성읍으로 찾아오는 손님들도 관리들에게 허가를 받을 필요가 없이 집에 돌아온 것과 같이 모두 따뜻하게 맞아 주었다. 공자의 정치가 매우 훌륭한 결과를 얻었음을 볼 수 있다.

얼마 지나지 않아 정국이 불안정하였고 제나라 사람들이 이간질하자 공자는 마지못해 제자들을 이끌고 노나라를 떠났다. 위衛, 송宋, 진陳, 채蔡, 제齊, 초楚 등 나라를 돌아다니면서 심혈을 기울여 연구하고 가는 곳마다 호소하였으며 최선을 다하였지만 번마다 실패하였고 열국의 제후들에게 간언하고 자신의 사회이상을 설명하였지만 제후들에게 채택되지 않았다. 하지만 그는 여전히 지칠 줄 몰랐고 시종일관 추구하는 것을 포기하지 않았으며 "안 되는 줄 알면서도 하려고 하였다"(知其不可而爲之). 사실상 이러할수록 공자의 위대한 정신적 품격이 더욱 잘 드러났다. 공자는 열국을 돌아다니면서 이리저리 떠돌아다니고 사람들이 상상하기 어려운 곤경, 우여곡절과 고난에 시달렸다. 주요하게 세 번의 큰 재난이 있었다. 첫 번째는 광匡 땅을 지나다가 구속되었고, 두 번째는 사마환퇴司馬桓魋가 공자를 죽이려고 하였으며, 세 번째는 진나라에서 식량이 모두 떨어졌던 것이다. 하지만 공자는 의지가 확고하였고 "삼군의 장수는 빼앗을 수 있지만 필부의 뜻은 빼앗을 수 없다"(三軍可奪帥也, 匹夫不可奪志也)고 말하였다. 견딜 수 없이 곤궁하였지만 그는 결코 하늘을 원망하거나 남을 탓하지 않았고 낙관적이고 쾌활하였는데 상황이 좋지 않을수록 더욱 확고하였다.

14년의 유랑생활을 마친 뒤 공자는 결국 만년에 노나라로 돌아갔고 제자들과 함께 고전인 『시』, 『서』, 『예』, 『악』, 『역』, 『춘추』를 정리하였다. 문화에 대한 공자의 전승은 교육에 대한 독점을 타파하고 사학을 창립한 것과 무관하지 않다. 공자의 제자는 삼천 명에 이르렀는데 그 중 현인賢人만 72명이었다.

2. 주례의 부흥과 '인덕'의 제창

공자가 태어나던 춘추 말기는 예악이 붕괴되는 시기였고 왕실이 쇠퇴하고 제후들이 분쟁하며 신하가 군주를 죽이고 자식이 아버지를 죽이며 배신陪臣이 국가의 운명을 잡는 등의 현상과 사회의 격한 충돌과 혼란으로 매우 불안하던 시기였다. 하지만 공자는 결코 시대에 뒤떨어진 '예'를 고집하지 않았고 상황에 맞춰 대응하고 시기에 따라 덜고 보탤 것을 주장하였으며 예악에 포함된 신념, 신앙과 도덕적인 정신을 구제하고자 적극 시도하였다.

1) '예'와 '인'

공자는 '예'의 함의, 본질과 기능에 대하여 집중적으로 밝혔다. 공자는 이렇게 말하였다. "사람이 어질지 못하면 예가 무슨 소용이 있겠는가? 사람이 어질지 못하면 음악이 무슨 소용이 있겠는가?"[3] '인덕仁德'이 없고 진실한 감정이 없는 예악은 다만 형식적이고 기계적이며 허위적인 예의범절일 뿐이고 심지어 지배적인 사회적 강요로 전락되어 사람들이 진실한 개체로서의 사람이 될 수 없도록 하는데 이것이 바로 공자가 비판하려는 것이다. "임방이 예의 근본에 대하여 물었다. 공자가 답하였다. '훌륭한 질문이다. 예는 사치스럽게 행하기보다는 차라리 검소하게 행하여야 한다. 상례는 겉치레에 신경을 쓰기보다는 차라리 슬퍼해야 한다.'"[4]

---

3) 『論語』, 「八佾」, "人而不仁, 如禮何? 人而不仁, 如樂何?"
4) 「八佾」, "林放問禮之本. 子曰: 大哉問! 禮, 與其奢也, 寧儉; 喪, 與其易也, 寧戚." 여기서 '역'은 펼쳐 놓는다는 의미이다.

임방은 노나라의 뛰어난 사람인데 공자는 그가 가지고 있는 문제의식이 매우 훌륭하다고 극찬하였다. '예'는 사치스럽기보다는 소박한 것이 낫고 상례는 빈틈없이 화려하게 차리기보다는 마음속으로 슬퍼하는 것이 낫다는 것이다. 공자가 보기에 더욱 중요한 것이 진심이고 사람을 존중하는 것이며 '예'를 갖춘 모습, '예'로써 존경하고 '예'를 갖춰 양보하는 것이 바로 '예'의 함의이고 본질이다. 공자는 매 사람마다 '예'에 근거하여 행동하고 남과 함께 지내면 남을 모욕하지도 않을뿐더러 예의에 어긋나게 실례하지도 않음을 주장하였다. 군자는 사람과 사물에 대할 때 태도가 공경하고 만사에 절제하고 겸손하고 예의를 갖춰 양보한다.

"공자가 말하였다. '예와 겸양으로 나라를 다스릴 수 있다면 무엇이 어렵겠는가? 예와 겸양으로 나라를 다스릴 수 없다면 예가 무슨 소용이 있겠는가?'"[5] '예'로써 나라를 다스리는 것은 내재적인 존경(敬), 겸양(讓)을 실제 내용으로 하고 행위적인 면에서 일정한 예의품절을 따르는 것으로 표현된다. 하지만 이는 예의품절을 고수하는 것이 아니라 '경', '양'을 본질로 하는 것이고 내용과 형식의 통일을 이루는 것이다. 공자는 또 이렇게 말하였다. "군자는 의리를 바탕으로 삼고 '예'에 따라 행하며 겸손하게 표출하고 성실로 완성하면 군자답다."[6]

군자는 사업이나 한 가지 일을 대함에 있어서 적당함을 원칙으로 하고 '예'로써 행하며 겸손한 언어로 표현하고 성실과 신용의 태도로써 완성한다. 이는 '의'가 안에 있고 '예'는 밖에 있으며 '인의'를 내용으로 하고 예의품절(禮文)은 형식임을 나타낸다. 공자는 또 이렇게 말하였다. "향사례와 향음주례는 향당을 사랑하는 것이고 사향하는 예는 빈객을 사랑하는 것이다."[7] 여러 가지 '예'를 통하여 나라, 백성, 친구와 친밀하게 지내고 향당, 빈객을 사랑하였다. '예'의 기능이 질서를 정리하고 욕망을 절제하며 교류를 증진시키고 사회를 조화롭게 하며 군자의 인격을 배양하는 것에 있음을 볼 수 있다.

---

5) 「里仁」, "子曰: 能以禮讓爲國乎? 何有? 不能以禮讓爲國, 如禮何?"
6) 「衛靈公」, "君子義以爲質, 禮以行之, 孫以出之, 信以成之. 君子哉!"
7) 『禮記』, 「仲尼燕居」, "鄕射之禮, 所以仁鄕黨也; 食饗之禮, 所以仁賓客也."

공자는 당시 날이 갈수록 과격해지는 예제의 참람한 사용과 예제가 파괴되는 상황이 불만스러웠고 이에 일종의 근심과 비난을 드러냈다. "공자가 계씨를 비판하였다. '팔일무를 자기 집 뜰에서 행하였다. 이런 일을 저질렀으니 무슨 짓인들 못하겠는가!'"[8] '일佾'은 '행行'이다. 고대의 무용과 음악연주는 8명이 한 줄(行)이고 '팔일'은 여덟 줄이니 64명이다. 주례에서는, 천자는 8일, 제후는 6일(노나라는 주공이 봉한 나라이고 성왕은 주공의 공덕을 염두에 두어 특별히 천자의 예의를 사용할 수 있도록 하였기 때문에 노공은 8일을 사용할 수 있었다.), 제후의 대부는 4일이라 규정하였다. 노나라의 국정은 대부가 장악하고 있었고 집권하였던 대부 계씨가 참람하게 천자의 예악을 사용하였기 때문에 공자가 비판하였다. 춘추 말년에 주나라의 '예'는 사회제약의 기능과 개인에 대한 도덕규범의 힘을 점차적으로 잃어 갔고, 서로 영향을 주고 함께 제약하며 하나로 조화를 이루던 덕과 '예'의 체계는 분리되기 시작하였다.

공자는 덕과 '예'가 분리되는 현실에 직면하여 형식적인 '예'의 배후에 내재된 정신을 제창하였고 함께 '인덕仁德'이라 불렀다. 공자는 이렇게 말하였다. "예절을 운운함이 옥과 폐백을 말한 것이겠는가? 음악을 운운함이 종과 북을 말한 것이겠는가?"[9] '예'의 내재적인 정신은 '인덕'이다. 만약 '인덕'의 정신을 잃게 되면 공정한 권리분배와 양호한 사회질서는 더 이상 실시되고 규범화될 수 없게 되는데 그러면 번다한 예의와 '예'를 행할 때 쓰는 옥과 폐백, 종과 북은 단지 형식적인 의식만 가질 뿐이고 '예'의 사회적인 가치와 도덕적인 의의는 잃게 된다.

2) '극기복례克己復禮'와 '위인유기爲仁由己'

공자는 '인'의 정신으로 '예'를 충실하게 할 것을 강조하였고 평생토록 내용과 형식을 겸비한 주례의 회복을 염원하였다. "공자가 말하였다. 사심을 극복하고 '예'를 실천함이 '인'이다. 하루라도 사심을 극복하고 '예'를 실천한다면 천하에서

---

8) 「八佾」, "孔子謂季氏: 八佾舞於庭, 是可忍也, 孰不可忍也?"
9) 「陽貨」, "禮云禮云, 玉帛云乎哉? 樂云樂云, 鐘鼓云乎哉?"

어질다는 말을 들을 것이다. '인'의 실천은 자기에게 달려 있지 남에게 달려 있겠는가?"10) '극克'은 제약(約)한다는 의미이고 '극기克己'는 자신을 제약하고 자제하며 수양한다는 것이며 '복례復禮'는 '예'에 부합한다는 것이다. 일단 사람들마다 모두 자신을 억제하고 말과 행동이 '예'에 부합되게 하면 모두 '인덕'으로 돌아갈 수 있게 된다. 한 사람이 일에 부딪혔을 때 도덕적인 선택을 하느냐 비도덕적인 선택을 하느냐는 모두 스스로 자신에게 명령을 내린 결과이지 남이나 환경에 의하여 결정하는 것이 아니다. 이로부터 '인'과 '예' 사이에 창조적인 긴장관계가 존재하고 군자가 '예'를 지키고 '예'에 따라 행동하는 것은 자신을 수양하는 과정이며 이 과정에서 자신의 내재적인 덕성을 풍부하게 할 수 있음을 알 수 있다. 군자는 '예'를 실천하는 것을 통하여 교양을 갖추는 동시에 또한 예의만을 고집하지 않음으로써 '예'의 내재적인 핵심인 '인덕'을 확실하게 이해하고자 노력한다.

    "인이 멀리 있겠는가? 내가 인을 바라면 곧 인이 이른다."11) 여기서는 예악의 형식 배후가 생명의 감통感通, 인간의 내재적이고 진실한 감정과 도덕적인 자각임을 지적하였다. '인도'와 그 표준은 우리와 멀리 떨어져 있는 것이 아니라 현실적인 사람이 자각이 있고 '인'을 실천하고자 하면 '인'은 바로 거기에 있다. 도덕은 사람이 스스로 자신의 행위를 주재하는 것임을 확실하게 나타내었다. 도덕은 자신이 스스로에게 명령을 내리는 것으로 자기에게 달려 있지 남에게 달려 있는 것이 아니다. 즉 타율의 제약이나 타력의 강요에 의하여 좌우지되는 것이 아니다. 공자는 세계에서 가장 일찍 도덕적인 주체성과 도덕적인 자유를 인식한 문화 위인 중의 한 사람이다. 물론 이는 결코 '예'의 적극적인 의미를 말살하는 것이 아니고, '예'는 사회적인 절도節度이며 '예'는 군자의 행위가 일정한 절도를 유지하도록 할 뿐만 아니라 도덕적 주체성, 자율성 원칙의 확립에 유리하다. '예'에 부합하고 '예'를 실행하는 과정은 인성화의 과정이고 특수한 사회조건 하에서 '인'(내재적인 도덕)의

---

10) 「顔淵」, "子曰: 克己復禮爲仁, 一日克己復禮, 天下歸仁焉, 爲仁由己, 而由人乎哉?"
11) 「述而」, "仁遠乎哉? 我欲仁, 斯仁至矣."

외재적인 표현이다. 공자는 '인'과 '예' 사이의 창조적인 긴장을 유지하였는데 이는 군자의 인격을 배양하고 도덕적인 자기수양에 종사하는 매우 좋은 방법이다. 이로부터 '인'의 의미는 '수기' 즉 자신에 대한 수양에 있고 '예'를 실천하는 것을 통하여 교양이 있게 되는 동시에 '예'를 고집하지 않음으로써 '예'의 내재적인 핵심을 확실하게 이해하고자 노력하여 '인덕'을 자각적이고 자발적이며 자율적으로 실천하는 경지에 도달하고 도덕적인 주체성을 확립하게 되는 것에 있음을 알 수 있다.

3) '애인愛人'을 '인'으로 간주하다

"번지가 인에 대하여 물었다. 공자가 답하였다. '사람을 사랑하는 것이다.' 지에 대하여 묻자 공자가 답하였다. '사람을 아는 것이다.'"[12] 공자는 사람을 사랑하는 것을 '인'이라 하고 사람을 아는 것을 '지智'라 하면서 '인'과 '지'를 함께 강조할 것을 주장하였다. 그는 주공 이래의 인도주의 전통을 계승하여 사람을 순장하는 것과 사람을 제물로 바치는 것을 반대하였을 뿐만 아니라 심지어 사람 모양의 목제 도기인형(陶俑)을 부장으로 묻는 것에 대해서도 혐오를 나타내었다. 『논어』 「향당」에 근거하면, 어느 한 번 조회가 끝나 집에 돌아와서 마구간이 불에 탄 소식을 들은 공자는 우선 "사람이 다쳤는가?"(傷人乎)를 묻고 말에 대해서는 묻지 않았다. 공자가 관심하였던 것은 사람이지 말(혹은 말로 대표되는 재산)이 아니었다. 그가 관심하였던 사람은 말을 기르는 사람을 포함하는 하층 백성들이었다. 사람을 사랑하고 사람을 동정하고 사람을 관심하는 이러한 것들에는 하층 백성들에 대한 사랑과 동정, 관심이 포함되었는데 바로 '인'의 요지이다. 공자가 특히 중시하였던 것은 "백성의 식량과 상례와 제사였다"[13]. 그는 폭정을 반대하였고 자산子産과 같이 '백성에게 은혜로울 것'(惠民)을 주장하였는데 자산은 "백성을 부양할 때는 은혜롭고" "백성을 부릴 때는 의로웠다"[14]. 공자는 통치자가 농사 시기를 어기지

---

12) 「顔淵」, "樊遲問仁. 子曰: '愛人.' 問知, 子曰: '知人.'"
13) 「堯曰」, "民, 食, 喪, 祭."

않음으로써 백성들이 기본적인 생활과 생산을 유지할 수 있게끔 일정한 생활적인 보장이 있기를 희망하였다. 그는 민생의 문제, 백성들의 먹고사는 문제가 정치의 근본임을 강조하였다. 공자는 백성에게 부를 분배하고(藏富於民) 백성들을 교화할 것을 주장하였다.

공자와 초기의 유가가 주장하였던 사랑은 차등差等이 있는 사랑이었다. 공자가 비록 "널리 많은 사람을 사랑할 것"(汎愛衆)을 주장하였지만 기독교의 '박애博愛', 묵자의 '겸애兼愛'와는 매우 큰 구별이 있다. 사랑에 차등이 있는 것은 인지상정이다. 자신의 부모, 형제, 자매에 대한 사람들의 사랑은 자연스럽고 진실한 감정이다. "공자가 말하기를, 제자는 집에서 효도하고 밖에 나가면 공손하고 삼가고 미더우며 널리 많은 사람을 사랑하고 어진 이와 친하게 지내야 한다."[15] 이는 소년이 집에서는 부모에게 효도하고 밖에 나가서는 웃어른을 공경하며 일을 처리함에 있어서는 신중하고 말에 신용이 있으며 널리 많은 사람을 사랑하고 '인덕'이 있는 사람과 가까이함을 말한 것이다. 이로부터 널리 많은 사람을 사랑하는 전제는 '효' 즉 우선 자신의 부모를 사랑한 뒤에 다시 확충시켜야 하는 것임을 알 수 있다. 공자의 제자 유자有子는 이렇게 말하였다. "군자는 근본에 힘쓰는데 근본이 서야 도가 생긴다. 효와 제는 인을 실천하는 근본이다."[16] 여기서 '위인爲仁'은 바로 '행인行仁', '인'을 행하는 것을 말하는데 즉 '인'을 실천함은 '효'와 '제'로부터 시작하고 '효'와 '제'는 '인'의 한 가지 일이며 '인'의 시작이지 '인'의 전부 혹은 근본이 아니라는 것이다. '인'은 근본이고 '효'와 '제'는 쓰임(用)이다. 공자는 부모와 형제, 자매에 대한 진실한 사랑과 존경을 미루어 남에게 미치고 타인에게 미칠 것을 주장하였다.

---

14) 「公冶長」, "養民也惠." "使民也義."
15) 「學而」, "子曰: 弟子入則孝, 出則弟, 謹而信, 汎愛衆, 而親仁."
16) 「學而」, "君子務本, 本立而道生. 孝弟也者, 其爲仁之本與!"

4) '충'과 '서'는 '인'에 가깝다

공자는 이렇게 말하였다. "어진 사람은 자기가 서고 싶으면 남도 세워 주고 자기가 이루고 싶으면 남도 이루도록 해 준다. 자신의 처지에서 남의 처지를 유추할 수 있는 것을 인의 방법이라 이른다."[17] 무엇이 '인'인가? '인'은 바로 자기가 서려고 하면 동시에 남을 깨닫게 하여 남도 설 수 있게 하고, 자기가 통달하면 남을 도와주어 남도 통달할 수 있게 하는 것이다. 모든 사람들은 지금의 현실생활에서 사소한 것으로부터 할 수 있는데 이것이 '인도'를 실천하는 방법이다. 공자의 뜻은 외부에서 강제로 남을 서거나 통달하게 하는 것이 아니라 어떠한 분위기 혹은 환경을 만들어 줌으로써 남들이 스스로 자신의 생명을 똑바로 세우고 사회에 정착하고 세상을 통달하게 하는 것이다. 이것이 바로 어진 사람(仁人)의 풍격이다.

춘추 시기의 사람들은 '경(敬)'을 '인'의 원칙 중의 하나로 삼았는데, 일에 경건함(敬事)과 충성을 다함(盡忠)은 관련이 있다. 한 걸음 나아가 공자는 "자기가 하기 싫은 일은 남에게 강요하지 않는다"(己所不欲, 勿施於人)의 '서(恕)'도 역시 '인'의 원칙 중의 하나임을 제기하였다. "중궁이 인에 대하여 물었다. 공자가 답하였다. '문밖을 나서면 큰 손님을 맞이하듯 하고 백성을 부리면 큰 제사를 받들듯 한다. 자기가 하기 싫은 일은 남에게 강요하지 않는다. 그러면 나라에서도 원망이 없고 집안에서도 원망이 없다.'"[18] "자공이 물었다. '종신토록 행할 만한 한마디 말이 있습니까? 공자가 답하였다. '그것은 서이다. 자기가 원하지 않는 것을 남에게 강요하지 않는 것이다.'"[19] 군자가 종신토록 신봉한 '서'도는 자기가 하고 싶지 않은 것은 절대 남에게 강요하지 않는 것이다. 예를 들어 남이 자신을 모욕하는 것을 바라지 않으면 나는 절대로 남을 모욕해서는 안 되는 것이다. 남을 존중하는 것이 바로

---

17) 「雍也」, "夫仁者, 己欲立而立人, 己欲達而達人, 能近取譬, 可謂仁之方也已."
18) 「顏淵」, "仲弓問仁. 子曰: '出門如見大賓, 使民如承大祭. 己所不欲, 勿施於人. 在邦無怨, 在家無怨.'"
19) 「衛靈公」, "子貢問曰: '有一言而可以終身行之者乎? 子曰: '其恕乎! 己所不欲, 勿施於人.'"

남이 자신을 존중하는 전제이다. 여기서는 일종의 관용하는 정신과 소통하는 이성, 입장을 바꾸어 남을 위하여 생각함을 강조하였다.

　　무엇이 공자의 일이관지一以貫之의 '도'인가? 증자가 말하였다. "선생님의 도는 오직 충·서일 따름이다."20) '충忠'은 바로 '중中'이고 사람의 마음을 말한다. "인간의 삶은 올바름이다. 허위의 삶은 다행스럽게 모면함일 뿐이다."21) 인간의 삶은 정직하기 때문이다. 정직하지 않은 사람도 살아갈 수 있지만 그것은 다행스럽게 화를 면한 것이다. 공자는 내재적인 '직直'덕을 강조하였는데 바로 안으로 스스로를 속이지 않고 밖으로는 남을 속이지 않는 것이고 감언이설과 위선, 아첨을 반대하였다. '충'은 또한 자신의 마음을 다하는 것이다. "자기가 서고 싶으면 남도 세워 주고 자기가 이루고 싶으면 남도 이루도록 해 주는 것"(己欲立而立人, 己欲達而達人)이다. 이는 마음의 진정한 '직'덕이 남김없이 발휘된 것이다. '서恕'는 사람을 대하고 물건을 접하는 것을 말한 것이다. '서'는 자신의 마음을 미루어 "자기가 하기 싫은 일은 남에게 강요하지 않는다." 전자는 하는 바가 있는 것이고 후자는 하지 않는 바가 있는 것인데 종합하여 '충서'의 도 혹은 '결구潔矩'의 도라 부른다. 실제로 '충' 안에 '서'가 있고 '서' 안에 '충'이 있어서 '자신의 마음을 다하는 것'(盡己)과 '자신의 마음을 미루는 것'(推己)은 갈라놓기 매우 어려운데 이것이 '인도'의 체의 두 가지 측면이다. 이는 사람과 사람 사이의 관계의 '인도' 원칙일 뿐만 아니라 미루어 확충하면 나라와 나라, 민족과 민족, 문화와 문화, 종교와 종교 사이의 상호 관계의 준칙 내지는 인류와 자연의 보편적인 조화의 도이다. '안'의 함의에는 사물과 사람 사이, 사람과 사람 사이의 감정이 서로 통하고 고통이 서로 관련되어 있음을 포함한다. 『중용』에서는 "충서와 도는 거리가 멀지 않다"(忠恕違道不遠)고 하였는데, 여기서 '도'는 사람의 '도'를 가리키고 바로 '안'이다. '충서'는 '안'을 다하기에 부족하고 '안'을 실천하는 방법이기 때문에 '도'와 거리가 멀지 않다고 한 것이다.

---

20) 「里仁」, "夫子之道, 忠恕而已矣."
21) 「雍也」, "人之生也直, 罔之生也幸而免."

5) '인도仁道'는 인문주의의 가치이상이다

　공자가 말하였다. "마을 풍속이 어질어야 아름답다. 그런 어진 마을을 선택하여 살지 않으면 어찌 지혜롭다 하겠는가?"22) 어진 마을에 거주하는 것은 바로 '인'의 경지에서 생활하는 것이다. 옛사람들은 '택擇'자를 직업을 선택하고 친구를 선택하고 이웃을 선택하는 것으로 사용하였다. 스스로 생명의 경지를 선택하고 추구하는 것인데 '인'을 선택하지 않는다면 어떻게 지혜로운 선택이라 할 수 있겠는가? 공자가 말하였다. "어질지 못한 사람은 곤궁도 오래 참지 못하고 안락도 오래 누리지 못한다. 어진 사람은 인에 편안하고 지혜로운 사람은 인을 탐한다."23) '인덕'이 없는 사람은 곤궁과 가난의 시련을 견디지 못하고 안락함과 부귀의 시련도 견디지 못한다. 역경도 시련일 뿐더러 순경 또한 시련이다. 사람은 일생동안 무수히 많은 우여곡절을 겪게 될 것이고 안락함 또한 누릴 수 있는데 이는 자신의 의지와 인격을 단련하는 기회이다.

　"부귀는 사람이 욕망하는 것이지만 도로써 얻은 것이 아니면 누리지 않는다. 빈천은 사람이 혐오하는 것이지만 도로써 얻은 것이 아니더라도 거절하지 않는다. 군자가 인을 버리고 어떻게 이름을 날리겠는가? 군자는 밥을 먹는 동안에도 인을 어겨서는 안 되고 아무리 다급한 때라도 인을 따라야 하고 아무리 궁색한 때라도 인을 따라야 한다."24) 부자가 되고 높은 관직에 오르는 것은 사람마다 바라는 것이지만 정당한 방법으로 얻은 것이 아니면 군자는 받아들이지 않는다. 군자는 밥 한 끼를 먹는 동안에도 '인덕'을 떠난 적이 없고 아무리 다급하고 곤궁한 때에도 모두 '인덕'과 함께하였다. 인간의 삶의 가치는 바로 자연적인 생명의 욕구를 초월할 수 있는 것에 있다.

---

22) 「里仁」, "里仁爲美. 擇不處仁, 焉得知?"
23) 「里仁」, "不仁者不可以久處約, 不可以長處樂. 仁者安仁, 知者利仁."
24) 「里仁」, "富與貴是人之所欲也, 不以其道得之, 不處也; 貧與賤是人之所惡也, 不以其道得之, 不去也. 君子去仁, 惡乎成名? 君子無終食之間違仁, 造次必於是, 顚沛必於是."

'인도'의 가치이상은 특히 도의道義와 이욕利慾이 모순될 때 잘 드러난다. 공자는 사람들의 물질적인 이익에 대한 요구와 식욕과 색욕에 대한 만족을 폄하하지는 않았고 다만 도로써 얻고 '예'로써 절제하여야 함을 요구하였다. 공자가 강조한 도의 원칙, 인애충서仁愛忠恕 원칙, 인·의·예·지·신 등의 가치이상은 모두 '인'을 중심으로 하는 것이다. 공자의 '인'에 관한 학문은 중국 사람들이 안신입명하고 중국문화가 크고 오래갈 수 있었던 근거이다. 이러한 가치이상은 '안'을 몸소 실천하는 생명과 생활을 통하여 표현되었고 천백 년 이래 중국의 선비와 지식인의 인격의 전형으로 되었다.

3. '덕'으로 하는 정치와 '부민富民', '교민敎民'

공자의 정치사상과 관리사상에는 풍부한 내용이 들어 있는데, 중국 고대에 중요한 작용을 발휘하였을 뿐만 아니라 오늘날에도 여전히 가치와 의미를 가지고 있다. 공자는 위대한 인본주의자였고 그의 '인'에 관한 학문은 사람을 근본으로 하는 학문이며 정치에 관한 논의는 '인'에 관한 학문의 연장선상에 있는 것이다.

1) 가혹한 정치를 반대하고 백성을 부유해지게 하고 가르치며 백성으로부터 신임을 얻을 것을 강조하다

공자는 이렇게 말하였다. "가혹한 정치는 호랑이보다 더 무섭다." 계강자季康子가 공자에게 정치에 관해 물으며 말하였다. "만일 무도한 자를 죽여 질서를 바로잡으면 어떠합니까?" 공자가 대답하였다. "그대는 정치를 하면서 어찌 살인의 방법을 쓰려고 합니까? 그대로 선을 추구하면 백성도 선해질 것입니다. 군자의 덕은 바람이고 소인의 덕은 풀입니다. 풀은 바람이 불면 저절로 수그리는 법입니다."25) 공자는 무고한 것을 함부로 죽이는 것과 가혹한 정치에 대하여 시종일관 반대함을 나타내었다. 공자는 정치를 하는 자가 폭력을 숭배하는 것을 견결하게 비판하였고 '죽이는 것을 좋아하고'(好殺) '형벌을 좋아하는 것'(好刑)을 반대하였으며 백성들을 너그럽게 대하고 가까이 지내고 '인'을 실천할 것을 주장하였다. 정치를 하는 자, 관리자의 인격과 풍격은 바람과 같고 백성들의 풍조는 풀과 같아서 바람이 어느 쪽을 향하여 불면 풀은 어느 쪽으로 기울어지기 마련이다. 풍조, 분위기, 환경의 조성이 매우 중요한데 이것이 바로 사회의 문화자본 혹은 문화능력이고 따라서 정치는 결코 단일한 것이 아니다.

훌륭한 정치는 반드시 백성들의 생존과 이익을 보장하여야 한다. 공자는 민생 문제, 백성들의 생계 문제를 강조하였고, 백성들에게 재부를 분배하고 백성들을 교화할 것을 주장하였다. 사회, 정치, 경제, 문화, 도덕, 교육의 종합적인 측면으로부터 고려하여 공자는 "서庶", "부富", "교敎"의 세 글자로 된 치국전략을 제기하였다. 인구가 적고 생산력의 발전수준이 낮았던 당시 사람은 주요한 생산력이었다. 인구가 조금이라도 많아지면 사회가 안정되고 발전하였음을 나타내는 것이었다. 전란이 없는 곳은 백성들을 불러들이기 쉬웠다. 민생이 조금이라도 좋아지고 사회의 질서가 조금이라도 좋아지면 인구가 번식하고 사람들의 재생산도 조금 발전하였다. 공자는 '백성들을 부유하게 하고'(富民) '백성들 교육해야 함'(敎民)을 주장하였는데 우선 백성들을 부유하게 해 준 뒤에 백성들이 양호한 교육을 받도록 하는 것이다. 공자의 나라를 다스리고 백성들을 편안하게 해 주는 데에 관한 주장은 "많아지게 하고"(庶之) "부유하게 해 주고"(富之) "교육하는 것"(敎之)이다. 많아지게 한 뒤에 부유하게 해 주고 부유하게 한 뒤에 교육함으로써 민생을 긍정하고 백성에게 재부를 분배할 것을 강조하였으며 백성들의 생존권과 교육을 받을 권리를 수호하는 것을 정치의 근본으로 간주하였다.

공자는 백성들과 그들의 생계와 생사의 문제를 중시하였다. 백성들에게 제일

---

25) 「顔淵」, "苛政猛於虎." "如殺無道, 以就有道, 何如?" "子爲政, 焉用殺? 子欲善, 而民善矣. 君子之德風, 小人之德草. 草上之風, 必偃."

중요한 것은 먹고사는 문제이다. 공자가 보기에 사람이 사회 속에서 생존하고 생활하는 상황도 매우 중요하지만 죽은 뒤의 안장과 제사도 매우 중요하였다. 공자는 통치자가 농사 시기를 어기지 않음으로써 백성들이 생계와 생산을 유지하도록 하여 일정한 생활적인 보장이 있기를 희망하였다. 백성들에게 은혜를 베풀고 백성들을 양육하며 정당한 방법에 근거하여 도의적으로 민력을 사용하고 민력을 아끼며 자원을 낭비하지 않는 것이다. 공자는 정치를 하는 자들이 백성에 대하여 '예'로써 움직이지 않는 것을 비판하고 민력을 아낄 것을 강조하였는데, 약자에 대한 존중과 평등한 보답관계를 포함한다. 공적인 권력 남용을 방지하는 것은 민력을 아끼고 민생을 보호하는 중요한 내용이다. 공자는 오만한 태도로 백성들을 대하고 권력을 남용하며 제멋대로 백성들에게 피해를 주고 백성들의 뜻을 짓밟으며 민생을 돌보지 않는 것을 반대하였다. 그는 '경敬'의 태도로 공적인 권력을 신중하게 사용할 것을 제기하였는데 민생을 안정시키고 백성들을 구제하고 편안하게 하는 것이 근본적인 목적이다.

공자는 정치를 하는 자가 백성과 이익을 다투지 않음을 중시하였고 공권력은 반드시 백성들의 이익을 수호하고 백성들에게 도움과 실제적인 혜택을 주어야 함을 강조하였다. 정치를 하는 자의 지혜는 실제로부터 출발하여 백성들이 이익을 얻을 수 있는 곳을 따름으로써 그들이 이익을 얻도록 하는 것이다. 이것이 바로 백성들이 이득을 얻음에 정부는 자원을 소비하지 않거나 적게 소비하는 것이다. 전통사회에서는 늘 백성들을 징집하여 노역을 시켰기 때문에 대량의 노총각, 노처녀 들이 있었고 가끔은 확실히 농사 시기를 어기기도 하였다. 농업사회에서 백성들이 농작물을 재배하고 거둘 수 없다면 무엇으로 먹고살 것인가? 따라서 공자는 노동할 수 있는 시간, 조건과 사람을 선택하여 노동할 수 있게 해 주어야 함을 강조하였으니 누가 그를 원망하겠는가?

공자는 올바른 분배, 사회공정의 문제에 주목하였고, 빈부의 격차가 지나치게 큰 것을 반대하였다. 그는 각 제후 혹은 대부들이 자신의 재부가 많지 않음을 조급할 필요가 없고 재부의 분배가 균등하지 못함을 고려하여야 하는데 그렇지 않으면 제후의 나라와 대부의 집안이 전복될 수 있음을 제기하였다. 만약 재부의 분배가 균등하고 빈곤을 퇴치하면 구역 내의 사람들이 연대하고 평안하며 화목하기 때문에 위험하지 않을 뿐만 아니라 먼 곳의 사람들이 귀복할 것이다. 공자의 '부민富民'설과 '균부均富'론은 근본적으로 보면 바로 '인애'사상을 중심으로 하는 정치적 주장이다.

공자의 "가르침에 부류를 따지지 않는"(有敎無類) 사상도 매우 중요하다. 그는 민간을 향하여 교육을 개방하였고 사학을 창설하였으며 왕관의 학문을 민간으로 이동시켰다. 이는 세경세록世卿世祿제를 타파하고 국가가 "현명한 인재를 등용하는"(擧賢才) 기초이다. 공평은 우선 기회의 공평이다. 공자의 사상과 실천은 전통적인 중국 사회의 교육제도와 문관제도를 위하여 기초를 마련하였다. 전통사회에서 민간의 보통 사람, 서민 및 그 후대도 여러 계층의 정치 심지어 최고의 정치에 참여할 수 있었는데 공자, 유가이념의 덕을 입은 것이다.

군주, 관리는 반드시 "백성으로부터 신임을 얻어야 하는데"(取信於民) 이는 나라를 다스리는 하나의 원칙이자 정치를 하는 자에 대한 요구이다. "천승의 나라를 다스릴 때에는 모든 일에 경건하고 미덥게 하여야 한다."[26] 즉 한 나라를 다스리려면 엄숙하고 진지하여야 하며 신실하고 속임이 없어야 하는 것이다. 공자는 정사를 다스림에 있어서 반드시 식량이 충족하고 군비가 충족하며 정부에 대하여 백성들이 자신감이 있어야 함을 말하였다. 만약 백성들이 정부에 대하여 신임과 믿음이 부족하면 국가는 일어설 수 없다. 이러한 의미의 '신信'은 유가 정치사상의 중요한 내용이고 공권력의 합법성 문제와 관련된다.

2) 중정평화의 정치이념을 제창하다

중국의 전통적인 정치철학에서 가장 일찍이 나온 경전은 『상서』「홍범」이다.

---

26) 「學而」, "道千乘之國, 敬事而信."

이는 주무왕周武王이 은殷나라 유신 기자箕子(주의 삼촌)에게 천하를 다스리는 경험에 대하여 가르침을 물었을 때 기자가 대답하였던 것을 기록한 것이다. 기자는 정치에 대중지정大中至正의 표준을 수립하여야 하는데 이 표준을 '황극皇極'이라 부른다고 하였다. 내용을 구체적으로 살펴보면, 작당하여 사리사욕을 꾀하거나 외롭고 가난하고 의지할 데 없는 사람들을 업신여겨서는 안 되고 권세가 있는 귀족을 두려워하지 않고 정직한 사람을 등용하는 것이 포함된다. 사사로움에 치우치거나 편견이 있어서는 안 되고 반드시 선왕의 정의를 준수하여야 한다. 왕도는 넓고 평탄하며 정직한 것이다. 이러한 하나의 표준이 있게 되면 사람들은 이를 향하여 노력하게 된다. 삼덕三德은 정직을 주로 하고 바름을 지켜 편파적이지 않고 강함과 부드러움이 있으며 강함과 부드러움이 조화를 이루는 중정中正과 평화平和를 구한다.

공자는 일관되게 중정·평화의 정치이념을 제창하였다. 공자는 바를 '정正'자로 정치의 '정政'을 해석하면서 공평하고 올바름(平正)을 강조하였다. "계강자가 정치에 대하여 공자에게 물었다. 공자가 대답하여 말하였다. '정치란 올바름 그 자체입니다. 그대가 올바름으로써 솔선하면 감히 누가 부정을 행할 수 있겠습니까?'"27) 이 말에는 두 가지 의미가 포함되어 있는데 하나는 정치란 올바르고(中正) 공평하며(平正) 어느 한쪽으로 치우치지 않는다는 것이고, 다른 하나는 정치를 하는 자가 솔선수범하여 올바르고 공평하며 사사로운 감정을 따르지 않는다는 것이다. 공자는 세상을 다스리는 자는 '백성을 편안하게 하고'(安民) '올바르며'(平正) '평등하게 사랑하고'(同仁) '사사로움이 없어야 한다'(無私)고 여겼다. 정치활동 중에서는 공평하고 공정해야 하고 악을 미워하거나(惡惡) 가까운 사람과 친하게 지내고(親親) 귀한 사람을 귀하게 여기는(貴貴) 것을 반대하였다. 그리고 몸을 바르게 하고 나라를 바르게 하고 천하를 바르게 하며 사랑하는 마음과 덕에 의한 정치로 모순을 해결하고 위아래가 서로 친하게 지내도록 유도하고 자애롭고 화목하여야 함을 강조하였다. 또한 교육으로써 감화시키고 덕과 형벌을 함께 사용하며 무고한 사람을 죽이지 않고 죄인을 석방하지

---

27) 「顔淵」, "季康子問政於孔子, 孔子對曰: '政者, 正也, 子帥以正, 孰敢不正?'"

않으며 법을 어긴 범죄현상을 잘 구분하고 적당하게 처리함으로써 정치가 고르고 사람들을 조화롭게 할 것을 주장하였다.

3) 덕에 의한 정치를 주장하고 덕으로써 인도하고 '예'를 가지런히 하며 수치의 덕을 계발할 것을 강조하다

관리철학의 측면에서 공자는 이렇게 말하였다. "덕으로써 정치함은 마치 북극성이 자기 자리에 그대로 있음에도 모든 별들이 그것을 에워싸는 것과 같다."[28] 정치를 하는 자가 만약 도덕적인 인격으로써 국정을 주관하고 다스리거나 혹은 사회를 관리한다면 다른 별들이 북극성을 에워싸는 것처럼 사람들의 옹호를 받게 된다는 의미이다. 관리하는 자는 권세나 지위가 아닌 덕에 의한 정치, 인격으로써 마음으로 기꺼이 심복하게 하여야만 동료나 아랫사람들한테 추대를 받게 된다. 실제로 매 부서, 매 기업의 주요한 리더가 만약 스스로 바르게 행동하고 몸으로써 힘써 행하며 솔선수범하여 규범을 엄격하게 지키고 몸소 모범을 보이며 또한 의지력, 이상, 아량을 갖추어 포용할 수 있다면 이 부문은 응집력이 있게 된다. 이는 법규를 반대하고 제도를 반대하는 것이 아니다. 제도의 구성, 법규의 관리도 매우 중요하지만 제도와 법규는 어디까지나 사람에 의하여 집행된다. 현대사회에서는 반드시 법치와 덕치를 결합시켜야 한다.

"법령으로 이끌고 형벌로 다스리면 백성은 형벌을 모면하려고만 하고 수치를 모른다. 덕으로 이끌고 '예'로써 다스리면 백성은 수치심을 느껴 선에 이른다."[29] 이 말의 뜻은 만약 정치를 하는 자가 법령으로 이끌고 형벌로써 백성들을 다스리면 백성들은 범죄는 면할 수 있지만 수치스러운 마음이 없다는 것이다. 하지만 만약 정치를 하는 자가 도덕으로 이끌고 '예'의 문화로 백성들을 교화하면 백성들은 수치스러움을 알 뿐만 아니라 마음으로 기꺼이 받아들인다. 관리함에 있어서 법령

---

28) 「爲政」, "爲政以德, 譬如北辰, 居其所而衆星共之."
29) 「爲政」, "道之以政, 齊之以刑, 民免而無恥; 道之以德, 齊之以禮, 有恥且格."

과 형벌에만 의거하여도 될 수 있는가? 물론 가능하다. 하지만 증상만 치료할 수 있을 뿐이지 근원을 치료할 수 없고 백성들의 수치스러운 마음을 불러일으킬 수 없다. 근본적으로 내재적인 도덕으로 유도하고, 성문화된 혹은 성문화되지 않은 규범, 제도, 행위방식 즉 '예'로써 백성을 훈련시키고 길들이면 백성들이 수치스러움을 느끼고 진심으로 추대한다.

4) 이름과 실제, 권력과 책임이 서로 부합하고 관리의 단계와 질서를 강조하다

'예'에 의한 다스림은 단순한 덕치 혹은 법치가 아니다. 자로가 말하였다. "위나라 임금이 선생님을 모시고 정치를 하면 무슨 일부터 하겠습니까?"(衛君待子而爲政, 子將奚先) 공자가 말하였다. "반드시 이름을 바로잡겠다!"(必也正名乎) 자로가 말하였다. "역시 그러시군요. 선생님은 답답하십니다! 하필 이름을 바로잡으십니까?"(有是哉, 子之迂也. 奚其正) 공자가 말하였다. "너는 너무 모른다! 군자는 자기가 모르는 것은 가만히 있는 법이다. 만약 이름이 바르지 않으면 주장이 정연하지 않고, 주장이 정연하지 않으면 일이 제대로 성취되지 않고, 일이 성취되지 않으면 예악이 흥성하지 않고, 예악이 흥성하지 않으면 형벌 적용이 올바르지 않다. 형벌 적용이 올바르지 않으면 백성은 무엇을 어떻게 해야 할지 모른다. 때문에 군자는 이름을 붙였으면 반드시 주장할 수 있어야 하고, 주장을 하였으면 반드시 실행할 수 있어야 한다. 군자는 자기주장에 애매한 태도를 취하지 않는다."[30] 공자는 이름을 바르게 할 것을 강조하였다. 자로는 스승이 지나치게 고리타분하다고 여겼다. 사실 공자의 주장은 결코 고리타분하지 않다. 그는 관리자에게 책임이 있게 되면 반드시 어떠한 권력을 부여받게 됨을 말하였다. 일정한 명분은 그가 관련 직위의 권력을 획득하였음을 나타내고 따라서 일정한 책임이 뒤따르게 된다. 일정한 명분은 직책을 규정하

---

30) 「子路」, "野哉由也! 君子於其所不知, 蓋闕如也. 名不正, 則言不順; 言不順, 則事不成; 事不成, 則禮樂不興; 禮樂不興, 則刑罰不中; 刑罰不中, 則民無所措手足. 故君子名之必可言也, 言之必可行也. 君子於其言, 無所苟而已矣."

였고 관리하는 사물 혹은 대상의 범위, 한계와 책임을 규정하였다. 권력과 책임, 명분과 실제적인 사무는 반드시 일치하여야 한다. 우리는 말할 때 꼭 정도에 부합하여야만 비로소 일을 잘 처리할 수 있고, 예악문명을 흥성하게 할 수 있으며, 형벌이 공정하고 합리하며 적당함으로써 백성들이 무엇을 어떻게 해야 할지 모르는 지경에 이르지 않게 된다. 관리는 반드시 이름과 실제가 서로 부합하고 말과 행동이 일치하여야 하며 너무 제멋대로 말해서는 안 된다.

제나라 경공이 공자에 정치에 대하여 물었다. 공자가 대답하였다. "임금은 임금답고, 신하는 신하답고, 아버지는 아버지답고, 자식은 자식답게 되는 것입니다."(君君, 臣臣, 父父, 子子) 제경공이 말하였다. "훌륭한 말씀입니다. 임금이 임금답지 못하고 신하가 신하답지 못하고 아버지가 아버지답지 못하고 자식이 자식답지 못하다면, 곡식이 있어도 임금인들 제대로 먹을 수 있겠습니까?"[31] 공자는 제나라 경공에게 임금은 임금다워야 하고 신하는 신하다워야 하며 아버지는 아버지다워야 하고 자식은 자식다워야 한다고 말하였다. 이 또한 그 이름을 바르게 하는 것이고 이름과 실제가 부합되게 하는 것이며 권리와 책임, 의무가 서로 부합되게 하는 것이다. 경공은 이러한 주장에 동의하였고 만약 이렇게 되지 않으면 식량이 있다고 하더라도 먹을 수 없을 것이라고 하였다. 공자는 여기서 단계, 질서, 원칙, 규범이 있는 관리사상을 주장하였고 권력을 초과하지 말고 단계가 분명하며 등급을 나누어 관리할 것을 요구하였다.

5) 청렴한 정치(廉政)와 부지런한 정치(勤政)를 주장하고 정치를 하는 자의 도덕적인 수양을 강조하다

"자로가 정치에 대하여 물었다. 공자가 답하였다. '솔선수범하고 몸소 수고하라.' 좀 더 자세한 설명을 부탁하니 공자가 말하였다. '나태함이 없어야 한다.'"[32]

---

31) 「顏淵」, "善哉! 信如君不君, 臣不臣, 父不父, 子不子, 雖有粟, 吾得而食諸?"
32) 「子路」, "子路問政. 子曰: '先之, 勞之.' 請益, 曰: '無倦.'"

'솔선수범하고 몸소 수고하고' '나태함이 없어야 하는 것' 즉 백성들을 위하여 봉사하고 직무에 충실하며 공정하고 청렴하며 정무에 힘쓰고 백성을 아끼며 수고스러워도 원망하지 않는 것이다. "자장이 인에 대하여 공자에게 물었다. 공자가 말하였다. '천하에 다섯 가지를 행할 수 있으면 인이다.' '그 다섯 가지가 무엇입니까? '공경, 관대함, 신의, 민첩함, 은혜로움이 그것이다. 공경스러우면 모욕당하지 않고 관대하면 민심을 얻으며 신의가 있으면 남의 신임을 받고 민첩하면 공을 세우고 은혜로우면 남을 부릴 수 있다.'"[33] 여기서는 공경, 관대함, 신의, 민첩함, 은혜로움의 다섯 가지 측면 즉 근엄하고 신중하며 대범하고 관대하며 성실하고 신용을 지키며 부지런하고 민첩하며 자비심을 베푸는 것을 '인'의 내용과 관리의 덕으로 간주하였다. 공자의 '인'에 대한 주장은 주요하게 봉록과 작위가 있는 제후諸侯, 경卿, 대부大夫, 사士 즉 오늘날의 공무원, 간부와 지식인에 대한 요구였다. 따라서 공자는 근엄하고 신중하여야 위엄이 있어서 모욕당하지 않고, 대범하고 관대하며 도량이 넓어야 사람들의 추대를 받을 수 있으며, 성실하고 속임이 없어야 임용될 수 있고, 부지런하고 민첩하며 효율이 높아야 기여도가 크며, 남에게 은혜를 베풀어야 남을 부릴 수 있음을 주장하였다.

그는 또한 백성들의 이익을 따라 백성들이 행복할 수 있도록 하는 '이민利民'사상을 제기하였다. 관리, 군자에 대하여 도덕, 재능, 봉록, 작위가 서로 통일되어야 한다는 요구를 제기하였는데 모두 민생을 안정시키고 백성들을 구제하는 근본으로부터 출발한 것이다. 천하를 안정시키는 것은 주요하게 백성들을 평안하게 하는 것이다. 백성들을 가장 불안하게 하는 것이 바로 관리들이 횡령하고 부패하며 자신의 몸과 마음을 닦지 못하고 "예로써 움직이지 않고" "시기에 맞춰 백성을 부리지 않는 것"이다. 즉 관부에서 제멋대로의 태도로 민력을 사용하고, 권력을 남용하며, 마음대로 백성들에게 피해를 주고, 백성들의 뜻을 짓밟으며, 민생을

---

33) 「陽貨」, "子張問仁於孔子. 孔子曰: '能行五者於天下, 爲仁矣.' '請問之.' 曰: '恭, 寬, 信, 敏, 惠. 恭則不侮, 寬則得衆, 信則人任焉, 敏則有功, 惠則足以使人.'"

돌보지 않고, 백성들을 구제하고 백성들에게 은혜를 베풀 수 없으며, 근엄하고 신중한 태도로 백성들을 존중하지 않고 아끼지 않는 것이다.

4. '인재시교因材施教'와 '거일반삼擧一反三'

공자에게는 인간의 본성에 대한 일련의 수양방법, 교육방법, 사상방법이 있었고, 방법론적으로 여러 가지 원칙을 제기하였다. 공자는 이렇게 말하였다. "본성은 서로 가깝지만 습관으로 서로 멀어진다."[34] '본성'과 '습관'에 대한 비교에 근거하여 보면 그는 사람들의 풍격의 차이가 '습관'에 달린 것이지 '본성'으로부터 기인한 것이 아니며, 후천적인 문화교육의 환경이 사람과 사람 사이에 비교적 큰 차이를 조성하였음을 주장하였다. 이는 "가르침에 부류를 따지지 않고" "현명한 인재를 등용하는" 사상의 인성론적 근거이다. 교육은 일종의 목적, 계획, 방향이 있는 환경의 영향을 받는데 그 힘은 보통의 자발적인 환경의 영향력에 비해서 더욱 강하다. 이는 후천적인 교육의 필요성과 가능성을 긍정한 것이다. 도덕적인 교육이든 지식적인 교육이든 막론하고 모두 이러하다.

1) '배워서 알 것'을 주장하다

경험적인 지식의 앎이든 도덕적인 지식의 앎이든 막론하고 주요하게는 여전히 후천적인 학습과 반복적인 훈련에 의거하여 끊임없이 가림을 풀어야 한다(解蔽). 공자가 말하였다. "나는 날 때부터 안 것이 아니라 옛것을 좋아하여 열심히 추구한 것일 뿐이다."[35] 지성과 덕성 두 가지 측면에서 공자는 옛 성현들의 인격과 문화유산

---

34) 「陽貨」, "性相近也, 習相遠也."
35) 「述而」, "我非生而知之者, 好古, 敏以求之者也."

전적을 흠모하였고 부지런하고 민첩하게 학습하고 체험하였다. 공자는 또 이렇게 말하였다. "인덕을 좋아하면서 배우기를 좋아하지 않으면 사람들에게 우롱당하기 쉽고, 총명을 좋아하면서 배우기를 좋아하지 않으면 걷잡을 수 없이 방탕하기 쉬우며, 천성이 성실하면서 배우기를 좋아하지 않으면 남에게 이용당하여 자신을 해치기 쉽고, 지나치게 솔직하면서 배우기를 좋아하지 않으면 말이 모질고 각박하여 남에게 상처를 주게 되며, 용감하기를 좋아하면서 배우기를 좋아하지 않으면 난동을 부리기 쉽고, 강직을 좋아하면서 배우기를 좋아하지 않으면 건방지고 잘난 체한다." 공자는 만약 사람들이 후천적인 교육을 받지 않고 열심히 배우지 않으면 '인仁', '지智', '신信', '직直', '용勇', '강剛' 등의 여러 가지 훌륭한 인격 혹은 이러한 인격을 가진 사람들이 점차 단편적으로 치우쳐 우매하고(愚) 방탕하며(蕩) 해치고(賊) 각박하며(絞) 난폭하고(亂) 경솔하게(狂) 되는 등 좋지 않은 결과를 초래하게 됨을 제기하였다.[36]

공자는 일생동안 "배움에 싫증내지 않았고 남을 가르침에 게으르지 않았으며" "발분망식하고 즐거움으로 근심을 잊었다".[37] 늙을 때까지 살고 늙을 때까지 배우고 늙을 때까지 가르쳤다. 그는 뜻을 세움에 끈기가 있고 자신을 억제하고 반성하며 개과천선하고 몸으로써 힘써 행할 것을 주장하였다. 그는 누구든 장점이 있으면 배우고 남을 따라 잘 배워야 함을 제창하였다. "세 사람이 동행하면 그 가운데 반드시 나의 스승이 있다. 좋은 점은 택하여 따르고 나쁜 점은 고친다."[38] 여기에는 다른 사람의 적극적인 경험과 부정적인 경험에 대한 관찰과 학습이 포함된다. 그는 매우 겸손하였고 "매사에 질문하였으며" 또한 솔직하고 성실한 학풍을 제창하였다. "아는 것은 안다고 하고 모르는 것은 모른다고 하는 것이 아는 것이다."[39] "명민하여 학문을 좋아하고 아랫사람에게 묻는 일을 수치로 여기지 않아서 문이라고 하였다."[40] 그는 배움에 반복적으로 복습하고 실천하여야

---

36) 역자 주: 『論語』 「陽貨」에 나오는 六言・六蔽에 관한 것이다.
37) 「述而」, "學而不厭, 誨人不倦." "發憤忘食, 樂以忘憂."
38) 「述而」, "三人行, 必有我師焉. 擇其善者而從之, 其不善者而改之."
39) 「爲政」, "知之爲知之, 不知爲不知, 是知也."
40) 「公冶長」, "敏而好學, 不恥下問, 是以謂之文也."

함을 강조하였다. "배우고 늘 익힌다."[41] "옛것을 탐구하여 새 것을 안다."[42] 그는 배움과 사고는 서로 결합되어야 함을 주장하였다. "배우기만 하고 생각하지 않으면 몽매하고 생각만 하고 배우지 않으면 위태롭다."[43] 그는 많이 듣고 많이 보고 의심스러운 것을 보류하며 성급하게 결론을 내리지 않고 무모하게 일을 하지 말 것을 강조하였다. "많이 듣고 의심스러운 것은 빼놓고 그 나머지만 신중하게 말하면 비난이 적다. 많이 보고 위태로운 것은 빼놓고 그 나머지만 신중하게 행하면 후회가 적다."[44] 이 말은 많이 듣고 많이 보며 의심스러운 부분이 있으면 보류하고 나머지 확실한 부분만을 신중하게 말하거나 행하면 실수나 후회를 줄일 수 있다는 것이다.

사상방법 면에서 공자는 객관적인 사실을 존중하고 주관적인 편견을 반대하였다. "공자는 네 가지를 단절하였다. 선입견이 없고 반드시 함이 없으며 고집이 없고 아집이 없는 것이다."[45] 이는 사심을 가지고 추측하고 절대적으로 긍정하고 착오에 구애되고 독단적임을 방지하기 위한 것이다. 일반적인 방법론 측면에서 공자는 '중용'을 주장하였다. 공자는 "일의 양단을 타진한 다음 최선을 다하여 알려 주는"[46] 방법을 강조하였는데, 끊임없이 두 개의 부동한 측면으로부터 문제를 연구한다는 것이다. 또한 "그 양쪽 끝을 잡고 그 가운데를 백성한테 쓸 것"을 제창하였는데, 두 개의 극단 사이에서 동적인 통일과 균형의 계기를 찾아내어 구체적으로 분석하고 원활하게 처리하며 종합적으로 논증한다.

2) 자질에 근거하여 가르침을 베풀다

공자는 또한 '자질에 근거하여 가르침을 베푸는'(因材施敎) 교육방법을 창조하였

---

41) 「學而」, "學而時習之."
42) 「爲政」, "溫故而知新."
43) 「爲政」, "學而不思則罔, 思而不學則殆."
44) 「爲政」, "多聞闕疑, 愼言其餘, 則寡尤; 多見闕殆, 愼行其餘, 則寡悔."
45) 「子罕」, "子絶四: 毋意, 毋必, 毋固, 毋我."
46) 「子罕」, "叩其兩端而竭焉."

다. 즉 부동한 학생 개인의 성정, 학습정도, 실제적인 수준, 특기, 취미와 장단점으로부터 출발하여, 사람과 시기에 따라 차이가 있게 계발하고 유도하는 방법을 운용하여 맞춤형 교육을 진행함으로써 그들의 학습 주동성과 적극성을 끌어올릴 수 있도록 하였다. 똑같이 '인'이나 '효'에 관하여 질문을 하였지만 공자는 부동한 학생에 대하여 서로 다르게 답변하였다. 그는 학생들의 지력을 계발하고 유도하였을 뿐만 아니라 학생에게 내재된 덕성을 계발하고 유도하였다.

공자는 제자들의 선천적인 자질, 개성과 특징, 지력상황의 차이 즉 그들의 부동한 '자질'(材質)에 근거하여 가르침을 펼쳤다. 이는 사실상 일종의 사람 중심의 교육방법이다. 따라서 우선 제자들이 가지고 있는 부동한 '자질'을 분명하게 하여야 한다. 예를 들어 자로는 과감하고 결단력이 있지만 경솔하고, 자공은 사리에 밝고, 염구는 다재다능하며, 자고는 어리석고, 증삼은 굼뜨고, 자장은 극단적이며, 자하는 느렸는데, 공자는 모두 손금 보듯 꿰뚫고 있었다. 『논어』「옹야」에서 공자는 자로, 자공, 염구 모두 정사를 다스릴 수 있음에도, 그들 세 사람의 부동한 성격특징과 능력, 특기에 대하여 각각 나누어 제기하였다. 자로는 과감하고 결단력이 있고, 자공은 사리에 밝으며, 염구는 다재다능하다는 것이다.

공자는 제자들의 부동한 '자질'에 근거하여 부동한 교육방법을 사용하였다. 『논어』「선진」에는 자로, 염유, 공서화가 공자와 나눈 한 단락의 문답이 기록되어 있다. 자로가 물었다. "들었으면 가서 행하여야 합니까?' 공자가 대답하였다. "집에 부모와 형제가 계신데 어떻게 들으면 곧 행한단 말인가?' 염유가 물었다. "들었으면 가서 행하여야 합니까?' 공자가 대답하였다. "들었으면 곧 행하라." 공서화가 물었다. "자로가 들었으면 가서 행하여야 하는지 묻자 선생님은 부모와 형제가 계신데 어떻게 들으면 곧 행한다는 말인가 대답하셨고, 염구도 들었으면 가서 행하여야 하는지 물었는데 들었으면 곧 행하라고 대답하였습니다. 저는 매우 혼란스럽습니다. 대담하게 그 이유를 다시 묻고 싶습니다." 공자가 대답하였다. "염구는 일을 함에 있어서 언제나 소극적이어서 용기를 내게 하였고, 자로의 배짱은 두 사람의 것보다 커서 용감하게 행동하기에 눌러 주려고 하였다." 염구는 일을 행함에 있어서 위축되었기 때문에 공자는 그가 대담하게 할 수 있도록 격려하고자 하였다. 자로는 일을 행함에 있어서 너무 충동적이어서 공자는 적당하게 눌러 주어 매사에 윗사람들에게 묻도록 하였다.

자로는 매우 귀여웠다. 공자는 그를 이렇게 칭찬하였다. "허름한 솜옷을 입고 화려한 가죽옷을 입은 사람과 나란히 서도 조금이라도 부끄러움을 느끼지 않을 사람은 아마 자로뿐일 것이다."[47] 또 한번은 공자가 안연을 칭찬하자 자로가 대뜸 이렇게 물었다. "선생님께서 삼군을 동원하신다면 누구랑 함께하시겠습니까?" 뜻인즉 공자가 삼군을 통솔하신다면 누구랑 함께할 것인지를 물은 것이다. 이 말의 숨은 뜻은 바로 그 사람은 바로 자신이라는 것이다. 공자가 말하였다. "맨손으로 호랑이와 격투를 벌이고 배가 없이 황하를 건너며 이렇게 죽어도 후회하지 않을 사람과는 함께하지 않을 것이다. 내가 찾고 싶은 사람은 사태에 임하여 두렵고 신중한 마음으로 대책을 세우고 사업을 성사시킬 사람이다."[48]

『논어』 「안연」에서 안연, 중궁, 사마우, 번지가 각자 공자에게 '안'이란 무엇인지 물었는데 공자는 서로 다르게 대답하였다. 동일한 질문 혹은 같은 부류의 질문(예를 들어 인덕, 정치에 관한 질문)에 대하여 공자는 질문자의 부동한 상황(자질, 성격, 경력, 능력, 심리특징, 사유상황 등)과 질문할 때의 부동한 처지에 따라 임의로 이끌어 주고 서로 다른 대답 혹은 지적을 하였다. 이러한 개성이 있는 교육과 교학은 지금까지 여전히 중요한 현실적 의미가 있다.

3) 스스로 알려고 노력하지 않으면 깨우쳐 주지 않고 표현하려고 애쓰지 않으면 말을 틔워 주지 않다

교육방법 면에서 공자에게는 이런 명언이 있다. "스스로 알려고 노력하지 않으

---

47) 역자 주: 『論語』 「子罕」에 나온다. "子曰: '衣敝縕袍, 與衣狐貉者立, 而不恥者, 其由也與?'"
48) 역자 주: 『論語』 「述而」에 나온다. "暴虎馮河, 死而無悔者, 吾不與也. 必也臨事而懼, 好謀而 成者也."

면 깨우쳐 주지 않고 표현하려고 애쓰지 않으면 말을 틔워 주지 않는다. 한 모퉁이를 가르쳤을 때 다른 세 모퉁이를 유추해 내지 못하면 다시 반복하지 않는다."[49] "계발啓發", "하나를 가르치면 열을 안다"(擧一反三) 등은 이 구절로부터 유래된 것이다. '분憤'은 마음속으로 통하려고 노력하지만 아직 통하지 못한 것이다. '비悱'는 표현하고 싶지만 어떻게 말해야 할지 모르는 것이다. 스승은 학생들이 적극적으로 사고할 수 있도록 유도하여야 하는데, 특히 학생들이 아직 분명하지 못하고 표현하고 싶지만 표현해 낼 수 없을 때 깨우치게 한 다음 문답의 형식을 통하여 학생들이 독립적으로 사고하고 캐묻는 과정을 통하여 스스로 창조적인 결론을 도출하도록 이끌어 주어야 한다. 이것이 바로 최초의 계발식 교수법으로 후세에 매우 큰 영향을 주었다.

공자가 보기에 교육은 결코 지식의 주입이 아니었고 간단한 도덕적인 설교도 아니었다. 그는 절차별로 학생들을 능숙하게 유도하였다. 음미한 지식을 있는 그대로 털어놓는 것이 아니라 늘 학생들에게 사고할 수 있는 여지를 남겨 주었다.

『논어』「학이」에서 자공이 공자에게 이렇게 물었다. "가난해도 아첨하지 않고 돈이 있지만 자만하지 않으면 어떻습니까?" 공자가 대답하였다. "괜찮다. 하지만 비록 가난하여도 도를 즐거워하고 돈이 있어도 겸손하고 예를 좋아하는 것만 못하다." 자공이 이어서 물었다. "『시경』에서 말하는 절차탁마, 즉 뼈, 뿔, 상아, 옥, 돌을 대하듯이 먼저 자른 다음 갈고 연마하고 정밀하게 다듬은 뒤에 광을 내는 것이 바로 이러한 뜻입니까?" 공자는 매우 기뻐하면서 말하였다. "자공아, 인제 너와 함께 『시경』을 논의할 수 있겠다. 너한테 하나를 알려 주면 너는 그것을 발휘하여 열 가지를 아는구나."[50] 『논어』에서 "하나를 가르치면 열을 안다"(擧一反三), "하나를 듣고 둘을 안다"(聞一而知二), "하나를 듣고 열을 안다"(聞一而知十), "옛것을

---

49) 「述而」, "不憤不啓, 不悱不發, 擧一隅不以三隅反, 則不復也."
50) 『論語』「學而」에 나온다. "子貢曰: '貧而無諂, 富而無驕, 何如?' 子曰: '可也, 未若貧而樂, 富而好禮者也.' 子貢曰: '詩云: 如切如磋, 如琢如磨. 其斯之謂與?' 子曰: '賜也, 始可與言『詩』已矣! 告諸往而知來者.'"

알려 주면 새로운 것을 안다"(告諸往而知來者) 등은 모두 가르침을 펴는 자가 "유도에 능하고" "계발하여" 학생이 이로부터 스스로 구하고 반성하여 얻어 유추함으로써 다른 것까지 안다는 것이다.

5. 유가의 창립과 '지성선사至聖先師'[51]

1) 천명에 대한 경외와 적극적인 추구

공자는 삼대의 큰 전통인 천명관념을 계승하였다. "하늘에 죄를 지으면 빌 곳이 없다."[52] "군자는 세 가지를 경외한다. 천명을 경외하고 대인을 경외하며 성인의 말을 경외한다."[53] 공자는 하늘에 대한 신비성과 하늘, 천명에 대한 신앙, 경외심을 보존하였다. 그는 생명의 여정과 체험을 통하여 천명과 사람의 자유 사이의 관계를 체득하였다. "나는 열다섯에 학문에 뜻을 두었고, 서른에 자립하였고, 마흔에 미혹되지 않았고, 쉰에 천명을 알았으며, 예순에 귀에 거슬림이 없었고, 일흔에 마음이 하고 싶은 대로 하여도 법도를 어기지 않게 되었다."[54] 공자는 상고시대의 종교를 개조하여 초월적인 것과 내재적인 것을 결합시켰다. 만약 '명命' 이 단지 외재적인 운명이라면, 천명은 내재적인 것과 연관되어 있다. 생활과 세간의 외재적인 힘을 좌우지할 수 있을뿐더러 인간의 내재적인 본성을 전면적으로 발전시 킨 사람, 일정한 생명의 체험을 쌓은(예를 들어 나이 50세 좌우) 사람이야말로 비로소 하늘이 인간에게 부여한 성품을 점차 깨달을 수 있고 개인적인 운명 혹은 한계를 직접적으로 직면할 수 있으며, 천도, 천명과 도덕적인 인격의 모범에 대하여 경외할

---

51) 역자 주: 明나라 때 追贈한 공자의 존호.
52) 「八佾」, "獲罪於天, 無所禱也."
53) 「季氏」, "君子有三畏: 畏天命, 畏大人, 畏聖人之言."
54) 「爲政」, "吾十有五而志于學, 三十而立, 四十而不惑, 五十而知天命, 六十而耳順, 七十而從心所 欲, 不踰矩."

수 있다. 또한 생명의 의미와 죽음의 의미에 대하여 적극적으로 추구하고 자신이 감당해야 하는 모든 것에 용감하게 직면하며 재난으로부터 백성들을 구하고(救民於水火) 널리 베풀고 뭇사람들을 구제하며(博施濟衆) 자신을 닦아 남을 편안하게 하고(修己安人) 몸을 죽여 인을 이루는(殺身成仁) 것을 포함한다. 이것이 바로 하늘이 주재함을 인간이 주재함으로 전환시킨 것이다.

공자는 초월적인 하늘에 대한 경외와 주체의 내재적인 도덕율령을 결합시켜 종교성을 내재적인 도덕성으로 전화시켰고, 인사의 활동에서 특히 도덕적인 활동에서 천명을 체득하여야 함을 강조하였다. 비로소 "하늘도 원망하지 않고 사람도 탓하지 않는다. 아래로 인간사를 공부하여 위로 통달할 따름이다. 나를 알아줄 이는 아마 하늘일 것이다."[55] 바로 생명에 이러한 초월적인 근거가 있기 때문에 유자에게 적극적으로 나서는 책임의식과 생사를 초월하는 소탈한 태도가 있을 수 있는 것이다. "사람이 도를 넓히는 것이지 도가 사람을 넓히는 것이 아니다." "지사와 어진 이는 삶을 탐하여 인을 해치지 않고 몸을 죽여 인을 이룬다."[56] "아침에 도를 들으면 저녁에 죽어도 좋다."[57] "삼군의 장수는 빼앗을 수 있을지라도 필부의 뜻은 빼앗을 수 없다."[58] 이러한 것으로부터 공자가 인격적인 존엄을 중시하고 강조하였으며 수호하였음을 알 수 있다.

2) 유가의 형성

유가의 본격적인 형성은 춘추말기의 공자 시대에 이루어졌다. 공자의 제자와 재전, 삼전 제자 등으로 최초의 유가 학단學團이 구성되었고 공자를 종사宗師로 받들었다.

---

55) 「憲問」, "不怨天, 不尤人. 下學而上達. 知我者, 其天乎!"
56) 「衛靈公」, "人能弘道, 非道弘人." "志士仁人, 無求生以害仁, 有殺身以成仁."
57) 「里仁」, "朝聞道, 夕死可矣."
58) 「子罕」, "三軍可奪帥也, 匹夫不可奪志也."

일반적으로 말하면 '유儒'는 육예에 정통한 사士에 대한 통칭이다. '육예'는 '예禮'·'악樂'·'사射'·'어御'·'서書'·'수數'를 가리킨다. '예'와 '악'은 서주시대의 등급질서와 생활방식이다. 주요하게는 사회의 생활규범이고 오늘날의 이른바 종교·정치·윤리·예술·체육 등의 내용을 포함한다. '사'와 '어'는 '예'의 절목에 해당한다. '서'와 '수'는 초급적인 능력에 속한다. 귀족들은 대체적으로 모두 반드시 '육예'에 통달하여야 하였다. 평민도 만약 귀족가정에 들어가 일할 생각이 있다면 반드시 '육예' 혹은 그 중의 일부분에 통달하여야 하였다. 초기의 유자는 '사士'의 계층에 속하였다. '사'는 원래 대부분 귀족들의 첩이 낳은 자식 혹은 비교적 낮은 등급의 귀족 자식들이 많았지만, 후에 점차 평민사회 속으로 하락하게 되었다. 공자는 바로 고대의 귀족학문을 평민사회로 전파한 최초의 사람이었다. '유'는 대체로 고대의 예의규범과 전적典籍문화를 보존하고 전수하는 교사教師였음을 알 수 있다.

　유흠劉歆의 『칠략』과 『한서』「예문지」로부터 유가는 '육경'을 사상자원으로 하고 '인의'를 사상의 요지(主旨)로 삼으며 요·순·우·탕·문·무·주공의 나라를 다스리고 천하를 태평하게 하는 대본을 계승하고 있으며 공자를 종사宗師로 삼고 있음을 알 수 있다. 고대의 유가 성현들은 앉아서 말하였을 뿐만 아니라 일어나면 행하였고 사공事功이 수백 년 전해지거나 그 가르침이 천리까지 전해졌다. 덕을 세우고(立德) 공을 세우며(立功) 설을 세우는(立言) 세 가지를 '삼불후三不朽'라 이른다.

　유가는 상고시대의 문화유산과 주공·공자의 도를 계승하였고 '육예'의 학문을 다루는 학자와 교사들이 민간사회에서 활약하였는데 그들은 사회지식의 대표로서 사회이상, 도덕가치, 인문정신으로 현실의 더럽고 암담함을 채찍질하고 비판하였고 백성들의 생계와 질고에 주목하였으며 예악문명의 정신으로써 사회도덕을 감화시키고 사람들의 마음을 깨끗하게 하였다. 전국 시기 여러 제후국의 정치인들이 모두 유학을 받아들이지 않았고 '현실에 맞지 않는 학문'(迂闊之學)으로 간주하여 유학에 대하여 비판적인 태도를 취하였다. 유학은 바로 이러한 상황에서 사회에 전반적으로 깊게 침투되었다.

3) 문치의 필요성과 사회적인 참여

한나라 초기에 유방劉邦은 천하를 빼앗을 때 유생에 대한 원망을 변화시켜 유학과 화합하기 시작하였다. 한漢나라의 무제武帝가 '육경을 표창'한 후 유학의 지위는 상승하였다. 승평 시기에 천하를 다스리기 위하여 통치자의 눈길을 유학에 돌린 것이다. 유학이 전통문화, 전장제도를 계승할 뿐만 아니라 시대에 순응하여 연혁이 증감하고 알기 쉽고 합리적이어서 조정과 재야에서 모두 받아들일 수 있었기 때문이다. 당겼다 늦추었다 하는 것이 문무의 이치이다. 장기적인 안정을 실현하기 위하여 통치자들은 문치를 주로 하고 관리를 제 궤도에 들어서게 하였으며 온화한 방식과 제도의 방식으로 사회를 다스렸다. 특히 유가에서 강조하는 '인', '의', '충', '서'의 도 및 그 내재적인 가치는 사회의 질서가 유지되게 하였는데 이른바 "군신, 부자의 예를 열거하고 부부, 장유의 구별을 정하였다"(列君臣父子之禮, 序夫婦長幼之別)는 것은 "안으로 민생을 부유하게 하고 밖으로 사이를 복종시키기"(內 裕民生而外服四夷)에 충분하였다. 민생의 문제와 이족침입의 문제는 한대의 조정 및 이후 역대의 통치자들이 특히 중요시하였던 두 가지 대사였다. 사이가 믿고 복종한 것은 문무의 교체 시기였지만, 회유를 주로 하였고 덕으로써 복종시켜 민족이 화친하였다. 따라서 선진 시기 제자백가의 학설 중에서 유독 유학만이 최종적으로 한대의 나라를 다스리고 천하를 화평하게 하는 통치사상으로 선택되었고 청대에 이르기까지 지속되었다.

한漢대 특히 후한後漢 및 이후의 조정은 실제상 문치정부였고 문관제도는 이미 매우 발달하였으며 전 인류적으로 유일하였다. 정치에 참여하는, 심지어 최고의 정치에 참여하는 사람들이 모두 유학의 교육을 받았고(기본적으로는 일종의 인문교육이 다.), 또한 민간의 하층에서 온 지식인이었다. 한무제 이후 유가의 전적들은 '경經'으로 간주되었고 유업儒業을 다스리고 경술經術에 통달한 자들은 정부의 주요한 관원이 되었다.

후한 이후 역대의 정부에서 공자를 받들고 공자를 제시하는 원인은 매우 복잡하지만 전반적으로는 사회를 안정시키기 위한 것이었다. 물론 이는 결코 유학이 정부 혹은 엘리트 집단에 속하는 것이었음을 의미하지 않고 사실상 유학은 대중성을 가지고 있었다. 역사적으로 진정한 유학과 유가는 한편으로는 건설적이었고 구조적이었으며, 다른 한편으로는 비판적이었고 체제의 안팎에서 정치를 비판하였다. 정부에서 유학을 통치사상으로 간주하였다 하더라도 유학을 전반적으로 인정한다거나 받아들임을 의미하지는 않는다.

　공자가 유학을 창립하여서부터 청대 말에 이르기까지 유학은 줄곧 끊임없이 발전하고 확대되었다. 한대 이후의 유학은 심성의 학문 혹은 고증학의 범위에 국한되지 않고 사회의 정치사무政治事務, 교육사도敎育師道, 경사박고經史博古, 문장자집文章子集 등 여러 방면에서 선진유학의 방대한 범위를 따라 확장되어 사회의 전반에 깊이 침투됨으로써 사람들의 일상생활에 적응하였고 이끌어 주었다. 유학은 정치제도, 사회풍습, 교육이념 및 개인수양 면에서 영향을 발휘함으로써 이천오백여 년 동안 중국인들의 생활방식, 행위방식, 사유방식, 감정표현방식과 가치와 취향의 결정체가 되었고, 정부와 민간의 대다수 사람들의 신념, 신앙 내지는 이른바 안신입명安身立命의 도로서 심지어 백성들이 날마다 사용하면서도 모르는 지경에 이르렀다. 역사적으로 유학은 동아시아의 일부 국가, 지역에 전파됨으로써 거대한 영향을 끼쳤다.

2장 『주역』의 지혜

중국 고대의 사람들은 자연, 사회, 인신과 인생을 인식함에 있어서 복잡한 과정을 겪었다. 그들은 일생생활에서 천상을 우러러 관찰하고(仰觀天象) 지리를 굽어 관찰하며(俯察地理) 가까이로는 자신에게서 취하고(近取諸身) 멀리로는 천지만물에서 취하는(遠取諸物) 과정에서 천, 지, 인, 물, 아 등 여러 가지 현상과 관계 특히 주변의 현상 및 현상 사이의 연관을 파악하고자 노력하였다.

『주역』의 비괘賁卦「단전象傳」에서는 이렇게 말하였다. "강과 유가 뒤섞이는 것이 천문이고 문명으로서 그치게 하니 이것이 인문이다. 천문을 관찰하여 사시의 변화를 살피고 인문을 관찰하여 천하를 교화하여 이룬다."[1] 비괘의 괘상은 리離가 아래에 있고 간艮이 위에 있는데 리는 밝음이고 간은 산이다. 산 아래에 밝음이 있는 것은 태양이 산에서 올라오거나 산으로 지는 광경으로 오색찬란하게 대지를 장식하여 매우 아름답다. '비'는 꾸민다는 의미이다. 여기서는 음과 양이 서로 뒤섞인 자연적인 문식文飾이 매우 아름답다는 말이다. 문명은 사람들의 행위가 그침이 있게 하는데 바로 제약이 있게 한다. 인문은 윤리도덕을 가리킨다. 음과 양이 순환하고 변화하는 것은 자연적인 현상이고 문명하여 그침이 있는 것은 인류사회의 윤리도덕 현상이다. 자연현상을 관찰하면 사계절의 변화를 파악할 수 있고 인류사회의 윤리도덕을 고찰하면 천하를 교화하고 예의풍속을 개선할 수 있다.[2] 『주역』은 바로 천도天道와 인간사를 연구하는 중요한 책(大書)이다. 그렇다

---

1) 『周易』, 賁卦 「象傳」, "剛柔交錯, 天文也; 文明以止, 人文也. 觀乎天文, 以察時變; 觀乎人文, 以化成天下."

면 어떻게 형성되었고 어떤 도리들을 말하고 있으며 어떤 가치와 의의가 있는가?

1. 복서와 『주역』

1) 점복

인류는 신석기新石器시대 말에 이미 점복을 이용하여 길흉을 예측하였는데, 점복에 사용된 도구는 각자 달랐다. 삼대三代 시기의 사람들은 제사, 전쟁, 농사, 행상, 혼사 등 여러 가지 일에 늘 거북으로 점을 치고 시초蓍草로 점을 쳤다. 예를 들어 은殷나라 사람들은 거북의 껍데기에 칼로 구멍을 내고 불로 구워서 껍데기에 난 금의 모양의 변화로 일의 길흉을 판단하고 점을 쳤다. 은대殷代의 갑골복사甲骨卜辭가 바로 일부 점복 결과에 대한 기록이다. 주周나라 사람들은 귀복龜卜(거북점)과 서점筮占(시초점)을 함께 사용하였다. 서점은 시초를 배열하고 조합하는 방식으로 점에 대하여 해석하고 판단하거나 추리하는 것이다. 서사筮辭를 기록한 뒤에 부동한 서법筮法 체계로 편집하였고 그 이후의 서점에서는 편집을 거친 서사에 근거하여 대조하여 찾아보고 추리하였다. 복법, 서법에는 각자 부동한 체계와 부동한 규칙이 있었으며, 물론 점을 치는 사람의 주관적인 억측도 개입되어 있었다.

전해지는 바에 근거하면, 하夏나라에는 『연산連山』이 있었고 은殷나라에는 『귀장歸藏』이 있었으며 주周나라에는 『주역』이 있었는데 모두 점서에 관한 책이고 대개 부동한 시대에 성행하였던 약간의 서법筮法 중의 몇 가지 전형이다. 이러한 체계의 형성은 모두 간단한 것으로부터 복잡한 것에 이르는 기나긴 과정을 거쳤다.

---

2) 唐明邦의 『周易評注』(修訂本, 中華書局, 2009), 제67~68쪽을 참조. 이 장에서 나오는 『周易』 경전의 인용문은 모두 이 책에 근거하였음을 밝혀 둔다.

2) 『역경』의 형성

지금 우리가 볼 수 있는 『역경』에는 64괘의 괘사와 384효의 효사가 있는데, 이러한 서사筮辭가 비록 내용적인 면에서 내재적인 연계가 부족하더라도 형식적인 면에서는 질서가 있는 체계로 배열되었다. 전하는 바에 의하면, 복희伏羲가 팔괘를 지었고, 문왕이 『주역』을 정리하였는데 팔괘를 중첩시켜 64괘를 만들어 『역경』을 형성하였다. 『역경』의 괘·효사에 보존된 사회역사자료로부터 보면 일부 괘·효사는 은殷나라와 주周나라 때에 이미 있었다. 『역경』은 한 시기, 한 사람의 손에서 나온 것이 아니다. 괘·효사는 장기적으로 누적된 산물로서, 대략 은殷나라 말, 주周나라 초에 편찬된 것이다. 이뿐만 아니라 서주西周에서 한대漢代에 이르는 동안 부동한 서점筮占 체계가 있었을 가능성이 있는데, 『역경』에도 부동한 배열체계가 있고 괘·효사는 날이 갈수록 풍부해졌으며 수학적인 변화규율의 형식체계도 날이 갈수록 치밀해졌다. 『좌전』, 『국어』로부터 보면 춘추 전기에 비록 부동한 서점 체계가 있었다고 하지만 괘상卦象이나 괘명卦名은 이미 점차적으로 통일되었고 괘·효사만 각자 서로 부동하였다. 춘추春秋 중·후기에는 『주역』으로 여러 가지 부류의 사물을 해석하는 예가 점차적으로 많아졌다.

『역경』은 부호체계와 문자체계가 유기적으로 결합되어 이루어졌는데 그 부호는 괘획卦畵이고 문자는 서사筮辭이다. 괘획에는 두 가지 기본적인 부호가 있는데, 두 가지 효 즉 "--"과 "—"이다. 세 개의 효로 하나의 괘가 이루어지고 총 8가지 괘(經卦) 즉 건乾(☰), 곤坤(☷), 진震(☳), 손巽(☴), 감坎(☵), 리離(☲), 간艮(☶), 태兌(☱)가 있다. 64괘(別卦)는 8가지 괘가 두 개씩 서로 중첩되어 변화된 것이다. 예하면 건乾(䷀), 곤坤(䷁), 태泰(䷊), 비否(䷋), 겸謙(䷎), 예豫(䷏), 박剝(䷖), 복復(䷗) 등이다. 건괘와 곤괘는 서로 겹쳐 비괘는 건이 위에 있고 곤이 아래에 있으며 태괘는 건이 아래에 있고 곤이 위에 있다. 감괘와 리괘는 서로 겹쳐 기제괘既濟卦는 감이 위에 있고 리가 아래에 있으며, 미제괘未濟卦는 감이 아래에 있고 리가 위에 있다. 64괘는 일정한 상수象數 법칙에 근거하여 앞과 뒤가 서로 이어지는 순서로 배열하였는데 앞 30괘는 상경上經이고 뒤 34괘는 하경下經이다. 『역경』은 폐쇄된 순환이 아니라 '기제旣濟'에서 '미제未濟'에 이르는, 끊임없이 개방되는 체계이다.

하나의 괘와 효 아래에는 모두 간단한 괘사와 효사가 있다. 처음에 두 효는 음, 양을 대표하지 않고 시초의 길고 짧음을 표시할 가능성이 컸으며, 이후의 것에 비로소 기우의 의미가 생겼다. 시초의 긴 것 하나와 짧은 것 두 개 혹은 짧은 것 두 개와 긴 것 하나의 부동한 배열로부터 경괘經卦가 생겨나게 되었다. 8가지 괘는 처음에는 천天, 지地, 뇌雷, 풍風, 수水, 화火, 산山, 택澤 등의 사물을 상징하는 의미를 가지고 있지 않았다. 이러한 의미는 춘추 시기에 사람들이 추가적으로 보탠 것이다.

3) 『역경』으로부터 『역전』에 이르다

서주西周 시기의 『역경』의 배열체계에 관해서는 아직 분명하지 않지만 오늘날 볼 수 있는 『역경』의 초판본(祖本)은 적어도 춘추시대로 거슬러 올라갈 수 있다. 춘추 시기의 사람들에게는 음양의 관념이 있었고 또한 괘상설卦象說도 있었는데 배열구조는 대체적으로 음양의 힘이 상대적이고 소장消長하고 전환하며 사물의 발전, 변화의 일부 간단한 관점을 보여 주었다. 예를 들어 건괘의 ▤은 괘상의 부호이고 '건'은 괘명이다. 괘·효사는 다음과 같다.

원하고 형하고 리하고 정하다. 초구는 잠긴 용이니 쓰지 말아야 한다. 구이는 나타난 용이 밭에 있으니 대인을 만나 봄이 이롭다. 구삼은 군자가 종일토록 부지런히 힘써서 저녁까지도 두려워하나 위태로운 듯하여야 허물이 없을 것이다. 구사는 혹 뛰어올라 연못에 있으면 허물이 없다. 구오는 나는 용이 하늘에 있는 것이니 대인을 봄이 이롭다. 상구는 항극의 용이니 뉘우침이 있을 것이다. 용구는 여러 용을 보는 것이니 앞장섬이 없으면 길하다.[3]

---

3) 元亨, 利貞. 初九, 潛龍勿用. 九二, 見龍在田, 利見大人. 九三, 君子終日乾乾, 夕惕若厲, 無咎.

‘정貞’은 점을 치는 것이고 ‘이정利貞’은 점을 치는 것에 유리하다는 것이다. 매 괘에는 여섯 개의 효가 있고, 아래로부터 위로 올라가는 순서로 제1효를 ‘초初’라 부르고 제6효를 ‘상上’이라 부르며, 양효陽爻를 ‘구九’라 부르고 음효陰爻를 ‘육六’이라 부른다. 이 괘는 시작이 형통하여 점을 치는 것에 이롭다. 제1효는 용이 아래에 잠복해 있으니 쓸 수 없다. 제2효는 용이 밭에 나타났으니 지위가 높은 사람을 만남에 이롭다. 제3효는 군자가 낮에는 부지런하고 지칠 줄 모르며 밤에도 경계하기를 늘 이와 같이 하면 설령 어려움에 직면하더라도 여전히 재해가 없을 수 있다. 제4효는 용이 깊은 물에 뛰어 들어가니 재해가 없을 수 있다. 제5효는 용이 하늘로 날아오르니 비약을 상징하고 지위가 높은 사람을 만남에 이롭다. 제6효는 용이 가장 높은 곳으로 날아올랐으니 극에 달하여 반드시 반대 방향으로 전환되고 장차 흉재가 있게 된다. 마지막에 종합하여 이 괘의 여섯 효는 모두 양효이기에 ‘용구用九’라고 하였다. 여러 마리의 용들이 함께 뒤엉켜 머리를 찾아볼 수 없으니 극에 달한 뉘우침이 없게 되기 때문에 전반적으로 길괘이다. 이 괘는 자연과 인사의 경험에 대한 종합을 통하여 사물의 변화에 대한 지은이의 견해를 보여 주었는데 일정한 철학적 이치가 들어 있다. 예를 들면 사물 혹은 사람의 발전은 낮은 데로부터 높은 데로 이르고, 새롭게 태어나는 것으로부터 성숙으로 이르며, 일정한 정도 혹은 지위로 발전하는데, 반드시 반대 방향으로 전환하지 않는지의 여부에 주의하여야 한다. 사람들이 어떻게 ‘구咎’ 즉 재해 혹은 잘못을 피면할 것인가? 반드시 조사를 잘하여 극한으로 발전하는 것을 피면하여야 한다. 사람 자체로 놓고 말하면 지나치게 채우고 지나치게 과하지 말고 우환의식이 있어야 하며 부지런하고 신중한 상태를 유지하여야 한다. 보아하니 사람들은 할 수 있고 흉과 화를 피면할 수 있으며 좋은 결과를 이룩할 수 있다.

효와 효, 괘와 괘 사이에서도 지은이 혹은 편찬자의 서로 연계되고 서로 관련되며 서로 보충하고 상호 작용하는 의식을 반영하였다. ‘건’과 ‘곤’, ‘태’와 ‘비’, ‘겸과

九四, 或躍在淵, 無咎. 九五, 飛龍在天, 利見大人. 上九, 亢龍有悔. 用九, 見群龍無首, 吉.

'예', '박'과 '복' 사이는 모두 둘씩 서로 대립되고 서로 관련되고 전환된다. '태'괘의 괘상은 '건'이 아래에 있고 '곤'이 위에 있는데, 자체는 길괘이고 천지와 음양이 사귀고 통함을 상징한다. 하지만 구삼효에서 "평탄하기만 하고 기울지 않음이 없고 가기만 하고 돌아오지 않음이 없다"고 한 것은 평탄과 기울임, 가고 돌아옴 사이의 변화에 주의하여야 함을 말한 것인데, 줄곧 평탄하고 기울지 않은 길이 없고 영원히 앞을 향하고 구불구불하지 않고 반복적이지 않은 여정이 없다. 상육효는 변하는 효로서 효사가 매우 좋지 않은데 바르더라도 부끄럽다.(즉 점을 치기에 불리하다.) '비'괘의 괘상은 '곤'이 아래에 있고 '건'이 위에 있는데 천지와 음양이 사귈 수 없고 만물이 통하지 않고 막힘으로써 자체가 흉괘이다. 하지만 구사효부터 좋아지기 시작하였고 구오효에서는 "비색함을 그치게 하니 대인은 길할 것이다. 망할까 망할까 염려해야 뽕나무 뿌리에 매어 놓듯 견고할 것이다"라고 하였다. '휴休'는 경사로운 것이다. 의미는 막힘을 주의하여 경계할 수 있는 것은 좋은 일이기에 대인이 길하다. 위험을 경계하면 무성한 뽕나무에 매어 놓은 것처럼 견고할 수 있다. 상구효는 변하는 효로서 막혀서 통하지 않는 시기가 너무 길지 않기에 처음에는 불리하지만 후에는 좋은 일이 오게 됨을 가리킨다.

　『역전』은 『역경』에 관한 해석적인 저작이고 「단전彖傳」 상·하, 「상전象傳」 상·하, 「계사전繫辭傳」 상·하, 「문언전文言傳」, 「설괘전說卦傳」, 「서괘전序卦傳」, 「잡괘전雜卦傳」 등 일곱 가지 종류의 10편의 문장이 포함되는데 '십익十翼'이라 불린다. 이 10편의 문장은 한 사람이 한 시기에 지은 것이 아니다. 전문가들의 연구에 근거하면, 공자 문하의 후학들과 관련이 있고 만들어지고 전해진 것은 전국戰國 시기이며 한漢대에 형태가 고정화되었다. 한대의 경학자들은 「단전」, 「상전」, 「문언전」의 내용을 상응한 64괘의 경문 뒤에 첨부하여 주해의 기능을 발휘하도록 하였고, 기타의 전문傳文들은 여전히 독립적으로 편을 이루게 하였다. 『역전』은 한 부의 철학적인 이치 방면의 책이고, 형이상학, 우주발생론, 생명철학관, 도덕철학과 사유방법론에 대하여 집중적으로 서술하였는데 적지 않은 관점과 개념은 후세에 매우 큰 영향을 끼쳤다.

전해지는 통행본 『역전』을 제외하고 주목하여야 할 것이 1973년에 출토된 장사長沙 마왕퇴馬王堆 한묘漢墓 백서帛書 『주역』인데, 두 가지 『역전』은 목차나 글자 면에서 모두 일부 차이가 있다.

2. 낳고 낳는 '덕'과 변통의 '도'

1) 음과 양의 교감

『역경』의 음양관은 중국철학의 기초적인 이론이다. 사물 내부의 건양乾陽, 강건한 힘, 기세와 곤음坤陰, 유순한 힘, 기세는 서로 감응하고 작용하며 만물의 자생自生, 화생, 성장, 발전을 촉진한다. 『역전』에서는 중국철학의 우주생성론의 이치를 확립하였다. 「계사상전」에서는 이렇게 말하였다. "역에 태극이 있고 태극이 양의를 낳고 양의가 사상을 낳고 사상이 팔괘를 낳고 팔괘가 길흉을 정하고 길흉이 대업을 낳는다."[4] '태극'은 바로 '도'이고 우주의 본원이고 시작이다. 혼돈의 상태인 '태극'으로부터 천지음양의 기(양의)가 생겨나고 천지음양의 기의 교감, 합벽闔闢, 동정, 왕래, 굴신으로 말미암아 사상四象(春·夏·秋·冬, 少陽·老陽·少陰·老陰)이 생겨나고 사상으로부터 팔괘가 생겨난다. 여기서 팔괘는 만물 즉 천·지·산·택·풍·뇌·수·화 등의 형상을 본뜬 것이고, 팔괘가 겹쳐져서 64괘가 되고, 만물이 서로 뒤엉켜 복잡한 관계를 상징한다. 사람들은 그 속에서 주요한 관계를 조화시키고 파악하며 변화하는 세계 속에서 이익을 좇고 해를 피할 수 있으며 인류의 문화와 제도 문명을 창조할 수 있다.

「서괘전序卦傳」에서는 이렇게 말하였다. "천지가 있은 뒤에 만물이 생겨나고 천지 사이에 가득 찬 것은 오직 만물이다."[5] 여기서 저자는 천지가 있은 뒤에

---

4) 『周易』, 「繫辭上傳」, "易有太極, 是生兩儀, 兩儀生四象, 四象生八卦, 八卦定吉凶, 吉凶生大業."

만물이 있고 만물이 있은 뒤에 남녀가 있으며 남녀가 있은 뒤에 부부가 있고 부부가 있은 뒤에야 비로소 부자 등 일련의 인간관계와 사회질서, 규범이 있게 됨을 주장하였다. 이는 자연계뿐만 아니라 인류사회도 모두 일종의 생명 미립과 에너지의 기氣가 생성되고 발육하는 관계임을 표명한다. 『역전』이 '기'의 우주론 즉 존재의 연속적인 모식을 계승하고 발양하였음이 분명하다. 자연, 사회, 인생은 동일하고 커다란 '기장氣場' 안에 들어 있는 것이다.

『역전』은 건양乾陽과 곤음坤陰의 두 기가 우주의 만사만물이 생겨나게 하는 본원이고 동력이라 주장한다. "위대하다 건원이여! 만물이 바탕으로 하여 시작하니 이에 하늘을 통솔한다. 구름이 움직여서 비가 내리니 만물이 형체를 갖춘다.…… "6) "지극하다 곤원이여! 만물이 바탕으로 하여 생겨나니 이에 하늘을 따르고 받든다. 곤의 두터움이 만물을 실어 주고 덕이 끝이 없음에 합한다. 포용함이 넓고 커서 만물이 모두 형통하다."7) 건곤, 음양의 두 기는 우주만물의 본원이고 건양은 주동적인 정신(혹은 물질)의 미립 및 에너지이고, 곤음은 계승적인 정신(혹은 물질)의 미립 및 에너지이며, 음양이 화합하여 만물을 화생한다. 건원乾元의 운동변화, 예를 들어 구름이 하늘에서 떠다니고 비가 땅에 내려짐으로써 만물의 생장을 촉진하고 만물은 건원에 의거하여 각자 일치하지 않은 형태로 응집되어 존재하고 발전한다. 곤원은 유순하고 만물의 생장을 돕고 포용하며 담고 있다. 지덕地德과 천덕天德은 결합하고 작용이 광대하고 무궁하다. 땅은 거대한 양기를 포용하고 발양하고 발전시켜 만물의 종류를 형통하지 않음이 없게 한다.

"건은 양의 물건이고 곤은 음의 물건이다. 음과 양이 덕을 합하여 강건하고 부드러움이 형체를 가지고 천지의 일을 체득하고 신명의 덕에 통한다."8) "그러므로 문을 닫는 것을 곤이라 이르고 문을 여는 것을 건이라 이른다. 한 번 닫고 한

---

5) 『周易』, 「序卦傳」, "有天地然後萬物生焉, 盈天地之間者唯萬物."
6) 乾卦 「象傳」, "大哉乾元! 萬物資始, 乃統天. 雲行雨施, 品物流形……"
7) 坤卦 「象傳」, "至哉坤元! 萬物資生, 乃順承天. 坤厚載物, 德合無疆. 含弘光大, 品物咸亨."
8) 「繫辭下傳」, "乾, 陽物也; 坤, 陰物也. 陰陽合德而剛柔有體, 以體天地之撰, 以通神明之德."

번 여는 것을 변이라 하고 왕래하여 다하지 않는 것을 통이라 한다. 볼 수 있는 것을 상이라 하고 형체가 있는 것을 기라 한다. 만들어 쓰는 것을 법이라 하고 일상생활에 이용하여 백성들이 모두 사용하는 것을 신이라 한다."9) '음양합덕陰陽合德'은 바로 음양이 교감하는 것이고 강유剛柔는 음양의 특성을 가리키는데 '강유유체剛柔有體'와 '음양합덕'은 서로 뜻이 통하는 것으로 음양이 교감하여 형체가 있고 볼 수 있는 물체를 생기게 할 수 있음을 가리킨다. 천지는 말하지 않지만 만물이 번식하고 만상이 삼연하다. 자연현상을 통하여 천지의 행위가 무언의 저술과 같고 천지의 조화가 입신의 기예와 같음을 체험할 수 있다. 『역』의 괘효의 변화가 바로 천지의 조화를 본뜬 것이고 『역』의 이치는 바로 그 속의 신묘한 지혜이다. 한 번 개척하고 한 번 폐장하며 한 번 움직이고 한 번 멈추는 것이 바로 '변變'이고 끊임없이 왕래하는 것을 '통通'이라 부른다. 드러난 것은 '상象'이고 형체가 있는 것은 '기器'이다. 『주역』의 지혜는 사람들이 자연을 본받고 '상'과 '기'를 제재하고 이용할 수 있도록 돕는다. 사람들이 이용함에 있어서 오차와 변동이 있는데 백성들은 날마다 이용하면서도 그 유래를 모르고 신기하다고 여긴다. 여기서는 변통의 '도'를 부각시켰다.

2) 천지의 큰 덕을 생이라 한다

"천지의 기운이 서로 엉킴에 만물이 화순하고 남녀가 정기를 맺어 만물이 생겨난다."10) '인온絪縕'은 천지의 음과 양 두 기가 서로 감응하고 또한 혼연하게 일체가 되는 모습이고, '남녀男女'는 만물의 음과 양의 두 가지 특성을 두루 가리키며, '구정構精'은 이성異性의 교합을 가리킨다. "천지의 큰 덕을 생이라 한다."11) 『역전』의 저자는

---

9) 「繫辭上傳」, "是故闔戶謂之坤, 闢戶謂之乾, 一闔一闢謂之變, 往來不窮謂之通. 見乃謂之象, 形乃謂之器. 制而用之謂之法; 利用出入, 民咸用之謂之神."
10) 「繫辭下傳」, "天地絪縕, 萬物化醇; 男女構精, 萬物化生."
11) 위와 같음, "天地之大德曰生."

우주를 생기로 무한한 우주로 간주하였고 만물은 모두 생명의 넘쳐흐름이며 천지의 정신이란 바로 '낳고 낳는 덕'(生生之德)이라 여겼다. 다시 말하면 '건원'이 강건하고 창생創生하는 기능을 가지고 있고 '곤원'은 유순하고 포용하는(含容) 기능을 가지고 있다. 양자는 서로 감응하고 서로 배합하는데 바로 만물이 생장하는 근거이다.

강건함과 부드러움이 서로 마찰하고 팔괘가 서로 섞여서 천둥으로써 고동치고 바람과 비로써 적셔 주며 해와 달이 운행하고 한 번 추웠다 한 번 더웠다 하며 건의 도는 남자가 되고 곤의 도는 여자가 된다. 건이 큰 시작임을 알 수 있고 곤이 만물을 이루어 완성시킨다. 건은 쉽게 알고 곤은 간단하게 이룬다.12)

『역』은 넓고 크다! 먼 곳에서 말하면 막을 수 없고 가까운 곳에서 말하면 고요하면서 바르며 천지 사이에서 말하면 모두 갖추어져 있다. 건은 고요할 때는 전일하고 움직일 때는 곧으니 이로써 큼이 생겨난다. 곤은 고요할 때 닫히고 움직일 때 열리니 이로써 넓음이 생겨난다. 넓고 큼은 천지와 배합하고 변하고 통함은 사계절과 배합하며 음과 양의 뜻은 해와 달과 배합하고 쉽고 간단한 선은 지극한 덕과 배합한다.13)

여기서는 하늘의 해와 달, 바람과 우레, 구름과 비 그리고 땅의 산과 강, 풀과 나무, 새와 짐승 등 만물 및 그 형태는 끊임없이 변화함을 말하였다. 양의 강함과 음의 유순한 힘은 서로 마찰하여 여덟 가지 사물의 형상이 서로 고동친다. 번개와 우레로써 고동치고 빗물로 적셔 주며 해와 달이 운행하고 춥고 더움이 반복된다. 양의 '도'는 남자가 되고 음의 '도'는 여자가 된다. 양의 '기'는 위대한 창조력의 힘이 되고 음의 '기'는 서로 순종하고 협조하여 만물을 만들어 낸다. 건과 곤이

---

12) 「繫辭上傳」, "剛柔相摩, 八卦相盪, 鼓之以雷霆, 潤之以風雨, 日月運行, 一寒一暑, 乾道成男, 坤道成女. 乾知大始, 坤作成物. 乾以易知, 坤以簡能."
13) 위와 같음, "夫『易』, 廣矣大矣! 以言乎遠則不禦, 以言乎邇則靜而正, 以言乎天地之間則備矣. 夫乾, 其靜也專, 其動也直, 是以大生焉; 夫坤, 其靜也翕, 其動也闢, 是以廣生焉. 廣大配天地, 變通配四時, 陰陽之義配日月, 易簡之善配至德."

공동으로 만물이 생겨나게 하지만 간단하고 쉽게 지혜와 재능을 드러낸다. 『역』은 우주의 일망무제함을 모의하였는데 먼 곳에서 무궁무진함을 말하고 가까운 곳에서 정결하고 단정함을 말하며 공간상에서 있지 않음이 없어서 천지와 같이 넓고 크다. 건양은 정지할 때 전일하고 활동할 때 강건하며 '큼이 생겨나는'(大生) '덕'을 가지고 있고 곤음은 정지할 때 거두고 활동할 때 개척하며 '넓음이 생겨나는'(廣生) '덕'을 가지고 있다. 건과 곤의 넓고 큼이 생겨나는 '덕'은 천지와 서로 배합하고 변하고 통함은 사계절과 서로 배합하며 음과 양의 도리는 해와 달과 서로 배합하고 쉽고 간단한 도리는 인간의 최고 지혜와 서로 배합한다.

　『주역』은 특히 교감을 강조하였다. 비괘(否卦)는 하늘이 위에 있고 땅이 아래에 있어서 하늘과 땅이 분할되고 대립한다. 태괘(泰卦)는 땅이 위에 있고 하늘이 아래에 있어서 하늘과 땅이 서로 통달하여 융합한다. 음과 양의 두 기가 감통하고 교합하면 우주만상의 과정, 방법이 자연스럽게 생성되는데 바로 '도'이다. "한 번 음하고 한 번 양하는 것을 도라 이른다.…… 성한 덕과 큰 업이 지극하다. 풍부하게 소유함을 대업이라 이르고 날로 새로워짐을 성덕이라 이른다. 낳고 낳음을 역이라 이른다."[14) '음양'이 '도'가 아니고 '한 번 음하고 한 번 양하는 것'이 바로 '도'이다. '도'는 바로 음과 양의 기가 쉬지 않고 운동하는 동적인 통합 과정이다. 이는 생명의 도이다. 만물을 생육하는 덕업은 더하려야 더할 것이 없다. '부유(富有)'는 공간적으로 광범하고 부유하고 큼에 더할 나위가 없음을 가리킨다. '일신(日新)'은 시간적으로 유구하고 끝이 없고 오램이 무궁함을 가리킨다. 이것이 바로 "크고 오래갈 수 있음이다"(可大可久). 음과 양의 도는 만물을 화육하고 끊임없이 낡은 것이 없어지고 새로운 것이 생겨나는데 이러한 모습이 바로 '낳고 낳음'(生生)이고 바로 '변역(變易)'이다.

---

14) 위와 같음, "一陰一陽之謂道.……盛德大業至矣哉! 富有之謂大業, 日新之謂盛德, 生生之謂易."

3) 역의 세 가지 의미와 통변의 '도'

『주역』의 지혜는 사물의 동적인 과정의 통달을 강조하고 막혀서 통하지 않음을 방지한다. 위진魏晉 현학자 완적阮籍은 『주역』을 '변경變經' 즉 변화의 '도'를 잘 파악하는 책이라 간주하였다. 송宋대의 시인이자 역학자인 양만리楊萬里는 『성재역전誠齋易傳』에서 『주역』의 '통변通變'사상을 강조하였고 "궁하면 변하고 변하면 통하고 통하면 오래간다"(窮則變, 變則通, 通則久)는 도리를 발휘하였다. '통변'은 사람들의 객관적인 사물의 변화과정에 대한 주관적인 대응책이고 사물이 이상적인 상태로 발전하도록 힘써 인도하는 것이다.

고대의 역학자들은 "역은 이름은 하나이지만 세 가지 뜻을 포함하고 있다"(易一名而含三義)고 하였는데, 바로 '변역變易', '불역不易', '간이簡易'의 세 가지 의미이다. 우주, 사회, 인생의 보편적인 '도'는 낳고 낳음에 멈춤이 없는 발전, 변화이고 새로운 조류를 창조하며 변하고 움직여 한곳에 거하지 않고 '감응하여 마침내 천하의 일에 통하며'(感而遂通) '궁하면 변하고 변하면 통하고 통하면 오래간다'('변역'). 세계에는 단지 영원한 '변역'이 있는데 이는 개변할 수 없는 객관법칙이다.('불역') 이 법칙은 결코 복잡하지 않다.('간이') "천지의 도는 바라는 것이 바른 것이다."[15] 다시 말하면 천지의 '도'는 바름을 사람들에게 보여 주는 것이다. 천하 사람들의 행동은 하나의 '도'에서 단정해진다.

우주의 큰 변화가 유행하고 변화가 날로 새로워지며 사람들이 천지의 정신을 배워 천지의 화육에 참여(參贊)한다. 창조하고 발전하며 시기에 따라 새로워지고 낳고 낳음에 변화가 있으며 통달하고 거침없는 것이 『주역』의 근본정신이고 또한 『주역』의 생명철학이다. "『역』의 책은 멀리할 수 없는 것이고 도는 자주 옮기며 변하고 움직여 한곳에 거하지 않고 여섯 자리에 두루 흘러 위아래에 일정함이 없으며 강건함과 부드러움이 서로 바뀌어 일정한 법칙을 삼을 수 없고 오직 변화를

---

15) 「繫辭下傳」, "天地之道, 貞觀者也."

따를 뿐이다."16) 『주역』의 책을 떠날 수 없는데 그 도는 변하고 움직여 한곳에 거하지 않고 괘효의 상징성은 다양하며 어떤 한 가지의 상징적인 의미에 구애되어서는 안 된다. 효는 여섯 자리 사이에 널리 유행하는데 올라가거나 내려가며 뒤얽히고 위아래의 위치에는 정해진 규칙이 없다. 괘효의 변동은 우주의 만물 및 그 내부 힘의 음과 양이 증감하고 강건함과 부드러움이 서로 밀어주며 유동하고 전환하며 일정한 규칙이 없음을 상징한다. 세상에는 변하지 않는 어떠한 규칙도 없고 다만 사물의 변화하는 '도'를 발견하고 적합하게 하며 순응하고 파악한다.

3. 삼재의 '도'의 체계관과 중화사상

『주역』의 자연적으로 생기고 변화하는 '도'는 형체가 없고 자취를 드러내지 않으며 변화를 예측할 수 없고 목적성도 가지고 있지 않지만, '도'로부터 생기고 변화하는 물건은 실제로 형체가 있는 사물이다. 때문에 「계사상전」에서는 이렇게 말하였다. "형이상의 것을 도라 하고 형이하의 것을 기라 한다."(形而上者謂之道, 形而下者謂之器)

1) 천, 지, 인의 세 가지 체계

『역전』의 '도'는 포용성을 가지고 있고 천, 지, 인의 세 가지 큰 체계를 종합하였다.

『주역』 책은 광대하여 모든 것을 갖추고 있다. 천도가 있고 인도가 있고 지도가 있는데, 삼재를 겸하여 둘로 하였기 때문에 육효가 되었다. 육효는 다른 것이 아니라 곧 삼재의 도이다.17)

---

16) 「繫辭下傳」, "『易』之爲書也不可遠, 爲道也屢遷, 變動不居, 周流六虛, 上下無常, 剛柔相易, 不可爲典要, 唯變所適."

옛날에 성인이 『주역』을 지은 것은 장차 성명의 이치를 따르게 위해서였다. 그러므로 하늘의 도를 세운 것은 음과 양이고, 땅의 도를 세운 것은 유와 강이며, 사람의 도를 세운 것은 인과 의이다. 삼재를 겸하여 둘로 하였기 때문에 『역』이 여섯 번 그어져서 괘를 이룬 것이다.[18]

『주역』은 한 부의 '천서天書'로서 내용이 풍부하고 모든 것을 갖추고 있다. 8개의 경괘經卦는 3획이고 64개의 별괘別卦는 6획이며 모두 천, 지, 인의 삼재三才가 통일된 표상이다. 한 괘의 여섯 효 중에서 초효와 2효는 땅의 자리이고, 3효와 4효는 사람의 자리이며, 5효와 상효는 하늘의 자리이다. 삼재의 '도'가 하나의 음과 하나의 양으로 구성되기 때문에 사람들은 초효를 땅의 양, 2효를 땅의 음, 3효를 사람의 양, 4효를 사람의 음, 5효를 하늘의 양, 상효를 하늘의 음이라고 부르기도 하는데, 모두 하나의 음과 하나의 양이 대립되고 통일되며 가고 오며 굽혔다 펴는 변화이다. "이러한 규칙에 근거하면 하나의 괘 여섯 효의 상수형식은 마침 음양철학의 의리내용과 일치하게 부합하고 64괘에서 매 하나의 괘는 모두 하나의 천, 지, 인의 총체이며 그 가운데에는 '한 번 음하고 한 번 양하는 것을 도라고 이르는' 조화와 통일의 법칙이 관통되어 있다."[19] 『주역』은 괘체卦體의 효의 변화와 괘 사이의 변화로써 세 가지 큰 체계 사이 및 각 체계 내부에 내재된 생명력의 작용과 변화를 상징한다. 고대의 성인들은 민간의 지혜를 집중시키고 천지와 인사에서 상象을 취하여 『주역』을 편찬하였고 『주역』에 근거하여 천지자연, 사물 본성의 원리에 순응하도록 하였다. 이로부터 사물에 내재된 모순성을 확립하였는데, 바로 한 번 음하고 한 번 양하는 것이 서로 대립되고 서로 관련되는

---

17) 「繫辭下傳」, "『易』之爲書也, 廣大悉備. 有天道焉, 有人道焉, 有地道焉, 兼三材而兩之故六. 六者非它也, 三材之道也."
18) 「說卦傳」, "昔者聖人之作『易』也, 將以順性命之理. 是以立天之道曰陰與陽, 立地之道曰柔與剛, 立人之道曰仁與義, 兼三材而兩之, 故『易』六畫而成卦."
19) 余敦康, 『周易現代解讀』(中華書局, 2016), 「앞머리에」(前言), 제9쪽, "按照這種體例, 一卦六爻的象數形式正好與陰陽哲學的義理內容符合一致, 六十四卦的每一卦都是一個天地人的整體, 其中貫穿著一陰一陽之謂道的和諧統一的規律."

것이 우주 변화의 자연법칙이고, 한 번 부드럽고 한 번 강건한 것이 서로 대립되고 서로 관련되는 것이 땅 위의 만물이 변화하는 근본적인 원리이며, 한 번 어질고 한 번 의로운 것이 서로 대립되고 서로 관련되는 것이 사회관계를 처리하는 기본적인 원칙이다. 천, 지, 인의 삼재를 겸하고 다시 중복하기 때문에 육효가 한 괘로 되는 것이다. 천, 지, 인의 세 가지 큰 체계를 통합하였기에 『역전』의 '도'는 보편적이고 객관적인 것이다. 이는 하늘과 사람이 일체인, 전체가 거대한 우주철학이고 우주자연의 생성과 변화, 생태윤리, 사회와 인간 교류의 발전원리, 인간관계와 인간에게 내재된 몸과 마음, 성性과 정情의 관계의 조화로운 학설이 포함된다.

유가의 보편적이고 객관적인 천지의 '도'에는 확실히 자체만의 형이상학적인 성격이 있다. 이른바 『주역』은 천지와 더불어 표준이 되기(상당하기) 때문에 "천지의 도를 두루 포괄할 수 있다.…… 천지의 조화에 따라 일을 처리하여 잘못이 없고 만물을 곡진하게 이루어 빠뜨림이 없으며 낮과 밤의 도리를 겸하여 알기 때문에 신에는 방소가 없고 『역』에는 일정한 형체가 없다."[20] 이는 『역』의 '도'가 지극히 크고 지극히 넓어서 온갖 만물을 버리지 않고(百物不廢) 고정된 방향과 형체가 없고 신묘하여 추측할 수 없다. 『주역』은 바로 이러한 천지자연, 사회의 인간사에서 낳고 낳음에 멈춤이 없고 동적으로 통합하는 원리를 추출하고 개괄하였으며 또한 천, 지, 인의 세 가지 큰 체계에 활용하였다.

2) 중화를 중시하고 태화를 목표로 하다

64괘는 자연, 사회와 사람 및 인생의 충돌하고 긴장한 상황 및 충돌로부터 조정하고 조화를 이루는 상황을 보여 주었다. 충돌은 바로 양의 강함과 음의 부드러움의 두 가지 힘이 조화롭지 않은 것이다. 예를 들어 비괘否卦에서 보여 준 양의 강함과 음의 부드러움이 서로 배합되지 않고 맺혀서 통하지 않는 것, 대과괘大過卦에

---

20) 「繫辭上傳」, "能彌綸天地之道……範圍天地之化而不過, 曲成萬物而不遺, 通乎晝夜之道而知, 故神無方而『易』無體."

서 보여 준 양이 융성하고 음이 쇠퇴함, 곤괘困卦에서 보여 준 음이 융성하고 양이 쇠퇴함, 혁괘革卦에서 보여 준 모순이 격화되고 사생결단, 질적인 변혁 등이다. 『주역』에서 설정한 효의 자리에 관한 규칙을 시위時位라고도 부르는데 바로 특정된 시·공간의 조건에서 여섯 효가 처한 자리이다. 모든 괘에서 2효와 5효는 중간 자리이고 2효는 하체下體의 중간이고 5효는 상체上體의 중간이다. 이 두 개의 효는 항상 길하고 허물이 없는데 후세 사람들은 강함과 부드러움의 중도中道, 균형을 취한 것이라 이해하였다. 2효는 신하의 자리이고 5효는 군주의 자리이다. 2효와 5효는 중간에 자리하고 있는데 강함의 중간과 부드러움의 중간은 서로 대응되고 음과 양의 두 가지 세력이 조화롭고 통일됨을 나타낸다. 이것이 바로 『주역』에서의 '중中'에 대한 규칙이다. 이는 『역경』의 저자가 여러 가지 경험을 종합할 때 화합, 중평中平의 의식을 강조하고 지나침과 모자람을 방지하였음을 표현한 것일 수 있다.

　『주역』의 서로 체가 되고 두루 통달하며 서로 종횡으로 뒤엉킴은 '한 번 음하고 한 번 양하는 것을 도라 이르는' 조화롭고 통일되는 규칙을 체현한 것이다. 『주역』은 중화中和를 중시하고 태화太和를 목표로 한다. '중화'는 『주역』의 중요한 사상 내용이고 음과 양이 조화를 이루고 강함과 부드러움을 서로 조화시키며 양쪽 방향이 서로 보충하고 동적인 균형 등으로 귀결될 수 있다. 이는 모두 사물이 발전하는 내재적인 생기이고 활력이다. 역의 '도'는 중화를 중시하고 태화를 최고 이상으로 간주한다. '태화'는 바로 하늘과 인간의 관계, 자연과 사회의 관계의 전반이 조화롭고 만물이 각자 자신의 자리를 얻으며 순응하고 순조로운 것이다. 여돈강余敦康 선생은 『주역』을 의사를 결정하고 관리하는 데 도움이 되는 책이라 주장하였다. 『주역』의 저자는 세계를 천도天道, 지도地道, 인도人道의 '삼재'로 구성된 큰 체계로 간주하였고 이러한 큰 체계를 지배하는 근본적인 법칙이 바로 한 번 음하고 한 번 양하는 것이 서로 변화하고 증감, 성쇠하며 격동하는 것임을 탐색해 내었다. 『주역』의 지혜는 우리가 관리 작업을 잘 해냄으로써 "만물을 열어 주고 일을 이루는 것"(開物成務) 즉 사물의 이치를 널리 통달하고 일을 성취하도록 계발해 준다.21)

4. 상을 취하여 유추하는 상수 사유모식

『주역』철학에서 '천도', '지도', '인도'의 질서에 관한 내용에는 자체에 내재된 논리, 이성 내지는 도덕적이고 미학적이며 생태학적인 함의가 포함되어 있는데 그 중에는 서양의 언어, 논리, 인식이론과 다른 것들 예를 들어 주관적인 수양과 객관적인 인식에 밀접한 관계가 있음을 강조하는 것 등도 들어 있다.

1) '말', '상', '뜻'의 해석체계

『역경』에는 '말'(言), '상'(象), '뜻'(意)의 세 가지 서로 관련된 해석체계가 있다. 언어로 해석한 것을 '말'이라고 부르는데 바로 효사爻辭, 괘사卦辭 등의 언어체계이다. 부호체계는 '상'이라고 부르는데 예를 들어 건괘乾卦에서 연속된 세 개의 양효는 하늘을 대표하고 각 괘효 부호의 상징적인 의미는 모두 '상'이다. '의'는 '상' 배후의 근거이고 성인이 최종적으로 '뜻'을 파악하였다. '말', '상', '뜻'의 세 가지는 밀접하게 연관되어 있다. 『역경』을 이해하려면 반드시 먼저 그 괘·효사에 통하고 이어서 그 '상'에 통하여야 한다. 괘·효사에 통한다는 것은 괘·효사를 정확하게 이해하는 것이고 그 '상'에 통한다는 것은 64괘의 과정, 괘 사이의 연관과 관계를 체계적으로 이해하는 것이다. '뜻'을 이해하고 해석하기 위해서는 반드시 '상'에 근거하여야 한다. '상'을 이해하기 위해서는 반드시 '말'의 해석에 근거하여야 한다. 옛날 사람들은 '상을 얻으면 말을 잊고(得象忘言) 뜻을 얻으면 상을 잊는다(得意忘象)'고 하였다. 언어는 제한적이지만 '상'을 이해하려면 매우 중요하다. 여기서는 경험과 이성으로 '상'의 전체 혹은 '상'에 함축된 사유를 직관적으로 파악하고 이해하는 것인데 몸에 의한 '체험'(體) 즉 몸과 마음이 서로 감응하는 '깨달음'(體悟)에 의지하여야 한다. 이러한 '앎'(知), '느낌'(感), '깨달음'(悟)은 체험을 통한 앎이고 직접 몸으로

---

21) 余敦康, 『周易現代解讀』(中華書局, 2016), 「앞머리에」(前言), 제2~6쪽.

체험한 것과 같이 느끼는 것이며 형체인 몸과 하나로 융합된다. 그뿐만 아니라 또한『주역』의 '수數', '리理'가 있기 때문에 감성에 머무르지 않고 이성도 포함한다.

『시경』과 마찬가지로『주역』에도 '부賦', '비比', '흥興'의 세 가지 문체 혹은 방법이 있다. '부'는 괘·효사의 묘사에 근거하여 사실을 진술하는 것이다. '비'는 괘·효사에 통하는 것이거나 혹은 바로 유추類比(analogy)하는 것이다. 태괘泰卦가 서로 느껴서 통함을 나타내었다면 이와 상반되는 것은 비괘否卦이고 막혀서 통하지 않음을 나타낸다. 이렇게 두 괘에서 비교한 것은 사물이 극에 달하면 반드시 되돌아 오고 '비'가 극에 달하면 '태'가 온다는 것이다. '흥'은 '말'은 여기에 있지만 '뜻'은 저기에 있는 것으로, 사람들이 하나로부터 추리하여 다른 것들을 미루어 짐작하여 알고 배후에 숨겨진 심각한 함의를 이해하도록 한다.

2) 리듬과 서열을 중시하는 전반적인 사유

『주역』의 상수象數 사유는 중화민족의 독특한 이론적 사유방식이다. 고대에 천문학자, 역법학가, 의학자, 악률학자, 치수 전문가는 이러한 사유방식에 근거하여 세상 사람들이 주목하는 많은 과학기술성과를 취득하였다. 조지프 니덤(Joseph Needham, 1900~1995) 선생의『중국고대과학기술사』에서는 이에 대하여 매우 자세하게 논의하고 있다.

은사인 당명방唐明邦 선생은『주역』의 괘상과 효상을 빌려서 형상적인 사유를 출발점으로 하고 '상'을 취하여 유추하며 하나로부터 추리하여 다른 것까지 알고 객관세계를 파악하며 사유의 내용을 가공하는 이러한 사유방식이 이성적인 사유의 발전을 포함하고 촉진하였음을 주장하였다. 당 선생은 이렇게 제기하였다. "상을 취하여 유추하는 것은 상수 사유의 기본적인 특징이고, 음과 양이 대칭되고 강함과 부드러움이 조화를 이루는 것은 상수 사유의 사유준칙이며, 전체적인 사유는 상수 사유의 합리적인 핵심이고, 리듬을 중시하고 서열을 강조하는 것은 상수 사유의 독특한 장점이다. 상수 사유방법은 서양의 형식논리 사유방법과 다른 부분이 있는

데, 바로 일종의 사유형식을 제공할 뿐만 아니라 동시에 사유내용을 유도하는
것인데 사유내용과 사유형식이 긴밀하게 결합된, 일종의 기발한 사유방식이다."[22]
『주역』의 상수 사유는 사유내용과 형식이 서로 결합되고 서로 통일될 뿐만 아니라
또한 인식과 실천의 행위도 긴밀하게 결합되고 통일되는 사유모식이다.

　　『주역』의 사유모식은 서양의 자연과학, 현대의 과학적인 방법론에 대하여
일정한 영감을 주었다. 독일의 철학자이자 수학자인 라이프니츠(Gottfried Wilhelm
von Leibniz, 1646~1716)는 17세기 말에 '이진제二進制의 새로운 계산법'을 발명하였다.
후에 선교사 부베(Joachim Bouvet)가 중국에서 『주역』의 괘상도를 그에게 보내 주었는
데, 그는 매우 흥미로워하였다. 라이프니츠는 숫자 '1'로 양효를 대신하고 숫자
'0'으로 음효를 대신함으로써 64괘의 괘상을 전부 숫자로 대체하여 『주역』을 연구하
였다. 양자量子이론의 창시자 닐스 보어(Niels Henrik David Bohr, 1885~1962)는 "원자구조
모형 가설"을 제기하였고 증명하였다. 그는 이러한 창조과정에서 『주역』의 태극도
로부터 힌트를 얻었음을 지적하였다. 당명방 선생은 이렇게 말하였다. "중화의
『역도易圖』에 포함된 전체적인 관념, 체계원리, 서열사상, 상대원리, 대칭도안, 서로
보완하는 원칙, 불분명한 원리, 균형사상, 주기적 순환사상, 태극관념 등이 세계의
과학자들에게 반드시 더욱 많은 새로운 영감을 줄 수 있을 것임을 확신할 수
있다."[23]

　　『주역』을 대표로 하는 중국의 사유방법은 '상'을 취하여 유추하고 하나로부터
추리하여 다른 것을 알며 음과 양이 균형을 이루고 강함과 부드러움이 조화를
이룰 것을 주장한다. 또한 생명의 리듬에 주목하고 생명의 리듬이 발전하는 주기와

---

22) 唐明邦, 『周易評注』(修訂本), 「緒論」, 제11쪽, "取象比類, 是象數思維的基本特征; 陰陽對稱,
　　剛柔調和, 是象數思維的致思准則; 整體思維, 是象數思維的合理內核; 注重簡律性, 強調序列性,
　　是象數思維的突出優點. 象數思維方法同西方形式邏輯思維方法不同的地方, 在於它不只提供一種
　　思維形式. 同時誘導思維內容, 它是思維內容與思維形式緊密結合的一種奇特的思維方式."
23) 唐明邦, 『周易評注』(修訂本), 「緒論」, 제14쪽, "可以預期中華『易圖』所蘊涵的整體觀念, 系統
　　原理, 序列思想, 相對原理, 對稱圖式, 互補原則, 模糊原理, 均衡思想, 周期循環思想, 太極觀念
　　等, 肯定能夠給予世界科學家以更多新的啟示."

서열을 인식하며 분명하지 않은 균형, 전반적인 종합과 통일적으로 계획하는 방법을 강조하고 감성과 이성, 내용과 형식, 인식과 실천의 통일을 중시하며 큰 도는 지극히 간단하고(大道至簡) 간단한 방법으로 번잡한 일을 대처함(以簡御繁)을 긍정하였다. 이러한 것들은 모두 주목할 만한 가치가 있다. 우리는 서양의 일반적인 지식론 혹은 인식론의 틀, 구조, 범주의 속박에서 벗어나 환원주의(reductionism)를 반대하고 단편적인 추리를 지양하는 '중국이성中國理性', '중국인식론中國認識論'의 특징을 발굴해 내야 한다.

5. 선을 계승하고 성을 이루며 덕을 높이고 업을 넓히다

『주역』은 중국 사람들에게 풍부한 도덕자원을 남겨 주었는데 그중의 일부는 이미 국민의 정신 혹은 성격으로 되었다.

1) 강건하고 진취적이며 너그럽고 포용하는 정신

건괘 「상전象傳」에서는 이렇게 말하였다. "하늘의 운행이 강건하니 군자가 그것을 본받아 스스로 힘쓰고 쉬지 않는다."(天行健, 君子以自强不息) 곤괘 「상전象傳」에서는 이렇게 말하였다. "땅의 형세가 곤이니 군자는 두터운 덕으로 만물을 실어 준다."(地勢坤, 君子以厚德載物) 군자는 하늘과 땅을 본받아 강건하고 스스로 힘쓰고 적극적으로 세상에 뛰어드는 정신을 가지고 있고 또한 인내, 관용, 조화, 협동하는 능력이 있어서 깊고 두터운 덕택으로 만물을 화육한다. 양계초는 "스스로 노력하고 쉬지 않으며 두터운 덕으로 만물을 실어 준다"(自强不息, 厚德載物)를 청화淸華대학의 교훈校訓으로 제안하였고 채택되었다.

수천 년 이래 스스로 노력하고 쉬지 않으며 분발하여 노력하는, 적극적이고 진취적이며 필사적으로 싸우는 정신은 중화민족이 겹겹의 곤란을 극복하고 백절불

굴의 의지로 자신의 고향을 건설하고 안팎의 여러 공동체와 조화롭게 공존하고 인류의 이상을 향하여 도약하도록 격려하였다. 『역전』에서는 또한 혁신의식을 제창하였고 '혁고정신革故鼎新'(낡은 것을 버리고 새것을 창조할 것)을 주장하였으며 은殷나라의 탕湯왕과 주周나라 무武왕의 혁명이 천명과 인심에 순응한 것임을 강조하였다.

스스로 노력하고 강건하며 창조하고 혁신하는 정신의 건덕乾德과 서로 돕고 보완하는 관계에 있는 것이, 바로 관용하고 너그러운 포용의식이고 두텁게 실어 주는 능력인데, 이것이 바로 곤덕坤德이다. "지극하다 곤원이여! 만물이 바탕으로 하여 생겨나니 이에 하늘을 따르고 받든다."(至哉坤元, 萬物資生, 乃順承天) 곤원은 바로 건양의 기를 따라 변화하는 것이고 만물과 협력하고 포용하며 자생資生하고 자양資養하는 힘을 가지고 있다. "곤의 두터움이 만물을 실어 주고 덕이 끝이 없음에 합한다"(坤厚載物, 德合無疆)는 것은 두터운 땅이 만물을 실어 주고 땅의 덕과 하늘의 덕이 서로 결합하여 그 작용이 광범위하고 무궁함을 가리킨다. 중화민족의 두터운 덕으로 만물을 실어 주고 도량이 넓으며 모든 것을 다 받아들이는 정신은 오랜 기간 다민족의 융합 및 주변 국가, 민족과의 평화적인 공존의 측면, 유·불·도 삼교의 조화로운 공생共生의 측면 그리고 외래문화에 대한 마음가짐에서 체현된다.

2) 우환의식

"『역』을 지은 자는 근심과 걱정이 있었던 것인가?" "『역』이 일어난 것은 은나라의 말기와 주나라의 덕이 성대한 시기에 해당한다. 문왕과 주의 일에 해당한다."[24] 문왕이 은殷나라 주왕에 의하여 유리羑裏에 갇혔을 때 근심스러워서 『주역』을 지었다. 사람은 곤궁할 때에야 비로소 우환을 느끼게 된다. 중화민족은 수차례의 우환을 겪으면서 우환 속에서 강력한 문화부흥의식을 가지게 되었으며, 국가, 민족이 굳건하게 우뚝 일어섰다. 서복관 선생은 이러한 '우환의식'이 '경敬', '경덕敬德',

---

24) 「繫辭下傳」, "作『易』者, 其有憂患乎?" "『易』之興也, 其當殷之末世, 周之盛德邪? 當文王與紂之事邪?"

'명덕明德'의 관념에서 인간의 정신을 집중하고 일에 대하여 신중하며 열심히 하는 심리상태에서 표현됨을 제기하였다. 또한 신에 대한 믿음으로부터 인간의 자각에로의 전환이 바로 은殷나라와 주周나라가 교체될 때 원시적인 종교에서 벗어난, 중국 인문정신의 약동이었음을 주장하였다. 이로부터 주체의 적극성과 이성, 자각적인 반성, 자신의 행위에 대한 책임을 부각시켰던 것이다. 이러한 인문정신은 시작부터 도덕적인 성격을 가지고 있었다.

3) 겸손의 미덕

「건괘」에서는 이렇게 말하였다. "잠겨 있는 용은 쓰지 말고"(潛龍勿用) "군자는 종일토록 힘쓰고 힘쓰다가 저녁이 되어 편안하게 쉬면 위태롭지만 허물이 없다"(君子終日乾乾, 夕惕若厲, 無咎). 여기서는 일종의 근면하고 온화하며 겸손한 풍격을 표현하였다. 「겸괘」에서는 겸손의 '덕'을 집중적으로 찬양하였는데 '겸손'(謙)이 인류의 고상한 덕목이고 이러한 덕목을 가지고 있으면 일을 처리함에 이롭지 않음이 없음을 주장하였다. '겸겸謙謙'은 겸손하고 또 겸손한 군자를 가리키는데 온갖 위험과 어려움을 이겨 내고 길함을 얻을 수 있다. '명겸鳴謙'은 훌륭한 명성이 있으면서 겸손의 덕을 행하여 스스로 길함을 얻을 수 있음을 가리킨다. '노겸勞謙'은 공로가 있으면서 겸손할 수 있어서 군자는 훌륭한 끝마침이 있다. 겸손한 덕을 발휘하면 이롭지 않음이 없다. 중화민족의 미덕 가운데서 특히 겸손한 덕을 강조하고 자만하고 가득 참을 반대하였다. 「단전象傳」에서는 겸손한 것에는 복이 오고 가득 찬 것에는 화가 오게 됨(福謙禍盈)을 거듭 강조하였고 "겸손하면 이익을 얻고 자만하면 손해를 부른다"(謙受益, 滿招損)는 인생의 철리哲理를 제시하였다.

4) 계속하는 것이 선이고 이루는 것이 성이다

『역전』의 철학은 유가의 "사람의 도를 닦아서 하늘의 도를 증명하고"(修人道以證

天道) "하늘의 도를 밝혀서 사람의 도를 확충하는"(明天道以弘人道) 전통을 계승하여[25] 하늘의 '도'와 사람의 '도'를 통일시켰다. "한 번 음하고 한 번 양하는 것을 도라 이른다. 계승하는 것은 선이고 갖추어져 있음은 성이다." "성성을 보존하고 보존하는 것이 도의로 들어가는 문이다."[26] 여기서는 천지, 음양의 기가 만물로 하여금 생기고(生) 이루고(成) 자라고(長) 길러지게(養) 하고 사람으로 하여금 천지의 기를 이어받아 '도'를 계승하여 천지만물의 화육에 참여하고 돕는 것이 바로 선이며 천도의 사업을 이루는 것이 바로 인간의 본성이다. 『역』도가 바로 천지의 도이고 만물 각자의 본성을 돕고 촉진하고 확립하며 만물의 존재를 보존한다. 도의는 바로 여기서부터 나온 것이다. 인성론적으로 볼 때 이는 인간의 선한 본성이 천도에서 근원하고 우주의 낳고 낳는 덕에서 근원하며 동시에 인간의 후천적인 노력을 강조하여 천도를 본받고 본성을 확충하는 이중적인 함의를 포함하고 있다.

건괘 「단전」에서는 "건도가 변화하여 각자 성명을 바르게 하고 태화를 보합하여야 이에 이롭고 정하다"(乾道變化, 各正性命, 保合太和, 乃利貞)라고 하였다. 천도의 변화는 만물이 각자 자기의 본성과 운명의 정상적인 상태를 얻게 한다. 충화(沖和)의 기(四時의 氣의 조화)를 유지하면 사람들이 바른길을 걷는 데 이롭다. 여기서는 천지의 기가 유통하는 구역을 강조하여 인성의 엄숙함과 인도의 바른길을 확립하고 보호하였다.

「설괘전」에서는 "도와 덕에 조화롭고 순조로우며 의에 맞게 하고 이치를 궁구하고 성을 다하여 천명에 이른다.…… 장차 성명의 이치를 따름으로써…… 사람의 도를 세운 것이 인과 의이다"[27]라고 말하였다. 삼재의 도는 어떻게 온 것인가? 천도를 따라 아래로 관통되어 온 것이고 천, 지, 인의 성명(性命)의 이치를 따라온 것이다. 사람의 도를 놓고 말하면 의리이고 인의이다. '도'는 과정이고 '리'는 그 속의 도리이다. 인간의 본성은 바로 인간이 인간이게끔 하는 도리이다. 『역전』의 해석에 근거하면 이는 건도가 아래로 관통된 결과이다. 이는 우주론적인 방법으로

---

25) 戴璉璋, 『易傳之形成及其思想』(臺北文津出版社, 1997), 제54쪽.

26) 「繫辭上傳」, "一陰一陽之謂道. 繼之者善也, 成之者性也." "成性存存, 道義之門."

27) 「說卦傳」, "和順於道德而理於義, 窮理盡性以至於命…… 將以順性命之理…… 立人之道曰仁與義."

인간의 본성을 논한 것이다. '성명' 두 글자는 이어서 쓸 수 있는데, 바로 하늘이 인간에게 부여한 '성이고 '라'이며, 이 '성명의 '라'를 따르면 '도'가 행하는 까닭이다. '성'과 '명' 두 글자는 나누어서 따로 논할 수도 있는데, '성'이 바로 '라'이고 '명'은 '기'를 겸하였다. 『역전』의 인성론과 『중용』의 "하늘이 명한 것을 성이라 이르고 성을 따름을 도라 이른다"(天命之謂性, 率性之謂道) 등등은 서로 통하는 부분도 있고 차이도 있다. 천부인성설天賦人性說 즉 '천명지성'은 선한 것이고, 일종의 초월적인 의의와 가치적인 의의를 가지고 있을 뿐만 아니라, 재료주의의 '기명지성氣命之性' 즉 인간의 재료도 천지의 기의 유행 속에서 형성되었고, 기는 부추길 수 있으며 기에 힘이 있음을 배척하지 않는다. 이는 이후의 철학사에 등장하였던 '천명지성'과 '기질지성', '라'와 '기'의 대립에 복선을 간 것이다.

5) 덕을 발전시키고 학업을 닦으며 만물을 열어 주고 일을 이루다

『역전』에서는 인간의 본성이 천지의 본성에서 근원하였고 인도는 천지의 도를 돕는다고 주장하였다. 천지의 크게 생기고(大生) 넓게 생기는(廣生) 덕과 서로 배합하여 『역전』에서는 사람들이 인사활동에서 덕을 높이고 업을 넓히며 덕을 발전시키고 업을 닦음을 강조하였다. "대저 『역』은 성인이 덕을 높이고 업을 넓히려는 것이다."[28] "군자가 덕을 발전시키고 학업을 닦는 데 충과 신은 덕을 발전시키는 것이고 말을 닦아서 그 성실함을 세우는 것은 학업에 거하는 방법이다."[29] 이는 모두 공자의 말을 빌려 말한 것이다. 인간의 지혜, 덕성을 높이 받들고 사회인사의 여러 가지 사업을 발전시키며 충과 신을 추구하고 품성을 제고하며 언어를 수식하여 성실함 위에 세우는 것은 성실로써 사무를 처리하는 것이다. "의리를 정밀하게 연구하여 신묘한 경지에 들어가는 것은 지극하게 쓰기 위함이고 씀을 이롭게 하여 몸을 편안하게 하는 것은 덕을 높이기 위함이다. 이 단계를 지나서 더 나아가면

---

28) 「繫辭上傳」, "夫『易』, 聖人所以崇德而廣業也."
29) 乾卦 「文言傳」, "君子進德修業, 忠信所以進德也, 修辭立其誠, 所以居業也."

혹 헤아릴 수 없으니 신을 궁구하고 조화를 아는 것이 덕이 성대한 것이다."[30] 이 또한 공자의 말을 인용하거나 빌려 쓴 것이다. 가고 오는 것이 서로 번갈아 바뀌고 굽혔다 펴는 것이 서로 감응하는 등의 자연의 이치를 인간사에 적용시키면 굽히는 것으로 펴는 것을 추구하고 겨울잠을 자는 것으로써 몸을 보전하는 것을 추구하여 신묘한 경지에 도달한다. 자연의 사물, 사물의 이치로써 자신을 안착시키고 재덕을 제고시킨다. 이 외에 더 중요한 것은 없다. 사물이 변화하는 도의 신묘함을 연구하고 체득하고 심각한 이치와 근거를 이해하는 것은 최고의 지혜이다.

『역전』은 인간의 사업을 긍정하고 촉진하며 "화하여 마름하는 것을 변이라 이르고 미루어 행하는 것을 통이라 이르며 천하 사람들에게 베푸는 것을 사업이라 이름"[31]을 강조한다. 즉 객관적인 사물 발전의 법칙을 따르고 기회를 파악하며 적당한 때에 정해진 제도를 결정하거나 수정하고 변화시킴으로써 알맞게 하고 회통시켜 이러한 정책과 결과가 백성들에게 쓰이도록 하는 것이 바로 사업이다. 『역전』은 "천하의 일을 이루고"(能成天下之務) "만물을 열어 주고 일을 이루는 것"(開物成務) 즉 사업을 일으키고 천하의 사무를 성취할 것을 강조하였다. 저자는 『역경』으로써 "천하 사람들의 뜻을 통하게 하고"(通天下之志) "천하 사람들의 사업을 안정되게 하고"(定天下之業) "천하 사람들의 의문을 모두 판단해 줄 것"(斷天下之疑) 즉 지혜를 계발하고 덕을 밝게 하며 의문을 결정하고 사업을 이루며 법을 제정하고 백성에게 이롭게 할 것을 주장하였다. 이는 모두 유가에서 사람들이 지혜, 품성을 제고하기 위하여 노력하고 백성에게 유리한 사업을 창립하기 위하여 적극적으로 힘쓰는 사상을 충분히 보여 주었다. 이는 개척하는 식의 수양론이고 덕과 업을 함께 닦는 방법이다.

---

30) 「繫辭下傳」, "精義入神, 以致用也; 利用安身, 以崇德也. 過此以往, 未之或知也. 窮神知化, 德之盛也."
31) 「繫辭上傳」, "化而裁之謂之變, 推而行之謂之通, 擧而措之天下之民謂之事業."

3장 『대학』의 지혜

『예기』에는 「대학」과 「학기」라는 편이 있다. 『논어』의 첫 편인 「학이」편의 첫 장은 '자왈子曰'을 빼면 '학學'자로 시작한다. "배우고 늘 익힌다."(學而時習之) 이로부터 공자, 유가가 '배움'을 가장 중요시함을 볼 수 있는데, 여기서는 인문교육의 중요성을 강조하였다. 배움은 우선 사람이 되는 것을 배우는데 도덕이 있고 품위가 있는 군자가 되는 것을 배운다.

1. 『대학』이라는 고전

『대학』은 『예기』의 제42편이다. 주자는 『대학』이라는 문헌에 '경經'이 한 개 장이고 '전傳'이 열 개 장이며 '경'은 공자의 말을 증자曾子가 기술한 것이고 '전'은 증자의 뜻을 문인들이 기록한 것이라 여겼다. 이렇게 보면 『대학』은 공자의 말을 증자가 기술하고 증자의 문인들이 증자의 뜻을 기록하여 오랜 시간동안 형성된 것으로, 증자와 그 제자들의 작품이고, 시대는 약 춘추와 전국의 교체 시기일 수 있다. 당唐대의 한유韓愈(768~824)는 『원도原道』에서 『대학』을 인용하였고 이고李翺(774~836)는 「대학」의 '격물치지'론을 설명하였다. 송宋대 이전에는 별도로 간행된 단행본이 없었다. 사마광司馬光(1019~1086)은 『중용대학광의中庸大學廣義』 한 권을 지었는데 『학學』과 『용庸』을 병칭하여 따로 내왔다. 정호程顥(1032~1085), 정이程頤(1033~1107) 형제는 『학學』, 『용庸』, 『어語』, 『맹孟』을 제창하였고 합쳐서 '사서'라 불렀으며 이를 육경에 도달하는 방법으로 간주하였다. 또한 『대학』을 '처음 배우는 사람이 덕에 들어가는 문'(初學入德之門)이라 불렀다. 주자는 사서를 읽을 때 먼저 『대학』을 읽어 자신의 사람됨의 규모를 확립하여야 한다고 주장하였다.

주자의 「대학장구서」에 근거하면 상고의 삼대에 왕실로부터 서민에 이르기까지 배우지 않는 사람이 없었다. 아이가 8세가 되면 소학교에 들어가서 물을 뿌리고 청소하며 응하고 대답하며 나아가고 물러가는 예절과 예·악·사·어·서·수의 '문(文)'을 가르쳤다. 15세가 되면 천자의 원자元子로부터 일반 백성의 준수한 자에 이르기까지 모두 태학에 들어가서 이치를 궁구하고 마음을 바르게 하며 몸을 닦고 남을 다스리는 도를 가르쳤다. 주자에 의하면 이는 학교의 가르침에 크고 작은 구별이 생긴 이유이다.

주자가 여기서 나타내고자 하였던 것은 천자로부터 서민에 이르기까지 아이들은 모두 학교의 교육을 받았음이다. 학교는 소학과 태학으로 나누고 소학교에서는 사물을 응접하는 것(應事接物)과 육예의 학문을 가르치는데 예악을 중심으로 하는 습관교육이고, 태학에서는 더욱 깊은 측면의 마음을 바르게 하고(正心) 뜻을 성실하게 하는(誠意) 몸을 닦는 방법과 밖으로 왕도정치를 베풀고(外王) 백성들을 다스리는 (治民) 학문을 가르친다. 물론 당시의 상층귀족 엘리트 자제의 태학일지라도 그 교육은 즐거움 속에 가르침이 깃들어 있었다. 안으로는 성인의 경지에 이르고(內聖) 밖으로는 왕도정치를 베푸는(外王) 이상을 품고 기르는 훈련은 여전히 경전을 학습하고 실천하는 과정에서 이루어졌고, 예禮·악樂·사射·어御·서書·수數 등에 대해서도 연마시켰다. 주자 주장의 핵심은 『대학』의 요지가 선비를 성인, 군자로 배양하는 데에 있다는 것이다.

『예기』의 「대학」 즉 왕양명王陽明(1472~1529)의 이른바 '고본 『대학』'은 주자가 장절을 다시 정리하고 조절하고 보충하였던 『대학장구집주』 중의 『대학장구』본이 아니다. 여기서는 고본 『대학』의 장절 순서에 따라 논의하였고 필요에 따라 주자의 해설도 참고하였음을 밝혀 둔다.

2. 삼강령과 팔조목

『대학』은 범위가 크고 사유가 정밀하며 사람됨을 배우는 것을 근본으로 하고 군자와 본받을 만한 사람을 배양하는 것을 목표로 한다. 『대학』의 도리는 나라를 부유하게 하고 백성에게 이로울뿐더러 또한 사람마다 업적을 이루고 몸을 세워 도를 행하는 근본적인 지침서이다. 전문은 1751자로 되어 있는데 그 중에서 '경'은 205자이다. 전반적으로 조리가 정연하고 분명하며 사물의 이치가 완벽하게 갖추어 져 있다. 이론이 정미하고 안으로부터 밖에 이르고 자신으로부터 남에 이르며 추상적인 개념으로부터 실제적인 수양공부에 이른다.

1) 『대학』의 삼강령

대학의 도는 명덕을 밝힘에 있고 백성과 친함에 있으며 지선에 그침에 있다.[1]

여기서 세 개의 '재在'자가 나오는데 차례로 밀고 나가는 관계이다. 대학 즉 대인의 학문은 개인의 몸을 닦아 덕을 이루고 가정이 조화로우며 점차적으로 나라를 다스리고 천하를 태평하게 하는 도리로 확대됨을 말하고 있다. '명명덕明明德' 에서 첫 번째 '명'은 동사이고 두 번째 '명'은 형용사이다. 여기서는 인간에게 내재된 광명한 덕성(인, 의, 예, 지, 신 등)을 끊임없이 뚜렷하게 하고 자신의 고상한 도덕을 배양한다는 것이다. 인간의 도덕은 하늘이 인간에게 부여한 것으로서 사람마다 모두 가지고 있지만 결코 사람마다 모두 자각할 수 있는 것은 아니다. '친민親民'은 백성과 화합하는 것이다. 백성들이 좋아하고 싫어함을 좋아하고 싫어하며 백성들을 아끼는 것인데 바로 '나라를 다스리는 것'(治國)이다. 정이와 주자는 '친민親民'을 '신민新民'으로 해석하면서 낡은 것을 제거하고 새로운 것을 세우는 것임을 주장하였

---

1) 大學之道, 在明明德, 在親民, 在止於至善.

다. 오래된 불량한 습관을 제거하고 스스로를 새롭게 하며 백성들의 정신 상태를 혁신한다는 것이다. 왕양명은 '친민'으로 해석하면서 백성을 사랑할 것을 강조하였다. '지어지선止於至善'은 가장 높고 가장 완벽한 경지를 추구하고 지극히 선하고 지극히 아름다운 경지에 도달하는 것이다. 이상에서 『대학』의 '삼강령'에 대하여 살펴보았다.

> 그칠 데를 안 뒤에 정함이 있으니 정한 뒤에 고요할 수 있고 고요한 뒤에 편안할 수 있고 편안한 뒤에 생각할 수 있고 생각한 뒤에 얻을 수 있다. 사물에는 본과 말이 있고 일에는 시작과 끝이 있으니 먼저 하고 나중에 할 것을 알면 도에 가까울 것이다.[2]

'지止'는 도달하려는 곳(혹은 경지)이고 사람은 마땅히 행하여야 하는 바를 행하고 그쳐야 하는 바에서 그쳐야 한다. 여기서는 도달하여야 하는 경지를 안다면 뜻의 방향을 정할 수 있다는 말이다. 뜻의 방향이 정해진 뒤에 마음이 비로소 편안해질 수 있다. 마음이 경솔하지 않고 망령되게 동하지 않은 뒤에 감정이 비로소 안정될 수 있다. 감정이 안정된 후에 비로소 사물에 대하여 자세하게 고찰할 수 있다. 생각이 주도면밀한 뒤에 일을 처리하여야만 적절할 수 있다. 이 구절에서는 멈추고(止) 정해지고(定) 고요하고(靜) 편안하고(安) 생각하는(慮) 수양공부를 통해서만 대학의 도를 얻을 수 있고 그칠 바를 얻게 됨을 말한 것이다. 사물에는 근본과 지엽, 결론과 시작이 있다. 사람은 반드시 학문과 수양에서 주요한 것과 부차적인 것, 선후순서, 경중과 완급을 파악하여야 한다. 즉 대학의 도 바로 지극히 선한 도에 접근할 수 있는 것이다.

삼강령은 주체와 객체, 남과 자신의 두 가지 측면으로부터 대학의 도를 밝혔다. '명명덕'은 자신에 대해서 말한 것으로 덕성을 밝히고 인덕을 배양하는 것이다.

---

2) 知止而后有定, 定而后能靜, 靜而后能安, 安而后能慮, 慮而后能得. 物有本末, 事有終始, 知所先後, 則近道矣.

'친민'은 남에 대하여 말한 것으로 자신의 덕으로 끊임없이 남을 교화하는 것이다. 목적은 '지어지선'으로 사람들이 선과 악, 시와 비, 의와 리를 명확하게 분별하고 대학의 숭고한 이상에 도달하는 것이다.

2) 『대학』의 팔조목

> 옛날에 명덕을 천하에 밝히고자 하는 자는 먼저 그 나라를 다스리고, 그 나라를
> 다스리고자 하는 자는 먼저 그 집안을 가지런하게 하고, 그 집안을 가지런하게
> 하고자 하는 자는 먼저 그 몸을 닦고, 그 몸을 닦고자 하는 자는 먼저 그 마음을
> 바르게 하고, 그 마음을 바르게 하고자 하는 자는 먼저 그 뜻을 성실하게 하고,
> 그 뜻을 성실하게 하고자 하는 자는 먼저 그 지식을 지극하게 하였으니 지식을
> 지극하게 함은 사물의 이치를 궁구함에 있다.[3]

옛날에 밝은 덕성을 천하에 밝히고자 한 사람은 우선 자신의 나라를 잘 다스렸다. 자신의 나라를 잘 다스리려면 우선 자신의 가족을 질서 있게 하였다. 자신의 가족을 조화롭고 화목하게 하려면 우선 자신을 정비하여야 한다. 과거에는 가족이 매우 커서, 가족 내의 모순이 복잡하다면 적절하게 조화시키는 것은 매우 어려웠다. 여기에는 희생과 헌신이 뒤따랐는데 특히 가사의 관리를 주관하는 책임자 즉 장남과 맏며느리 등을 포함하는 사람들의 희생과 헌신이 필요하였고, 이렇게 하려면 자신을 수양하여야 했다. 수신의 '신'은 개체이다. 유가의 개체는 원자原子식의 개체가 아니라 전체 속의 개체이다. 유가에서는 도덕적인 자아 즉 도덕적인 주체를 중요시하였다. 자신의 몸을 닦으려면 우선 자신의 마음을 바로잡아야 하고 자신의 마음을 바로잡으려면 우선 자신의 뜻을 성실하게 하여야 한다. 자신의 뜻을 성실하게 하려면 자신의 지식을 충실하게 하여야 한다. 자신의 지식을 충실하게 함은

---

3) 古之欲明明德於天下者, 先治其國; 欲治其國者, 先齊其家; 欲齊其家者, 先修其身; 欲修其身者, 先正其心; 欲正其心者, 先誠其意; 欲誠其意者, 先致其知, 致知在格物.

사물의 원리를 궁구함에 있다. '격格'은 오는 것, 이르는 것이다. '물物'은 일이다. 여기서 "격물, 치지, 성의, 정심, 수신, 제가, 치국, 평천하"가 바로 『대학』의 팔조목 즉 여덟 절차이고, 한 단계 한 단계 서로 긴밀하게 연결되어 있다. 팔조목의 요점은 수신에 있고 수신은 중요한 부분이다. '격格', '치致', '성誠', '정正', '수修'는 도덕수양의 내성內聖의 학문이고, '제齊', '치治', '평平'은 공을 세우고 업적을 쌓는 외왕外王의 학문이다.

> 사물의 이치가 이른 뒤에 지식이 지극해지고 지식이 지극해진 뒤에 뜻이 성실해지고 뜻이 성실해진 뒤에 마음이 바르게 되고 마음이 바르게 된 뒤에 몸이 닦아지고 몸이 닦아진 뒤에 집안이 가지런해지고 집안이 가지런해진 뒤에 나라가 다스려지고 나라가 다스려진 뒤에 천하가 화평해진다. 천자로부터 서인에 이르기까지 일체 모두 수신을 근본으로 삼는다. 그 근본이 어지럽고 지엽이 다스려지는 자는 없으며 후하게 할 것을 박하게 하고 박하게 할 것을 후하게 하는 자는 있지 않다.[4]

이것은 앞에서 서술하였던 팔조목을 역으로 추리한 것이다. '일시壹是'는 일체이다. '후厚'는 넉넉하다는 것인데 중시하다의 의미로 확대된다. '박薄'은 엷어지다는 것인데 가벼이 보다 라는 의미로 확대된다. '소후자所厚者'는 '말末'이고 몸 밖의 것을 가리키는데 몸을 가지런하게 하고(제가) 나라를 다스리고(치국) 천하를 태평하게 하는 것(평천하)이 포함된다. 천자에서부터 일반 백성에 이르기까지 한마음으로 행하여야 하는 것인데 모두 자신을 수양하는 것을 근본으로 삼아야 한다는 것이다. 근본이 어지러우면 지엽은 다스려질 수 없다. 근본이 세워지면 도가 생기고 근본이 어지러우면 나라도 어지럽다. 마땅히 중요시하여야 하는 것은 '수신'이다. 절대 본과 말이 전도되어 '수신'을 말의 자리에 두어서는 안 된다. 이것이 바로 근본의 도리를 아는 것이고 도덕적인 앎의 극치이다.

---

4) 物格而後知至, 知至而後意誠, 意誠而後心正, 心正而後身修, 身修而後家齊, 家齊而後國治, 國治而後天下平. 自天子以至於庶人, 壹是皆以修身爲本. 其本亂而末治者否矣, 其所厚者薄, 而其所薄者厚, 未之有也! 此謂知本, 此謂知之至也.

이상에서 『대학』의 총론에 대하여 살펴보았는데 먼저 삼강령을 논하였고 다음에 팔조목을 논하였다. 지극히 선한 경지에 도달하는 방법과 순서(知, 定, 靜, 安, 慮, 得) 및 삼강령과 팔조목 사이의 관계에 대하여 언급하였다. 안으로 자신의 몸과 마음을 닦는데 '격', '치', '성', '정', '수'는 모두 덕을 밝히는 것이며 끊임없이 지극히 선한 경지에 도달한다. 밖으로는 남을 다스리는데 '제', '치', '평'은 모두 백성을 새롭게 하는 것이다.

3. 수신을 근본으로 하다

1) 뜻을 성실하게 하고 마음을 바르게 함을 논하다

이른바 그 뜻을 성실하게 한다는 것은 스스로 속이지 않는 것이다. 악취를 미워하는 것과 같이 하고 호색을 좋아하는 것과 같이 하는데 이것을 자겸이라 이른다. 그러므로 군자는 반드시 홀로 삼가는 것이다. 소인은 한가로이 거처할 때 불선한 짓을 함에 이르지 못하는 바가 없다가 군자를 본 뒤에 그 불선함을 가리고 선함을 드러낸다. 남들이 자기를 보기를 자신의 폐부를 보듯이 할 것이니 그렇다면 무슨 이득이 있겠는가! 이것을 일러 가운데에 성실하고 표면에 드러난다고 하는 것이니 군자는 반드시 홀로 삼가는 것이다. 증자가 말하였다. "열 눈이 보는 바이고 열 손가락이 가리키는 바이니 무섭구나!" 부는 집을 윤택하게 하고 덕은 몸을 윤택하게 하니 마음이 넓어지고 몸이 펴지기에 군자는 반드시 그 뜻을 성실하게 하는 것이다.[5]

여기서는 이른바 자신의 뜻을 성실하게 한다는 것은 바로 스스로를 속이지

---

5) 所謂誠其意者, 毋自欺也. 如惡惡臭, 如好好色, 此之謂自謙. 故君子必愼其獨也. 小人閑居爲不善, 無所不至, 見君子而後厭然, 掩其不善而著其善. 人之視己, 如見其肺肝然, 則何益矣! 此謂誠於中, 形於外, 故君子必愼其獨也. 曾子曰: "十目所視, 十手所指, 其嚴乎!" 富潤屋, 德潤身, 心廣體胖, 故君子必誠其意.

않는 것임을 말하였다. '여오악취如惡惡臭'는 지독한 악취를 싫어하는 것과 마찬가지라는 것이다. '여호호색如好好色'은 아름다운 모습을 좋아하는 것과 같다는 것이다. 여기서는 우선 자신의 마음을 편안하게 하여야 함을 말하였다. '자겸自謙'의 '겸謙'은 '겸慊'과 통하는데 스스로 만족함이다. '신기독愼其獨'에서 '독'은 남은 알지 못하고 자신만이 홀로 아는 곳이다. 신독의 학문은 유가에서 일종의 자기 수신의 공부이고 선을 구하고 악을 제거하며 조심하고 삼간다. 군자는 홀로 있을 때에도 매우 신중하지만 소인은 한가로이 거처할 때 어떠한 좋지 않은 일도 해내다가 군자를 보고 나서 비로소 '암연厭然' 즉 가리고 숨기는데 좋지 않은 것을 가리고 좋은 것을 드러낸다. 사실상 남들이 그를 보는 것은 그의 몸 안의 폐와 간을 보듯이 할 것인데 가리고 숨긴들 무슨 소용이 있겠는가? 이는 내면 마음의 진실한 뜻이 반드시 밖으로 표현됨을 말하는 것이다. 그러므로 군자는 반드시 신중하였고 자신만이 홀로 아는 곳에서도 자신을 엄격하게 단속하였다. 증자는 이렇게 말하였다. "열 개의 눈이 일제히 그를 향하여 바라보고 열 손가락이 일제히 그를 향하여 가리키니 이는 얼마나 심각한 것인가!" 재부로 집을 장식할 수 있고 덕행으로 사람의 몸을 장식할 수 있다. 마음에 사사로움이 없으면 하늘과 땅처럼 넓으니 몸도 홀가분하다. '반胖'은 마음이 편안하고 안락한 모양이다. 뜻을 성실하게 하는 공부는 신독에 있고 신독의 요령은 마음속으로 거리낌이 없음에 있다. 군자는 마음이 화평하고 느긋하지만 소인은 늘 전전긍긍한다.[6] 많은 일에서 사후에 덮어 가리느니 왜 처음 시작부터 삼가지 않는가? 그러므로 군자는 반드시 자신의 뜻을 성실하게 하였다.

『시경』에서는 이렇게 말하였다. "저 기수 모퉁이를 보니 푸른 대나무가 무성하도다. 문채 나는 군자는 잘라 놓은 듯하고 간 듯하며 쪼아 놓은 듯하고 간 듯하다. 치밀하고 굳세며 빛나고 점잖다. 문채 나는 군자여 끝내 잊을 수 없다!"[7] 여기서

---

6) 『論語』, 「述而」에 나온다. "子曰: '君子坦蕩蕩, 小人長戚戚.'"
7) 『詩經』, 「國風·衛風·淇澳」, "瞻彼淇澳, 菉竹猗猗. 有斐君子, 如切如磋, 如琢如磨. 瑟兮僩兮, 赫兮喧兮. 有斐君子, 終不可諠兮!"

'여절여차如切如磋'는 학문을 말한 것(道學)이고 '여탁여마如琢如磨'는 스스로 닦는 것(自修)이다. '슬혜한혜瑟兮僩兮'는 마음이 두려워함이다. '혁혜훤혜赫兮喧兮'는 겉으로 드러나는 위엄이다. '유비군자有斐君子, 종불가훤혜終不可諠兮'는 훌륭한 덕(盛德)과 지극한 선(至善)을 백성들이 잊을 수 없음을 말한 것이다. 『시경』에서는 이렇게 말하였다. "아, 앞의 임금을 잊지 못한다!"(於戲, 前王不忘!) 군자는 그 현명함을 현명하게 여기고 친함을 친하게 여기며 소인은 즐겁게 해 주는 것을 즐거워하고 이롭게 해 줌을 이롭게 여기기 때문에 세상에 없음에도 잊지 못하는 것이다.

여기서는 『시경』 「위풍衛風·기욱淇澳」의 구절을 인용하였다. '욱澳'은 구불구불한 강기슭이다. '의의猗猗'는 아름답고 성한 모양이다. 시에서 말하기를, 저 기수의 구불구불한 모퉁이를 보면 푸른 대나무가 얼마나 무성한가. 문채 나는 군자(위무공을 가리킨다.)는 골기나 옥기를 조각하고 제조한 것처럼 자르고 갈고 쫓고 연마하는 방법으로 몸과 마음을 닦는다. 군자는 치밀하고 굳세고(위엄이 있고 의지가 굳센 것) 빛나고 점잖다(밝고 성대하다). 도덕이 있고 문채 나는 군자는 끝내 사람들이 잊지 못한다. '훤諠'은 잊음을 가리킨다. '여절여차'는 함께 학습하는 공부이다. '여탁여마'는 자신을 닦는 공부이다. '슬혜한혜'는 두려움 즉 공경하고 경계하고 두려워하는 모습이다. '혁혜훤혜'는 동작에 위엄이 있는 모습이다. '유비군자, 종불가훤혜'는 군자에게 성대한 덕행이 있고 지극히 선한 경지에 도달하였기에 백성들이 잊지 못함을 말하였다. 『시경』 「주송周頌·열문烈文」에서는 이렇게 말하였다. "아, 전대의 문왕, 무왕을 잊지 못한다."(於戲前王不忘) 후세의 군자는 그의 현덕을 높이 받들었을 뿐만 아니라 그의 길러 줌을 그리워하였고 소인은 그가 하사한 안락을 누렸을 뿐만 아니라 그가 가져다 준 혜택을 받았다. 이것이 바로 그를 후세의 사람들이 잊지 못하는 까닭이다.

「강고」에서 말하였다. "덕을 밝힐 수 있다." 「태갑」에서 말하였다. "하늘의 명명을 돌아본다." 「제전」에서 말하였다. "큰 덕을 밝힐 수 있다." 모두 스스로 밝히는 것이다.8)

「강고」는 『상서』 「주서周書」의 한 편으로, 주공이 동생인 강숙康叔을 은나라의 제후로 봉하면서 보냈던 훈사訓辭이다. 「태갑」은 『상서』 「상서商書」의 편명으로 '대太'가 곧 '태太'이다. 태갑은 상왕 탕湯의 직계 장손이고 이윤伊尹이 이 편을 지어 간언하였다. '고顧'는 보거나(視) 생각함(念)이다. '시諟'는 '차此'와 같다. 「제전」은 『상서』 「우서虞書」 중의 「요전」으로 요, 순의 역사를 서술하였다. 이 장에서는 『서경』 세 편의 세 구절을 인용하였는데 첫 번째 구절에서는 "아름다운 덕을 뚜렷하게 할 수 있음"을 말하였고 두 번째 구절에서는 "하늘이 부여한 아름다운 덕을 발휘하는 사명을 늘 주의함"을 말하였으며 세 번째 구절에서는 "숭고하고 위대한 아름다운 덕을 밝혀낼 수 있음"을 말하였다. 옛 성인들의 사실을 증거로 열거하면서 인간이 내재적인 본성의 덕을 밝히고 발전시킬 수 있음을 강조하였다. 이상은 '명명덕'에 대하여 해석한 것이다.

2) 날마다 그 덕을 새롭게 할 것을 논하다

> 탕왕의 「반명」에서 말하였다. "진실로 어느 날에 새로워지면 나날이 새롭게 하고 또 날로 새롭게 하라." 「강고」에서 말하였다. "새로워지는 백성을 진작하라." 『시경』 에서 말하였다. "주나라가 비록 옛 나라지만 그 명이 새롭다." 그러므로 군자는 그 극을 쓰지 않는 바가 없는 것이다.9)

상왕 탕은 세숫대야에 이렇게 글을 새겨 스스로를 경계하였다. "구일신苟日新" 뜻인즉 날마다 자신의 몸에 있는 때를 깨끗하게 씻을 수 있다면 매일 씻어 내야 한다는 것이다. 이 구절은 목욕하여 스스로 새로워지는 것으로 도덕적으로 날마다 발전함을 비유하였다. "일일신日日新, 우일신又日新"은 그 뜻에 정성을 다하고 끊임없

---

8) 「康誥」 曰: "克明德." 「太甲」 曰: "顧諟天之明命." 「帝典」 曰: "克明峻德." 皆自明也.
9) 湯之「盤銘」 曰: "苟日新, 日日新, 又日新." 「康誥」 曰: "作新民." 『詩』 曰: "周雖舊邦, 其命惟新." 是故君子無所不用其極.

이 덕을 닦는다는 것이다. "구일신, 일일신, 우일신"은 진실로 어느 날 새로운 발전을 얻을 수 있다면 하루하루 새로운 발전이 있게 되고 계속하여 날마다 새로운 발전이 있게 된다는 의미이다. 「강고」에서는 정신을 진작시켜 상商의 유민遺民들이 개과천선하여 새로워짐을 말하였다. 『시경』「대아 · 문왕」에서는 이렇게 말하였다. "주나라가 비록 오래된 나라이지만 문왕이 하늘의 명을 계승함으로써 새로워지고 발전하였다." 그러므로 군자는 전력을 다하여 끊임없이 노력하는 것이다. 이 장에서는 도덕의 힘을 말한 것이다. 옛사람들이 스스로 새로워지기 위하여 부지런히 노력하였음을 들면서 사람들이 덕행을 쌓고 학업을 넓힐 것을 격려하였고 가까운 곳의 작은 부분으로부터 시작하고 먼 곳의 큰 부분에 착안하며 비현실적인 이상에 대한 추구는 절대 삼가야 함을 피력하고 있다. 『대학』에서는 도덕이 내재적이고 자주적이며 감화력을 가지고 있음을 강조하였다.

『대학』에서는 이어서 『시경』의 문구를 인용하여 나라의 관할구역 내의 도시구역과 교외의 드넓고 큰 구역은 모두 백성들이 멈추어 사는 곳임을 말하였다. 또한 작은 새는 산언덕의 구석진 곳의 수풀에 멈춰 있음을 말하였다. 공자는 작은 새도 스스로 멈출 곳을 선택할 줄 아는데 사람이 오히려 새만 못하겠는가 라고 해석하였다. 사람으로서 반드시 선택할 줄 알아야 한다는 것이다. 직업을 선택하고 이웃을 선택하고 친구를 선택할 줄 알아야 할 뿐만 아니라 자신이 거처할 곳을 선택할 줄 알아야 하는 것이다. 우리는 마땅히 '인덕'을 선택하여 거주하여야 하고 이를 아름다움으로 여겨야 한다. '인덕'의 경지를 선택하지 않으면 어떻게 지혜로운 사람이라 할 수 있겠는가? 사람이 고향에 돌아가고 거처로 돌아가는 것은 '인', '경', '효', '자', '신' 등 지극히 선한 경지이다. 『시경』에서는 또 덕행이 심원한 문왕은 자신이 동경하는 경지에서 진실로 계속하여 밝혀서 공경하였다고 하였디.

군주가 되어서는 인에 그치고 신하가 되어서는 경에 그치며 자식이 되어서는 효에 그치고 아버지가 되어서는 자에 그치며 백성과 더불어 사귐에는 신에 그쳤다.[10]

군주가 되어서는 '인'에 그치고 신하가 되어서는 '경'에 그치며 자식이 되어서는 '효'에 그치고 아버지가 되어서는 '자'에 그치며 도성 내의 지인 및 모르는 사람들과 교류할 때에는 '신'에 그친다는 것이다. '인', '경', '효', '자', '신'은 전통문화의 핵심적인 가치이념이다.

3) 닦고 가지런하게 하고 다스리고 태평하게 함을 논하다

이른바 몸을 닦음이 그 마음을 바르게 함에 있다는 것은 마음에 화나는 바가 있으면 그 바름을 얻지 못하고, 무서워하는 바가 있으면 그 바름을 얻지 못하며, 좋아하는 바가 있으면 그 바름을 얻지 못하고, 걱정하는 바가 있으면 그 바름을 얻지 못한다. 마음이 있지 않으면 보아도 보이지 않고 들어도 들리지 않으며 먹어도 그 맛을 알지 못한다. 이것이 몸을 닦음이 그 마음을 바르게 함에 있다고 하는 것이다.[11]

여기서는 자신을 수양하는 관건이 자신의 마음과 심리를 바르게 하는 것에 있음을 강조하였다. 자신에게 분치忿懥하는 바가 있다는 것은 곧 분노하고 화내면 마음이 반듯할 수 없다는 것이다. 무서워하고 좋아하고 걱정하는 바가 있어도 심리는 안정될 수 없다. 사람의 마음이 사사로이 치우침이 없다면 밖으로 내보내도 행동이 자연스럽게 절도에 들어맞기 때문에 몸을 닦으려면 반드시 우선 마음을 바르게 하여야 한다.

이른바 그 집안을 가지런하게 함이 몸을 닦음에 있다는 것은 사람은 가까이하고 사랑하는 바에 치우치고, 천하게 여기고 미워하는 바에 치우치며, 두려워하고 존경하는 바에 치우치고, 가엽게 여기고 불쌍히 여기는 바에 치우치며, 오만하고

---

10) 爲人君, 止於仁; 爲人臣, 止於敬; 爲人子, 止於孝; 爲人父, 止於慈; 與國人交, 止於信.
11) 所謂修身在正其心者, 身有所忿懥, 則不得其正; 有所恐懼, 則不得其正; 有所好樂, 則不得其正; 有所憂患, 則不得其正. 心不在焉, 視而不見, 聽而不聞, 食而不知其味. 此謂修身在正其心.

태만하게 여기는 바에 치우친다. 그러므로 좋아하면서도 그 나쁨을 알고 미워하면서도 그 아름다움을 아는 자가 천하에 적은 것이다! 그러므로 속담에 이런 말이 있다. "사람은 자기 자식이 악함을 알지 못하고 자기 묘가 큼을 알지 못한다." 이것이 몸을 닦지 않으면 그 집안을 가지런하게 하지 못한다는 것이다.[12]

자신의 가정(혹은 가족)을 조화롭게 하는 관건이 자신의 몸을 닦음에 있다고 하는 것은, 사람은 자신이 가까이하고 사랑하며 천하게 여기고 미워하며 두려워하고 존경하며 가엽게 여기고 불쌍하게 여기며 오만하고 태만하게 여기는 사람에게 늘 편견 혹은 편향성을 가지고 있기 때문에, 누군가를 좋아하면서 그의 결점을 알고 누군가를 증오하면서 그의 장점을 알 수 있는 사람이 천하에 많지 않다. 그러므로 이런 속담이 있는 것이다. "사람은 자기 아들의 단점을 모르고 자신이 심은 볏모의 무성함도 모른다." 이는 바로 자신의 몸을 닦지 못하면 자신의 가족을 가지런하게 하고 단합하게 할 수 없음을 말한 것이다. 이상에서 '몸을 닦고(修身) 집안을 가지런하게 하는 것(齊家)'에 대하여 해석하였고, 아래에서는 자신으로부터 남에게 이르고 가까운 곳으로부터 먼 곳에 이르며 한 집안으로부터 한 나라, 천하에 이르고자 한다.

이른바 나라를 다스림이 반드시 먼저 그 집안을 가지런하게 함에 있다는 것은 그 집안을 가르치지 못하고 남을 가르칠 수 있는 자는 없다. 그러므로 군자는 집을 나가지 않고 나라에 가르침을 이루는 것이다. 효孝는 군주를 섬기는 것이고 제弟는 장관을 섬기는 것이며 자慈는 여러 백성들을 부리는 것이다. 「강고」에서 말하였다. "어린아이를 보호하듯이 한다." 마음에 진실로 구하면 비록 꼭 맞지는 않더라도 멀지는 않을 것이다. 자식을 기르는 것을 배운 뒤에 시집가는 자는 없다.[13]

---

12) 所謂齊其家在修其身者, 人之其所親愛而辟焉, 之其所賤惡而辟焉, 之其所畏敬而辟焉, 之其所哀矜而辟焉, 之其所敖惰而辟焉. 故好而知其惡, 惡而知其美者, 天下鮮矣! 故諺有之曰: "人莫知其子之惡, 莫知其苗之碩." 此謂身不修不可以齊其家.

13) 所謂治國必先齊其家者, 其家不可教而能教人者, 無之. 故君子不出家而成教於國. 孝者所以事君也, 弟者所以事長也, 慈者所以使眾也. 「康誥」曰: "如保赤子." 心誠求之, 雖不中, 不遠矣. 未有

한 나라를 다스리려면 우선 자신의 가정, 가족을 질서 있게 하여야 한다는 것은 자신의 가정, 가족도 교육하지 못하면서 남을 교육할 수 있다는 것은 있을 수 없는 일이라는 것이다. 그러므로 군자는 집을 나서지 않고도 한 나라를 훌륭하게 교육할 수 있다. 왜냐하면 '효'로써 군주를 섬기고 '제'로써 윗사람을 섬기며 '자'로써 백성들을 부리기 때문이다. 「강고」에서는 이렇게 말하였다. "어린아이를 보호하는 것과 마찬가지로 한다." 진심으로 구하면 비록 완벽하게 할 수는 없더라도 반드시 별로 멀지는 않을 것이다. 전 세계적으로 어떤 여자도 먼저 아이를 기르는 법을 배운 뒤에야 비로소 시집을 가지는 않는다.

> 한 집안이 인하면 한 나라가 인을 흥기하고, 한 집안이 사양하면 한 나라가 사양함을 흥기하고, 한 사람이 탐하고 어그러지면 한 나라가 난을 일으키니, 그 기가 이와 같다. 이것은 한마디 말이 일을 그르치고 한 사람이 나라를 안정시킨다는 것이다. 요, 순이 천하를 인으로써 통솔하자 백성들이 그를 따랐다. 걸, 주가 천하를 포악함 으로써 통솔하자 백성들이 그를 따랐다. 그 명령하는 바가 자신이 좋아하는 바와 반대되면 백성들이 따르지 않는다.[14]

한 집안이 모두 어질면 한 나라가 어짊을 흥기하고, 한 집안이 모두 겸양하면 한 나라가 겸양을 흥기하며, 군주 한 사람이 이익을 탐하고 경솔하게 행동하면 한 나라가 난을 일으킨다. 사물은 서로 연계되어 있으니 관건은 바로 이것과 같다. 이것이 바로 이른바 한마디 말이 일을 그르칠 수 있고, 한 사람이 나라를 안정시킬 수 있다는 것이다. 요, 순은 인애로써 천하를 이끌었고 백성들이 그를 따라 인애를 실행하였다. 걸, 주는 폭동으로써 천하를 이끌었고 백성들이 그를 따라 폭동에 참여하였다. 군주의 명령과 자신이 좋아하는 바가 서로 반대되면 백성들은 복종하 지 않는다.

學養子而後嫁者也.

14) 一家仁, 一國興仁; 一家讓, 一國興讓; 一人貪戾, 一國作亂. 其機如此, 此謂一言僨事, 一人定國. 堯, 舜率天下以仁, 而民從之. 桀, 紂率天下以暴, 而民從之. 其所令反其所好, 而民不從.

그러므로 군자는 자기 몸에 선이 있은 뒤에 남에게 선을 요구하고 자기 몸에 악이 없은 뒤에 남의 악을 비난하는 것이다. 자기 몸에 간직하고 있는 것을 서恕하지 못하면서 남을 깨우칠 수 있는 자는 있지 않다. 그러므로 나라를 다스림이 그 집안을 가지런하게 함에 있는 것이다. 『시경』에서 말하였다. "복숭아꽃이 곱고 고움이여, 그 잎이 무성하구나. 이 아가씨의 시집감이여, 그 집안 식구에게 마땅하다." 그 집안 식구에게 마땅한 뒤에 나라 사람들을 가르칠 수 있는 것이다. 『시경』에서 말하였다. "형에게도 마땅하고 아우에게도 마땅하다." 형에게 마땅하고 아우에게 마땅한 뒤에야 나라 사람들을 가르칠 수 있다. 『시경』에서 말하였다. "그 위의가 어그러지지 않는지라 사방의 나라를 바르게 한다." 그 부자와 형제 된 자가 충분히 본받을 만한 뒤에야 백성들이 본받는 것이다. 이것이 나라를 다스림이 그 집안을 가지런하게 함에 있다는 것이다.15)

따라서 군자는 반드시 자기 자신이 덕행을 갖춘 뒤에야 비로소 다른 사람에게 요구할 수 있고 자기 자신이 착오가 없어야 다른 사람을 비난할 수 있다. 자기 자신이 서도에 부합하지 않으면서 다른 사람을 양해하는 일은 절대로 불가능한 일이다. '서恕'는 자기 자신을 미루어 남에게 미치는 것이고, 자신의 마음으로 남의 마음을 헤아리는 것이다. 이러한 이유로 나라를 다스리는 관건이 자신의 가정, 가족을 질서 있게 함에 있다고 한다. 『시경』에서는 이렇게 말하였다. "아름다운 복숭아꽃이여, 잎이 무성하구나. 이 아가씨의 시집감이여 한 가족 식구들과 함께 잘 지낼 것이다." 한 가족의 식구들과 함께 잘 지낸 뒤에야 비로소 한 나라의 사람을 교육할 수 있다. 『시경』에서는 또 이렇게 말하였다. "형제들과도 함께 잘 지낼 것이다." 형제들과 모두 함께 잘 지낸 뒤에야 비로소 한 나라의 사람을 교육할 수 있다. 『시경』에서는 또 이렇게 말하였다. "말과 행동거지에서 그릇됨이 없으면 사방의 나라를 바르게 할 수 있다." 바로 그가 아버지, 자식, 형, 아우일

---

15) 是故君子有諸己而後求諸人, 無諸己而後非諸人. 所藏乎身不恕, 而能喻諸人者, 未之有也. 故治國在齊其家. 『詩』云: "桃之夭夭, 其葉蓁蓁. 之子于歸, 宜其家人." 宜其家人, 而後可以教國人. 『詩』云: "宜兄宜弟." 宜兄宜弟, 而後可以教國人. 『詩』云: "其儀不忒, 正是四國." 其爲父子兄弟足法, 而後民法之也. 此謂治國在齊其家.

때의 모든 행위가 다른 사람의 모범이 되기에 충분한 뒤에야 백성들은 비로소 그를 본받는다. 이것이 바로 나라를 잘 다스리려면 반드시 먼저 자신의 집안을 질서 있게 한다는 것이다.

이른바 천하를 태평하게 함이 그 나라를 다스림에 있다는 것은 윗사람이 노인을 노인으로 대우함에 백성들이 효를 흥기하고, 윗사람이 어른을 어른으로 대우함에 백성들이 제를 흥기하며, 윗사람이 고아를 구휼함에 백성들이 저버리지 않는다. 그러므로 군자는 결구의 도가 있는 것이다. 윗사람에게서 싫었던 것으로써 아랫사람을 부리지 않고, 아랫사람에게서 싫었던 것으로써 윗사람을 섬기지 말며, 앞사람에게서 싫었던 것으로써 뒷사람에게 가하지 말고, 뒷사람에게서 싫었던 것으로써 앞사람을 따르지 말며, 오른쪽에서 싫었던 것으로써 왼쪽에서 사귀지 않고, 왼쪽에서 싫었던 것으로써 오른쪽에서 사귀지 말 것이다. 이것을 결구의 도라고 한다.16)

'배倍'는 '배背'와 통한다. '결絜'은 측정, 가늠, 헤아림이다. '구矩'는 방틀(方)이다. '결구지도絜矩之道'는 같은 표준으로 자신을 가늠하고 남을 가늠하는 방법이다. 이 단락에서 말하는 바는, 이른바 천하를 평정하는 관건이 자신의 나라를 잘 다스림에 있다는 것은 바로 높은 지위에 있는 사람이 노인을 존경하면 백성들은 효도를 흥기하고, 높은 지위에 있는 사람이 어른을 존중하면 백성들은 제도를 흥기하며, 높은 지위에 있는 사람이 고아를 보살피면 백성들은 서로 저버리지 않는다는 것이다. 이 때문에 군자에게는 가늠하는 표준이 곳곳에서 모두 적합한 일종의 방법이 있다. 자신이 싫어하는 윗사람의 어떤 태도로써 아랫사람을 대하지 말고 반대로 말하여도 역시 마찬가지다. 자신이 싫어하는 앞사람의 어떤 태도로써 그대로 뒷사람을 대하지 말고 반대로 말하여도 역시 마찬가지다. 좌우 또한 마찬가지다. 이것이 바로 가늠하는 표준이 곳곳에서 모두 적합한 방법이고 바로 서도恕道이며

---

16) 所謂平天下在治其國者: 上老老而民興孝, 上長長而民興弟, 上恤孤而民不倍, 是以君子有絜矩之道也. 所惡於上, 毋以使下; 所惡於下, 毋以事上; 所惡於前, 毋以先後; 所惡於後, 毋以從前; 所惡於右, 毋以交於左; 所惡於左, 毋以交於右. 此之謂絜矩之道.

곧 자기의 마음으로 남의 마음을 헤아리는 것이다.

4) 백성을 얻으면 나라를 얻게 된다

『시경』에서 말하였다. "즐거운 군자여, 백성의 부모이다." 백성들이 좋아하는 바를
좋아하고 백성들이 싫어하는 바를 싫어하는 것이 백성의 부모라고 하는 것이다.
『시경』에서 말하였다. "깎아지른 저 남산이여, 돌이 높고 높구나. 혁혁한 태사
윤씨여, 백성들이 모두 너를 본다." 국가를 소유한 자는 삼가지 않으면 안 되고
편벽되면 천하에 죽임을 당하는 것이다. 『시경』에서 말하였다. "은나라가 백성을
잃지 않았을 때에는 상제를 짝하였다. 그러니 마땅히 은나라를 거울로 삼아야
한다. 큰 명을 보존하기가 쉽지 않다." 백성을 얻으면 나라를 얻고 백성을 잃으면
나라를 잃음을 말한 것이다.[17]

『시경』에서는 이렇게 말하였다. "덕행이 있는 군자는 매우 즐겁다. 그는 백성의
부모이다." 백성이 좋아하는 바를 그도 좋아하고 백성이 증오하는 바를 그도 증오한
다. 이것을 백성의 부모라고 하는 것이다. 『시경』에서는 이렇게 말하였다. "높고
큰 남산이여, 바위가 우뚝 솟아서 높고 험준하구나. 주유왕의 태사 윤씨의 권위가
혁혁하여 백성들이 모두 너를 보고 있다." 국가의 사무를 주지하는 사람은 신중하게
일을 처리하지 않으면 안 된다. 만약 좋아하고 싫어함이 모두 자신의 사사로움에서
비롯된다면 백성들의 뜻에 위반되는 것이고 사악한 일을 하게 되어 천하의 사람들에
의하여 죽임을 당하게 된다. 『시경』에서는 또 이렇게 말하였다. "은나라가 아직
백성을 잃지 않았을 때 군주는 아직 상제를 제사 지낼 자격이 있었고 천하의
군주였지만 일단 민심을 잃게 되자 나라가 망하였다. 나라를 가진 자는 반드시
은나라의 멸망을 거울로 삼아야 한다. 하늘의 큰 명을 얻어 오래도록 보존하기가

---

17) 『詩』云: "樂只君子, 民之父母." 民之所好好之, 民之所惡惡之, 此之謂民之父母. 『詩』云: "節彼
南山, 維石巖巖. 赫赫師尹, 民具爾瞻." 有國者不可以不愼, 辟則爲天下戮矣. 『詩』云: "殷之未喪
師, 克配上帝; 儀監于殷, 峻命不易." 道得衆則得國, 失衆則失國.

쉽지 않다!" 이는 백성들의 추대를 받으면 나라를 가지게 되고 백성들의 추대를 잃으면 나라를 잃게 됨을 말한 것이다.

4. 덕이 근본이고 재물이 말이며 의로움이 이익보다 우선이다

『대학』에서는 나라의 정사를 다스리는 군자는 반드시 매우 신중하여야 하고 자신의 사사로움을 위하여 백성들의 이익을 해치는 일을 하면 민심을 잃게 됨을 강조하였다. 덕과 재물, 공과 사, 의로움과 이익 사이의 모순에 직면하여 군자는 인간으로서 반드시 최저한도의 도덕적인 기준을 지켜야 하고 본과 말, 경과 중을 분명하게 구분하여야 한다.

1) 재물이 흩어지면 백성이 모이고 현명한 사람을 추천한다

그러므로 군자는 먼저 덕을 삼가는 것이다. 덕이 있으면 사람이 있고 사람이 있으면 토지가 있고 토지가 있으면 재물이 있고 재물이 있으면 씀이 있는 것이다. 덕이 근본이고 재물은 말이다. 근본을 밖으로 하고 말을 안으로 하면 백성을 다투게 하여 겁탈하는 가르침을 베푸는 것이다. 그러므로 재물이 모이면 백성이 흩어지고 재물이 흩어지면 백성들이 모이게 된다. 따라서 말이 도리에 어긋나게 나간 것은 또한 도리에 어긋나게 들어오고, 재물이 도리에 어긋나게 들어온 것은 또한 도리에 어긋나게 나가는 것이다.[18]

따라서 군자는 우선 덕행을 신중하게 하여야 한다. 덕행이 있은 뒤에 비로소 백성을 얻을 수 있고 백성이 있은 뒤에 비로소 토지가 있을 수 있고 토지가 있은

---

18) 是故君子先慎乎德. 有德此有人, 有人此有土, 有土此有財, 有財此有用. 德者本也, 財者末也, 外本內末, 爭民施奪. 是故財聚則民散, 財散則民聚. 是故言悖而出者, 亦悖而入; 貨悖而入者, 亦悖而出.

뒤에 비로소 재물이 있을 수 있고 재물이 있은 뒤에 비로소 나라의 지출이 있을 수 있다. 도덕이 근본이고 재물은 지엽적인 것이다. 근본을 경시하고 지엽적인 것을 중시하면 백성들과 이익을 다투게 되고 교묘한 수단이나 힘으로 빼앗게 된다. 그러므로 재물을 모으면 백성들이 흩어지게 되고 재물을 베풀면 백성들이 모이게 된다. 군주가 백성들의 뜻에 어긋나게 명령을 내려서 시행하면 백성들도 군주의 마음에 어긋나고 복종하려 하지 않는다. 군주가 백성들의 마음에 어긋나게 재물을 모으면 백성들도 군주의 마음에 어긋나고 군주는 비록 재물을 얻게 되지만 오래도록 보존하지 못한다.

> 「진서」에서 말하였다. "만약 어떤 신하가 단단하고 다른 기예가 없지만 마음이 곱고 고와서 용납함이 있는 듯하다. 남이 가지고 있는 기예를 자신이 소유한 것처럼 여기고 남의 훌륭하고 성스러움을 그 마음에 좋아함이 자기 입에서 나온 것보다 더 한다. 이는 남을 포용하는 것이어서 나의 자손과 이민을 보전할 것이니 또한 이로움이 있을 것이다. 남이 가지고 있는 기예를 시기하고 미워하며 남의 훌륭하고 성스러움을 어겨서 통하지 못하게 한다. 이는 포용하지 못하는 것이어서 나의 자손과 이민을 보전하지 못할 것이니 또한 위태로울 것이다." 오직 인인이어야 이들을 추방하여 사방의 오랑캐 땅으로 내쫓아 중국에서 함께 살지 않게 한다. 이것이 오직 인인이어야 남을 제대로 사랑하고 남을 제대로 미워한다는 것이다.[19]

「주서」는 『상서』「주서」의 한 편으로 진목공이 진(晉)나라에 패하여 잘못을 뉘우치는 말들이 기재되어 있다. 「주서」에서는 이렇게 말하였다. "만약 어떤 신하가 성실하고 한결같고 다른 재능이 없지만 마음이 관대하고 많은 것들을 포용할 수 있다. 남이 가지고 있는 재능을 자신이 가지고 있는 것처럼 여기고 남의 뛰어난

---

19) 「秦誓」曰: "若有一个臣, 斷斷兮無他技, 其心休休焉, 其如有容焉. 人之有技, 若己有之; 人之彦聖, 其心好之, 不啻若自其口出. 實能容之, 以能保我子孫黎民, 尚亦有利哉! 人之有技, 媢嫉以惡之; 人之彦聖, 而違之俾不通. 寔不能容, 以不能保我子孫黎民, 亦曰殆哉!" 唯仁人, 放流之, 迸諸四夷, 不與同中國. 此謂唯仁人爲能愛人, 能惡人.

재능과 지혜를 마음속으로부터 좋아하고 자기 입에서 나온 것과 다름이 없다. 이는 현명한 사람을 포용할 수 있는 것이기 때문에 나의 자손과 일반 백성을 보호할 수 있고 나라에 유리하다. 만약 남이 가지고 있는 재능을 질투하고 미워하며 남의 총명과 지혜를 보면 방해하여 남이 성공하지 못하게 한다. 그는 현명한 사람을 포용할 수 없기 때문에 나의 자손과 일반 백성을 보호할 수 없고 나라에 위험하다." '인덕'이 있는 군주만이 비로소 현명함을 시기하고 재능을 질투하는 사람들을 유배하여 사방의 오랑캐 땅으로 내쫓아 그들이 현명한 덕이 있는 사람들과 함께 더불어 살지 못하게 할 수 있다. 이것이 바로 어진 사람(仁人)이라야 비로소 남을 제대로 사랑하고 제대로 미워할 수 있다는 것이다.

> 어진 이를 보고도 들어 쓰지 못하고 들어 써도 우선하지 못하는 것이 태만이고, 선하지 못한 자를 보고도 물리치지 못하고 물리쳐도 멀리하지 못하는 것이 잘못이다. 남이 싫어하는 바를 좋아하고 남이 좋아하는 바를 싫어하는 것을 사람의 성품을 거스른다고 하는데 반드시 재앙이 그 몸에 닥칠 것이다. 그러므로 군자는 큰 도가 있어서 반드시 충성과 믿음으로써 얻고 교만함과 방자함으로써 잃는다.[20]

여기서는 현명한 사람을 보고도 선발할 수 없고 이미 현명한 인재를 선발하여도 자신보다 우선하여 중용하지 않는 것은 직무에 태만한 것임을 말하고 있다. 나쁜 사람을 보고도 파면하지 못하고 혹은 이미 파면하여도 먼 곳으로 쫓아내지 못한다면 그것이 바로 잘못이고 과실이다. 만약 백성들이 싫어하는 나쁜 사람을 좋아하고 백성들이 좋아하는 좋은 사람을 싫어한다면 이는 바로 인간의 본성을 위반하는 것이고 반드시 재앙이 몸에 떨어질 것이다. 그러므로 군자에게는 처세의 큰 원칙이 있는데, 반드시 충성과 성실로써 얻고 교만하고 사치함으로써 잃게 된다.

---

20) 見賢而不能擧, 擧而不能先, 命也; 見不善而不能退, 退而不能遠, 過也. 好人之所惡, 惡人之所好, 是謂拂人之性, 災必逮夫身. 是故君子有大道, 必忠信以得之, 驕泰以失之.

2) 재물을 생산함에는 도가 있고 의로움을 이롭게 여기다

재물을 생산함에는 큰 도가 있다. 생산하는 자는 많고 먹는 자가 적으며 하기를 빨리 하고 쓰기를 느리게 하면 재물이 항상 풍족할 것이다. 어진 사람은 재물로써 몸을 일으키고 어질지 못한 사람은 몸으로써 재물을 일으킨다. 윗사람이 어짊을 좋아하고 아랫사람이 의를 좋아하지 않는 경우가 없고 (아랫사람이) 의를 좋아하고 서 일이 마무리되지 못하는 경우도 없으며 창고의 재물이 (윗사람의) 재물이 아닌 경우가 없다. 맹헌자는 이렇게 말하였다. "마승을 기르는 자는 닭과 돼지를 살피지 않고 얼음을 쓰는 집에서는 소와 양을 기르지 않고 백승의 가정에서는 취렴하는 신하를 기르지 않는다. 취렴하는 신하를 기르느니 차라리 도둑질하는 신하를 기른 다." 이것이 바로 나라는 이익을 이롭게 여기지 않고 의로움을 이롭게 여기는 것이다. 나라의 어른이 되어 재용에 힘쓰는 자는 반드시 소인으로부터 비롯된다. 저 소인이 국가를 다스리게 하면 천재와 인해가 함께 이르고 비록 잘하는 자가 있더라도 또한 어쩔 수 없다. 이것이 나라는 이익을 이롭게 여기지 않고 의로움을 이롭게 여긴다는 것이다.[21)

재물을 생산함에는 하나의 큰 원칙이 있다. 바로 생산하는 사람이 많고 먹는 자가 적으며 빨리 제조하고 늦게 사용하면 재물이 늘 풍족할 것이다. 어진 사람은 재물로써 자신의 덕행과 사업을 발전시키고 어질지 못한 사람은 몸이 망가짐을 아랑곳하지 않고 재물을 일으킨다. 윗사람이 인덕仁德을 좋아하는데 아랫사람이 의덕義德을 좋아하지 않는 경우는 종래로 없었고, 아랫사람이 의덕을 좋아하는데 윗사람의 사업이 성공하지 않는 경우도 없었으며, 국고의 재물이 군주의 소유가 아닌 경우는 더더욱 없었다. 춘추 시기 노나라의 현명한 대부 맹헌자는 이렇게

---

21) 生財有大道. 生之者衆, 食之者寡, 爲之者疾, 用之者舒, 則財恒足矣. 仁者以財發身, 不仁者以身發財. 未有上好仁而下不好義者也, 未有好義其事不終者也, 未有府庫財非其財者也. 孟獻子曰: "畜馬乘, 不察於雞豚; 伐氷之家, 不畜牛羊; 百乘之家, 不畜聚斂之臣, 與其有聚斂之臣, 寧有盜臣." 此謂國不以利爲利, 以義爲利也. 長國家而務財用者, 必自小人矣. 彼爲善之, 小人之使爲國家, 災害并至; 雖有善者, 亦無如之何矣! 此謂國不以利爲利, 以義爲利也.

말하였다. "집에 네 필의 말과 차가 있는 관원은 닭과 돼지를 길러서 이익을 꾀하여서는 안 된다. 제사할 때 얼음을 사용할 자격이 있는 귀족 집안은 소와 양을 길러서는 안 된다. 백 대의 전차(兵車)를 가지고 있는 귀족은 재물을 취렴하는 신하를 길러서는 안 된다. 재물을 수탈하는 신하를 두느니 차라리 도적질하는 신하를 둔다." 이는 나라에서는 재물을 이롭게 여겨서는 안 되고 도의를 이롭게 여겨야 됨을 말한 것이다. 나라를 관리하는 관원이 백성들과 함께 이득을 다투고 재물을 모으는 데 힘쓴다면 반드시 소인의 유혹으로부터 시작된 것이다. 군주가 나라의 정사를 잘 다스리고자 하였지만 소인더러 다스리게 하면 반드시 여러 가지 재난과 재앙을 불러오게 된다. 설령 현명한 재능이 있는 자라도 그때가 되면 방법이 없다. 이것이 바로 나라는 재물을 이롭게 여기지 말고 마땅히 도의를 이롭게 여겨야 함을 말하는 것이다. 이상에서 나라를 다스리고 천하를 태평하게 하는 근본은 바로 국가 관원들의 도덕적인 수양을 관리하고 다스리는 것임을 말하였다. 만약 나라를 관리하고 다스리는 자들이 덮어놓고 사사로운 이익만을 추구하고 부패하고 타락한 생활을 하면 윗사람이 하는 대로 아랫사람이 따라하게 되니 나라에 끝없는 재난을 가져오게 됨은 불 보듯 뻔한 일이다.

5. 『대학』의 의의

『대학』은 송대의 유가들에 의하여 유학체계의 강령적인 문헌이라 일컬어졌다. 이상의 서술을 종합해 보면, 『대학』에서 집중적으로 논의한 것은 '삼강령', '팔조목'의 사상이고 개인적인 도덕수양의 제고와 나라를 다스리고 천하를 화평하게 하는 것 사이의 관계에 대하여 설명하였으며 유가의 내성외왕(內聖外王)의 기본적인 사상의 함의와 사유구조를 보여 주었다. '삼강령'에서 '명명덕'은 자신에게 내재된 덕성을 끊임없이 분명하게 하는 것이고, '친민'은 백성과 가까이하고 백성을 아끼고 백성을 교화함으로써 낡은 것을 제거하고 새로운 것을 확립하여 새로운 사람으로 되게한다. 궁극적인 목적은 양호한 정치, 문화 환경을 조성함으로써 안으로부터 밖으로미루어 나가고 개인으로부터 천하로 미루어 나감으로써 지극히 선한 경지에 도달하는 것이다. '팔조목'은 내용이 풍부한데 '수신'이 관건이다. 수신의 공부 중에서성의, 정심, 신독은 모두 이 장에서 특히 강조하였던 부분이다. 수신, 제가, 치국,평천하는 도덕적인 자아가 끊임없이 체험하고 확충해 나가는 과정이다. 그 중에는정치를 하는 자가 스스로 날마다 그 덕을 새롭게 하고 청렴하고 공적인 것을위하여 힘쓰며 충서의 도로써 자신을 단속하고 남을 헤아리며 현명한 사람을선발하고 도덕을 근본으로 하고 재물을 지엽적인 것으로 여기며 의로움으로써이익을 제어함을 견지하는 것이 포함된다.

　손중산孫中山(1866~1925) 선생이 구미의 정치문화가 중국 정치철학의 체계보다완비하지 못함을 주장하면서 들었던 예가 바로 『대학』에서 팔조목을 설명한 단락이다. 그는 이렇게 말하였다. "한 사람을 안으로부터 밖으로 발전시키고, 한 사람의내부로부터 시작하여 천하를 태평하게 하는 것으로까지 미루어 나간다. 이렇게정교하게 전개된 이론은 외국의 어떤 정치 철학자한테서도 볼 수 없었고 누구도말한 적이 없었다. 이것이 바로 중국 정치철학 특유의 보물로서, 마땅히 보존하여야한다."22) 쑨 선생은 '내성'-'외왕'의 구조를 평면적으로 이해하지 않았고 '수신'을중심으로 하는 '내성'의 심성으로부터 '외왕'의 사공事功에 이르는 도덕-정치학설을밝혀내고자 시도하였는데, 이는 매우 심각한 인식이다. 어떤 학자들은 '내성'(도덕적인 수양)으로부터 '외왕'(공훈을 세우고 업적을 쌓는 것)으로 미루어 나가는 것은 논리에부합하지 않는다고 주장한다. 이는 확실히 형식적인 논리에 부합하지 않고 평면적이고 표면적인 순차적 추리나 역으로의 추리가 불가능하다. 하지만 보다 깊은측면에서 말하면 여기에는 확실히 일종의 심각한 생명이성 혹은 생명논리 혹은

---

22) 『孫中山全集』 제9권(中華書局, 1986), 247쪽, "把一個人從內發揚到外, 由一個人的內部做起,推到平天下止, 像這樣精微開展的理論, 無論外國什麼政治哲學家都沒有見到, 都沒有說出, 這就是我們政治哲學的知識中獨有的寶貝, 是應該要保存的."

생존체험이 포함되어 있다. 『대학』의 덕으로써 교화하는 정치의 팔조목, 세상을 다스리는 자의 도덕적인 소양에 대한 강조는 당대 법치사회의 요구와 완벽하게 결합될 수 있다. 현대의 법치는 반드시 공통된 윤리인식을 배경과 기초로 하여야 하는데, 공통된 윤리인식은 윤리의 전통과 떨어질 수 없다.

유가에서 말하는 '수기'와 '치안'에는 구별이 있다. '수기'는 주요하게 관리하는 사람에 대한 요구이고 남을 다스리는 것에 쓸 수 없다. 관리계층의 군자를 놓고 말하면 반드시 자신을 바르게 하고 남을 사랑하며 자신의 몸을 닦는 것을 근본으로 하고 자신으로부터 미루어 남에게 이르며 널리 베풀고 뭇사람을 구제하고 널리 많은 사람을 사랑하여야 한다. 하지만 일반적인 백성들을 놓고 말하면 이해하고 관용하여야 한다. 왕은 세상을 다스리는 군자로서 우선 덕을 닦고 자신의 몸을 바르게 함으로써 만민의 도덕적인 본보기가 되어야 할 뿐만 아니라, 덕으로써 정치를 펴고 학교를 설립하며, 예악문명과 유가의 경전으로써 백성들을 교화하여 사람마다 수치스러움을 알고 생명의 의미와 가치를 자각하도록 하여야 한다.

4장 『중용』의 지혜

　"중용"의 사상은 상고시대에서 기원한다. 『논어』 「요왈」에 기재된 바에 근거하면 요가 순에게 왕위를 선양하고 순이 우에게 왕위를 선양할 때 유일하게 경고하였던 말이 바로 반드시 "신실하게 중용의 도를 실천하라"(允執其中)는 것이었는데 '윤'은 신실함(信)이다. 왕위를 전수하면서 다음과 같이 말하였다. 만약 진실하게 중도를 실천하지 않으면 세상의 백성들이 곤궁에 빠지고 너의 봉록도 영원히 끊긴다. '중中'도를 사용하고 신봉하는 것은 성왕이 대대로 주고받은 나라를 다스리는 대도였다. 『상서』의 「주서周書」에는 「홍범洪範」과 「여형呂形」의 두 편이 있는데 모두 중도를 제창하였다. 「홍범」에서는 '삼덕三德'을 강조하였는데, 정직함을 주로 하고 강함과 부드러움이 있으며 강함과 부드러움이 서로 조화를 이루어 중정中正과 평화平和를 구하여 얻는다. 「홍범」의 "황극皇極"은 바로 "편벽되고 기울어짐이 없게 하여…… 편벽되고 편당함이 없으면 왕의 도가 넓어질 것이고, 편당함이 없고 편벽됨이 없으면 왕의 도가 평평해질 것이며, 뒤집어짐이 없고 치우침이 없으면 왕도가 정직해지니, 그 극이 있는 곳으로 모여들고 그 극이 있는 곳으로 돌아온다"[1]는 정치철학의 지혜이다. '극'은 원래 건물의 대들보를 가리키는 것으로 건물에서 가장 높고 가장 바르고 가장 가운데의 중요한 부분이다. 이로부터 공평하고 정직하며 지극히 공정하고 바른 표준이라는 의미로 확대되었다.

---

1) 無偏無頗, 遵王之義……無偏無黨, 王道蕩蕩; 無黨無偏, 王道平平; 無反無側, 王道正直; 會其有極, 歸其有極.

1. 공자의 중용사상

1) '중'과 '용'

 무엇이 '중'인가? 무엇이 '용'인가? 무엇이 '중용'인가?

'중'자의 본래의 뜻에는 여러 가지 설법이 있다. 화살을 쏘아 과녁을 맞히는 모양과 같고, 표목을 세워 그림자를 측정하는 정측正灰이며, 깃발과 같은데 씨족의 수령은 중앙에 깃발을 세워 사방의 사람들이 모이도록 하였다는 등이다. 『설문해자』에서는 "중은 안이다. 입으로부터 아래, 위로 통한다"(中, 內也. 從口, 上下通)고 하였다. 여기서 '중'자는 '외外'를 상대하여 말하면 '내內'이고 안이다. 공간상에서 주변을 상대하여 말하면 같은 거리에 있는 '중심'이고, 정도程度 면에서 상등과 하등을 상대하여 말하면 '중등'이며, 과정상에서 전반을 상대하여 말하면 '절반'이고, '치우침'(偏)을 상대하여 말하면 '바름'(正)이고 어느 한쪽으로 치우치지 않는 것이다. 단옥재段玉裁(1735~1815, 청대의 고증학자, 역자 주)는 '중'이 '밖'(外)을 상대하여 말한 것이고 '치우침'(偏)을 상대하여 말한 것인 동시에 또한 '적당함'(合宜)의 의미임을 제기하였다. 여기서 말하는 '중용'의 '중'은 바로 알맞고(適中) 정당하며(正當) 안성맞춤이고(恰如其分) 어느 한쪽으로 치우침이 없으며(不偏不倚) 지나침도 모자람도 없는(無過無不及) 표준을 가리킨다.

'용'자의 본래의 뜻도 이런저런 설들이 많다. 어떤 사람은 대종人鐘이라 해석하면서 '용鏞'자와 통하는 것이라 주장하고, 어떤 사람은 성城이라 해석하면서 '용墉'자와 통하는 것이라 주장하며, 또 어떤 사람은 공로(功)의 뜻으로 해석하면서 종으로 공로를 기록하는 것이라 주장한다. '중용'의 '용'에는 세 가지 뜻이 있다. 첫째로 하안何晏(?~249, 위진현학의 선구자, 역자 주)은 '항상'(常)으로 해석하였고, 정이程頤(1033~1107, 송명리학의 창시자, 역자 주)는 "변하지 않음을 용이라 이른다"(不易之謂庸) 즉 항상 변하지 않는 '리', 변화 속에서 변하지 않는 도리를 주장하였다. 둘째로 주자는 '평상平常' 즉 평범하고 일반적인 덕이라고 해석하였고, 서복관徐復觀(1903~1982, 현대신유가 중의 한 사람, 역자 주)은 매 사람이 실천하여야 하고 실현할 수 있는 행위라고 주장하였다. 셋째로 『설문해자』에서는 이렇게 해석하였다. "용은 쓰임이다."(庸, 用也) 바로 운용한다는 의미이다. 정현鄭玄(127~200, 한대 경학의 집대성자, 역자 주)은 『중용』을 중화中和의 쓰임을 기록한 글이라고 주장하였다.

2) 공자의 중용에 대한 논의

공자에게 있어서 중용은 도덕적인 수양의 경지였고 또한 일반적인 사유방법론이었다.

우선 수양의 경지에 대하여 살펴보도록 한다. 공자는 이렇게 말하였다. "중용의 덕은 지극하다. 백성들이 이 덕을 결핍한 지 오래되었다."[2] '중용'은 도덕적인 수양의 최고 경지였고 보통의 사람들은 도달하기 어려운 경지였다.

"자공이 물었다. '자장과 자하 중에서 누가 더 현명합니까?' 공자가 답하였다. '자장은 지나치고 자하는 미치지 못한다.' '그렇다면 자장이 더 낫습니까?' '지나침은 미치지 못함과 같다.'"[3] '사師'는 전손사顓孫師 즉 자장이다. '상商'은 복상卜商 즉 자하이다. 성격으로 놓고 말하면 자장은 일을 처리함에 있어서 조금 지나치고, 자하는 일을 처리함에 있어서 조금 미치지 못하였기 때문에, 공자는 자공의 말에 대답하면서 지나침은 미치지 못함과 마찬가지로 좋지 않다고 하였다. 공자는 '중도'의 선비를 칭찬하였다. "공자가 말하였다. '중도의 선비를 얻어 함께하지 못한다면 반드시 광자나 견자와 함께하겠다. 광자는 진취적이고 견자는 하지 않는 바가 있다.'"[4] '광자狂者'는 오로지 앞으로만 전진하고 호탕하고 기개가 있는 선비이고 마음이 태연하다. '견자狷者'는 절대 구차하게 취하지 않고 의롭지 못한 수단으로

---

2) 『論語』, 「雍也」, "中庸之爲德也, 其至矣乎! 民鮮久矣."
3) 『論語』, 「先進」, "子貢問: '師與商也孰賢?' 子曰: '師也過, 商也不及.' 曰: '然則師愈與?' 子曰: '過猶不及.'"
4) 『論語』, 「子路」, "子曰: '不得中行而與之, 必也狂狷乎! 狂者進取, 狷者有所不爲也.'"

얻은 재물을 거부하며 개성이 독립적이고 또한 수양이 있다. 공자는 언행이 중도에 부합하는 사람을 찾아 친구를 사귈 수 없으면 반드시 광자나 견자와 친구가 되겠다고 하였다. 진취적인 광자와 지조가 군은 견자 모두 매우 훌륭하지만 최상의 등급은 아니었고 최상의 등급은 양자의 장점을 종합한 중도의 선비라는 것이다. 공자의 제자는 공자가 "온화하면서도 엄숙하고 위엄이 있으면서도 사납지 않고 공손하면서도 평안하였다"[5]고 하였는데 이는 성품 상의 중도이고 또한 수양의 경지이다.

중용의 도는 원칙이 없는 것이 아니고 모든 사람과 영합하는 것이 아니며 그것은 교활주의(滑頭主義)의 '향원'이다. 공자는 이러한 원칙 없는 교활주의를 비판하였다. "향원은 도덕의 적이다."[6] 누군가는 유가, 공자 및 그 도덕론을 '향원'이라고 여기고 중용의 도를 절충주의이고 구차하게 살아가는 것이라 주장하는데 물론 전혀 근거 없는 주장은 아니다.

다음으로 일반적인 방법론에 대하여 살펴보도록 한다. 공자의 '중용'은 또한 보편적인 방법론이다.

『예기』「중용」에서는 공자의 말을 인용하여 이렇게 말하였다. 군자가 중용을 함은 군자이면서 때에 맞게 하기 때문이다. "군자는 중용을 하고 소인은 중용에 반대로 한다."(君子中庸, 小人反中庸. 君子之中庸也, 君子而時中) 여기서 '시중時中'의 문제를 제기하였다. 공자는 "성인의 시중인 자"(聖之時者)이고 가장 시간의식이 있고 밤낮으로 쉬지 않으며 스스로 노력하여 게을리하지 않는다. '시중'은 그때의 상황에 따라 적절하게 조치를 취하고 아무 때나 표준에 부합한다는 의미이다. 예를 들어 어떤 선비가 제후에 의하여 등용되면 절대 처세의 원칙을 저버리지 않고 관리가 될 수 있으면 되고 될 수 없으면 되지 않으며 오래할 수 있으면 오래하고 그렇지 않으면 신속하게 떠난다. 행하여야 하면 행하고 그쳐야 하면 그치는데, 관건은 독립적인 인격과 절개를 보존하여야 한다. 만약 일정한 시공간 하에서의 '예'가

---

5) 『論語』, 「述而」, "溫而厲, 威而不猛, 恭而安."
6) 『論語』, 「陽貨」, "鄕原, 德之賊也."

표준과 원칙이라면 '시중'의 요구는 인간의 행위와 시대의 요구가 서로 부합되어야 한다는 것이다. "예로 선다"(立於禮)는 것은 '예'에 부합하는 것이지 경직된 규칙, 규범을 기계적으로 고집하는 것이 아니다.

공자는 최초로 '권權'의 개념을 제기하였다. '권'은 물건의 무게를 달 때 쓰는 저울추 즉 민간에서 말하는 '칭추秤錘', '칭타秤砣'이다. 무게를 단 후에야 무겁고 가벼움을 알 수 있다. 여기서는 동사로 쓰였는데, 무게를 달아 가늠함을 가리킨다. 즉 도의 원칙 아래 상황의 변화에 따라 원활하게 대처하고 동적인 균형과 통일을 강조하고 원칙성과 융통성의 통일을 강조하였다. '중용'은 선분의 가운데 점이 아니고 고정되어 있는 것이 아니라 동적이고 탄력 있는 표준이다.

공자에게는 "양쪽을 타진한 다음 최선을 다해서 알려 주는"[7] 방법 즉 두 가지 부동한 측면, 극단(예를 들어 음양, 강약, 대소)으로부터 끊임없이 타진하여 문제를 계발하고 사고하며 해결한다. 또한 그는 "두 끝을 잡아 그 중을 백성에게 쓸 것"[8]을 제창하였다. 즉 '집양용중執兩用中'은 두 개의 극단 사이에서 동적인 통일과 균형의 계기를 찾아내어 구체적으로 분석하고 원활하게 처리하며 변증적으로 종합한다.

형식(文)과 바탕(質)의 관계에서 화려한 형식과 소박하고 실속 있는 내용의 관계에 대하여 공자는 이렇게 주장하였다. "바탕이 형식을 압도하면 거칠고 형식이 바탕을 압도하면 겉만 번드르하다. 형식과 바탕이 어울려야 군자이다."[9] 이는 형식과 내용 사이 관계의 중도를 말한 것이다. 시가의 표현에서 공자는 「관저關雎」편의 시에 대하여 이렇게 평론하였다. "즐거움에 지나침이 없고 슬픔에 상처가 없다."[10] 즐겁지만 지나치게 방탕하지 않고, 슬프지만 지나치게 고통스럽지 않은데 이는 감정을 표현함에 있어서의 중도이다. 공자는 「소韶」에 대하여 찬미하면서 "완벽하게 선하고 완벽하게 아름다운"(盡善盡美) 미학의 원칙을 제기하였는데 이는 '중화',

---

7) 『論語』, 「子罕」, "叩其兩端而竭焉."
8) 『中庸』, "執其兩端, 用其中於民."
9) 『論語』, 「雍也」, "質勝文則野, 文勝質則史. 文質彬彬, 然後君子."
10) 『論語』, 「八佾」, "樂而不淫, 哀而不傷."

'중용'의 도가 미학과 예술의 측면에서 반영된 것이다.

2. 자사자와 『중용』

먼저 자사라는 사람에 대하여 논의하고 『중용』이라는 책을 살펴보도록 한다.

1) 자사라는 사람

자사는 성이 공孔이고 이름이 급伋이다. 공자의 적손嫡孫이고 전국 초년의 사람으로 생몰년은 미상이다. 어떤 주장에 근거하면 주경왕周敬王 37년(기원전 483년)에 태어났고 위열왕威烈王 24년(기원전 404년)에 죽었으며 증자로부터 학업을 배웠다고 전해진다.

『사기』 「공자세가」에서는 이렇게 말하고 있다. "자사가 『중용』을 지었다."(子思作『中庸』) 『한서』 「예문지」에는 "『자사』 23편"이라고 기록되어 있고 이에 반고班固는 이렇게 주석을 달았다. "이름이 급이고 공자의 손자이며 노목공의 스승이다."(名伋, 孔子係, 爲魯繆公師) 여기서 '무繆'는 '목穆'이다. 후한의 정현은 『중용』이 자사의 작품임을 긍정하였다. 남조의 양심약梁沈約은 『소대예기』 중의 "「중용」, 「표기表記」, 「방기坊記」, 「치의緇衣」는 모두 『자사자子思子』에서 취한 것"임을 제기하였다. 장대년張岱年은 만년에 『중용』의 대부분은 자사가 저술한 것이고 개별적인 장절만이 후세 사람들이 보탠 것이며 『중용』의 '성誠'사상은 맹자보다 먼저 제기된 것이라 주장하였다.

1993년 10월에 형문荊門 곽점 1호 초묘楚墓에서 출토된 죽간에는 「노목공문자사」, 「오행」, 「치의」 등의 편이 들어 있었다. 이상의 여러 편은 모두 자사자와 밀접한 관련이 있는 자료들이다. 곽점 초간 「노목공문자사」에 기재된 바에 근거하면 목공이 자사에게 "어떻게 하여야 충신이라 이를 수 있는가?"(何如而可謂忠臣)라고 묻자 자사는 이렇게 대답하였다. "언제나 자기 군주의 잘못을 말할 수 있으면 충신이라 할 수 있다."(恒稱其君之惡者, 可謂忠臣矣) 이로부터 자사의 강직하고 아부하지 않는 인격을 볼 수 있다. 이 중의 일부 인품과 덕성, 언행은 맹자한테서도 어렵지 않게 찾아볼 수 있다. 맹자는 자사의 문인으로부터 배웠다.

2) 고전으로서의 『중용』

『중용』은 원래 『소대예기』의 제31편이다. 지금의 『중용』은 전해지는 과정에서 후세 유자들에 의하여 보태졌고 당시 사람들의 일부 주장들도 섞여 있다. 예를 들어 "지금의 천하는, 마차는 수레의 궤가 모두 같고 책의 문자도 모두 같으며 실행하는 윤리도 모두 같다"(今天下, 車同軌, 書同文, 行同倫)고 하였고, 또 태산을 '화악華嶽'이라 부르는 것 등은 모두 당시 진한 시기 사람들의 말이다. 하지만 그 중의 주요한 사상관점은 모두 자사에서 연원한다. 한漢대에서 남조에 이르기까지 사람들은 끊임없이 『중용』을 연구하였다. 당唐의 이고李翺 이후 북송에 이르기까지 여러 대가들은 모두 『중용』을 중요하게 간주하였다. 이정 형제는 『중용』을 높이 받들어 "공자의 문하에서 전수해 온 심법"(孔門傳授心法)이라 주장하였다. 주자 또한 『중용』을 크게 내세워 『중용장구』를 지었고 사서 중의 하나로 간주하였으며 천하에 널리 퍼지고 멀리 동아시아에 전해지도록 하였다.

『중용』에는 오직 삼천오백여 자뿐이다. 정이는 이렇게 주장하였다. "그 책이 처음에는 한 이치를 말하였고 중간에는 흩어져 만사가 되었으며 끝에는 다시 합하여 한 이치가 되었다. …… 그 의미가 무궁하고 모두 진실한 학문이다. 잘 읽는 자가 완색하여 얻음이 있으면 종신토록 쓰더라도 다하지 못함이 있을 것이다."[11] 주자는 전체 내용을 33개 장章으로 나누었고 대체적으로 세 부분으로 나누었다. 제1부분은 제1장에서 제11장까지이고, 그 중에서 제1장 "천명지위성天命之謂性"장은 전반 내용

---

11) 其書始言一理, 中散爲萬事 末復合爲一理……其味無窮, 皆實學也. 善讀者玩索有得焉, 則終身用之, 有不能盡者矣.

의 대강(總綱)이자 자사가 전해진 공자의 뜻을 서술하여 입론한 것이며, 이하의
열 개 장은 자사가 공자의 말을 인용하여 대강을 증명한 것이다. 제2부분은 제12장
"군자지도비이은君子之道費而隱"장으로부터 제20장까지이고, 그 중의 제12장은 자사
의 말로서 '도와 떨어질 수 없음'(道不可離)을 설명한 것이며, 이하의 여덟 개 장은
공자의 말을 인용하여 해석한 것이다. 제3부분은 제21장부터 마지막 장까지이다.
그 중에서 제31장 "자성명위지성自誠明謂之性"장은 자사가 제20장에서 공자가 말한
천도, 인도의 뜻을 계승하여 입론한 것이며, 이하의 열두 개 장은 저자가 천도,
인도의 사상에 대하여 반복적으로 추론한 것이다. 이 장에서는 주요하게 주자의
『중용장구』에 의거하여 논의하고자 한다.

3. '성性', '도道', '교敎' 및 '성誠'과 '명明'

아래에 원문을 자세하게 고찰함으로써 『중용』의 몇 가지 요점에 대하여 파악하
고자 한다. 고서는 정독하여야지 그저 보아서는 안 된다. 책을 읽을 때 소리를
내고 고저장단의 억양이 있어야 하며 유창하게 읊어서 여운과 참뜻을 읽어 내야
한다. 백번 되풀이하여 읽다 보면 그 뜻을 스스로 깨우치게 된다.

1) '성', '도', '교'의 관계와 '중과 화를 지극히 함'

『중용』에서는 첫머리에 단도직입적으로 전문의 요지에 대하여 이렇게 밝히고
있다. "하늘이 명한 것을 성이라 이르고 성을 따는 것을 도라 이르며 도를 닦는
것을 교라 이른다."(天命之謂性, 率性之謂道, 修道之謂敎) 이는 전체 내용의 요점이다.
하늘이 인간에 부여한 것을 '본성'이라 이르고 이 본성을 따라 행하는 것이 바로
'정도正道'이며, 사람이 본성에 의거하여 행동함으로써 모든 일에서 도에 부합하게
하는 것을 '교화'라 부른다는 뜻이다. 『중용』에서는 천도를 '성'으로 간주한다.

즉 만물은 천도를 '성'으로 하는 것이다. 사람과 만물의 본성은 하늘이 부여한 것이고 하늘이 부여한 본성 중에 자연적인 리가 있는데 바로 천리이다. 이 책에서는 실제적으로 하늘이 인간에게 부여한 것이 선량한 덕성임을 말하였다. '솔성지위도'에서 '솔率'은 '수帥'와 음이 같고 따른다는 의미이다. '솔성'은 그 '성'을 따른다는 것이지 '성'을 내버려 두는 것이 아니다. 모든 사람과 만물은 모두 자연스럽게 자기 분야의 법칙을 따라 활동하고 '성'을 따라 행하는 것이 곧 '도'이다. 모든 사물의 존재와 활동은 모두 '도'의 체현이다. 사람을 놓고 말하면 하늘이 명한 '성'을 따라 행하고 표현된 것은 바로 '도'이다. 부모에 대하여 행하면 효孝로 표현된다. 사람은 기질이 가리고 막게 되면 '도'를 따라 행할 수 없기 때문에 반드시 먼저 '도'를 밝혀야만 비로소 '도'에 근거하여 행할 수 있고 사람이 '도'를 밝힐 수 있게 하는 것이 바로 교화의 작용이다. 일반적이 사람은 '도'를 닦고 선善을 밝히는 수양을 통하여야만 본래 가지고 있는 '성'을 드러낼 수 있다.

"기뻐하고 노하고 슬퍼하고 즐거워하는 감정이 발하지 않은 것을 중이라 이르고 발하여 모두 절도에 맞는 것을 화라 이른다. 중이라는 것은 천하의 큰 근본이고 화라는 것은 천하의 공통된 도이다. 중과 화를 지극히 하면 천지가 제자리를 편안히 하고 만물이 생육된다."[12] '중절'의 '중中'은 '중眾'이라 읽는데 부합한다는 의미이다. '절'은 바로 법도이다. 감정이 발하기 전에는 마음이 고요하고 움직이지 않아서 지나치고 미치지 못하는 병폐가 없는데 이러한 상태를 '중'이라 이른다. '중'은 '도'의 체이고 '성'의 덕이다. 만약 감정을 나타내어 절도에 부합하고 지극히 적당하며 도리에 맞지 않음이 없고 자연스럽다면 '화'라 이른다. '화'는 '도'의 용이고 '정'의 덕이다. '중'은 천하 사물의 큰 근본이고 '화'는 천하에 통할 수 있는 큰 도이며 '달도'라 한다. 군자의 성찰하는 공부가 완벽하게 선하고 완벽하게 아름다운 '중화'의 경지에 도달하면, 천지는 그 자리에 만족하고 끊임없이 운행하며, 만물은

---

12) 『中庸』, "喜怒哀樂之未發, 謂之中; 發而皆中節, 謂之和. 中也者, 天下之大本也; 和也者, 天下之達道也. 致中和, 天地位焉, 萬物育焉."

각자 본성을 이루어 끊임없이 생기고 생겨난다.

2) '수신'의 오달도五達道와 삼달덕三達德

『중용』에서는 이렇게 말하였다. "그러므로 군자는 몸을 닦지 않을 수 없고, 몸을 닦을 것을 생각하면 부모를 섬기지 않을 수 없고, 부모를 섬길 것을 생각하면 사람을 알지 않을 수 없고, 사람을 알 것을 생각하면 하늘의 이치를 알지 않을 수 없다."13) 이는 나라를 다스리는 군자는 몸을 닦지 않을 수 없고, 몸을 닦을 것을 생각하면 부모를 섬기지 않을 수 없으며, 부모를 섬기려면 현자를 높이고 남을 사랑할 줄 알지 않을 수 없고, 현자를 높이고 남을 사랑할 줄 알려면 하늘의 이치를 알지 않을 수 없다. 이 책에서는 공자의 말을 빌려 오륜이 오달도이고 사람마다 지켜야 하는 규율이고 보편적인 도이며, '지혜智慧', '인애仁愛', '용감勇敢'이 삼달도 즉 다섯 가지 규율을 실천하는 세 가지 방법임을 제기하였다. "천하의 공통된 도가 다섯인데 이것을 행하는 것은 셋이다. 군신 사이, 부자 사이, 부부 사이, 형제 사이, 친구 사이의 사귐 이 다섯 가지는 천하의 달도이다. 지, 인, 용의 세 가지는 천하의 공통된 도이고 이것을 행하는 것은 하나이다."14) 오륜관계의 실천 과정을 통하여 몸을 닦는 것 즉 일상생활을 통하여 자신을 수양하는 것이다.

오늘날 군신의 관계는 사라졌지만 상, 하의 관계는 여전히 존재하고 작업윤리는 여전히 필요하다. 오늘날에는 가정과 작업윤리를 통하여 친정, 우정, 동료, 상·하급의 관계에서 바른길을 걷고 편파적이지 않는 것 이것이 수양의 과정이라 이해할 수 있다. '소이행지자일'에서 '일'은 '성誠' 즉 성실, 지성至誠을 가리킨다. 이러한 수양과정에서 군자의 세 가지 미덕인 '지智', '인仁', '용勇'을 배양하는 것이다. 공자는 이렇게 말하였다. "어진 사람은 근심이 없고 지혜로운 사람은 의혹이 없으며 용감한

---

13) 故君子不可以不修身; 思修身, 不可以不事親; 思事親, 不可以不知人; 思知人, 不可以不知天.
14) 天下之達道五, 所以行之者三. 曰: 君臣也, 父子也, 夫婦也, 昆弟也, 朋友之交也, 五者天下之達道也. 知仁勇三者, 天下之達德也, 所以行之者一也.

사람은 두려움이 없다."15) 『중용』에서는 공자의 말을 인용하여 이렇게 말하고 있다. "학문을 좋아함은 지에 가깝고, 힘써 행함은 인에 가까우며, 부끄러움을 앎은 용에 가깝다. 이 세 가지를 알면 몸을 닦는 바를 알 것이고, 몸을 닦는 바를 알면 남을 다스리는 바를 알 것이며, 남을 다스리는 바를 알면 천하와 나라, 집안을 다스리는 바를 알 것이다."16) 배우기를 좋아함은 지덕智德에 가깝고, 힘써 실천함은 인덕仁德에 가까우며, 부끄러움을 아는 것은 용덕勇德에 가깝다. 여기서는 대지大智, 대용大勇, 대인大仁을 가리킨다. '지'는 잔머리를 굴리는 것이 아니고 '용'은 거칠고 경솔한 것이 아니며 '인'은 작은 은혜가 아니다. 근본적으로 몸을 닦는 것이 바로 내성內聖이고 나라를 다스리고 천하를 태평하게 하는 것이 외왕外王의 업적이다. 이는 『대학』의 주장과 일치하게 내성으로부터 외왕으로 관통한다. 정치를 하는 자는 자신을 수양할 줄 알아야만 비로소 나라를 다스리고 천하를 태평하게 할 줄 안다.

3) 천도와 인도를 관통하는 '성誠' 및 '성誠'과 '명明'

하늘과 사람, 천도와 인도의 관계에 관하여 『중용』에서는 '성誠'을 중심으로 하여 논의하였다. '성'은 『중용』의 최고 범주이다. '성'의 본래의 의미는 진실하고 망령됨 없는 것인데 이는 하늘의 본연의 속성이고 하늘을 하늘이게끔 하는 근본적인 도리이다. "성실한 자는 하늘의 도이고 성실히 하려는 자는 사람의 도이다. 성실한 자는 힘쓰지 않고도 도에 맞고, 생각하지 않고도 알아서 종용히 도에 맞으니, 성인이고 성실히 하려는 자는 선을 택하여 굳게 잡는 자이다."17) 하늘의 도는 공평무사하기 때문에 '성'인 것이다. '성지자'는 성실하게 한다는 의미이다. 성인은

---

15) 『論語』, 「子罕」, "仁者不憂, 知者不惑, 勇者不懼."

16) 好學近乎知, 力行近乎仁, 知恥近乎勇. 知斯三者, 則知所以修身; 知所以修身, 則知所以治人; 知所以治人, 則知所以治天下國家矣.

17) 誠者, 天之道也; 誠之者, 人之道也. 誠者不勉而中, 不思而得, 從容中道, 聖人也. 誠之者, 擇善而固執之者也.

생각하지 않고도 자연스럽게 도에 부합하고 천성으로부터 온 것이다. 보통 사람들은 기질 상의 가리고 막힘이 있어서 직접적으로 순조롭게 천명의 성을 다할 수 없기 때문에 후천적인 수양의 공부를 통하여야만 본래 가지고 있던 선한 본성을 드러낼 수 있다. 이는 '성'을 구하는 것을 통하여 최종적으로 '성'의 경지에 도달하게 되는 과정이다.

'성'을 구하는 수양공부에는 "널리 배우고 자세히 묻고 신중하게 생각하며 밝게 분별하여 독실하게 행하는"(博學之, 審問之, 愼思之, 明辨之, 篤行之) 다섯 가지 방법이 있다. 해박하게 배우고 자세하게 묻고 신중하게 사고하며 치밀하게 분석하고 착실하게 실천하는 이 다섯 개의 '지之'에는 과학정신이 내포되어 있다. 『중용』에서는 또 "남이 한 번에 할 수 있으면 나는 백 번을 하고, 남이 열 번에 할 수 있으면 나는 천 번을 한다"(人一能之己百之, 人十能之己千之)는 배우는 정신을 강조하였다.

『중용』에서는 지극히 성실한 뒤에 '선'을 밝히는 것은 성인의 자연스러운 천성이고 현명한 사람은 학습과 수양의 공부를 통하여 덕을 밝힌 뒤에 지극히 성실해짐을 주장하였다. 성실함으로써 밝아지고 밝아짐으로써 성실해지는데 목적은 동일하고 서로 보충할 수 있다. "성으로 말미암아 밝아짐을 성이라 이르고 명으로 말미암아 성실해짐을 교라 이른다. 성실하면 밝아지고 밝아지면 성실해진다. 오직 천하에 지극히 성실하여야만 그 성을 다할 수 있고 그 성을 다하면 사람의 성을 다할 수 있다. 사람의 성을 다하면 사물의 성을 다할 수 있다. 사물의 성을 다하면 천지의 화육을 도울 수 있다. 천지의 화육을 도우면 천지와 더불어 참여하게 된다."[18] 오로지 천하에서 지극히 성실한 성인만이 하늘이 부여한 본성을 끝까지 다할 수 있기 때문에 교육 사업을 일으키고 남을 존중하고 백성들의 본성을 다하며 나아가 사물을 존중하고 만물의 본성을 다하여 만물이 각자의 위치에서 편안하고 각자의 본성을 다한다. 이렇게 하여 천지가 만물을 낳고 기름을 도울 수 있게

---

18) 自誠明, 謂之性; 自明誠, 謂之教. 誠則明矣, 明則誠矣. 唯天下至誠, 爲能盡其性. 能盡其性, 則能盡人之性. 能盡人之性, 則能盡物之性. 能盡物之性, 則可以贊天地之化育. 可以贊天地之化育, 則可以與天地參矣.

되는 것이다. 이는 사람이 천지와 함께 셋으로 정립할 수 있게 한다. 인간의 지위는 이렇게 드러난다. 이는 또한 첫 장에서 "중화를 지극히 하면 천지가 제자리를 편안히 하고 만물이 잘 생육된다"(致中和, 天地位焉, 萬物育焉)는 의미이다. 사람은 천도를 나타내었는데 바로 도덕적인 실천 중에서 천도 성체(性體)의 진실하고 구체적인 의미를 보아 낸 것이다. 이상의 논의로부터 하늘과 사람의 덕이 합쳐지는(天人合德) 사상을 어렵지 않게 찾아볼 수 있다. 바로 하늘이 인간에게 선량한 본성을 부여하였고 즉 천하가 관통되어 인간의 본성이 되었고 인간은 수양의 공부를 통하여 천덕(天德)의 경지로 도달할 수 있는 것이다. 하늘로부터 인간에 이르고 인간으로부터 하늘에 이른다.

4) 자신을 이룸과 사물을 이룸, 고명을 다하고 중용을 따르다

『중용』에서 이렇게 말하였다. "성은 스스로 이루어지는 것이고 도는 스스로 행하여야 할 것이다. 성실함은 사물의 시작과 끝이고 성실하지 않으면 사물이 없게 된다. 그러므로 군자는 성실함을 귀하게 여긴다. 성실함은 스스로 자신을 이룰 뿐만 아니라 사물을 이루어 준다. 자신을 이루는 것은 인이고 사물을 이루어 줌은 지이다. 이는 성의 덕이고 내외를 합한 도이다. 그러므로 때로 둠에 마땅하다."[19] 여기서는 '인도'에 대하여 말하였다. 성실함은 자신이 자신을 실현하고 완성하며 성취할 수 있는 것이고 도는 사람이 마땅히 스스로 가야 하는 길이다. '성'은 사물의 시작과 끝을 이루는 낳고 낳는 도이고 '성'이 없으면 만물도 없다. 그러므로 군자는 '성'을 가장 소중한 것으로 여겼다. '성'이 일단 자신의 마음속에 나타나면 자신 이외의 모든 사람과 사물을 이루어 준 것을 요구할 수 있다. 사람의 본성이 나타나면 즉 어진 마음이 나타날 때 몸체(形軀), 이욕(利慾), 집착(計較)에서 벗어날 수 있고 밖으로 통할 것을 요구하여 자신을 미루어 남에게 이르고 남과 사물을

---

19) 『中庸』, "誠者自成也; 而道自道也. 誠者物之終始, 不誠無物. 是故君子誠之爲貴. 誠者非自成己而已也, 所以成物也. 成己, 仁也; 成物, 知也. 性之德也, 合外內之道也. 故時措之宜也."

이루어 준다. '인'과 '지'는 인간의 본성에 본래 있는 것이고 확충하여 자신을 이루고 사물을 이루는데 곧 사물과 나를 겸하고 안과 밖을 합한다. 인간의 본성이 원만하게 실현되면 통하지 않는 바가 없고 행위에 적당하지 않음이 없다.

세속의 생활에는 고명한 경지가 있다. 『중용』에서는 '존덕성'과 '도문학'의 통일, 평범함과 위대함의 통일을 제기하였다. "그러므로 군자는 덕성을 높이고 학문을 말미암으니 광대함을 지극하게 하고 정미함을 다하며 고명을 다하고 중용을 따르며 옛것을 잊지 않고 새로운 것을 알며 후함을 돈독하게 하고 예를 높이는 것이다."[20] 고유한 선한 본성과 어진 덕을 보호하고 소중하게 여기고 기르고 확충할 뿐만 아니라 후천적인 학습과 수양을 중시한다. 또한 원대한 목표가 있을뿐더러 실제에 입각하고 세속의 생활세계에서 벗어나지 않고 평범한 일상생활 속의 윤리와 직책을 다하는 과정에서 진, 선, 미가 하나로 합치되는 경지를 추구하고 숭고함을 실현한다. 풍우란馮友蘭은 일찍이 스스로 주련을 이렇게 지었다. "낡은 나라를 밝혀 새로운 운명을 보충하고 고명을 다하고 중용을 따른다."(闡舊邦以輔新命, 極高明而道中庸) 고명한 경지는 세속의 생활을 떠날 수 없고 세속의 생활 속에서 실현하는 것이다.

4. '수신', 관리와 관원의 덕

관리는 언제나 사람에 대한 관리이다. 관리하는 것 중에는 사람이 있다. 일정한 의미에서 관리의 주체 자신의 인격적인 수양, 지혜, 방법과 관리 작업의 실제적인 효과는 밀접하게 연관되어 있다.

---

20) 『中庸』, "故君子尊德性而道問學, 致廣大而盡精微, 極高明而道中庸, 溫故而知新, 敦厚以崇禮."

1) 정치는 사람에게 달려 있고 몸으로써 사람을 취하다

"애공이 정치에 대하여 묻자 공자가 대답하였다. '문왕, 무왕의 정치가 방책에 펼쳐져 있습니다. 그러한 사람이 있으면 그러한 정치가 실행되고 그러한 사람이 없으면 그러한 정치가 없어집니다. 사람의 도는 정치에 민감하게 나타나고 땅의 도는 나무에 민감하게 나타납니다. 정치의 신속한 효과는 쉽게 자라나는 갈대와 같습니다. 그러므로 정치를 함은 사람에게 달려 있고 사람을 취하되 몸으로써 하고 몸을 닦되 도로써 하고 도를 닦되 인으로써 해야 합니다. 인은 사람의 몸이고 부모님을 친히 함이 큰 것입니다. 의는 마땅함이니 어진 사람을 높이는 것이 큰 것입니다. 부모님을 친히 함의 줄어듦과 어진 사람을 높임의 등급이 예가 생겨난 이유입니다.'"[21] 이는 주문왕과 무왕이 실행하였던 정치가 모두 간독簡牘에 기록되었음을 말한 것이다. 훌륭한 정치와 교육, 정령은 모두 유능한 정치인이 있고 없는가에 달려 있다. 현대사회에서는 "사람이 있으면 정치가 실행되고 사람이 없으면 정치가 사라진다"(人存政擧, 人亡政息)고 하면 안 된다. 지금은 법치사회이고 법률, 규범의 보편성을 강조하여 규정을 올바르게 확정하면 어떤 사람이라도 제도에 근거하여 일을 처리하고 비로소 훌륭한 관리질서가 있게 된다. 이는 물론 맞는 말이다.

하지만 다른 한 측면 또한 중요하다. 『중용』에서는 '정치를 함이 사람에게 달려 있음'(爲政在人) 즉 정치와 교육의 흥망은 사람과 관련이 있고 정치와 관리는 현명한 사람을 얻을 수 있느냐 없느냐에 달려 있다는 것이다. 유능하고 성심성의로 책임을 다하는 사람이 있으면 어떠한 이념과 정치는 훌륭하게 실행되는데, 나무가 자라기 적합한 토양에 심은 것과 마찬가지이다. 제도는 사람, 공동체에 근거하여 집행되고 실시된다. 적합한 사람이 정치를 펴면 효과를 볼 수 있는데 물가의 갈대가

---

21) 『中庸』, "哀公問政. 子曰: '文, 武之政, 布在方策. 其人存, 則其政擧; 其人亡, 則其政息. 人道敏政, 地道敏樹. 夫政也者, 蒲盧也. 故爲政在人, 取人以身, 修身以道, 修道以仁. 仁者人也, 親親爲大. 義者宜也, 尊賢爲大. 親親之殺, 尊賢之等, 禮所生也.'"

신속하게 자라나는 것과 같다. 군주가 정치 사무를 잘 처리하려면 관건은 사람에 있다. 어떤 사람을 고를 것인가? "사람을 취하되 몸으로써 한다"(取人以身)는 사람을 취하는 방법이고 그 사람의 몸을 닦음이 어떠한가에 달려 있다. '신身'은 이미 닦은 몸을 가리킨다. '수신'은 사람마다 걷는 큰 길을 가는 것이고 '수도'는 하늘이 부여한 인간의 본성인 '인덕'에 의거한다. '인'은 바로 남을 사랑하는 것이고 백성을 넓게 사랑하는 것이다. 그 중에서 자신의 부모를 사랑하는 것은 '인'의 큰일이고 '인'은 부모를 사랑하는 마음을 백성을 사랑하는 마음으로 미루어 나가는 것이다. '의'는 사물의 이치를 분별하여 각자 적절함을 얻는 것인데 그 중에서 현명한 사람을 존중하고 현명한 사람을 발탁하는 것은 사회를 위하여 복무하는 가장 합리하고 정당한 일이다. '친친지살親親之殺'의 '살'은 '쇄曬'로 읽어야 하는데 강등, 하락한다는 의미이다. 부모를 사랑함에는 주차主次, 정도의 구분이 있고, 현자를 존중함에는 두텁고 얇으며 등급의 구분이 있는데, 이러한 것은 '예'로부터 생겨난 것이다. 관원들은 몸을 닦아 '예'를 밝히고 어질고 의로운 사람이 되어야 한다.

2) 덕과 지위가 서로 어울리고 현재의 지위에 따라 행하다

덕과 지위의 관계에 관하여 유가에는 많은 논의가 있다. 역사와 현실 속에서 덕이 있는 자가 반드시 지위가 있는 것이 아니고, 지위가 있는 사람이 반드시 덕이 있는 것이 아니다. 유가에서는 덕, 지위, 봉록, 명성, 수壽, 쓰임이 서로 어울려야 함을 주장하였는데 이는 물론 이상이다. "그러므로 대덕은 반드시 그 지위를 얻고 반드시 그 녹을 얻으며 반드시 그 이름을 얻고 반드시 그 수를 얻는다. 그러므로 하늘이 물건을 낼 때에는 반드시 그 재질에 따라 돈독하게 한다. 그러므로 심은 것은 북돋아 주고 기운 것은 엎어 버린다."[22] 대덕이 있는 사람은 이론적으로 마땅히 높은 지위, 후한 봉록, 아름다운 명성, 심지어 장수하여야 한다. 하늘은

---

22) 『中庸』, "故大德必得其位, 必得其祿, 必得其名, 必得其壽. 故天之生物, 必因其材而篤焉. 故栽者培之, 傾者覆之."

만물을 화육함에 있어서 그 재질에 근거하여 두텁게 베푸는데, 심은 것은 키워주고 기울어진 것은 할 수 없이 엎어지게 한다. 관리자는 여러 사람, 여러 계층의 직원에 대하여 사람마다 덕, 지위, 봉록, 쓰임이 서로 어울리게 하여 각자 자신의 본성을 완성하고 각자 자신의 재능을 발휘하게 하는 것이 유가의 천하를 화평하게 다스리는 하나의 중요한 원칙이다. "아래 지위에 있으면서 윗사람에게 신임을 얻지 못하면 백성을 다스리지 못한다."(在下位不獲乎上, 民不可得而治矣) 현명한 사람이 군주의 신임을 얻지 못하고 아래 지위에 있는 사람이 윗사람의 지지를 얻지 못하면 백성들은 현명한 사람의 관리를 받을 수 없다. 이는 윗사람이 현명한 인재를 알아보지 못하면 관리 작업에 심각한 손실을 끼치게 됨을 가리킨다. 따라서 조건을 창조하여 덕과 재능을 겸비한 인재를 선발하여야 할뿐더러 이를 제도화하여야 한다.

　다른 한편 관원, 관리자 본인으로서 어떻게 하여야 하는가? "군자는 현재의 지위에 따라 행하고 그 밖의 것을 원하지 않는다. 현재 부귀에 처해서는 부귀대로 행하고 빈천에 처해서는 빈천대로 행하며 이적에 처해서는 이적대로 행하고 환난에 처해서는 환난대로 행하니, 군자는 들어가는 곳마다 스스로 만족하지 않음이 없다. 윗자리에 있으면서 아랫사람을 능멸하지 않고 아랫자리에 있으면서 윗사람을 잡아당기지 않고 자기 몸을 바르게 하고 남에게 요구하지 않으면 원망하는 사람이 없다. 위로는 하늘을 원망하지 않고 아래로는 사람을 허물하지 않는다. 그러므로 군자는 평이함에 처하여 천명을 기다리고, 소인은 위험한 것을 행하여 요행을 바란다."[23] '소素'는 현재를 가리키고 '위位'는 처하여 있는 지위를 가리킨다. '소위이행素位而行'은 현재의 관직 지위에 만족한다는 것이다. 군자는 현재에 처한 직위에 만족하며 본분의 일을 하고 분수에 맞지 않는 생각을 하지 않으며 본분 이외의 일을 할 것을 희망하지 않는다. 부귀, 빈천, 이적, 환나의 지위에 처하면 그 위치에서 해야 될 일들을 한다. 군자는 도를 지키고 본분에 만족하며 순경이든 역경이든

---

23) 『中庸』, "君子素其位而行, 不愿乎其外. 素富貴, 行乎富貴; 素貧賤, 行乎貧賤; 素夷狄, 行乎夷狄; 素患難,行乎患難: 君子無入而不自得焉. 在上位不陵下, 在下位不援上, 正己而不求於人, 則無怨. 上不怨天, 下不尤人. 故君子居易以俟命, 小人行險以僥幸."

어디에 있든 모두 마음이 유유자적하다. 군자는 윗자리에 있으면서 권세를 부리지 않고 아랫사람을 능멸하지 않으며, 아랫자리에 있으면서도 윗자리의 사람을 끌어내리지 않는다. 『중용』에서는 또 이렇게 말하였다. "윗자리에 처해서는 교만하지 않고 아랫사람이 되어서는 배반하지 않는다."(居上不驕, 爲下不倍) '배倍'는 '배背'이고 '불배不倍'는 '예'에 어긋나지 않고 도를 배반하지 않는다는 것이다. 다만 자신을 단정히 할 것을 구하고 남에게 구걸하지 않으며 마음이 태연하여 자연스럽게 아무런 원한도 없고 하늘도 원망하지 않고 남도 원망하지 않는다. 그러므로 군자는 '평이함에 처하여 천명을 기다린다'(居易以俟命). '이易'는 평지를 가리키고 '거이居易'는 평이하고 위험이 없는 처지에 처하여 있음을 가리킨다. '사명俟命'은 천명이 이르기를 기다리는 것이다. 하지만 소인은 모험하려고 하면서 운 좋게 분수에 맞지 않는 이익과 마땅하지 않은 혜택을 얻고자 한다. 이로부터 군자와 소인이 부동한 마음가짐을 가지고 있음을 볼 수 있다. 관리는 기본적인 관덕, 절개가 있어야 하고 군자는 고상하고 도량이 넓으며 세속에 구속되지 않고 초연하다. 공자는 군자가 도를 닦는 것과 활쏘기가 마찬가지라고 보았다. 화살이 과녁을 맞히지 못하여도 남을 원망하지 않고 다만 자신에게서 돌이켜 찾을 뿐이고 자신의 걸음과 수법의 수양이 부족한 것이라 반성한다. 이는 바로 군자가 자신에게 돌이켜 구하고 남을 탓하지 않는 것이다.

'하늘을 원망하고 남을 탓함'(怨天尤人)에 관해서는 항우項羽를 생각할 수 있다. 오강烏江에서 목을 베어 자결하기 전에 항우는 하늘을 우러러보며 길게 탄식하였다. "하늘이 나를 망하게 하려는 것이지 전쟁에서 진 것 때문이 아니다."(此天亡我, 非戰之罪也) 그의 실패에는 물론 주관과 객관의 여러 가지 원인이 있고, 고집불통이고 우유부단이 부족한 그의 성격 탓도 있었다. '소위이행'과 윗자리, 아랫자리에서의 마음상태에 관해서는 "제갈량은 한평생 유독 신중하였고 여단은 큰일에서 어리석지 않다"(諸葛一生惟謹慎, 呂端大事不糊塗)는 말을 생각할 수 있다. 송태종이 여단呂端 (935~1000)을 재상으로 삼으려고 하자, 사람들이 여단은 어리석다고 하였다. 그러자 송태종은 "여단은 작은 일에서 어리석지만 큰일에서는 어리석지 않다"(端小事糊塗端,

大事不糊塗)고 주장하였다. "작은 일에서 어리석다"는 것은 무엇인가? 원칙, 크게 옳고 그름과 관련되지 않는 문제, 개인의 이해득실과 관련되는 일에서는 시시콜콜 따지지 않는 것이다. 구준寇準은 경험자였다. 후에 여단의 지위가 구준보다 높았지만 여단은 각 방면에서 구준을 존중하였고 매사에서 여러 번 겸양하였다. 작은 일에서 는 어리석었고 너그럽게 받아들이고 양보하고 다투지 않았고, 굳셈과 부드러움, 너그러움과 엄격함, 나아감과 물러남, 얻음과 잃음에서 중도를 유지하였기 때문에 비로소 대세에 유리하였고 넓은 흉금과 기개로 큰 사업을 성취할 수 있는 것이다.

3) 화하나 흐르지 않고 참소하는 사람을 제거하고 여색을 멀리하다

공자는 자로가 '강强'에 대하여 묻자 이렇게 대답하였다. "그대가 물은 것은 어떤 강함인가? 남방의 강함인가? 아니면 북방의 강함인가? 아니면 네가 스스로 여기는 강함인가? 너그럽고 유순하게 도리로써 사람을 교화하고 다른 사람의 무지 막지한 업신여김에 보복하지 않는 것이 남방의 강함이고 군자는 이 도에 만족한다. 무기와 갑옷을 깔고 자면서 죽어도 무서워하는 기색이 전혀 없는 것이 북방의 강함이고 강한 사람이 이 도에 만족한다." "그러므로 군자는 화하나 흐르지 않으니 강하다 꿋꿋함이여! 중립하여 치우치지 않으니 강하다 꿋꿋함이여! 나라에 도가 있을 때에는 궁할 적의 의지를 변하지 않으니 강하다 꿋꿋함이여! 나라에 도가 없을 때에는 죽음에 이르러도 지조를 변하지 않으니 강하다 꿋꿋함이여!'[24] '교矯'는 '교攪'와 음이 같고 강한 모양이다. 군자의 강함은 도의, 의리의 강함이다. 강한 자의 강함은 혈기의 강함이다. 군자는 '화하나 흐르지 않는데' 사람과 더불어 평화롭게 지내지만 절개와 원칙이 있고 세속을 따르지 않는다. 중도를 지키고 치우침이 없는데 어찌 진정한 강함이 아니겠는가. 나라의 정치가 밝을 때에는 빈궁할 때의 절개를 변하지 않으니 이는 진정한 강함이다. 나라의 정치가 어두울 때 죽더라도

---

24) 故君子和而不流, 强哉矯! 中立而不倚, 强哉矯! 國有道, 不變塞焉, 强哉矯! 國無道, 至死不變, 强哉矯!

평생의 의지를 변하지 않으니 어찌 꿋꿋하고 강하지 않겠는가. 일반 사람에 대하여 말하면 '화하여 절제함이 없으면 반드시 흐름에 이르게 된다'(和而無節, 則必至於流). 우리는 '화하나 흐르지 않음' 즉 시대의 조류를 따르고 부화뇌동하지 말아야 함을 강조한다. 여러 인종의 사람들과 능숙하게 교류하여야 하지만, 마음속에는 반드시 하나의 저울이 있어서 속임수에 들지 말고 유혹을 뿌리치며 나쁜 사람들과 절대 한 패거리가 되어서는 안 된다.

"군자의 도는 비유하면 먼 곳에 가려면 반드시 가까운 곳으로부터 출발하고 높은 곳에 오르려면 반드시 낮은 곳에서부터 시작함과 같다."(君子之道, 辟如行遠必自邇, 辟如登高必自卑) 중용의 도는 매우 소박하고 "부부에게서 단서를 만드는데"(造端乎夫婦) 부부의 도로부터 시작한다. 수양이든 사업이든 막론하고 우리는 모두 반드시 얕은 곳으로부터 깊은 곳으로 들어가고 가까운 곳으로부터 먼 곳에 이르며 낮은 곳에서부터 높은 곳에 이른다. 자신과 가정으로부터 출발하고 작은 일로부터 시작하여 순서에 따라 점차적으로 해야지 너무 성급하게 일을 처리해서는 안 된다. 공자는 "속히 이루려고 하면 목적을 이루지 못한다"(欲速則不達)고 하였고, 노자는 "천 리 길도 한 걸음으로 시작된다"(千里之行, 始於足下)고 하였으며, 순자는 이렇게 말하였다. "반걸음씩이라도 앞으로 나아가지 않으면 천 리에 도달할 수 없고 작은 물줄기가 쌓이지 않으면 강물과 바다가 될 수 없다."(不積蹞步, 無以致千里; 不積小流, 無以成江海)

"무릇 천하와 국가를 다스림에 구경이 있다"(凡爲天下國家有九經)는 공자가 애공을 위하여 국정을 다스리는 아홉 가지 대강―몸을 닦고, 어진 사람을 높이고, 부모를 친하게 대하며, 대신을 공경하고, 여러 신하의 마음을 동정하고, 여러 백성들을 자애롭게 대하며, 백공들을 오게 하고, 먼 곳의 사람을 회유하며, 제후들을 위로하는 것에 대하여 말한 것이다. 그 중에서 특히 다음과 같은 것을 강조하였다. "몸을 닦으면 도가 확립되고 어진 사람을 높이면 의혹되지 않는다."[25] "재계를 깨끗이 하고 성복을 하여 예가 아니면 움직이지 않는 것이 몸을 닦는 것이고, 참소하는

---

25) 修身則道立, 尊賢則不惑.

사람을 제거하고 여색을 멀리하며 재물을 가볍게 여기고 덕을 귀하게 여기는 것이 어진 사람을 권면하는 것이다."[26] 자신의 몸을 잘 닦으면 큰 도를 확립할 수 있고 현명한 사람을 존중하면 사물의 이치에 대하여 의혹되지 않을 수 있다. '제齊'는 '재齋'와 통한다. 여기서는 재계를 정갈하게 하고 의관을 단정하게 하며 정중하고 자존하며 예절에 부합하지 않는 일은 감히 경솔하게 행동하지 않으면 몸을 닦는 것이다. 좋은 사람을 모함하는 나쁜 말을 듣지 않고 여색을 멀리하며 재물을 가볍게 여기고 도덕을 중시하면 어진 사람을 권면하는 것이다. 오늘날 정부의 관원에 대해 말하면 "참소하는 사람을 제거하고 여색을 멀리하며 재물을 가볍게 여기고 덕을 귀하게 여기는 것"은 여전히 매우 중요하다. "현명한 신하를 가까이하고 소인배를 멀리한다"(親賢臣遠小人), "색자에 칼 하나를 꽂다"(色字頭上一把刀)는 사람들이 익숙하게 잘 알고 있는 민간속담이다. 『중용』에서는 나라를 다스림에 비록 아홉 가지 강령이 있지만 실행하는 방법은 다만 하나의 '성誠'자일 뿐이고 성심성의誠心誠意이다. 옛사람의 교훈에는 또 다음과 같은 것들이 있다. "오만함을 자라게 해서는 안 되고 욕심을 마음껏 부려서는 안 된다. 뜻은 한껏 채우려 들지 말고 즐거움은 끝까지 가서는 안 된다."[27] "재물에 임하여 구차하게 얻어서는 안 되고 어려움을 당하여 구차하게 면하려 해서는 안 된다."[28] "유자는 금옥을 보배로 여기지 않고 충성과 믿음을 보배로 여기고, 토지를 얻기를 기도하지 않고 의로움을 세움을 토지로 여기며, 재물을 많이 모을 것을 구하지 않고 문장을 많이 모으는 것을 부로 여긴다."[29]

"모든 일은 미리 하면 성립되고 미리 하지 않으면 폐해진다. 말을 미리 정하면 차질이 없고, 일을 미리 정하면 곤궁하지 않고, 행동을 미리 정하면 결함이 없고, 도를 미리 정하면 궁하지 않다."[30] '겁跲'은 '협頰'과 음이 같고 넘어짐인데 여기서는

---

26) 齊明盛服, 非禮不動, 所以修身也; 去讒遠色, 賤貨而貴德, 所以勸賢也.
27) 敖(傲)不可長, 欲不可從(縱), 志不可滿, 樂不可極.
28) 『禮記』, 「曲禮上」, "臨財毋苟得, 臨難毋苟免."
29) 儒有不寶金玉, 而忠信以爲寶; 不祈土地, 立義以爲土地; 不祈多積, 多文以爲富.
30) 凡事豫則立, 不豫則廢. 言前定則不跲, 事前定則不困, 行前定則不疚, 道前定則不窮.

말이 유창하지 않음을 가리킨다. 우리는 어떤 일을 하든지 반드시 미리 준비하면 유비무환이다. 준비를 하지 않으면 실패할 수 있다. 발언을 미리 준비하지 않으면 혀가 꼬일 수 있다. 일을 하기 전에 미리 준비하면 난처하지 않을 수 있다. 행동하기 전에 미리 조치를 취하면 문제가 생기지 않을 수 있다. 사람이 되는 도리도 먼저 정해진 규칙이 있으면 통하지 않을 수 없다. 어떤 일을 하든지 미리 사전에 방비하면 미연의 사고를 막을 수 있다.

이상에서 『중용』에 나오는 관리자의 수양 및 '수신'과 관리의 관계, 주요하게는 관리의 덕에 대하여 소개하였다. 사실상 이러한 것들과 현실생활은 결코 어울리지 않는 것이 아니다.

5. 중용의 사유 방법론 및 그 현대적 의의

마지막으로 중용의 방법론 및 그 의의에 대하여 논하고자 한다.

1) '화'와 '중'

이 두 개념은 연관이 있기도 하고 구별도 있다. '화'는 주요하게 '화합' 및 '다양한 통일'을 가리킨다. 공자는 "화합을 추구하고 뇌동하지 않음"(和而不同)[31]을 주장하였다. '화'는 '동'이 아니고 '부동'도 아니다. 사묵史墨은 "조화에서 실제로 사물이 생겨나고 뇌동해서는 계속되지 못하며 다른 것을 가지고 다른 것과 화평하게 하는 것을 화라고 한다"(和實生物, 同則不繼, 以他平他謂之和)고 주장하였고, 『중용』에서는 "화라는 것은 천하의 공통된 도이다"(和也者, 天下之達道也)라고 주장하였다. '화'는 차이를 보존함을 강조하고 서로 다른 인재, 의견을 수용하며 일종의 생태적인

---

31) 『論語』「子路」에 나온다.

관계를 유지하는 것이다. 중국철학에서 천, 지, 인, 물, 아 사이의 관계에 관한 '조화'(和諧)사상, '관용(寬容)'사상은 인류 자연환경의 생태적인 균형과 인문환경의 생태적인 균형을 위하여 예지를 제공하였을 뿐만 아니라, 현대사회의 관리와 기업 관리의 중요한 사상자원이다. 현대 관리에서는 인간과 자연, 인간과 사회, 인간과 인간, 인간과 사물, 인간과 내재적인 자아의 조화로운 관계를 강조하고 일종의 우주일체, 보편적인 조화의 전체적인 관념을 강조한다. 맹자는 "부모를 친하게 하고서 백성을 어질게 하고, 백성을 어질게 하고서 물건을 사랑한다"[32]고 하였고, 장재는 "백성은 나의 동포이고 만물은 나와 함께 있다"(民吾同胞, 物吾與也)고 하였으며, 왕양명은 "인이라는 것은 천지만물을 일체로 삼는 것이다"(仁者以天地萬物爲一體)라고 하였다. 유가관념 속의 우주가족사상 및 자신을 미루어 남에게 이르고(推己及人) 백성을 어질게 하고 사물을 사랑하는(仁民愛物) 의식은 미래사회에서 더욱더 중요한 작용을 발휘할 것이고, 기업과 사업단위 사이 및 내부의 인간관계의 처리 내지는 효과와 이익의 창출 면에서 중요한 의미가 있을 것이다.

'중'은 천하에서 가장 중요한 근본이고 '화'는 천하에서 통행하는 길이다. '중화'의 원리를 최대한으로 발휘하면 천지는 조용하고 만물의 생장은 무성하다. 여기서 '화' 혹은 '중화'는 인생의 실천에서 도달할 수 있는 최고의 경지이고 실천의 추구를 통하여 현실과 이상을 통일시킨다는 의미를 가지고 있다.

'중'의 의미는 어느 한쪽으로 치우침이 없고 '지나침도 없고 미치지 못함도 없으며'(無過無不及) 적당함이다. 철학에서 이는 또한 대립과 통일, 양적 변화와 질적 변화, 긍정과 부정 사이의 '중요한 부분'(關節点) 혹은 '도(度)'이고, 이 한계를 넘어서면 사물에는 큰 변화가 발생할 수 있다.

'화'의 의미는 앞에서 살펴보았듯이 다양함의 통일, 조화를 나타내고, 다른 하나는 '중'과 같은 의미로 합당하고 적절함을 가리킨다. 예를 들어 『논어』에서 유자(有子)가 말한 "예의 운용은 화가 중요하다"[33]는 것과 『중용』에 나오는 "발하여

---

32) "親親而仁民, 仁民而愛物." 『孟子』 「盡心上」에 나온다.

모두 절도에 맞는 것을 화라 이른다"(發而皆中節謂之和)는 것이다. 여기서 '화'는 조절, 일이 절도에 맞는 것, 꼭 들어맞음이다.

중국의 철학가들은 전반적인 조화와 사물과 자신이 상통함을 강조하였다. 그들은 자연을 하나의 조화로운 체계로 파악하였고 사회의 조화와 안정, 민족, 문화와 종교 사이의 공존과 상호 존중, 인간관계의 조화와 질서화를 실현하기 위하여 노력하였을 뿐만 아니라 천, 지, 인, 물, 아 사이 관계의 조화로움을 추구하였다. 유교와 도교의 여러 학파는 모두 자연과 인문의 화합, 인간과 천지만물의 화합에 대한 추구를 나타내었다. 『중용』에서는 이렇게 말하였다. "만물과 함께 길러져서 서로 해치지 않고 도가 함께 행하여져 서로 위배되지 않는다. 작은 덕은 시냇물의 흐름이고 큰 덕은 조화를 도타이 하는 것이다."[34] 『주역』 「계사전」에서는 이렇게 말하였다. "천하가 돌아가는 것은 같지만 가는 길은 제각기 다르고 이루는 것은 하나이지만 생각은 백 가지이다."(天下同歸而殊塗, 一致而百慮) 이러한 관용, 평화, 모든 것을 수용하고 넓고 웅장한 풍격은 바로 조화 혹은 중용의 변증법적 풍격이다.

2) '양쪽을 잡아 가운데를 쓰고' 그 가운데에서 저울질하다

중국철학에서는 한쪽으로 치우침(偏反)을 강조하고 대립을 강조하지만, 단지 자연, 사회와 사유의 발전과정에서 과도적인 역할을 하는 부분으로 인식하였다. 비교해 말하면 '중화', '중용' 및 "양쪽 끝의 귀추가 일치됨"(兩端歸於一致)을 더욱 강조하였다. 중화와 중용은 모순을 부정하고 한쪽으로 치우치며(偏反) 대립하는 것이 아니라 모순을 인정하고 한쪽으로 치우치며 대립하는 전제하에 극단으로 치닫지 않고 일종의 동적인 균형을 실현하여 탄력을 유지하고 일종의 전반적인 조화상태를 추구하며 원칙성과 융통성을 통일시킨다. 오늘날의 관리 작업에서도 통일됨과 다양함, 집중과 분산, 진보와 보수, 풀어 줌과 거두어들임, 여유로움과

---

33) "禮之用, 和爲貴." 『論語』 「學而」에 나온다.
34) 萬物幷育而不相害, 道幷行而不相悖. 小德川流, 大德敦化.

맹렬함, 변화와 항상됨(常) 등은 모두 "양쪽 끝의 귀추가 일치되는" 방법론적인 문제이다.

공자에게는 "양단을 타진한다"(叩其兩端)는 주장이 있는데, 만약 사리에 밝지 않은 사람이 문제를 물어오면 처음과 끝의 양단으로부터 따져 물어 그 속에서 모순을 발견한 뒤에 문제를 종합하여 답해 준다는 의미이다. '집양용중'의 방법론에서 '집'은 바로 파악하는 것이고 '양'은 바로 통일체에서 모순되는 두 가지 측면, 두 가지 힘 혹은 방향이다. 이러한 방법론은 사물에서 두 가지 측면의 다중 연관성을 파악하고 지나침도 없고 모자람도 없는 중도의 원칙으로써 일을 처리할 것을 주장한다. 맹자는 또한 '중간을 잡는 것'(執中)은 반드시 '임기응변'(權變)과 서로 결합되어야 함을 주장하였다. "중간을 잡고 저울질함이 없는 것은 한쪽을 잡는 것과 같다. 한쪽을 잡는 것을 싫어하는 것은 도를 해치기 때문이니 하나를 들어 백 가지를 폐하는 것이다."[35] 여기서 '중'은 원칙성을 가리키고 '권'은 융통성을 가리킨다. 맹자는 중도를 주장하면서 융통성이 없고 변통하는 방법을 알지 못한다면 한쪽만을 잡는 것과 같음을 주장하였다. 사람들은 무엇 때문에 한쪽만 잡는 것을 싫어하는가? 바로 천지 사이의 전반적인 조화와 인간세상의 인의, 예악의 종합적인 큰 도를 해치기 때문이고, 하나의 편면적인 것만을 봄으로써 기타의 여러 측면을 폐하였기 때문이다. 맹자는 양주의 극단적인 이기주의를 반대하였고 묵적의 극단적인 이타주의도 반대하였으며 중도를 주장하였다.

3) '양쪽 끝은 일치되고' 신축성을 유지하다

중용은 다만 일반적인 도리이고 일상에서 볼 수 있는 '도'이다. '상중(尙中)', '집중(執中)'의 관리전략은 '지나침'(過)과 '모자람'(不及)의 양쪽 끝에 대하여 동적인 통일을 지키고 여러 가지 힘과 이익을 조절하고 서로 보충하게 함으로써 크고

---

35) 『孟子』, 「盡心上」, "執中無權, 猶執一也. 所惡執一者, 爲其賊道也, 擧一而廢百也."

작음, 굳셈과 부드러움, 강함과 약함, 빽빽함과 느슨함, 빠름과 느림, 위와 아래, 늦음과 빠름, 움직임과 고요함, 나아감과 물러섬, 감춤과 드러남의 사이에서 신축성을 유지하고 일종의 리듬감을 확보하게 되는데, 실로 훌륭한 관리미학임에 틀림없다. 이는 현대 관리학과 상호 작용할 수 있는 부분이다.

기준으로서의 '중'은 결코 언제나 고정적인 것이 아니고 경직된 원칙이 아니다. '중'은 대립되는 양쪽 끝에서 같은 거리에 떨어진 중간점 위에 있는 것이 아니고 언제나 어떠한 점 위에 있는 것도 아니라 구체적인 상황, 구체적인 조건의 변화에 따라서 수시로 변화한다. 중국의 사유방법은 대립되고 모순되는 양자 사이에 하나의 고정불변하고 절대로 뛰어넘을 수 없는 계선(界限)을 인정하지 않는다. '시중時中'은 때에 따라 절제하고 중도에 부합함을 가리킨다. 유가에서 말하는 '취시趣時'는 시세의 변화에 근거하여 일정한 정도에서 상식적인 규정을 타파하고 적절한 조치를 취한다는 것이다. 여기서 말하는 '시중'은 사실상 '때에 따라 새롭게 바뀌는 것'(趣時更新)의 부분적인 내용을 포함하고 있다. 중용 역시 도덕의 최고 표준이고 도덕적인 영역에서 중정中正, 공정, 평정不正, 중화의 함의를 내포하고 있다. 중은 바른 도이기 때문에 치우치지 않는다.

'용'은 또한 '상'의 의미이다. 옛사람들은 '용중'을 통상적인 도라 여겼고 중화를 통상적인 덕이라 여겼다. '중용'에는 보편적인 방법론의 의미가 들어 있다. 이러한 방법론 또한 자연에서 취한 것이다. 대자연의 음과 양은 서로 보충하고 서로 이루어 주며 동적인 균형을 유지하고 어느 한 극단으로 치우치지 않는다. 중용의 방법은 천지, 자연의 대립과 조화, 서로 작용하고 서로 보충하는 원칙을 받아들였을 뿐만 아니라 이로써 인류 자신과 천지, 만물 사이의 관계를 조화롭게 하여 중화의 경지에 도달하고 천지만물과 사람이 정상적으로 발전하도록 하였다. 중용의 도는 또한 인간의 도로서 윤리적인(倫常) 관계, 공동체 관계를 조절할 수 있다.

중용의 사유 방법론은 모순과 대립의 중화를 강조하고 양쪽 끝 모두 동시에 존재하고 모두 각자의 특성을 유지하며 양쪽 끝의 상호 작용, 구제, 반응, 전환을 촉진하였다. 세계상의 모순이 모두 반드시 한쪽이 다른 한쪽을 소멸하는 지경으로 발전하는 것은 아니다. 대부분의 경우 모순의 통일은 중화의 상태를 취하는데 모순도 있고 한쪽으로 치우침도 있으며 대립하고 투쟁하는 동시에 서로 침투되고 공존하고 함께 발전한다. 이러한 방법론은 대립면의 통일성을 중시하고 의존과 연결 및 양극 혹은 다극적인 대립 사이의 중개적인 관계 및 그 작용을 강조한다.

경제학자 상송조向松祚는 『경제학에서의 "중용"—글로벌금융에 대한 반성 시리즈(1)』에서 이렇게 말하였다. "경제학의 수백 년 동안의 발전은 한마디로 요약하면 『중용』의 위대한 철학적 이치의 소소한 주석에 불과할 뿐이다. 경제의 발전 속도는 너무 빨라도 안 되고 너무 늦어도 안 된다. 수입의 분배는 지나치게 평균적이어도 안 되고 지나치게 평균적이지 않아도 안 된다. 통화의 팽창도 안 되지만 통화의 수축도 안 된다. 전적으로 시장에 맡겨도 안 되고 전적으로 정부가 맡아도 안 된다. 세율은 너무 낮아도 안 되고 너무 높아도 안 된다. 은행의 이율은 너무 높아도 안 되고 너무 낮아도 안 된다. 경제를 완벽하게 봉쇄하여도 안 되지만 완벽하게 개방하여도 안 된다. 금융은 발달하지 않아도 안 되지만 지나치게 발달하여도 안 된다.…… 무릇 경제학의 무슨 명제를 들어도 반드시 『중용』이 처음으로 창조해 낸 '치중화'의 원리에 부합되어야 한다."[36]

중용의 도는 바로 우리의 생활 속에 있다. 예를 들어 관원은 자기 주위의 직원들에 대해서도 중도를 유지하여야 한다. 바로 공자가 말하는 "가까이하면 불손하고 멀리하면 원망한다"(近之則不孫, 遠之則怨)[37]는 것으로 너무 가깝거나 너무 멀어도 좋지 않다. 우리의 신체적인 건강과 심리적인 건강으로 말하면, 유위와 무위, 움직임과 고요함, 허와 실 사이에서 신축성을 유지하여야 한다.

---

36) 騰訊 2013년 6월 28일자 대중채널(大家欄目)을 참조. "經濟學數百年的發展, 一言以蔽之, 只不過是『中庸』偉大哲理的小小腳注. 經濟增速太高不行, 太低亦不行; 收入分配太平均不行, 太不平均亦不行; 通貨膨脹不行, 通貨收縮亦不行; 完全市場化不行, 完全政府化亦不行; 稅率太低不行, 稅率太高亦不行; 利率太高不行, 利率太低亦不行; 完全封閉經濟自然不行, 完全開放經濟亦不行; 金融不發達不行, 金融過度發達亦不行……舉凡經濟學所有命題, 皆必須符合『中庸』首創的致中和原理."

37) 『論語』 「陽貨」에 나온다.

사상방법에 있어서 공자는 객관적인 사실을 존중하고 주관적인 편견을 반대하였다. "공자가 네 가지를 단절하였다. 선입견이 없고 반드시 함이 없으며 고집이 없고 아집이 없다."[38] 이는 사사로운 억측, 절대적인 긍정, 오류에 구애되고 독선적임을 방지하기 위한 것이다. 관리사업과 회사문화에서, 사람과 사람·일과 일의 관계에서, 인간과 자연·인간과 사회·인간과 인간·인간 자신의 내재적인 심신의 관계에서, 가정의 내부와 외부의 관계를 처리할 때, 그리고 나라 사이, 민족 사이, 종교 사이, 문화 사이 등 복잡한 사무를 처리할 때, 우리가 만약 중용의 방법론과 경지론을 배운다면 큰 지혜를 가질 수 있고 태연하게 대처할 수 있다.

그리스(希臘)철학, 인도불교에도 중용 혹은 중도의 관념이 있다. 아리스토텔레스는 이렇게 말하였다. "덕성은 두 가지 악 즉 지나침과 모자람의 중간이다."(德性是兩種惡卽過度與不及的中間) 여기원(餘紀元) 선생의 연구에 따르면 아리스토텔레스는 공자와 마찬가지로 중용이 덕성이고 미덕이며 풍격의 '내재적인 중용'이고 또한 감정과 행동의 '외재적인 중용'을 포함하는 동시에 사람이 덕성의 중용을 실천하여 감정과 행위를 정확하게 처리할 것을 강조하였다.[39] 석가모니의 원시불교에도 '한쪽에 집착하지 않는다'(不着一邊)는 논의가 있는데, 양쪽 끝에서 선택하여 중도를 얻음을 주장하였다. 대승불교의 용수(龍樹) 보살은 『중론』을 지어 '중관(中觀)'을 제기하였고 '중관학파'를 형성하였다. 용수는 '진제(眞諦)'와 '속제(俗諦)'로부터 출발하여 사람들이 실제로 존재함과 허무의 양쪽에 집착하지 않게 하고 '연기(緣起)'와 '성공(性空)'을 논하였는데, 이는 유가의 중용과 매우 큰 구별이 있다.

---

38) 『論語』, 「子罕」, "子絶四: 毋意, 毋必, 毋固, 毋我."
39) 餘紀元, 林航 역, 『德性之鏡』(中國人民大學出版社, 2009), 제130~133쪽 참조.

5장 맹자의 지혜

맹자는 이름이 '가軻'이고 전국戰國시대 중기의 추鄒나라 사람이며 주열왕周烈王 4년(BC.372)에 태어나 주난왕周赧王 26년(BC.289)에 죽었다. 맹자는 노魯나라 맹손씨孟孫 氏의 후손이다. '삼환三桓'1)이 쇠퇴하자 자손들이 사방으로 흩어지고 맹자의 조상은 노魯나라에서 추鄒나라로 거처를 옮겼다. 맹자는 어려서 아버지를 여의었고 인자한 어머니 장仉씨는 온갖 고생을 참고 견디며 가르치고 부양하였다. "맹자의 어머니가 아들의 교육을 위하여 세 번이나 이사했고"(孟母三遷) "짜고 있던 베를 잘라 아들을 교육하였던"(斷機教子) 이야기는 비록 기록이 정확한 역사는 아니지만 전혀 근거가 없는 것도 아니다. 사마천에 의하면 맹자는 "자사의 문인에게서 수업하였다"2). 후세 사람들은 자사와 맹자를 '사맹학파思孟學派'라 불렀다.

맹자가 태어날 때는 공자가 돌아간 지 백 년 가까이 지난 시점이었다. 맹자는 공자의 가르침을 직접 받은 제자가 될 수 없었음을 못내 아쉬워하였다. "내가 원하는 것은 공자를 배우는 것이다. …… 생민이 있은 이래로 공자보다 더 훌륭한 사람은 없었다."3) 맹자의 일생동안의 경력은 공자와 매우 비슷하다. 그는 어른이 된 후 사학私學에 종사하였고 40세 이후에는 정치적인 포부를 품고 열국을 돌아다니 면서(선후하여 제나라, 송나라, 등나라, 위나라에 갔고 제나라에는 두 번 머물렀다.) '인의仁義'의

---

1) 삼환씨는 춘추시대 魯나라의 대부였던 仲孫氏, 叔孫氏, 季孫氏를 가리킨다. 모두 桓公의 아들이었기에 삼환이라 불렀다.
2) 『史記』, 「孟子荀卿列傳」, "受業子思之門人."
3) 『孟子』, 「公孫丑上」, "乃所願, 則學孔子也 ……自生民以來, 未有盛於孔子也." 이하에서 『孟 子』를 인용할 때에는 편명만 붙이도록 한다.

'도'와 인정仁政학설을 전파하고 백성들의 질고를 관심하였으며 형벌을 감면하고 부세를 경감하며 백성들에게 일정한 재산수입이 있어야 함을 주장하였다. 또한 열국의 정치를 비판하였고 제후들(추목왕, 제선왕 등)의 안색을 개의치 않고 직언으로 여러 번 간하였고 제齊나라 직하稷下 학궁學宮의 학술논변에 참여하였다. 맹자는 60세 이후 고향에 돌아가 교육사업과 저술활동에 종사하였고 공손추公孫丑, 만장萬章 등의 제자들과 함께 "『시경』과 『서경』을 서술하고 중니의 뜻을 기술하여 『맹자』 7편을 지었다"[4]. 그는 교육을 창설하였고 많은 학생을 배양하였다.

전국시대 중기에 양주楊朱의 '위아爲我'설과 묵자墨子의 '겸애兼愛'설이 천하에 크게 유행하였고 맹자는 양주와 묵자의 설을 반박하여 학계에서 갑작스럽게 흥기하였다. 전국시대 말기에 『한비자』 「현학」에서는 유가를 여덟 개의 학파로 나누었고, 맹자를 그 중의 한 학파의 우두머리로 하였다. 양한兩漢 시기 조정과 재야에서는 『맹자』를 경서를 돕는 '전傳'으로 간주하였다. 『맹자』는 후한後漢 시기 조기趙岐(?~201)의 산정刪定을 거쳐 일곱 편으로 되었고 지금까지 전해지고 있다. 중당中唐 이후 맹자와 『맹자』의 지위가 상승하였고 북송北宋에 이르면 맹자는 공자와 비견되고 『논어』, 『맹자』는 이미 '육경'의 위에 군림하였다.

1. 인간의 본성은 본래 선하다

맹자가 생활하였던 시대에 인간의 본성에 관한 문제는 중국사상계에서 논쟁의 한 초점이었다. 『맹자』 「고자상」에서는 맹자의 제자 공도자公都子의 질문에 대하여 기록하고 있는데[5] 당시의 대표적인 몇 가지 관점을 이렇게 개괄하였다. 첫 번째는 고자가 주장하였던 "본성은 선함도 없고 선하지 않음도 없다"(性無善無不善)는 설이고,

---

4) 『史記』, 「孟子荀卿列傳」, "序詩書, 述仲尼之意, 作孟子七篇."
5) 『孟子』 텍스트 및 해석에 관해서는 주로 楊伯峻의 『孟子譯注』(中華書局, 1980)에 의거하였음을 밝힌다.

두 번째는 세석世碩 등 사람들이 주장하였던 "본성은 선할 수도 있고 선하지 않을 수도 있다"(性可以爲善, 可以爲不善)는 설이고, 세 번째는 무명씨無名氏의 "본성이 선한 사람도 있고 본성이 선하지 않은 사람도 있다"(有性善, 有性不善)는 설이다.

1) 고자의 "타고난 것이 본성임"을 반박하다

맹자 때에 '생生'자와 '성性'자는 뜻이 서로 같은 글자로 해석되었다. 고자는 당시에 유행하였던 관점, 상식적인 관점을 대표하였다. 고자는, 인간의 본성은 강물과 같아서 동쪽으로 이끌면 동쪽으로 흐르고 서쪽으로 이끌면 서쪽으로 흐르는데 모두 외재적인 환경과 조건에 의하여 결정되는 것이라고 말했다. 맹자는 당시에 유행하였던 관점과 현저하게 차이가 있는, 인간의 본성에 관한 새로운 견해를 제기하였다. 그가 보기에 물은 동쪽을 향할 수도 있고 서쪽을 향할 수도 있지만 물은 언제나 아래로 흐르고 비록 사람들이 산으로 이끌 수는 있지만 위로 흐르는 것은 물의 본성이 아니라 외력에 의해서 그렇게 된 것이다. 사람도 이러한데 물이 아래로 흐르듯이 인간의 본성은 본래 선하다. 인간이 선하지 않은 것은 그의 본성에 의하여 결정된 것이 아니다. 다시 말하면 인간이 선한 것은 본성의 표현이고 인간이 선하지 않은 것은 본성을 위반한 것이다. 예를 들어 우산은 나무와 풀이 무성하였지만 인위적인 파괴로 민둥산이 되었다. 이는 우산의 본성이 나무를 자라게 할 수 없는 것임을 말하는 것이 아니다. 마찬가지로 인간이 사실적인 경험에서 선하지 않음은 결코 본성이 선하지 않음을 증명할 수 없다.

맹자가 보기에 개의 본성과 소의 본성은 다르고 소의 본성과 인간의 본성도 다르다. 인간에게는 자연적인 식食과 색色의 본성이 있지만 인간이 인간이게끔 하는, 혹은 인간과 금수의 본질적인 차이는 인간에게 내재된 도덕적인 '지知', '정情', '의意'인데, 이는 인간에게 고유한 도덕적인 속성이다.

2) 사단의 마음이 선함으로써 본성의 선함을 말하다

맹자는 이렇게 말하였다. "측은지심은 사람마다 다 가지고 있고, 수오지심은 사람마다 다 가지고 있으며, 공경지심은 사람마다 다 가지고 있고, 시비지심은 사람마다 다 가지고 있다. 측은지심은 인이고, 수오지심은 의이며, 공경지심은 예이고, 시비지심은 지이다. 인, 의, 예, 지가 밖으로부터 나를 녹여 들어오는 것이 아니고 내가 본래 소유하고 있지만 사람들이 생각하지 않아서 모를 뿐이다. 그러므로 '구하면 얻고 버리면 잃는다'고 한다."[6]

맹자의 견해에 근거하면 측은해하고 동정하며 마음이 불안하고 차마 하지 못하는 마음, 예를 들어 소가 무고하게 살해되는 것을 차마 보지 못하는 것 등 이러한 부류의 도덕적인 감정은 '선'의 발단이고 싹이다. 인간에게 내재된, 측은·수오·공경·시비 등의 도덕적인 동정심, 정의감, 수치스러움, 존경심과 도덕적인 시비의 식별, 판단 이러한 것들은 바로 도덕적인 이성인 '인', '의', '예', '지'의 싹이다. 이는 인간에게 내재되어 있고 고유한 것이지 외력에 의하여 강요된 것이 아니다. 이러한 맹아상태의 것을 확충해 나가면 '선'이 될 수 있다.

맹자는 이렇게 말하였다. "인은 사람의 편안한 집이고 의는 사람의 바른 길이다."[7] '인'은 사람의 가장 아늑한 주택이고 '의'는 사람의 가장 정확한 길이다. 사람이 모두 '인의'의 마음이 있음에도 불구하고 양심을 잃게 되는 이유는 잘 보존하고 기르지 않기 때문이다. 만약 보존하고 기르지 않으면 잃어버리게 된다. 사람은 집안에서 기르던 닭이나 개를 잃어버리면 찾을 줄 알지만 양심을 잃어버리면 찾아올 줄 모른다. 때문에 맹자는 "그 놓아버린 마음을 찾을 것"[8] 즉 잃어버린 선량한 마음을 찾아오라는 요구를 제기하였다. 사람과 사람이 아닌 것의 차이는

---

6) 「告子上」, "惻隱之心, 人皆有之; 羞惡之心, 人皆有之; 恭敬之心, 人皆有之; 是非之心, 人皆有之. 惻隱之心, 仁也; 羞惡之心, 義也; 恭敬之心, 禮也; 是非之心, 智也. 仁義禮智, 非由外鑠我也, 我固有之也, 弗思耳矣. 故曰: '求則得之, 舍則失之.'"
7) 「離婁上」, "仁, 人之安宅也; 義, 人之正路也."
8) 「告子上」, "求其放心."

본래 작은데, 군자는 보존하였고 일반 백성들은 잃어버렸을 뿐이다. "사람이 금수와 다른 것이 얼마 안 되는데 일반 사람들은 이것을 버리고 군자는 이것을 보존한다. 순임금은 여러 사물의 이치에 밝고 인륜을 살폈으며 인의를 따라 행한 것이지 인의를 행하고자 한 것이 아니다."9) 인간과 금수의 차이는 아주 조금인데, 군자는 이 차이를 보존하였다. 순임금은 마음에 보존한 '인의'로 일을 처리하지 외력의 영향 하에서 억지로 '인의'를 행하는 것이 아니다. "인의를 따라 행하는 것"(由仁義行)은 도덕적인 이성을 따라 행하는 것이고 인간에게 내재된 도덕적인 명령을 따라 행하는 것이며 인간의 도덕적인 자유이다. "인의를 행하는 것"(行仁義)은 사회의 규범에 근거하여 피동적으로 행하는 것이다.

3) 인간의 본성에 관한 새로운 관념

맹자와 고자의 변론은 유추법으로 '기류지변杞柳之辯', '단수지변湍水之辯'에서 성공하였고 한 걸음 나아가 반어법, 반증법을 사용하여 '생지위성지변生之謂性之辯', '인내의외仁內義外'(고자)와 '인의내재仁義內在'(맹자)의 변론에서 최종적으로 반증에 성공하였다. 고자의 사유논리에 근거하면 개와 소의 본성과 인간의 본성은 근본적인 차별이 없다. 맹자는 중국철학사에서 최초로 인간의 본성에 관한 새로운 관념을 분명하게 제기한 사람이다. 즉 인간은 동물 혹은 사물과 다른 특수성을 가지고 있는 이것이 바로 도덕성이라는 것이다. 맹자는 인간이 가지고 있는 자연적인 욕구의 본성을 부정하지 않지만 그의 뜻은 자연적인 욕구를 인간의 본성으로 간주하면 인간과 동물 혹은 사물의 구별을 분명하게 말할 수 없고 오직 도덕적인 본성만이 인간의 가장 근본적이고 가장 중요한 특성이고 인간을 인간이게끔 하는 척도라는 것이다. 맹자는 이렇게 말하였다. "그 정으로 말하면 선할 수 있으니 이것이 이른바 선이다. 불선한 것으로 말하면 타고난 재질의 죄가 아니다."10)

---

9) 「離婁下」, "人之所以異於禽於獸者幾希, 庶民去之, 君子存之, 舜明於庶物, 察於人倫, 由仁義行, 非行仁義也."

'정情'은 여기서 '실實'로 간주하여 말한 것이고 '재才'는 여기서 '정情'과 마찬가지이고 또한 바로 성질(質性)이다. 이 말의 의미는 다음과 같다. "만약 인간의 특수한 상황대로 한다면 스스로 선할 수 있지만 인간은 사실상 선하지 않은데 타고난 재질에 의거한 것이라 할 수 없다. 맹자가 말한 정, 재는 선이 피안에만 존재하는 것이 아니라 실제로 우리의 생명 속에 내재되어 있음을 분명하게 나타낸다. 이러한 심성의 타고남이 있기 때문에 구하면 얻고 버리면 잃게 된다. 성선설은 선천적으로 타고난 것에 대하여 말한 것이지 현실에서의 인간 행위의 선악과는 결코 관계가 없다."11)

4) 하늘은 인간 본성의 궁극적인 근거이다

맹자는 '양심良心'을 '본심本心'이라 부르고 '본심'을 성선의 기초 혹은 근거로 삼았다. '양심'과 본심은 하늘이 부여한 것이고 "이것은 하늘이 나에게 부여해 준 것"12)이다. "사람들이 배우지 않고도 능한 것은 양능이고 생각하지 않고도 아는 것은 양지이다. 어려서 웃고 손을 잡는 아이가 그 부모를 사랑할 줄 모르는 자가 없고 장성함에 이르러서는 그 형을 공경할 줄 모르는 자가 없다. 부모님을 친애함은 인이고 어른을 공경함은 의이다. 이는 다름이 아니라 천하에 공통되기 때문이다."13) 어린아이는 모두 부모를 사랑할 줄 알고 크게 되면 모두 그 형을 공경할 줄 아는데 가족 간의 사랑, 어른을 공경하는 마음에는 '인의'가 포함되어 있다. 이는 모두 배우지 않고도 가능한 것이고 생각하지 않고도 아는 것이다. '인의'는 타고난 것이고 내재적인 것이다.

---

10) 「告子上」, "乃若其情, 則可以爲善矣, 乃所謂善也. 若夫爲不善, 非才之罪也."
11) 劉術先, 「孟子心性論的再反思」, 『當代中國哲學論: 問題篇』(美國八方文化企業公司, 1996), 제149쪽, "若照着人的特殊情狀去做, 自可以爲善, 而人在事實上爲不善, 不能賴在所稟賦的才上面. 而孟子言情, 才, 就明白地顯示, 善不只存在於彼岸, 實內在我們的生命之中. 有了這樣的心性稟賦, 故求則得之, 舍則失之. 性善乃專就稟賦說, 與人在現實上行爲的善惡並不相干."
12) 「告子上」, "此天之所與我者."
13) 「盡心上」, "人之所不學而能者, 其良能也; 所不慮而知者, 其良知也. 孩提之童, 無不知愛其親者; 及其長也, 無不知敬其兄也. 親親, 仁也; 敬長, 義也. 無他, 達之天下也."

맹자는 이렇게 말하였다. "군자의 본성은 인의예지가 마음속에 뿌리를 두고 있다."14) "군자가 일반인과 다른 것은 그 마음에 두는 것 때문이다. 군자는 인을 마음에 두고 예를 마음에 둔다."15) "비록 사람에게 보존된 것이지만 어찌 인의의 마음이 없겠는가?"16) 이명휘李明輝의 해석에 근거하면 이는 맹자가 "도덕적인 법칙이 도덕적인 주체에 달려 있음"을 인식하고 있었음을 표명해 준다. "이른바 '인의의 마음'은 바로 인, 의, 예, 지의 마음을 결정할 수 있고 또한 도덕을 위하여 법을 세울 수 있는 본심이다."17) 다시 말하면 '본심'은 도덕적인 법칙의 제정자인 것이다.

맹자는 공자의 "인의 실천은 자신에게 달려 있고"18) "내가 인을 바라면 곧 인이 이른다"19)는 사상을 발전시켰을 뿐만 아니라 공자의 천도관天道觀을 발전시켰다. 이러한 두 가지 측면을 결합시켜 그는 '성誠'의 범주를 더욱 강조하였는데 이는 자사의 영향과 관련이 있다. '성誠'은 진실하고 거짓이 없으며 천도가 운행하는 법칙이고 또한 일종의 도덕적인 체험의 상태이며 본심, 양지에 대한 궁극적인 근원—'천'에 대한 일종의 경건하고 경외하는 감정이다. 그는 이렇게 말하였다. "그러므로 성실하게 함은 하늘의 도이고 성실하게 하고자 생각하는 것은 사람의 도이다."20) 성실하고 공경하는 태도로 하늘과 천도에 대하여 반성하고 추구하는 것은 사람이 되는 '도'이다. 그는 또 이렇게 말하였다. "그 마음을 다하는 자는 그 성을 안다. 그 성을 알면 하늘을 알게 된다. 마음을 보존하고 성을 기름은 하늘을 섬기는 것이다. 요절하거나 장수함에 의심하지 않고 몸을 닦아 천명을 기다림은 명을 세우는 것이다."21) 인, 의, 예, 지는 하늘에 인간에게 부여한 본성이고

---

14) 「盡心上」, "君子所性, 仁義禮智根於心."
15) 「離婁下」, "君子所以異於人者, 以其存心也. 君子以仁存心, 以禮存心."
16) 「告子上」, "雖存乎人者, 豈無仁義之心哉?"
17) 李明輝, 『康德倫理學與孟子道德思考之重建』(臺北中央研究院 中國文哲研究所, 1994), 제97쪽, "所謂'仁義之心', 卽是能決定仁義礼智之心, 亦卽能爲道德立法的本心."
18) 『論語』, 「顏淵」, "爲仁由己."
19) 『論語』, 「述而」, "我欲仁, 斯仁至矣."
20) 「離婁上」, "是故誠者, 天之道也; 思誠者, 人之道也."
21) 「盡心上」, "盡其心者, 知其性也. 知其性, 則知天矣. 存其心, 養其性, 所以事天也. 殀壽不貳,

선한 마음을 충분히 확충하면 이러한 본성을 체득할 수 있고 천도를 체험하고 천명을 알 수 있다. '본심'을 유지하고 본성을 배양하여야만 하늘을 섬길 수 있다. 단명하든 장수하든 마음을 다하여 몸과 마음을 수양하고 천명을 우대하는 것이야말로 안신입명의 '도'이다. 맹자는 '심', '성', '천'을 통일시켰다. '천'은 인간의 선한 본성의 궁극적인 근거이다.

2. 도덕적인 이성과 도덕적인 감정

인간의 본성에 관한 맹자의 논의는 인간의 감정—사람을 차마 해치지 못하는 마음, 불쌍해하는 마음으로부터 출발하였다. 인간의 도덕적인 직감(直覺), 도덕적인 책임, 당장의 직접적인 정의의 충동에는 그 어떠한 공리적인 목적도 없다.

1) '리理'인 동시에 '정情'이다

맹자는 이렇게 말하였다. "사람들이 모두 사람을 차마 해치지 못하는 마음을 가지고 있다고 말하는 것은, 지금 사람들이 갑자기 어린아이가 우물에 빠지려는 것을 보면 모두 깜짝 놀라고 측은해하는 마음을 가질 것이다. 이는 어린아이의 부모와 친분을 맺으려고 하는 것도 아니고 향당과 붕우들에게 명예를 구하는 것도 아니며 악명을 싫어해서 그러한 것도 아니다. 이로부터 말미암아 본다면 측은지심이 없으면 사람이 아니고 수오지심이 없으면 사람이 아니며 사양지심이 없으면 사람이 아니고 시비지심이 없으면 사람이 아니다. 측은지심은 인의 단서이고 수오지심은 의의 단서이며 사양지심은 예의 단서이고 시비지심은 지의 단서이다. 사람이 사단을 가지고 있는 것은 사람이 사체를 가지고 있는 것과 같다.……

修身以俟之, 所以立命也."

만약 능히 이것을 채운다면 사해를 보전하기에 충분하고 만일 채우지 못한다면 부모를 섬기기도 부족하다."[22]

위 인용문에서 맹자는 한 사람이 우물에 막 빠지려는 아이를 달려가 구하려는 찰나에 그는 근본적으로 생각할 겨를이 없었고 그 아이의 부모와 친분을 쌓거나 혹은 마을과 친구들 앞에서 자신을 과시하여 허영을 도모하려는 것이 결코 아님을 제기하였다. 그의 마음속에 무조건적인 도덕적 요구와 절대적인 명령이 있어서 생각할 겨를도 없이 행동하게 하였다는 것이다. 사람은 도덕적인 주체로서 스스로 자신을 위하여 명령을 내리고 스스로 자신을 지배한다. 이러한 주체는 의지의 주체일뿐더러 또한 가치적 주체이고 더욱이는 실천적 주체이다. '인', '의', '예', '지', '신' 등은 전적으로 사회의 외재적인 도덕규범인 것이 아니고 '본심'이 제정한 법칙 즉 도덕이성이다. 맹자는 도덕적인 생활의 내재성을 강조하였다.

동시에 측은, 수오, 사양, 시비 등의 마음은 '인', '의', '예', '지'의 싹이고 '리'인 동시에 '정'이다. 이러한 '사단지심' 자체에 도덕적인 가치가 포함되어 있는 동시에 도덕적인 판단의 능력과 도덕적인 실천의 추동력으로서 현실적인 도덕적 주체의 자아실현의 일종의 힘이다. 사단의 마음이 없으면 사람은 사람이 아닌 것으로 될 것이다. 만약 우리가 이러한 '사단지심'을 확충하면 막 타오르는 불과 같고 막 흐르기 시작한 샘물과 같아진다. 그것을 확충하면 천하는 안정될 수 있고 그것을 사라지게 하면 부모님도 모실 수 없게 될 것이다.

맹자의 견해에 근거하면 선한 본성과 양지는 하늘이 인간에게 부여한 것으로 경험보다 앞서는 것이고 인간이 다른 것들과 구별되는 특성이고 본질이며 인간의 부류의 범위 안에서 보편성을 가진다. 그는 이렇게 말하였다. "하늘이 재주를 내림이 이와 같이 다른 것이 아니라…… 그러므로 무릇 동류인 것은 대부분 서로 같은데

---

22) 「公孫丑上」, "所以謂人皆有不忍人之心者, 今人乍見孺子將入於井, 皆有怵惕惻隱之心―非所以
內交於孺子之父母也, 非所以要譽於鄉黨朋友也, 非惡其聲而然也. 由是觀之, 無惻隱之心, 非人
也; 無羞惡之心, 非人也; 無辭讓之心, 非人也; 無是非之心, 非人也. 惻隱之心, 仁之端也; 羞惡之
心, 義之端也; 辭讓之心, 禮之端也; 是非之心, 智之端也. 人之有是四端也, 猶其有四體也……苟
能充之, 足以保四海; 苟不充之, 不足以事父母."

어찌 홀로 사람에 이르러서만 의심하겠는가? 성인도 나와 동류인 자이다.……
입이 맛에 있어서 똑같이 즐김이 있고 귀가 소리에 있어서 똑같이 들음이 있으며
눈이 색에 있어서 똑같이 아름답게 여김이 있다. 마음에 이르러서만 홀로 똑같이
옳게 여기는 바가 없겠는가? 마음에 똑같이 옳게 여긴다는 것은 어떤 것인가?
리와 의를 이른다. 성인은 우리 마음에 똑같이 옳게 여기는 바를 먼저 알았다.
그러므로 리, 의가 우리 마음에 기쁨은 고기가 우리 입에 좋음과 같은 것이다."23)
부동한 사람에게는 수많은 차이가 있지만 입이 맛에 있어서, 귀가 소리에 있어서,
눈이 색에 있어서는 공동의 좋아함과 싫어함이 있고 모두 아름다운 맛, 목소리,
색깔을 좋아한다. 마찬가지로 사람의 마음에도 동일함이 있는데 모두 '인', '의',
'예', '자'를 좋아한다. 우리의 마음이 '리', '의'에 대한 기쁨은 입이 소고기와 양고기를
좋아함과 마찬가지다. 성인이 성인이게끔 하는 것은 바로 인간의 도덕적인 요구,
인간의 이러한 보편성("마음에 똑같이 옳게 여기는 바"[心之所同然])을 일반적인 사람보다
먼저 깨달은 것이다. '리', '의'는 도덕적인 이성이고 사람이 좋아하는 것 예를
들어 감각기관이 아름다운 맛, 목소리, 색깔에 대한 좋아함과 같다. 이러한 비유는
매우 위험하지만 맹자가 보기에는 매우 정상적인 것이었다. 왜냐하면 도덕적인
인식과 실천은 인간의 전체적인 생명, 우선은 신체와 하나로 연계되어 있는 것이었
기 때문이다.

2) '인'과 '의'는 내재적인 것이고 '성'은 마음으로부터 발현된 것이다

맹자는 '인', '의', '예', '자' 이러한 도덕성이 '본심'에서 근원하지만 사람들이
늘 스스로 '양심', '본심'을 체득할 수 없기 때문에 항상 자신을 돌이켜 스스로

---

23) 「告子上」, "非天之降才爾殊也……故凡同類者, 舉相似也, 何獨至於人而疑之? 聖人, 與我同類
者.……口之於味也, 有同耆焉; 耳之於聲也, 有同聽焉; 目之於色也, 有同美焉. 至於心, 獨無所
同然乎? 心之所同然者何也? 謂理也, 義也. 聖人先得我心之所同然耳. 故理義之悅我心, 猶芻豢
之悅我口."

묻고 자신의 '양심', '본심'을 스스로 반성하는 것이 필요함을 제기하였다. 그는 이렇게 말하였다. "만물이 모두 나에게 갖추어져 있다. 몸에 돌이켜보아 성실하면 즐거움이 이보다 더 큰 것이 없다. 서를 힘써 행하면 인을 구함이 이보다 더 가까운 것이 없다."[24] 여기서 말하는 '나에게 모든 것이 갖추어져 있다'는 것은 외재적인 사물, 공명功名을 가리키는 것이 아니라 도덕적인 근거가 자신에게 있고 원래는 부족함이 없고 모든 것이 갖추어져 있음을 말하는 것이다. 도덕적인 정신의 측면에서 탐구하는 대상은 나 자신의 안에 존재한다. 도덕적인 자유는 최고의 자유이고 외재적인 힘에 의하여 좌우지되지 않는다. 왜냐하면 도덕적인 행위는 언제나 자아에 대한 명령의 결과이기 때문이다. 자신을 돌이켜 스스로 묻고 절실하게 반성하며 자신의 행위가 하늘, 사람을 우러러 한 점의 부끄러움도 없음을 깨닫는 것이 바로 최대의 즐거움이다. 자신을 미루어 남에게 미치는 '서도恕道'를 끊임없이 행하면 '인덕仁德'의 길에 이르는 것이 이보다 더 단도직입적인 것이 없다. 돌이켜 '본심'을 구하는 것 외에 '본심'을 미루어 확충하여야 하는데 바로 인간의 이러한 도덕적인 '심성心性'을 실현하는 것이다. "군자의 본성은 비록 크게 행하여지더라도 더 보태지지 않고 비록 궁하게 살더라도 줄어들지 않으니 분수가 정해져 있기 때문이다. 군자의 본성은 인, 의, 예, 지가 마음속에 뿌리를 내려 그 기색에 발현됨이 깨끗하여 얼굴에 드러나고 등에 가득하며 사체에 베풀어져 사체가 말하지 않아도 저절로 깨닫는다."[25] 군자의 이러한 본성은 그의 이상이 천하에 크게 행하여진다고 보태지거나 빈궁하게 숨어 산다고 줄어드는 것이 아닌데 이는 본성의 본분이 이미 고정되었기 때문이다. 군자의 본성은 '인', '의', '예', '지'의 마음이 그의 기색에 발현될 수 있어서 순수하고 온화하며 또한 그의 신체의 여러 측면 내지는 손, 발, 사지의 동작에 표현된다. '본심'은 미루어 화충함을 통하여, 사체를 통히어 실현된다. 맹자의 중요한 주장인 "인, 의, 예, 지가 마음속에 뿌리를 내린다"(仁義禮智

---

24) 「盡心上」, "萬物皆備於我矣. 反身而誠, 樂莫大焉. 強恕而行, 求仁莫近焉."
25) 「盡心上」, "君子所性, 雖大行不加焉, 雖窮居不損焉, 分定故也. 君子所性, 仁義禮智根於心, 其生色也睟然, 見於面, 盎於背, 施於四體, 四體不言而喩."

根於心는 것은 "외재적인 귀납법으로써 증명할 수 없고 단지 내재적인 상호 대응으로써 증명할 수 있다. 사람이 선을 향할 수 있는 것은 바로 성품을 부여받을 때 초월적인 근원이 있었기 때문이고 오직 여기서만 본성이 선함을 말할 수 있다. 현실적으로 인욕이 흘러넘치고 선악이 혼재하며 결코 성선설의 이유와 근거를 반박하기에 충분하지 않다. 이러한 단서로부터 볼 때 유가의 윤리는 확실히 칸트의 실천이성과 서로 통하는 부분이 있다.…… "26)

3) 이성과 감정의 이분법에 대한 도전

맹자사상의 이성과 감정에 대하여 많은 학자들이 이미 논의하였다. 예를 들어 모종삼은 맹자의 '인의'가 내재되어 있다는 관점이 칸트 윤리학에서의 '자율'의 관념과 가까움을 긍정하였고 양자의 구별은 이성과 감정 사이의 관계에 대한 이해에 있음을 제기하였다. 이러한 논의는 유술선과 이명휘에 의하여 계승되고 발전되었는데 위에서 이미 이들의 관점을 인용하였다. 다른 한편 데이비드(David B. Wong)는 그의 논문 「맹자의 사상에 이성과 감정의 구별이 있는가?」27)에서 맹자가 사실상 이러한 구별을 하지 않았음을 제기하였고 또한 맹자가 이러한 구분을 하지 않았던 것은 그 배후의 관념을 이유와 근거로 하고 이러한 이유와 근거가 성립할 수 있었기 때문임을 논증하였다. 학자들의 해석이 각자 부동한 부분이 매우 많다 하더라도 한 가지는 서로 같다. 바로 그들이 모두 서양 철학가들의 기본적인 구분에 근거하여 맹자의 사상을 논의하고자 시도하였고 차이를 발견하는 것은 피하기 어려운 것이다. 이러한 차이는 사실상 도덕적인 의식과 감정에 대한

---

26) 劉述先,「孟子心性論的再反思」,『當代中國哲學論: 問題篇』(美國八方文化企業公司, 1996), 제 147쪽, "是不能通過外在的歸納來證明的, 只能通過內的相應來體證. 人之所以能向善, 正是因爲他在性分稟賦中有超越的根源, 只有在這裏才可以說性善. 現實上人欲橫流, 善惡混雜並不足以駁倒性善論的理據. 由這一條線索看, 儒家倫理的確與康德的實踐理性有相通處……"

27) David Wong, "Is There a Distinction Between Reason and Emotion in Mencius?", *Philosophy East and West*(1991), 41:31~44.

동서양의 기본적인 이해에서 비롯된 것이다. 서양사상에서 이성(주동적이고 법칙이 준 것)과 감정 혹은 감성(피동적이고 자연에 의하여 결정된 것)의 구분은 매우 강력한 구분이었다. 감정은 단지 감성적인 측면에 속하는 듯하고 감성은 다만 일종의 능력으로서 자극을 받은 후 인간 자신의 심리적인 구조에 근거하여 나오는 자연스러운 반응이다.

막스 셸러(Max Scheler, 1874~1928)는 그의 저서 『윤리학에 있어서의 형식주의와 실질적 가치윤리학』에서 이미 이러한 구분에 대하여 비판하였다. 그는 다음과 같은 새로운 영역을 제시하고자 시도하였다. "일종의 순수한 직관과 감수, 일종의 순수한 사랑과 원한, 일종의 순수한 추구와 염원 이러한 것들은 순수한 사유와 마찬가지로 모두 우리 사람들의 심리적 물리적 조직에 의거하지 않고 동시에 일종의 원초적인 합법칙성을 가지고 있으며 이러한 합법칙성은 근본적으로 경험적인 심령생활의 규칙으로 거슬러 올라갈 수 없다."[28] 전통적인 이성과 감정의 이분법에 대한 셸러의 도전은 일종의 통찰력이다. 하지만 그의 작업은 아직 초보적인 단계에 머물러 있었다. 이러한 "순수직관과 감수"의 영역에서 여전히 많은 이론적인 공간을 발굴해 낼 수 있다. 맹자 및 그의 관점을 지지하는 많은 송명 유학자들은 모두 우리의 시각을 '인', '의', '예', '지' 등의 선천적인 가치로 이끌어 준다. 맹자는 마음 자체가 이러한 선천적인 가치의 천성적인 경향을 가지고 있음을 굳게 믿었다. 이러한 가치는 자체에 내재적인 질서를 가지고 있고 이는 결코 이론적인 이성의 원칙으로부터 추리해 낸 것이 아니지만 동시에 합리적이다. 이는 셸러가 늘 인용하였던 파스칼(Blaise Pascal, 1623~1662)의 명언인 "마음에 스스로 이치가 있다"(心靈自有其理)를 연상시킨다.

---

28) 막스 셸러, 倪梁康 譯, 『倫理學中的形式主義與質料的價値倫理學』(生活·讀書·新知三聯書店, 2004), 제308쪽, "一種純粹的直觀, 感受, 一種純粹的愛和恨, 一種純粹的追求和意願, 它們與純粹思維一樣, 都不依賴於我們人種的心理物理組織, 同時它們具有一種原初的合規律性, 這種合規律性根本無法被回溯到經驗的心靈生活的規則上去."

3. 왕도와 인정

맹자 마음속의 '왕도'는 민생에 대한 보장을 기초로 하고 백성들의 기본적인 생존 문제(생과 사, 장례와 제사, 특히 생명을 유지하고 최소한 배고프지 않고 춥지 않음을 보장하는 것)에 주목하며 사회의 취약계층, 가장 불리한 자(환과고독)에게 가장 큰 관심을 돌리는 것이다.

1) 왕도와 인정

맹자는 왕도와 패도를 극력 변명하고 "덕으로써 인을 행하는 자가 왕임"[29]을 주장하였으며 왕도가 덕정德政임을 긍정하고 '덕'으로써 백성을 복종시키고 '덕'으로써 '인'을 행할 것을 강조하였다. '왕도'는 곧 '선왕의 도'이고 요, 순, 우, 탕, 문, 무, 주, 공의 '도'이다. 바로 조명趙明이 말한 바와 같이 선진유가에서 내세운 왕도는 가치, 인생과 역사가 융합하고 관통되는 정치문화의 생명체이고 또한 정치평가의 최고 표준이며 그들은 정치를 하는 사람의 '덕성' 즉 '도를 얻었는지'의 여부에 대하여 엄격하게 심사하였다. "'문무의 도'에서 '요순의 도'에 이르고 다시 '천도'를 향한 사상의 추적 과정은 선진유가의 정치철학에서 경험적인 역사를 초월하고 더욱 보편적인 의미를 가지는 정치 정당성의 근거를 찾아내고자 노력하였음을 충분히 보여 주었다." "선진유가는 정치질서의 정당성의 근원을 궁극적으로 '역사'의 '왕도' 위에서 찾았다."[30]

맹자는 이렇게 말하였다. "요·순의 도로도 인정을 쓰지 않으면 천하를 고르게 다스리지 못한다."[31] 서홍홍徐洪興은 이렇게 말하였다. "'왕도'는 이미 있었던 명사

---

29) 「公孫丑上」, "以德行仁者王."
30) 趙明, 『先秦儒家政治哲學引論』(北京大學出版社, 2004), 제88~89쪽, "從 文武之道 到 堯舜之道, 再向 天道的思想追尋, 充分體現了先秦儒家政治哲學力求超越經驗歷史而尋求更具普遍意義的政治正當性根基的努力." "先秦儒家把政治秩序的正當性根源最終落實到了'歷史'的 王道 之上."
31) 「離婁上」, "堯舜之道, 不以仁政, 不能平治天下."

이고 '인정'이야말로 맹자가 발명한 것이다. 실제로 이것들은 완벽하게 서로 통한다. '인정'은 바로 '왕도'의 실현이고 바로 '왕도'의 표징이다." "'인정'의 내용으로부터 보면 실제로 다른 곳에서 제기하였던 '왕도'와 일맥상통하다. 맹자는 여기서 단지 조금 더 구체화하였을 뿐이다."[32] 맹자는 '인정'을 정치 정당성의 표준으로 삼았고 또한 매우 체계적인 '인정'학설을 제기하였다.

맹자의 정치철학은 그의 성선설을 이론적인 전제로 한다. 그는 도덕과 '인의'의 실재적인 인간의 본성을 사회, 국가의 다스림으로 확충하였고 비로소 이른바 '인정' 학설이 있게 되었다. 맹자는 이렇게 말하였다. "사람들은 모두 사람을 차마 해치지 못하는 마음을 가지고 있다. 성왕이 사람을 차마 해치지 못하는 마음을 가지고 있기에 사람을 차마 해치지 못하는 정사를 행하였다. 사람을 차마 해치지 못하는 마음으로 사람을 차마 해치지 못하는 정사를 행한다면 천하의 다스림은 손바닥 위에 놓고 움직일 수 있을 것이다."[33] 그는 "부모님을 친하게 하고서 백성을 어질게 하고 백성을 어질게 하고서 물건을 아끼는"[34] 추은推恩(은혜를 미루는) 원칙을 주장하였고 "은혜를 미루면 사해를 보호하기에 충분하고 은혜를 미루지 않으면 처자도 보호할 수 없으며"[35] 은혜를 극치로 미루어 나가면 "만물이 모두 나에게 갖추어져 있게 된다"[36]. 맹자는 '힘으로써 남을 복종시키는' '패도'를 반대하고 사람을 죽이고 전쟁하며 백성들과 이익을 다투고 폭력으로써 백성들을 대하는 것을 반대하였으며 '덕으로써 남을 복종시키는' '왕도'를 주장하고 백성들을 보존하고 교화하며 백성을 근본으로 삼을 것을 주장하였다.

'인정'이란 무엇인가? 간단하게 말하면 첫째로, 인정은 백성을 기르고 편안하게

32) 徐洪興, 『『孟子』選評』(上海古籍出版社, 2011), 제203쪽, "'王道'是舊有的名詞, '仁政'才是孟子發明的. 實際上, 他們是完全相通的, '仁政'就是王道的體現, 就是王道的標志."; 제255쪽, "就'仁政'的內容來看, 實際於其他地方所提的王道是一脈相承的. 孟子在這裏只是更具體化了一點."

33) 「公孫丑上」, "人皆有不忍人之心. 先王有不忍人之心, 斯有不忍人之政矣. 以不忍人之心, 行不忍人之政, 治天下可運之掌上."

34) 「盡心上」, "親親而仁民, 仁民而愛物."

35) 「梁惠王上」, "推恩足以保四海, 不推恩無以保妻子."

36) 「盡心上」, "萬物皆備於我."

하는 정치이다. 둘째로, 인정은 백성을 교화하는 정치이다. 이는 공자의 "많아지게 하고(庶之) 부유하게 해 주고(富之) 교육하는 것(敎之)"과 "백성을 편안하게 다스리는 정치"(安民治政)의 기본 원칙에 대한 확충이고 구체화이다. 소공권蕭公權은 이렇게 말하였다. "인정에는 반드시 구체적인 조치가 있기 마련이다. 맹자가 말한 것은 교화와 양육의 두 가지 큰 단서로 개괄할 수 있을 것이다. 백성을 기름에 관한 논의는 특히 적절하고 자세하며 선진 시기의 사상가들에서 극히 드물게 보이는 것이다. 일곱 편에서 맹자가 주목하였던 것은 민생을 부유하게 하고 부세를 경감하며 전쟁을 멈추고 경계를 바르게 하는 일들이었다."[37] 양택파楊澤波는 이렇게 말하였다. "『맹자』에서 '보민'이라는 단어는 넓은 의미와 좁은 의미의 구별이 있다. 좁은 의미의 '보민'은 다만 백성을 편안하게 하는 것이고 넓은 의미의 '보민'은 백성을 기르고 교화하는 것을 포함한다. 양백준의 『맹자역주』는 '보'자를 '안정', '보호', '유지'라고 해석하였는데 일리가 있는 것이다."[38] 양백준의 『맹자역주』에는 "보민: 왕도주의의 조치"(保民: 王道主義的措施)라는 개별적인 절이 있는데 넓은 의미로 쓰인 것으로 '보민'에는 구체적으로 백성을 편안하게 하고 백성을 길러 주며 백성을 교화하는 세 가지 내용이 포함된다.

2) 정치는 백성을 길러 주고 편안하게 해 줌에 있다

'인정'학설의 목적은 백성을 위함에 있고 가장 기본적인 요구는 백성들의 먹고 입는 문제를 해결하고 그들의 생명과 생활을 안정시키는 것이다. 맹자의 민본사상 은 민생의 해결을 급선무로 삼았는데, 이른바 "백성들의 일은 느슨하게 할 수가

---

37) 蕭公權, 『中國政治思想史』(新星出版社, 2005), 제59쪽, "仁政必有其體之設施. 孟子所言, 似可以教, 養二大端槪之. 而其養民之論, 尤深切詳明, 爲先秦所僅見. 七篇之中, 孟子所注重者爲裕民生, 薄賦稅, 止征戰, 正經界諸事."
38) 楊澤波, 『孟子評傳』(南京大學出版社, 1998), 제161쪽, "『孟子』中'保民'一詞有狹義與廣義之別. 狹義的'保民'只是安民, 而廣義的'保民'也包括養民和教民. 楊伯峻『孟子譯注』將'保'字解釋爲 '安定', '保護', '保持', 是有道理的."

없다"(民事不可緩也)는 것이다. '인정'의 기초는 우선 백성들의 생활을 해결하는 것이었는데, 맹자가 처하여 있던 당시 사회의 환경에서 백성들이 목숨을 보존하고 기본적인 생활을 유지하는 것은 매우 어려운 일이었다.

따라서 맹자는 "일정한 생업"(恒產), "떳떳한 마음"(恒心), "백성들의 생업을 제정해 준다"(制民之產)는 주장을 분명하게 제기하였고 정부는 반드시 백성들을 위하여 생업을 제정해 주어야 하고 백성들은 먹고 입는 것이 풍족한 상황에서만 비로소 자신의 본분을 지킬 수 있고 명령을 잘 받아들임을 주장하였다.

> 일정한 생업이 없으면서도 떳떳한 마음을 가지고 있는 것은 오직 선비만이 가능하다. 백성이라면 일정한 생업이 없으면 따라서 떳떳한 마음도 없어진다. 떳떳한 마음이 없어지면 방벽하고 사치한 일을 하지 않음이 없다. 죄에 빠진 뒤에 이들을 형벌로 처벌한다면 이는 백성을 그물질하는 것이다. 어찌 인한 사람이 지위에 있으면서 백성을 그물질할 수 있겠는가? 그러므로 현명한 군주는 백성들의 생업을 제정해 주고 반드시 위로는 부모를 충분히 섬길 수 있고 아래로는 처자를 충분히 기를 수 있어 풍년에는 일 년 내내 배부르고 흉년에는 죽음을 면하게 되며 그런 뒤에 백성들을 몰아서 선에 가게 하기 때문에 백성들이 명령을 따르기 쉽다.[39]

'제민지산(制民之產)'은 백성들의 기본적인 생산과 생활필수품을 보장하는 문제를 해결하기 위한 것이고 백성들을 기르고 편안하게 하는 기초이다. 맹자는 매 농호마다 마땅히 100무의 농전農田과 5무의 정원이 있어야 함을 여러 번 제기하였는데 집 주변의 정원에 뽕나무를 심고 약간의 가축과 가금을 길러 온 집안의 생계특히 늙은이가 먹고 입는 문제를 해결하여야 함을 주장하였다. "5무의 집 주변에 뽕나무를 심으면 50세가 된 자가 비단옷을 입을 수 있다. 닭과 돼지와 개의 큰 돼지를 기름에 새끼 칠 때를 놓치지 않으면 70세가 된 자가 고기를 먹을 수 있다.

---

39) 「梁惠王上」, "無恒產而有恒心者, 惟士爲能. 若民, 則無恒產, 因無恒心. 苟無恒心, 放辟邪侈, 無不爲已. 及陷於罪, 然後從而刑之, 是罔民也. 爲有仁人在位, 罔民而可爲也? 是故明君制民之產, 必使仰足以事父母, 俯足以畜妻子, 樂歲終身飽, 凶年免於死亡; 然後驅而之善, 故民之從之也輕."

100무의 토지에 농사철을 빼앗지 않으면 몇 식구의 집안에 굶주림이 없을 수 있다."40) 일부 一夫에게 100무의 토지를 주고 인구수에 근거하여 토지를 분배하는 제도는 맹자 이후 중국사회의 중대한 문제였고, 역대의 제도에 모두 나와 있으며 현실적으로도 부동한 정도로 실현되었다. 따라서 유가에서는 특히 백성들의 경제적인 권리를 중시하였고 사유재산의 보호를 강조하였음을 알 수 있다.

맹자는 특히 '밭의 경계'문제를 제기하였는데 이 또한 농업사회의 중대한 문제였다. 밭은 나누어 준 후 관부의 권세가들이 빈민의 농지를 약탈하였을 가능성이 높았기 때문에 맹자는 이렇게 주장하였다. "인정은 반드시 토지의 경계를 다스림으로부터 시작하는데 경계가 바르지 못하면 정지가 균등하지 못하고 곡록이 공평하지 못하며 폭군과 탐관오리들이 반드시 그 경계를 태만하게 한다. 경계가 바르게 되면 토지를 나누어 주고 곡록을 제정해 줌은 가만히 앉아서도 정할 수 있다."41) 백성들은 토지에 의거하여 생활하는데 경계가 바르게 하는 것은 백성들의 사유재산을 존중하기 위한 필요한 조치이다. 경계가 이미 바르게 되면 백성들은 뒷근심이 없을 수 있다. 맹자 이후 역대의 지식인들과 청렴한 관리들은 모두 밭의 경계를 중시하였고 주장하였음과 동시에 행위로 실천하였다.

경제의 규칙과 정책에는 토지 외에도 부역, 조세와 관시關市 문제가 있다. 백성들의 먹고사는 문제를 해결하는 것은 민생의 첫 걸음이고 민본사상을 철저하게 관철하기 위하여 맹자는 위정자가 농지를 다스리는 동시에 형벌을 줄이고 세금을 적게 거두어야만 백성들이 비로소 점차 부유해질 수 있음을 주장하였다. "왕이 만약 인정을 백성들에게 베풀어 형벌을 줄이고 세금을 적게 거둔다."42) "농지를 잘 다스리고 세금을 적게 거두면 백성들을 부유하게 할 수 있다."43) 맹자는 형벌을

---

40) 「梁惠王上」, "五畝之宅, 樹之以桑, 五十者可以衣帛矣. 雞豚狗彘之畜, 無失其時, 七十者可以食肉矣. 百畝之田, 勿奪其時, 數口之家可以無飢矣."
41) 「藤文公上」, "夫仁政, 必自經界始. 經界不正, 井地不鈞, 穀祿不平, 是故暴君汙吏必慢其經界. 經界旣正, 分田制祿可坐而定也."
42) 「梁惠王上」, "王如施仁政於民, 省刑罰, 薄稅斂."
43) 「盡心上」, "易其田疇, 薄其稅斂, 民可使富也."

줄이고 세금을 줄이며, 정전제井田制를 실행하고 농민들이 공전公田만을 부치면 따로 세금을 받지 않으며, 산림과 소택지를 개방하고 생태보호의 차원에서 어업과 수렵, 벌목을 금지하는 경우를 제외하고는 백성들이 고기를 잡고 벌목하도록 허락하고, 공지를 주어 화물을 저장하게 하고 따로 화물에 대한 세금을 받지 않았으며 만약 화물이 적체되면 오랫동안 쌓이지 않게 하기 위하여 시장을 개방하고 관문을 설치하여 검사할 뿐 세금을 받지 않음으로써 여러 지방의 상인들의 편리를 도모해 줄 것을 주장하였다. 이렇게 할 수 있다면 주위 나라의 백성들이 부모를 우러러 보듯이 하여 모두 돌아오고자 한다.

양혜왕 앞에서 맹자는 당시 사회의 불공평함을 엄격하게 비판하였다. "푸줏간에는 살진 고기가 있고 마구간에는 살찐 말이 있지만 백성들이 굶주린 기색이 있고 들에 굶어죽은 시체가 있다면 이는 짐승을 몰아서 사람을 잡아먹게 한 것이다."44) 또한 진秦나라와 초楚나라 등에서 "백성들의 농사 시기를 빼앗아 백성들이 밭 갈고 김매서 그 부모를 봉양하지 못하게 하여 부모가 얼고 굶주리며 형제와 처자는 이산되었음"45)을 비판하였다.

요컨대 민생은 백성들의 생명, 생활과 관계되고 '인정'의 첫걸음이다. '인정'은 우선 민생의 문제를 해결하여야 하는데 유가의 백성을 기르고 부유해지게 하며 백성들의 생명과 생활을 안정시키는 기초 위에 맹자는 최초로 백성을 위하여 생업을 제정해 줄 것을 명확하게 제기하였다. 그가 보기에 백성들은 먹고 입는 것이 풍족한 상황에서만이 제멋대로 나쁜 짓을 하지 않을뿐더러 또한 교화될 수 있다. '인정'은 토지제도를 기본적인 보장으로 하는데 이는 또한 생존권의 문제이고 민생의 문제이다. 백성들의 토지와 정원, 가족의 핵심 구성원들의 기본적인 먹고 입는 문제, 노인에 대한 부양은 모두 '인정'의 주요한 내용이다. 여기서는 백성들의 먹고 입는 것을 보장해 주고 50세 이상의 늙은이가 비단옷을 입고 70세

---

44) 「梁惠王上」, "庖有肥肉, 廐有肥馬, 民有飢色, 野有餓莩, 此率獸而食人也."
45) 「梁惠王上」, "奪其民時, 使不得耕耨以養其父母, 父母凍餓, 兄弟妻子離散."

이상의 늙은이가 고기를 먹는 등에 대하여 여러 번 제기하였다. 이러한 것들로부터 맹자의 민본사상은 민생을 출발점으로 하고 진실하고 구체적이며 모두 백성들의 생존과 발전을 위하여 제기된 것임을 알 수 있다.

맹자는 백성들의 생명을 지고지상한 것이라고 보았고 당시 제후국들 사이의 죽고 죽이는 전쟁을 극력 반대하였으며 진을 잘 치고 전쟁을 잘하는 것은 큰 죄인이라고 주장하였고 "나라의 군주가 인을 좋아하면 천하에 대적할 자가 없다"[46] 고 하였다. 인을 좋아하는 가장 기본적인 요구는 바로 살인을 좋아하지 않는 것이고 백성들의 생명을 보존하는 것이다. 맹자가 보기에 위정자가 무고한 사람을 마구 죽이지 않고 인정을 실행할 수 있다면 천하의 백성들은 모두 그에게 돌아간다. 맹자는 이렇게 말하였다. "지금 천하의 군주가 사람을 죽이는 것을 좋아하지 않는 자가 있지 않다. 만약 사람을 죽이는 것을 좋아하지 않는 자가 있다면 천하의 백성들이 모두 목을 빼어들고 바라볼 것이다. 진실로 이와 같다면 백성들이 그에게 돌아가고 물이 아래로 흐르는 것과 마찬가지고 패연함을 누가 막겠는가?"[47] 맹자는 사람을 죽이고 전쟁하는 것을 반대하였을 뿐만 아니라 백성들과 이익을 다투는 것도 반대하였다.

맹자는 전국시대 열국의 군주와 신하들의 공리주의를 비판하였다. 전란이 빈번할 때 맹자는 백성들의 사활을 고려하지 않고 백성들을 내몰아 경작하고 전쟁하게 함으로써 군주의 사욕을 만족시킴을 반대하였다. 군주와 신하는 교묘한 수단이나 힘으로 빼앗고 위, 아래에서 서로 이익을 쟁탈하며 제후국들이 서로 싸운 결과 양극이 분화되고 백성들이 도탄에 빠졌는데, 맹자는 이에 대하여 엄격하게 비판하였다.

---

46)「盡心下」, "國君好仁, 天下無敵焉."
47)「梁惠王上」, "今夫天下之人牧, 未有不嗜殺人者也. 如有不嗜殺人者, 則天下之民皆引領而望之矣. 誠如是也, 民歸之, 由(猶)水之就下, 沛然誰能禦之?"

3) 정치는 백성을 교화함에 있다

맹자의 인정사상은 백성들의 생명을 보존하고 그들의 먹고 입는 문제를 해결하는 것으로부터 출발하여 인륜으로써 백성들을 교화하는 것에서 끝난다. 백성들의 생계를 해결한 것으로는 아직 부족하고 교화를 베풂으로써 비로소 민심을 다스리고 인륜의 관계를 조화롭게 하며 사회의 질서를 안정시킬 수 있다. 따라서 맹자는 이렇게 주장하였다. "상서의 가르침을 삼가서 효제의 의리로써 거듭하면 반백이 된 자가 도로에서 짐을 지거나 이지 않을 것이다." "장성한 자들이 여가를 이용하여 효제와 충신을 닦아서 들어가서는 부모와 형제를 섬기고 나가서는 웃어른을 섬긴다."[48] 백성들이 모두 자신의 부모를 친하게 하고 어른을 어른으로 섬기면 나라가 더욱 안정될 것이다.

맹자는 학교를 세우고 교육을 실행하며 특히 인륜으로써 교화함으로써 백성들이 "인륜을 밝힐 것"(明人倫)을 강조하였다. "상, 서, 학, 교를 설치하여 백성들을 가르친다. 상은 봉양한다는 것이고 교는 가르친다는 것이며 서는 활쏘기를 익히는 것이다. 하나라에서는 교라 하였고 은나라에서는 서라 하였으며 주나라에서는 상이라 하였는데, 학은 삼대가 이름을 함께하였고 모두 인륜을 밝히는 것이었다. 인륜이 위에서 밝아지면 백성들이 아래에서 친해진다."[49] '인륜'은 인간의 윤리생활의 준칙이다. 즉 이른바 부자 사이에는 친함이 있어야 하고, 군주와 신하 사이에는 의가 있어야 하며, 부부 사이에는 분별이 있어야 하고, 어른과 어린이 사이에는 순서가 있어야 하며, 친구 사이에는 믿음이 있어야 한다는 것인데, 이로부터 백성에게 일정한 교양이 있게 되고 조화로운 사회의 풍조가 형성되며 공공의 질서와 선량한 풍속을 수호할 수 있다. 앞에서 살펴보았듯이 맹자의 '인정'사상과 공자의

---

48) 「梁惠王上」, "謹庠序之教, 申之以孝悌之義, 頒白者不負戴於道路矣." "壯者以暇日修其孝悌忠信, 入以事其父兄, 出以事其長上."

49) 「藤文公上」, "設爲庠序學校以教之, 庠者, 養也; 校者, 教也; 序者, 射也, 夏曰校, 殷曰序, 周曰庠; 學則三代共之, 皆所以明人倫也. 人倫明於上, 小民親於下."

"부유하게 해 주고(富之) 교육하는 것(敎之)"의 사상은 일치한다. 백성들이 사람마다 생활적인 보장을 얻고 "산 사람을 봉양하고 죽은 사람을 장송함에 유감이 없게 하는 것"(養生喪死無憾)이 '왕도'의 시작이다. 그리고 반드시 백성들이 사람마다 교육을 받을 수 있게 함으로써 "인륜을 밝혀야만" 비로소 '왕도'가 마무리된다. 이로부터 '인정'을 실행함은 반드시 교화되기를 기다려야 완벽해지기 시작하고 선교(善敎)는 또한 위정자가 민심을 얻기 위하여 없어서는 안 되는 수단임을 알 수 있다.

맹자는 이렇게 말하였다. "선정은 선교가 민심을 얻는 것만 못하다. 선정은 백성들이 두려워하고 선교는 백성들이 사랑한다. 선정은 백성의 재물을 얻고 선교는 백성의 마음을 얻는다."50) 훌륭한 교육은 백성들이 마음으로 기꺼이 심복하게 하는데 칠십 제자가 공자에게 심복한 것과 같다. 아무리 훌륭한 정치수단도 백성들과 이익을 다투고 백성들의 재물을 얻는 것일 뿐이니 민심을 얻고 백성들이 진심으로 추대하는 효과에 도달하지 못한다. 위정자 자신이든 백성이든 모두 마땅히 덕성의 배양, 예의의 교화에 주목하여야 함을 알 수 있다. 그렇지 않으면 "윗사람이 예가 없고 아랫사람이 배움이 없으며 나라를 해치는 백성이 일어나서 멀지 않아 망하게 된다."51) 위에서는 '도'로 헤아림이 없고 아래에서는 '법'을 지킴이 없으며 위와 아래에서 서로 이익을 쟁탈하여 나라가 망함은 서서도 기다릴 수 있다.

4. 정치권력에 대한 제한

1) 권력의 원천: 하늘이 부여한 것이다

『맹자』에서는 천자, 제후의 권력의 근원에 관하여 하늘에서 비롯하였고 하늘이

---

50) 「盡心上」, "善政不如善教之得民也. 善政, 民畏之; 善教, 民愛之. 善政得民財, 善教得民心."
51) 「離婁上」, "上無禮, 下無學, 賊民興, 喪無日矣."

부여한 것이라 제기하였다. 「만장상」의 기록에 근거하면, 맹자가 선양禪讓에 대하여
논의하면서 천자, 제후, 대부의 권력은 서로 사사로이 주고받을 수 없고 하늘은
비록 말하지 않지만 행동이나 일로써 보여 줌을 제기하였다. 요, 순, 우가 천하를
주고받은 것은 검증을 통해서인데, 앞사람이 후임자를 하늘에 천거하면, 비교적
긴 시간 동안 후임자의 실제적인 표현에 근거하여 하늘이 그를 받아주고, 백성들도
그를 받아주는 것이다. 요임금이 죽은 뒤에 순은 요임금의 아들이 왕위를 계승하게
하기 위하여 남하南河의 남쪽으로 피하였는데 제후와 백성들이 일이 생기면 요임금
의 아들에게 가지 않고 순을 찾아갔고 순을 추대하고 요임금의 아들을 추대하지
않았는데, 이는 순이 왕위를 계승하는 것은 하늘의 뜻이었음을 보여 준다. 만약
이렇지 않고 순이 요임금의 아들을 핍박하여 왕위를 내놓게 하였다면 그것은
바로 찬탈이고 하늘이 준 것이 아니다. 『맹자』에서는 『서경』「태사」의 "하늘의
봄이 우리 백성의 봄에서 하고 하늘의 들음이 우리 백성의 들음에서 한다"(天視自我民
視, 天聽自我民聽)는 말을 인용하였는데, 바로 하늘의 뜻은 백성들의 뜻을 통하여
표현된다는 의미이다. 이는 권력의 원천이 비록 하늘에 있지만 실제로는 백성들에
게 있고 하늘의 뜻이 실제로는 백성들의 뜻에 복종하는 것임을 내포하고 있다.

　　현자와 아들에게 왕위를 전수하는 문제를 논의할 때 맹자는 이렇게 말하였다.
"하늘이 현자에게 주게 하면 현자에게 주고 하늘이 아들에게 주게 하면 아들에게
주는 것이다."[52] 맹자는 지금 사람들처럼 아들에게 왕위를 주는 것이 현자에게
주는 것을 대체한 역사적인 원인 및 익益, 이윤, 주공, 공자에게 덕은 있으나 지위가
없었던 역사적인 원인을 알 수 없었으니, '천天'과 '명命'의 긴장관계로 해석하고자
시도하였다. "그렇게 함이 없어도 그렇게 되는 것은 천이고 이르게 함이 없어도
이르는 것은 명이다."[53] 역사가 기괴한 것은 아들에게 왕위를 전수한 뒤 하늘이
버리고자 하였던 것은 반드시 하夏나라의 걸桀, 상商나라의 주紂와 같이 난폭하고

---

52) 「萬章上」, "天與賢, 則與賢; 天與子, 則與子."
53) 「萬章上」, "莫之爲而爲者, 天也; 莫之致而至者, 命也."

덕이 없는 군주였으므로, 따라서 익, 이윤, 주공 등은 비록 성인이었지만 만났던 군주가 걸, 주와 같지 않아서 천하를 얻지 못하였다. 마지막에 공자의 말을 빌려 이렇게 결론을 지었다. "당·오는 선위하였고 하후와 은·주는 계승하였으니 그 의가 똑같다."[54] 현자와 아들에게 왕위를 전수하는 것이 도리는 똑같다는 것이다. 맹자가 보기에 이 도리가 바로 '도의'이고 '인덕'이었다.

대체적으로 맹자가 인간세상의 정치권력의 궁극적인 근원을 하늘에 집결시켰고 또한 백성들의 뜻이 하늘의 뜻임을 강조하였는데 이는 매우 깊은 함의를 내포하고 있음을 알 수 있다. 맹자가 제기한 "하늘이 부여하였다"(天與)는 관념은 사실상 위정자가 정권을 사유재산으로 간주함을 부정하고 민심의 지지와 반대를 정권교체의 근거로 간주하는 것이다. "행동과 일로써 보여 준다"(以行與事示之)는 것은 바로 백성들의 마음이 가리키는 방향을 보여 주는 것이기 때문에 맹자는 『서경』「태사」의 "하늘의 봄이 우리 백성의 봄에서 하고 하늘의 들음이 우리 백성의 들음에서 한다"(天視自我民視, 天聽自我民聽)는 말을 인용하여 그 뜻을 밝히고자 하였다. '천명'에는 비록 인간의 힘이 미칠 수 없는 것이 있지만 여전히 주요하게 백성들의 마음으로 표현된다. 민심이 곧 정권교체의 관건이고 이 점에 관해서는 아래에서 더욱 자세하게 살펴보도록 한다.

2) 선발: 현자를 높이고 능력 있는 자를 등용하다

맹자의 민본사상은 또한 현자를 높이고 능력 있는 자를 등용하는 측면에서도 표현된다. 백성을 교화 혹은 교육하는 것은 단지 "인륜을 밝히는 것"(明人倫)이 아니라 더욱이는 백성들 속에서 어질고 유능한 사람을 골라 등용함으로써 국가정권을 통치함에 참여시키는 것이다. 맹자는 이렇게 말하였다. "덕을 귀하게 여기고 선비를 높이며 현자가 지위에 있고 재능이 있는 자가 직책에 있다."[55] "현자를

---

54) 「萬章上」, "唐虞禪, 夏后殷周繼, 其義一也."
55) 「公孫丑上」, "貴德而尊士, 賢者在位, 能者在職."

높이고 재능이 있는 자를 부려서 준걸들이 지위에 있으면 천하의 선비들이 모두 기뻐하여 그 조정에서 벼슬하기를 원할 것이다."[56] 순자도 "현자를 숭상하고 능력 있는 자를 등용할 것"(尙賢使能)을 주장하였다. 현자를 높이고 능력 있는 자를 등용하는 것은 백성들이 정치에 참여하는 특징을 부각시켰고 민본사상이 정치에서의 중요한 표현이다. 공자의 "가르침에 부류를 따지지 않는"(有敎無類) 관념의 영향을 받아 중국 역사상의 교육제도와 문관제도는 밀접하게 배합하여 민간의 백성들이 부동한 경로를 통하여 각 급 정부에 진입하여 각 층의 정치활동에 참여하도록 함으로써 교육의 평등으로부터 정치의 평등에 도달하였다. 물론 이러한 평등은 상대적으로 말한 것이다.

3) 감독과 상호 제어: 민의, 찰거, 명당정치

민본사상은 또한 백성들의 뜻을 존중하는 것에서도 표현된다. 「양혜왕하」에서 맹자는 민의民意와 찰거察擧에 대하여 논의하였다. 나라의 군주는 현자를 등용하되 새로운 사람을 새롭게 등용하는 것처럼 해야 하는데 지위가 비천한 사람을 존귀한 사람 위로 발탁하고 소원한 사람을 친한 사람 위로 발탁하는 것이니 이러한 일에 신중하게 하지 않을 수 있겠는가? 좌우의 친한 사람들이 모두 어떤 사람이 좋다고 하여도 가볍게 믿어서는 안 되고, 여러 대부들이 모두 어떤 사람이 좋다고 하여도 가볍게 믿어서는 안 되며, 온 나라의 사람들이 모두 어떤 사람이 좋다고 말한 뒤에 살펴보아서 그가 진실로 재능이 있음이 발견되면 다시 그를 등용한다. 좌우의 친한 사람들이 모두 어떤 사람이 좋지 않다고 하여도 가볍게 믿지 말고, 여러 대부들이 모두 어떤 사람이 좋지 않다고 하여도 가볍게 믿지 말며, 온 나라의 사람들이 모두 어떤 사람이 좋지 않다고 말한 뒤에 살펴보아서 그가 진실로 좋지 않음이 발견되면 다시 그를 파면한다. 좌우의 친한 사람들이 모두 어떤 사람을

---

56) 「公孫丑上」, "尊賢使能, 俊傑在位, 則天下之士皆悅, 而願立於其朝矣."

죽일 만하다고 하여도 가볍게 믿어서는 안 되고, 여러 대부들이 모두 어떤 사람을 죽일 만하다고 하여도 가볍게 믿어서는 안 되며, 온 나라의 사람들이 모두 어떤 사람이 죽일 만하다고 말한 뒤에 살펴보아서 죽일 만함을 발견하면 다시 그를 죽인다. 맹자가 보기에 인간사의 문제는 신중하여야 하고 선발, 파면 혹은 살해의 여부는 백성들의 뜻을 주의 깊게 들은 뒤 요해하고 심사한 후에 다시 결정하여야 한다. 백성들이 좋아하고 싫어함을 알고 백성들의 뜻을 충분히 존중하여야 하며 "원하는 바를 모아 주고 싫어하는 바를 베풀지 않는 것"[57)]이 바로 백성을 근본으로 함이 분명하게 체현된 것이다.

제선왕齊宣王과 논의할 때 맹자는 명당明堂의 정치를 긍정하였다. "명당은 왕자의 당이다. 왕이 왕정을 행하고자 한다면 부수지 말 것이다."[58)] '명당'정치는 원시적인 민주제도의 유풍遺風이고 맹자의 긍정에 힘입어 역대의 조대에서 많은 유가의 지식인들이 숭배하고 실행하였다.

4) 교체: 파면과 혁명

맹자는 제선왕齊宣王에게 이렇게 권유하였다. "왕의 한 신하가 처자를 친구에게 맡기고 자신은 초나라에 가서 놀았는데 돌아왔을 때에 처자가 얼고 굶주렸다면 이러한 친구에 대하여 어떻게 하시겠습니까?' 왕이 말하였다. "그와 사귐을 끊겠다." 맹자가 말하였다. "만약 형벌을 다스리는 관리가 아랫사람을 관리하지 못한다면 어떻게 하시겠습니까?' 왕이 말하였다. "벼슬을 제거하겠다." 맹자는 한걸음씩 압박하면서 제선왕이 직무에 적합하지 않은 형벌을 다스리는 관리를 파면하겠다고 말하기를 기다렸다가 다시 한 걸음 더 나아가 제선왕의 정치가 잘 다스려지지 못하면 어떻게 할 것인지를 은밀하게 물었던 것이다. 제선왕은 그저 어물쩍 넘길 수밖에 없었다. 맹자는 비유로써 제선왕을 계발하였고 끊어버리고 제거하여야

---

57) 「離婁上」, "所欲與之聚之, 所惡勿施."
58) 「梁惠王下」, "夫明堂者, 王者之堂也. 王欲行王政, 則勿毁之矣."

함을 논하였다. 하지만 실제로 나타내고자 하였던 것은 직무에 적합하지 않은 관리 내지 군주는 파면하여야 한다는 것이었다.

민본사상은 또한 정권의 기초 및 전환되는 측면에서도 표현되었다. 맹자는 민심의 지지와 반대를 매우 중시하였는데 민심이 바로 정권의 기초이고 민심의 지지와 반대가 정치적인 성공 여부를 결정하는 요소임을 주장하였다. "걸ㆍ주가 천하를 잃은 것을 백성을 잃었기 때문이고 백성을 잃었다는 것은 그 마음을 잃은 것이다. 천하를 얻음에 도가 있는데 백성을 얻으면 천하를 얻을 것이고 백성을 얻음에 도가 있는데 그 마음을 얻으면 백성을 얻을 것이다."59) '인'을 행하면 백성의 마음을 얻고 천하를 얻을 것이고 '인'을 행하지 않으면 백성의 마음을 잃고 천하를 잃게 될 것이다. 따라서 맹자는 이렇게 말하였다. "삼대가 천하를 얻은 것은 인을 행하였기 때문이고 천하를 잃은 것은 불인을 행하였기 때문이다. 제후국의 흥ㆍ폐와 존ㆍ망도 또한 그러하다."60) 공자 이전의 고대 사상에는 비록 민본관념의 싹이 포함되어 있었지만 맹자에 이르러서야 비로소 실제로 분명하고 명확하게 주장되었다. 과거에는 '천명'으로 정권의 전환을 해석하였지만 맹자는 직접 '민심'으로 '천명'을 해석하였다.

이러한 것을 기초로 하여 맹자는 나아가 탕ㆍ무의 혁명이 천리와 인심을 따른 것임을 긍정하였다. "인을 해치는 자는 적賊이라 이르고 의를 해치는 자는 잔殘이라 이른다. 잔ㆍ적한 사람을 일부—夫라 이른다. 일부인 주를 죽였다는 말을 들었고 군주를 시해하였다는 말은 듣지 못하였다."61) 이는 위정자가 만약 '인의'의 '도'를 잃게 되면 포악한 독재자일 뿐이고 백성들은 정권을 뒤엎고 독재자를 죽일 수 있음을 말한 것인데 바로 전통적인 정치에서의 혁명론이다. 이로써 정권이 전환될 수 있음을 분명하게 나타냈고 전환되는 근거는 민심의 지지와 반대에 있다는

---

59) 「離婁上」, "桀紂之失天下也, 失其民也; 失其民者, 失其心也. 得天下有道: 得其民, 斯得天下矣; 得其民有道: 得其心, 斯得民矣."

60) 「離婁上」, "三代之得天下也以仁, 其失天下也以不仁. 國之所以廢興存亡者亦然."

61) 「梁惠王下」, "賊仁者謂之賊, 賊義者謂之殘. 殘賊之人謂之一夫. 聞誅一夫紂矣, 未聞弑君也."

것이다. 민심이 중요함이 바로 여기 있다. 맹자에게는 "백성은 귀하고 군주는 가볍다"(民貴君輕)는 유명한 사상이 있다.

> 백성이 가장 귀하고 사직이 그 다음이고 군주는 가볍다. 그러므로 구민의 마음을 얻은 사람이 천자가 되고 천자에게 신임을 얻은 사람이 제후가 되며 제후에게 신임을 얻은 사람이 대부가 된다.[62]

나라를 다스리고 천하를 통일하는 문제에 있어서 백성이 가장 중요하고 정권이 다음이고 군주는 그 다음이다. 맹자의 민본사상은 역대의 군주전제를 비판하였던 사상가들에게 매우 큰 영향을 주었고 중국 내지는 동아시아의 중요한 정치자원이다.

5. 인격의 독립과 지조

맹자는 인격의 독립과 절개를 매우 중시하였다.

1) "천작"과 "양귀"

맹자는 매번 제후에게 간언할 때 종래로 제후의 높고 높은 지위를 안중에 두지 않았고 그들 "대인大人"의 권세에 절대 놀라지 않았다. 그에게는 "대인을 설득할 때에는 하찮게 여겨서 그의 드높음을 보지 않는"[63] 기개가 있었다. 그는 이렇게 증자의 말을 인용하고 거듭 표명하였다. "저들이 그 부를 가지고 나를 대하면 나는 인을 가지고 대하고, 저들이 그 관작을 가지고 나를 대하면 나는 의를 가지고 대할 것이다. 내 어찌 부족할 것이 있겠는가?"[64] 그들은 그들의 재부와

---

62) 「盡心下」, "民爲貴, 社稷次之, 君爲輕. 是故得乎丘民而爲天子, 得乎天子爲諸侯, 得乎諸侯爲大夫."
63) 「盡心下」, "說大人則藐之, 勿視其巍巍然."

작위가 있고 나는 나의 '인의'와 도덕이 있으니 결코 그들보다 뭐가 없다고 여기지 않는다는 것이다. 자사를 계승하였던 맹자에게는 자유로운 지식인의 기개와 오기가 있었고 "나를 버리면 그 누가 하겠는가"(舍我其誰)라는 패기와 배짱이 있었다. 그는 공자의 '덕德'과 '위位'에 관한 모순학설을 발전시켰고 "덕으로써 지위에 대항한다"(以德抗位)는 기치를 내들었으며 후세의 지식인들에게 지극히 큰 영향을 주었다.

그에게는 '천작天爵'과 '인작人爵'의 구분이 있었다. "천작이 있고 인작이 있다. 인의와 충신, 선을 좋아하고 게을리하지 않는 이것이 천작이다. 공·경과 대부 이것이 인작이다."[65] '천작'은 가치세계에서만이 비로소 도달할 수 있는 경지이고 '인작'은 다만 세속의 공명과 관록이다. '천작'은 정신세계의 고상한 도덕, 인격적인 존엄으로서 잡음이 자신에게 달려 있고 구하면 얻을 수 있고 누구도 빼앗을 수 없다. 따라서 군자가 추구하는 것은 '천작'이지 '인작'이 아니다. 맹자가 보기에 도덕적인 원칙 혹은 정신적인 이상은 사람이 스스로 가지고 있는 것이지 다른 사람에게 의지하여 부여받은 가장 소중한 것이 아닌데 이것이 바로 '양귀良貴'이다. 다른 사람이 준 소중한 작위는 '양귀'가 아니고 '양귀'는 스스로 가지고 있는 것이다.

2) 의지를 지킴과 기를 기름

자사자子思子 덕기德氣론의 '오행'학설의 기초 위에 맹자는 '호연지기浩然之氣'라는 명사를 새롭게 만들어 냈다. 그는 이렇게 말하였다. "나는 나의 호연지기를 잘 기른다."(我善養吾浩然之氣) "그 기가 지극히 크고 지극히 강하여 정직함으로써 기르고 해침이 없으면 천지 사이에 꽉 차게 된다. 그 기가 의와 도에 배합되고 없으면 굶주린다."[66] 이렇게 성대하게 유행하는 기가 우주에 충만하여 있다. 그는

---

64) 「公孫丑下」, "彼以其富, 我以吾仁; 彼以其爵, 我以吾義. 吾何慊乎哉?"
65) 「告子上」, "有天爵者, 有人爵者. 仁義忠信, 樂善不倦, 此天爵也. 公卿大夫, 此人爵也."
66) 「公孫丑上」, "其爲氣也, 至大至剛, 以直養而無害, 則塞于天地之間. 其爲氣也, 配義與道; 無是, 餒也."

또 이렇게 말하였다. "의지는 기의 장수이고 기는 몸에 꽉 차 있는 것이다." "그 의지를 잘 잡아 지키면 그 기를 포악하게 하지 않는다." "의지가 한결같으면 기가 동하고 기가 한결같으면 의지가 동한다."[67] 의지는 마음이 가는 바이고 가는 방향이다. 의지는 기를 동원할 수 있는데 이것은 순방향이다. 반대로 기도 의지에 영향을 줄 수 있는데 이것은 역방향이다. 맹자는 양자가 서로 영향을 주고 의지를 잡아 지키는 것과 기를 기름은 서로 배합하여야 함을 주장하였다. 그는 성대하게 유행하고 몸 안에 가득 찬 기를 잘 길러야 함을 제기하였다. '호연지기'를 기르는 근본은 마음을 기름에 있는데 바로 사단의 마음을 회복하고 보존하는 것이다. 맹자는 기를 동원하여 '도'와 '의'에 배합하고 '리'와 '의'를 마음에 모을 뿐만 아니라 '리'와 '의'의 마음에 힘이 있고 책임질 수 있고 실천할 수 있으며 이상을 실현할 수 있도록 하여야 함을 주장하였다. 이렇게 하여 어떠한 안위와 영욕, 돌발적인 사건에도 두려워하는 바가 없고 의심스러움이 없으며 큰 책임을 맡을 수 있고 마음이 움직이지 않는다. '호연지기'는 천지의 기이고 또한 우리가 태어나면서 가지고 있는 기이며 다만 인위적으로 해치지만 않으면 잘 기를 수 있고 '도'와 '의'에 부합할 수 있고 '도'와 '의'를 도와준다. 기를 기름은 마음을 기름에 달려 있고, 말은 마음의 소리이다. 정당하지 않은 언론은 오히려 마음을 유혹하고 해칠 수 있기 때문에 말을 아는 것이 필요하다. 여러 가지 언론에 대하여 독립적으로 사고하고 분석하고 평가하며 맹목적으로 믿지 않는 것을 말을 안다고 한다. 말을 아는 것은 의지를 분별하기 위함이고 말을 아는 것 또한 마음을 기르는 공부이다. 그러므로 도덕적인 마음을 중심으로 하여 맹자는 의지를 잡아 지키고(持志) 기를 기르며(養氣) 말을 아는 것을(知言) 통합시켰다. 『맹자』「공손추상」의 '지언양기知言養氣'장은 읽기 어렵고 사람에 따라 견해가 다르다고 하지만 사실상 이상에서 서술한 점들을 파악하면 그것의 핵심적인 사상을 파악한 것이다.

맹자는 기를 동원하여 '도'와 '의'에 배합하고 '리'와 '의'를 마음에 모을 뿐만

---

67) 「公孫丑上」, "夫志, 氣之帥也; 氣, 體之充也." "持其志, 無暴其氣." "志壹則動氣, 氣壹則動志也."

아니라 '리'와 '의'의 마음에 힘이 있고 책임질 수 있고 실천할 수 있으며 이상을 실현할 수 있도록 하여야 함을 주장하였다. 이렇게 하여 어떠한 안위와 영욕, 돌발적인 사건에도 두려워하는 바가 없고 의심스러움이 없으며 큰 책임을 맡을 수 있고 마음이 움직이지 않는다. 맹자는 사단의 마음 즉 도덕적인 감정을 동원하여 도덕적인 이성을 도와줌으로써 도덕적인 실천의 동력이 되게 하여야 함을 강조하였다. 이는 그의 일대 공헌이다. 칸트와 서로 비교해 보면 이명휘는 이렇게 주장하였다. "칸트가 동기로서의 도덕적인 감정을 도덕적인 주체의 밖으로 배제하였을 때 도덕적인 주체 자체에 있어야 할 자아실현의 힘은 근거를 잃게 되고…… 이는 도덕적인 주체가 공허하고 무력해지게 하였다."[68]

맹자의 성선설은 인간의 생명에 내재된 초월적인 부여받음을 긍정하였고 인간이 '선'을 행하는 근거로 삼았다. 하지만 인간이 그러한 부여받음을 진정으로 발휘하는지의 여부는 매 개체의 수양공부에 달려 있다. 따라서 그는 '마음을 보존하고'(存心) '기를 기르며'(養氣) '야기를 보존하고'(存夜氣) '놓아버린 마음을 구하는'(求放心) 일련의 수양방법을 제기하였다.

3) 절개와 지조

맹자는 원대하고 의지가 굳세며 확고부동한 절개와 지조를 고취하였고 죽어서야 그만두고 조금도 두려워하지 않는 책임정신을 숭상하였다. 생사와 도덕이 모순될 때 "삶도 내가 원하는 바이고 의도 내가 원하는 바이다. 두 가지를 겸하여 얻을 수 없다면 삶을 버리고 의를 취한다."[69] 이러한 모순은 사실상 인간의 자연적인 생명과 도덕적인 존엄 사이의 모순이다. 맹자가 창도하였던 도덕적인 선택은 자연저

---

68) 李明輝, 『儒家與康德』(臺北聯經出版事業公司, 1990), 제123~124쪽, "當康德將作爲動機的道德情感排除於道德主體之外時, 道德主體本身應有的自我實現的力量卽被架空……這使得其道德主體虛歉無力."
69) 「告子上」, "生亦我所欲也, 義亦我所欲也; 二者不可得兼, 舍生而取義者也."

인 생명을 초월하는 '선'의 가치의 극치를 보여 주었고 인간이 인격존엄을 위하여 희생하는 순도殉道정신을 나타내었다. 맹자가 말하는 "천하의 넓은 집에 거하고 천하의 바른 자리에 서며 천하의 대도를 행하는"(居天下之廣居, 立天下之正位, 行天下之大道) '대장부大丈夫'의 행위표준은 바로 "뜻을 얻으면 백성과 함께 도를 행하고 뜻을 얻지 못하면 홀로 그 도를 행한다. 부귀가 마음을 방탕하게 하지 못하고 빈천이 절개를 옮겨놓지 못하며 위무가 지조를 굽히지 못하는 것, 이것을 대장부라 이른다."[70] 이러한 책임정신과 숭고한 인격은 중국 역사에서 무수히 많은 어질고 뜻이 있는 사람을 격려하였다.

이익과 '인의'가 모순될 때에는 '인의'를 맨 앞에 놓고 이익에 앞서 '의'를 구하여야 함을 주장하였다. 맹자는 '홀로 그 몸을 선하게 하는 것'(獨善其身)과 '천하를 겸하여 구제하는 것'(兼濟天下)을 통일시켜야 함을 제창하였다. 그는 관리라면 반드시 "구함에 도가 있어야 함"(求之有道)을 주장하였다. "옛사람들이 일찍이 벼슬하고자 하지 않은 것은 아니지만 또한 도를 따르지 않음을 미워하였다. 도를 따르지 않고 찾아가는 것은 구멍이나 틈을 뚫고 엿보는 것과 같다."[71] "나는 나 자신을 굽히고서 남을 바로잡았다는 자는 듣지 못하였고 하물며 자신을 욕되게 하고서 천하를 바로잡은 자에 있어서겠는가? 성인의 행실은 똑같지 않아서 혹은 멀고 혹은 가까우며 혹은 떠나가고 혹은 떠나가지 않지만 귀결은 그 몸을 깨끗하게 하는 것일 뿐이다."[72] 자신이 모욕을 당할 때 어떻게 남을 바로잡고 천하를 바로잡을 수 있겠는가? 성인의 행위는 각자 부동함이 있고 어떤 것은 당시의 군주와 멀리하고 어떤 것은 당시의 군주와 가까이 다가가며 어떤 것은 조정을 떠나가고 어떤 것은 조정에 머무는데 결국 모두 자신을 청렴하고 정직하며 흙탕물에 물들지 않게 한다. "뜻을 얻으면 은택이 백성에게 가해지고 뜻을 얻지 못하면 몸을 닦아 세상에 드러낸

---

70) 「滕文公下」, "得志, 與民由之; 不得志, 獨行其道. 富貴不能淫, 貧賤不能移, 威武不能屈, 此之謂 大丈夫."

71) 「滕文公下」, "古之人未嘗不欲仕也, 又惡不由其道. 不由其道而往者, 與鑽穴隙之類也."

72) 「萬章上」, "吾未聞枉己而正人者也, 況辱己以正天下者乎? 聖人之行不同也, 或遠, 或近, 或去, 或不去; 歸潔其身而已矣."

다. 궁하면 홀로 그 몸을 선하게 하고 영달하면 천하를 겸하여 선하게 한다."[73] 이는 바로 사람이 어떠한 처지, 상황에 처하여 있든 도덕적인 것을 선택할지 아니면 비도덕적인 것을 선택할지, 어떻게 인생의 길을 선택하고 어떻게 독립적인 인격과 절개를 유지할 것인지는 궁극적으로 스스로 결정하여야 할 일이라는 것이다. 맹자의 사상은 후세 역대 조정의 선비와 군자들의 절개의 함양에 매우 큰 작용을 일으켰다.

두유명은 이렇게 제기하였다. "'백성을 보존하는 것'과 '백성을 사랑하는 것'의 사상적인 분위기 안에서 맹자가 비판하였던 초점은 왕후의 이름이 있지만 실제로는 포악한 독재자가 어울리는 군주와 단지 '첩부妾婦의 도'만을 따르는 한때 권세를 떨쳤던 신하였다. 따라서 높이 앉아서 내려다보는 정권의 세력과 대화할 때 맹자는 종래로 사대부와 서민, 백성 혹은 천하의 생민에게 요구하지 않았고 더욱이 그들을 질책하지 않았다. 하지만 이는 결코 맹자가 하늘에서 내려준 백성이 정치에 영향을 주는 참여정신을 가지고 있음을 근본적으로 인정하지 않았고 그들을 단지 피동적인 백성으로 간주하고 주관적으로 움직일 수 있는 잠재력이 조금도 없는 존재로 파악하였음을 나타내지 않는다. 정반대로 맹자가 '하늘의 봄이 우리 백성의 봄에서 하고 하늘의 들음이 우리 백성의 들음에서 하는' 서로 교감하고 서로 영향을 주는 원칙을 충분히 긍정하였기 때문에 '백성들의 즐거움을 즐거워하는 자는 백성들 또한 그 군주의 즐거움을 즐거워하고, 백성들의 근심을 근심하는 자는 백성들 또한 그 군주의 근심을 근심한다'는 보답하는 현상을 제기하였다. 『맹자』에서 나오는 생민, 백성과 서민은 자신의 이익을 인식하고 인정과 폭정을 판단하며 관리계층이 공적인 것을 위하는지 사적인 것을 위하는지 평가할 수 있는 능력을 가지고 있을 뿐만 아니라 행동에 부칠 수 있고 함께 즐거워하고 함께 근심하며 스스로 살아갈 방도를 구하고 도망치고 떠돌아다니며 혁명에 빈란을 일으키는 등 여러 가지 선택을 할 수 있는 존재이다.…… 맹자는 공자를 사숙하여 스스로 힘썼다. 그의 가장 큰 소원은 인정을 실행하고 '짐승을 몰아 사람을 잡아먹게

---

73) 「盡心上」, "得志, 澤加於民; 不得志, 脩身見於世. 窮則獨善其身, 達則兼善天下."

하고 사람들이 서로 잡아먹는' 잔인한 세계를 철저하게 전환하여 점차적으로 천하가 태평한 인간의 낙원에 도달하는 것이었다."[74] 맹자의 생민, 백성과 서민 자신의 가치와 능력에 대한 긍정과 관련한 두유명의 주장은 문제의 핵심을 파악한 것이고 이는 맹자 민본사상에 반드시 포함되어야 하는 것이고 또한 맹자와 맹자의 사상이 중국 및 동아시아 역사에서 중요한 영향을 발휘하였던 원인이다.

유가에서는 위정자의 수기修己의 표준으로서 사람을 다스리고 백성에게 요구하지 않는다. 위정자의 수기를 놓고 말하면 언제나 도덕과 '예의'가 우선이고 이른바 "의로써 나를 바르게 하는 것"(以義正我)이다. 백성의 치인治人으로 놓고 말하면 양생養生이 교화보다 우선이고 이른바 "인으로써 남으로 편안하게 하는 것"(以仁安人)이다. 고대 그리스의 철학자들과 비교해 볼 때 선진유가 특히 맹자의 민생에 대한 관심은 매우 독특한 특징이지만 백성들의 생활은 기본적으로 고대 그리스 철학자들의 시야 안으로 들어가지 않았다. 서양의 전통적인 정치문화와 비교해 볼 때 중국문화, 유가의 정부의 교육기능 특히 백성에 대한 도덕교화의 요구 또한 매우 뚜렷한 특징이지만 전통적인 서양의 정부직책에는 기본적으로 백성들의 지식과 도덕수준을 교육하고 향상시키는 것에 대한 약속이 부재하다.

---

74) 杜維明, 「孟子: 士的自覺」, 李明輝 主編, 『孟子思想的哲學探討』(臺北中央研究院 中國文哲研究所, 1995), 제15~16쪽, "在保民'和'愛民'的思想氛圍裏, 孟子的批判焦點是有王侯之名而實際上只稱獨夫民賊的人君和只能遵循 妾婦之道而顯赫一時的權臣, 因此在和居高臨下的政權勢力對話時, 孟子從不要求, 更不斥責士庶人, 百姓或天下之民. 但這並不表示孟子根本不承認天所降的下民有影響政治的參與精神, 他們絶不只是被動的群眾而毫無主觀能動的潛力. 恰好相反, 正因爲孟子充分肯定天視自我視, 天聽自我民聽的交感互動原則, 他才指出'樂民之樂者, 民亦樂其樂; 憂民之憂者, 民亦憂其憂'的回饋現象. 『孟子』一書中所顯示的民, 百姓和庶人, 不僅有認識自身利益, 判斷仁政暴政和品題領導階層爲公爲私的能力, 而且可以付諸行動, 作出同樂同憂, 自安生理, 逃亡流離, 乃至叛亂革命種種選擇.……孟子以私淑孔子自勉, 他最大的心願是推行仁政, 徹底轉化'率獸食人, 人將相食'的殘忍世界, 以逐漸達到天下太平的人間勝境."

6장 예악의 지혜

　'예禮'에서 적지 않은 행위규범은 사실상 하나의 문명한 습관이고 오늘날에도 여전히 가치가 있다. '예'의 행위규범, 예를 들어 식사할 때 '쩝쩝' 소리를 내지 말고, 젓가락으로 집었던 고기를 도로 접시에 가져다 놓지 말며, 입맛에 맞는 반찬만을 골라서 집어먹지 말고, 남의 말을 귀 기울여 엿듣지 말며, 질문에 대답할 때에는 고함을 지르지 말고, 사람을 마주볼 때 시선은 왔다갔다 어찌할 바를 몰라서 망설이지 말며, 일어서는 자세는 바르고 앉은 자세는 점잖아야 한다는 등등 이러한 것들은 모두 '예'이다.

　『예기』에는 또한 도덕적인 훈계가 적지 않게 들어 있는데 이러한 훈계도 보편적인 의미를 가지고 있다. 예를 들어 「곡례상曲禮上」에서는 이렇게 말하였다. "오만한 마음이 자라나게 해서는 안 되고 욕심을 마음대로 방종해서도 안 되며 뜻을 만족시키려 해서도 안 되고 즐거움을 지극하게 하여도 안 된다."(傲不可長, 欲不可縱, 志不可滿, 樂不可極) "재물에 임해서는 구차하게 얻으려 하지 말고 환난에 임해서는 구차하게 모면하려 하지 말라."(臨財毋苟得, 臨難毋苟免) 이는 모두 우리의 심신에 유익한 격언이다.[1]

---

1) 이 장에서 인용하는 『禮記』는 모두 楊天宇의 『禮記譯注』 전2권(上海古籍出版社, 1997)을 참조하였음을 밝혀 둔다.

1. 인문정신 및 그 종교성

'예'란 무엇인가? 중국은 일찍부터 예의의 나라로 불렸는데 바로 문명의 국가 혹은 문명의 민족이라는 것이다. 유가의 '예'는 고대 사회생활의 규범, 규칙이었고 등급질서 등등을 포함하였는데 물론 풍습에서 비롯된 것이다. 유가의 예절에는 일상적인 접물응사 외에도 중요한 관례冠禮, 상례喪禮, 혼례婚禮, 제례祭禮, 조례朝禮, 빙례聘禮, 향례饗禮, 사례射禮 등등이 있는데 모두 구체적인 함의가 있다. 예를 들어 관례는 성인의 책임을 밝히는 것으로 성년의 예이고, 혼례는 남녀의 구별을 이루고 부부의 의義를 세우는 것이며, 상례는 제사에 공경을 다하여 생사의 의義를 밝히는 것이고, 제례는 백성들이 성실하고 신용을 지키며 충성하고 공경하도록 하는 것이다. 그중에서 하늘에 제사를 지내는 것은 은혜에 보답하고 근원을 잊지 않는 것이고, 조상에 제사를 지내는 것은 효양孝養의 도를 이어가는 것이며, 온갖 신에 제사를 지내는 것은 덕을 높이고 공에 보답하는 것이다. 조근朝覲의 예는 군신의 의義를 밝히는 것이고, 빙문聘問의 예는 제후들이 서로 존경하도록 하는 것이며, 향음주鄕飮酒의 예는 장유의 순서를 밝히는 것이고, 사례를 통하여 덕행을 관찰할 수 있다. 이러한 고례는 종교, 정치, 윤리, 예술, 미학의 일부 가치들을 포함하고 종합하였으며 사회를 안정시키고 사람들의 마음을 다스리며 생활의 질을 향상시킴에 있어서 모두 적극적인 의의가 있다.

유가에는 예교를 제외하고도 시교詩敎, 악교樂敎, 서교書敎, 역교易敎, 춘추교春秋敎 등등이 있는데, 통칭하여 육예六藝의 교라고 한다. 전체적으로 이러한 교육, 교화는 모두 사람들의 선한 본성을 확충하고 돈독하고 정중하며 서로 화목해지고 인간 본성의 부정적인 것들을 극복하게 한다. 하지만 예치禮治, 예방禮防, 예교禮敎로 놓고 말하면 근본적으로 사회를 질서 있게 한다. 악교는 사회를 조화롭게 하기 때문에 육예의 교는 인간의 소양을 제고하기 위함이고 인간이 교양을 갖추고 더욱 문명해지도록 한다.

유가에서는 예악문명을 재구성하였을 뿐만 아니라 내재적인 가치를 부각시켰다. 예악문화는 유가를 배태하였던 문화적인 토양이다. 예악문명은 유가보다 일찍 정식으로 탄생하였다. 하夏나라, 상商나라에 모두 예의가 있었고 서주西周 시기에는 예악제도를 갖추었다. 하지만 서주 시기의 전장典章제도, 예의규범은 또한 대부분 공자 이후의 유가를 거쳐 개조되고 재정립되고 정리되었다. 양관楊寬 선생의 『서주사西周史』는 서주西周, 춘추春秋 시기의 일부 향수鄕遂, 종법宗法, 문교文敎 등의 제도, 사회구조, 귀족조직 등등을 고증하였는데 '삼례三禮' 및 여러 경전에서 말한 바와 같이 확실히 그런 사실이 있었음을 볼 수 있다. 물론 유가의 이상화, 체계화한 부분도 들어 있다. 이로부터 유가와 예악문화의 관계는 매우 밀접하여 나눌 수 없음을 알 수 있다. 서복관徐復觀 선생은 이렇게 말하였다. "예는 『시경』의 시대에 이미 인문의 징표로 전환되었다. 그렇다면 춘추 시기는 예의 시기였고 또한 바로 인문의 시기였다."[2] 이러한 판단 또한 예악의 출현이 유가보다 빠르고 유가가 또한 예악을 강화하였다는 것이다. 이는 일종의 인문성의 상징이다.

황간黃侃 선생의 「예학약설禮學略說」에서는 특히 '예지의禮之意', '예지구禮之具', '예지문禮之文'을 강조하였다. '예지의'는 바로 '예'의 함의라는 의미이고, '예지구'는 '예'의 기구이며, '예지문'은 바로 '예'의 의식이다. 그는 『예기』「교특생」에 나오는 다음과 같은 구절을 인용하였다. "예를 높이는 바는 그 의미를 높이는 것이다. 그 뜻을 알지 못하고 그 수만 나열하는 것이 축과 사의 일이다. 그러므로 그 수는 나열할 수 있지만 그 의미는 알기 어렵다."[3] 그는 '예'의 기구, 예절 배후의 의미가 더욱 중요함을 제기하였다. 그는 예를 들어 '삼 년 동안의 거상'(三年之喪)이 원래는 결코 지나친 것이 아니었는데 "그것을 헐뜯는 것은 예를 모르는 것"(毁之者不知禮也)이라고 하면서 예의를 모름을 비판하였다. 그는 또한 『예기』「단궁」에서 자유子游가 유자有子의 "상례에서 몸부림치는 일"(喪之踊)에 관한 질문에 답하면서 말하였던

---

2) 徐復觀, 『中國人性論史─先秦篇』(臺灣常務印書館, 1987, 제8쇄), 제47쪽, "禮在『詩經』的時代已轉化爲人文的征表. 則春秋是禮的世紀, 也卽是人文的世紀."

3) 禮之所尊, 尊其義也. 失其義, 陳其數, 祝史之事也. 故其數可陳也, 其義難知也.

'예도禮道'의 글을 인용하여 "상례에 함부로 헐뜯을 수 없음이 있다"(喪禮有不可妄訾者)고 주장하였다. "이것을 보면 상례의 형식에는 미세한 의미를 가지고 있지 않은 것이 없고 후세에 비록 모두 행하여질 수는 없었지만 옛사람의 시비를 구별할 수는 없는 것이다."[4] 따라서 황간 선생은 '예'의 세부적인 것에 성인의 심오한 뜻이 포함되어 있음을 제기하였다. 이것의 의의는 멀게는 금수와 구별되고 가까이는 이적과 다른 것인데 바로 지금의 사람들이 말하는 문명이다.

그가 말하는 '예지구'는 여러 가지 예기禮器들을 가리킨다. 그는 우리가 예학을 배우고 의례를 배우려면 우선 사물의 명칭을 구분하여야 함을 말하였다. 그는 삼례는 반드시 사물의 명칭을 정밀하게 탐구하여야 함을 말하였다. 시비를 분별하고 같은 점과 다른 점을 고찰한 뒤에 '예'의 의미는 분명해질 수 있다. 따라서 삼례를 배움에 있어서 가장 어려운 것은 여전히 이러한 사물의 명칭에 대한 해석(訓詁)이지만 또한 매우 필요한 것이다.

그가 말하는 '예지문'은 물론 예절, 의식의 도수度數를 가리킨다. 예를 들어 상례, 제례에서 상례는 슬픔을 주로 하고 제례는 공경을 주로 한다. 하지만 만약 기물이 없고 위세가 없다면 이러한 감정들은 표현해 내지 못한다. 그는 주연을 베풀고 상견례를 즐기며 세 번 사양함 등등은 모두 예악의 이러한 절차, 이러한 과정이고 모두 매우 중요함을 말하였다.

그가 말하는 '예지실'은 전적으로 형식만 강조하고 본래의 의미를 잊었음을 가리킨다. 따라서 '예구禮具', '예기禮器', '예문禮文' 이러한 것들은 모두 매우 중요하고 어느 한쪽을 버리거나 생략할 수 없으며 바로 세부적인 것에서 '예'의 의미를 이해할 수 있다. 하지만 우리는 또한 '예구'나 '예문'에 빠져서는 안 된다. 비교하여 말하면 '예구', '예문', '예의'에서 '예의'가 더 중요하고, 그 속에 들어 있는 가치는 '예구', '예문'의 가치가 더욱 중요한 것이다. 다른 한편 의식이 없으면 '예'를 행할

---

4) 黃侃, 「禮學略說」, 陳其泰, 『二十世紀中國禮學研究論集』(學苑出版社, 1998), 제27쪽, "觀此則喪禮儀文無不具有微意, 後世雖不能盡行, 而不可以是非古人也."

수 없기 때문에 예절, 의식의 도수度數도 매우 중요하다. 물론 이는 단지 '예'의 거친 흔적일 뿐이고 핵심적인 것은 아니며 그 속에 포함된 더욱 중요한 '예의' 즉 의미의 세계, 가치의 세계가 아니다.

전통사회에서 '예'의 체계와 기능에 관한 설법에는 여러 가지가 있는데 예를 들어 '예방禮防', '예제禮制', '예치禮治', '예교禮敎' 등등이다. 『예기』「방기」에서는 이렇게 말하였다. "예는 인정에 근거하여 이를 알맞게 제한하고 문식하여 백성의 둑이 된다."(禮者, 因人之情而爲之節文, 以爲民坊者也) '방坊'은 '방防'과 통하는데, 수재를 방지하는 물둑의 의미를 취한다. 그렇다면 '예방禮防'은 무엇을 방지하는 것인가? 백성들이 괴벽함을 방지하여 감정과 욕망을 표현함에 있어서 절제하여 적절한 상태에 도달하는 것이다.

'예치'의 '치'에는 '수치水治'가 있고 '도제刀制'가 있는데, 예로써 나라를 다스리는 것은 '수치'의 '치'이고 포괄하는 범위가 넓지만, '예제'는 바로 '도제'의 '제'로서 제도, 체제적인 측면을 강조하고 '예'에 포함된 성문화된 법과 성문화되지 않은 법과 관련이 있다. '예禮', '악樂', '형刑', '정政'의 네 가지를 조화롭게 배치하는 것을 전반적으로 '예치'라 부른다. '예교'가 강조하는 것은 예치와 교화의 측면이고 또한 '예교'는 '악교樂敎'와 서로 배합하는데 이는 '예'문화에서 가장 중요한 내용이다. 따라서 '예교'의 적극적인 의미는 오늘날 사람들에 의하여 주목받기 시작하였는데 물론 아직은 많이 부족한 실정이다.

'악'에 관해서는 물론 '악방樂防'이라는 말은 없지만 '악' 또한 '예', '악', '형', '정'의 사회를 다스리는 방법 중의 하나이다. '악'은 '악교'이고 교화하는 작용이다. '예악'은 '예'를 중심으로 하고 '악'으로 보충하는데 물론 이는 매우 중요한 보충이다. 예악문화에는 자체의 지식체계가 있고 자체의 가치체계가 있으며 자체의 신앙체계가 있다. 황간 선생의 말에 근거하면 지식체계가 바로 '예'의 기구이고 '예'의 의식이며 형식이다. 가치체계는 바로 이러한 것들에 포함되어 있는 '예의' 즉, '인仁', '의義', '예禮', '지智', '효孝', '제悌', '충忠', '신信', '성誠', '경敬', '서恕', '염廉', '치恥', '용勇' 혹은 '군주는 어질고 신하는 충성하며'(君仁臣忠) '아버지는 자애롭고 자식은 효도하며'(父慈子孝) '남편은 의롭고 아내는 따르며'(夫義婦順) '형은 사랑하고 동생은 공경하며'(兄友弟恭) '친구 사이에는 믿음이 있는'(朋友有信) 등등이다. 서복관 선생은 '예의'에서 끄집어낸 '예'의 새로운 관념이 종교적인 의미를 약화시켰다고 말하였다. 특히 많은 도덕적인 관념은 거의 모두 '예'에 의하여 통괄되는 것이다. 서 선생은 『좌전』, 『국어』에서 많은 자료를 찾아내었는데 특히 '경敬', '인仁', '충신忠信', '인의仁義' 등의 관념은 '예'와 밀접하게 연관되어 있는 것이다.

지식체계, 가치체계를 제외하면 신앙체계가 있는데, 신앙체계는 바로 궁극적인 호천상제昊天上帝, 천지, 산천 등 자연적인 신령 그리고 조상 신령, 인문적인 시조에 대한 숭배이다. '예'에서 비록 이러한 일부 종교적인 요소들을 약화시켰지만 여전히 종교적인 함의를 일정 부분 보존하고 있다.

유가의 인문은 종교를 반대하지 않고 종교를 포용하였다. 예악문명은 종교성을 가지고 있는 인문정신이다. 예악문명에는 궁극적인 배려가 들어 있다. 위에서 논의하였듯이 '예'는 인문화 된 종교이고 도덕적인 인문정신의 자각이다. 그럼에도 불구하고 여전히 그 속에 궁극적인 배려를 포함하고 있다. '예'는 인간의 질서일 뿐만 아니라 천지의 질서이고 우주의 질서이다. 중국문화와 외국문화의 구별은 바로 중국에는 종교와 법제만 있는 것이 아니라 체계적인 '예'가 있음에 있다. 물론 종교와 법제도 포함하고 있다. 이는 외국에 예의, 예절, 공경이 없다는 것이 아니고 '예'가 없다고 하여 외국문화에 예제가 없다는 것이 아니다. 다만 외국문화가 비록 예의를 매우 강조하였지만 '예'를 전반적인 대 문화체계로 간주하지 않았다는 것이다. 외국에서 강조하였던 것은 종교와 법률이었고 중국에서 강조하였던 것은 인문적인 '예'였다. '예'에는 종교와 법률이 포함되지만 맹목적이고 배타적인 종교(敎)에 빠지지 않고 매우 지나치게 강한 법에도 빠지지 않는다. '예'는 종교, 정치, 사회, 윤리, 도덕, 법률의 종합체이고, '예'의 실질은 도덕적인 인문주의이며 인문적인 교화, 감화를 강조한다.

『예기』「예운」에서는 공자의 입을 빌려 언언言偃의 질문에 대답하면서 "예는 반드시 하늘에 근본하고 땅을 본받는다"(禮必本於天, 效於地)고 말하였다. 공자는 이렇게 말하였다고 한다. "예라는 것은 선왕이 하늘의 도를 이어받아 사람의 정을 다스리는 것이다. 따라서 잃는 자는 죽고 얻는 자는 산다.…… 이런 까닭으로 예는 반드시 하늘에 근본하고 땅을 본받으며 귀신을 포열하고 상, 제, 사, 어, 관, 혼, 조, 빙에 통달한다. 그러므로 성인이 몸소 예를 보여 주어 천하 국가를 바르게 할 수 있는 것이다."[5] 이는 바로 '예'가 선대의 성왕이 하늘의 도를 받들어 사람들의 정을 다스린 것이고 '예'로써 천하 국가를 다스리는 것은 매우 중요함을 제기한 것이다. '예'는 하늘에 근거하고 땅을 본받으며 신성함을 가지고 있었다.

『예기』「예운」에서는 또한 규범과 질서가 있고 엄숙하고 경건한 제사를 통하여 하늘의 신과 조상신령의 강림을 영접함을 제기하였다. 제례의 사회적인 기능은 군주와 신하를 바르게 하고, 부자와 형제의 감정을 화목하게 하며, 상하의 관계를 질서 있게 하고, 부부가 각자 자신의 자리에 있게 된다. 이는 하늘이 복을 내려줌을 받은 것이다. 제사에서 가장 중요한 것은 하늘에 대한 제사와 땅에 대한 제사이고, 하늘과 땅에 제사를 지내는 것은 그 근본을 탐구하고 스스로 나온 바를 존중하는 것이다. 이러한 의미에서 하늘과 땅은 우리의 부모이고, 하늘과 땅에는 가치본체의 함의가 들어 있으며 또한 종교적인 함의가 들어 있다. 따라서 「예운」으로부터 보면 천신天神은 지극히 높은 신이고 천신에 대한 숭배는 지신地神에 대한 숭배보다 중요하고, 그 다음이 산천의 여러 신에 대한 숭배이다. 지극히 높은 신과 자연의 신령에 대한 제사를 제외하고 또한 조상 신령에 제사를 지내야 한다. 이는 '예'가 여전히 '종교성'과 '초월성'을 가지고 있음을 보여 준다. '종교성'과 '초월성'은 다르면서도 또한 연관되는 두 개의 개념이다. 하늘은 인문적인 '예'의 궁극적인 초월의 근거이다. 『예기』의 「공자한거」를 보면 '오지五至'(志至, 詩至, 禮至, 樂至, 哀至)와 '삼무三無'(無聲之樂, 無禮之禮, 無服之喪) 등 사상이 있다. 뜻을 세우면 시가 이르고 예가 이르며 기쁨이 이르고 슬픔도 이르는 것이다.

---

5) 夫禮, 先王以承天之道, 以治人之情. 故失之者死, 得之者生.……是故大禮, 必本於天, 效於地, 列於鬼神, 達於喪, 祭, 射, 禦, 冠, 昏, 朝, 聘. 故聖人以禮示之, 故天下國家可得而正也.

'오지'와 '삼무'에 대하여 마일부馬—浮 선생은 어떻게 해독하는 것인가? 그에 의하면 여기서는 하늘의 성덕性德을 받들어 흘러나온 것이 '육예'의 동적인 과정이고 바로 예악을 포함하는 '육예', '육경'이며 이미 생활의 세계와 내재적으로 서로 통하는 진선미의 내용으로 되었음을 말하였다.[6] '육예'는 유가경전, 경학형태, 학술연구의 대상일 뿐만 아니라 더욱이는 인류의 성덕性德이 본래부터 가지고 있는 생명의 함의이고 문화적인 맥락이다. 따라서 마 선생은 '예교', '악교' 이러한 인문적인 종교를 통하여 사람들의 천부적이고 내재적인 성덕을 일깨울 수 있고 또한 몸과 도덕을 수양함으로써 스스로 진정한 사람으로 거듭날 수 있음을 말하였던 것이다.

사람은 종교성을 가지고 있는 동물이고 사람에게는 궁극적인 신념, 신앙이 있으며 지극히 높은 신, 상제, 천지자연의 신령, 조상신령, 인문적인 시조와 지덕이 가장 높은 성인(至聖先師)에 대한 예배를 통하여 인간생명의 장엄함과 신성함을 높일 수 있다. 관례, 혼례, 상례, 제례는 폐기할 수 없고 현대와 전통을 결합시키고 서양의 현대문화와 결합시켜 창의적으로 '예'와 '악'을 다시 제정하여야 한다. 특히 현재의 국가례國家禮, 사회례社會禮, 가정례家庭禮는 건강하게 재건할 필요가 있다.

2. 정치적인 정의와 사회 관리

중국 사람들은 사회의 관리에 대하여 매우 높은 지혜를 가지고 있는데 그 속에 포함된 정치적인 정의의 함의도 매우 풍부하다. 하나의 예로 『주례』를 들 수 있는데 아래에 『주례』에서 볼 수 있는 일부 자료들에 대하여 소개하도록 한다. 전현錢玄 선생에 의하면 『주례』는 유가의 책이고 전국戰國 후기에 만들어졌으며

---

6) 자세한 내용은 馬—浮의 「復性書院講錄」, 『馬—浮全集』 제1책(浙江古籍出版社, 2013), 제 223~248쪽을 참조.

책에서 볼 수 있는 사상은 주요하게 초기 유가에 속하지만 일부는 전국戰國 후기에 유가에서 도가, 법가, 음양가 등 학파의 사상을 융합하여 만들어진 것이다. 양관楊寬 선생은 『주례』가 비록 춘추春秋와 전국戰國 시기 사이의 저작이자만 책에서 언급된 일부 제도는 이미 서주西周시대의 본래 모습이 아니었고 일부 조합되고 이상적인 부분이 섞여 있다고 주장하였다. 하지만 책에서 언급된 일부 제도, 예를 들어 향수饗遂 제도 등은 여전히 기본적으로 서주, 춘추 시대의 사상을 보존하고 있다.

양관 선생에 의하면 『주례』에서 언급된 제도는 이미 서주 시기 본유의 제도가 아니고 유가에서 후세에 유행하였던 제도에 근거하여 개조한 것이다. 『주례』, 『예기』 「왕제」를 보면 모두 제도를 논의한 것이고 대체로 선진先秦 시기 유가의 이념과 제도의 설계를 보여 주고 있다. 그 중의 일부 제도는 서주, 춘추 시기에 실행하였던 것이고 일부 제도는 전국 시기에 실행하였던 것이다. 『주례』 「지관사도」, 『예기』 「왕제」를 보면 전자는 고문경이고 후자는 금문경이다. 만약 우리가 고문경과 금문경의 경계를 허물고 사회의 공평, 정의와 복지제도에 관한 내용으로부터 보면 연관성이 비교적 큼을 볼 수 있다.

'예'의 제도에 대한 설계에는 후세의 토지제도에 매우 큰 영향을 주었던 "일부에게 백 묘의 밭을 주는"(一夫授田百畝) 제도가 있다. 『예기』 「왕제」에는 "농전은 백 묘를 단위로 삼는다"(制農田百畝)고 나와 있다. 한 사람의 농부가 일정한 나이를 먹게 되면 단독으로 분가하여야 하고 한 사람의 농부에게 백 묘의 땅을 주어 농사를 짓도록 제도로 규정한 것이다. 백 묘의 땅은 토지의 기름짐과 메마름에 근거하여 분류하는데, 상등의 농전을 경작하면 한 사람의 농부가 아홉 명을 부양할 수 있고, 한 등급 낮은 농전을 경작하면 여덟 명을 부양할 수 있으며, 차례로 갈수록 적어져 일곱 명, 여섯 명, 다섯 명을 부양할 수 있게 된다. 서인으로서 관직에 있는 자가 받는 봉록은 이 다섯 등급의 농부의 수입에 근거하여 구분하고 등급을 나누었다. 제후의 하사下士의 봉록은 상등의 토지를 받은 농부와 맞추어 볼 때 스스로 경작하여 얻은 것을 충분히 대체할 수 있었다. 중사中士의 봉록은 하사에 비하여 한 배가 많았고, 상사上士의 봉록은 중사에 비하여 한 배가 많았으며,

경卿의 봉록은 대부의 네 배였고, 군주의 봉록은 경의 열 배였다. 봉록은 분명 구별이 있었지만 농부에게 농전農田이 있는 것은 가장 기본적인 생활보장이었다.

『주례』와 『예기』「왕제」를 보면 모두 사회의 약자들을 배려하는 일부 제도가 설계되어 있다. 가령 양로제도는 상고시대 우虞나라, 하夏나라, 은殷나라, 주周나라에는 모두 양로養老의 '예'가 있었다. 선대인 주나라의 제도를 종합하였고 특히 양로의 예의제도를 실행할 것을 강조하였다. 일반 백성을 포함하는 50세 이상의 노인이라면 특별하게 대우하여야 한다는 것이다. 삼대의 군왕들이 양로의 예의제도를 실행한 후 가구 별로 백성들의 연령을 조사하여 나이가 80세이면 아들 하나는 부역을 면제하였고, 나이가 90세이면 온 가정의 부역을 면제하였으며, 장애인, 환자, 자립능력을 상실한 사람, 부모의 상중인 사람은 3년 동안 부역을 면제하였고, 대부의 봉토에서 제후의 봉토로 옮겨간 사람은 1년 동안 부역을 면제하였다.

홀아비(鰥), 과부(寡), 고아(孤), 늙어서 자식이 없는 사람(獨)과 사회의 약자들에 대하여 『예기』「왕제」에서는 거의 맹자의 주장을 반복하였다. "어려서 부모가 없는 자를 고라 하고, 늙어서 자식이 없는 자를 독이라 하며, 늙어서 아내가 없는 자를 환이라 하고, 늙어서 남편이 없는 자를 과라 한다. 이 네 가지는 천하에서 궁핍하고 호소할 것이 없는 자들이기에 모두 상희의 은사를 받는다."[7] '상희常餼'는 주기적인 식품구제 혹은 생활보조금이다. 또한 귀머거리와 벙어리, 신체적인 불구나 장애가 있는 사람에 대하여 국가가 부양하는 제도를 실시하였다. 국가는 공장工匠의 수입으로 그들을 부양하였다. "서인인 기로는 맨밥을 먹지 않는다"(庶人耆老不徒食)는 바로 백성 가운데의 노인은 반찬이 없이 맨밥을 먹지 않고 도식하지 않는다는 것이다. "기로를 봉양하여 효도를 다하고 고독한 자를 구휼하여 부족한 것을 채워준다"[8]는 것은 바로 교화를 통하여 풍조를 형성하여 백성들이 웃어른을 공경하고 빈곤한 자를 도와주도록 인도하는 것이다.

---

7) 少而無父者謂之孤, 老而無子者謂之獨, 老而無妻者謂之矜, 老而無夫者謂之寡. 此四者, 天下之窮而無告者也, 皆有常餼.
8) 養耆老以致孝, 恤孤獨以逮不足.

옛날에 민력을 빌려서 공전公田을 경작하면 백성들의 전세田稅를 받지 않았고, 무역하는 장소에서는 점포에 대한 세금만 받고 화물에 대한 세금은 받지 않았으며, 관문에서는 검사만 하고 세금을 받지 않았고, 산림과 강, 호수를 개방하여 백성들이 계절에 근거하여 땔나무를 하고 고기를 잡고 사냥을 할 수 있도록 하였다. 제전祭田을 경작하면 세금을 받지 않았고, 백성들을 징용함이 일 년에 삼 일을 초과하지 않았으며, 토지와 거읍居邑은 매매할 수 없다고 규정하였다. 이러한 일부 규정은 예의에도, 『맹자』, 『순자』에도 모두 관련된, 내용이 비슷한, 심지어 문자마저 똑같은 부분이 있는데, 이는 모두 유가의 제도적인 요구이며, 매우 중요한 경제제도의 측면이다.

정치에 참여할 권리, 교육을 받을 권리와 관련된 인재를 선발하는 것과 관련된 제도는 우수한 중화 전통문화의 일부분이다. 『예기』 「왕제」에서는 서민 가운데서 인재를 선발하고 임용하며 작록을 주는 것에 대하여 긍정하였고 상응한 절차를 규정하였다.

예악문화에서 사회를 다스리고 국가를 다스리는 것에 관하여 그들은 예·악·형·정의 배치를 강조하였다. 『예기』 「악기」에서는 이렇게 말하였다. "그렇기 때문에 선왕이 예악을 제정하여 사람들의 정에 따라 절문으로 만들었다. 최마의 복제와 곡읍의 예를 제정한 것은 상도를 절문하는 것이고, 종고의 음과 간척의 무를 제정한 것은 안락을 얻고 의리에 화순하는 것이며, 혼인관계의 예를 제정한 것은 남녀를 구별하는 것이고, 향사·향음·식향의 예를 제정한 것은 교제를 바로하는 것이다. 예로써 백성들의 마음을 절제하고, 악으로써 백성들의 소리를 조화롭게 하며, 정치로써 행하게 하고, 형벌로써 방지하며, 예·악·형·정의 네 가지가 천하에 널리 미쳐 행해지고 백성들이 도리에 어긋나지 않을 때 왕의 도가 갖추어진다."[9] 바로 네 가지 측면으로부터 조절하여 "예로써 그 뜻을 이끌었고 악으로써 그 소릴 조화롭게 하였으며 정치로써 그 행동을 하나로 만들었고 형벌로써 그

---

9) 是故先王之制禮樂, 人爲之節. 衰麻哭泣, 所以節喪紀也; 鍾鼓幹戚, 所以和安樂也; 昏姻冠笄, 所以別男女也; 射鄕食饗, 所以正交接也. 禮節民心, 樂和民聲, 政以行之, 刑以防之, 禮樂刑政, 四達而不悖, 則王道備矣.

간사함을 막았다. 예·악·형·정은 그 이르는 극점은 하나이고 민심을 정제하여 치국·평천하의 도를 이루도록 하는 것이다."10) 예악에서 말하는 왕도王道, 치도治道는 모두 사회와 국가를 다스리는 것이고 예, 악, 형, 정의 네 가지 방법으로 협조한다.

　"악은 호오를 같이하는 것이고, 예는 귀천을 구별하는 것이며, 호오가 같을 때에는 서로 친하고, 귀천의 구별이 있을 때에는 서로 공경한다. 악이 지나치면 유만해지고, 예가 지나치면 친속이 이산된다. 성정을 화합시키고 용모를 꾸미는 것은 예악의 일이다. 예의가 확립되면 귀천의 등급이 존재하고 악문이 같을 때 상하가 화목하게 된다. 호오가 분명해질 때에는 현과 불초가 구별되고, 불초자는 형벌로써 금지하고, 현자는 등용하여 작록을 주는데, 이것이 정치의 평균이다. 인으로써 사랑을 베풀고 의로써 바로잡으며 이와 같이 할 때 백성을 다스리는 정치가 행하여진다."11) 『예기』「악기」에서 나오는 이러한 도리는 예악을 형·정의 자양분으로 간주하였고 정령과 형벌은 반드시 예악과과 어울려야 함을 알 수 있다. "악은 마음을 닦는 것이고, 예는 외모를 정제하는 것이며, 예악이 마음에 교착되면 그 형상에 외모에 드러나기 때문에 예악이 이루어지면 마음이 즐겁고 공경하며 온화하고 문아하다."12) 따라서 예악의 교화는 사회와 국가를 다스림에 있어서 조화를 이루고 백성들의 소양을 제고할 것을 강조하였다.

　예악의 교는 천지의 정신, 인간의 성정과 일상의 오륜을 통합시켰고 관통시켰다. 예악의 사회적인 기능은 특히 법률, 정령과 서로 결합하여 사회를 조화롭게 한다. 예악에는 질서, 절제, 교류, 조화의 원칙과 원리가 들어 있다. 따라서 이러한 고대의 사회를 다스리는 방책은 네 가지가 서로 배치함으로써 예악에 문화가 있고 가치가 있는 것이다.

---

10) 禮以道其志, 樂以和其聲, 政以一其行, 刑以防其奸. 禮樂刑政, 其極一也; 所以同民心而出治道也.
11) 樂者爲同, 禮者爲異, 同則相親, 異則相敬. 樂勝則流, 禮勝則離. 合情飾貌者, 禮樂之事也. 禮義立, 則貴賤等矣; 樂文同, 則上下和矣. 好惡著, 則賢不肖別矣; 刑禁暴, 爵擧賢, 則政均矣. 仁以愛之, 義以正之, 如此, 則民治行矣.
12) 『禮記』,「文王世子」, "樂所以修內也, 禮所以修外也, 禮樂交錯於中, 發形於外, 是故其成也懌, 恭敬而溫文."

'예'는 종교성, 도덕성을 가지고 있는 생활규범이고, '예'라는 윤리질서 안에는 일정한 인도적인 정신, 도덕적인 가치가 포함되어 있다. 순자는 '예'를 강조하였는데 '예'가 '도덕의 지극함'(道德之極)이라고 주장하였다. '극極'은 표준인데 최고의 표준이라는 것이다. "나라를 다스리는 지극함이고 사람의 도의 지극함이다."(治辨之極, 人道之極) '극'은 대들보와 마찬가지이고 치우치지 않고 지극히 바른(大中之正) 표준이다. '예'의 목적이 바로 귀한 자가 존경을 받고 늙은 자는 효도를 받으며 윗사람을 공경하고 어린이를 사랑하며 비천한 자는 은혜를 받게 하려는 데 있기 때문이다. 귀천의 등급이 있는 예제의 질서에 존경, 효도, 공경, 자애로움, 은혜 이러한 덕목이 들어 있고, 약자, 약소한 세력에 대한 보호의 문제가 포함되어 있는 것이다. 『예기』 「곡례」에서는 이렇게 말하였다. "태고시대에는 덕을 귀하게 여겼고, 그 다음 시대에는 베풀고 보답하는 것에 힘썼다. 예는 오고 가는 것을 숭상하기 때문에 가되오지 않음은 예가 아니고 오되 가지 않음도 예가 아니다. 사람이 예가 있으면 편안하고 예가 없으면 위태롭다. 그렇기 때문에 예는 배우지 않을 수 없다고 하였다. 무릇 예라는 것은 스스로를 낮추고 남을 높이며 비록 행상을 하는 미천한 자라 하더라도 반드시 높여야 하는데 하물며 부귀한 사람이겠는가. 부귀한 사람이 예를 좋아할 줄 알면 교만하지 않고 음탕하지 않으며 빈천한 사람이 예를 좋아할 줄 알면 뜻이 위축되지 않는다."[13] 따라서 『예기』 「곡례」에서 말하는 '예는 오고 가는 것을 숭상한다'는 것은 베풀고 보답하는 것은 다음이고 주요하게는 '예'가 자신을 낮추고 남을 높이며 행상을 하는 자, 서민이라도 존중을 받아야 함을 강조한 것이다. 덕을 귀하게 여기고 자기를 낮추고 남을 존중하며 은혜를 베풀고 보답할 것을 강조하였으며, 예는 오고감을 숭상하고 부귀한 사람이든 빈천한 사람이든 모두 서로 존중하여야 하며 서로 이익과 혜택을 얻어야 한다.

여기서는 행상을 하는 자, 빈천한 자, 약자에 대한 존중과 대등한 보답관계를

---

13) 『禮記』, 「曲禮」, "太上貴德, 其次務施報. 禮尚往來, 往而不來, 非禮也. 來而不往, 亦非禮也. 人有禮則安, 無禮則危. 故曰: '禮者, 不可不學也.' 夫禮者, 自卑而尊人, 雖負販者必有尊焉, 而況 富貴乎? 富貴而知好禮, 則不驕不淫; 貧賤而知好禮, 則志不懾."

제기하였다. 과거에 "예는 서민들에게 내리지 않는다"(禮不下庶人)에 대한 이해는 편파적이었는데, 청淸대 사람 손희단孫希旦의 주석에 근거하면 이는 서민을 위하여 예를 제정하지 않음을 말한 것이지 서민에 대하여 무례하여도 된다거나 서민에게는 실행할 만한 예가 없음을 말하는 것이 아니다. 옛날에 제정한 '예'는 '사士' 등급 이상에 대한 것이었는데, 관례, 혼례, 상견례는 모두 사례士禮였다. 서민은 이러한 사례를 참조하여 행하였는데, 관혼상제, 제사와 장례 등의 표준은 낮출 수 있었고 주요하게 서민 가정의 예절과 의물儀物을 고려하여 능력껏 실행하였다. 이로부터 기존의 "예는 서민들에게 내리지 않는다"(禮不下庶人)에 대한 이해가 잘못되었음을 알 수 있다. '예'에는 빈천한 자, 행상을 하는 자에 대한 존중이 포함되어 있다.

사회의 관리에서 유가는 도덕적인 교화를 강조하는 동시에 법제도 중시하였다. 『예기』「왕제」에는 형법제도에 관한 기록과 설계가 나오는데, 안건을 심의하고 판결하고 처벌하는 과정에서 어떻게 신중하게 하고 열심히 하며 규범을 따지는지를 언급하고, 원죄·날조·오심을 피하며 엄격한 절차 및 개인의 사적인 부분에 대한 보호의 문제를 다루고 있다.

요컨대 『주례』「지관」, 『예기』「왕제」에서 이념과 제도에 관한 부분에서는 고대인들의 원시적인 인도주의를 보여 주었다. 만약 『논어』, 『맹자』, 『순자』를 결부시켜 살펴보면 중화민족의 '인애'를 핵심으로 하는 가치체계와 인문정신을 보여 주고 있고, 적지 않은 제도문명의 성과는 주목할 만한 가치가 있음을 알 수 있다. 예를 들면 흉년, 전염병에 대처하는 전통 그리고 조직적으로 구제하는 제도 등등이다. 노인과 아이, 환자와 장애인, 홀아비와 과부, 고아와 독거노인, 빈곤한 사람 등 사회의 약자에 대한 존중과 그들을 우대하는 제도는 지극히 인성화된 제도이고, 후세에 이론적, 실천적 측면에서 모두 발전시켰다. 이러한 것들은 오늘날의 복지국가와 복지사회의 요소와 유사하다. 이 밖에 직분을 나누고 거처, 토지, 부세, 상업과 관련된 제도와 정책에서 백성들의 권리와 복지에 대한 일정한 정도의 관심과 보증, 서민의 교육을 받을 권리와 정치에 참여할 권리에 대한 기본적인 보장, 백성들에 대하여 기술적인 교육을 실행하는 제도, 형률의 제정과 안건을 심판할 때의 신중함, 질서화와 사적인 영역에 대한 보호 등등은 모두 오늘날 사회의 공평과 공정 문제를 언급하고 있다. 역사주의 관점으로 살펴보면, 같은 등급제도이지만, 중국의 선진 시기와 동시대인 고대 그리스, 고대 인도, 고대 이집트의 정치문명과 서로 대조하면, 중국의 정치이념과 제도의 소중한 점을 어렵지 않게 발견해 낼 수 있다. 이러한 자원은 한 걸음 더 나아가 오늘날 창의적으로 전환할 수 있다.

오늘날 중국 문화, 유학, 예제를 들기만 하면 등급질서를 말하게 된다. 하지만 인류의 어떤 사회에 등급질서가 없었던가? 인류의 공동체, 인류가 사회를 구성하려면 물론 등급질서가 필요하다. 문제는 중국의 제도문명, 예제, 예학에는 등급제도가 있을 뿐만 아니라 등급 사이에 정상적으로 유동할 수 있는 기제도 있다. 예를 들어 공평한 교육을 통하여 공평한 정치에 이르는 것인데 "아침에는 시골청년이었는데 저녁에는 천자의 정각에 오르고"(朝爲田舍郎, 暮登天子堂), 역대의 조대에서 평민에서 삼공三公으로 된 사람이 적지 않다. 앞에서 논의하였던 빈천한 사람에 대한 존중, 가장 이롭지 않은 자에 대한 관심 및 그 제도적인 보장, 그리고 교육의 공평함을 통하여 사회적인 공평함에 이르는 것, 이러한 것들은 모두 예제의 소중한 요소들이다.

『예기』「예운」에서는 정치권력의 근원이 하늘, 천명에 있음을 주장하면서 "정치는 반드시 하늘에 근본을 둔다"(政必本於天)고 하였다. "그러므로 정치는 임금의 몸을 간직하는 곳이다. 이 때문에 정치는 반드시 하늘에 근본을 두고 본받아 섞어서 아래에 명한다."[14] 따라서 국정의 근본은 천리에 있고 천리를 본받아 정령을 아래로 내리며 정령은 지덕地德에 부합하여야 하고 또한 사람의 도덕에 부합하여야 한다. 이 밖에 『예기』「예운」의 시작 부분에서 대동大同세계를 논의하고 사회이상을 논의하였는데, 이러한 사회이상도 중국인이 사회이상이고 문화이상이기 때문에 대동세계와 소강小康세계는 다르고 이러한 이념에는 최고의 정치정의에 대한 추구가 포함되어 있다.

---

14) 故政者君之所以藏身也, 是故夫政必本於天, 殽以降命.

3. 생태윤리

'천지'는 만물의 어머니이고 모든 만물은 모두 '낳고 낳음'(生生)에서 비롯된
것이다. 『예기』 「월령」에서는 이렇게 말하였다. "천지가 화동하여 초목이 싹튼다."
(天地和同, 草木萌動) 『예기』 「악기」에서는 이렇게 말하였다. "화이하여 만물이 모두
감화된다."(和故百物皆化) 따라서 '초목', '만물'의 화생은 모두 '화和'를 조건으로 한다.
천지가 조화롭지 않으면 만물은 생겨나지 않고, "천지가 서로 합한 뒤에 만물이
번성한다"(天地合而後萬物興焉). 천지는 만물을 화생하는 근원이고 생태체계는 '낳고
낳는 큰 덕'(生生大德)이며 하늘과 땅의 두 가지 부동한 힘을 빌려서 서로 화합하고
감통하여 실현하는 것이다.

『예기』 「악기」에는 다음과 같은 한 단락의 말이 있는데 『주역』 「계사」의 말과
서로 통한다. "천지가 서로 소통하여 우레와 번개로 북돋우고 바람과 비로 떨쳐
일어나게 하며 네 계절로 움직이게 하고 해와 달로 따뜻하게 하여 온갖 변화가
일어난다. 이렇게 보면 악이라는 것이 천지의 조화인 것이다."[15] '예'의 문화는
천지의 생물과 사계절에 대한 묘사를 통하여 '악'이 천지의 조화를 체현한 것임을
주장하였다. 돌이켜 보면 천지는 우레와 번개, 바람과 비를 통하여 우주 사이의
음과 양의 두 가지 힘, 두 가지 기를 북돋우고 사계절은 끊임없이 '낳고 낳는
큰 덕'의 모습을 체현해 내는 것이다. 이것이 우주 사이의 가장 웅장하고 아름다운
생명의 교향곡 연주가 아니란 말인가?

유가의 생태체계의 '낳고 낳는 큰 덕'(生生大德)에 대한 인식과 천지, 음양이
'화'로써 만물을 화생함에 대한 인식은 매우 심각하다. 따라서 생태체계는 하나의
끊임없이 생명을 창조하는 체계이고 또한 각 부류의 종들이 조화롭게 공생하는
생명공동체인데, 이는 천지라는 하나의 큰 생태주거지에 대한 유가의 절실한 깨달음
이다. 이는 오늘날 동·서양의 환경윤리학에서 통용되는 하나의 기본적인 상식으로

---

15) 天地相蕩, 鼓之以雷霆, 奮之以風雨, 動之以四時, 暖之以日月, 而百化興焉. 如此則樂者天地之和也.

되었다.

　'천인합일天人合一'의 이념에서 '천'은 모든 가치의 근원인데 생물을 놓고 말하면 하늘과 땅은 병행되는 것이지만 가끔 '천'으로써 '지'를 통섭한다. 따라서 '천' 혹은 '천지'는 생태체계에서 모든 가치의 근원이라고 할 수 있다. 유가에는 사람과 천지만물이 일체가 된다는 공통된 깨달음이 있다. 따라서 사람은 만물에 대하여 일종의 절실한 사랑과 관심을 가지고 있고 전반적인 천지만물을 자신의 생명과 서로 긴밀하게 연관되어 있는 것이라 간주한다. 이러한 가치근원에 대한 공통된 인식의 토대 위에 유가의 생태윤리는 '천지의 조화를 범위로 하여도 지나침이 없고 만물을 곡진하게 이루게 하여 남기지 않는'(範圍天地之化而不過, 曲成萬物而不遺) 생태공동체를 확립할 수 있고 생태체계를 진정으로 사람과 만물이 공생하고 공존하는 생명의 낙원으로 간주할 수 있는 것이다.

　바로 이러한 일종의 생명낙원에 대한 의식이 있었기에 『예기』 「예운」에서는 우주생태의 여러 단계를 논의하면서 사람을 비교적 높은 단계에 설정하였고 사람은 생태체계의 완정한 의미를 구현하였다. 사람은 천지의 덕행, 음양의 교감, 귀신의 묘합妙合을 보여 주었고 오행의 빼어난 기를 모았다. 사람은 또한 천지의 심장이고 오행의 단서이며 여러 가지 맛을 조화롭게 하고 맛볼 수 있으며 여러 가지 음조를 만들어 내고 변별할 수 있으며 여러 가지 색깔의 옷을 만들어 내고 입을 수 있는 동물이다. 비록 사람을 만물의 영장이라 하더라도, 사람도 여전히 전반적인 생태체계에 종속되는 존재이다. 따라서 성인은 예악을 제정하고 법칙을 제정함에 있어서 생태적인 천지의 큰 체계를 근본으로 하고 음과 양 두 가지 기운의 교감을 출발점으로 하며 사시에 행하여야 하는 정령을 기준으로 하고 해와 달의 운행으로 시간을 기록하며 열두 달로써 일의 성취를 헤아리고 귀신을 모방하며 오행의 법식을 중심으로 하고 예의를 도구로 삼으며 사람들의 감정을 토지로 하고 사령四靈(용·봉황·거북·기린)을 가축으로 하였다.

　따라서 사람은 천지 사이에서 반드시 산천, 동물, 식물 등등을 존중하여야 한다. 이러한 존중과 경외는 산과 숲과 내와 못에 대한 제사를 통하여 표현된다.

"천자는 천지에 제사 지내고 제후는 사직에 제사 지내며 대부는 오사에 제사 지낸다."16) 『예기』에서는 이러한 일부 제사에 대하여 논의하였다. 이 밖에 『예기』에서는 또한 '예'는 반드시 절기에 부합하여야 하고 땅의 산물物産에 부합하여야 함을 강조하였는데, 동식물을 사용할 때 반드시 부동한 계절에 근거하여 부동한 생물을 취하고 부동한 지리환경에 근거하여 부동한 물산을 취하여야 하는 것이다.

'예'는 "천시에 합치되고 땅의 재화로 베풀며 귀신을 따르고 사람의 마음에 합치되며 만물을 다스린다. 그렇기 때문에 천시는 낳음이 있고 지리는 마땅함이 있으며 관원들은 능력이 있고 사물의 위곡에 유리함이 있다. 천시가 낳지 않고 땅이 기르지 않는다면 군자는 예로 여기지 않는다."17) 예를 들어 산에서 생활하는 사람은 어폐와 같은 호수지역에서 나오는 물건을 남에게 선물로 줄 수 없는데, 이는 산림지역에서 어폐와 같은 물건들이 매우 비싸기 때문이다. 마찬가지로 호수지역에서 사는 사람은 산에서 나오는 녹용과 같은 물건을 남에게 선물로 줄 수 없는데 이 또한 호수지역에서 녹용과 같은 물건들이 매우 귀중하기 때문이다. 따라서 '예'는 큰 원칙이고 구체적인 지리에서 출발하여 '예'를 제정하고 행하여야 하며 자연의 원칙에 어긋나서는 안 된다. 일정한 시간과 공간의 조건 하에서 성장하기 적합하지 않은 산물로써 군자는 '예'를 행하지 않고 귀신도 누리지 않는다. 따라서 해당 지역에서 희귀한 물건을 예물로 주는 사람은 '예'를 모르는 것이다. '예'를 행함에 있어서 반드시 본 지역에서 본 나라에서 나오는 물건으로 하여야 한다. '예'를 행함에 있어서 반드시 능력껏 하고 토지의 크기, 수확의 좋고 나쁨에 근거하여야 한다.

생태의 보호와 관련하여 가령 중춘仲春의 달에는 "식물의 싹을 보호하고 어린 동물을 기르며" "개울이나 연못의 물이 마르지 않게 하고 저수지의 물이 낭비되지 않게 하며 산림을 불태우지 않게 한다." "맹하의 달에는 만물이 성장하여 높고

---

16) 天子祭天地, 諸侯祭社稷, 大夫祭五祀.
17) 合於天時, 設於地財, 順於鬼神, 合於人心, 理萬物者也. 是故天時有生也, 地理有宜也, 人官有能也, 物曲有利也. 故天不生, 地不養, 君子不以爲禮.

크게 되고 성곽이나 궁실을 헐거나 무너뜨리지 말고 토목공사를 일으키지 말며 대중을 징발해서도 안 되고 큰 나무를 베어도 안 된다."[18] 사람들이 동식물을 취하여 씀에 있어서 반드시 계절과 시간을 고려하여야 하는데 동식물이 성장거나 번식하는 기간에는 함부로 베거나 죽어서는 안 된다. 작은 나무를 베지 않고 어린 짐승과 임신한 짐승을 죽어서는 안 되는데 그렇지 않으면 바로 불효(不孝)이다. 증자는 일찍이 이런 말을 하였는데, 그가 성인이 말하였다고 하는 것은 바로 공자가 말한 것이다. "나무를 때때로 베어 버리고 금수를 때때로 잡는다. 부자가 말하였다. '나무 하나를 베고 짐승 한 마리를 잡아도 그때에 맞게 하지 않으면 효도가 아니다.'"[19] 그는 공자의 말을 인용하여 나무를 베고 짐승을 잡을 때 만약 절기를 주의하지 않는다면 부모에게 효도하지 않는 것과 마찬가지임을 말하였다. 절기의 중요성을 알 수 있는 부분이다. 맹춘의 달에는 어떻게 하여야 하는가? 산과 숲과 내와 못을 보호하고, 짐승의 암컷을 죽이지 말며 벌목을 금지하고 곤충, 새, 들짐승의 모체와 어린 생명을 보호하여야 한다. 천자, 제후들의 사냥(田獵)에 관한 '예'를 논의하면서 모조리 없애 치우고 못의 물을 말려서 고기를 잡지 말 것을 특별히 강조하였고, 사냥할 때 그물의 한쪽을 열어놓아 한편으로는 백성들이 따르게 하여 사냥감이 있게 하고 다른 한편으로는 포위하지 않고 무리를 감추지 않는다. 즉 한편으로는 백성들이 뒤따라 사냥하여 사냥감을 사냥하도록 하고, 다른 한편으로는 또한 모조리 사냥하여 없애 치우지 않는 것이다. 나무와 풀들이 시들어 떨어질 때에야 비로소 산림에 들어갈 수 있고 불을 지르고 사냥하지 않으며 배를 갈라 알을 취하지 않고 둥지를 엎어뜨리지 않는다. 이 밖에 임신한 가축은 천자라고 할지라도 먹어서는 안 되고 교외에서 받드는 제사(郊祭)에 써서도 안 되는데, 이는 천지가 만물을 낳고 기름에 대한 예의이다.

이 밖에 『예기』「왕제」에서는 "산과 숲과 내와 못에 시기를 정하여 들어가고

18) "安萌芽, 養幼少." "毋竭川澤, 毋漉陂池, 毋焚山林." "孟夏之月, 繼長增高, 毋有壞隳, 毋起土功, 毋發大眾, 毋伐大樹."

19) 樹木以時伐焉, 禽獸以時殺焉. 夫子曰: "斷一樹, 殺一獸, 不以其時, 非孝也."

벌목과 물고기, 짐승을 잡는 것을 금하지 않았다"[20]라 하였다. '불금不禁'은 백성들도 산과 숲과 내와 못에 들어갈 수 있고, 백성들이 동·식물을 취하여 씀을 금지하지 않았다는 것이다. 하지만 '시기'를 따라야 되는데, 이것이 바로 맹자가 말하였던 "못의 어량을 금지하지 않았다"(澤梁無禁也)는 것이다. 동시에 "시기를 정하여 산과 숲에 들어가고"(以時入山林) 절기를 반드시 주의하여야 하였다. 이는 사람이 지속적으로 취하여 쓸 수 있는 가능성을 고려한 것인데, 물론 이러한 의미에 그치는 것이 아니다. 『예기』의 여러 편에는 예제의 질서와 자연법칙의 일치성이 함축되어 있다. 『예기』「월령」에서는 봄, 여름, 가을, 겨울의 사계절을 각각 맹孟, 중仲, 계季의 세 가지 시기로 나누고 부동한 계절의 부동한 시기에 근거하여 제사활동, 농업생산, 자원의 채취, 정령의 반포에 대하여 자세하게 규정하였는데, 이러한 것들은 모두 관련된 구체적인 부문에서 완성하여야 하는 것이다.

이로부터 유가에서 예법으로 생태자원을 보호함에 있어서 세 가지 중요한 내용이 있음을 알 수 있다. 첫째, 멸종적인 벌목과 사냥을 금지하였다. 둘째, 작고 어린 생명을 보호하였다. 셋째, '시기'를 중요시하였다. 멸종적인 벌목과 사냥을 금지하는 것은 이러한 행위가 천지의 '낳고 낳는 큰 덕'과 배치되기 때문이다. 작고 어린 생명을 보호하는 것은 유가의 '기름'(養)을 중시하는 사상과 관련이 있는데, 천지가 만물을 낳고 기르는 것은 천지, 자연의 도에 부합하는 것이다. "천지는 만물을 기른다."(天地養萬物)

『예기』「악기」에서도 이렇게 말하였다. "그러므로 선왕이 예악을 제정함에 있어서 입과 배, 귀와 눈의 욕심을 다하게 하지 않고 백성들이 호오를 공평하게 하도록 가르쳐 인도의 바름으로 돌아가게 하려는 것이다."[21] 바로 음식 등의 예절에 대한 제정은 사람들의 입과 배의 욕구를 만족시키기 위한 것이 아니라 사람들이 '인도의 바름'(人道之正)으로 돌아가게 하기 위한 것이다. 따라서 유가의 생태보호에

---

20) 林麓川澤以時入而不禁.
21) 是故先王之制禮樂也, 非以極口腹耳目之欲也, 將以教民平好惡而反人道之正也.

관한 예악관념은 천지의 낳고 기르는 '도'를 따른 것이고 인간의 물욕에 대하여 절제하려는 목적에서 나온 것이다.

유가에서는 천지를 사람과 만물의 조상으로 간주하였고 천지에 대한 존경에는 농후한 종교적인 감성이 들어 있고 만물을 낳고 기름에 대하여 '예'로써 공경하고 숭배한다. 이 밖에 유가에서는 줄곧 생태자원을 천지가 하사한 것이라 간주하면서 이에 대하여 경건하고 '예'를 다하는 감정으로 가득하였다. 수확이 좋지 않을 때 유가에서는 특히 음식에 대한 절제를 요구하여 천지가 만물을 낳고 기름이 쉽지 않음을 헤아렸다.

어떤 사람은 유가가 인류 중심주의자라고 한다. 위에서 살펴본 바와 같이 이는 분명 잘못된 견해이다. 유가에서는 생태체계에 객관적으로 내재된 가치가 존재하는데, 사람에게는 사람의 본성이 있고 사물에는 사물의 본성이 있으며 심지어 인간의 본성에도 신성神性이 있고 사물의 본성에도 신성이 있음을 주장하였다. 생태체계에 대한 유가의 가치판단은 천지가 만물에 대하여 형태를 부여하고 본성을 명한다는 인식을 토대로 한 것이다. 만물은 끊임없이 낳고 낳는 과정에서 형태와 본성을 부여받는데, 이러한 부여받음은 보편적이고 누락됨이 없으며 차이는 단지 음과 양의 창조적인 변화가 다를 뿐이다. 물론 만물은 모두 음과 양의 창조적인 변화에서 비롯된다. 천지에 의하여 창조되고 형태가 부여되며 본성을 명하는 보편성으로부터 가치적인 판단을 하면 가치는 유기적인 생명체에 국한되지 않고 만물과 사람은 마찬가지로 객관적으로 내재된 가치를 가지고 있다.

따라서 유가에서 천지의 이러한 창조는 가치본체론적인 의미를 가지고 있다. 사실상 유가는 만물에 대하여 모두 사랑할 뿐만 아니라 가지고 있는 내재적인 가치로부터 이러한 사랑을 확실하게 한다. 이는 만물에 내재된 가치는 모두 천시가 부여한 것이고 인간에게 내재된 가치와 하나의 근원에서 비롯된 것이기 때문이다. 물론 만물에 내재된 가치는 차이가 있다.

고대 중국의 생태환경에 대한 보호의식은 강요된 것이었다. 중국은 자고로 자연적인 재해가 많이 발생하고 빈번하였던 나라였다. 등척鄧拓의 『중국구황사中國

救荒史』, 축가정竺可楨의 『중국 역사상의 기후의 변천』(中國歷史上氣候之變遷)에 근거하면 고대에 자연적인 재해는 종래로 끊임이 없었고 큰 흉작이 반년마다 한 번씩 있었다. 이러한 상황에서 일부 흉작에 대처하는 능력이 생겨난 것이었다.

요컨대 '예악'으로써 생태자원을 정비하는 유가의 원칙에는 세 가지가 있다. 첫째, 사람이 생존하려면 생태자원을 취하여 쓰지 않을 수 없는데, 반드시 생태체계의 낳고 기르는 '도'에 순응하여야 하고 도리에 부합하여야 하며 "귀신을 따르고 사람의 마음에 합치되며"(順於鬼神, 合於人心) 절제가 있어야 하고 "천시에 합치되고 땅의 재화로 베풀어야 한다"(合於天時, 設於地財). 인류는 개인의 사심이나 사욕을 만족시키기 위하여 날이 갈수록 천지의 재화를 다 써 버려서는 안 된다. 둘째, 『예기』「악기」에서는 이렇게 말하였다. "그러므로 성인이 예악을 행하면 천지가 장차 밝아질 것이다. 천지가 흔연히 화합하고 음양이 서로 조화된다."[22] 즉 '예악'의 정신으로 생태문제를 살펴본다는 것은 천지의 '도'에 대한 뚜렷한 인식을 보여준다. 천지는 묵묵히 운행하여 만물을 이루어 내기 때문에 생태체계의 보호에 대한 인류의 가장 효과적인 책략은 바로 그것의 완벽하고 자족自足하는 낳고 기름의 '도'를 최대한 적게 간섭하는 것이다. 사람들이 생태환경을 파괴하지만 않으면 천지자연은 끊임없이 만물을 낳고 기르고 생기로 충만할 것이다. 셋째, 생태 문제를 철저하게 해결하는 것은 단지 하나의 생태 문제일 뿐이 아니고 "사나운 백성이 일어나지 않고 제후가 복종하며 병혁을 시험하지 않는데"(暴民不作, 諸侯賓服, 兵革不試) 이는 바로 '예악'이 일으킨 작용이다. "대악은 천지와 화를 함께하고 대례는 천지와 그 절도를 함께한다."(大樂和天地和同, 大禮和天地同節) 인류가 만약 스스로 화목하게 공존하지 못하고 사방에서 전쟁을 일으키며 사회가 불안하다면 생태보호는 지나친 욕망일 뿐이다.

생태체계에 대한 '예' 문화의 인식은 천, 지, 인, 신의 여러 요소들을 포함하는 천지의 개념 아래에 이루어진 것이고 하나의 총체론, 체계론의 관념이다. '화'를

---

22) 『禮記』, 「樂記」, "是故大人舉禮樂, 則天地將爲昭焉. 天地欣合, 陰陽相得."

조건으로 하여 끊임없이 창조하는 것은 생태체계에 대한 고대 사람들의 근본적인 인식이었다. 그들은 천지의 창조현상에 대하여 가치판단의 관념을 가지고 있었고 천지만물에 모두 내재적인 가치가 있음을 긍정하였으며 일종의 보편적이고 생태적인 도덕적 관심을 요구하였다. 인간의 본성, 사물의 본성에 대한 그들의 변증법적인 인식은 또한 동시에 일종의 생태윤리의 차등差等의식 혹은 부동한 윤리등급의 구분에 대한 의식을 분명하게 보여 주었다. 유가에서는 도구적 가치의 입장에서 생태자원을 이용하는 동시에 동·식물의 내재적인 가치를 결코 간과하지 않았다. 유가의 '천인합일'의 이념으로부터 볼 때 생태윤리는 일종의 새로운 윤리범주로서 반드시 인간의 본성에 대한 반성의 기초 위에 확립되어어야 한다.

4. 도덕의 표준과 유자의 품행

도덕적인 인격의 수양에 관하여 『예기』에는 「표기表記」편이 있는데 여기서 '표表'가 바로 표준이고 '인덕仁德'을 표준으로 삼는다. 『예기』「유행」편에서는 공자가 유자儒者의 열여섯 가지 고귀한 품행에 대하여 논의하였음을 기록하였다. 온량溫良, 신경愼敬, 관유寬裕, 손접遜接, 예절禮節, 언담言談, 가악歌樂, 분산分散 등등이 있는데, 이는 모두 '인덕'을 근본으로 한다. 그 중에서 덕으로 몸과 마음을 깨끗하게 하고 남에게 굴하지 않고 자신의 주관과 소신대로 행동하며 죽을지언정 지조를 바꾸지 않고 친할 수는 있지만 겁을 줄 수는 없고 가까이 지낼 수는 있지만 다그칠 수는 없으며 죽일 수는 있지만 욕되게 할 수는 없고 유가의 뜻은 빼앗을 수 없다는 강인한 풍격은 오늘날에도 여전히 매우 가치가 있다.

"유자는 충신을 갑옷과 투구로 삼고 예의를 방패로 삼으며 인을 머리에 이고 의를 품에 안는다."[23] 유자는 반드시 충신을 갑옷과 투구로 삼고 예의를 방패로

---

23) 儒有忠信以爲甲冑, 禮義以爲幹櫓, 戴仁而行, 抱義而處.

삼으며 머리에 '인'을 이고 행하고 가슴에 '의'를 품고 산다. "유자는 금과 옥을 보물로 삼지 않고 충신을 보물로 삼는다. 토지를 바라지 않고 인의를 토지로 삼으며 많은 저축을 원하지 않고 많은 덕행으로써 부를 삼는다."24) 유자는 금과 옥을 보물로 삼지 않고 충신을 보물로 삼는다. 땅을 바라지 않고 도의를 입신처로 삼으며 재부를 많이 모으는 것을 바라지 않고 지식이 해박하고 다재다능한 것을 부유함으로 삼는다.

유자는 현재에서 생활하지만 옛사람과 취지가 서로 합치된다. "유자는 지금의 사람과 함께 살면서 옛사람과 도를 합하며 지금 세상에서 행하여 후세에서 모범으로 삼는다."25) 현재 사회의 행위가 후세의 모범이 될 수 있음을 말한 것인데 군자가 좋은 때를 타고나지 못하여 위에 발탁하는 사람이 없고 아래에 밀어주는 사람이 없으며 일부 간사하고 아첨을 잘하는 사람이 작당하여 모함하면 비록 위험한 처지에 놓이게 되지만 행동과 행위로써 여전히 자신의 뜻을 펼치고 백성들의 질고를 늘 생각하여 잊지 않는다. 유자가 나라와 백성을 걱정하는 마음은 바로 이런 것이다.

유자의 해박한 배움에는 끝이 없고 절실하게 실행하면서 싫증을 내지 않았으며 은밀한 곳에 혼자 있어도 음탕하고 방종하지 않았으며 위로 통하여 나라의 군주에 중용될 때에도 예의를 잃거나 곤궁하지 않았다. '예'로써 사람을 대하고 '화합'(和)을 귀하게 여겼으며 충실하고 믿음직한 미덕과 여유로운 풍모가 있고 현능한 사람을 우러러보고 백성을 포용하며 가끔은 자신의 모난 부분을 허물어서 대중들에게 순종하였는데 기와를 쌓아 합치는(甓合) 것과 같다. 유자는 이렇게 백성들에게 너그럽고 관용하였지만 또한 강인하고 굳세며 강건한 풍격을 잃지 않았다.

충신은 '예'의 기본적인 정신이고 의리는 규칙이고 의식이다. 이는 바로 『예기』 「예기禮器」에서 말하는 "충신은 예의 근본이고 의리는 예의 문식이다. 근본이 없으

---

24) 儒有不寶金玉, 而忠信以爲寶. 不祈土地, 立義以爲土地; 不祈多積, 多文以爲富.
25) 儒有今人與居, 古人與稽; 今世行之, 後世以爲楷.

면 성립할 수 없고 문식이 없으면 행해지지 않는다."26) '예'에는 근본이 있고 문식이 있기 때문에 "예의라는 것은 사람의 큰 단서이다"(故禮義也者, 人之大端也). 바로 『예기』「예운」에서 말하는 "신의를 강습하고 화목함을 닦아서 사람의 피부 형성과 근육·골격의 결속을 굳게 하여야 한다. 산 사람을 길러 주고 죽은 사람을 보내 주며 귀신을 섬기는 큰 단서이다."27) 이렇게 하늘의 도에 이르고 인간의 감정에 순응한다. 『예기』「예운」에서 강조한 것은 인간의 인격성장과 국정을 다스림에 있어서 '예'의 중요성이다. 우리가 주목하여야 할 것은 '예'의 기능이 사람들의 감정을 다스림에 있다는 점이다.

'예'는 '의'의 결실이고 '의'는 '인'의 맺음이며 '인'은 '의'의 근본이다. 나라를 다스리면서 '예'로써 하지 않는 것은 쟁기가 없이 밭을 가는 것과 마찬가지이다. "예를 실천하면서 의에 근본하지 않으면"(爲禮不本於義) 밭을 갈았는데 씨를 뿌리지 않는 것과 마찬가지이고, "의를 실천하면서 학문으로써 배우지 않으면"(爲義而不講之以學) 씨를 뿌렸는데 김을 매지 않는 것과 마찬가지이며, "학문을 배우면서 인으로써 합하지 않으면"(講之於學而不合之以仁) 김을 매고서 수확하지 않는 것과 마찬가지이고, "인으로써 합하면서 음악으로써 편안하지 않으면"(合之以仁而不安之以樂) 수확하고도 먹지 않는 것과 마찬가지이다. 따라서 "음악으로써 편안하여도 순리에 도달하지 않으면"(安之以樂而不達於順) 먹어도 살찌지 않는 것과 마찬가지이다. 이는 인격성장의 과정, 사람들의 감정을 다스리는 과정을 말한 것이다. '예의', 이러한 덕목으로써 자신을 수양하면 반드시 이익을 얻고 수확이 있게 된다.

인간의 위치에 대하여 『예기』「예운」에서는 '인人'을 천지 사이에 놓았다. 비록 인간이 천지에서 가장 빼어나고 궁극적인 신념을 가지고 있지만 또한 자연의 생태체계 속의 존재이고 다스려야 할 주요 대상이기 때문에 "사람의 감정을 밭으로 삼았기 때문에 사람이 만물의 주체가 될 수 있다."28) '예'로써 사람들의 지나친

---

26) 忠信, 禮之本也. 義理, 禮之文也. 無本不立, 無文不行.

27) 所以講信修睦, 而固人之肌膚之會, 筋骸之束也. 所以養生送死, 事鬼神之大端也.

28) 人情以爲田, 故人以爲奧也.

욕심과 욕망을 절제하여야 한다는 것이다. 인간은 '예의', '인덕'을 중심으로 하고 인간은 하나의 도덕적인 존재이다. 여기서는 나라를 다스리는 근본에 대하여 강조하였는데 바로 '예'의 규범에서 중요한 것은 도덕인의의 정신이고 이는 예의규범에서 주요한 정신이다.

　　도덕적인 교화에 관하여 『예기』 「왕제」에서는 '육례六禮', '칠교七敎', '팔정八政'을 언급하였다. 사도司徒의 사명은 백성들의 본성을 절제하게 하고 백성들의 덕을 일으키는 것인데 물론 우선 관리계층 자신에 대한 일종의 도덕적인 수양이지만 동시에 또한 교화를 중시하고 인문교육을 긍정하며 관직에서 물러난 관원, 시골의 현명하고 사리에 통달한 사람의 작용을 발휘하고 사례射禮, 향음주례鄕飮酒禮 등을 운용하여 '예'에 대한 배움을 통하여 백성, 청년에 대하여 지속적이고 끊임이 없는 교화를 진행하는 것이다.

　　따라서 사도는 관례, 혼례, 상례, 제례, 향음주례와 향사례를 포함하는 '육례'에 숙련하여 백성들의 성정性情을 절제하고 '칠교'(부자, 형제, 부부, 군신, 장유, 붕우, 빈객 등의 윤리)를 분명하게 함으로써 사람들의 덕행을 제고하여야 한다. '팔정'(음식, 의복, 기술, 기물의 종류, 길이의 단위, 용량의 단위, 숫자를 세는 방법, 물품의 규격 등의 제도와 규정)을 정돈하여 음탕함을 방지하고 도덕을 규범화하여 사회의 풍속을 통일시킨다. 또한 노인을 부양하여 백성들이 웃어른에게 효도하고 공경하도록 유도하고, 고독한 사람을 위로하여 사람들이 빈곤한 사람을 도와주도록 이끌어 주며, 현명하고 능력이 있는 사람을 존중하여 도덕을 숭상하도록 하고, 사악한 행위를 적발하고 제거하며 몇 번이고 타일러도 절대로 고치지 않는 사람은 먼 곳으로 유배를 보낸다. 이로부터 왕제가 바로 도덕의 다스리는 것임을 알 수 있다.

　　사람과 자연, 사람과 사회, 사람과 사람 사이의 관계 및 사람과 자신의 심신 사이의 관계의 측면에서 유가에는 매우 중요한 자원이 포함되어 있다. 바로 '자신을 미루어 남에게 이르고'(修己及人) '자신의 마음으로 남의 마음을 헤아리는'(將心比心) '서도恕道', '사랑으로 미루고'(推愛) '은혜로 미루는'(推恩) 방식, '사랑에 차등이 있는'(愛有差等) 구체적인 이성, 실천적인 이성이다. '사랑에 차등이 있는' 과정에서 보편적인 사랑을 실현할 수 있다. 유가에서는 이러한 차등이 있는 사랑 안에서 자신을 미루어 남에게 이름을 강조하였다. 인간은 하느님이 아니고 하느님에게는 시간과 공간이 없기 때문에 차등이 없는 사랑을 할 수 있지만 인간은 단지 하나의 구체적인 인간일 뿐이기 때문에 인간의 사랑에는 물론 차등이 있다. 유가에서는 "내 노인을 노인으로 섬겨서 남의 노인에게까지 미치고, 내 어린이를 어린이로 사랑해서 남의 어린이에게까지 미치며"[29] 자신을 미루어 남에게 미치기 때문에 유가에서 강조하는 이러한 사랑은 남과 자신의 관계, 사람과 사물의 관계가 서로 주체적임을 강조한다. 자신을 이루고 남을 이루어 주며 사물을 이루는 것은 '인덕'의 마음을 미루어 확충되는 하나의 과정이다. 이는 오늘날 인적교류와 문명대화의 윤리에 해당되는 것으로 적극적인 의의를 가지고 있다.

중국 철학의 돌파구, 중국 사람들의 깨달음의 한 특징이 바로 인간과 종교, 신령, 자연의 만물 사이의 연관을 결코 잘라 버리지 않는 것이다. 따라서 『예기』에서는 인간이 종교적, 신적 의미의 하늘에서 태어난 것이고 또한 자연의 생태체계 속의 한 구성원임을 강조하였는데, 이는 연속적이고 전체적인 중국철학의 논제에서 당연한 귀결이다. 인간은 또한 하나의 도덕적인 인간이고 인간의 도덕성은 자연적인 산물을 사용함에 대한 반성에서도 나타나는데, 예를 들어 탐욕을 반성하고 점유에 대한 욕망을 반성하는 등등이다. 인간은 우주 대가정의 구성원이고 마땅히 자발적으로 생태균형을 유지하여야 하는 것이다.

인간의 도덕성은 또한 사회에 대한 관리에서도 나타나는데, 백성들의 권리와 이익을 존중하고 불리한 사람에게 최대의 관심을 주며 확실하게 제도적으로 보장함으로써 사회의 조화를 이루어 낸다. 사회교육의 공평은 정치공평의 기초이고 계급, 계층 사이에서 합리적인 이동이 이루어짐으로써 일정한 의미에서의 사회공정을 보장하는데, 이는 예학의 진정한 의미이다. 인간은 마땅히 하나의 궁극적인 신념을 가진 인간이여야 하고 사회의 하층 사람들을 불쌍하게 여기는 마음이 있어야

---

29) 老吾老以及人之老, 幼吾幼以及人之幼.

하며 인간과 천지만물의 상호작용 속에서 끊임없이 반성하고 자신을 조절하여야 한다. 이렇게 하여야만 비로소 서양의 근대 문화에서 나오는 끊임없이 스스로 팽창하고 안하무인인 그런 사람이 되지 않을 수 있다.

5. 예술과 미학적인 추구

『예기』「악기」에서는 이렇게 말하였다. "악은 마음속에서 우러나오고, 예는 밖에서 만들어진다. 악은 마음속에서 우러나오기 때문에 고요하고, 예는 밖에서 만들어지기 때문에 문식이 있다."[30] "악은 천지의 조화이고 예는 천지의 질서이다. 조화롭기 때문에 만물이 모두 감화되고 질서가 있기 때문에 만물은 모두 구별이 있다."[31] 예악은 치중하는 바가 부동한데 "예는 따로따로 구별함을 주로 하고, 악은 다 같이 화합함을 주로 한다"(禮主別異, 樂主合同). '예'로써 몸을 다스리고 '악'으로써 마음을 수양한다. 순자는 이렇게 말하였다. "악이라는 것은 변할 수 없는 조화이고, 예라는 것은 바꿀 수 없는 조리이다. 악은 다 같이 화합하고, 예는 따로따로 구별하지만, 예와 악의 법통은 사람들의 마음을 주관한다."[32] '예'와 '악'은 서로 배합하여 작용하고 특히 사람들의 마음을 주관하는 것이다.

서복관徐復觀은 『중국예술정신中國藝術精神』에서 '악'의 본질에 대하여 논하였다. 그가 보기에 '악'은 '인덕'의 표현이고 '미'와 '인'의 통일이다. 그는 공자가 '악'에 요구하였던 것은 '미'와 '인'의 통일이었고, 공자가 '악'을 특히 주목하였던 이유는 '인' 가운데에 '악'이 있고 '악' 가운데에 '인'이 있었기 때문임을 제기하였다. 공자가 '인덕'을 '예악'의 가장 중요한 내용으로 간주하였음을 알 수 있다. 서복관은 고대의

---

30) 『禮記』, 「樂記」, "樂由中出, 禮自外作. 樂由中出, 故靜; 禮自外作, 故文."
31) 『禮記』, 「樂記」, "樂者, 天地之和也; 禮者, 天地之序也. 和, 故百物皆化也; 序, 故群物皆別也."
32) 『荀子』, 「樂論」, "樂也者, 和之不可變者也; 禮也者, 理之不可易者也. 樂合同, 禮別異, 禮樂之統, 管乎人心矣."

'악'에 내재된 정신을 강조하였는데 요·순의 '인덕'정신은『소악韶樂』에 녹아 있고 '인덕'에 '악'의 형식과 완벽하게 융합되고 통일되는 내용이 들어 있음을 주장하였다. '인덕'은 도덕이고 '악'은 예술이며 공자는 예술의 지극한 아름다움과 도덕의 지극한 선을 '인덕'과 하나로 융합하였다. 서복관이 보기에 이는 단지 '악'의 정상적인 본질과 '인덕'의 본질에 여전히 자연스럽게 서로 통하는 부분이 있기 때문이었다. '악'의 정상적인 본질은 조화의 '화'로써 개괄할 수 있다. 선진先秦, 진한秦漢 시기의 전적典籍에서는 모두 '악'의 특징과 기능을 '화'로 정하였다. '화'는 본래 여러 가지 서로 다르고 차이가 있는 것들이 서로 어울리고 잇닿아 조화를 이루며 통일되는 것이다. 따라서 순자는『순자』「악론」에서 "악은 다 같이 화합함"(樂和同)을 말하였고 『예기』「악기」에서도 "악은 호오를 같이 하는 것이고…… 악은 곡조가 다르지만 함께 사랑하는 것이다."33)『예기』「유행」에서는 이렇게 말하였다. "가악이란 인의 화합이다."34) 다시 말하면 어진 자는 반드시 화합하고 '화'에는 '인'의 의미가 포함되어 있다는 것이다. 어진 자의 정신적인 상태가 바로 '악이 다 같이 화합하는' 경지이다.『백호통白虎通』에서는 '악이 인임'(樂仁)을 말하였는데, 바로 '악'이 '인덕'의 표현이고 드러남이기 때문에 '악'과 오상五常의 '인'을 함께 결합하여 '악'의 가장 핵심적인 함의를 파악하였다. '악'과 '인'은 회통과 통일은 바로 도덕과 예술의 최고 경지이고 자연스럽게 융합됨으로써 도덕은 예술의 내용을 풍부하게 하고 예술은 도덕의 힘을 조장하고 안정시킨다. 따라서 서복관은 공자의 "나도 점과 같다"(吾與点也)는 탄식이 예술의 경지와 도덕의 경지가 서로 융합할 수 있음을 보여 준 것이라 주장하였다.

　　서복관은 음악, 예술의 정치적인 교화와 인격적인 수양의 의미를 설명하면서 이렇게 말하였다. "악의 예술은 우선 정치적인 교화에 유리하다. 한 걸음 더 나아가 인격적인 수양, 발전 내지는 '인'에 도달할 수 있는 인격완성의 일종의 수양이라

---

33)『禮記』,「樂記」, "樂者爲同……樂者, 異文合愛者也."
34)『禮記』,「儒行」, "歌樂者, 仁之和也."

간주할 수 있다."35) 그가 보기에 똑같이 교화하는 작용이지만 '예교'와 서로 비교할 때 '악교'는 사람들의 감정에 순응하고 유도함으로써 보다 적극적인 것이었다. "유가는 정치적인 측면에서 먼저 길러 주고 후에 교화할 것을 주장하였다. 이는 바로 백성들의 현실생활에서의 요구를 매우 중시한 것이고 물론 백성들의 감정적인 측면에서의 요구도 주목한 것이다.(원문에서는 '예로써 금함이 아직 발생하기 전'이라고 하였는데 여전히 소극적이다.) 악은 백성들의 감정이 바야흐로 싹트려고 하지만 아직 싹트지 않은 때에 순응하여 합리적으로 격려하고 악을 버리고 선을 향하도록 격려하는데 이것이 바로 흔적이 없는 적극적인 교화이다."36) 서복관의 이해에 근거하면 음악(여기서는 고대의 '악'을 가리킨다.)을 구성하는 세 가지 요소가 '시詩', '가歌', '무舞'이고 사람들의 '마음'(心)으로부터 나온 것으로 주체성이 매우 강하다. 그는 이렇게 말하였다. "유가에서는 양심이 생명의 깊은 곳에 숨겨져 있고 생명에 대하여 더욱 결정적인 근원이라 여긴다. 감정을 따라 안으로 가라앉고 감정은 이보다 더욱 근원적인 부분인 양심과 저도 모르는 사이에 하나로 융합된다.…… 음악으로부터 예술화하였고 동시에 음악으로부터 도덕화하였다."37)

따라서 중국의 '악'은 일반적인 기물器物과 형식이 아니었고 인간의 내재적인 정신, 감정과 긴밀하게 연관되어 있는 것이었으며 마음속으로부터 흘러나온 것이었다. '악'과 '악교'는 정서를 안정시키고 도덕을 받쳐주며 인간의 풍격을 수양하며 인간의 경지를 끌어올리는 작용을 하였다.

'예악'과 '예악'의 교敎에 관하여 『순자』「권학」에서는 이렇게 말하였다. "예의

---

35) 徐復觀, 『中國藝術精神』(臺北學生書局, 1966), 제20쪽, "樂的藝術, 首先是有助於政治上的教化, 更進一步, 則認爲可以作爲人格的修養, 向上, 乃至也可以作爲達到了的人格完成的一種工夫."

36) 徐復觀, 『中國藝術精神』(臺北學生書局, 1966), 제23쪽, "儒家在政治方面, 都是主張先養而後教. 這卽是非常重視人民現實生活中的要求, 當然也重視人民感情上的要求. (原注: '禮禁於未然之前', 依然是消極的.) 樂順人民的感情將萌未萌之際, 加以合理地鼓舞, 在鼓舞中使其棄惡而向善, 這便是沒有形狀的積極的教化."

37) 徐復觀, 『中國藝術精神』(臺北學生書局, 1966), 제27쪽, "儒家認定良心更是藏在生命的深處, 成爲對生命更有決定性的根源. 隨情之向內沉潛, 情使興此根源之處的良心, 於不知不覺之中, 融合在一起……由音樂而藝術化了, 同時也由音樂而道德化了."

경건한 문식이고 악의 알맞은 화합이다."38) 『예기』 「악기」에서는 이렇게 말하였다. "예로 백성들의 마음을 절제하고 악으로 백성들의 소리를 화합한다.…… 악은 같아짐을 위한 것이고 예는 달라짐을 위한 것이다. 같아지면 서로 친해지고 달라지면 서로 공경한다. 악이 지나치면 흐르고 예가 지나치면 멀어진다."39) "대악은 천지와 조화를 이루고 대례는 천지와 절도를 함께한다.…… 예는 하는 바가 다르지만 공경으로 화합한다. 악은 곡조가 다르지만 사랑으로 화합한다."40) "인은 악에 가깝고 의는 예에 가깝다. 악이란 화합을 돈독하게 하는 것이고…… 예란 마땅함을 구별하는 것이다.…… "41) "악이란 성인이 즐기는 바이고 백성들의 마음을 선하게 할 수 있는 것이다. 사람을 깊이 감동시키고 기풍이나 습속을 바로잡기 때문에 선왕이 악교를 드러냈다."42) '예악'에 부동한 특징과 기능이 있고 '예'보다는 '악'이 인간의 내재적인 감정과 서로 통하며 양자는 또한 서로 보완하고 도와서 일을 완성함을 알 수 있다. 전반적으로 볼 때 '예악'의 교화 혹은 '예악'의 다스림은 사회의 안정, 인격의 완성에 도움이 되고 상층 사회의 문명화와 하층 사회의 풍속개량(이 또한 문명화에 반드시 포함되어야 하는 것이다.)에 유리하다.

그렇다면 예악문명의 현대적인 의미는 어디에 있는 것인가? 중국 사람들이 이른바 인문이라고 하는 것은 사실상 '예악'의 가르침, '예악'의 다스림을 가리킨다. 『주역』에서는 "사람의 무늬를 관찰하여 천하를 조화롭게 한다"(觀乎人文以化成天下)고 하였는데, 이는 사실상 바로 '예악'을 일으켜 천하를 조화롭게 한다는 것이다. "유가의 정치는 우선 교화를 중시하고 예악은 바로 교화의 구체적인 내용이다. 예악으로써 생겨난 교화의 작용은 백성들이 스스로의 힘으로 자신의 인격을 완성함

---

38) 『荀子』, 「勸學」, "禮之敬文也, 樂之中和也."
39) 『禮記』, 「樂記」, "禮節民心, 樂和民聲……樂者爲同, 禮者爲異. 同則相親, 異則相敬. 樂勝則流, 禮勝則離."
40) 『禮記』, 「樂記」, "大樂與天地同和, 大禮與天地同節……禮者, 殊事合敬者也. 樂者, 異文合愛者也. 禮樂之情同, 故明王以相沿也."
41) 『禮記』, 「樂記」, "仁近於樂, 義近於禮. 樂者敦和……禮者別宜……"
42) 『禮記』, 「樂記」, "樂也者, 聖人之所樂也, 而可以善民心. 其感人深, 其移風易俗, 故先王著其教焉."

으로써 사회(원문에서는 풍속이라고 하였다.)의 조화로움에 도달한다. 이로부터 예악의 다스림이 어떻게 유가의 정치적인 측면에서의 영원한 향수가 될 수 있었는지를 알 수 있다."[43)]

서복관은 '예악'에 세 가지 측면의 기능 혹은 작용이 있음을 제기하였다. 첫째, 정치적인 측면에서 인간이 인간을 인간으로 간주하였는데 이는 예치禮治를 이해하는 기초이다. 둘째, 사회적인 측면에서 '무리 지어 살아도 혼란스럽지 않고'(群居而不亂) '감정을 헤아려 혼란을 방지하는'(體情而防亂) 질서가 있을 뿐만 아니라 자유롭고 합리적인 사회의 풍속습관을 확립하였다. 셋째, 개인적인 수양의 측면에서 "인덕 수양의 근본적인 문제는 생명에 감정과 이치의 대립이 있다는 것이다. '예'는 감정과 이치가 중도를 얻을 것을 요구함으로써 이러한 대립을 극복하고 일종의 생활 형태를 설정하였다." "오늘날 현대 문화의 위기의 근원은 하나뿐이 아니다. 하지만 인간의 감정이 안정되지 못하고 분열로 나아가면 인간의 관계는 화합할 수 없고 단절에 이를 것인데 이 또한 그 중에서 가장 주요한 근원이다."[44)] 현대 문화의 위기는 인간의 감정이 안정되지 못하고 분열로 나아감으로써 인간의 관계는 조화로울 수 없고 단절에 이르게 될 수 있는데 이는 가장 주요한 원인이다. "그렇다면 이때 중국 인문의 예악의 교를 꺼내들어 예악의 근원적인 의미를 현대에 재발견하는 것은 현대의 지식인들이 주목하여야 하는 중대한 과제 중의 하나이다."[45)] 따라서 서복관의 이러한 주장은 깊이 생각해 볼 가치가 있는 것이고 '예악'의 현대적인 가치를 재발견할 필요가 있음은 분명하다.

---

43) 儒家的政治, 首重教化; 禮樂正是教化的具體內容. 由禮樂所發生的教化作用, 是要人民以自己的力量完成自己的人格, 達到社會(原注: 風俗)的諧和. 由此可以了解禮樂之治, 何以成爲儒家在政治上永恒的鄕愁.

44) 徐復觀, 『中國思想史論集』(臺北學生書局, 1959), 제240~241쪽, "仁德修養的根本問題, 乃在生命裏有情和理的對立, 禮是要求情理得其中道, 因而克服了這種對立而建立一種生活形態" "現代文化的危機, 根源現在不止一個, 但是人的情感得不到安頓, 趨向橫決, 人的關系得不到和諧以至於斷絶, 應當也是其中最主要的根源."

45) 那麼這個時候我們提出中國人文的禮樂之教, 把禮樂的根源意義在現代重新加以發現, 這是現代知識分子得以重視的重大的課題之一.

‘예악’의 현대적인 가치에 대하여 서복관은 아주 광범위한 내용을 포함하는데 그 중의 하나가 “바로 구체적인 생명의 욕망에 대하여 조절함으로써 욕망과 이성이 조화를 이루고 통일되도록 하여 생활의 중도를 확립하고 욕망을 이성으로 승화시켜 원시적인 본성의 생명을 자신을 이루고(成己) 만물을 이루어 주는(成物) 도덕이성의 생명으로 전환하여 이로부터 도덕이성의 생명으로써 자신을 책임지고 인류의 운명을 책임지는 것이다.”[46] 이는 중국 인문주의의 깊이가 결코 서양에서 말하는 인문주의의 깊이와 같지 않음을 보여 준다. 중국 인문주의와 서양 인문주의는 확실히 다른데 중국의 인문주의는 과두寡頭 인문주의가 아니고 결코 종교, 자연, 과학과 대립되지 않으며 확실히 깊이가 있다.

　서복관은 ‘식인적 예교’라는 주장에 대해서도 이렇게 비판하였다. “소위 봉건시대라고 하더라도 예는 인간의 지위와 인간과 인간의 합리적인 관계를 유지하였지 사람을 잡지는 않았다. 봉건적인 종법제도는 주요하게 ‘친친親親’, ‘존존尊尊’의 두 가지 정신에 의거하는데 ‘예’는 이러한 두 가지 정신을 하나로 융합하여 일련의 적절한 행위규범을 만들어 냈다. 이는 법가의 ‘존존’만 있고 ‘친친’이 없는 정신에서 비롯된 진秦나라의 예의와 사뭇 다르다. 실제로 유가의 ‘예악’은 정치의 제압관계를 크게 완화시켰다. 한漢대의 유가들이 대부분 숙손통이 진秦나라의 예의로써 한漢대의 예의를 정함을 반대하고 따로 제정할 것을 고민하였던 근본 원인이 바로 여기에 있다.”[47]

　따라서 ‘예절’로써 사람들의 성정性情과 행위를 절제하는 것은 ‘인’에 가까운 수양이고 공자 가르침의 가장 큰 특징이다. ‘예악’ 문명 중에서 현재에 필요한

---

46) 乃在於對其體生命的情欲的安頓, 使情欲與理性能得到和諧統一, 以建立生活中的中道, 使情欲向理性升進, 轉變原始性的生命, 以成爲成己成物的道德理性的生命, 由此道德理性的生命, 來承擔自己, 承擔人類的命運.

47) 徐復觀, 『中國思想史論集』(臺北學生書局, 1959), 제237쪽, “卽使在所謂的封建時代, 禮也是維系人的地位和人與人的合理關系, 而不是吃人的. 封建的宗法制度, 主要是靠親親, 尊尊的兩種精神, 禮是把這兩種精神融合在一起, 以定出一套適切的行爲規範. 這些與法家只有尊尊沒有親親的精神所定出的秦代的禮儀, 是決然不同的. 在實際上, 儒家禮樂大大緩沖了政治中的壓制關系, 漢儒多反對叔孫通取秦儀來定漢儀, 而思另有制作的根本原因在此.”

자원을 발굴해 내고 다시 현대적으로 '예악'을 해석하며 '예악'의 가르침에 대한 실행을 통하여 형법, 정령의 일면성을 보완하고 민간사회를 발전시키며 정치, 사회와 인생을 조절하여야 한다. 일정한 의미에서 '예악'은 편면적인 형법과 정령을 보완하고 조절하며 개선하는 것이고 문명의 건설과 민간의 도덕자원을 보호함에 있어서 도움이 된다.

유학은 '인의'를 본체로 하고 '예악'을 방법으로 한다. '예'는 민족, 국가, 사회, 가정의 질서이다. 개인을 놓고 말하면 '예'를 지키면 문명하고 '예'가 없으면 금수이다. 공동체를 놓고 말하면 '예'를 존중하면 다스려지고 '예'가 어그러지면 혼란이 초래된다. '악'은 '예'의 보충이다. '예'는 몸의 형체를 다스리고 '악'은 성정性情을 도야한다.

법률은 강제력에서 나오고 '예'는 인간 본성의 자연스러움에 나오는데 인간의 양지와 사회의 풍습에 의하여 실행할 수 있다. 법치에 '예악'이 돕지 않으면 문식만 갖추고 있을 뿐이다. 민주에 '예악'이 유지되지 않으면 혼란만 가중될 뿐이다. 만약 사람마다 다른 사람을 존중할 줄 모른다면 자신을 존중할 줄도 모르는데, 어떻게 민주를 실행할 수 있겠는가? '예'의 작용은 사람과 사람의 자유의 한계를 보장하는 것이다. 인류가 자유를 얻으려면 '예'와 '예악'을 떠날 수 없다.

'예'와 '예악'은 전통적인 사민四民(사·농·공·상)사회에서 내재적인 구속력을 가지고 있는 신앙체계였고 사회의 상층으로부터 백성에 이르는 행위방식이었다. 서양 법률의 배후에는 기독교의 정신이 뒷받침되어 있고 작용을 발휘하고 있지만 새로운 시대 중국 법률의 배후에는 반드시 본토 문화의 정신 특히 오랜 시간 동안 축적되어 왔고 사회질서(公序良俗)에 자양분을 제공해 주는 유가의 '예악문명으로써 뒷받침하고 작용을 발휘하도록 하여야 한다.

질서, 절도, 조화, 교류는 '예'가 가지고 있는 네 가지 원리이다. '삼례'의 학문은 중화민족의 소중한 정신적 유산이고 여전히 현대적인 가지치가 있다. '예의'와 겸양으로 나라를 다스리고 사회를 안정시키며 쟁탈과 전란을 종식시키고 교만하고 사치스럽고 음란함을 절제하는 것은 백성들이 편안하게 살면서 즐겁게 일하는 전제이다. 일정한 규칙, 제도로써 사람들의 행위를 절제하고 여러 가지 모순을 조화롭게 하며 인간관계를 조절하여 인간사를 적절하게 처리하는 것은 '예악'제도의 긍정적인 가치이다. 여기에는 사회정의의 함의가 들어 있는데 바로 빈부의 격차가 현저함을 반대하였다. 일부분의 사람들을 부유하게 하면 부유해진 뒤에는 어떻게 하는가? 공자는 "부유해지게 한 뒤에 가르치고"(富而後教), "부유하면서도 예를 좋아함"(富而好禮)을 말하였고, 교화, 교양을 강조하였으며, 겉치레로 낭비하고 재부를 자랑하고 겨룸을 반대하였다. 지금의 말로 하면 부자의 마음가짐과 거드름이 있어서는 안 됨을 강조한 것이다. 현재 사회의 대중문화는 음란함에 물들었고 사회의 풍조에 대한 부식작용이 매우 크며 청소년의 성장에 매우 불리하지만 비판의 힘은 유난히 약하다. 이는 우리가 심사숙고하여야 할 문제이다. '예'는 마침 우리의 욕망과 감정을 조절하고 다스린다.

현대의 생활을 놓고 말하면 외부의 강제적인 법률과 내부의 자율적인 도덕적 양지 사이에는 매우 큰 공간 즉 사회의 예속禮俗을 포함하는 성문화된 것과 성문화되지 않은 생활규범이 존재하는데, 이것이 바로 이른바 '예'이다. 고금의 사회규범의 차이는 매우 커서 거리로 계산할 수 없지만 백성들의 문명수준을 제고하고 공동체, 마을, 이웃 사이의 관계를 조절하며 가족과 사회의 건강하고 조화로우며 질서 있는 발전을 촉진하려면 새로운 시대의 예의문화 제도, 규칙 및 이와 관련된 가치의 지도 작용이 없어서는 안 된다. 오늘날 우리는 여전히 국민의 문명수준을 제고하여야 하는 임무에 직면하여 있다. 이러한 측면에서 '예학'에는 매우 튼튼한 자원이 들어 있다. 국가 사이의 교류로 놓고 말하면 비록 주周나라와 진秦나라가 바뀔 때의 제후국과 현대의 민족국가는 함께 논할 수 없지만 서로 이익과 혜택을 얻고 평화롭게 공존하는 교류의 예의는 참고할 만한 가치가 있다.

과거에서 말하는 오륜은 군신, 부자, 부부, 형제, 붕우 사이의 실천 덕목이었다. 현재 군신의 관계는 상·하급 사이 관계의 윤리로 발전하였다. 붕우의 관계 및 『대학』의 "나라 사람들과 교제하고 말함에 믿음이 있는"(與國人交, 言而有信) 것은 동료 사이 관계 혹은 군기群己 관계의 윤리로 발전할 수 있다. 오륜의 관계는 새로운 예치의 질서로 개조되고 전환될 수 있으며 나아가 문명 사이, 종교 사이, 민족 사이, 국가 사이의 교류윤리 내지는 생태윤리로 발전할 수 있다. 따라서 저자는 「새로운 시대 '육윤'의 새로운 구축」(新時代'六倫'的新建構)이라는 글에서 동료 관계의 윤리를 추가하고 또한 군기 관계의 윤리를 추가함으로써 개인과 사회, 국가, 공동체 혹은 낯선 사람과의 교류에 대처하고 인류와 하늘, 땅, 산, 강, 동물, 식물의 관계를 조절하며 자아와 타자 사이의 관계 문제를 잘 처리하여야 함을 제기하였다. 새로운 '육윤'은 부(모)자(여) 사이에는 인애(仁親)하고 부부 사이에는 사랑과 존경이 있으며 형제(자매) 사이에는 의리가 있고 친구 사이에는 믿음이 있으며 동료 사이에는 예지禮智가 있고 군기群己 사이에는 충서忠恕가 있어야 하는 것이다.

예악문명은 사회와 국가를 다스림에 있어서 인간의 정신적 존립, 안신입명의 측면에서 의미가 매우 크고 넓으며 결코 경시할 수 없다. 오늘날 새로운 시대의 '예'와 '예악'을 건설함에 있어서 마땅히 이것을 목표로 삼아야 할 것이다.

7장 순자의 지혜

순자는 맹자와 이름을 나란히 하는 유가의 거장이고 전국戰國시대 말기 사상사에서의 집대성자이다.

1. 순자라는 사람과 고전 『순자』

순자는 이름이 황況이고 손경孫卿이라고도 부른다. 전국시대 후기의 조趙나라 사람이고 생몰년은 미상하다. 정치적, 학술적으로 활발하게 활동하였던 시기는 약 주난왕周赧王 17년(BC.298)부터 진왕정秦王政 9년(BC.238) 사이이다. 젊었을 때 순자는 공자를 숭배하였고 유가 자궁子弓의 사숙 제자이다. 그는 박학하였고 말재주가 뛰어났으며 젊은 시절에 제齊나라의 도성都城 직하稷下의 학궁學宮에서 유학하기 시작하였다. 후에 재차 제나라로 들어갔고 기원적 283년부터 기원전 265년 사이에 스승이 되어 학문을 강의하였고 세 차례에 거쳐 직하 학궁의 좨주祭酒를 맡았으며 매우 높은 명성을 가지고 있었다. "제양왕 때 순경은 나이가 가장 많은 스승이었다. 제나라는 여전히 대부의 자리가 비면 채웠는데 순경은 세 번이나 좨주가 되었다."[1] 여기서 말히는 '좨주'는 학궁 내에서 명성이 높고 지위가 높으며 제사를 지낼 때 술을 들고 신에게 제를 올리는 스승을 가리킨다.

기원전 285년은 바로 제민왕齊湣王이 송宋나라를 물리치고 군대가 강하고 기세가

---

1) 『史記』, 「孟子荀卿列傳」, "齊襄王時, 而荀卿最爲老師. 齊尙修列大夫之缺, 而荀卿三爲祭酒焉."

왕성한 때였다. 순자는 제나라의 재상을 설득하여 유가의 '인의仁義'와 '왕도王道'를 실행하고자 시도하였다. 그는 이렇게 진언하였다. "다른 사람을 이기는 권세를 차지하고 다른 사람을 이기는 도를 행한다."[2] 제나라의 군주와 신하들을 설득하여 현명한 인재를 뽑고 유가를 중용하도록 하였다. 하지만 당시의 제민왕은 순자의 건의를 받아들이지 않았고 순자는 어쩔 수 없이 제나라를 떠나 초楚나라로 갔다. 얼마 지나지 않아 제나라는 과연 연燕나라에 의하여 패하였고 제민왕은 초나라의 장수에 의하여 살해당하였다. 순자는 이러한 사실이 주는 교훈에 대하여 정리하면서 제나라가 강하던 데로부터 약해지고 실패에 이르게 된 근본 원인은 제민왕이 예의를 닦지 않은 것에 있다고 제기하였다.

순자가 서쪽으로 진秦나라에서 떠돌아다닐 때는 이미 중년이었다. 그는 "유자는 진나라에 들어올 수 없다"(儒者不入秦)는 관례를 타파하였다. 진소왕秦昭王 47년(기원전 260)에 그는 진소왕과 진나라의 재상 범저范睢를 만났고 진나라의 "위세는 탕임금이나 무왕보다도 강하고 나라의 땅은 순임금이나 우임금보다도 넓음"[3]을 찬양하는 동시에 진소왕이 유자들을 중용하고 '인의'를 실행할 것을 건의하였고 자신의 '예'를 융성하게 하고 군주를 높이며 백성들을 사랑하고 왕도를 실행하려는 입장을 밝혔다. 하지만 순자는 결국 진나라의 중용을 얻지 못하였고 초楚나라 고열왕考烈王 8년(기원전 255)에 진나라를 떠나 재차 초나라로 갔다. 초나라의 재상 춘신군春申君 황헐黃歇은 순자를 난릉蘭陵(오늘의 산동 거남)의 수령에 임명하였다. 이 사이에 그는 모함을 당하여 조趙나라에 갔고 조나라의 효성왕孝成王 앞에서 임무군臨武君과 군사에 관하여 토론하였고 "아무도 대적하지 못하는 위세로써 사람들을 복종하게 하는 도리를 도와주는 것임"[4]을 주장하였다. 얼마 지나지 않아 그는 다시 초나라로 돌아갔고 재차 난릉의 수령에 임명되었다. 기원전 238년에 춘신군이 살해되자 순자도 난릉의 수령 벼슬을 내놓았고 난릉에 머물러 살면서 늙어서 죽을 때까지

---

2) 『荀子』, 「彊國」, "處勝人之執, 行勝人之道." 아래에서는 편명만 밝히도록 한다.
3) 「彊國」, "威强乎湯武, 廣大乎舜禹."
4) 「王制」, "以不敵之威, 輔服人道."

저술과 강의활동에 종사하였다.

순자의 일생에서 주요한 시간과 정력은 유가의 경전『시』,『서』,『예』,『악』, 『역』과『춘추』등을 연구하고 배우며 제자들을 가르치는 데 사용하였다. 그의 제자는 매우 많았는데 유명한 사람으로는 모형毛亨, 부구백浮丘伯, 장창張蒼, 한비韓非, 이사李斯 등이 있다. 그는 제자백가의 학설을 받아들이고 비판하는 것에 능하였다. 한漢대 유자들이 배웠던『시』,『예』,『역』,『춘추』에서는 모두 그의 학파에서 배운 연원을 찾아볼 수 있다. 순경의 학문은 특히 여러 가지 경전에 힘썼다.

순자의 저서는 매우 풍부한데 한漢대에 초록抄錄하여 전해진 것만 삼백어 편이 있다. 하지만 중복된 부분이 많은데 유향劉向의 교정을 거쳐 32편으로 확정되었다. 『한서』「예문지」에는 "『손경자』33편"(『孫卿子』三十三篇)으로 기재되어 있는데 실제 로는 32편이다. 그중의 대부분은 순자 자신이 쓴 것이고 일부 편만이 그의 제자들에 의하여 기술된 것이다.『손경자』는 유향이 교정한 뒤 당唐대 중기에 이르러서야 양경楊倞의 주석본이 있게 되었다. 양경은 편의 순서를 바꾸고 주석을 달았으며 또한 책 이름을『순경자荀卿子』로 바꾸었다. 통행본『순자』는 바로 양경이 정리하고 편집한 것이다. 청淸대 왕선겸王先謙의『순자집해』는 청대 여러 학자들이 고증한 결과를 집중시킨 것인데 오늘날 순자를 연구하는 주요한 근거이다. 하지만 왕선겸 의『순자집해』의 저본底本은 노문초盧文弨, 사용謝墉이 함께 교정한 판본인데 저본에 서 적절하지 못한 부분을 그대로 따른 경우가 종종 있다.5) 지금 통용되는 판본에는 양계웅梁啓雄의『순자간석荀子簡釋』6), 양류교楊柳橋의『순자고역荀子詁譯』등도 있다.

---

5) 高正의 『『荀子』版本源流考』(中國社會科學出版社, 1992) 참조. 高正은 다만『荀子集解』를 근거로 삼는 것은 부족하고 다른 여러 훌륭한 판본의 장점을 모아서『荀子』에 대하여 반드시 다시 교정하여야 함을 주장하였다.

6) 이 장에서 인용하는『荀子』의 원문은 주요하게 梁啓雄의『荀子簡釋』(中華書局, 1983)에 의거하였음을 밝힌다.

2. 성악설

맹자의 '성선론'과 달리 순자는 '성악론'의 주장을 제기하였다. 그는 "본성과 작위의 구분"(性僞之分)이라는 명제를 제기하였다. "사람의 본성은 악한 것이고 그것이 선하다고 하는 것은 거짓이다." "배울 수도 없고 노력해서 될 것도 아닌데 사람에게 있는 것을 본성이라 하고, 배울 수 있고 노력하면 이루어지는 것이 사람에게 있는 것을 작위라 하는데, 이것이 본성과 작위의 구분이다."[7] 태어날 때부터 가지고 있는 본능이 '본성'(性)이고 후천적인 학습을 통하여 얻은 것은 '작위'(僞)이다. '위(僞)'는 바로 인위적인 것이다. "본성은 시작의 근본이고 소박한 본질이며 작위는 형식과 무늬가 융성한 것이다. 본성이 없으면 작위가 가해질 곳이 없고 작위가 없으면 본성은 스스로 아름다울 수 없다."[8] '본시재박(本始材朴)'은 인간의 자연적인 본성이고 '문리융성(文理隆盛)'은 인류의 사회제도, 문화적인 창조이고 예의와 도덕을 포함한다. 전자는 후자의 가공을 필요로 하고 가공을 거쳐야만 비로소 완벽하고 아름다워질 수 있고 후자는 전자를 토대로 하지 않으면 가공할 수 없다. 순자는 맹자가 말한 도덕이란 하늘로부터 부여받고 태어날 때부터 가지고 있다는 관점을 반대한다. 그가 보기에 도덕은 후천적으로 배워서 얻은 것이고 인간 사유의 누적, 감각능력을 반복적으로 활용함으로써 형성된 행위규범이다. 그는 맹자가 본성과 작위를 명확하게 구분하지 못하였다고 주장한다. "맹자는 '사람이 배우는 것은 그 본성이 선하기 때문이다'라고 말하였다. 내가 보기에는 그렇지 않다. 그것은 사람의 본성을 제대로 알지 못하고 본성과 작위의 구분을 잘 살피지 못하였기 때문이다. 본성이란 하늘로부터 타고난 것이어서 배울 수 없고 노력해서 될 수 있는 것이 아니다. 예의란 성인이 만들어 낸 것이어서 배우면 행할 수 있고 노력하면 이루어질 수 있는 것이다."[9] '예의(禮義)'는 성인이 제정한 것이고 사람들의 학습과

---

7) 「性惡」, "人之性, 惡; 其善者, 僞也." "不可學, 不可事而在人者, 謂之性; 可學而能, 可事而成之在人者, 謂之僞, 是性僞之分也."
8) 「禮論」, "性者, 本始材朴也; 僞者, 文理隆盛也. 無性則僞之無所加; 無僞則性不能自美."

실천을 통하여야만 비로소 도덕적인 덕목으로 변할 수 있다는 것이다.

순자는 인간의 본성은 "배고프면 밥을 먹으려고 하고 추우면 따뜻이 하려고 하며 수고로우면 쉬려고 하는 것"이고, "눈이 색깔을 좋아하고 귀가 소리를 좋아하며 입이 맛을 좋아하고 마음이 이익을 좋아하며 뼈와 몸, 피부와 살결이 상쾌하고 편안함을 좋아하는 것"10)임을 제기하였다. 인간의 욕망, 감정, 생리적인 본능이 본성이라는 것이다. 고기를 먹으려 하고 화려한 옷을 입고자 하며 수레와 말을 갖추고 재산을 모으며 만족을 모르는 것 이러한 것들은 모두 사람이라면 누구나 다 가지고 있는 감정(人之常情)이다. "본성으로부터 나타나는 좋아함과 싫어함, 기쁨과 노여움, 슬픔과 즐거움을 감정이라고 한다. 감정이 그러하여 마음이 선택하는 것을 생각이라 한다. 마음이 생각하여 움직일 수 있는 것을 작위라고 한다."11) 귀와 입, 눈, 코, 몸 등의 '천관天官'이 사물과 접촉하여 생겨난 것이 '감정'(情)이지만 '천관'은 마음이라는 '천군天君'의 통솔과 '징지徵知'의 제약을 받아야 한다. 마음의 취사선택이 '려慮'이고 그 뒤의 행위가 작위이다. '천관'의 사고, 선택은 이성적인 사유이다. 이성은 반드시 감성을 통제하고 지배한다. 그렇지 않으면 사람들은 본성과 감정을 내보이고 이욕이 마음을 어지럽히며 주색잡기에 빠지고 싸워 빼앗고 살해하도록 방임하며 서로 업신여기고 해치며 충성과 믿음이 없고 사양함이 없으며 예의질서가 없고 사회 전체는 음란하고 원한으로 살해하며 무질서한 혼란 상태에 빠지게 될 것이다.

따라서 순자는 '본성을 변화시켜 작위를 일으킨다'(化性起僞)는 명제를 제기하여 "본성과 작위가 합쳐지면 천하가 다스려짐"12)을 주장하였다. 감정을 이끌고 본성을 변화시켜 작위를 일으키고 인간의 본성을 바꾸고 세상에 대한 다스림을 이루어내는 것이 순자의 주요한 생각이었다. 그는 이렇게 말하였다. "지금 사람들의

---

9) 「性惡」, "孟子曰: '人之學者, 其性善.' 曰: 是不然. 是不及知人之性, 而不察乎人之性僞之分者也. 凡性者, 天之就也, 不可學, 不可事. 禮義者, 聖人之所生也, 人之所學而能, 所事而成者也."
10) 「性惡」, "飢而欲飽, 寒而欲煖, 勞而欲休." "目好色, 耳好聽, 口好味, 心好利, 骨體膚理好愉佚."
11) 「正名」, "性之好, 惡, 喜, 怒, 哀, 樂謂之情. 情然而心爲之擇, 謂之慮. 心慮而能爲之動, 謂之僞."
12) 「禮論」, "性僞合而天下治."

본성은 본래 예의가 없기 때문에 억지로 배워 그것을 가지기를 바라고 사람들의 본성은 예의를 알지 못하기 때문에 생각으로써 그것을 알기를 바라는 것이다."13) 후천적인 교육과 나라의 형벌을 통하여 사람들이 이성으로써 감성을 지배하고 사회의 도덕규범을 알도록 강요하면 천하가 잘 다스려지고 선함으로 모이도록 할 수 있다. "무릇 사람의 본성은 요임금과 순임금 그리고 걸왕과 도척이 모두 같고 군자나 소인의 본성은 한가지이다." "길거리의 사람도 우임금과 같은 성인이 될 수 있다."14) 따라서 무릇 사람이라면 모두 자신의 본성과 감정을 바꾸고 본성을 교화하여 작위를 일으키며 악한 것을 선한 것으로 전환시킴으로써 우임금과 같은 성인일 될 수 있는 것이다. 하지만 이는 단지 일종의 가능성일 뿐이고 현실적으로 사람마다 모두 성인이 되고 군자가 될 수 있는 것은 아니다. 왜냐하면 사람의 본성은 후천적인 환경에 따라 여러 가지 변화가 생겨날 수 있기 때문이다. 사람들은 누구든 "요임금·우임금이 될 수도 있고 걸왕이나 도척이 될 수도 있으며, 공인과 목수가 될 수도 있고 농사꾼이나 장사꾼이 될 수도 있는데, 이는 올바른 습속이 쌓여서 그렇게 되는 것이다."15) '주착습속注錯習俗'은 행동과 습관의 누적과 객관적인 생활환경에 대한 사람들의 영향을 가리킨다. 본성의 측면에서 군자와 소인은 모두 허영을 추구하고 치욕을 증오하며 이익을 좋아하고 해침을 증오하지만 그들이 추구하여 얻는 방식은 서로 다르다. 군자는 정상적인 도술道術인 '인의'와 '도덕'을 수행하지만 소인은 괴상한 도술을 수행한다. "본성은 우리가 어떻게 할 수 없지만 교화할 수는 있고 노력을 쌓는다는 것은 우리가 본래부터 타고나는 것은 아니지만 노력할 수 있다. 습속을 바로잡으면 본성을 교화할 수 있다."16) 교육과 주관적인 노력을 통하여 "습속은 사람의 뜻을 바꿔 놓고 편안함이 오래가면 사람의 바탕도 바뀜"(習俗移志, 安久移質)이 가능해진다. "길거리의 백성이라 하더라도 선을 쌓아

---

13) 「性惡」, "今人之性, 固無禮義, 故強學而求有之也; 性不知禮義, 故思慮而求知之也."
14) 「性惡」, "凡人之性者, 堯舜之與桀跖, 其性一也; 君子之與小人, 其性一也." "塗之人可以爲禹."
15) 「榮辱」, "可以爲堯禹, 可以爲桀跖, 可以爲工匠, 可以爲農賈, 在注錯習俗之所積耳."
16) 「儒效」, "性也者, 吾所不能爲也, 然而可化也; 積也者, 非吾所有也, 然而可爲也. 注錯習俗, 所以化性也."

완전함을 다하게 되면 성인이라 한다."[17] 순자 성악론의 주요한 의도는 사람들의 악한 본성의 바탕을 변화시켜 개과천선하는 것이다. 왜냐하면 무릇 선하고 가치가 있는 것은 모두 사람들이 노력한 결과이기 때문이다. 그는 사람에게 지능이 있고 선한 것을 향할 수 있으며 후천적인 학습, 교화를 통하여 자신을 완성할 수 있음을 긍정하였다. "길거리의 사람이라 하더라도 모두 어짊과 의로움, 올바른 법도를 알 수 있는 자질이 있고 모두 어짊과 의로움, 올바른 법도를 행할 수 있는 능력이 있으니, 그들도 우임금과 같은 성인이 될 수 있음은 분명한 일이다."[18]

맹자는 이상주의자였고 순자는 현실주의자였다. "맹자는 성선을 말하였는데 인간을 인간이게끔 하는 특성이 인, 의, 예, 지의 사단이라는 것이다. 순자는 성악을 말하였는데 인간이 태어나면서 가지고 있는 본능적인 행위에는 결코 예의가 없고 도덕적인 행위는 모두 반드시 훈련을 거쳐야만 비로소 성공할 수 있는 것이다. 사실상 맹자가 말하는 본성과 순자가 말하는 본성은 같은 것이 아니다. 맹자는 본성을 반드시 확충하여야 함을 강조하였고 순자는 본성을 반드시 개조하여야 함을 강조하였다. 비록 하나는 성선을 주장하고 하나는 성악을 주장하였지만 사실상 양자는 결코 완전히 대립되는 것이 아니다. 결과적으로 말하면 이 두 가지 설은 서로 용납할 수 없다고 할 수 없지만 실제로 매우 큰 다른 점이 있음은 사실이다."[19]

---

17) 「儒效」, "涂之人百姓, 積善而全盡, 謂之聖人."
18) 「性惡」, "涂之人也, 皆有可以知仁, 義, 法, 正之質, 皆有可以能仁, 義, 法, 正之具, 然則其可以爲禹, 明矣."
19) 張岱年, 『中國哲學大綱』(中國社會科學出版社, 1982), 제192쪽, "孟子言善, 乃謂人之所以爲人的特質是仁義禮智四端. 荀子言性惡, 是說人生而完具的本能行爲中並無禮義, 道德的行爲皆必待訓練方能成功. 孟子所謂性, 與荀子所謂性, 實非一事. 孟子所注重的, 是性須擴充; 荀子所注重的, 是性須改造. 雖然一主性善, 一主性惡, 其實亦並非完全相反. 究竟言之, 兩說未始不可以相容; 不過兩說實有其很大的不同."

3. "예로써 나라를 바르게 다스리다"

성악론은 예론禮論의 기초 이론이다. 바로 인간의 본성이 본래 악하기 때문에 '예의', '법치法治'로써 교육하고 개조하며 제약할 필요가 있다는 것이다. 순자는 이렇게 말하였다. "옛날 성인은 사람들의 본성이 악하여 음험하고 편벽되어 바르지 않고 어지럽게 이치를 어겨 다스려지지 않는다고 여겼기 때문에 군주의 지위를 세워서 그들 위에 군림하고 예의를 밝혀서 그들을 교화하였으며 올바른 법도를 만들어 그들을 다스리고 형벌을 무겁게 하여 그들의 악한 행동을 금함으로써 온 세상이 모두 다스려지도록 하였고 선함으로 모이게 하였다."[20] 사람들의 물질적인 욕구는 사회규범으로써 조절하고 소통하고 제약하며 심지어 억제하여야만 비로소 분쟁과 혼란을 조성하지 않게 된다는 것이다.

순자는 '예의'가 인간의 자연적인 본성, 욕구와 감정에 대한 제한에서 기원하고 인간의 무제한적인 욕구와 사회의 제한적인 재부 사이의 모순에서 기원한다고 주장한다. "예는 어디서 생겨났는가? 사람은 태어나면서부터 욕망이 있는데 바라면서도 얻지 못하면 추구하지 않을 수 없고 추구함에 일정한 기준과 제한이 없다면 다투지 않을 수 없게 된다. 다투면 어지러워지고 어지러워지면 궁해진다. 옛 임금들은 그 어지러움을 싫어하였기 때문에 예의를 제정하여 이들의 분계를 정함으로써 사람들의 욕망을 충족시켜 주고 원하는 것을 공급하게 하였다. 욕망은 반드시 물건에 궁해지지 않게 하고 물건은 반드시 욕망에 부족함이 없게 하여 이 두 가지가 서로 균형 있게 발전하도록 하였는데 이것이 예가 생겨난 이유이다."[21] 사람들의 정당한 물질적 욕구는 반드시 만족시켜 주지만 필경 재부는 제한적이기

---

20) 「性惡」, "古者聖人以人之性惡, 以爲偏險而不正, 悖亂而不治, 故爲之立君上之執以臨之, 明禮義以化之, 起法正以治之, 重刑罰以禁之, 使天下皆出於治, 合於善也."

21) 「禮論」, "禮起於何也? 曰: 人生而有欲, 欲而不得, 則不能無求, 求而無度量分界, 則不能不爭. 爭則亂, 亂則窮. 先王惡其亂也, 故制禮, 義以分之, 以養人之欲, 給人之求. 使欲必不窮乎物, 物必不屈於欲, 兩者相持而長, 是禮之所起也."

때문에 사회의 명분, 등급에 근거하여 소비의 많고 적음을 정함으로써 수요와 생활필수품 사이의 모순을 해결하였다.

순자는 사람들의 생존이 사회를 떠날 수 없고 한 사회의 구성 및 그 질서화는 사회의 분공과 등급, 명분제도에 의거하여 확립된다고 주장한다. '예', '의'는 한 사회의 정상적인 운영을 유지하는 연결고리이다. 그는 인간과 동물의 구별이 '무리' (群) 지을 수 있는지에 있음을 제기하였다. 사람들이 무리를 지어 거주할 수 있는 것은 '나눌'(分) 수 있기 때문이라는 것이다. 그렇다면 무엇에 의거하여 '나뉘는'(分) 것인가? 바로 '예', '의'에 의거한다. 그는 이렇게 말하였다. "힘은 소보다 못하고 달리기는 말보다 못한데 소와 말은 어째서 사람에게 쓰임을 받는가? 사람들은 무리를 지을 수 있지만 소나 말은 무리를 지을 수 없기 때문이다. 사람은 어떻게 무리를 지을 수 있는가? 분별이 있기 때문이다. 그 분별은 어떻게 존재할 수 있는가? 의로움이 있기 때문이다. 그러므로 의로움으로써 사람들을 분별하면 화합하고 화합하면 하나로 뭉치고 하나로 뭉치면 힘이 많아지고 힘이 많아지면 강해지고 강하면 만물을 이겨 낼 수 있다.…… 그러므로 사람은 태어나면서부터 무리를 지어 살지 않을 수 없고 무리를 지어 살면서 구분이 없다면 다투게 되고 다투면 혼란해지고 혼란하면 서로 떨어지고 떨어지면 약해지며 약해지면 만물을 이겨 낼 수 없게 된다."[22] 인간은 사회적인 동물이고 자연과 산짐승 앞에서 반드시 연합하여 사회공동체를 구성하여야 하였다. 어떠한 공동체든지 막론하고 필연적으로 일정한 조직형식이 있게 되고 분공과 합작이 있으며 등급과 명분이 있는 동시에 또한 이로써 소비품을 분배함으로써 쟁탈과 내란의 발생을 방지한다. 그는 "구분을 분명하게 하고 무리지어 살게 한다"(明分使群)는 명제를 제기하였다. "사람들이 바라는 것과 싫어하는 대상은 같은데 바라는 것은 많고 그 대상은 적으며 적으면 반드시 서로 다투게 된다. 여러 공인들이 만든 물건은 본래 한 사람을 부양하기

---

22) 「王制」, "力不若牛, 走不若馬, 而牛, 馬爲用, 何也? 曰: 人能群, 彼不能群也. 人何以能群? 曰: 分. 分何以能行? 曰: 義. 故義以分則和, 和則一, 一則多力, 多力則强, 强則勝物……故人生不能 無群, 群而無分則爭, 爭則亂, 亂則離, 離則弱, 弱則不能勝物."

위한 것이다. 그런데 기능이란 한 사람이 모든 기능을 지닐 수 없고 한 사람이 모든 관직을 겸할 수도 없으며 서로 떨어져 살지만 서로 돕지 않으면 곤궁해지고 무리지어 살지만 구분이 없다면 서로 다툴 것이다. 곤궁해지는 것은 우환이 되고 다투는 것은 화근이 된다. 우환을 구하고 화근을 제거하려면 구분을 분명하게 하고 무리지어 살도록 해야 한다."[23] 한 사람의 능력은 여러 가지 기술을 두루 통달할 수 없고 여러 가지 업무를 두루 관리할 수 없다. 한 사람의 생활에 필요한 것들은 많은 사람들의 생산품 공급에 의거하여야 한다. 무리를 지어 거주하는 생활은 반드시 그 직분과 등급을 분명하게 하여야 한다. 각 사람들의 직분을 명확하게 하는 것은 사람들이 무리를 지을 수 있는 전제이고 '예의'는 '분계'(分)를 유지하는 수단이다. 순자는 공동체를 결성하는 힘을 '성왕聖王', '군주君主'에 귀결시켰다. 그는 이렇게 말하였다. "임금이란 무엇인가? 많은 사람들을 잘살게 하는 것이다."[24] "임금이란 분계를 관할하는 중추가 되는 사람이다."[25]

그는 "예로써 나라를 바르게 다스림"(以禮正國)을 주장하였다. 그가 창도하는 '예치'는 사회의 분공을 통하여 빈부와 귀천의 등급질서를 확립하는 것이다. 따라서 그는 이렇게 말하였다. "예의란 귀하고 천한 등급을 매겨 주고 나이가 많은 사람과 적은 사람의 차등이 있게 하며 가난하고 부유한 사람과 신분이 가볍고 무거운 사람에 따라 어울리는 대우를 하는 것이다."[26] 순자가 보기에 젊은 사람이 어른을 섬기고 천한 사람이 귀한 사람을 섬기며 어리석은 사람이 현명한 사람을 섬기는 것은 천하에서 통용되는 의리이기에 사람들이 빈부와 귀천의 등급질서의 '예'를 준수하고 유지하며 분수에 만족하고 본분을 지킬 것을 요구하였다. 그는 이렇게 말하였다. "사람으로서 예가 없으면 제대로 살아가지 못하고 일을 함에 있어서 예가 없으면 이룰 수 없으며 나라에 예가 없으면 편안하지 못하다."[27] "나라에

---

23) 「富國」, "欲惡同物, 欲多而物寡, 寡則必爭矣. 故百技所成, 所以養一人也. 而能不能兼技, 人不能兼官; 離居不相待則窮, 群居而無分則爭. 窮者患也, 爭者禍也. 救患除禍, 則莫若明分使群矣."
24) 「君道」, "君者, 何也? 曰: 能群也."
25) 「富國」, "人君者, 所以管分之樞要也."
26) 「富國」, "禮者, 貴賤有等, 長幼有差, 貧富輕重皆有稱者也."

예가 없으면 바르게 다스려지지 않는다. 예가 나라를 바르게 다스리는 근본이라는 것은 마치 저울이 가볍고 무거움을 가늠하는 근본이 되고 먹줄이 곧고 굽은 것을 가늠하는 근본이 되며 그림쇠와 굽은 자가 네모와 동그라미를 가늠하는 근본이 되는 것과 같은데 이미 그런 근본이 놓여 있으니 사람이라면 아무도 그것을 속일 수 없다."28) '착錯'은 '조치措置'의 의미이다. '예'가 일단 제정되면 위반할 수 없다는 것이다. 왕공과 사대부의 자손이라도 위반할 수 없고 위반하면 마땅히 서민으로 지위를 떨어뜨리는 것이다. 반대로 서민의 자손이 예의를 준수하고 수신을 강조하면 사회의 상층으로 발탁될 수 있다. '예'는 교육을 필요로 하였고 스승과 어른을 향하여 배워야 하는 것이다. "예는 몸을 바르게 하는 근거이고 스승은 예를 바르게 지키는 근거이다. 예가 없다면 무엇을 근거로 몸을 바르게 하고 스승이 없다면 우리가 어떻게 예가 올바른 것이라는 것을 알 수 있겠는가."29) 동시에 그는 또 이렇게 주장하였다. "사 이상의 사람들은 반드시 예의와 음악으로 조절하고 여러 백성들은 반드시 법과 형벌로 제어한다."30)

순자는 '법치'로써 '예치'를 보완하여야 함을 주장하였다. '예치'에는 '법치'와 '덕치'가 포함된다. 그는 예의를 융성하게 할 것(隆禮義)을 강조하였는데 예의, 법도는 후세의 임금이 실행하고 있는 것으로 옛 임금의 『시』, 『서』보다는 더욱 친근하고 명확하기 때문이었다. "어지럽히는 임금은 있어도 꼭 어지러운 나라는 없고 다스리는 사람은 있어도 꼭 다스리게 하는 법은 없다. 활을 잘 쏜 예의 쏘는 법은 없어지지 않았지만 예가 세상에 살고 있는 것은 아니고 우임금의 법은 아직도 존재하지만 그의 하나라가 대대로 전해지고 있는 것은 아니다. 그러므로 법이란 홀로 설 수 없고 유례란 스스로 행해질 수 없다. 합당한 사람이 있으면 실행되고 합당한 사람이 없으면 없어진다. 법이란 다스림의 시작이고 군자란 법의 근원이나. 그러므로

---

27) 「修身」, "人無禮則不生, 事無禮則不成, 國家無禮則不寧."
28) 「王覇」, "國無禮則不正. 禮之所以正國也, 譬之猶衡之於輕重也, 猶繩墨之於曲直也, 猶規矩之於方圓也, 旣錯之而人莫之能誣也."
29) 「修身」, "禮者, 所以正身也; 師者, 所以正禮也. 無禮何以正身, 無師吾安知禮之爲是也."
30) 「富國」, "士以上則必以禮樂節之, 衆庶百姓則必以法數制之."

군자가 있으면 법이 비록 생략되었다 하더라도 충분히 두루 퍼질 것이다. 군자가 없으면 법이 비록 갖추어져 있다 하더라도 앞뒤로 시행할 순서를 잃고 일의 변화에 적응하지 못하여 충분히 어지러워질 것이다. 법의 뜻을 알지 못하면서 법의 조문만을 바르게 지키는 사람은 비록 널리 안다 하더라도 일을 당하면 반드시 혼란해진다."[31] 법령은 물론 중요하지만 근본적으로는 사람의 문제이고 특히 현명한 사람을 등용하는 문제이다. 법이 갖추어져 있어야지만 더욱이는 사람이 있어야 하고 세를 활용하는 것(用勢)은 현명한 사람을 등용(用賢)하는 것보다 못하다. 군자는 법을 제정하고 집행할 수 있지만 소인은 법을 짓밟고 법을 이용하여 혼란을 조성한다. "법을 좋아하여 그대로 행하는 것은 선비이다. 뜻을 독실하게 하고 그것을 체득하는 것은 군자이다. 생각이 민첩하고 총명하여 막힘이 없는 것은 성인이다. 사람은 법이 없으면 어디로 가야 할지를 모르고 법이 있지만 의로움에 대한 뜻이 없다면 어떻게 해야 할지 모르며 법에 의거하여 모든 일을 깊이 이해한 뒤에 윤택해진다."[32] 여기서 세 가지 단계의 구분이 나오는데 법을 고수하기만 하고 그 의로움을 모르면 충분하지 않고 의로움을 알면 그 뜻을 굳건하게 할 수 있어서 '도'를 실천하여 선왕의 고전과 통할 수 없는 것 또한 충분하지 않은 것이다. 순자는 여전히 어질고 재능이 있는 사람을 믿고 등용하고 천하는 백성들의 것(天下爲公)임을 주장하였다. 순자는 진소왕秦昭王을 향하여 왕도정치의 실행에 관한 입장을 분명하게 보여 주었고 유가의 '인의仁義', '애민愛民' 관점을 긍정하였으며 유가의 '도'만이 중국을 통일시킬 수 있을 것임을 주장하였다. "안으로는 자기의 뜻이 일정하고 조정에서는 예절이 닦여지며 관청에서는 법칙과 도량형기가 올바르게 될 것이고 아래로는 백성들에게 충성과 믿음, 사랑과 이로움의 덕이 실현될 것이다. 의롭지 못한 일을 한 가지

---

31) 「君道」, "有亂君, 無亂國, 有治人, 無治法. 羿之法非亡也, 而羿不世中; 禹之法猶存, 而夏不世王. 故法不能獨立, 類不能自行. 得其人則存, 失其人則亡. 法者, 治之端也; 君子者, 法之原也. 故有君子, 則法雖省, 足以遍矣. 無君子, 則法雖具, 失先後之施, 不能應事之變, 足以亂矣. 不知法之義而正法之數者, 雖博, 臨事必亂."

32) 「修身」, "好法而行, 士也. 篤志而體, 君子也. 齊明而不竭, 聖人也. 人無法則倀倀然, 有法而無志其義則渠渠然, 依乎法而又深其類然後溫溫然."

행하고 죄 없는 사람을 한 사람 죽여 천하를 얻게 된다 하더라도 그렇게 하지 않는다.…… 그러므로 가까운 곳의 사람들은 노래하며 즐기고 먼 곳의 사람들은 허겁지겁 달려온다. 온 세상 안이 한 집안처럼 되고 길이 통하는 모든 곳의 사람들은 복종하지 않는 사람이 없게 되며 이것을 사람들의 우두머리라 한다."[33] 여기서 '인사人師'는 유자儒者이다. 요컨대 '예'는 '인의'로부터 생겨나고 '예치'는 본질적으로 역시 '인정仁政'이며 군자에 의하여 실행된다. '예의'는 사회에서 인정하는 도의원칙이고 통치자와 백성들 모두 반드시 지켜야 한다. 이러한 측면에서 순자와 법法, 술術, 세勢를 강조하는 법가는 매우 큰 차이가 있다.

순자의 예론禮論은 또한 악론樂論과 서로 결합되어 있고 예악은 사람들의 물질적인 요구를 조절할 뿐만 아니라 사람들의 정신적인 요구를 만족시킨다. 유가의 치도治道는 일종의 교화 형태로서 법치法治와 형정刑政도 포함하지만 주요하게는 예악교화를 통하여 매 한 사람의 인격을 향상시킨다. '예'로써 백성들을 조절하고 '악'으로써 백성들을 화합시킨다. 예악과 형정은 서로 보충하고 서로 이루어 준다. "음악이란 무엇으로도 변화시킬 수 없는 조화로 이루어지고 예의란 무엇으로도 바꿀 수 없는 조리로 이루어진다. 음악은 모든 것을 다 같이 화합하게 하고 예의는 모든 것을 따로따로 구별하며 예의와 음악의 법통은 사람들의 마음을 주관한다."[34] 순자가 보기에 사람들의 무리가 함께 지냄에 있어서 '나뉘고'(分) '구별됨'(別) 즉 분업하고 분직分職하며 사회의 정치, 윤리의 등급질서로써 서로 구별하는 외에 '합쳐지고'(合) '같음'(同) 즉 감정을 강조하여야 한다. 예악의 '도'는 사회공동체에 구별이 있도록 할 뿐만 아니라 또한 서로 융합되도록 한다. '예'는 나눔에 치우치고 '악'은 합처짐에 치우치지만, 양자는 모두 치우침이 있을 뿐 한쪽을 버리지는 않고 서로 쓰임으로 삼는데, 목적은 모두 사회관계를 조절하고 사회생활을 소화롭게

---

33) 「儒效」, "志意定乎內, 禮節脩乎朝, 法則, 度量正乎官, 忠, 信, 愛, 利形乎下, 行一不義, 殺一無罪, 而得天下, 不爲也……故近者歌謳而樂之, 遠者竭蹶而趨之, 四海之內若一家, 通達之屬, 莫不從服, 夫是之謂人師."

34) 「樂論」, "樂也者, 和之不可變者也; 禮也者, 理之不可易者也. 樂合同, 禮別異, 禮樂之統, 管乎人心矣."

하기 위함이다. 순자는 이렇게 말하였다. "음악이란 즐기는 것이고 사람의 감정으로서는 없을 수가 없다.…… 그러므로 사람에게는 즐거움이 없을 수 없고 즐거우면 곧 겉으로 드러나지 않을 수 없으며 겉으로 드러남이 올바른 도리에 맞지 않으면 혼란이 없을 수 없다. 옛 임금들은 그러한 혼란을 싫어하였기 때문에 우아한 아, 송의 음악을 제정하고 이끌어 주어 그 음악을 충분히 즐기면서도 어지러움으로 흐르지 않고 그 형식은 충분히 분별되면서도 없어지지 않는다."35) '시(諰)'는 바로 '굽(偏)'이고 아첨하고(佞) 그릇됨(邪)의 의미가 있다. 여기서는 사람의 '도'가 음악에 표현되고 음악은 사람이 이끌어 주어야 하며 음악은 도덕교육의 수단임을 말하고 있다. 음악은 성정을 연마하고 지적감각을 강화하며 사람들의 경지를 제고하고 사람들의 몸과 마음을 수양한다. 성인은 아악을 제창하고 음탕한(靡靡) 소리를 반대한다. 순자는 유가의 예악이 서로 돕고 서로 이루어 주는 '도'를 최대한으로 발휘하면 아름다움과 선함이 서로 즐거움을 주장하였고 예악의 교화를 통하여 백성들의 문화적인 소양을 제고하고 사람들의 마음을 깨끗하게 하며 매 하나의 화목하고 정중한 생명을 성취함으로써 이상적인 경지에 도달할 수 있음을 제기하였다. 순자는 백성들의 마음속 지혜를 개발하고 선을 향하게 하며 돈후하고 정중하며 서로 화목하게 지내고 태어나면서부터 가지고 있는 편안함을 좋아하고 수고스러움을 싫어하며 다투고 욕심을 부리는 등 인간 본성의 부정적인 요소들을 극복하여야 함을 주장하였다.

4. "하늘과 사람의 구분을 분명하게 하다"

공자, 맹자는 모두 하夏나라, 은殷나라와 주周나라 초기 사람들의 종교적인

---

35) 「樂論」, "夫樂者, 樂也, 人情之所必不免也……故人不能不樂, 樂則不能無形, 形而不爲道(導), 則不能無亂. 先王惡其亂也, 故制雅頌之聲以道(導)之, 使其聲足以樂而不流, 使其文足以辨而不諰."

신적 의미의 천도관天道觀을 계승하였고 『시』, 『서』에 의거하여 개인의 덕성은 하늘이 부여한 것이고 개인의 '하늘을 경외하고'(畏天) '하늘을 아는'(知天) 주장을 발전시켰으며 도덕과 종교를 결합시켜 하늘을 도덕의 초월적인 근거로 삼았다. 다른 한편 공자와 맹자는 모두 하늘을 자연적인 의미의 하늘로 간주하였다. 순자도 하늘을 신으로 간주하는 전통을 계승하였는데 "임금이 물건을 내리시어 아랫사람들에게 주었다"(皇天降物, 以示施下民)고 하였다. '천天'과 '제帝'를 합하여 "움직일 때는 하느님과 같다"(動如天帝)는 식으로 말하였다. 순자도 '성誠'으로써 하늘을 말하였다. "천지는 위대하지만 정성스럽지 않으면 화육하지 못한다."[36] 그의 "군자와 천, 지가 서로 참여한다"(君子與天地相參) 등의 관점은 또한 『중용』과 서로 통한다.

순자 천론天論의 창조적인 발전은 '천'의 자연의 의미와 법칙의 의미를 분명하게 밝힌 것에 있다. "많은 별들은 일정하게 돌고 해와 달은 번갈아 가며 빛을 비추고 사계절은 번갈아 바뀌고 음과 양이 크게 변화하여 만물을 생성하고 비와 바람은 널리 내리고 불어 생육을 돕는다. 만물은 각각 그러한 조화를 얻어 생겨나고 각각 그러한 양육을 얻어 성장하며 그러한 일을 드러내 보이지 않고 공적만을 드러내는데 이러한 것을 신묘함이라 한다. 모두가 그렇게 하여 이루어짐은 알지만 이루는 방법은 그 형체가 없어서 알 수 없는데 이러한 것을 하늘이라 한다. 오직 성인만이 하늘에 대하여 알려고 추구하지 않는다."[37] 하늘은 위하지 않아도 이루어내고 추구하지 않아도 얻는다. 사람들은 하늘의 행동을 볼 수 없지만 하늘의 공적은 볼 수 있는데 이것은 '신묘함'(神)이라고 한다. 사람들은 모두 그것의 이루어짐은 알지만 형체를 볼 수 없는데 이것을 '천공天功' 혹은 '천직天職'이라고 한다. 성인은 인사人事만을 닦을 뿐 천도와 자연을 알려고 추구하지 않는다. 그는 자연의 천지를 만물이 생성되고 자라나는 원천으로 간주하였다. "하늘과 땅은 삶의 시작이나."[38]

---

36) 「不苟」, "天地爲大矣, 不誠則不能化."
37) 「天論」, "列星隨旋, 日月遞炤, 四時代御, 陰陽大化, 風雨博施, 萬物各得其和以生, 各得其養以成, 不見其事而見其功, 夫是之謂神. 皆知其所以成, 莫知其無形, 夫是之謂天(功). 唯聖人爲不求知天."
38) 「王制」, "天地者, 生之始也."

"하늘과 땅은 생명의 근본이다.…… 하늘과 땅이 없다면 어떻게 생명이 있겠는가?"
"하늘과 땅이 합쳐져서 만물이 생겨나고 음과 양이 접하여 변화가 일어난다."39)

   그는 '하늘의 운행에 일정한 법도가 있다'(天行有常)는 명제를 제기하였다. "하늘의 운행에는 일정한 법도가 있고 요임금 때문에 존재하는 것도 아니고 걸왕 때문에 없어지는 것도 아니다. 다스림으로써 호응하면 길하고 어지러움으로써 호응하면 흉하다."40) '천도'는 곧 자연의 법칙이고 결코 인사人事와 서로 간섭하지 않으며 인간의 의지에 따라 변화하지 않는다. 사회의 혼란을 다스림은 하늘의 교사 때문이 아니다. 해와 달, 별, 절기는 우임금 때나 걸왕 때나 모두 마찬가지였지만 우임금 때 천하가 태평하고 걸왕 때 천하가 크게 혼란스러웠던 것은 하늘의 의지가 아니라 인간사의 문제였다. 별이 떨어지고 나무가 우는소리를 내면 사람들은 모두 무서워한다. 이는 천지의 운동이고 음양의 변화일 뿐이지 무서워할 만한 것이 없다. 일식, 월식, 괴상한 별이 나타나거나 비바람이 철에 맞지 않는 것은 어떤 시대에도 모두 있었던 현상이다. 만약 임금이 현명하면 정치가 공평하게 이루어져서 이러한 재해가 발생하더라도 매우 큰 피해를 입지 않을 것이고 만약 임금이 어리석으면 정치가 험악해져서 이러한 자연재해가 나타나지 않아도 액운을 만회하거나 구제할 수 없다. 순자는 기우제를 지내며 가뭄이 해결되기를 바라는 것을 반대하였고 "점을 쳐 본 뒤에 큰일들을 결정하는 것"(卜筮然後決大事)을 반대하였다. 그는 죽은 사람을 애도하는 제사는 단지 그리워하는 감정을 나타낼 뿐이고 인간의 도리(人道)를 다하는 것이지 귀신의 일(鬼事)이 아니라고 주장하였다.

   그는 또한 "하늘과 사람의 구분이 분명하여야 함"(明於天人之分)을 제기하였는데 바로 하늘의 직책과 인간의 직책을 확실하게 하는 것이다. "농사에 힘쓰고 쓰는 것을 절약하면 하늘도 가난하게 할 수 없고, 잘 보양하고 제때에 움직이면 하늘도 병들게 할 수 없으며, 올바른 도를 닦아 도리에 어긋나지 않으면 하늘도 재난을

---

39) 「禮論」, "天地者, 生之本也.…… 無天地惡生?" "天地合而萬物生, 陰陽接而變化起."
40) 「天論」, "天行有常, 不爲堯存, 不爲桀亡. 應之以治則吉, 應之以亂則凶."

당하게 할 수 없다. 그러므로 장마와 가뭄도 그런 사람을 굶주리게 할 수 없고 추위와 더위도 그런 사람을 병들게 할 수 없으며 요괴도 그런 사람을 불행하게 할 수 없다. 농사 같은 근본적인 일은 버려두고 사치하게 쓰기만 하면 하늘은 그를 부유하게 할 수 없고, 잘 보양하지 않고 잘 움직이지 않으면 하늘은 그를 온전하게 할 수 없으며, 올바른 도를 어기고 함부로 행동하면 하늘은 그를 길하게 할 수 없다. 그러므로 그런 사람은 장마와 가뭄이 오기도 전에 굶주리고 추위와 더위가 닥치지 않아도 병이 나며 요괴가 나타나기도 전에 불행하게 된다. 타고난 때는 잘 다스려지던 시대와 같은데 재앙과 재난은 잘 다스려지던 시대와는 달리 많은 것에 대해 하늘을 원망할 수 없고 그들의 행동방법이 그렇게 만든 것이다. 그러므로 하늘과 사람의 구분에 밝으면 곧 그를 지극한 사람이라 할 수 있다."[41] 농업을 강화하고 절약에 힘쓰면 하늘은 사람이 가난하게 하지 않고 보급품을 충분하게 공급하고 제때에 동작하면 하늘은 사람이 고달프게 하지 않으며 '도'를 잘 따르고 어긋남이 없으면 하늘은 사람이 재난을 당하게 하지 않는다. 자연의 법칙('도')을 위반하고 제멋대로 함부로 행동하면 하늘은 사람이 상서롭게 하지 않는다. 인간사를 부당하게 처리하면 자연적인 재해가 발생하지 않더라도 백성들은 불행을 당하게 되고 이 때문에 하늘을 원망할 수는 없다. 하늘과 사람의 직분이 같지 않음을 구분할 줄 아는 사람은 '성인'이라 부를 수 있다.

　　하늘과 사람은 각자 부동한 능력(職能)이 있다. "사람의 목숨은 하늘에 달려 있고 나라의 운명은 예의에 달려 있다."[42] "하늘은 만물을 생성할 수 있지만 만물을 분별할 수 없고, 땅은 사람들을 실을 수 있지만 사람들을 다스릴 수 없다."[43] 인류의 운명은 하늘에 달려 있고 국가의 운명은 예의제도에 달려 있다. 만물과

---

41)「天論」, "强本而節用, 則天不能貧; 養備而動時, 則天不能病; 脩道而不貳, 則天不能禍. 故水旱不能使之飢, 寒暑不能使之疾, 祅怪不能使之凶. 本荒而用侈, 則天不能使之富; 養略而動罕, 則天不能使之全; 倍道而妄行, 則天不能使之吉. 故水旱未至而飢, 寒暑未薄而疾, 祅怪未至而凶. 受時與治世同, 而殃禍與治世異, 不可以怨天, 其道然也. 故明於天人之分, 則可謂至人矣."

42)「天論」, "人之命在天, 國之命在禮."

43)「禮論」, "天能生物, 不能辨物也, 地能載人, 不能治人也."

인류사회를 생겨나게 하는 것은 자연적인 하늘이고, 만물과 인류사회를 다스리는 것은 작위가 있는 사람이다. 순자는 하늘을 미신하지 말고 천도를 존중하며 존중하는 전제 하에서 인간은 뭔가 하는 일이 있어야 함을 주장하였다.

순자는 한 걸음 나아가 "하늘로부터 타고난 것을 처리하면서 그것을 이용함"(制天命而用之)을 제기하였다. "하늘을 위대하게 여기고 그 생성의 힘을 고맙게 생각하는 것과 물건을 저축하면서 그것을 사용하는 것은 어느 쪽이 더 나은가? 하늘을 따르면서 그것을 기리는 것과 하늘로부터 타고난 것을 처리하면서 그것을 이용하는 것은 어느 쪽이 더 나은가? 철을 바라보면서 그것을 기다리는 것과 철에 호응하여 그것을 활용하는 것은 어느 쪽이 더 나은가? 물건을 그대로 두고 그것이 많아지기를 바라는 것과 능력을 다하여 그것을 변화시키려는 것이 어느 쪽이 더 나은가? 물건을 가지려 생각하면서 만물을 자기 것이라 여기는 것과 물건을 정리하여 그것을 잃지 않도록 하는 것은 어느 쪽이 더 나은가? 물건을 생성하는 자연을 사모하는 것과 물건을 만들어 이루는 사람의 입장을 지니는 것은 어느 쪽이 더 나은가? 그러므로 사람으로서의 입장을 버리고 하늘을 생각한다면 만물의 실정을 잃게 된다."[44] 하늘의 권위를 미신하고 사모하고 노래하며 하늘이 은혜를 베풀기를 기다리는 것보다 자연을 요해하고 법칙을 장악하며 자연을 충분하고 합리하게 이용하는 것이 낫다는 것이다. 자연과 사회, 하늘과 사람을 구분하는 기초 위에 사람은 자연의 천도에 의거하여 자연을 사용하고 통제하고 변혁할 수 있다. 순자는 중국사상사에서 '사람이 반드시 하늘을 이긴다'(人定勝天)의 새로운 장을 열어 놓았고 인간의 능동성과 자연의 법칙성 사이의 관계 문제를 변증법적으로 논증하였다.

---

44) 「天論」, "大天而思之, 孰與物畜而裁之? 從天而頌之, 孰與制天命而用之? 望時而待之, 孰與應時而使之? 因物而多之, 孰與騁能而化之? 思物而物之, 孰與理物而勿失之也? 願於物之所以生, 孰與有物之所以成? 故錯人而思天, 則失萬物之情."

5. 정명正名에 관한 학설

전국시대에는 명칭(名辭)이 혼란스러웠는데 형벌에 관한 명칭은 상商나라를 따랐고 작위에 관한 명칭은 주周나라를 따랐으며 문식에 관한 명칭(文名)은 주周나라의 '예'를 따랐고 일반적인 사물의 명칭(散名)은 습속을 따름으로써 통일된 기준이 없었다. "성왕이 돌아가 이름을 지키는 일을 소홀히 하고 기이한 말들이 생겨나 명칭과 실물이 혼란스러운"[45) 현상에 대하여 순자는 공자의 '정명正名'사상을 계승하고 유가의 정치, 윤리원칙을 근거하여 귀한 것과 천한 것을 분명하게 하고 사악한 이론(邪說)을 구별하였다. 그는 이렇게 말하였다. "왕이 명칭을 제정하면 명칭이 정해져 실물들이 구분되고 올바른 도가 행해지고 뜻이 통하면 신중하게 백성들을 통솔하여 생각을 일치하게 만든다."[46) 괴상한 말들이 흥기하면 이름과 실제가 혼란스러워지고 백성들의 의혹과 논쟁이 늘어나고 통일된 인식에 불리하기 때문에 반드시 이름을 바르게 하여야 한다. 언어의 정확한 사용은 양호한 질서와 조화로운 사회를 실현하는 중요한 조건이다. 그는 이렇게 제기하였다. "형체가 다른 물건을 사람의 마음이 각각 다르게 보고 모든 것을 이해하고 다른 물건들의 명칭과 실체가 서로 뒤섞여 혼란스럽다. 귀한 것과 천한 것이 분명하지 않고 같은 것과 다른 것도 분별하지 못한다. 그렇게 되면 사람의 뜻에는 반드시 사물을 잘 알지 못하는 걱정이 생기고 일은 반드시 곤경에 빠져 실패하는 화를 겪게 된다. 그러므로 지혜로운 사람은 그것들을 분별하여 명칭을 제정하여 실체를 지정하였는데 위로는 귀한 것과 천한 것을 분명하게 하고 아래로는 같은 것과 다른 것을 구별하였다. 귀한 것과 천한 것을 분명하게 하고 같은 것과 다른 것을 구별하였는데 그렇게 되면 사람들의 뜻은 사물을 잘 알지 못하는 걱정이 없고 일은 곤경에 빠져 실패하는 화가 없게 된다. 이것이 명칭이 있게 된 이유이다."[47) 부동한 사물은 반드시 부동한

---

45) 「正名」, "聖王沒, 名守慢, 奇辭起, 名實亂."
46) 「正名」, "王者之制名, 名定而實辨, 道行而志通, 則愼率民而一焉."
47) 「正名」, "異形離心交喩, 異物名實玄紐, 貴賤不明, 同異不別. 如是, 則志必有不喩之患, 而事必

명칭을 확립하고 서로 같은 사물은 반드시 동일한 명칭이 있어야만 이름과 실제가 혼란스럽지 않고 사람들이 사상을 교류함에 방애가 되지 않는다. "명칭을 제정함으로써 실체를 지정하여"(制名以指實) 존귀한 것과 비천한 것을 구분하고 사람들이 각자 자신의 자리에 만족하도록 하며 궤변과 기만을 폭로하였다.

그는 이름과 실제의 통일과 이름으로 실체를 지정하여야 함을 주장하였다. 이름과 실제가 서로 부합됨을 확보하고 "이름을 들으면 실상을 알게 되고"(名聞而實喩) "이름이 정해져 사물들이 분별되는"(名定而實辨) 효과에 도달하기 위해서는 반드시 실제를 위주로 하고 이름을 보조적인 것으로 하여야 한다는 것이다. 그는 이렇게 제기하였다. "마음에 인지능력이 있다. 인지능력으로 귀를 통하여 소리를 알 수 있고 눈을 통하여 형체를 알 수 있지만 인지능력은 반드시 오관이 물건의 여러 가지 종류를 주관하여 정리한 뒤에야 알 수 있다."[48] '임금'(君)의 '마음'(心)으로서의 인지능력은 반드시 '천관'(감각기관)을 통하여 구체적인 사물에 접촉한 뒤에야 비로소 개념이 형성될 수 있는 것이다.

그는 "명칭을 제정하는 기본 원칙"(制名之樞要) 즉 "명칭을 제정하는"(制名) 몇 가지 원칙을 제기하였다. 첫째, "약속에 의하여 정해지면 그것이 습속을 이룬다."(約定俗成) "명칭에는 고정된 합당함이란 없고 그러한 약속으로 명명하게 되며 약속에 의하여 정해지면 그것이 습속을 이루어 합당하다고 말하고 약속한 것과 다르면 합당하지 않다고 한다. 명칭에는 고정된 실상이란 없고 그러한 약속으로 명명하게 되며 약속에 의하여 정해지면 그것이 습속을 이루어 명칭의 실상이라 말한다."[49] 이것이 바로 '명칭'의 사회성을 중시하는 것인데 동일한 사회의 사람이라면 모두 인정하고 준수하여야 하는 것이다. 둘째, "같은 것이면 같은 명칭을 붙이고 다른

有困廢之禍. 故知者爲之分別制名以指實, 上以明貴賤, 下以辨同異. 貴賤明, 同異別, 如是, 則志無不喩之患, 事無困廢之禍. 此所爲有名也."
48) 「正名」, "心有徵知. 徵知, 則緣耳而知聲可也, 緣目而知形可也, 然而徵知必將待天官之當簿其類, 然後可也."
49) 「正名」, "名無固宜, 約之以命, 約定俗成謂之宜, 異於約則謂之不宜. 名無固實, 約之以命實, 約定俗成謂之實名."

것이면 다른 명칭을 붙인다."(同則同之, 異則異之) 명칭은 반드시 실제에 의거하여야 한다. 사물이 같으면 명칭도 같고 사물이 다르면 명칭도 다르며 실제가 다르면 명칭도 다르고 실제가 같으면 명칭도 같다. 셋째, "하나만으로 알 수 있는 것에는 고유명사를 부여하고 하나만으로 알 수 없는 것에는 복합명사를 부여한다. 고유명사와 복합명사로도 서로 상충될 경우에는 공동의 유명類名을 부여하는데 비록 유명을 부여한다 하더라도 아무런 해가 되지 않는다."50) 한 글자로 알 수 있으면 고유명사(예를 들어 소, 말)를 쓰고 한 글자로 알 수 없는 것에는 복합명사(예를 들어 백마, 검은 소)를 쓴다. 만약 고유명사, 복합명사로 표현해 낸 사물이 같은 부류에 속하면 공동의 유명(예를 들어 황소, 혹소는 '소'를 유명으로 함)을 쓸 수 있다.

넷째, 명칭과 형체에 대하여 분류하는데 한꺼번에 호칭한 것이 공동의 유명이고 구별하여 호칭한 것이 구별한 명칭이다. "그러므로 만물이 비록 많지만 가끔은 모두 한꺼번에 호칭하고자 할 때가 있는데 물이라 부른다. 물이라는 것은 가장 큰 공동의 유명이다. 여러 가지를 헤아려 공동의 유명을 만드는데 공동의 유명을 모아 다시 공동의 유명을 만들어 더 이상 공동의 것이 없는 경지에 이르러서야 끝난다. 가끔은 구별하여 호칭하고자 할 때가 있는데 새와 짐승이라고 부른다. 새와 짐승이라는 것은 크게 구별한 명칭이다. 여러 가지를 헤아려 구별하는 명칭을 만드는데 구별한 명칭을 다시 구별해 명칭을 붙여 더 이상 구별하는 명칭을 만들 수 없는 경지에 이르러서야 끝난다."51) 여기서 '공동의 유명'(共名), '구별한 명칭'(別名), '큰 공동의 유명'(大共名), '크게 구별한 명칭'(大別名) 등의 개념이 제기되었다. '공동의 유명'은 류類의 개념이고 하나의 큰 부류의 사물들의 공통된 특성을 가리킨다.(예를 들면 말이다.) '구별한 명칭'은 하나의 부류에서 이 부분의 사물과 다른 한 부분의 사물의 차이이다.(예를 들면 흑마, 백마이다.) '큰 공동의 유명'은 모든 각 부류의

---

50) 「正名」, "單足以喻則單, 單不足以喻則兼. 單與兼無所相避則共; 雖共, 不爲害矣."
51) 「正名」, "故萬物雖眾, 有時而欲無舉之, 故謂之物. 物也者, 大共名也. 推而共之, 共則有共, 至於無共然後止. 有時而欲徧舉之, 故謂之鳥獸. 鳥獸也者, 大別名也. 推而別之, 別則有別, 至於無別然後止."

사물들의 총칭이다.(예를 들면 '물'이다.) '크게 구별한 명칭'은 가장 작은 부류의 명칭이다. 순자는 여기서 새와 짐승을 예로 들면서 '크게 구별한 명칭'이라고 하였는데 이는 정확하지 않고 새, 짐승은 가장 마지막으로 구별한 이름이 아니다. 또한 그는 여기서 개념의 확장 문제를 언급하였다. '여러 가지를 헤아려 공동의 유명을 만들고 공동의 유명을 모아 다시 공동의 유명을 만드는데'(推而共之, 共則有共) 명칭의 외연이 확대되는 것이고 명칭의 개괄이다. '여러 가지를 헤아려 구별하는 명칭을 만들고 구별한 명칭을 다시 구별하는데'(推而別之, 別則有別) 명칭의 외연은 축소되고 명칭의 제한이다. '공동의 유명'과 '구별한 명칭'은 사실상 '속屬'과 '종種'의 관계 문제이다.[52] 다섯째, "사물의 실상을 자세히 살펴 종류의 수를 결정한다."(稽實定數) 어떻게 수량의 명칭을 제정할 것인가? "물건에는 모양은 같지만 있는 장소가 다른 것들이 있고, 모양은 다르지만 있는 장소가 같은 것들이 있어서 분별할 수 있다. 모양은 같지만 있는 장소가 다른 것은 비록 이름을 합칠 수 있지만 두 가지 실상이라 말한다. 모양은 변하였지만 실상에는 아무런 구별이 없어도 명칭을 다르게 하는 것을 화라 한다. 화는 있되 아무런 구별이 없는 것은 한 가지 실상이라 말한다. 이것이 사물의 실상을 자세히 살펴 종류의 수를 결정하는 방법이다."[53] '모양은 같지만 있는 장소가 다른 것'(同狀而異所者)은 모양은 서로 같은 물건이지만 부동한 공간에 있음을 가리킨다. '모양은 다르지만 있는 장소가 같은 것'(異狀而同所者)은 같은 한 사람 혹은 사물이 변화하였지만 동일한 공간에 있음을 가리킨다. 모양이 서로 같은 사물이 두 가지 장소에 나뉘어 있으면 비록 공동의 유명을 할 수 있지만 수량 상에서는 '두 가지 실상'(二實)이다. 모양이 변화가 발생한 사물은 비록 명칭이 변화되었다 하더라도 여전히 동일한 사물이다. 명칭은 사물의 수량을 반영하지 않고 단지 한 가지 부류의 사물의 공통성과 본질을 반영한다.

순자는 또한 변론의 논리원칙을 제기하였다. 예하면 "명칭을 바르게 하고"(正其

---

52) 周云之·劉培育, 『先秦邏輯史』(中國社會科學出版社, 1984), 제206~207쪽.
53) 「正名」, "物有同狀而異所者, 有異狀而同所者, 可別也. 狀同而爲異所者, 雖可合, 謂之二實. 狀變而實無別而爲異者, 謂之化. 有化而無別, 謂之一實. 此事之所以稽實定數也."

名) "그 말을 합당하게 하며"(當其辭) "다른 것들을 분별하여 말에 잘못이 없게 하고"(辨異而不過) "같은 사물을 헤아려 도리에 어긋나지 않게 하며"(推類而不悖) "변설할 때에는 사물을 다 표현한다"(辨則盡故) 등이다.(「정명」) 그는 선비와 군자의 변설은 마땅히 다음과 같아야 한다고 주장하였다. "먼저 생각하고 일찍이 계획하며 잠깐 동안의 말이라도 들을 만하고 무늬가 있으면서 실속이 있고 해박하면서도 바른 것 이것이 선비와 군자의 변설이다."[54] "사양하는 예절이 잘 지켜지고 어른과 아이들의 도리가 순조로이 지켜지며 꺼려야 할 말은 하지 않고 해가 되는 말은 하지 않는다. 어진 마음으로 논설하고 배우려는 마음으로 들으며 공정한 마음으로 분별한다. 여러 사람들의 비난이나 칭찬에 동요하지 않고 보는 이들의 귀나 눈을 미혹시키지 말아야 하며 신분이 높은 사람들의 권세를 사려하지 말고 편벽된 사실을 전하는 말을 좋아하지 않는다. 그러므로 도에 처신하여 다른 길을 보지 않고 어려움에 처해도 뜻을 빼앗기지 않으며 조화로울 때에도 흐르지 않는다. 공정함을 귀하여 여기고 비루하게 다투는 것을 천하게 여기는 것이 선비와 군자의 변설이다."[55] 이는 논리추리의 법칙을 제기하였을 뿐만 아니라 논변의 도덕원칙도 제기한 것이다. 그는 논변에서 반드시 인덕(仁德)과 예의에 부합하고 단정하며 국가와 백성에게 유리하여야 함을 주장하였다.

순자는 전국시대 말기에 맹자와 동등한 학문적 지위를 가지고 있었다. 한(漢)대 초기 사마천은 맹자와 순자를 합쳐서 전기를 지었고, 태사공(太史公)이 순자와 맹자 모두 공자학설의 중요한 계승자이고 유학의 사상가라 주장하였음을 보여 주었다. 순자는 유가의 경전을 전파하는 측면에서 중대한 공헌을 하였고 한당(漢唐)시대의 경학을 열어 주었다. 청(淸)대의 왕중(汪中)은 『순경자통론(荀卿子通論)』을 지었고 이렇게 제하였다. "순경의 학문은 공자에서 비롯하였고 특히 여러 경전에 공적이 있다."(荀

---

54) 「非相」, "先慮之, 早謀之, 斯須之言而足聽, 文而致實, 博而黨正, 是士君子之辯者也."
55) 「正名」, "辭讓之節得矣, 長少之理順矣, 忌諱不稱, 祆(妖)辭不出; 以仁心說, 以學心聽, 以公心辨; 不動乎眾人之非譽, 不治觀者之耳目, 不賂貴者之權埶, 不利傳辟者之辭; 故能處道而不貳, 咄而不奪, 利(和)而不流, 貴公正而賤鄙爭, 是士君子之辨說也."

卿之學出於孔氏, 而尤有功於諸經) 순자는 매우 전면적인 유학의 일대 종사宗師였고 철학대가였다.

제2부 선진제가사상과 지혜

1장 노자의 지혜

노자는 세계적으로 유명한 철학자이고 도가의 창시자이며 중국의 자생종교—도교의 대종으로 받들린다. 노자 또한 세계와 중국의 지혜의 상징이다.

1. 노자라는 사람과 경전 『노자』

노자라는 사람에 관해서는 역사적으로 부동한 주장이 있다. 사마천은 『사기』에서 세 명의 노자—노담老聃, 노래자老萊子, 주태사담周太史儋에 대하여 기록하고 있다. 앞의 두 노자는 춘추시대 말기의 사람이고 공자와 거의 동시대의 사람이다. 마지막 노자는 전국시대의 사람이다. 학계에서는 일반적으로 노자가 노담이고 약 기원전 581년 혹은 기원전 571년에 태어났고 몰년은 미상하다고 여기고 있다. 성은 이李씨이고 이름은 이耳이며 자는 백양伯陽이고 시호는 담聃이다. 초나라 고현苦縣(지금의 하남 녹읍) 사람이다. 노담의 집은 대대로 사관이었다. 그 자신도 일찍이 주周나라 수장실守藏室의 관리였는데 동주東周 왕조의 장서를 관리하는 사관이었다. 후에 내란을 피해 고향으로 돌아가 은거하였다. 왕기王畿를 떠난다고 하자 수관장관守關長官이자 그의 친구였던 윤희尹喜는 그에게 후세에 『노자』라 불리는 책을 쓰도록 청하였다. 『사기』에서는 이렇게 기록하고 있다. "노자는 도와 덕을 닦았고 학문은 스스로를 숨겨 헛된 이름을 없애는 것에 힘썼다. 주나라에서 오랫동안 살다가 주나라가 쇠퇴해지는 것을 보고는 마침내 주나라를 떠났다. 관문에 이르자 관령 윤희가 이렇게 말하였다. '선생님께서 앞으로 은둔하려고 하시니 저를 위해 억지로라도 책을 써 주십시오.' 이에 노자는 도덕경 상, 하편을 지어 도와 덕의 의미를 오천여 자로 말하고 떠나니 그 뒤로 아무도 그가 어떻게 죽었는지를 알지 못하였다."[1) 노자의 학문이 해박하여 공자가 노자를 매우 존경하였고 일찍이 주례에 대하여 가르침을 청하였다고 전해진다.

지금까지 전해 내려오는 『노자』는 상, 하편으로 나누어져 있고 약 오천 자로 되어 있는데 운문韻文의 형식으로 쓰인 철학적 이치가 담긴 시이다. 최초의 『노자』는 아마 춘추 말년 혹은 전국 초년에 출현하였고 처음에는 오천 자가 되지 않았을 것으로 추측된다. 『노자』 원문은 계승되는 과정에서 사람들의 입과 귀를 통하여 전해지고 죽간이나 백서에 쓰이면서 끊임없이 가공되고 편집되고 정리되고 풍부해짐으로써 결국 후한後漢의 하상공본河上公本이 만들어졌다. 하상공은 『노자주』(『노자장구』라고도 부른다.)를 지어 81개의 장으로 나누고 앞 37장을 『도경道經』, 뒤 44장을 『덕경德經』이라 하여 『도덕경道德經』이라는 명칭이 있게 되었다. 후세에 전해진 통행본에는 하상공본 외에도 한漢대 엄준嚴遵의 『도덕지귀론道德指歸論』, 삼국 시기 위魏나라의 천재 철학자 왕필王弼의 『노자주』, 당唐대 부혁傅奕의 『도덕경고본편道德經古本編』 등이 있는데, 그 중에서 왕필본의 영향이 가장 크다.

전국 말년에 한비자는 「해노解老」, 「유노喩老」를 지었는데 한비자의 이러한 주해로부터 전한前漢 이전의 『노자』 판본(적어도 한비자가 읽었던 것)은 『덕경』이 앞에 있고 『도경』이 뒤에 있었음을 알 수 있다. 매우 재미있는 것은 1973년에 후난 창사 마왕퇴馬王堆 3호 한대의 묘에서 대량의 실전되었던 고서(古佚書)가 출토되어 세계를 뒤흔든 사건이다. 그 중에는 백서 『노자』 갑과 을 두 가지 초본抄本도 들어 있었다. 백서 『노자』 갑과 을 판본은 각각 전국 말년과 전한 초년에 유행되었던 판본이다. 두 가지 초본의 내용은 대체로 동일하고 모두 『덕경』이 앞에 있고

---

1) 老子修道德, 其學以自隱無名爲務. 居周久之, 見周之衰, 乃遂去. 至關, 關令尹喜曰: "子將隱矣, 彊爲我著書." 於是老子乃著書上下篇, 言道德之意五千餘言而去, 莫知其所終.

『도경』이 뒤에 있었으며, 부분적인 장절 순서와 문구가 현행본과 다르다. 을 판본의 글자수는 약 오천사백 자였다.

1993년 호북 형문荊門 곽점 1호 초묘楚墓에서 십수 종의 선진유가, 도가의 고서들이 출토되어 다시 한 번 국내외를 뒤흔들었다. 그 속에는 『노자』 갑, 을, 병 세 개 조가 있었는데, 세 개 조는 도합 1700자였고 백서본帛書本, 통행본의 3분의 1에 상당한 것이었다. 장절의 순서는 백서본, 통행본과 차이가 비교적 컸고 문구도 다른 점이 있었다. 곽점 간본 『노자』는 전국시대 중기에 전해진 판본 혹은 발췌되었던 판본으로서 고본 『노자』와 좀 더 가깝다. 간, 백서본 『노자』의 출토는 노자의 학문 연구에서 의견이 분분하였던 많은 문제들을 해결하였고 『노자』의 장절 배열순서와 문구의 발전에 대하여 새로운 인식을 가져오게 하였다. 간, 백, 통행본의 비교로부터 통행본의 일부 장들, 예를 들어 46장, 64장 등은 애초에는 상대적으로 독립된 몇 개의 부분이었는데 후에 점차적으로 모여서 한 개 장으로 합쳐진 것임을 알 수 있다. 백서본은 그 전까지 전해지던 판본을 조정하고 가공하였으며 한대 초기의 『노자』에 대한 해석을 받아들여 『노자』 통행본의 기본적인 구조와 내용을 확립하였다. 노자의 여러 가지 대표적인 텍스트에 대한 취합, 대조, 비교, 해석에 관해서는 유소감劉笑敢의 책을 참조하기 바란다.[2]

2. '도'에 대한 논의

노자 철학체계의 핵심은 '도道'이다. '도'의 본래의 의미는 길이다. 춘추 시기의 문헌에서는 '천도天道', '천지도天之道', '인도人道' 등의 개념들이 여러 번 제기되었다. 노자의 공헌은 '도'를 끄집어내어 하나의 독립적인 철학의 형이상학적 범주로 만든 것이다.[3] 무엇이 '도'인가? 『노자』에서는 결코 이에 대하여 직접적으로 정의를

---

2) 劉笑敢, 『老子古今: 五種對勘與析評引論』 上・下卷(中國社會科學出版社, 2006).

내리지 않았지만 부동한 측면으로부터 설명하고 암시하고 비유함으로써 사람들이 '도'를 체험하고 접근하도록 하였다.

1) '도'는 형이상의 성격을 가지고 있고 우주의 본원이다

『노자』에서 '도'는 진실로 존재하는 혼연일체의 물건으로서 구체적인 형상도 없고 이름도 없다.

물이 뒤섞인 것이 있으니 천지가 생겨난 것보다 앞서 있었고 고요하고 텅 비어 있으며 우뚝 서 있고 영원하고 모든 것에 두루 미치면서도 위태로움이 없고 천하의 어머니가 될 만하다. 나는 그 이름을 알 길이 없으므로 자를 붙여 '도'라고 한 것이고 억지로 그것에 이름을 붙이자면 '대'라고 할 수 있다. '대'란 감을 말한 것이고 감은 멀어짐을 말한 것이며 멀어짐은 다시 돌아옴을 말한 것이다. 따라서 '도'가 크고 하늘이 크고 땅이 크고 왕 또한 큰 것이다. 세상 가운데 네 개의 큰 것이 있는데 왕은 그 중의 하나를 차지한다. 사람은 땅을 본받고 땅은 하늘을

---

3) 詹劍峰 선생은 노자 '도론'의 핵심사상을 도가 곧 자연이고 자연이 곧 도이며, 도는 스스로 근본이 되고 뿌리가 되며 스스로 생겨나고 이루어지는 것이라고 주장한다. 詹 선생은 자연스럽고 스스로 기인하며 절대적이고 무한하며 유일하여 자유롭게 운행하는 등의 의미로 '도'의 특징과 함의를 개괄하였다. 그의 저서『老子其人其書及其道論』(湖北人民出版社, 1982), 제25쪽 참조. 唐君毅 선생은 노자의 도에 여섯 가지 뜻이 있을 뿐만 아니라 또한 '法地', '法天', '法道', '法自然'의 네 개의 층을 통관하며 노자가 말한 도란 하나의 형이상의 실체 혹은 하나의 거짓된 리라는 문제에 대해서는 고집하여 말할 필요가 없음을 주장하였다. 실체라고 하면 그 도는 구체적인 천지만물을 관통하는 것으로부터 말한 것이고 '법도'와 '법자연'으로부터 말하면 사람의 도에 대한 체득은 천지만물을 초월하는 여러 가지 의미에서의 도에 대한 체득이기에 실체라고 말해서는 안 된다. 그의 저서『中國哲學原論·原道篇』(臺北學生書局, 1986), 제340~341쪽 참조. 方東美 선생은 '道體', '道用', '道相', '道徵'의 네 개 측면으로부터 도에 대하여 논의하였는데 '도체'로부터 말하면 '도'는 무한한 진실한 존재의 실체임을 주장하였다. 그의 저서『原始儒家道家哲學』(臺北黎明文化事業公司, 1987), 제211, 200~202쪽 참조. 吳汝鈞 선생은 플라톤의 이성에 관한 논의와 노자의 도를 비교하여 노자의 '도'는 형이상의 실체이고 실제적인 존재성과 만물을 창조하는 작용을 가지고 있음을 논하였다. 그의 저서『老莊哲學的現代析論』(臺北文津出版社, 1998), 제227~229쪽 참조.

본받고 하늘은 도를 본받고 도는 자연을 본받는다.[4]

　여기서는 그러한 물건 혹은 그러한 상태가 있는데 천지가 생겨난 것보다 앞서 있고 모호하여 분명하지 않으며 소리도 없고 형체도 없으며 예로부터 지금까지 독립적으로 존재하여 바뀜이 없음을 말하고 있다. 멈춤이 없고 계속 순환하여 운행하여 천지만물의 근원이 될 수 있다. 우리는 이것을 '도' 혹은 '대'라 부를 수 있다. 크면 가고 가면 멀어지고 멀어지면 다시 돌아가 환원된다. '도', '천', '지', '인'은 우주에서 가장 중요한 존재이고 사람은 단지 그 중의 하나이다. 사람은 땅을 본받고 땅은 하늘을 본받고 하늘은 '도'를 본받고 '도'는 스스로 그러하여 그러한데 즉 애초의 그 모습, 그러한 상태를 법칙이라 하는 것이다.

　"도를 말하게 되면 영원한 도가 아니고 이름을 규정지으면 영원한 이름이 아니다. 무명은 천지의 시작이고 유명은 만물의 어머니다. 그러므로 언제나 욕구가 없는 사람은 심원함을 보려고 하고 언제나 욕구가 있는 사람은 밝음을 보려고 한다. 이 둘은 본래 같은 것으로 나올 때에 이름을 달리한 것이니 이 같은 것을 일컬어 현이라고 한다. 현묘하고도 또 현묘하니 일체의 미묘한 것들이 쏟아져 나오는 문과 같다."[5] 여기서는 '도'와 '이름'(名), '도'와 '유', '무', '도'와 만물의 관계에 대하여 논의하였다. '요(徼)'는 경계를 가리키는데 즉 사물 사이의 계선(界限)이고 단서라는 의미로 확대될 수 있다. '현(玄)'은 깊숙하여 예측할 수 없음을 이른다. '도'는 전체적인 것이고 본질적으로 나눌 수 없을뿐더러 정의를 내리거나 말할 수도 없다. '도'는 무한한 것이고 유한한 감각, 지성, 말로써 느끼고 정의하고

---

4) 『老子』 25장, "有物混成, 先天地生, 寂兮寥兮, 獨立不改, 周行而不殆, 可以爲天下母. 吾不知其名, 字之曰道, 強爲之名曰大. 大曰逝, 逝曰遠, 遠曰反. 故道大, 天大, 地大, 王亦大. 域中有四大, 而王居其一焉. 人法地, 地法天, 天法道, 道法自然." 이후 『老子』를 인용할 때 장의 순서만 밝힌다. 또한 어떤 판본에서는 '王亦大', '王居其一'에서의 '왕'이 '人'으로 되어 있음을 밝혀 둔다.
5) 제1장, "道可道, 非常道; 名可名, 非常名. 無名天地之始; 有名萬物之母. 故常無欲, 以觀其妙; 常有欲, 以觀其徼. 此兩者, 同出而異名, 同謂之玄. 玄之又玄, 衆妙之門."

혹은 제한할 수 없다. 말할 수 있고 설명할 수 있는 '도'와 '명'은 영원한 '도'와 '명'이 아니다. '무명無名'은 만물의 시작이고 원천이며 '유명有名'은 여러 가지 현상, 사물의 시작이다. 이는 '도'도 언어적인 개념보다 앞서 있었음을 나타낸다. 욕구가 없는 사람이라야 '도'의 오묘함을 체득할 수 있고 이욕利慾적인 사람은 사물의 경계 혹은 겉면만 인식할 수 있다. '도'와 '무명'은 한 물건의 부동한 두 개의 이름이고 모두 현묘하다고 한다. '무명'은 형체가 없고 무한한 우주의 본체이고, '유명'은 형체가 있고 유한한 현상세계이다. 양자 사이의 변화를 통하여 사람들은 심각하고 심오한 우주의 본체와 오묘하고 무궁한 현상세계의 문을 탐색할 수 있다.

'도'는 정밀하고 심원한 것이다. 제21장에 근거하면 '도'라는 것은 황황홀홀恍恍惚惚한 것이다. 있는 듯 없는 듯한 가운데 형상이 있고 있는 듯 없는 듯한 가운데 만물이 있다. 심원하고 어두움이여 그 안에 정미한 것이 있다. 이러한 정미한 것은 진실하고 검증할 수 있는 것이다. 예로부터 지금까지 '도'의 이름은 사라지지 않았고 이로부터 만물의 근본과 시작으로 거슬러 올라갈 수 있다. '도'의 은미함과 미묘함은 형형색색의 번잡하고 복잡한 세계의 본체와 관련이 있다. 이는 현상을 초월하는 절대적인 것이다. 동시에 또한 만물이 생겨나게 하는 모체이고 근원이다.

제14장에 근거하면 '도'는 현상이 아니고 감지될 수 없으며 확정적이지 않은 것으로 사람들은 볼 수도 없고 들을 수도 없고 만질 수도 없기 때문에 '이夷', '희希', '미微'라 하였다. 이 세 가지는 하나로 뒤섞여 있기 때문에 사람들이 이 세 가지의 구별을 탐구하기는 매우 어렵다. '도'가 감각기관의 대상이 아니라는 것은 '도'의 초월성을 나타낸다. 여기서 '일一'의 위쪽은 결코 밝지 않고 아래쪽은 결코 어둡지 않다. 끊임없이 면면하게 이어져 있고 이름을 붙이기 어려우며 어떠한 현상, 사물도 없는 상태로 다시 돌아간다. 이것이 바로 모습이 없는 모습이고 형체가 없는 형상인데 '있는 듯 없는 듯惚恍'이라 한다. 그것을 맞이하려고 하여도 그 머리를 볼 수 없고 그것을 따라가려고 해도 그 뒤를 볼 수 없다. 옛날의 '도'를 파악하여 지금의 현상세계를 다스리기 때문에 만물의 본원을 추론할 수 있는데

이것이 바로 '도'의 규칙을 체득할 수 있다는 것이다.

2) '도'는 무한성을 가지고 있다

위의 서술로부터 '도'가 가끔 '일一'로 나타남을 알 수 있다. "옛날에 하나를 얻어 생겨난 것이다. 하늘은 하나를 얻어서 맑아졌고 땅은 하나를 얻어서 안정되었으며 신령스러움은 하나를 얻어서 영험해졌고 계곡은 하나를 얻어서 채워졌으며 만물은 하나를 얻어서 생겨났고 왕은 하나를 얻어서 천하의 바름으로 삼았다."6) 백서 갑, 을 판본에서는 '정貞'을 '정正'이라 하였다. 자고로 '일' 즉 '도'를 얻어 생겨난 것인데 이 하나를 하늘이 얻어서 맑아졌고 땅이 얻어서 안정되었으며 신이 얻어서 영기가 생겨났고 계곡이 얻어서 채워졌으며 만물이 얻어서 생겨났고 왕이 얻어서 천하의 주인이 될 수 있었다. 반대로 만약 '일' 혹은 '도'를 얻지 못하면 상황은 매우 위험해진다. '일'은 가끔 '도'의 전개를 가리키기도 하는데, 예를 들면 "도가 하나로 화한다"(道生一) 등등이다. '일'로부터 '다多'가 생겨날 수 있고 잠재된 것이 현실로 변할 수 있다.

'도'는 원래 이름이 없는데 굳이 이름을 취한다면 '박朴'도 '도'의 이름 중의 하나이다. "도는 언제나 이름이 없다. 통나무는 비록 작지만 천지도 신하로 삼을 수 없다."7) 곽점 초간본에서는 "도는 항상 이류가 없다. 통나무는 비록 가늘지만 천지는 감히 신하로 삼을 수 없다"(道恒無名, 樸雖小, 天下弗敢臣) 하였다. '박'은 인위적인 조각을 거치지 않는 것으로 비록 사소하지만, 천지도 감히 그것을 지배하지 못한다.

'도'는 또한 '곡谷', '곡신谷神', '현빈玄牝'으로 형상적으로 비유된다. "계곡의 신령스러움은 죽지 않는데 이것을 검은 암컷이라고 한다. 검은 암컷이 문은 천지의 뿌리라 한다. 근근이 이어져 내려와 있는 듯하지만 그것을 사용함에 다함이 없다."8)

---

6) 제39장, "昔之得一者: 天得一以淸, 地得一以寧, 神得一以靈, 谷得一以盈, 萬物得一以生, 侯王
   得一以爲天下貞."
7) 제32장, "道常無名. 樸雖小, 天下莫能臣也."

'도'는 계곡과 마찬가지다. 계곡은 공허한데 바로 이렇기 때문에 영원히 존재하고 헤아릴 수 없이 신묘한 기능을 가질 수 있는 것이다. '빈牝'은 암컷(雌性) 가축의 생식기인데 암컷을 총괄하여 가리킨다. '현빈'은 만물의 가장 최초의 시조라는 의미인데 바로 '도'이다. '곡', '빈'의 문은 천지의 발생지, 발원지이고 근근이 이어져 끊임없이 존재하는 것 같지만 그 작용은 무궁무진하다.

"도는 텅 비어 있지만 그 쓰임은 다함이 없다. 깊어서 만물의 조상인 것 같다. 그 날카로움을 꺾어서 어지러움을 풀고 그 빛을 조화롭게 하여 티끌들을 같게 한다. 깊어서 존재하는 듯하다. 누구의 자식인지는 모르겠지만 아마도 천제보다 앞서는 것 같다."9) '충沖'은 바로 '충盅'이고 공허함을 가리킨다. '도'는 심연深淵과 같아서 만물의 조상인 듯하지만 또 만물의 조상이 아니다. 날카로움을 드러내지 않고 피차의 구분, 이해와 계책의 혼란을 초월하여 그 빛을 함축하고 티끌들을 섞어서 같게 하였다. 모호하고 혼돈스러워 사라진 듯하지만 실제로는 존재한다. 그것이 생겨난 근원을 알 수 없는데 상제보다 먼저 나타난 것 같다. "천지 사이는 풀무와도 같구나! 텅 비어 있으나 다함이 없고 움직일수록 더 나온다."10) '탁약槖籥' 은 불을 지필 때 쓰는 풀무이다. 천지가 바로 풀무와 같지 않은가? 텅 비어 있지만 매장되어 있는 바람은 무궁무진하여 움직일수록 바람이 더 커진다.

이렇게 '도'의 주요한 특징에 대하여 초보적으로 이해할 수 있다. '도'는 애초에 소박하고 혼돈스러워 나뉘지 않았으며 심원하고 정미하며 끊임없이 이어져 온 상태이다. '도는 언제나 이름이 없고'(道常無名) '큰 형상은 모습이 없다'(大象無形). '도'는 이름이 없고 알 수 없으며 욕구가 없고 작위作爲가 없다. 모습이 없고 형상이 없으며 소리가 없고 형태가 없기에 '모습 없는 모습'(無狀之狀) '형태 없는 형상'(無物之象)이라 하였다. '무無'로 본체의 '도'를 나타내었는데 '도'와 현상세계의 구별 외에 '도'가

---

8) 제6장, "谷神不死, 是謂玄牝. 玄牝之門, 是謂天地根. 綿綿若存, 用之不勤."
9) 제4장, "道沖, 而用之或不盈. 淵兮, 似萬物之宗. 挫其銳, 解其紛, 和其光, 同其塵. 湛兮, 似或存. 吾不知誰之子, 象帝之先."
10) 제5장, "天地之間, 其猶槖籥乎? 虛而不屈, 動而愈出."

'허무虛無'를 쓰임으로 하고 노자의 표현방식이 부정하는 방식이고 부정적인(負)의 방법이지 긍정하는 방식이나 긍정적인(正) 방법이 아님을 분명하게 나타내었다.

　'도'는 옛날부터 지금까지 독립적이고 멈추지 않으며 반복적으로 순환하며 자신의 모습대로 운행하고 떠돌아다닌다. 그것은 총체이고 또한 크게 유행하는 과정 및 그 법칙이다. '도'는 자연스럽게 유행하고 감정, 욕망, 의지가 없으며 인격신이 아니다. 천지만물(이름이 있고 형체가 있으며 유한한 현상세계)의 시작이고 근원이며 문이고 모체이며 그것의 근거이자 본체이다. 현상세계는 '도'에서 기원하고 '도'에 의거하지만 또한 '도'로 돌아간다. 사람들은 마지못해 '도道', '대大', '일一', '박樸'이라 부르고 혹은 계곡, 검은 암컷으로 비유한다. 텅 비어 있고 충만함이 없기 때문에 신묘하여 예측할 수 없는 무한한 기능과 작용이 있고 활동하는 시간, 공간, 능력, 효용은 무궁무진하다. 하지만 절대 일부러 조작하는 것이 아니고 사람(혹은 사물)에 절대 강요하지 않으며 만물 각자 자신의 본성을 다하도록 내버려 두고 각자 자신의 특징에 근거하여 자연스럽게 생존하고 변화하게 한다. 바로 '도'가 텅 비어 있고 정해진 현실의 사물 혹은 여러 가지 제도문명, 가치판단, 조목조목으로 이루어진 틀에 의하여 가득 채워지고 한정되지 않았기 때문에 무한한 가능성과 무한한 작용 및 활동하는 공간이 있는 것이다.

3) '무'와 '유', '도'와 '덕'

　"천하의 만물은 유에서 생겨나고 유는 무에서 생겨난다."(天下萬物生於有, 有生於無) 곽점 간본과 백서 을 판본에서는 '천하만물'이 '천하지물天下之物'로 되었다. '무명'은 '유명'을 포함하고 있고 '유는 무에서 생겨난다'. '도'는 뭇 존재(衆有), 만상萬象, 만물을 생겨나게 하고 포함하지만 또한 뭇 존재, 만상, 만물의 기계적인 합침이 아니다. 노자의 철학은 '유'의 측면 및 종種, 류類, 개체 자체의 차이를 결코 배척하거나 부정하고 소홀히 하지 않는다. 반면에 일반적이지 않은 개체의 자연적인 생존의 가치를 긍정하고 외재적인 강제력으로 간섭하거나 사물의 본성에 대한 파괴를 반대한다.

‘도’의 발전은 현실을 향해 나아갈 뿐더러 현실에 적용된다. “도에서 하나가 생겨나고 하나에서 둘이 생겨나고 둘에서 셋이 생겨나고 셋에서 만물이 생겨난다. 만물은 음을 등지고 양을 안아서 충기로써 조화롭게 한다.”[11] ‘도’에서 원시적인 혼돈의 기체가 생겨난다. 원시적인 혼돈의 기체에서 또 음과 양의 두 가지 기가 생겨난다. 음과 양의 두 가지 기에서 중화中和의 기가 생겨난다. 중화의 기에서 만물이 생겨난다. 만물은 각자 음과 양의 두 기를 가지고 있고 음기와 양기는 서로 움직여 조화로운 기(和氣)가 된다. ‘화和’는 기가 유통하는 상태이다. ‘도’는 발전하고 실현되는 과정에서 만물을 생겨나게 하고 길러지게 한다. 우주생성론의 발전을 놓고 볼 때 개체로서의 사물의 성립에는 하나의 과정이 있다. 예를 들면 기화氣化되고 응결되는 과정이다. 노자의 철학에서 본체론의 발전으로부터 ‘허무虛無’의 ‘도’가 바로 만물이 만물이게끔 하는 형이상의 근거임을 이해할 수 있음을 제외하고 우주생성론의 발전으로부터 노자가 해석한 천지만물의 형성과정을 이해할 수 있음을 아래에 살펴보도록 한다.

노자는 ‘도’를 논할 뿐만 아니라 ‘덕’도 논하였다. ‘덕’은 얻음이다. “도는 생겨나게 하고, 덕은 길러 주며, 물物은 드러내고, 세勢는 이루게 한다. 그러므로 만물이 도를 존중하고 덕을 귀하게 여기지 않음이 없다.”[12] 자연의 ‘천도天道’는 만물이 생겨나게 하고 자연의 ‘천덕天德’은 만물을 발육하고 번식하게 한다는 것이다. ‘천도’와 ‘천덕’은 만물을 길러 주어 만물이 일정한 형태와 천성을 얻어 존재하고 성장하여 자태가 서로 다양하고 각자 특성이 있다. 그러므로 만물은 ‘도’를 존중하지 않고 ‘덕’을 귀하게 여기지 않음이 없는 것이다. ‘도’가 존중을 받고 ‘덕’이 중시 받는 것은 결코 누가 강제로 명령한 것이 아니다. 그것은 자연스러운 것이고 스스로 그러한 것이다. ‘도’는 만물을 생겨나게 하고 ‘덕’은 만물을 번식하게 한다. 만물을

---

11) 제42장, “道生一, 一生二, 二生三, 三生萬物. 萬物負陰而抱陽, 沖氣以爲和.”
12) 제51장, “道生之, 德畜之, 物形之, 勢成之. 是以萬物莫不尊道而貴德.”

생겨나게 하고 발전하게 하고 열매를 맺고 성숙하게 하며, 만물을 길러 주고 보호한다. 만물을 생겨나게 하지만 자신의 소유로 차지하지 않고, 만물의 발전을 추진하지만 공功을 차지하고 스스로 의존하지 않으며, 만물을 통솔하고 관리하지만 만물에 대하여 억지로 통제하고 간섭하지 않는데, 이것이야말로 가장 심원한 '덕'이다. 일반적으로 '도'는 만물의 '덕'을 완성하고 '덕'은 '도'를 대표하며 천차만별의 개별적인 사물 속에 내재되어 있다.

이러한 맥락에 근거하면 노자는 또한 문명의 구축과 인륜의 생활을 긍정하였다. "처음이 흩어져 이름이 있게 되었다."[13] "통나무가 흩어져서 그릇이 되고 성인은 이것을 쓰면 우두머리가 된다. 그러므로 크게 재단하는 것은 자르지 않는다."[14] 사회의 윤리생활, 문명제도가 자연적인 질서로 생긴 것이라면 결코 폐해가 없을 것이다. 두려운 것은 인위적인 작용의 강화 혹은 여러 가지 구분에 집착함으로써 고착화되고 경직되어 자연의 '도'를 파괴할 수 있다는 점이다. 노자는 도덕의 내재성을 긍정하고 문명사를 반성하였으며 예악과 윤리도덕의 형식화를 비판하였는데 또한 이것과 일치한다. "도를 잃은 뒤에 덕이 생겨났고 덕을 잃은 뒤에 인이 생겨났으며 인을 잃은 뒤에 의가 생겨났고 의를 잃은 뒤에 예가 생겨났다. 예란 진심과 신의가 엷어진 데서 생겨난 것이고 어지러움의 시작이다.…… "[15] 차라리 노자가 긍정한 것이 진정한 도덕인의道德仁義라고 하는 편이 낫다. 노자는 예를 강조할 때에 이르면 진심과 믿음은 상실되고 예의 질서에 위기가 발생한 때임을 알았다.

이상으로부터 '도'의 '체'와 '도'의 '용'은 밀접하게 연관되어 있음을 알 수 있다. '도'의 효용, '도'의 창조성은 '도'의 본체가 허무하고 허령(空靈)하며 다함이 없는 것에서 비롯되는데, 기존의 이미 확정된 상식적이고 합리적이며 현실적이고 규범적인 것에 의하여 가득 채워져 질식하지 않았기 때문에 "유와 무가 서로 낳는"[16]

---

13) 제32장, "始制有名."
14) 제28장, "樸散則爲器, 聖人用之, 則爲官長. 故大制不割."
15) 제38장, "失道而後德, 失德而後仁, 失仁而後義, 失義而後禮. 夫禮者, 忠信之薄, 而亂之首."
16) 제2장, "有無相生."

것이다. 즉 '무'와 '유', '도'와 '덕'은 서로 대립되는 것이 서로 연관되고(相對相關) 서로 반대되는 것이 서로 이루어 주는(相反相成) 과정에서 새로운 것을 생겨나게 한다. 여기서 '유무상생'의 '무'에 주목할 필요가 있다. 이 '무'는 앞에서 '도'의 대명사로 쓰인 '무'와 다른데, 단계적인 구별이 있다. '도'는 '유'와 '무'의 통일이고 서로 상대적인 '유'와 '무'의 위에 양자를 초월하는 절대적인 존재이다. '도'의 대명사로서의 '무'는 만물의 본체이자 최고의 원리이다. '유'와 '무'는 도의 이중성이고 작용으로부터 나타나는 것이다. 노자는 경지의 형태에서 '무' 혹은 '유'를 논하는데 대체적으로는 작용으로 말한 것이다. 우주, 현상세계의 형성 과정에서 "있음으로써 이로움으로 삼고 없음으로써 쓰임으로 삼는다."[17] '유'는 객관적으로 편리한 조건의 기초를 제공하였지만 '유'는 반드시 '무'의 창조적인 활동작용, 힘 및 활동작용의 공간(장소) 혹은 허령한 경지에서 '무'와 서로 결합하여야만 비로소 새로운 유용한 사물을 창조해 내고 새로운 천지를 개척할 수 있다. 바로 이러한 맥락에서 노자는 "도는 언제나 행함이 없지만 행하지 않음도 없다"[18]고 하였다. '실제로 존재하는 것'(實有)의 쓰임(用)은 제한적인 쓰임이고 '비어서 없는 것'(虛無)의 쓰임(用)은 무한한 쓰임이다. '쓰임이 없는 것'(無用)의 쓰임이야말로 큰 쓰임(大用)이다. 노자가 말하는 '도'의 체(體)는 초월적이고 절대적이며 보편적이고 무제한적이며 완벽하고 허령하다.

4) 되돌아가는 것은 '도'의 움직임이고 약한 것은 '도'의 쓰임이다

이상에서 노자가 '허무'를 '용'으로 삼음을 살펴보았다. 다른 한편 노자는 또한 반대방향(反向)을 '용'으로 삼는다. 노자는 '도'의 변화, 효용에 일정한 법칙이 있음을 주장하였다. "되돌아가는 것은 도의 움직임이고 약한 것은 도의 쓰임이다."[19] 상반되는 방향으로의 변화, 발전은 '도'의 운동이고 유약(柔弱)은 '도'의 작용이라는

---

17) 제11장, "有之以爲利, 無之以爲用."
18) 제37장, "道常無爲而無不爲."
19) 제40장, "反者, 道之動; 弱者, 道之用."

의미이다. 무릇 자연, 사회, 인생의 여러 가지 사물현상을 들어도 상반되는 방향으로 운행하지 않는 것이 없다. 바로 이렇게 때문에 유약은 흔히 강함을 향하여 나아가고 생명은 점차 죽음으로 나아간다. 노자는 사물들이 서로 의존하고 이것이 내려가면 저것이 올라가는 상황을 파악하였다.

"세상 사람들은 모두 아름다운 것이 아름다운 줄로 알고 있지만 이것은 추한 것일 따름이고 모두 선한 것이 선인 줄로 알고 있지만 이것은 선하지 않은 것일 따름이다. 그러므로 유와 무가 서로 낳고 어려움과 쉬움이 서로 이루며 길고 짧은 것이 서로를 드러내고 높은 것과 낮은 것이 서로 기울며 음과 소리는 서로 조화를 이루고 앞과 뒤는 서로 따른다."[20] 사람들은 모두 아름다운 것이 아름다운 까닭과 선한 것이 선한 까닭을 알기 때문에 추한 것과 악한 것도 안다. 유와 무, 어려움과 쉬움, 길고 짧은 것, 높은 것과 낮은 것, 음과 소리, 앞과 뒤는 모두 서로 반대되는 것이고 비교적으로 존재하며 서로 보충하고 서로 이루어 주며 서로 호응한다. "귀함은 천함을 근본으로 삼고 높음은 낮음을 근본으로 삼는다."[21] "굽히면 온전해지고 굽으면 펴지고 움푹 파이면 채워지고 헤지면 새로워지고 적으면 얻고 많으면 미혹된다."[22] 억울함을 견뎌야만 보전할 수 있고 굽힘을 이겨 내야만 곧게 펼 수 있으며 움푹 파이면 오히려 채워질 수 있고 쪼들리면 오히려 새로워질 수 있으며 적게 취하면 오히려 많이 얻게 되고 많이 얻으면 오히려 미혹된다. 『노자』에서는 특히 사물의 발전이 극에 달하면 반드시 돌아오는 현상에 주목하였다. "재앙이란 복이 의지하는 곳이고 복이란 재앙이 잠복되어 있는 곳이다. 누가 그 귀착점을 알 수 있겠는가? 변하지 않는 원칙이란 것은 없으니 올바른 것은 다시 기이한 것이 되고 선한 것은 다시 요망한 것이 된다."[23] "만물은 왕성하면 곧 쇠퇴해진다."[24]

---

20) 제2장, "天下皆知美之爲美, 斯惡矣; 皆知善之爲善, 斯不善矣. 故有無相生, 難易相成, 長短相形, 高下相傾, 音聲相和, 前後相隨."
21) 제39장, "貴以賤爲本, 高以下爲基."
22) 제22장, "曲則全, 枉則直, 窪則盈, 弊則新, 少則得, 多則惑."
23) 제58장, "禍兮, 福之所倚; 福兮, 禍之所伏. 孰知其極? 其無正, 正復爲奇, 善復爲妖."
24) 제30장, "物壯則老."

"완강한 사람은 온전히 죽지 못한다."[25] "지나치게 탐하면 반드시 크게 소모되고 많이 간직하면 반드시 크게 잃는다."[26] "사람이 태어날 때에는 부드럽고 유연하지만 죽을 때에는 딱딱하고 경직된다. 초목이 태어날 때에는 유연하지만 죽을 때에는 말라서 딱딱해진다. 그러므로 딱딱하고 경직된 것은 죽음의 무리이고 부드럽고 유연한 것은 삶의 무리이다. 이러한 까닭에 군대가 경직되면 적을 이기지 못하고 나무가 경직되면 부러진다. 강대한 것은 아래에 처하고 유약한 것은 위에 처한다."[27]

노자는 사물 발전의 극한을 인식하였고 미리 예측하여 설계함으로써 사물이 반대되는 방향으로 발전하는 것을 피면하고 미연에 방지할 것을 주장하였다. 따라서 '다투지 않고'(不爭) '부드러움을 귀하게 여기며'(貴柔) '암컷을 지키고'(守雌) '나를 낮춤에 편안해하는'(安於卑下) 원칙을 제기하였다. 그는 물(水)의 풍격을 배워야 함을 주장하였다.

가장 좋은 것은 물과 같다. 물은 만물을 잘 이롭게 하면서도 다투지 않고 보통 사람들이 싫어하는 낮은 곳에 거처하므로 도에 가깝다. 거처함에 있어서는 땅과 같은 낮은 곳에 잘 처하고 마음에 있어서는 깊은 곳에 잘 처하며 남에게 베풂에 있어서는 친애함을 잘하고 말에 있어서는 신의를 잘 지키며 정사에 있어서는 질서를 잘 도모하고 매사의 일을 처리함에 있어서는 능력을 잘 발휘하며 움직임에 있어서는 제때에 잘 거처한다. 오직 다투지 않으므로 원망 받을 것이 없다.[28]

천하의 만물 중에는 물보다 부드럽고 유연한 것은 없다. 그러나 딱딱하고 경직된 것을 공격하는 데에는 물보다 더 나은 것이 없는 까닭은 물의 성질을 바뀌게 할 수 없기 때문이다. 부드러운 것이 딱딱한 것을 이기고 유연한 것이 경직된

---

25) 제42장, "強梁者不得其死."
26) 제44장, "甚愛必大費, 多藏必厚亡."
27) 제76장, "人之生也柔弱, 其死也堅強, 萬物草木之生也柔脆, 其死也枯槁. 故堅強者死之徒, 柔弱者生之徒. 是以兵強則不勝, 木強則折. 強大處下, 柔弱處上."
28) 제8장, "上善若水. 水善利萬物而不爭, 處衆人之所惡, 故幾於道. 居善地, 心善淵, 與善仁, 言善信, 正善治, 事善能, 動善時. 夫唯不爭, 故無尤."

것을 이긴다는 사실을 천하에 모를 자가 없지만 행할 수가 없다.…… 올바른
말은 반대되는 것과 같다.29)

수컷을 알고서 암컷을 지키면 천하의 계곡물이 되고 천하의 계곡물이 되면 영원한
덕이 떠나가지 않아 갓난아이의 상태로 돌아간다. 흰 것을 알고서 검은 것을 지키면
천하의 법도가 되고 천하의 법도가 되면 영원한 덕이 어긋나지 않아 무극으로
돌아간다. 부귀영화를 알고 욕됨을 지키면 천하의 계곡이 되고 천하의 계곡이
되면 영원한 덕이 넉넉해져 순박함으로 돌아간다.30)

물은 부드럽고 유연하지만 굳고 강한 돌을 무너뜨릴 수 있고 부드러운 것이
딱딱한 것을 이길 수 있고 유연한 것이 경직된 것을 이길 수 있으며 새로 생겨난
약소한 사물이 케케묵은 강대한 사물을 싸워 이길 수 있다. 강대해지면 죽음에
가깝고 굳세고 강한 것은 좌절을 가져다 줄 수 있으며 영예는 헐뜯고 욕보임을
초래할 수 있기 때문에 부드럽고 유연하며 아래에 거하고 비굴하고 욕보임에
만족하는 것이다. 그는 "엄격함을 버리고 사치함을 버리며 교만함을 버린다"31)는
주장을 제기하였다. 노자가 말하는 '현덕玄德'과 '상덕常德'은 심원하고 영원한 본성으
로 계곡, 계곡물, 갓난아이 및 이러한 것들이 가지고 있는 초월성과 진실성과
같다. 즉 일정한 사회의 등급질서, 도덕규칙과 선악, 시비를 초월하였고 인위적인
오염에서 벗어나 인간 본연의 순수한 본성을 진정으로 회복하였는데 이것이야말로
사람이 마땅히 지켜야 할 본성 혹은 품격이다.

만사만물이 자신과 반대되는 방향으로 나아가는 불가역전성不可逆轉性으로부터
노자는 '부드러움에 거하여 암컷을 지키는'(居弱守雌) 방법을 제기함으로써 만물순환
의 필연 속에서 실패하지 않고 쇠약해지지 않는 경지에 우뚝 서고지 희었다. 이러한

---

29) 제78장, "天下莫柔弱於水, 而攻堅强者莫之能勝, 其無以易之. 弱之勝强, 柔之勝剛, 天下莫不知,
    莫能行.……正言若反."
30) 제28장, "知其雄, 守其雌, 爲天下谿. 爲天下谿, 常德不離, 復歸於嬰兒. 知其白, 守其黑, 爲天下式.
    爲天下式, 常德不忒, 復歸於無極. 知其榮, 守其辱, 爲天下谷. 爲天下谷, 常德乃足, 復歸於樸."
31) 제29장, "去甚, 去奢, 去泰."

의도로부터 볼 때 노자철학에는 적극적인 의의가 있다. 이러한 사유에 근거하면 노자는 일정한 모략으로써 적을 실패에 빠지게 하여야 함을 주장하였다. "장차 거둬들이려 한다면 반드시 먼저 베풀어 주고 장차 약하게 하고자 한다면 반드시 먼저 강하게 해 주며 장차 멸망시키고자 한다면 반드시 먼저 흥하게 해 주고 상대방의 것을 빼앗고자 한다면 반드시 먼저 상대방에게 준다. 이것을 미묘한 밝음이라고 하고 유연하고 부드러운 것은 딱딱하고 경직된 것을 이긴다."[32]

노자는 사소하고 쉬운 일부터 출발하여 사물이 발전하고 변화하는 조짐, 정도를 주의 깊게 관찰하여 큰 어려움과 재난을 초래하지 않도록 하여야 함을 주장하였다. "어려운 것은 쉬운 것으로부터 도모하고 큰 것은 미세한 것으로부터 행한다. 천하의 어려운 일은 반드시 쉬운 것으로부터 시작하고 천하의 큰일은 반드시 작은 일에서부터 시작한다. 이처럼 성인은 끝내 큼을 이루었다고 여기지 않기에 큼을 이룰 수 있었다."[33] "안정된 것은 유지하기 쉽고 조짐조차 보이지 않는 것은 도모하기 쉬우며 연약한 것은 갈라지기 쉽고 작은 것은 흐트러트리기 쉽다. 아직 생겨나기 전에 행하고 아직 어지러워지기 전에 다스려야 한다. 한 아름 크기의 나무도 터럭처럼 작은 것으로부터 생겨난 것이고 9층의 누대도 흙이 쌓여서 생겨난 것이며 천리의 길도 발아래에서부터 시작되는 것이다."[34] 아직 일이 안정적일 때 유지하기 쉽고 아직 조짐이 나타나지 않았을 때 생각을 세우기 쉬우며 아직 취약할 때 분해하기 쉽고 아직 일이 작을 때 흩어져 사라지게 하기 쉽다. 일이 아직 일어나기 전에 예방하고 일이 아직 뒤죽박죽이 되기 전에 정리하여야 한다. 한 아름 크기의 나무도 사소한 새싹으로부터 생겨났고 9층의 누대도 첫 광주리의 흙으로부터 시작되었으며 인생의 길은 발아래의 첫걸음으로부터 시작된다.

---

32) 제36장, "將欲歙之, 必固張之; 將欲弱之, 必固強之; 將欲廢之, 必固興之; 將欲奪之, 必固與之. 是謂微明, 柔弱勝剛強."

33) 제63장, "圖難於其易, 爲大於其細. 天下難事, 必作於易; 天下大事, 必作於細. 是以聖人終不爲大, 故能成其大."

34) 제64장, "其安易持, 其未兆易謀, 其脆易泮, 其微易散. 爲之於未有, 治之於未亂. 合抱之木, 生於毫末; 九層之臺, 起於累土; 千里之行, 始於足下."

5) 노자의 '도'를 종합하여 논하다

요컨대 『노자』의 '도'는 하나의 궁극적인 실재의 개념으로서 형이상의 본체이기도 하고 인생의 법칙이기도 하다. 전반적인 것이고 본질적으로 정의를 내릴 수도 없고 말할 수도 없으며 어떠한 대상으로도 한정할 수 없고 그 특성을 제한적으로 표현할 수도 없다. 따라서 '도'는 또한 '무無', '무명無名', '박朴', '일一', '대大'라고 하기도 한다. 한정되지 않고 중단됨도 없으며 무슨 사물의 원천이고 원시적인 소박한 총제이다. 하지만 '도'는 절대 하나의 추상적인 공상共相이 아니고 유행하고 변화하는 하나의 과정이다. 모든 것에 두루 미치면서도 위태로움이 없고 만물에 유행하는데 순환하고 왕복하며 끊임없이 근본과 뿌리로 되돌아가는 과정에서 형상이 있는 기물器物세계 즉 '이름이 있는'(有名) 세계를 실현해 낸다. '도'는 '유명'과 '무명', 변화와 불변함, 총체와 과정의 통일이다. 일정한 의미에서 노자의 '도'는 '유'와 '무', 허虛한 정신(神)과 실제적인(實) 실체(形)의 통합이다. '유'는 형체가 있고 유한한 것을 가리키는데 현실적이고 상대적이며 다양한 것이다. 반면에 '무'는 형체가 없고 무한한 것을 가리키는데 이상적이고 절대적이며 통일적이고 초월적이다. '유'는 '다多'이고 '무'는 '일一'이며 '유'는 실제로 존재하는 것이고 '무'는 허령한 것이며 '유'는 변하는 것이고 '무'는 변하지 않는 것이다. '도'는 부정성과 잠재성을 가지고 있기 때문에 매 하나의 긍정과 실재적인 사물을 창조하고 유지한다. 이 과정에서 잠재된 것과 현실적인 것, 부정과 긍정, 비어 있고 없는 것과 실제로 존재하는 것, 하나와 많음은 부동한 방향을 따라 발전하고 변화한다.[35] 『노자』는 우리가 잠재적인 것을 현실로, 부정적인 것을 긍정적인 것으로, 비어 없는 것을 실제로 존재하는 것으로, 하나로부터 많은 것으로의 방향의 전환을 촉진하도록 계발해 준다. 하지만 여기서 특히 주목하여야 할 것이 '서로 반대되는 것이 서로 이루어 주고'(相反相成) '사물의 발전이 극에 달하면 반드시 돌아오는'(物極必反) 리듬이

---

35) 成中英의 「中國哲學的特性」이라는 글을 참조. 『論中西哲學并神』(李翔海 等 編, 『成中英文集』 제1권, 湖北人民出版社, 2006), 제9~10쪽.

다. '도'는 음과 양, 강함과 유연함 등 두 가지 서로 상대적인 정신과 물질의 미립, 에너지, 운동추세(動勢), 사물, 원리의 상대적으로 상관되는 동적인 통합이다.

3. 수양과 경지

노자의 '도'는 또한 수양의 최고 경지이다. 이 경지에 도달하기 위하여 노자는 일부 수양의 공부 즉 방법과 경로에 대하여 제시하였다.

1) 학문을 행하는 것은 날이 갈수록 늘어나고 '도'를 행하는 것은 날이 갈수록 줄어든다

노자는 지식의 획득은 누적에 의거하여 덧셈 혹은 곱셈으로 한걸음씩 긍정하고 '도'를 체험하거나 파악하려면 뺄셈 혹은 나눗셈으로 한걸음씩 부정하여야 함을 주장하였다. 노자와 노자의 후학들이 보기에 진정한 철학의 지혜는 반드시 부정으로부터 출발하여 외재적인 사물에 대한 소유욕 및 공명, 관록에 대한 추구와 빌붙음을 한걸음씩 약화시키고 표면적인 편견, 집착, 잘못을 한 층씩 제거하여 심오한 밑층까지 침투하여야 함을 주장하였다. "학문을 행하는 것은 날이 갈수록 늘어나고 도를 행하는 것은 날이 갈수록 줄어드는데, 덜어내고 또 덜어내어서 무위에 이르게 하여야 한다. 무위에 이르게 되면 하지 않음이 없게 된다."[36] 지식, 욕구, 유위有爲를 덜어내야만 비로소 큰 '도'를 밝게 볼 수 있다. '손損'은 수양의 공부이고 하나의 과정이다. 우리는 하나의 현상을 직면할 때 그것을 표상으로 간주하여야 하고 하나의 진리를 얻으면 상대적인 진리라 간주하여야 하며 다시 한 층씩 들어가 진리의 내재적인 함의를 추적하여야 한다. 우주, 인생의 진리와 깊은 뜻은 여러

---

36) 제48장, "爲學日益, 爲道日損, 損之又損, 以至於無爲. 無爲而無不爲."

층의 편견을 벗겨낸 뒤에야 비로소 한걸음씩 볼 수 있는 것이고 마지막에 인간의 내재적인 정신생명 속에서 활연관통하게 된다. '무위에 이르게 되면 하지 않음이 없게 된다'(無爲而無不爲)는 것은 일부러 어떠한 일을 하지 않고 사물의 자연성에 의거하여 자연스럽게 하게 됨을 말한다.

곽점 간본 『노자』에서는 결코 '성聖'과 '인의仁義'를 배척하지 않았다. 갑甲조의 제1~2간에서는 다음과 같이 기록하고 있다. "지와 변을 끊으면 백성들의 이익이 백배가 될 것이고 재주와 이로움을 끊으면 도둑이 없을 것이며 거짓과 사기를 끊으면 백성들은 효도와 자애로움을 회복할 것이다. 세 가지 말로 쓰기 부족하기에 혹 덧붙이게 하는 것이 있어야 하는데 바로 바탕을 보고 통나무를 안으며 사사로운 것을 줄이고 욕심을 적게 하는 것이다."³⁷⁾ 통행본 『노자』 제19장에서는 이렇게 말하였다. "성과 지를 끊으면 백성들의 이익이 백배가 될 것이고 인과 의를 끊으면 백성들은 효도와 자애로움을 회복할 것이며 재주와 이로움을 끊으면 도둑이 없어질 것이다. 이 세 가지를 문으로 삼기에는 부족하기 때문에 덧붙이게 하는 것이 있어야 하는데 바로 바탕을 드러내고 통나무를 안으며 사사로운 것을 줄이고 욕심을 적게 하는 것이다."³⁸⁾ 백서 갑과 을 판본과 통행본은 기본적으로 서로 같다. 통행본 『노자』에서는 '성과 지를 끊고'(絶聖棄智) '인과 의를 끊는다'(絶仁棄義)고 주장하였지만 현재 발견된 최초의 죽간본 『노자』에서는 결코 '성'과 '인의'를 직접적으로 반대하지 않았고 상응하게 '지와 변을 끊고'(絶智棄辯) '거짓과 사기를 끊는다'(絶僞棄詐)고 주장하였다. 죽간본 『노자』가 추鄒나라와 제齊나라 유자들의 영향을 받은 『노자』 텍스트일 가능성이 있고 혹은 최초의 『노자』 텍스트가 유가와 도가가 갈라지기 전의 시대에 나온 것이어서 '도덕'의 주장에 '인의'를 융합할 수 있었을 수도 있다. 장자를 대표로 하는 도가철학은 유가가 '인의'를 도덕의 위에 놓고 있음을 비판하면서 노덕이

---

37) 絶智棄辯, 民利百倍; 絶巧棄利, 盜賊無有; 絶僞棄詐, 民復孝慈. 三言以爲使不足, 或令之有乎屬: 視素抱樸, 少私寡欲.

38) 絶聖棄智, 民利百倍; 絶仁棄義, 民復孝慈; 絶巧棄利, 盜賊無有. 此三者以爲文不足, 故令有所屬: 見素抱樸, 少私寡欲.

'인의'를 통섭함을 주장하였다. 장자 이후 도가의 의식은 더욱 강해졌고 『노자』 텍스트에 대해서도 '성과 지를 끊고' '인과 의를 끊는다'는 주장을 더욱 강화하였다.

사실상 노자는 결코 '성聖', '지智', '인', '의', 학문, 지식을 절대적으로 배척하지 않았고 '지知', '욕欲', '교巧', '리利', '성', '지', '인', '의'가 인간의 태어날 때부터 가지고 있는 진정한 지혜, 이해력, 덕성德性에 대한 손상과 파괴를 매우 경계하였음을 분명하게 알 수 있다. 또한 그는 작은 총명, 작은 지식, 작은 지혜, 작은 이익을 따지고 외재적인 윤리규범이 인간의 천성에 대한 양육에 영향을 주며 갓난아이와 같이 멍하니 무지한 듯 보이지만 실제로 큰 지식, 큰 지혜, 큰 총명, 큰 효자(孝慈), 큰 도덕이 있는 것을 해칠까 두려워하였다. 도가에서는 부정의 방식(실제적으로 존재하는 측면에서의 부정이 아님)으로 지식, 도덕관념, 문명제도, 예악인의, 성지교리聖智 巧利, 타인이 함께 있는 등으로부터 조성되는 문명의 소외와 개체로서의 자아의 상실을 없애고자 하였다. 노자는 유가의 '인', '의', '충', '효', '예', '지', '신' 등의 덕목을 비판하였지만 결코 모든 덕목을 제거하지는 않았다. 노자가 추구하였던 것은 진정한 도덕, 인의, 충신, 효자였다. 따라서 근본적으로 말하면 노자는 '성선性 善', '인애仁愛', '충효忠孝', '신의信義'를 주장하였던 것이다. 그는 자연적인 본성은 선한 것이고 애초의 순수함과 소박함으로 돌아가고 참된 마음과 솔직한 생각이 최대의 선임을 믿었다. 이러한 의미에서 말하면 노자 또한 사람의 본성은 본래 선함을 주장한 사람이다. 그는 인간의 본성에 매우 높은 기대를 걸고 있었다.

2) 현묘한 마음의 거울을 닦다

분주히 활동하는 만물을 실어 하나로써 포용하여 도로부터 떠나지 않게 할 수 있겠는가? 기운이 운행하여 부드러움을 극진하게 하여 어린아이와 같아질 수 있겠는가? 현묘한 마음의 거울을 닦아 먼지가 없게 할 수 있겠는가? 백성들을 사랑하고 나라를 다스리면서도 무위할 수 있겠는가? 자연계의 문이 열리고 닫히면서도 암컷이 될 수 있겠는가? 명백히 알아 사방에 통달하면서도 무지할 수 있겠는가?[39]

'대戴'는 유지한다는 의미이고 통행본에서는 '재載'로 기록하고 있는데 백서 갑과 을 판본에 근거하여 수정하였다. '영營'은 혼魂이고 정신을 가리킨다. '백魄'은 신체를 가리킨다. '전專'은 전轉이고 운행한다는 것이다. '감監'자는 통행본에서는 '람覽'으로 되어 있고 백서 갑 판본에서는 '감' 즉 옛날의 '감鑒'자로 되어 있다. '현감玄監'은 현묘한 거울이고 사람들의 마음이다. '척제현감滌除玄監'은 마음의 먼지와 때를 씻어 버린다는 것이다. '천문天門'은 사람의 머리꼭대기 부분, 즉 하늘의 기운과 서로 통하는 혈 자리를 수련함을 가리킨다. 이 문단의 함의는 형체와 정신의 통일을 유지하면 그것들이 떨어지지 않게 할 수 있는가? 혈기를 운행시켜 근골을 부드럽게 하면 어린아이와 같아질 수 있는가? 마음속의 먼지와 때(사사로운 욕구와 피차를 구분하는 작은 지혜 등)를 제거하면 마음에 흠집이 없게 할 수 있는가? 백성을 사랑하고 나라를 다스리면서 잔머리를 굴리지 않을 수 있는가? 하늘의 기운과 서로 통하고 서로 닫히는 일생에 부드러운 암컷의 지위에 달가워하면서 거할 수 있는가? 총명하고 통달하면 지식을 초월할 수 있는가? 등이다. 노자가 보기에 지식과 욕구, 이성적인 혹은 가치적인 분별은 사람들이 외재적인 사물을 쫓아 밖으로 달리는 마음(外馳之心)이 생기기 쉽고 사물과 나, 남과 자신 사이의 간격이 깊어지게 하며 자연적인 천성에 위배된다. 노자는 도덕적인 수양이 공고한 사람 예를 들어 무지하고 욕구가 없는 갓난아이는 부드럽고 평화로우며 몸과 마음이 떨어지지 않는데 이것이 바로 '도'에 부합되는 것이고 강력하고 기운이 넘쳐나며 욕망과 사려가 너무 많으면 '도'에 부합하지 않는다고 보았다.

곽점 초간 을조 3~5간에서는 이렇게 기록하고 있다. "학문을 끊으면 근심이 사라진다. 공손한 대답과 오만한 대답 사이의 차이는 얼마나 되는가? 선과 악 사이의 차이는 얼마나 되는가? 남들이 두려워하는 것을 나 또한 두려워하지 않을 수 없다."[40] 백서 을 판본 234 상행에서 236 상행(갑 판본은 이와 대체적으로 동일하다.)에서

---

39) "戴營魄抱一, 能無離乎? 專氣致柔, 能嬰兒乎? 滌除玄監, 能無疵乎? 愛民治國, 能無知乎? 天門開闔, 能爲雌乎? 明白四達, 能無知乎?" 통행본 제10장, 백서 갑, 을 판본에 근거하여 수정을 가하였다.

는 이렇게 기록되어 있다. "학문을 끊으면 근심이 사라진다. 공손한 대답과 버럭 성내는 대답 사이의 차이가 얼마나 되는가? 선이라고 하는 것과 악이라고 하는 것의 차이가 얼마나 된다는 말인가? 남들이 두려워하는 것을 나 역시 두려워하지 않을 수 없다. 넓고 넓어서 도의 경지를 다 깨달을 수 없구나! 세상 사람들은 희희낙락하는 것이 마치 큰 잔치를 벌이는 것 같고 따스한 봄날에 누각에 오르는 것 같다. 나만이 유독 담담하게 어떠한 움직일 조짐도 보이지 않는 것이 마치 웃음조차 모르는 갓난아이와 같다. 피곤에 지친 모습이 돌아갈 곳 없는 것 같구나! 사람들은 모두 여유가 있는데 나만이 홀로 버려진 것 같구나! 나는 어리석은 사람의 마음과 같구나! 흐리멍덩한 것 같은데 세속의 사람들은 밝고 나만이 홀로 멍청한 것 같고 세속의 사람들은 세밀하게 살피는데 나만이 홀로 답답한 것 같구나! 깊고 고요함이 흡사 바다와 같고 높은 데서 부는 바람처럼 빠른 것이 흡사 머무를 바가 없는 것 같구나! 사람들은 모두 쓰임이 있건만 나만이 홀로 완고하여 흡사 비천한 것 같구나! 나만이 유독 다른 사람들과 달라서 식모를 귀하게 여기고 있구나!"[41]

이상에서 인용한 것은 백서본과 통행본의 제20장인데 대체적으로 동일하다. '태뢰太牢'는 고대의 제사로 소, 양, 돼지의 세 가지 가축을 갖추는데 태뢰라 불렀다. 여기서는 성대한 연회를 가리킨다. 이 장의 요지는 여전히 학문을 초월하려면 걱정을 제거하여야 한다는 것이다. 저자가 보기에 선과 악의 분계를 포함하는 일체의 분별은 응답하는 소리 혹은 꾸짖는 소리와 별반 차이가 없는 것이었다. 여기서는 '도'를 얻은 사람의 '크게 지혜로워 어리석음과 같은'(大智若愚) 상태를

---

40) 絶學無憂. 唯與阿, 相去幾何? 美與惡, 相去何若? 人之所畏, 亦不可以不畏.

41) 제20장, "絶學無憂. 唯與呵, 其相去幾何? 美與惡, 其相去何若? 人之所畏, 亦不可以不畏人('인'자는 衍字). 恍呵其未央哉! 衆人熙熙, 若饗於太牢, 而春登臺. 我泊焉未兆, 若嬰兒未咳. 累呵似無所歸. 衆人皆有餘, (갑 판본에 근거하면 여기서 '我獨遺' 세 글자가 빠졌다.) 我愚人之心也. 蠢蠢呵, 俗人昭昭, 我獨若昏呵. 俗人察察, 我獨悶悶(갑 판본에서는 '悶悶'이라 쓰고 있다.)呵. 忽呵其若海, 恍呵若無所止. 衆人皆有以, 我獨門(門자는 衍字)頑似鄙. 吾欲獨異於人, 而貴食母."

묘사하였다. 무서워하는 마음이 일반 사람과 같은 것 외에 다른 일에서는 모두 다르다. 희, 노, 애, 락에 대하여 나는 유독 무심하고 다른 사람이 똑똑하고 일을 잘하며 분별에 능한 것에 비하면 나는 그렇게 미련하고 우매하고 굼뜬 것 같아 보였다는 것이다.

3) 허에 이르고 고요함을 지키다

곽점 갑조 제24간에서는 이렇게 기록되어 있다. "허에 이르기를 항상 한다. 중을 지키기를 독실하게 한다. 만물들은 널리 생겨났지만 이것으로써 반드시 돌아 감에 거한다. 하늘의 도는 번창하지만 각각 그 근원으로 돌아간다."[42] 통행본 16장에서는 이렇게 말하였다. "허에 이르기를 지극히 하고 고요함을 지키기를 돈독히 한다. 만물들은 널리 생겨났지만 나는 이것으로써 그 돌아감을 볼 수 있다. 만물들은 번창하지만 각각 그 근원으로 돌아간다. 근원으로 돌아감을 고요함이라고 하고 고요함을 명으로 돌아간다고 하며 명으로 돌아감을 항상됨이라고 하고 항상됨 을 아는 것을 밝음이라고 한다. 항상됨을 알지 못하면 함부로 요사한 것들을 만들어 낸다. 항상됨을 알게 되면 포용하게 되고 포용하면 공평해지고 공평하면 왕이 되고 왕이 되면 하늘과 같아지고 하늘과 같아지면 도에 이르고 도에 이르면 장구해 져 죽을 때까지 위태롭지 않게 된다."[43] 뜻인즉 '허'에 힘쓰려면 항상 철저하게 하는데 너무 많은 기존의 남이 말하는 대로 따라 말하는 지식, 규범, 이해, 기교 등등으로 두뇌를 채우지 말고 부정의 방식으로써 이러한 것들을 제거하여 자신의 두뇌를 활성하고 타고난 본성(靈性)과 민첩함을 유지하도록 하며 독립적으로 사고하 는 자신만의 공간이 있어야 한다는 것이다. '수중(守中)'은 또한 '수허(守虛)'이고 '허'에 이르는 것이다. '수정(守靜)'은 바로 한가하고 고요하며 마음이 평온한 상태를 유지하

---

42) 至虛, 恒也. 守中, 篤也. 萬物並作, 居以須復也. 天道云云, 各復其根.

43) 致虛極, 守靜篤. 萬物並作, 吾以觀復. 夫物芸芸, 各復歸其根. 歸根曰靜, 是謂復命; 復命曰常.
   知常曰明; 不知常, 妄作, 凶. 知常容, 容乃公, 公乃王, 王乃天, 天乃道, 道乃久, 沒身不殆.

고 물욕으로 생겨난 사려의 혼란을 제거하여 참으로 집중하여 평온함을 유지하는 것이다. 이 또한 수시로 외재적인 사물에 대한 추구와 이욕 쟁탈 등으로 생겨난 마음의 동요를 배척하는 것이다. '관복觀復'은 바로 만물은 모두 소박한 뿌리로 돌아가고 생명의 출발점, 고향과 옛 터전으로 돌아가려 하는 법칙을 잘 체험하여야 한다는 것이다. '관觀'은 전체적인 직관, 통찰로 몸과 마음이 하나가 되어 체험하고 관찰하고 관조하는 것이다. '복復'은 바로 뿌리로 되돌아가고 '도'로 되돌아간다는 것이다. '도'의 유행 및 '도'의 유행에 따른 '물'의 유행이라는 정해진 규칙을 체득하여야 비로소 '밝다'(明, 큰 지혜)고 할 수 있다. 반면에 정해진 '도'를 알지 못하고 경거망동하면 필연적으로 재앙이 있게 된다. '도'의 본성과 규칙을 체득하게 되면 넓고도 큰 관용하는 마음이 있어서 모든 것을 포용할 수 있게 되는데 이렇게 되어야만 비로소 도량이 넓고 공평무사하며 천하를 다스리고 하늘과 더불어 덕이 합치될 수 있다. '도'에 부합되어야만 장구할 수 있고 죽을 때까지 걱정이 없다. '허에 이르고' '고요함을 지켜' 극치에 이르는 수양공부를 통하여 사람들은 만물과 일체가 되고 융합하며 평등하게 관조하는 큰 지혜에 도달하게 되는데 바로 '도'와 하나가 되는 경지이다. 그러므로 '허에 이르고' '고요함을 지키고' '돌아감을 보는' 등은 수양공부이고 또한 인생의 경지이다.

4) 맑고 투명한 경지

노자는 풍부한 만물의 신속하게 운동하고 변화하는 개별적인 세계를 꿰뚫어 보고 인식하려면 주체가 여러 가지 형상의 속박에서 벗어나 관계를 끊고 만물의 깊은 곳을 직접 탐구하여야 함을 주장하였는데, 존재의 궁극적인 근원이 고요하여 무에 이르는 세계에 있기 때문이다. 또한 습기의 속박, 외물의 탐색, 작은 집착은 자신의 몸이 주재하는 타락, 우주와 동체同體가 되는 경지의 멸망을 초래할 수 있다. 따라서 노자는 '날카로움을 꺾어 어지러움을 풀고'(挫銳解紛) '빛을 조화롭게 하여 티끌에 동화되게 하며'(和光同塵) '계곡의 신령스러움은 죽지 않고'(谷神不死)

'그 근원으로 돌아가며'(復歸其根) '학문을 행하는 것은 날이 갈수록 늘어나고'(爲學日益) '도를 행하는 것은 날이 갈수록 줄어들며'(爲道日損) '무위에 이르게 되면 하지 않음이 없고'(無爲而無不爲) '무용에 이르면 쓰지 않음이 없음'(無用而無不用)을 주장하였다. 이러한 주장들은 사물의 쓰임이 한군데 쌓이고 집착하고 유위有爲하는 것이 몸과 마음에 대한 은폐를 논증하였고 '마음을 가다듬어 고요함으로 돌아가고'(攝心歸寂) '자신의 내부로부터 되돌아보며'(內自反觀) '밝게 빛나는 명각'(炯然明覺) '마음을 맑게 하고 허정함'(澄然虛靜)의 의미를 논증하였으며 도덕과 초월적인 경지를 향한 인생의 승화를 집중적으로 강조하였다.

노자의 도덕적인 이상과 경지, 인생의 지혜와 인격 수양론에 근거하면 그가 숭배하였던 미덕은 '바탕을 드러내고 통나무를 안고'(見素抱樸) '사사로움을 줄이고 욕심을 적게 하며'(少私寡欲) '부드러움을 귀하게 여기고 암컷을 지키고'(貴柔守雌) '자비롭고 검소하며 겸허하게 물러서고'(慈儉謙退) '만족할 줄 알고 다투지 않고'(知足不爭) '허에 이르고 고요함을 지키며'(致虛守靜) '맑고 고요하며 무위하고'(淸靜無爲) '애초의 소박함으로 돌아가는 것'(返璞歸眞)이다. 노자는 이러한 것들을 '지성至聖'과 '대인大仁'으로 간주하였다. 이는 노자의 인생에 대한 깨달음인데, 특히 춘추 말기 귀족계급의 사치한 생활에 대한 비판이고 귀족사회의 재산과 권력쟁탈에 대한 사색이며, 재산과 권력 숭배, 교만과 사치, 음란함에 대한 경고이다. 노자는 냉정한 접근을 통하여 욕심이 없고 고요한 생활의 목적을 제시하였고 잘난 체하고 부귀하며 번화하고 폭리를 취하며 폭력적이고 권세가 있으며 자극적인 욕망, 사치하고 부패하며 재부를 뽐내고 겨루며 스스로 공로가 있다고 믿고 거만하고 횡포적인 등의 부정적인 면을 보았다. 따라서 노자의 탈구축과 공자의 구축은 방법은 다르지만 효과는 같은 교묘함이 있다.

도가의 '무'의 도덕론, 도덕적인 경지 및 초월적인 경지에서의 혜식慧識은 발굴해 낼 가치가 있다. 비록 도가에서 '허무'를 근본으로 하고 '유약'을 '용'으로 하며 '유'의 측면(인문, 객관적인 현실세계)에서 뒤떨어진다 하더라도 인생의 경지에 대한 추구 면에서 도가의 존재에 대한 집착을 제거하고 초월하며 잡염雜染을 깨끗이

씻으며 가무(聲)와 여색(色), 개(犬)와 말(馬), 공명과 관록의 속박을 제거하고 인간의 본성에 따라 마음의 맑고 고요함을 기르는 측면에 대해서는 긍정하지 않으면 안 될 것이다. '허', '무', '정', '적'은 내재적인 생명의 깊이를 세련되게 하고 사물을 쫓는 누를 제거하는데 바로 도가 수양론의 중요한 하나의 측면이다. 이러한 '무우', '무욕', '무사無私', '무쟁無爭'은 생명의 본능적인 맹목적 충동을 구제하고 사람의 자연적인 본성과 외물에 대한 추구로 생겨난 정신적인 어지러움을 균형 있게 하는데 이 또한 도가 도덕철학의 기본적인 내용이다.

4. 무위의 다스림

1) 무위의 다스림

노자는 맑고(淸) 고요한(靜) '도'로써 나라를 다스려야 함을 주장하였다. "도는 언제나 행함이 없지만 하지 않음이 없고 군주가 만약 이 무위를 지킬 수 있다면 만물은 저절로 변화할 것이다."[44] '무위'는 아무것도 하지 않는 것이 아니라 제멋대로 하지 않는 것이고 제대로 하는 것이다. '무위'는 큰일을 해내기 위하여 크게 행하는 것이고 큰일을 잘 잡으면 행하지 않음이 없고 만사만물은 자체의 법칙에 의하여 발전한다. 노자의 지혜는 매우 높았는데 그는 관리자 특히 고위직 관리자는 마땅히 높이 서서 멀리 보아야 하고 천, 지, 인의 상호 관계와 장구한 발전의 '도'를 연구하여야 하며 명석한 두뇌를 유지하고 어떠한 일이라도 반드시 몸소 행하는 것이 아니라 뒤에서 전략을 세우고 사물발전의 객관적인 법칙을 존중하고 따라야 함을 주장하였다. 『노자』에서는 이렇게 제기하였다. "성인은 무위의 일에 처하고 말없는 가르침을 행한다."[45] "무위를 행하게 되면 곧 질서를 이루지 않음이

---

44) 제37장, "道常無爲而無不爲, 侯王若能守之, 萬物將自化."

없게 된다."[46] "정도로써 나라의 질서를 바로잡고 임기응변으로써 군대를 부리고 무사로써 천하를 취한다.…… 그러므로 성인은 이렇게 말하였다. '내가 무위로 다스리면 백성들은 저절로 교화되고, 내가 고요함을 좋아하면 백성들은 저절로 바르게 되며, 내가 일함이 없으면 백성들은 저절로 부유해지고, 내가 무욕하면 백성들은 저절로 순박해진다.'"[47] 일정한 정도에서 백성과 더불어 휴식하고 백성들의 생활을 안정시키고 원기를 회복하게 하는 것은 자주 명령을 내려 백성들의 생활을 방해하는 것보다 훨씬 더 백성들을 부유해지게 할 수 있고 백성들의 추대를 받을 수 있게 된다. 따라서 사회의 적극성을 불러일으켜야 하고 사회공간의 확대와 백성들이 스스로 다스림을 촉진하여야 한다. 관리자 자신이 사적인 욕망을 작게 하면 위에서 하는 것을 아래에서 그대로 본받게 되고 백성들은 자연스럽게 성실하고 소박해진다.

사실상 사회 혹은 기업의 관리자들은 많은 일에서 백성들을 방해하는데, 대부분은 이 사람들의 사사로운 욕구와 명리의 팽창 혹은 이로써 자신의 업적을 드러내고 온갖 수단을 이용하여 명예를 추구하며 높은 지위로의 승진을 추구하는 것에서 비롯한다. 하지만 이는 장원한 이익을 희생하고 자원을 낭비하는 것이고 백성과 더불어 이익을 다투고 심지어 자손들과 자원을 다투는 것이며 국가, 민족과 사업의 장구한 발전에 이롭지 않을 가능성이 매우 크다. 그러므로 『회남자』「수무」에서는 이렇게 말하였다. "이른바 무위라는 것은 사사로운 뜻이 공도로 들어가지 못하고 즐기려는 욕심이 정술을 왜곡시키지 못하며 이치를 따라 일을 거행하고 바탕을 따라 공을 세워 자연의 세력으로부터 미루어 거짓으로 꾸며진 것을 용납하지 않는 것이며 일이 이루어져도 스스로 자랑하지 않고 공로가 세워져도 명예가 있지 않는 것이다."[48] 이 해석은 『노자』에서 말하는 "백성들을 사랑하고 나라를

---

45) 제2장, "聖人處無爲之事, 行不言之敎."
46) 제3장, "爲無爲, 則無不治."
47) 제57장, "以正治國, 以奇用兵, 以無事取天下.……故聖人云: '我無爲而民自化, 我好靜而民自正, 我無事而民自富, 我無欲而民自樸.'"
48) 所謂無爲者, 私志不得入公道, 嗜欲不得枉正術, 循理而擧事, 因資而立功, 推自然之勢, 而曲故

다스림에 무위할 수 있겠는가"[49], "맑고 고요한 것이야말로 천하의 바름이 된다"[50]는 사상과 부합된다. 이상에서 관리자는 도량이 넓고 자유분방하며(大開大合) 전체 국면을 통일적으로 계획하고 형세에 따라 유리하게 이끌며 고요함으로써 움직임을 제압하고 하나로써 만 가지를 통제하며 '무위'로써 '유위'를 조절하고 사사로운 마음이 없으며 스스로 자기의 공로라고 말하지 말아야 함을 논하였다.

2) 큰 나라를 다스리는 것은 작은 생선을 요리하는 것과 같다

사람에게는 먼 근심이 없으면 반드시 가까운 근심이 있기 마련이다. 위에서는 큰 것을 쥐고 작은 것을 놓고 핵심을 파악하면 그 밖의 것은 자연스럽게 해결됨을 말하였고 여기서는 작은 것 중에서 큰 것을 보고 신중하게 일을 처리하며 여러 가지 사업을 안정적으로 추진하여야 함을 말하였다. 성공적인 관리는 필연적으로 사소한 일로부터 보아 낼 수 있는데 이는 우리가 늘 말하는 사소한 부분이 성공과 실패를 결정한다는 것이다. 우리는 모두 생선을 요리해 본 경험이 있을 것이다. 생선의 색과 향, 맛과 모양의 네 가지를 모두 갖추는 것은 매우 어려운데 특히 생선의 형태를 완벽하게 갖추는 것은 쉽지 않다. 생선을 요리할 때 최대의 금기는 끊임없이 뒤집는 것이다. 소철蘇轍(1039~1112, 당송 8대가의 한 사람, 역자 주)은 이렇게 말하였다. "작은 생선을 조리하는 것은 흐트러뜨려서는 안 되고 큰 나라를 다스리는 것은 번거로워서는 안 된다. 번거로우면 사람이 수고롭고 흐트러뜨리면 생선이 너덜너덜해진다."[51] 관리학에서는 정령政令이 많고 가혹하며 변동이 잦은 것을 가장 기피한다. 물론 개혁과 혁신을 강조하여야 하지만 날마다 변화를 추구할 수 없고 개혁은 호떡을 뒤집는 것이 아니라 기존의 제도의 장단점을 세심하게

(巧詐)不得容者, 事成而身弗伐(令耀), 功立而名弗有.

49) 제10장, "愛國治民, 能無爲乎."
50) 제45장, "淸靜爲天下正."
51) 제60장, "烹小鮮者不可擾, 治大國者不可煩; 煩則人勞, 擾則魚爛."

연구한 토대 위에 조절하여 낡은 폐단을 제거하고 혁고정신革故鼎新하는 것이다. 새로운 것을 창조하는 전제는 계승이고 계승이 없으면 새로운 것의 창조는 있을 수 없다. 역사상의 성공한 변법은 모두 신중하게 연구한 뒤에 천천히 밀고 나간 것이다. 따라서 변법을 가장 강조하였던 법가의 집대성자인 한비자는 『노자』의 이 말을 해석할 때 이렇게 말하였다. "큰 나라를 다스리면서 법을 자주 바꾸면 백성들이 고통스러워할 것이기 때문에 도를 터득한 군주는 고요함을 귀하게 여기고 법을 자주 바꾸지 않는다."[52]

큰일을 하려면 작은 일을 누적하는 것으로부터 시작하여야 한다. 『노자』에서는 이렇게 말하였다. "어려운 것은 쉬운 것으로부터 도모하고 큰 것은 미세한 것으로부터 행한다. 천하의 어려운 일은 반드시 쉬운 것으로부터 시작하고 천하의 큰일은 반드시 작은 일에서부터 시작한다. 이처럼 성인은 끝내 큼을 이루었다고 여기지 않기에 큼을 이룰 수 있었다. 가볍게 승낙하면 반드시 믿음이 적어지고 쉬운 것이 많으면 반드시 어려운 것이 많아진다. 이처럼 성인은 오히려 어렵게 여기기 때문에 끝내 어려움이 없게 된다."[53] 쉬운 것을 먼저 한 뒤에 어려운 것을 하고 작은 일에서부터 시작한다. 함부로 남을 승낙하지 않고 실행할 수 없는 약속은 백성들의 신뢰를 잃게 된다. 차라리 어려운 일을 더 많이 생각하고 쉬운 일을 어려운 일로 간주하고 처리하여야 비로소 성공을 얻을 수 있다. 『노자』에서는 또 이렇게 말하였다. "안정된 것은 유지하기 쉽고 조짐조차 보이지 않는 것은 도모하기 쉽다. 연약한 것은 갈라지기 쉽고 작은 것은 흐트러트리기 쉽다. 아직 생겨나기 전에 행하여야 하고 아직 어지러워지기 전에 다스려야 한다. 한 아름 크기의 나무도 터럭처럼 작은 것에서 생겨난 것이고 9층의 누대도 흙이 쌓여서 생겨난 것이며 천 리의 길도 발아래에서부터 시작된 것이다."[54] 여기서는 반드시 사전에 방비하고 경미할

---

52) 『韓非子』, 「解老」, "治大國數變法則民苦之, 是以有道之君貴靜, 不重變法."

53) 제63장, "圖難於其易, 爲大於其細. 天下難事, 必作於易; 天下大事, 必作於細. 是以聖人終不爲大, 故能成其大. 夫輕諾必寡信, 多易必多難. 是以聖人猶難之, 故終無難矣."

54) 제64장, "其安易持, 其未兆易謀. 其脆易泮, 其微易散. 爲之於未有, 治之於未亂. 合抱之木, 生於毫末; 九層之臺, 起於累土; 千里之行, 始於足下."

때 더 이상 커지지 못하게 방지하며 사고를 미연에 방지하고 지금부터 시작하며 사소한 것으로부터 시작하여야 함을 말하였다.

3) '도'는 자연을 본받고 항상됨을 아는 것을 밝음이라 한다

앞에서 살펴보았듯이 제25장에서는 '도', '천', '지', '인'이 우주 사이에서 가장 중요한 네 가지 존재이고 사람은 그 중의 하나임을 말하였다. 사람은 땅을 본받고 땅은 하늘을 본받으며 하늘은 '도'를 본받는다. '도'는 자연스러운 것 즉 자신의 최초의 그 모습, 그러한 상태를 법칙으로 한다. 도가 마음속의 성인은 점유하려는 욕망이 없다. "만물이 저절로 그러함을 돕는다면 감히 할 수 없을 것이다."[55]

노자는 관리자의 마음가짐, 수양은 관리의 '도'를 파악할 수 있는지의 여부와 밀접하게 연관되어 있다고 보았다. "허에 이르기를 지극히 하고 고요함을 돈독하게 한다."[56] 허와 실, 움직임과 고요함은 서로 대립되고 서로 관련된다. 우리는 하루 종일 지나치게 많은 실무와 교제로 바빠서 지칠 대로 지치는데 작은 시간이라도 틈을 내서 책을 읽고 반성하고 좌선함으로써 적당하게 '가운데를 지키는 것'(守中) 바로 '허를 지키고'(守虛) '허에 이르고'(致虛) '고요함을 지키는 것'(守靜) 즉 한가하고 고요하며 마음이 평온하고 태도가 온화한 상태를 유지하고 물욕으로부터 생겨난 사유의 혼란을 제거하며 참으로 열심히 평온함을 유지하는 것이다. 이 또한 외재적인 사물에 대한 추구, 이욕의 다툼 등으로 생겨난 마음의 파동을 배척하려는 것이다. '관복觀復'은 바로 모든 만물의 소박한 뿌리로 돌아가고 생명의 시작점, 고향, 옛 터전으로 돌아가려는 법칙을 잘 체험하여야 한다는 것이다. '관觀'은 바로 전반적인 직관, 통찰이고 몸과 마음을 하나로 합쳐 체험하고 관찰하며 관조한다는 것이다. '복復'은 바로 뿌리, '도'로 돌아간다는 것이다. 항상된 '도'를 파악하여야만 비로소 진정으로 총명한 것이고 큰 지혜이다. 그렇지 않으면 함부로 제멋대로 행동하게

---

55) 제64장, "輔萬物之自然而不敢爲."
56) 제16장, "致虛極, 守靜篤."

되는데 결과는 매우 엉망일 것이다. 항상된 '도'를 이해하고 파악하여야만 비로소 포용하는 마음이 있게 되고 하늘과 같이 공평무사한 그러한 정의와 관용을 베풀 수 있으며 사람들의 마음을 응집시킬 수 있는데 이것이 바로 천하는 백성의 것이고 (天下爲公) 하늘과 땅처럼 영원히 변하지 않으며(天長地久) 장기적으로 나라가 태평하고 백성들의 생활이 안정되는(長治久安) '도'이다. 만약 이러한 것들을 해낼 수 있다면 평생토록 걱정이 없게 된다.

4) 가장 좋은 것은 물과 같다

노자는 '허무'를 '용'으로 간주하였을 뿐만 아니라 또한 반대방향(反向)을 '용'으로 삼았다. '도'의 변화와 쓰임에는 일정한 법칙이 있다. 대개 자연, 사회, 인생, 여러 가지 사물현상들은 서로 반대되는 방향으로 운행하지 않는 것이 없다. 부드럽고 약한 것은 늘 힘차고 강한 것을 향하고 생명은 점차적으로 죽음을 향한다. 노자는 사물이 서로 의존하고 이쪽이 내려가면 저쪽이 올라가는 상황을 보았다. 노자는 사물발전의 극한을 인식하였고 미리 예측하고 설계함으로써 사물이 반대방향으로 발전하는 피면하고 미연에 방지하여야 함을 주장하였다. 따라서 '부드러움을 귀하게 여기고'(貴柔) '암컷을 지키는'(守雌) 원칙을 제기하였다. "가장 좋은 것은 물과 같다. 물은 만물을 잘 이롭게 하면서도 다투지 않는다."[57]

노자, 도가는 부정의 방식으로 겉면의 편견, 집착, 잘못을 한 층씩 제거하였고 심오한 깊은 층을 관통하였다. '도'를 체득하려면 뺄셈을 이용하여 우리의 머릿속에 가득 차 있는 조목조목으로 이루어진 틀 즉 비슷한 것 같지만 실제는 그렇지 않은 지식체계와 남들이 말하는 대로 따라 말하고 습관이 되어 예사로 넘기는 물건에 대한 집착, 일부 관념과 통속적인 견해의 속박을 줄어들게 하여야 한다. 작은 총명, 작은 지식, 작은 지혜, 작은 이익의 다툼 및 일부 오래된 관점, 선입견,

---

57) 제8장, "上善若水. 水善利萬物而不爭."

규범은 사람들의 천성인 양육에 영향을 주었고 어린아이와 같은, 보기에는 어리석고 무지하지만 실제로는 큰 지식, 큰 지혜, 큰 총명, 큰 효자孝慈, 큰 도덕을 가지고 있는 것을 손상하였다. '무위'는 함부로 행하지 않는 것이고 사물의 본성에 근거하여 행하는 것이기 때문에 하지 않음이 없는 것이다. 노자의 지혜는 '허虛', '무無', '정靜', '적寂'을 긍정하고 내재적인 생명의 깊이에 함축시킴으로써 사물을 쫓는 번거로움을 제거하였다. "욕심내는 것보다 더 큰 죄가 없고 만족함을 알지 못하는 것보다 더 큰 화가 없다."[58] 관리자는 마땅히 몸과 마음을 수양하고 '바탕을 드러내고 통나무를 안고'(見素抱樸) '사사로움을 줄이고 욕심을 적게 하며'(少私寡欲) '부드러움을 귀하게 여기고 암컷을 지키고'(貴柔守雌) '자비롭고 검소하며 겸허하게 물러서고'(慈儉謙退) '만족할 줄 알고 다투지 않고'(知足不爭) '허에 이르고 고요함을 지키며'(致虛守靜) '맑고 고요하며 무위하고'(淸靜無爲) '애초의 소박함으로 돌아가기'(返璞歸眞) 위하여 힘써 노력하여야 한다.

요컨대 '무위하지만 하지 않음이 없다'(無爲而無不爲)는 바로 사물의 자연성에 의거하여 순리를 따라 일을 하는 것이다. 이는 적게 간섭하고 되는 대로 지휘하지 않으며 무턱대고 하지 않고 맹목성을 줄이며 잘난 체하고 독선적이지 않는 것이다. 천지만물의 '도'는 부정성과 잠재성을 가지고 있기 때문에 매 하나의 긍정과 실재적인 사물을 창조하고 유지하였다. 이 과정에서 잠재적인 것과 현실적인 것, 부정과 긍정, 비어서 없는 것과 실제로 존재하는 것, 일一과 다多는 부동한 방향을 따라 발전하고 변화한다.

'도'의 전개는 현실로 향하고 또한 현실로 돌아온다. 이는 잠재적인 것으로부터 현실로, 부정으로부터 긍정으로, 비어서 없는 것으로부터 실제로 존재하는 것으로, 하나로부터 많은 것으로 방향을 전환하도록 계발해 준다. 하지만 여기서 특히 주의하여야 할 것이 '서로 반대되는 것이 서로 이루어 주고'(相反相成) '사물의 발전이 극에 달하면 반드시 돌아오는'(物極必反) 리듬이다. '도'는 음과 양, 강하고 부드러움

---

58) 제46장, "禍莫大於不知足, 咎莫大於欲得."

등의 두 가지 서로 상대되는 정신과 물질의 미립, 에너지, 움직이는 추세(動勢), 사물, 원리가 서로 대립되고 서로 연관되는 동적인 통합이다. 도가의 '도'는 영묘하고 어둡지 않고(虛靈) '쓰임이 없는'(無用) '큰 쓰임'(大用)이다. "있음으로써 이로움을 삼을 수 있었던 것은 없음을 쓰임으로 삼았기 때문이다."[59] '실제로 존재하는 것'(實有)의 쓰임(用)은 제한적인 쓰임이고 '비어서 없는 것'(虛無)의 쓰임(用)은 무한한 쓰임이다. 도가는 우리가 현실을 초월하고 끝이 없음(無窮)을 투철하게 깨달을 것을 계발하였다. 도가의 '무위에 이르게 되면 하지 않음이 없고'(無爲而無不爲) '무용에 이르면 쓰지 않음이 없는'(無用而無不用) 방법론은 또한 관리학에서의 소프트웨어와 소프트파워를 중시하였다.

5. 생태지혜

노자의 생태관념과 환경윤리사상에 관하여 다음과 같은 몇 가지 측면은 매우 중요하다고 생각된다.

1) '도'는 자연을 본받고 하늘과 땅은 일체이다

노자는 우주의 전체관념과 생명관념을 강조하였다. 앞에서 서술하였듯이 '도'는 초월적이고 절대적이지만 또한 우주만물이 생성되는 원리이고 실현되는 원리이다.

> 도가 크고 하늘이 크고 땅이 크고 왕 역시 큰 것이다. 세상에는 네 개의 큰 것이
> 있는데 왕은 그 중의 하나이다. 사람은 땅을 본받고 땅은 하늘을 본받으며 하늘은
> 도를 본받고 도는 자연을 본받는다.[60]

---

59) 제11장, "有之以爲利, 無之以爲用."
60) 제25장, "道大, 天大, 地大, 王亦大. 域中有四大, 而王居其一焉. 人法地, 地法天, 天法道, 道法

도는 언제나 행함이 없지만 하지 않음이 없고 군주가 만약 이 무위를 지킬 수 있다면 만물은 저절로 변화할 것이다.[61]

도는 하나를 낳고 하나는 둘을 낳고 둘은 셋을 낳으며 셋은 만물을 낳는다.[62]

이러한 까닭에 성인은…… 만물이 저절로 그러함을 돕는다면 감히 할 수 없을 것이다.[63]

노자가 보기에 천지만물과 사람은 모두 '도'의 생명적인 전개이고 또한 '도'와 동체이다. 자연의 '무위'의 근본이고 '무위'는 자연의 지엽적인 것이다. 자연은 인류생명의 원천이고 생존발전의 근거이다. 사람은 다만 천지만물 중의 한 가지 종류일 뿐이다. 사람과 천지만물의 생명은 하나의 유동하는 총체이다. 사람의 목적과 자연의 목적은 서로 대립되는 것이 아니다. 사람은 자연을 배우고 또한 궁극적으로 자연으로 돌아감으로써 최초의 '도'로 돌아간다. 즉 인간의 원래 참된(本眞) 상태로 돌아가는 것이지 '도'와 자연의 밖에 그리고 위에 고립되어 자연을 정복하고 점유하며 약탈하고 착취하는 것이 아니다. 천지는 인류생존의 총체적인 환경으로서 일반적인 우주론을 초월하는 함의가 있다. '도'의 작용 하에 사람과 자연의 내재적인 연관은 신성함을 가지게 되었고 그 배후에는 '현묘하고 또 현묘한'(玄之又玄) 형이상의 초월적인 측면과 '그 빛을 조화롭게 하고'(和其光) '티끌들을 같게 하는'(同其塵) 생명지혜가 있다.

성중영成中英은 이렇게 제기하였다. "중국철학에서는 대부분 자연은 일종의 끊임없이 활동하는 과정에 있고 각 부분은 일종의 생기가 있는 총체형식을 이루며 피차는 서로 동적으로 관련되어 있다고 여긴다.…… 중국철학의 이러한 자연주의적

---

(61) 제37장, "道常無爲而無不爲, 侯王若能守之, 萬物將自化."
(62) 제42장, "道生一, 一生二, 二生三, 三生萬物."
(63) 제64장, "是以聖人……以輔萬物之自然而不敢爲."

생기의 특성으로 자연과 실재를 이해할 때 늘 생명이라는 단어를 사용하였다.……
비록 많은 철학자들이 주체와 객체, 물체와 정신 사이에 분별이 있음을 허락하였지
만 중국의 철학자들은 그 사이의 관계는 일종의 자연적인 상호 작용의 관계이고
서로 의거하고 보충하는 관계이며 서로 의거하고 보충하며 자연적으로 서로 작용하
는 과정에서 생명과 이해를 완성하고 보존하였다고 주장하였다."[64] 인류는 이러한
생기의 흐름 밖에 존재할 수 없고 바로 그 속에서 생존하는 것이다. 따라서 노자의
지혜를 위반한 근대 서양의 과학기술문명이 형성한 인류중심주의는 아주 터무니없
는 것이고 인류와 중국에 가져다준 재난은 날이 갈수록 드러나게 될 것이다. 노자의
사상은 인류중심주의를 반대한다.

2) '도'와 '덕'은 존귀하고 통나무가 흩어져 그릇이 된다

노자는 각 사물 자체의 가치를 강조하였다. '도'의 시각으로부터 보면 각 사물은
모두 '도' 안에 포함되어 있고 '도'가 드러난 것이며 각 사물의 가치는 '도'의 운행을
따라 분명하게 드러난다. 이러한 시각으로부터 만물 자체에 내재된 가치와 존재의
의의를 긍정할 수 있다.

> 도는 낳고 덕은 기르며 물은 드러내고 세는 이루게 한다. 이러한 까닭에 만물이
> 도를 존중하고 덕을 귀하게 여기지 않음이 없다. 도와 덕은 존귀하지만 만물에
> 대하여 명령함이 없이 항상 저절로 그러하도록 내버려 둔다. 따라서 도는 생겨나게
> 하고 덕은 기른다. 잘 자라도록 하고 길러 주며 안정되게 하고 도탑게 하며 양육하고
> 감싸 준다. 생겨나게 하면서도 소유하지 않고 행하면서도 의존하지 않으며 기르게

---

64) 成中英, 「中國哲學的四個特性」, 『成中英文集』 제1권(湖北人民出版社, 2006), 제18~19쪽, "中
國哲學大部分認爲自然是一種不斷活動的歷程, 各部分成爲一種有生機的整體形式, 彼此動態地關聯
在一起……由於中國哲學自然主義的此種生機性質, 因而在了解自然和實在一事上, 就常常應用到
生命一詞……雖然有許多哲學家允許在主體和客體, 物體和精神之間有一分辨, 中國哲學家卻認爲
其中的關系是一種自然的相應, 互爲依藉和補充, 在互爲依藉和補充以及自然的相應中, 就成就和保
存了生命與理解."

하면서도 관여하지 않는다. 이것을 현덕이라고 한다.[65]

도는 언제나 이름이 없다. 통나무는 비록 작지만 천지도 신하로 삼을 수 없다. 왕이 만일 그것을 지킬 수만 있다면 만물은 장차 스스로 손님처럼 찾아들 것이다. 천지가 서로 화합하여 단 이슬을 내리듯이 백성들은 어떠한 명령 없이도 저절로 균등해진다. 처음이 흩어져 이름이 있게 되었다. 이름이 또한 이미 있게 되면 장차 그쳐야 함을 알아야 한다. 그쳐야 함을 알아야 위태롭지 않다. 비유하건대 도가 천하에 있음은 마치 작은 계곡이 강과 바다와 함께하는 것과 같다.[66]

'덕德'은 얻음(得)이다. '도'는 곧 '통나무'(朴)이고 통나무가 흩어지면 구체적인 존재인 그릇이 된다. 만물은 모두 '도'에 의하여 생겨난 것이고 '덕'이 기른 것이다. '덕'은 곧 내재적인 덕성이고 만물의 본성이라고도 한다. 이러한 의미에서 만물 중의 여러 사물은 사람에 의하여 쓰이는 사용가치만 있는 것이 아니라 자체의 가치도 있는데 인류 중의 여러 사람과 마찬가지로 도구일 뿐만 아니라 목적이기도 하다. 위에서 인용한 제32장의 '자균自均'은 평균이라는 의미가 있는데 앞에서 인용하였던 제37장의 '저절로 변화함'(自化) 및 미처 인용하지 못한 제57장의 '저절로 교화되고'(自化), '저절로 바르게 되고'(自正), '저절로 부유해지고'(自富), '저절로 순박 해짐'(自朴)은 모두 깊은 의미가 있다. 노자의 '무위의 다스림'(無爲之治)은 사회의 인간사(人事)를 다스리는 '스스로 다스려지는'(自治) 지혜일 뿐만 아니라 천지만물의 조화로운 '도'이고 각 사물들이 공생하는 차별적인 통일의 '조화를 추구하지만 뇌동하지는 않는'(和而不同) 의미가 포함되어 있다. 세상만물의 스스로의 본성과 가치를 긍정하는데 이는 오늘날 환경윤리의 중요한 내용이다.

---

65) 제51장, "道生之, 德畜之, 物形之, 勢成之. 是以萬物莫不尊道而貴德. 道之尊, 德之貴, 夫莫之命常自然. 故道生之, 德畜之; 長之育之, 亭之毒之, 養之覆之. 生而不有, 爲而不恃, 長而不宰, 是謂玄德."

66) 제32장, "道常無名. 樸雖小, 天下莫能臣也. 侯王若能守之, 萬物將自賓. 天地相合, 以降甘露, 民莫之令而自均. 始制有名. 名亦既有, 夫亦將知止, 知止所以不殆. 譬道之在天下, 猶川谷之與江海."

3) 나에게는 세 가지 보배가 있으니 만족함을 알고 욕심을 적게 한다

노자는 인간의 자아에 대한 반성과 구속을 강조하였다. 인류 욕망의 팽창은 세상만물의 생존에 지극히 큰 피해를 조성하였다. 노자는 '자비'(慈), '검소함'(儉), '감히 천하에 앞서지 않음'(不敢爲天下先)을 제창하였는데 이는 인간의 도덕일 뿐만 아니라 또한 생태학적인 의미를 가지고 있다.

나에게는 세 가지 보배가 있으니 그것을 잘 지켜 보존하고 있다. 첫째는 자비이고 둘째는 검소함이며 셋째는 감히 천하에 앞서지 않음이다. 자비롭기 때문에 용감할 수 있고 검소하기 때문에 널리 베풀 수 있으며 감히 천하에 앞서지 않기 때문에 백성들의 우두머리가 될 수 있었다.[67]

다섯 가지 빛깔은 사람의 눈을 멀게 하고, 다섯 가지 음은 사람의 귀를 먹게 하며, 다섯 가지 맛은 사람의 입맛을 상하게 한다. 말 타고 달리며 사냥하면 사람의 마음을 미치게 만들고 얻기 어려운 귀한 재물은 사람의 행동을 삐뚤어지게 만든다. 이처럼 성인은 배를 위할 뿐 눈을 위하지 않기 때문에 저것을 버리고 이것을 취한다.[68]

명예와 자신 중에서 어느 것이 나에게 더욱 가깝고 자신과 재화 중에서 어느 것이 나에게 더욱 소중하고 얻음과 잃음 중에서 어느 것이 나에게 더욱 해로운가? 지나치게 탐하면 반드시 크게 소모되고 많이 간직하면 반드시 크게 잃는다. 그러므로 만족함을 알면 욕됨이 없고 그칠 줄 알면 위태롭지 않아서 마침내 장구해질 수 있다.[69]

---

67) 제67장, "我有三寶, 持而保之: 一曰慈, 二曰儉, 三曰不敢爲天下先. 慈, 故能勇; 儉, 故能廣; 不敢爲天下先, 故能成器長."
68) 제12장, "五色令人目盲, 五音令人耳聾, 五味令人口爽, 馳騁田獵令人心發狂, 難得之貨令人行妨. 是以聖人爲腹不爲目. 故去彼取此."
69) 제44장, "名與身孰親? 身與貨孰多? 得與亡孰病? 是故甚愛必大費, 多藏必厚亡. 知足不辱, 知止不殆, 可以長久."

'구久'는 시간적인 연속을 가리킨다. 사람의 몸의 생명적인 장구함으로부터 사람이 사회생활에서의 장구함 및 만물과 공생하는 장구함의 '도'로 보면 개체, 그룹과 인류는 모두 스스로 반성하고 삼가야 하며 가무(聲)와 여색(色), 개(犬)와 말(馬) 등 물욕에 대한 추구 속에 빠져서는 안 된다. 동시에 노자는 지식과 지성의 팽창을 경계하고 비판하였다. 인류는 지식과 지성을 뽐내고 사치가 극도에 달하여 생태적인 균형을 파괴하였다. 오늘날 사물의 종류가 급격하게 감소하고 물과 토지 자원의 지나친 개발과 오염, 대기오염은 인류 및 후손의 생존에 심각한 부정적인 영향을 끼치고 있는데 보기만 해도 끔찍하다. 노자의 지혜는 인간의 본성에 대하여 반성하는 지혜이다. 이 점 또한 오늘날의 환경윤리에서 특히 강조하는 것이다.

4) 천하로써 천하를 보다

노자의 지혜는 개방적이고 사심이 없다. 그는 천지만물에 대하여 전반적으로 보호하고 관심하였기 때문에 "하늘의 도는 친애함이 없고 항상 선량한 사람과 함께한다"[70]고 하였다. 노자의 생명체험은 바로 우주에 대한 '관법觀法'이다.

> 도로써 몸을 닦으면 그 덕은 바르게 되고, 도로써 집안을 닦으면 그 덕은 여유롭게
> 되며, 도로써 마음을 닦으면 그 덕은 오래갈 수 있고, 도로써 한 나라를 닦으면
> 그 덕은 풍요로워지며, 도로써 온 천하를 닦으면 그 덕은 널리 퍼진다. 따라서
> 몸으로써 몸을 보고, 집안으로써 집안을 보며, 마을로써 마을을 보고, 국가로써
> 국가를 보며, 천하로써 천하를 보아야 한다. 내가 무엇으로써 천하가 그러한지에
> 대해 아는가? 이것으로써 안다.[71]

---

70) 제79장, "天道無親, 常與善人."
71) 제54장, "修之於身, 其德乃眞; 修之於家, 其德乃餘; 修之於鄉, 其德乃長; 修之於國, 其德乃豐;
　　修之於天下, 其德乃普. 故以身觀身, 以家觀家, 以鄉觀鄉, 以國觀國, 以天下觀天下. 吾何以知天
　　下然哉? 以此."

노자는 주체성을 초월하였고 각 사물의 생명과 인간의 생명이 공존하고 공생함을 긍정하였다. 특히 인간이 덕을 닦아야 함을 희망하였는데 덕을 닦아야만 비로소 몸과 집안, 마을과 국가, 천하를 조화롭게 할 수 있다는 것이다. 사람은 반드시 평상심不常心과 평등심不等心이 있어야 하고 자신의 마음으로써 남의 마음을 헤아리고 자신의 기준으로 남을 판단하며 자기 자신을 어떻게 대하는가로부터 남을 이해하고 바라보고 대한다. 이렇게 유추하면 자신의 집안, 마을, 국가, 천하를 어떻게 바라보고 대하는지로부터 출발하여 남의 집안, 마을, 국가, 천하를 이해하고 바라보고 대한다. 이는 유가의 '자신으로부터 미루어 남에게 미치는'(推己及人) '서도恕道'와 서로 통한다. 이는 중국식의 이성의 소통이고 지혜의 소통이다. 이로부터 자아를 벗어나 타자를 향하고 궁극적으로 '도'를 향하게 된다. 이는 바로 노자가 오늘날의 생태학과 환경윤리에 제공한 중요한 지혜이다.

엽해연葉海煙은 이렇게 말하였다. "노자가 결코 환경주의자가 아니었기 때문에 오늘날 환경주의자들의 일부 논의 속에 개입될 필요가 없지만 우리는 여전히 사유의 초점을 노자가 강조하였던 '도가 모든 것에 들어 있는' 대화大化의 논의에 집중시킬 수 있다. 이 밖에 그가 선양하였던 사물의 내재성, 독립성, 평등성과 일체성은 '인류중심주의'를 초월하는 여러 가지 사고에 활용되어 선택될 수 있는데 이는 현대 환경윤리관의 시야를 넓혀 줌에 있어서 적극적인 의의가 있다."[72]

다시 말하면 노자의 생명지혜, 노자의 '도'에 관한 주장은 생태학과 환경윤리를 크게 초월하였고 노자의 넓고 심오한 '도'의 지혜, 사람과 천지가 하나로 합쳐지고 '도'가 자연을 본받으며 천하로써 천하를 보는 사상 등이 최고의 지혜임은 두말할 것 없으며 현대인들의 자신과 타인, 사물, 우주에 대한 반성을 위하여 통속적인 이원 대립의 구도를 초월하는 새로운 시각과 방법을 제공하였다.

---

72) 葉海煙, 「老子的環境倫理觀」, 『老莊哲學新論』(臺北文津出版社, 1999), 제72~73쪽, "由於老子並不是一環境主義者, 因此他似乎仍不必涉入今日環境主義者的某些議論之中, 而我們仍大可將思考焦點擺在老子所強調的道在一切的大化之論. 此外, 對他所宣揚的物之內在性, 獨立性, 平等性與一體性, 則可運用超越人類中心主義的種種思考予以抉取, 這對擴大當代環境倫理觀的視野當有正面的意義."

5) 자연과 인문

노자의 사상적 지혜는 중국과 세계에 심원한 영향을 주었다. 노자는 도가와 도교의 일대 종사였을 뿐만 아니라 인류 최고의 철학가였다. 노자의 사상은 오늘날의 중국과 세계에서 현대적인 고질병을 치료하고 인간과 자연, 인간과 사회, 인간과 인간, 몸과 마음의 이질화를 다스림에 있어서 특히 가치가 있고 의미가 있다.

오랜 시간 유가와 도가는 중국문화의 주축을 이루었다. 유가를 인문주의적이라고 말하는 것은 유가가 사회의 윤리질서와 도덕문명의 구축을 중시하였음을 가리키는 것이다. 유가는 전통문화, 전장제도에 대하여 잘 계승하였을 뿐만 아니라 시기에 따라 새롭게 바뀌고 인혁손익因革損益하면서 사회의 인심을 응집시켰고 공적을 적극적으로 추진하였다. 유가에서 주장하고 실행한 윤리의 교화는 대체적으로 백성들의 요구 특히는 사회의 질서화와 조화, 빈부 격차의 감소, 인심을 바르게 하고 풍속을 순박하게 하는 요구와 서로 적합하였다.

도가가 자연주의적이라고 말하는 것은 도가에서 자연스러운 상태로 돌아감을 말하고 인위적인 것과 사회의 윤리를 해체하였기 때문이다. 일반적으로 말하면 "소위 말하는 '자연'은 인간과 서로 대립되는 자연계가 아니고 기계론적인 필연성 혹은 인과율 같은 것은 더더욱 아니며 단지 자연스러운 것이고 어떠한 목적 혹은 의지의 의미도 들어 있지 않다."[73] '도'는 만물을 낳게 하고 '덕'은 만물을 번식하게 한다. 만물이 생겨나고 발전하고 성숙하고 결실을 맺게 하는데 만물에 대하여 기르고 보호한다. '도'가 만물을 통솔하고 관리하지만 만물에 대하여 강제적으로 통제하거나 간섭하지 않는다. 사회의 윤리생활, 문명제도는 자연적인 원리에 근거하여 생겨난 것으로 해로운 점이 결코 없는데 두려운 것은 인위적인 작용의 강화혹은 여러 가지 구분에 집착하여 고정되고 경직됨으로써 자연적인 '도'를 파괴할

---

73) 蒙培元, 「儒, 佛, 道의 境界說及其異同」, 張廣保·楊浩, 『儒釋道三敎關係研究論文選粹』(華夏出版社, 2016), 제87쪽, "這所謂自然不是與人相對的自然界, 更不是機械論的必然性或因果律之類, 它只是自然而然, 沒有任何的目的或意志之義."

수 있다는 점이다. 유가에서는 인문을 구축하지만 도가에서는 인문을 해체한다. 유가는 인간의 윤리 속에 있는 동시에 천, 지, 인, 물, 아의 상호 관계 속에서 생명을 안정시키지만, 도가는 자연으로 돌아가고 더욱이는 천지자연 속에서 생명을 안정시킨다. 전통사회의 지식인들은 거의 모두 유가와 도가를 두루 종합하였는데, 뜻을 이룬 것이 유가이고 뜻을 이루지 못한 것이 도가이다. 유가와 도가 사상을 제외하고 불교가 있는데, 모두 지식인들의 정신적인 양식 혹은 정신적인 안식처였다.

자연의 '도'를 알면 반드시 하늘을 알고 인류의 '도'를 알면 반드시 사람을 알며 '천인합일'은 유가와 도가의 공통된 신념이다. 이 신념은 인간과 초자연적인 신령神靈이 서로 관통되고 자연의 만물과 동체이며 서로 융합함을 가리킨다. 유가의 인문은 자연을 존중하고 도가의 자연은 인문을 포용한다.

유가의 인문주의는 자연과 종교를 반대하지 않고 자연과 종교를 포함하며 유가의 인문주의는 과두寡頭 인문주의가 아니다. 유가는 하늘과 천도, 천명에 대하여 숭배하고 경외하며 유학은 일정한 종교성과 초월성을 가지고 있다. 유가의 '예'는 하늘과 상제의 지극히 높은 신령, 천지와 산천의 자연적인 신령과 조상 신령에 대한 '예'로써의 존경과 '예'로써의 숭배를 포함하는데 이 또한 사람과 인문을 존중하는 근원이다. 유가에는 궁극적인 관심과 신념이 있고 이로써 안신입명安身立命한다.

유가의 제사에서 가장 중시하는 것이 하늘과 땅에 대한 제사이다. 유가는 산천, 못, 동물, 식물을 존중하였다. 이러한 존중과 경외는 산과 숲, 내와 못에 대한 제사를 통하여 표현되었다. 유가의 '덕으로써 물건을 취하는'(以德取物) 관점 즉 취하여 씀에 있어서 사랑이 있고 질서가 있으며 분사가 있고 절도가 있는 생태윤리사상은 식물, 동물 내지는 전반적인 지연계의 '생존하고 빌진하는 권리를 인정한 것이다. 이상으로부터 유가에서 인류 중심의 과두寡頭 인문주의를 비판하였고 종교적인 정신이 지극히 풍부하며 유가의 인문은 자연과 종교를 포함하고 있음을 알 수 있다. 유가의 인문주의는 강한 종교성과 자연적인 경향을 가지고 있고 자연을 존중하고 자연과 화합한다.

도가는 자연적인 지혜로써 인문을 비판하고 반성하며 인문을 초월함으로써 인문적인 가치를 풍부하게 하고 인문적인 발전이 더욱 건강해지게 하였다. 일정한 의미에서 차라리 도가에서 진정한 인간의 본성과 진정한 인문을 추구하였다고 말하는 편이 낫다.[74] 노자의 '자연'에 대한 이해에 관하여 유소감劉笑敢은 '인문자연' 의 개념을 제기하였는데 이 '자연'은 천지의 자연, 물리적인 자연, 생물적인 자연, 야만적인 상태, 원시사회도 아니고 반문화, 반문명적인 개념도 아니다. "노자의 자연이 표현한 것은 인류공동체 내외의 생존상태에 대한 이상과 추구이고 자연의 조화, 자연의 질서에 대한 동경이다. 이러한 가치방향은 인류문명의 여러 가지 가치체계에서 매우 독특한 것이고 중시하고 발굴해 낼 필요가 있는 부분이며 더욱이 현대사회의 여러 가지 모순과 충돌에 대하여 말하면 시대적인 병폐를 정확하게 지적한 해독제일 가능성이 크다."[75]

도교에서는 생명을 중시하고 양생養生을 중시하는데 '형形'(물질생명)과 '신神'(정신 생명)의 두 가지 측면 모두 매우 중시하였고 일련의 '내단內丹'과 '연양煉養'의 방법과 건강하고 장수하는 이치 및 도가의 의학이론과 실천을 발전시켰다. 도교에서는 인문을 기초로 하는 사람 자체를 중시하였다. 도교의 이론에는 풍부한 인문사상이 포함되어 있다. 당唐 말 오대五代의 두광정杜光庭은 도교 이론의 집대성자인데, 그의 중현重玄학설에서 체와 용, 도와 덕, 무와 유, 본本과 적迹, 근根과 말末의 변증관계에 관한 논의는 매우 풍부하고 본질과 현상, 본체와 효과 양자가 서로 보충하고 서로 이루어 주며 두 가지를 함께 사용함을 중시하였다. 이는 인문적인 변화와 주체적인 능동성에 대한 긍정 및 인문세계의 현실적인 원리를 포함한 것이다. 두광정의

---

74) 陳鼓應은 여러 가지 측면에서 노자, 도가의 인문적인 세계, 사회적 관심을 논의하였고 도가의 인문정신을 긍정하였다. 자세한 내용은 陳鼓應, 『道家的人文精神』(中華書局, 2015) 을 참조.

75) 劉笑敢, 『老子古今: 五種對勘與析評引論』上卷(中國社會科學出版社, 2006), 제49쪽, "老子之 自然表達的是對人類群體內外生存狀態的理想和追求, 是對自然的和諧, 自然的秩序的向往. 這種 價値取向在人類文明的各種價値體系中是相當獨特的, 是値得我們重視和開掘的, 對現代社會的各 種衝突來說更有可能是切中時弊的解毒劑."

'이신理身'과 '이국理國'에 관한 논의도 매우 특색이 있다. "그의 '이국론理國論'은 백성들의 본성에 맡겨야 함을 주장하는 것으로부터 겸정謙靜을 거쳐 순박함으로 돌아가는데 매 하나의 단계에 모두 주관적인 목적성이 침투되어 있다.…… 제왕이 나라를 다스림을 통하여 도교의 '태평에 이르는'(致太平) 사회정치사상을 실현한다. 그의 '이신론理身論'은 개인적인 수양과 도덕적인 교화의 내용을 하나로 뒤섞고 선을 위하여 악을 경계하고 공덕을 쌓을 것을 강력하게 주장하였다. 따라서 여기서 그는 결코 인위적인 노력을 덮어놓고 반대하지 않았고 인위적인 노력과 공덕을 쌓는 것을 '도'에 입문하는 단계로 보았다."76) 욕망이 없는 몸을 닦음과 나라를 다스리는 목적은 서로 일치하고 '이신'과 '이국'에 관한 논의와 유가의 '수신', '치국'의 주장은 방법은 다르나 효과는 같은 교묘함이 있다.

도가, 도교의 '자연의 도'에는 인간의 생명 자체 및 인문주의를 강조하는 중요한 함의를 포함하고 있음을 알 수 있다. 저절로 근본이 되고(自本) 저절로 생겨나며(自生) 저절로 이루어지고(自成) 저절로 변화하는(自化) 인문적인 발전관, 인격정신의 독립과 자유, '수신'을 통하여 사회정치의 태평한 이상을 실현하고 진, 선, 미가 하나로 합치되는 인생의 경지를 추구하는 것이다.

유가의 '성서誠恕'의 방법과 도가의 '제물齊物'의 논의는 서로 해석할 수 있다. 유가의 '겸양謙讓'은 도가의 '부쟁不爭'과 마찬가지로 개인적인 수양의 중요한 공부이다. 인문화를 특징으로 하는 유가와 애초의 순수함과 소박함으로 돌아가는 것을 특징으로 하는 도가는 서로 반대되고 서로 이루어 주며 서로 제약하고 서로 보충한다. 모종감牟鍾鑒은 이렇게 말하였다. "도가와 도가는 서로 보충하면서 중국문화의 기본적인 맥락을 이루었다. 한 번 음하고 한 번 양하며 한 번 허하고 한 번 실하며 대립되기도 하고 통일되기도 하면서 중국문화의 발전을 촉진하는 동시에 일종의

---

76) 李大華, 『隨唐道家興道敎』 下冊(廣東人民出版社, 2003), 제599쪽, "他的 理國論', 從主張任民之性, 經謙靜到複樸還淳, 每一步驟都滲透著主觀目的性……通過帝王治國實現道敎致太平的社會政治理想. 他的理身論'將個人修煉與道德敎化內容糅爲一體, 力主爲善戒惡, 積功累德, 故此他並不一昧反對有爲進取, 而把進取有爲, 積功累德視爲入道門'的階次."

균형을 유지함으로써 극단으로 나아감을 피면하였다. 이러한 것을 토대로 불교문화가 전해짐으로써 세 가지 사이의 상호 작용을 형성하였고 중국문화의 지혜와 초월적인 정신을 더하였다."[77]

허항생許抗生은 이렇게 말하였다. 유가와 도가 "양자 사이는 내 안에 네가 있고 네 안에 내가 있는 사이로, 유가에 도가의 사상이 있고 도가에도 또한 유가의 사상이 있다.…… 도가는 자연을 중시하고 유가는 인문을 중시하며 유가와 도가의 결합은 어떤 의미에서 말하면 사실상 바로 도가의 자연철학과 유가의 인문철학의 결합이다. 중국 전통문화는 유가와 도가의 두 가지를 떠날 수 없다."[78] 이 두 가지는 중국문화의 근원이고 외래문화를 융합시키는 기초이다.

학자 증소욱曾昭旭은 왕양명의 "양쪽 끝은 일치하다"(兩端歸於一致)와 모종삼牟宗三의 존재(實有)의 측면과 작용의 측면이 나뉘기도 하고 또한 합치기도 하는 방법론으로 유가와 도가의 관계를 논의하면서 유가와 도가가 서로 체와 용이 됨을 주장하였다. 유가의 이상을 위주로 하면 도가의 의리義理는 그 이상을 실현하는 원리이고 도가의 이상을 위주로 하면 유가의 의리는 그 이상을 실현하는 원리라는 것이다. "유가의 의리는 도덕이 도덕이게끔 하는 본질적인 원리이고 도가의 의리는 도덕이 진정으로 도덕이게끔 하는 실현원리이다." "유가에서 질서(예), 관계(인륜), 책임(의)을 논하고 노력하고 굳세며 널리 들을 것을 강조할 때 비록 존재의 측면에서 아무런 구속도 받지 않고 자유로우며 자연과 조화롭게 지내야 함을 정면으로 긍정하지는 않았지만 작용의 측면에서는 순수한 생명이 자유롭게 유행하는 인문세계를 쉬지 않고 부지런히 운영하였다.…… 유가의 행위는 작용적으로 생명의 자유를 보존하였다."[79]

---

77) 牟鍾鑒,「儒, 佛, 道三敎的結構與互補」, 張廣保・楊浩,『儒釋道三敎關係硏究論文選粹』(華夏出版社, 2016), 제80쪽, "儒道互補成爲中國文化的基本脈絡, 一陰一陽, 一虛一實, 卽對立又統一, 推動著中國文化的發展, 同時保持著一種平衡, 避免走入極端. 在此基礎上, 有佛敎文化進入, 形成三敎之間的互動, 更增加了中國文化的靈性與超越精神."

78) 許抗生,「簡論中國傳統文化的儒道思想互補」, 張廣保・楊浩,『儒釋道三敎關係硏究論文選粹』(華夏出版社, 2016), 제340쪽, "兩者之間, 你中有我, 我中有你, 儒家中有道家的思想, 道家中亦有儒家的思想.……道家重自然, 儒家重人文, 儒道兩家的融合, 從某種意義上說, 實就是道家的自然哲學與儒家的人文哲學的結合. 中國傳統文化是離不開儒道兩家的."

어쩌면 자유는 개인의 주체적인 자유로부터 공동체로 미루어나감으로써 각자 자신의 위치에 편안하고(各安其位) 각자의 본성을 다하며(各遂其性) 각자의 아름다움을 존중하고(各美其美) 남의 아름다움을 존중하는(美人之美) 이것이야말로 더욱 충분한 자유이상의 실현이고 바로 유가의 이상적인 경지이다.

유가에서는 문명건설을 추진하고 조화롭게 질서 있는 사회를 구축하고, 도가에서는 문명의 제한적임을 탐색하고 자연의 창조와 인간본성의 진실을 가려내며 이기적으로 지혜를 쓰는 불공평함을 초월한다. 유가와 도가를 병립하는 것은 바로 장자가 말하는 '양행兩行'의 이치로서 인문과 자연, 초월적인 것과 내재적인 것, 무한한 것과 유한한 것의 두 가지를 두루 고려함을 포함한다. 인문에서 자연에 이르고 자연에서 인문에 이르며 초월적인 것에서 내재적인 것에 이르고 내재적인 것에서 초월적인 것에 이르며 무한한 것에서 유한한 것에 이르고 유한한 것에서 무한한 것에 이르는 '순환'(回環) 속에서 인간의 진정한 안신입명의 거처를 찾는 것이다. '양행'은 차별이 있고 긴장이 있으며 변증법적인 과정의 통일이다.

유가의 인문주의에는 자연주의가 있고, 도가의 자연주의에는 인문주의가 있다. 유가의 도덕적인 지혜에는 자연적인 지혜가 있고, 도가의 자연적인 지혜에는 도덕적인 지혜가 있는데, 양자는 서로 보충하고 서로 참여하며 동시에 발휘되고 서로 작용한다. 유가와 도가 사이에는 비판도 있고 논쟁도 있으며 같음 속에 다름이 있고 다름 속에 같음이 있다. 바로 이렇게 때문에 '조화를 추구하지만 뇌동하지 않고'(和而不同) 서로 체와 용이 되며 중국문화의 주류가 되었다. 유가, 유교와 도가, 도교를 두루 고려하는 '양행'이야말로 중국의 '도'의 유행에 적합한 뛰어난 진리이다.

---

79) 曾昭旭,「論儒道兩家之互爲體用義」, 張廣保・楊浩, 『儒釋道三敎關係硏究論文選粹』(華夏出版社, 2016), 제348~349쪽, "儒家的義理是道德之所以爲道德的本質原理, 道家義理則是道德所以能眞成爲道德的實現原理." "當儒家講秩序(禮), 關系(人倫), 責任(義), 講黽勉, 弘毅, 博聞的時候, 他雖然沒有在實有層正面肯定逍遙自在, 和諧自然, 卻是在作用層上孜孜矻矻地經營一個可讓純眞生命自在流行的人文世界.……儒家之有爲, 是作用地保存了生命之自由."

2장 묵자의 지혜

공자, 노자, 묵자는 춘추 말기에서 전국 초기에 이르는 시기 유가, 도가, 묵가 3대 학파의 창시자이다. 공자와 노자에 대하여 알아보았으니 이제 묵자, 묵가와 묵자의 학문적 지혜에 대하여 살펴보도록 한다.[1]

1. 묵자와 묵가

묵자는 이름이 '적翟'이고 춘추春秋시대 말, 전국戰國시대 초에 태어났으며 위대한 사상가이고 철학가이며 과학자이고 군사가였다. 그는 송宋나라의 대부였지만 장기간 노魯나라에서 생활하였다. 묵자의 신분은 일정한 문화지식을 가지고 있는 "농업이나 상공업에 종사하는 자"(農與工肆之人)에 가까운 '선비'(士)였을 것이다. 그는 젊었을 때 유가의 학문을 배웠고 주례의 허례허식에 실망하여 스스로 학파를 창시하였다.

묵자의 사제들은 종교적이고 정치적인 학단學團을 구성하였고 단체로 제齊나라, 노魯나라, 송宋나라, 초楚나라, 위衛나라, 위魏나라를 돌아다녔다. 맹자도 "묵자의 겸애는 정수리를 갈아 발꿈치에 이르는 것이 세상을 이롭게 하는 것이라면 그것을 하였다"(墨子兼愛, 摩頂放踵利天下爲之)고 긍정하지 않을 수 없었다. 전하는 바에 의하면,

---

1) 이 장에서 『墨子』에 관한 자료는 모두 孫詒讓의 『墨子間詁』(中華書局, 1986)에 의거하였음을 밝혀 둔다.

공수반公輸般이 초楚나라를 위하여 성을 공격하는 데 쓰는 높은 사다리를 만들어 송宋나라를 공격하고자 준비하였다. 묵자는 이 소식을 듣고는 제齊나라에서 출발하여 옷을 찢어 발에 감고 밤낮으로 달려 열흘 만에 초나라의 도읍인 영도郢都에 도착한 뒤 공수반과 변론하였고 초나라 왕에게 '겸애兼愛'와 '비공非攻' 사상을 선전하였다. 그는 초나라에서 자신의 성을 지키는(守城) 방법을 설명하였는데, 공수반과 비교가 되지 않았다. 묵자는 초나라의 왕에게 이렇게 말하였다. "금활리를 비롯한 저의 제자가 3백 명이나 되고 이들 모두 제가 고안한 수비용 기계를 가지고 송나라 성 위에서 초나라의 군사를 기다리고 있습니다."(臣之弟子禽滑釐等三百人, 已持臣守圉之器, 在宋城上而待楚寇矣) 결국 초나라의 왕은 송나라를 공격하려던 생각을 포기하지 않을 수 없었다. 이것이 바로 역사상 이름 있는 "초나라가 송나라를 공격하려는 것을 저지한"(止楚攻宋) 이야기이다. 이 밖에 그는 노魯나라의 양문군陽文君이 정鄭나라를 공격하고 송나라를 공격하려는 것도 막았다.

묵자는 무엇 때문에 '묵墨'이라 부르는가? 물론 창시자의 성씨가 '묵'씨이기 때문이지만 '묵'자에는 또한 '먹줄'(繩墨), '묵형墨刑', '척묵瘠墨'의 세 가지 함의가 포함되어 있다. 묵자는 스스로 자신을 '비천한 사람'(賤人)이라고 하였고 그의 일생은 "자신을 고통스럽게 하는 것을 최고의 규율로 삼았고"(以自苦爲極) 우임금의 정신을 본받았다. 묵자의 학파에서는 그들의 수장을 선발하여 '거자巨子'라 불렀고 문인들 대부분 괴로움과 고생을 참고 견디고 손과 발에 못이 박혔으며 얼굴이 새까맣게 그을렸고 "종아리의 살이 빠지고 정강이에는 털이 없어졌으며 장맛비에 얼굴을 씻고 모진 바람에 빗질하였다"(腓無胈, 脛無毛, 沐甚雨, 櫛疾風). 묵가는 다른 학파들과 달리 기본적으로 사회의 하층인 공인工人과 장인匠人, 죄인(刑徒), 천한 일을 하는 사람(賤役) 등으로 구성되었다. 학파 내에는 엄격한 조직규율이 있었고 일정한 종교적 색채를 띤 학술단체였으며 구성원들 모두 무명옷에 짚신을 신었고 생활이 근검하였다. 묵자의 제자들은 여러 제후국에서 관리가 되어도 반드시 묵가의 규율을 준수하여야 하였고 묵가의 주장을 실행하였으며 또한 일정한 봉록을 납부하여야 하였다. 그들은 모두 정의를 위하여 올바른 말을 서슴지 않았고 불의를 참지 못하고 용감하게 맞섰으며 물불을 가리지 않고 죽어도 발길을 돌리지 않았다.

맹자는 이렇게 말하였다. "양주와 묵적의 말이 천하에 가득차서 천하의 말이 양주에게 돌아가지 않으면 묵적에게 돌아갔다."[2] 한비자는 이렇게 말하였다. "지금 세상에서 저명한 학자는 유자나 묵자이다. 유자의 최고는 공자이다. 묵자의 최고는 묵적이다.…… 공자나 묵자는 다 같이 요나 순의 도를 창도하였지만 그들도 엇비슷한 것을 가지고 서로 자기야말로 진짜 요, 순의 도를 터득하였다고 주장하였다."[3] 『여씨춘추』의 기록에 근거하면 공자와 묵자는 "죽은 지가 오래되었지만 이들을 따르는 무리는 갈수록 늘어나고 제자가 갈수록 많아져서 천하에 가득하였다"[4]고 한다. 또 이렇게 말하였다. "공자와 묵자의 제자들과 무리들이 천하에 가득하고 모두 인의의 도술로 천하에서 가르치고 이끌었다."[5] 이로부터 전국시대에 묵자, 묵가학파 및 그 사상, 행위가 사회 전반에 지대한 영향을 주었고 공자, 유가학파와 서로 어깨를 나란히 하였음을 알 수 있다. 유가와 묵가의 구별은, 묵자의 학문은 하례夏禮에서 비롯하였고 공자의 학문은 주례周禮에서 비롯하였다는 것에 있다. 그들은 모두 요임금과 순임금을 존중하였고 매우 높은 도덕적인 추구를 가지고 있었으며 심지어 묵자는 『시경』, 『서경』의 가르침에 대한 수양이 매우 깊었다. 그는 단지 형식적인 예악만을 반대하였다.

묵가의 활동기간은 약 이백 년이었고 묵자 이후의 전파구도는 확실하지 않다. 『한비자』「현학」편의 기록에 근거하면 묵자 사후에 상리씨相里氏의 묵가, 상부씨相夫氏의 묵가, 등릉씨鄧陵氏의 묵가로 "묵가는 세 개 학파로 나뉘었고"(墨離爲三) 같은 것을 가지고 왈가왈부하였다. 『장자』「천하」편에서는 묵가의 여러 학파들 중에서 남방의 묵가와 고획苦獲, 이치已齒, 등릉자鄧陵子에 속하는 학파 및 각 학파에서 "서로 상대방을 별묵이라고 하는"(相謂別墨) 상황을 설명하였는데, 묵가의 학파 내부

---

2) 『孟子』, 「滕文公下」, "楊朱, 墨翟之言盈天下, 天下之言不歸楊, 則歸墨."
3) 『韓非子』, 「顯學」, "世之顯學, 儒墨也. 儒之所至, 孔丘也. 墨之所至, 墨翟也.……孔子, 墨子俱道堯舜, 而取舍不同, 皆自謂眞堯舜."
4) 『呂氏春秋』, 「當染」, "皆死久矣, 從屬彌衆, 弟子彌豐, 充滿天下."
5) 『呂氏春秋』, 「有度」, "孔墨之弟子徒屬充滿天下, 皆以仁義之術教導於天下."

가 분화된 후 각자 자신의 견해를 고수하면서 모두 자신이야말로 묵학의 정통임을 내세우고 서로 상대방을 '별묵'이라고 불렀다.

묵가에는 "엄격한 계율로 스스로를 규제하고 세상의 위급함에 대비하는"(以繩墨自矯而備世之急) 협객의 정신이 있었고 용맹한 용사가 많았다. 묵가는 개념, 판단, 일치법 등 논리적 방법과 변론술을 잘 이용하여 상대방을 설득하거나 논박하였다. 묵학에는 '변辯', '협俠'의 두 가지 함의가 포함되어 있고 묵학을 계승한 사람 중에는 변사辯士와 협객이 많다. 지금에는 묵가 3파설(遊俠派, 論辯派, 遊仕派)이 있다.

『한서』「예문지」에 따르면『묵자』는 71편으로 되어 있다. 하지만 송宋나라 이후 점점 유실되어 실제로 53편만 전해지고 있는데 바로 통행되는 판본이고 『도장道藏』에 수록되어 있다. 청淸대 학자들의 정리와 근현대 학자들의 연구를 거쳐 53편의 글들이 다섯 부분으로 나누어졌다. 첫 번째 부분은 권1에 속하는 「친사親士」,「수신修身」등의 7편의 글인데, 묵가의 제자들이 묵자의 어느 말을 이용하여 자신의 주장을 논술한 것이다. 두 번째 부분은 권2부터 권9까지인데 「상현尙賢」(상·중·하) 등 24편의 글이다. 이 부분의 문장은 실제로 묵자의 문인 혹은 재전, 삼전 제자들이 제자를 교육하거나 혹은 기타 묵가를 비난하는 학설을 반박하여 쓴 글로서 주요하게 묵자의 사회정치사상을 기록하고 있다. 세 번째 부분은 권10에 속하는 「경經」(상·하),「경설經說」(상·하) 그리고 권11에 속하는 「대취大取」,「소취小取」로 총 6편의 글이다. 혹자는 이 6편을 '묵변墨辯'이라 부른다. 또 어떤 사람은 이 6편을 두 부류로 나누는데 한 부류는 '묵경墨經' 즉 「경」과 「경설」이고 묵자가 저술하고 논한 부분으로서 『묵자』의 대강이고 대본이다. 다른 한 부류는 '묵변' 즉 「대취」,「소취」이고 묵가 변사辯士들의 말이다. 네 번째 부분은 권11부터 권13까지인데 「경주耕柱」등 5편의 글이고 묵자의 말과 행적에 대하여 묵자의 문인 혹은 재전제자들이 기록한 것이다. 다섯 번째 부분은 권14의 「비성문備城門」 등을 포함하는 11편의 글이고 묵자의 도성을 수비하는 방법에 대하여 기록하고 있는데 병가兵家의 말이 포함되어 있다. 혹자는 이것을 진秦나라의 묵자가 지은 것이라 주장한다. 1956년 하남河南 신양信陽 장태관長台關의 초楚나라 묘에서 『묵자』

의 실전되었던 편들이 출토되었는데 참고할 수 있다.

2. '겸애'를 중심으로 하는 열 가지 주장

　　묵자의 사상은 매우 풍부하지만 주된 요지는 "천하에 이로운 일을 일으키고 천하에 해로운 일을 제거하는 것"(興天下之利, 除天下之害)이다. '상현尙賢', '상동尙同', '절용節用', '절장節葬', '비악非樂', '비명非命', '겸애兼愛', '비공非攻', '천지天志', '명귀明鬼' 등의 열 가지 주장을 놓고 말하면 '겸애'를 근본으로 한다. 묵자의 열 가지 주장은 표면적으로 보면 매우 모순되는 것 같지만 이러한 치국전략은 열국 사회의 병폐를 구제하고자 준비한 것이고 어느 나라의 어떤 곳에 한해서는 그곳의 구체적인 상황에 근거하여 대책을 세우면 된다. 묵자는 일찍이 제자들에게 열국에 가서 각 지역의 구체적인 실정과 시기에 맞게 적절한 대책을 세울 것을 가르쳤는데, 나라가 어지러우면 '상현'과 '상동'을 제창하고, 나라가 빈곤하면 '절용'과 '절장'을 권하며, 나라가 향락에 빠지고 부패하면 '비악', '비명'을 선전하고, 나라가 음란하고 예가 없으면 '존천', '사귀'를 강조하며, 나라가 빼앗고 침노하면 '겸애', '비공'을 말한다. 이것을 "급무부터 시작하는 것"(擇務而從事)이라 한다. 이러한 열 가지는 결코 나란히 배열될 수 있는 것이 아니고 또한 동시에 사용할 수 있는 것도 아님을 알 수 있다.

1) '겸애'와 '비공'

　　묵가는 당시 나라와 나라가 서로 공격하고 가정과 가정이 서로 약탈하며 사람과 사람이 서로 살해하고 강한 자가 약한 자를 깔보며 가진 자가 없는 자를 업신여기고 부귀한 사람이 빈천한 사람을 멸시하며 지혜로운 자가 우매한 자를 속이는 등 일련의 죄악적인 사회현상을 바라보면서 이러한 것들은 모두 "천하의 큰 폐해"(天下

之大害)라고 주장하였고 구제하고자 결심하였다. 그가 보기에 "무릇 천하의 화난과 찬탈, 원망과 통한"(凡天下禍篡怨恨)은 모두 "서로 사랑하지 않은 데서"(不相愛) 기인한 것이다. 사람마다 모두 자신의 몸, 집안, 나라는 사랑할 줄 알지만 다른 사람의 몸, 집안, 나라는 사랑하지 않는다. '서로 사랑함'(相愛)은 나라와 나라, 집안과 집안, 사람과 사람이 서로 아껴 주는 것을 가리킨다. 따라서 '두루 서로 사랑함'(兼相愛)이라고도 하는데, 바로 남과 나 자신, 피차를 구분하지 않고 천하의 이로움과 해로움, 좋아함과 싫어함을 하나로 묶는 것이다. 그는 남을 사랑하기를 자신을 사랑하는 것과 같이 하고 남을 위하기를 자신을 위하는 것처럼 하는 '겸애'사상으로 '인덕'(仁德)을 해석하였고 '두루 서로 사랑함'을 '어진 자'(仁者)가 추구하는 최고의 도덕관념이라 간주하였다.

묵자는 전쟁을 반대하고 남을 해치면서 자신을 이롭게 하는 것을 반대하였으며 "두루 서로 사랑하고 오가며 서로 이롭게 함"(兼相愛交相利)을 제창하였다. 그가 보기에 모든 재난은 모두 '구별'(別)에서 생겨나는 것이었다. '구별'이란 바로 편애하고 이기적인 것이다. 각자 자신에 대한 편애로부터 출발하여 남을 해치면서 사적인 이익을 이루기 때문에 '오가며 서로 미워함'(交相惡)이 생겨난다. 이를 해결하는 방법은 바로 "두루 함으로써 구별을 바꾸는 것"(以兼易別)이다. '겸'(兼)은 바로 매 사람마다 전혀 구별이 없이 모든 사람을 사랑하는 것이다. '겸'자는 금문(金文)에서 손에 두 개의 조(禾)를 들고 있는 것과 같은데 『설문해자』에서는 '겸'자를 '병'(幷)'자로 해석하여 평등하다는 의미를 은유하였다. '겸애'는 공자의 '인애'(仁愛)와 다르다. 유가의 '인애'는 차등(差等)이 있는 사랑인데 예를 들어 부모에 대한 사랑과 형제에 대한 사랑은 다르고 자신의 부모에 대한 사랑과 남의 부모에 대한 사랑은 다르다. 유가는 가족애로부터 출발하여 자신을 미루어 남에게 이를 것을 주장하였다. "내 노인을 노인으로 섬겨서 남의 노인에게까지 미치고 내 어린이를 어린이로 사랑해서 남의 어린이에게까지 미친다."[6] 유가에서는 개인의 생명체험의 과정을 강조하고

---

6) 『孟子』, 「梁惠王上」, "老吾老以及人之老, 幼吾幼以及人之幼."

"부모님을 친하게 하고서 백성을 어질게 하고 백성을 어질게 하고서 물건을 아끼며"[7] 최종적으로 "백성을 널리 사랑하고"[8] "널리 사랑하는 것을 인이라고 하며"[9] "백성은 나의 동포이고 만물은 나와 함께 있다"[10]는 경지에 도달할 것을 강조하였다. 묵자의 '겸애'는 '사랑에 차등이 없는 것'(愛無差等)이다. 다시 말하면 묵자는 다른 사람에 대한 사랑과 자신의 부모, 가족에 대한 사랑이 차별 없이 동일시할 것을 요구하였다. "성인은 천하를 다스리는 일에 종사하는 자인데 어찌 악을 금하고 사랑을 권하는 일을 하지 않을 수 있겠는가. 천하 사람들이 두루 서로 사랑하면 천하가 잘 다스려지고 오가며 서로 미워하면 어지러워진다. 묵자가 말하였다. '남을 두루 사랑하라고 권하지 않을 수 없으니 그 이치가 바로 여기에 있다.'"[11] 이는 묵자의 나라를 다스리는 '도'이고 이상사회였다.

묵자는 '두루 함'(兼)을 '선'으로 간주하고 '두루 함'을 '인의'로 간주하였는데 '두루 사랑하는'(兼愛) 배경은 '서로 이롭게 함'(互利)이다. "무릇 남을 사랑하는 자는 남도 반드시 그를 좇아 사랑하고, 남을 이롭게 하는 자는 남도 반드시 그를 좇아 이롭게 해 주며, 남을 미워하는 자는 남도 반드시 그를 좇아 미워하고, 남을 해치는 자는 남도 반드시 그를 좇아 해치게 된다."[12] 그는 소규모 생산자의 서로 사랑하고 서로 이롭게 하는 도덕원칙을 천하의 보편적인 원칙으로 확충하였다. 여기에는 공리주의의 교환원칙과 '남에게 이롭게 하면 자신에게 이롭고' '남을 해치면 자신도 해친다'는 마음가짐이 들어 있다. 그는 사실상 "자기가 원하는 것을 남에게 할 것"(己所欲, 施於人)을 주장하였지만 서로 이익과 혜택을 얻는(互利互惠) 시각으로 말하면 의로움(義)과 이익(利)의 융합은 소규모 생산자들에게 받아들여지기 쉬웠다.

---

7) 『孟子』,「盡心上」, "親親而仁民, 仁民而愛物."
8) 『論語』,「學而」, "汎愛衆."
9) 『原道』, "博愛之謂仁."
10) 「西銘」, "民胞物與."
11) 「兼愛上」, "故聖人以治天下爲事者, 惡得不禁惡而勸愛. 故天下兼相愛則治, 交相惡則亂. 故子墨子曰: '不可以不勸愛人者, 此也.'"
12) 「兼愛中」, "夫愛人者, 人必從而愛之; 利人者, 人必從而利之; 惡人者, 人必從而惡之; 害人者, 人必從而害之."

그는 "힘이 있는 자는 재빨리 남을 돕고 재물이 있는 자는 기꺼이 남에게 나눠 주며 도가 있는 자는 힘써 남을 가르쳐" "굶주린 자는 먹을 것을 얻고 헐벗은 자는 옷을 얻으며 어지럽히는 자는 다스려지는"[13] 하나의 공평하고 합리적인 사회를 건설하고자 희망하였다. 이 가운데는 왕공대인의 교만하고 사치스러우며 음란하고 방탕함에 대한 불만이 들어 있고, 쟁탈과 전쟁이 백성들에게 안겨 주는 고통을 규탄하였으며 자기 힘으로 생활하고 안정된 생활을 누리는 것에 대한 노동자의 염원을 나타내었다. 물론 '겸애'에는 절대적인 평균주의의 원시적인 평등 사상의 흔적이 고스란히 남아 있다.

'겸애'는 공격을 견주어 제기된 것이다. 따라서 묵자는 또한 '비공非攻'을 주장하 였다. 그는 우선 공격전의 '불의不義'를 제기한 다음 공격전의 '불리不利'를 제기하였 다. 묵자는 '의'가 없는 공격은 "백성들이 쓰는 것을 빼앗고 백성들의 이익을 해침"[14] 을 폭로하였다. "봄이면 백성들이 경작하는 농사를 망치고 가을에는 백성들의 추수를 망치게 된다. 지금 한 철만 망쳐도 백성들이 굶주리고 헐벗어 얼어 죽는 자가 부지기수이다."[15] 묵자는 무력으로 제후국을 겸병하는 전쟁은 '불의'한 것임을 질책하였는데, 그 근거는 백성에게 '불리'하다는 것이다. 동시에 그는 '천', '신'을 빌려 왕공대인, 제후를 설득하여 전쟁이 '천', '신'을 혼란스럽게 하고 '천', '신'의 이로움에 영향을 주게 됨을 제기하였다.

2) '상현'과 '상동'

'겸애'의 원칙 하에서 묵자는 '상현尙賢'의 주장을 제기하였다. 묵자의 '상현'은 "왕공대인과 골육의 친분이 있고 아무런 연고도 없이 부귀한 자"(王公大人骨肉之親無故富貴)의 세습제를 타파할 것을 요구하였고 정권은 마땅히 "농업이나 상공업에 종사하는

---

13) 「尙賢下」, "有力者疾以助人, 有財者勉以分人, 有道者勸以教人." "飢者得食, 寒者得衣, 亂者得治."
14) 「非攻中」, "奪民之用, 廢民之利."
15) 「非攻中」, "春則廢民耕稼樹藝, 秋則廢民穫斂 今唯毋廢一時, 則百姓飢寒凍餒而死者, 不可勝數"

자"(農與工肆之人)를 향하여 열려 있어야 함을 주장하였다. 그는 "관직에 나아갔다고 늘 귀한 것도 아니고 백성 또한 늘 천한 것이 아니며 능력이 있으면 등용되고 능력이 없으면 좌천됨"[16]을 제기하였고, 무릇 재능이 있는 사람이라면 모두 관록을 얻을 수 있어야 하고, 덕을 기준으로 벼슬자리로 나아가고 관직을 기준으로 일을 맡기며 노고를 기준으로 상을 내리고 공을 헤아려 녹봉을 배분하여야 함을 주장하였다.

'상현'의 전제하에서 묵자는 또한 '상동尙同'의 사회적 비전을 제시하였다. 그는 "천하의 사람들이 현능한 자를 추대하여 천자로 삼음"[17]을 주장하였다. 천자 이하의 삼공, 제후로부터 향장鄕長, 이장里長에 이르기까지 모두 현자를 선발하여 맡겨야 한다는 것이다. 각 단계의 정장政長을 선발하는 것은 천하가 어지러워지는 것을 극복하고 한 사람이면 한 가지 뜻, 열 사람이면 열 가지 뜻이 존재하고 자신이 옳고 남은 그르다고 여기는 "오가며 서로 비난하는"(交相非) 상태를 극복하기 위한 것이다. 사람들은 상급 정장의 시비를 시비로 간주하고 아래로부터 위로 매 단계마다 통일되어야 하며 "천하의 백성들이 모두 위로 천자와 함께함"(天下百姓皆上同於天子)을 이룬다. 그는 "윗사람과 함께하면서 아랫사람과 붕당을 만들지 않는"[18] 원칙을 제기하였는데, 사회의 통일과 안정에 대한 소규모 생산자의 희망을 보여 주었지만 이러한 '상동'은 다원적이고 다양함을 반대하기에 필연적으로 '다름을 배척함'(伐異)을 초래하게 된다. 이는 사묵史墨, 안자晏子, 공자의 '화이부동和而不同'과 다른 것이다.

앞에서 '비공', '상동'에 대하여 논의할 때 모두 묵자의 '하늘에 이롭게 하고'(利天) '하늘과 함께함'(同天)을 언급하였다. 묵자는 의지의 '천'의 존재를 긍정하였고 하늘은 자연, 사회와 백성들을 주재하고 '선'을 상주고 '악'을 벌할 수 있다고 주장하였다. 또한 묵자는 귀신의 존재를 긍정하였고 귀신이 어둠 속에서 사람들의 행위를 감시하여 현명한 행위를 상주고 포악한 행위는 벌할 수 있다고 주장하였다. 묵사의 '하늘을 높이고 귀신을 섬기는 것'(尊天事鬼)은 종교를 정치화하고 도덕화한 것이다.

---

16) 「尙賢上」, "官無常貴, 而民無終賤, 有能則擧之, 無能則下之."
17) 「尙同上」, "選天下之賢可者, 立以爲天子."
18) 「尙同上」, "上同而不下比."

그는 귀신이 실제로 존재함을 논증하였고 귀신에게 포악한 사람을 제거하고 선량한 사람을 편안하게 하며 사회의 정의를 주재하고 위험을 가하며 경계하는 기능이 있다고 주장하였다. 그의 '천지', '명귀'에 대한 주장은 초월적인 신비한 힘을 빌려 현실사회의 병폐를 다스리고 '이로운 것을 일으키고 해로운 것을 없애며' 합리적이고 이상적인 사회를 부각시키고 규범화하는 것이다.

묵자는 초기 전통적인 종교관에서의 의지의 '천'을 믿었지만 또한 '상력', '비명'을 주장하였다. 그가 보기에 숙명론은 폭군이 백성을 기만하는 것을 돕고 백성들이 현실을 받아들이는 것에 만족하고 아무것도 하는 바가 없게 한다. 사회의 혼란과 사람들의 운명을 결정하는 것은 '운명'(命)이 아니라 '힘'(力)이다. 왕공대인이 옥사를 다스리고 정사를 보는 것으로부터 농민 부부의 농사와 방직에 이르기까지, 모두 각자의 능력을 다함에 의거한다. 사람은 반드시 "자신의 힘을 동원하면 살고 자신의 힘을 동원하지 않으면 죽게 된다"[19]. 여기서 그는 또한 사람에게 자신의 운명을 장악할 수 있는 능력이 있음을 긍정하였다.

묵자는 귀신을 믿었고 귀신에게 제사를 지냈으며 사람과 귀신의 이익이 같음을 긍정하였지만, 다른 한편으로 '박장薄葬'을 주장하였다. 그가 보기에 제사를 성대하게 지내고(厚葬) 오랫동안 복상하는 것(久喪)은 결코 가난한 자를 부유하게 하고 적은 것을 많아지게 할 수 없고 위태로운 것을 안정시키고 어지러운 것을 다스릴 수 없으며 백성들이 할 일을 못하게 하고 백성들의 재물을 낭비하는 것이며 나라가 부유하던 데로부터 가난하게 하고 백성들이 많던 데로부터 적어지게 하며 행정이 다스려지던 데로부터 혼란스럽게 하기에 충분하다. 묵가는 백성들의 이익과 요구를 대변하여 제사를 성대하게 지내는 것을 반대하였다. 그런데 그는 상제, 귀신에 대한 제사를 중시하였다. 제사라면 당연히 물론 재력, 물력, 인력을 낭비하게 되는데 묵자는 무엇 때문에 제사를 반대하지 않았는가? 이는 그의 '천지', '명귀' 주장과 관련이 있다. 그는 초월적인 힘으로서 상제와 귀신을 반드시 남겨 둠으로써 인간사

---

19) 「非樂上」, "賴其力者生, 不賴其力者不生."

를 통제하였다. 다른 한편, 『묵자』를 통해, 당시 성대한 제사의 사치스러운 풍조는 이미 더하려야 더할 수 없는 절정에 이르렀고, 이와 비교해 제사의 낭비는 매우 적었음을 볼 수 있다. 묵자의 구상과 당시의 풍습에 근거하면, 제사품은 일반적으로 가족, 친척, 마을 사람들이 함께 누렸고 사회의 민심을 안정시킴에 있어서 제사의 작용이 비교적 컸다. 이로부터 묵자가 문제를 사고함에 있어서 나라와 백성들의 실제적인 이익으로부터 출발하였음을 알 수 있다. 따라서 묵자는 '절용'을 강조하기도 하였다.

3. 인식론과 과학성과

1) '세 가지 표법'과 '이름과 실제가 합쳐져서 행위가 이루어진다'

묵자는 '세 가지 표법表法'을 제기하였는데 이는 바로 인식을 검증하는 세 가지 표준이다. "무엇이 세 가지 표법인가? 묵자가 말하였다. 근본을 뜻하는 본표, 탐구를 뜻하는 원표, 활용을 뜻하는 용표이다. 무엇이 본표인가? 위로 성왕의 사적을 거슬러 올라가는 것이다. 무엇이 원표인가? 아래로 성왕의 사적을 토대로 백성의 일상적인 삶을 살펴보는 것이다. 무엇이 용표인가? 형정을 공평하게 시행하고 나라와 백성의 이익을 자세하게 살피는 것이다. 이것이 이른바 세 가지 표법이다."[20] 이는 바로 옛 성왕의 역사기록, 백성들의 직접적인 경험과 실제적인 활용이 나라와 백성의 이익에 부합하는지의 여부에 근거하여 인식의 정확 여부를 판단하여야 한다는 것이다. 여기서 ㄱ는 감각적인 경험, 견문지見聞知를 비교적 중요시하였고, 더욱이 고대문헌의 기록을 긍정하였으며, 특히 사회적인 효과가 바로 여러 가지

---

20) 「非命上」, "何謂三表? 子墨子言曰: 有本之者, 有原之者, 有用之者. 於何本之? 上本之於古者聖王之事. 於何原之? 下原察百姓耳目之實. 於何用之? 廢以爲刑政, 觀其中國家百姓人民之利. 此所謂言有三表也."

학설의 시비와 곡직을 가늠하는 중요한 표준임을 강조하였다. '세 가지 표법'의 확립에는 적극적인 의미가 있지만 같은 표준에 근거하여 묵자는 귀신의 존재가 정확함을 논증하였다. 옛 문헌에 귀신에 대한 기록이 있고 백성들에 의하여 귀신에 관한 소문이 전해지고 있기 때문이며 그가 보기에 귀신의 위협은 나라를 다스리고 백성을 안정시킴에 도움이 되는 것이었다.

묵자는『묵경』에서 사람들이 오관을 통하여 감성적인 인식을 획득할 수 있음을 강조하였다. "안다는 것은 바탕이 되는 것이다."(知, 材也) '재'는 사람들의 인식능력을 가리킨다. "안다는 것은 접촉에서 생긴다."(知, 接也) 감각기관을 통하여 외부의 사물과 서로 접촉함으로써 인식이 생겨난다. "오로지 오관을 통하여 안다."[21] '오로五路'는 오관 즉 귀, 눈, 입, 코, 피부를 가리킨다. "안다는 것은 오관을 통한 것이 아니고 오랫동안 경험했는지의 여부가 관건이다."[22] '구久'는 시간을 가리킨다. 이는 사람들이 매우 긴 시간동안 형성된 숙련된 기능은 오관을 직접 통하지 않아도 지각할 수 있음을 말하는 것이다. 이것은 익숙해지면 요령이 생겨남으로부터 비롯된 것이지 감각을 초월하는 것은 아니다.

묵자는 '오관'을 통하여 얻은 견문지에 대한 '마음'의 분석과 관찰을 강조하였다. "생각이란 추구하는 것이다."(慮, 求也) 사람은 감각의 기초 위에 인식능력이 있게 된다. 그는 인식은 끊임없이 심화됨을 인정하였다. "듣는 바에 따라 그 뜻을 얻는 것이 마음의 통찰이다."[23] "말한 바를 파악하여 그 의미를 보아 낼 수 있는 것이 마음의 분별이다."[24] 분석과 관찰은 이성적인 인식활동에 속하고 사람들이 눈과 귀로 보고 들은 것의 진위를 감별하고 허망한 것을 제거함으로써 인식을 이성적인 단계로 상승하게 할 수 있다. 이는 '세 가지 표법'에 대한 중요한 보완이다.

묵자는 이름과 실제가 합일合一되고 지와 행이 합일됨을 주장하였다. "지에는

---

21) 「經說下」, "惟以五路知."
22) 「經下」, "知而不以五路, 說在久."
23) 「經上」, "循所聞而得其意, 心之察也."
24) 「經上」, "執所言而意得見, 心之辨也."

들어서 아는 문지, 설명을 통해서 아는 설지, 직접 경험하여 아는 친지가 있고 이름과 실제가 합쳐져서 행위가 이루어진다."[25] "지와 관련하여 전수하여 받은 것은 들어서 아는 문지에 속한다. 방언의 차이를 뛰어넘어 아는 것이 설명을 통해서 아는 설지이다. 자신이 직접 목도하여 경험하여 아는 것이 친지이다. 거론의 근거가 되는 소이위가 명칭이고 일컬어지는 것이 실제이다. 명칭과 실제가 부합하는 것이 합이고 의지와 행동이 부합하는 것이 작위이다."[26] '문지聞知'는 전하여 듣거나 혹은 독해를 통하여 얻은 지식이다. '설지說知'는 보고 들어서 얻은 자료를 통하여 추론해 낸 새로운 지식이고 논리적인 추리를 포함한다. '친지親知'는 직접적인 경험이다. '명名'은 명사, 개념을 가리키고, '실實'은 실제 사물을 가리키며, '명실우名實耦'는 개념과 사물, 인식과 실제가 서로 부합함을 가리킨다. '행行'은 바로 '위爲'이고 정당한 목적이 있는 행위를 '지행志行'이라고 한다. "행위는 좋은 명성을 바라지 않아야 인정받을 만하고 좋은 명성을 바라면 기교를 부리는 짓이고 명성을 도둑질하는 것과 같다."[27] 그는 지와 행이 서로 합일됨을 강조하였는데, 특히 행위의 목적이 선하여야 하고 백성들의 이익에 부합하여야 하며 감언이설로 세상의 사람들을 속여 명예를 훔쳐서는 안 됨을 강조하였다.

2) 과학기술성과

묵자는 중국 고대의 과학기술에 대하여 지극히 중요한 공헌을 하였다. 이러한 성과는 주요하게 『묵경』에 기록되어 있다. 지금의 시각으로 보면 수학, 물리, 공정기계, 과학사상과 방법 등의 여러 측면을 포함한다.

수학의 측면에서 『묵경』은 일련의 산수학과 기하학의 명제와 정의를 제시하였

---

25) 「經上」, "知: 聞, 說, 親; 名, 實, 合, 爲."
26) 「經說上」, "知: 傳受之, 聞也. 方不鄣, 說也. 身觀焉, 親也. 所以謂, 名也; 所謂, 實也. 名實耦, 合也; 志行, 爲也."
27) 「經說上」, "行, 所爲不善名, 行也; 所爲善名, 巧也, 若爲盜."

다. 예를 들어 "배는 둘이다"[28]는 바로 원래의 수를 한 번 더 가하거나 혹은 2로 곱셈을 하는 것을 '배'라고 한다는 것이다. 또한 원에 대하여 이렇게 정의를 내리고 있다. "원은 중심에서 거리가 같은 점들의 집합이다."[29] 즉 '원'은 중심에서 거리가 같은 점들로 구성된 도형이라는 것이다. 비록 이러한 명제와 정의가 단지 문자적인 서술이고 결코 수학적인 기호로 표현된 것이 아니지만, 그 자체가 가지고 있는 추상성, 논리성, 엄밀성은 선진先秦 시기 수학이성적 사유의 최고 수준을 대표하였다고 볼 수 있다.

물리학의 측면에서는, 주로 역학, 광학에 관한 내용이다. 예를 들어 묵자는 힘에 대하여 이렇게 정의를 내렸다. "힘은 물체를 움직이는 것이다."[30] '형刑'은 바로 형태의 '형形'이고 물체를 가리킨다. '분奮'은 움직임을 가리키는데 바로 운동이다. 이 말의 의미는 물체가 운동하게끔 하는 원인이 힘이라는 것인데 경험에서 비롯한 개괄임이 분명하고 또한 힘의 속성에 부합한다. 광학의 측면에 대한 묵자의 연구 성과가 현대의 학자들에게 가장 주목받고 높이 평가되었다고 할 수 있다. 『묵경』에서 광학에 관한 조목은 비록 여덟 개뿐이지만 지극히 체계적이고 논리적이며 음영의 문제, 작은 구멍이 이미지를 이루는 문제, 볼록거울과 오목거울의 원리 및 실험 등의 여러 측면을 포함한다. 조지프 니덤(Joseph Needham)은 이러한 연구 성과를 매우 높이 평가하였다. "우리가 알고 있는 그리스의 어떠한 연구보다도 일찍 이루어진 것이고 인도 또한 비교할 수 없다."[31]

공정과 기계제조의 측면에서 묵자는 기계의 힘으로 사람을 대체하여 활줄을 당기는 연노連弩를 장착한 수레를 발명하여 바퀴와 윤축輪軸으로 제어하였는데, 전해지는 바에 근거하면 한 번에 60매의 화살을 발사할 수 있고 위력이 거대하였다고 한다. 그는 또한 지렛대의 원리를 이용하여 척거擲車, 발사기發射機를 만들었고

---

28) 「經上」, "倍, 爲二也."
29) 「經上」, "圓, 一中同長也."
30) 「經上」, "力, 刑之所以奮也."
31) 比任何我們所知的希臘的爲早, 印度亦不能比擬.

전쟁에서 원거리 투척무기로 활용하였다. 척거는 비교적 컸고 발사기는 비교적 작았지만 더욱 민첩하였다. 이러한 것은 훗날 전쟁에 쓰였던 발석기發石機의 원조였을 것이다.

과학사상과 방법의 측면에서도 묵가는 공헌을 하였다. 묵자는 시간과 공간에 대하여 이렇게 정의를 내렸다. "구는 시간 단위가 매우 길어 무한하다."[32] "구는 예로부터 지금까지, 아침부터 저녁까지를 합한 것이다."[33] "우는 공간 단위가 매우 넓어 무궁하다."[34] "우는 동쪽에서 서쪽까지, 남쪽에서 북쪽까지이다."[35] 묵자가 보기에 '구久'는 고금과 아침, 저녁을 포함하는 모든 시간이었고, '우宇'는 동서남북의 모든 공간을 포함하였다. 방법상에서 묵가의 과학적인 작업과 논리적인 이론은 또한 갈라놓을 수 없는 것이다.

요컨대 『묵경』에 일부 과학연구에 관한 기록들이 산만하게 널려 있을 뿐이고, 유클리드(Euclid Alexandreiae, B.C.300년경에 활약한 그리스의 수학자, 역자 주)의 『기하학원론』(Stoikheia)과 같은 체계성이 부족하고 묵자 자신도 결코 전문적인 과학자가 아니지만, 이러한 기록들은 선진 시기 과학연구의 최고 수준을 대표하였고 내용 및 그 논리성, 엄밀성 등은 중국과학사에서 매우 특색이 있고 가치가 있는 것이며 심지어 세계과학사에서도 중요한 지위를 차지한다.

4. '명, 사, 설, 변'의 논리학

묵자의 논리학 체계에는 '명名', '사辭', '설說', '변辯'의 몇 개 부분이 포함되고 '변'으로써 전체를 통관한다.

---

32) 「經上」, "久, 彌異時也."
33) 「經說上」, "久, 合古今旦莫."
34) 「經上」, "宇, 彌異所也."
35) 「經說上」, "宇, 東西家南北."

1) '명칭으로 실제를 드러내다'

'거명擧名'은 바로 명칭을 명하는 것(命名) 혹은 명칭을 가하는 것(加名)이다. 명칭으로 실제를 호칭하는데 이는 주관적인 부여이고 가함이다. 명칭은 사물의 현상을 나타낼 뿐만 아니라 그것의 본질 혹은 속성도 나타낸다. "알지 못하는 까닭을 알게 되는데, 명칭을 아는 것이 중요하다."[36] 알고 알지 못하는 구별은 명칭으로 실제를 드러낼 수 있는지의 여부에 달려 있다. "소이위가 명칭이고 일컬어지는 것이 실제이다."[37] 근본적으로 말하면 명칭은 실제에 의하여 생기고 명칭과 실제는 실제에서 통일되는데 반드시 실제로써 이름을 바르게 하여야 한다.

명칭의 종류는 매우 많다. 외연의 크기로 분류하면 '달명達名', '유명類名', '사명私名'의 세 가지로 나뉜다. "명칭에는 명성을 뜻하는 달명과 사물의 총칭인 유명, 고유 명칭인 사명이 있다."[38] '달명'은 가장 일반적인 개념으로, 예를 들면 '물物'과 같은 것이다. '유명'은 한 부류에 속하는 사물을 나타내는 개념으로, 예를 들면 '말(馬)과 같은 것이다. '사명'은 고유한 단독개념으로, 예를 들면 '장臧'이라는 특정된 사람이다. 이 밖에 '속명屬名'과 '종명種名'의 구분으로부터 보면 '겸명兼名'과 '별명別名'이 있다. 우마는 '겸명'이고 소는 '별명'이다. 우마 혹은 소 혹은 말은 전체와 부분, 큰 부류와 작은 부류, '속명'과 '종명'의 관계이다.

『묵경』에서 비록 명칭으로 실제를 드러냄을 강조하였지만 결코 '이름'(名)이라는 부호로 어떤 정지되고 고립된 물건을 가리키는 것이 아니다. 그 '이름'(辭, 說, 歸)은 언제나 변화하는 '실제'와 하나로 통합되어 있고 '실제'의 시·공간적 운동장은 '이름'의 함의를 제약한다. 예를 들어서 '우宇'(공간)라는 기호언어의 뜻은 이렇게 해석된다. "사방의 구역은 무상하게 이동하고 시공의 장구한지의 여부에 달려 있다."[39] "장우長宇는 무상하게 변동할지라도 일정하게 머무는 지역이 있다. 우는

---

36) 「經下」, "知其所以不知, 說在以名取."
37) 「經說上」, "所以謂, 名也; 所謂, 實也."
38) 「經上」, "名, 達, 類, 私."

남북으로 옮겨 가기도 하고 아침 또는 저녁에 바뀌기도 하는데 구역의 이동은 시간이 걸린다."40) 공간의 구역에서 물체의 이동(운동)은 공간의 확대와 시간의 연장으로 나타나고 물체의 시간적인 연속은 언제나 처하여 있는 곳의 이동과 연계되어 있다. 예를 들어 물체는 공간상에서 남쪽에서 북쪽으로 이동하고 시간상에서 아침으로부터 저녁까지 연속된다. 묵자는 '우'(공간)라는 기호를 규정할 때 공간이 시간에 예속되고 운동과 서로 분리될 수 없다고 여겼다.

2) '언설로 뜻을 서술하는 것'과 '논설로 이유를 밝히는 것'

'언설로 뜻을 서술하는 것'(以辭抒意)에 관하여 후기 묵가에서는 판단으로서의 '사辭' 혹은 '언言'과 부동한 형식 예를 들어 '진盡', '혹或', '필必'과 '차且' 등에 대하여 언급하였다. "진은 그렇지 않은 것이 없다."41) '진盡'은 여기서 이미 하나의 전칭全稱 판단이고 직언으로 전칭하여 판단을 긍정하였다. "혹여는 모두 그렇지 않다는 것이고 가령은 지금은 그렇지 않다는 것이다."42) '혹或'에는 특칭特稱 판단, 선언選言 적 판단과 선언적 추리의 함의가 포함되어 있다. 예를 들면 "시각에는 계속 이어진 유구와 그렇지 않은 무구가 있고" "척尺과 단端은 합쳐져 같아지기도 하고 그렇지 못하기도 하다"43)는 것이다. '가假'는 '지금은 이미 그러한 것이다'(今已然也. 실연적 판단)라는 가언假言적 판단과 구별된다. 이 밖에도 필연적 판단과 '장차 그러한'(且然, 장연) 판단의 형식이 있다. "장차 우물로 들어가려고 하는 것은 우물로 들어가는 것이 아니다"44)는 장차 우물에 들어가려고 하는 것이지 아직 우물에 들어가지 않은 것인데 어떠한 시태적인 관계를 포함하고 있다.

---

39) 「經下」, 宇或徙, 說在長宇久."
40) 「經說下」, "長宇, 徙而有處, 宇, 南北在旦(朝)有(又)在莫(暮), 宇徙久."
41) 「經上」, "盡, 莫不然也."
42) 「小取」, "或也者, 不盡也; 假者, 今不然也."
43) 「經說上」, "時或有久, 或無久." "尺與端或盡或不盡."
44) 「小取」, "且入井, 非入井也."

'논설로 이유를 밝히는 것'(以說出故)에 관한 묵가의 '설說'식 추론의 기본적인 논리범주는 '고故', '리理', '류類'이다. "모든 언사는 어떤 연고에서 생겨나고 이치를 논거로 커지며 유사한 사례를 통하여 뒷받침된다."45) 전반적인 '설說'식 추론에서 '고', '리', '류'의 세 가지는 기본적인 전제이다. '고故'는 사물이 이루어질 수 있는 원인, 조건과 논의의 근거와 이유이고 '대고大故'와 '소고小故'가 있다. "작은 원인은 그것이 있어도 반드시 어떤 결과를 낳는 것이 아니고, 없어도 반드시 어떤 결과를 낳는 것도 아니며" "큰 원인은 있으면 반드시 그렇게 되고 없으면 반드시 그렇게 되지 않는다."46) '대고'는 충분하고 필요한 조건에 해당한다. '소고'는 필요한 조건에 해당한다. '리理'는 곧 '법法'이다. '리'와 '법'은 사물의 이치와 입론의 근거를 가리킨다.

묵가는 논리의 추론에서 '류類'의 같음과 다름을 매우 중시하였고, "유추로 핵심을 취하고"(以類取) "유추로 배경을 추론하는"(以類予) 것은 모두 '류'에 관한 추론이다. 추론에서 우선 반드시 '류를 분명하게 하여야 한다'(明類). 묵가 논리의 추론방식에는 유추의 특징을 가지고 있는 '벽辟', '원援', '추推'와 일반적인 연역추리에 속하는 '혹或', '가假', '효效', '모侔'가 있고 선언적 추리, 가언적 추리, 직언적 연역추리, 복잡한 개념의 추리 등의 형식이 포함된다.

3) '변辯'의 원칙

마지막으로 '변론'(辯)학의 기본적인 원리에 대하여 살펴보도록 한다. "무릇 모든 변론은 시비의 분별을 밝히고 치란의 요점을 살피며 같고 다른 점을 분명하게 하고 명실의 이치를 관찰하며 이해에 대처하고 혐의를 해결한다."47) 여기서는 '변론'의 목적과 작용이 '시비의 분별을 밝히고' '치란의 요점을 살피며' '같고 다른 점을 분명하게 하고' '명실의 이치를 관찰하며' '이해에 대처하고' '혐의를 해결하는'

---

45) 「大取」, "夫辭, 以故生, 以理長, 以類行也者."
46) 「經說上」, "小故, 有之不然, 無之必不然." "大故, 有之必然, 無之必不然."
47) 「小取」, "夫辯者, 將以明是非之分, 審治亂之紀, 明同異之處, 察名實之理, 處利害, 決嫌疑."

것에 있음을 밝히고 있다. 전국시대에 묵가는 최초로 논리과학으로서의 '변론'의 문제를 전반적으로 연구하였다. '변론'학은 "만물의 존재이유를 헤아리고 여러 언설의 흐름을 논구하며"[48] 객관적인 사물이 그러한 이유를 고찰하고 부동한 견해를 비교분석하며 진리를 인식하는 방법의 문제를 해결하고 사회의 실천을 위하여 봉사한다. '변론'의 원칙은 바로 "명칭으로 실제를 드러내고 언설로 뜻을 서술하며 논설로 이유를 밝힌다. 유추로 핵심을 취하고 유추로 배경을 추론한다."[49] 이것이 바로 앞에서 서술하였던 명칭과 실제의 관계 문제이고 개념, 판단, 추리의 일부 방법과 규칙 문제이다. '명名', '사辭', '설說', '변辯'의 네 가지 중에서 '이름을 바르게 하고'(正名), '말을 분석하며'(析辭), '설을 세우는 것'(立說)은 '변론을 분명하게 하는'(明辯) 기초이고 '변론을 명확하게 하는 것'은 앞의 세 가지를 아우를 수 있는 능력이다.

5. 묵가의 지위와 공헌

이상의 서술을 종합해 보면 묵가는 구류십가九流十家에서 중요한 한 학파였고 중국문화의 유전자 가운데의 하나이다. 어떤 학자는 이렇게 비유하여 말하였는데, 만약 유가의 구호가 "묘당으로 가자"(到廟堂去)라면, 도가의 구호는 "산림으로 가자"(到山林去)이고, 묵가의 구호는 "민간으로 가자"(到民間去)라는 것이다. 물론 지나치게 단순화함이 있지만 대체적으로 묵가가 사회의 하층 백성들의 목소리를 대변하였다고 볼 수 있다.

묵가는 유가와 달리 주周나라의 '도'를 반대하였고 하夏나라의 정치를 주장하였다. 묵자의 궐기는 주周나라를 반대하고 하夏나라를 따르며 우임금을 존숭하였고

---

48) 「小取」, "摹略萬物之然, 論求群言之比."
49) 「小取」, "以名舉實, 以辭抒意, 以說出故. 以類取, 以類予."

'겸애'를 중심으로 하였으며 밤낮으로 쉬지 않고 천하를 위하여 수고를 아끼지 않았다. 묵자는 옛 도로써 주周나라의 예를 비판하였다. 묵자는 하夏나라를 본받았는데 원시문화의 널리 사랑하고 서로 이롭게 하며 민주적이고 평등하며 공적인 것을 위하는 정신으로써 예치禮治구조가 불합리적임을 비판하고 부정하였고 어두운 정치통치와 사치하고 재물을 낭비하는 문화를 비판하였으며 하층 백성들의 생활과 서로 조화를 이루는 문화가치체계를 재구축하고자 시도하였다.

이상의 서술에서 볼 수 있다시피 묵가의 학술적인 공헌은 자연과학기술, 인식론, 논리학의 측면에서도 드러난다. 특히 묵가의 논리학은 중국의 선진先秦 학자들의 지극히 높은 지혜를 보여 주었고 서양, 인도의 고전 논리학과 서로 비견되기에 충분하다.

묵학은 한漢대 이후 급속하게 쇠퇴하였는데 원인이 어디에 있을까? 우선 외부적인 원인을 놓고 말하면 유가의 비판(맹자가 양묵을 반박함) 및 유학의 지위가 갈수록 높아짐에 따라 지식인들은 묵학을 이단이고 폭행이라고 간주하였기 때문에 소외되었다. 다음 내부와 외부의 관계를 놓고 말하면, 묵가의 학설은 진한秦漢 이후의 사회생활에 적응하지 못하였다. 장대년張岱年, 임계유任繼愈 선생은 이렇게 제기하였다. 진秦나라 이후의 사회는 정치적으로 고도로 집중되고 통일된 사회였고 당시의 분산된 농업자연경제는 이러한 상황과 매우 잘 통합되었으며 사회는 발전하고 번영하였다. 유학사상은 이러한 양자의 통합에 적응하였고 도움이 되었다. 하지만 묵자의 '겸애'사상은 가족, 가정 본위의 구조를 깨트릴 혐의가 있었고 특히 묵가의 조직, 유협遊俠 풍조와 변론의 특성은 농업문명의 대일통大一統 사회에 적합하지 않았으며 중앙집권적인 정부에 의하여 금지되었다. 예를 들면 바로 한漢대에 유협을 타격하였다. 따라서 묵가의 문화는 점차적으로 재야에서, 사회의 하층에서 유행하는 사상으로 변화하였고, 사회의 상층문화에서는 지위가 매우 낮았다.[50]

---

50) 「任繼愈教授的講話」, 「張岱年教授的講話」, 『墨子研究論叢』 1(山東大學出版社, 1991), 제28·43쪽 참조.

이 밖에 묵가에서 주장하였던 '두루 함으로써 구별을 바꾸는 것'(以兼易別)과 획일적인 '상동'사상은 다양화를 반대하였고 사회의 각 계층이 스스로의 바람을 나타냄에 적합하지 않았으며 오히려 사회의 모순을 격화시켰다. 묵가의 '상동'과 유가의 '화이부동'은 진한秦漢 이후 통치자가 요구하였던 집중과 같을 같다. 이는 바로 순자가 비판하였던 바이다. "묵자는 가지런한 것만 알고 두드러진 것은 알지 못하였고"(墨子有見於齊, 無見於畸) "가지런한 것만 알고 두드러진 것을 모르면 정령이 베풀어지지 않는다"(有齊而無畸, 則政令不施).

위정통韋政通 선생 등의 연구에 근거하면 내부적인 원인으로부터 볼 때 묵가 자체의 많은 결함들이 중도에서 맥이 끊어지게 하였다. 첫째, 묵자가 죽은 뒤 묵가는 '덕德'과 '업業'을 겸비한 수장이 없었는데 유가의 맹자·순자, 도가의 장자와 같은 대가급 인물이 묵가에는 없었다. 둘째, 묵가의 조직 내부에는 민주가 결핍하였다. 셋째, 그의 고행주의苦行主義, 자기희생은 사람들에게 받아들여지기 어려웠고 이상도 실현되기 어려웠다. 넷째, 묵가의 후세 묵협墨俠들이 진秦나라에 집중되었는데 '진나라를 둘러싼'(擁秦) 혐의가 있었고 지식인들 사이에서 명성이 좋지 않았다. 다섯째, 묵가의 후학 중에서 어떤 학자들의 궤변은 지나치게 미묘하였다.[51]

그리고 진한秦漢 이후 상층문화의 주류에는 정치를 중시하고 기술을 가볍게 여기며 '도道'를 중시하고 '기器'를 가볍게 여기는 경향이 나타나, 묵가의 자연과학사상 및 논리학 등의 발전에 적합한 토양이 사라지게 되었다. 하지만 묵가의 문화는 민간사회에서 여전히 작용을 발휘하였다. 과학적인 측면에서 위진魏晉 시기의 과학자 노승魯勝, 유휘劉徽에게 중대한 영향을 주었다. 도덕적인 측면에서 묵가의 괴로움과 고생을 참고 견디며 근검절약하고 두루 사랑하고 서로 이롭게 하는 사상은 중국이 근로자들에 외하여 계승되고 발양되었고 세상을 구하게 위한 헌신성신과 의지의 단련은 중화민족의 이상적인 인격에 대한 추구의 유기적인 구성부분으로 되었다. 묵가의 실천경험을 중시하고 실천을 강조하는 기풍은 청淸대 초기의 안원顏

---

51) 韋政通, 『中國哲學辭典』(世界圖書出版公司, 1993), 제712~715쪽 참조.

元, 이공李塨 학파에도 영향을 주었다. 묵자의 사상은 중국 도교의 흥기와 농민봉기에도 일정한 영향을 주었다.

청清대 이후 건가乾嘉 고증학이 흥기함에 따라 묵자의 정리와 연구는 점차적으로 회복되었다. 민국 시기 묵자의 연구는 크게 발전하였다. 1904년 양계초는 『신민총보新民叢報』에 「자묵자학설子墨子學說」 등의 글을 발표하여 묵가의 종교사상, 실리주의, 겸애학설이 구국에 있어서 좋은 방법임을 분명하게 주장하였다. 그는 이렇게 제기하였다. "오늘을 구하려면 오로지 묵학뿐이다."[52]

묵가의 사상은 오늘날에도 여전히 중요한 의의가 있다. 예를 들어 묵가에서 주장하였던 '겸애', '비공'의 사상은 오늘날 평화와 발전의 시대에 세계 여러 나라 사람들의 이익과 기대를 대표한 것이라 할 수 있다. 우리가 패권주의를 비판하고 정의롭지 않은 전쟁과 테러리즘을 제지하려면 여전히 묵가와 같이 사랑하는 마음과 피차 사이의 소통과 이해를 제창하여야 하고 국가, 민족, 종교 사이의 대화를 촉진하여야 하며 조화로운 중국, 조화로운 세계의 구축을 촉진하여야 한다. 이 밖에 묵가에서 창도하였던 근면, 절약은 오늘날의 중국에도 중요한 의의가 있다. 증국번曾國藩은 유서에서 "고됨을 익히면 신이 공경함"(習勞則神欽)을 강조하였고 우임금, 묵자가 모두 "지극히 근면함으로 몸을 바치고 지극히 검소함으로 백성을 구제함"(極儉以奉身, 極勤以救民)을 긍정하였다. 그가 보기에 이것이 바로 선비가 몸을 닦음에 있어서 가장 중요한 경로였다. 오늘날 우리는 청렴한 정치를 제창하고 정치의 덕을 강조하며 사치스럽게 낭비하는 풍조를 반대하는데 사회 전반 및 매 한 사람의 임직원을 놓고 말하면 묵가의 '근면'(勤), '검소'(儉)의 덕을 귀감으로 삼아야 한다.

---

52) 今欲救之, 厥惟墨學.

3장 장자의 지혜

    장자는 생몰년이 미상하고(약 BC.375~BC.300) 이름이 '주周'이며 송宋나라 몽蒙(지금의 하남 商丘 동북) 지방 사람이다. 장자는 제齊나라 선왕宣王, 위魏나라 혜왕惠王과 같은 시대의 사람이고 혜시惠施와 친구이다. 일찍이 몽 지방의 칠원리漆園吏를 지냈고 후에 정치를 혐오하게 되면서 벼슬길을 떠났으며 짚신을 짜서 먹고살았고 은거생활을 하였다.

    장자 및 그 학파 학술의 결정이 바로 고전『장자』이다. 이 책은 한漢대에 52편으로 되어 있었고 말이 많고 두서가 없었는데『산해경山海經』혹은 점몽서占夢書와 유사하였다. 위진魏晉시대로부터 지금까지 유행하는 통행본은 33편으로 되어 있고 이 가운데서 7편은 내편內篇, 15편은 외편外篇, 11편은 잡편雜篇이다. 송宋대로부터 일부 학자들이『장자』의 내편, 외편, 잡편의 구분과 진위 문제를 제기하였다. 내편의 언어풍격이 비슷하고 사상이 연관되어 있으며 독자적인 풍격을 이루기 때문에 장자가 직접 저작한 것이고 전반적인 내용의 핵심이라고 파악하는 것이 일반적이다. 외편과 잡편은 대부분 장자의 제자나 장자의 사상을 추종하는 후세의 사람들이 지은 것이라고 본다. 재미있는 것은 사마천이 장자의 저서가 십만 여 자라고 하면서 열거하였던 편명이 모두 외편과 잡편의「어부」편,「도척」편 등이었고 호북湖北에서 출토된 한漢대의 간백 자료는「도척」편이다. 소식蘇軾과 최근의 적지 않은 학자들은 외편, 잡편이 위서를 가리키는 것이 아닌지 의심하였다. 물론 이와 반대로 외편, 잡편이야말로 장자가 직접 저술한 것임을 입증하고자 하는 사람도 있다. 따라서『장자』의 형성과 발전과정에 관해서는 더 많은 문헌적인 자료가 출토되어 검증되고, 한 걸음 더 나아가 깊이 있게 탐구되어야 한다.

『장자』는 '우언寓言', '중언重言', '치언巵言'을 주요한 표현형식으로 한다. "우언십구寓言十九"는 절대 대부분이 우화라는 의미이다. '우언'이란 말은 여기에 있지만 뜻은 저기에 있는 것이다. 저자는 강신, 바다신, 구름신, 원기 심지어 올빼미, 까마귀, 너구리, 원숭이, 산신, 물귀신을 빌려 이야기를 꾸밈으로써 일정한 도리를 설명하였다. '중언이란 옛 성인 혹은 당시 명인들의 말을 빌리거나 혹은 따로 고대의 "오유선생烏有先生"을 만들어 견해를 피력함으로써 그들이 서로 변론하도록 하였는데 좋을 수도 있고 나쁠 수도 있으며 일정한 논의가 없다. 하지만 매 하나의 상황에는 모두 장자가 숨어 있다. 일설一說에 의하면 '치巵'는 술잔이고 술잔이 가득차면 기울어지고 술잔이 비면 나동그라지며 채우고 비움은 사물에 맡기고 기울어지고 나동그라짐은 사람에 따른다. '치언'은 마음이 없이 하는 말 혹은 술을 마신 뒤의 말로서 매우 강한 주관성을 띠지 않는다. 일설에 의하면 '치'는 깔때기이고 '치언이란 깔때기식의 말이다. 깔때기가 비면 바닥이 없는데 선입견이 없는 말을 은유한 것이다. 장자가 말한 말들은 다만 부동한 시각에서 대자연을 대신하여 부동한 목소리를 털어놓은 것이다. 『장자』의 암시는 끝없이 넓고 무궁무진한 측면을 포괄하며 사람들에게 넓은 사상의 공간을 마련해 주기 때문에 여러 층의 창의적인 해석이 가능하다. 여기서는 잠시 『장자』를 장자 및 그 학파의 사상을 파악할 수 있는 자료로 간주하도록 하고 이하에서 말하는 장자는 장자 및 그 학파를 가리킨다.[1]

1. '도'에 대한 논의

우리는 본체론의 방법 혹은 우주생성론의 방법으로 장자의 '도'를 이해할 수

---

1) 이 장에서 인용한 『莊子』는 郭慶藩이 편집한 『莊子集釋』(中華書局, 1982)임을 밝혀 둔다. 또한 이 장에 나오는 많은 인용문과 해석은 張黙生 원저, 張翰勳 교주의 『莊子新釋』(齊魯書社, 1993)을 참조하였다.

있다.[2]

1) 장자의 '도'는 우주의 본원이고 또한 초월성을 가지고 있다

무릇 도는 실질이 있고 미더움이 있으나 무위하고 무형이다. 그것을 전할 수는
있어도 받을 수가 없고 터득할 수는 있어도 볼 수는 없다. 스스로 뿌리가 되고
아직 천지가 있기 전인 태고 때부터 원래 있었다. 귀신을 신령스럽게 해 주고
하느님을 신령스럽게 해 주며 하늘을 낳고 땅을 낳았다. 태극 위에 있지만 높지
않고 육극 아래에 있지만 깊지 않다. 천지에 앞서 생겨났지만 오래되지 않았고
태고보다 어른이지만 늙지 않았다.[3]

여기서는 '도'가 무위하고 무형이지만 또한 진실하고 객관적이며 독립적이고
외물에 의존하지 않으며 스스로 자신의 근거가 되고 논리적인 선재성과 초월성을
가지고 있으며 기묘하여 예측하기 어렵고 천지만물을 만들어 내는 기능과 작용을
가지고 있는 본체임을 표명하였다. 이 '도'는 시공간 안에 존재하지 않는데 공간을
초월하여 '높고' '깊음'이 없고 또한 시간을 초월하여 '오래됨'과 '늙음'도 없다.
  "천지가 생겨나기 전에 생겨난 것이 사물이겠는가? 물물자 즉 사물이 사물이게
끔 하는 도는 사물이 아니고 사물은 사물의 발생 근원인 도보다 먼저 생겨나지
못하는데 그것은 도가 변하여 사물이 되기 때문이다. 도가 변하여 사물이 되기
때문에 사물은 끝없이 발생한다."[4] '도'는 사물보다 먼저 생겨났고 만물을 생겨나게
하며 만물이 만물이게끔 하는 그 '물물자' 즉 '본근本根'이다. 그것은 '사물'이 아니고

---

2) 『莊子』의 '도'에 관해서는 崔大華의 『莊學硏究』(人民出版社, 1992)의 제118~128쪽; 劉笑敢
   의 『莊子哲學及其演變』(中國社會科學出版社, 1988)의 제102~122쪽; 陳鼓應의 『老莊新論』
   (上海古籍出版社, 1992)의 제185~208쪽 참조.
3) 『莊子』, 「大宗師」, "夫道有情有信, 無爲無形. 可傳而不可受, 可得而不可見; 自本自根, 未有天
   地, 自古以固存; 神鬼神帝, 生天生地; 在太極之先而不爲高, 在六極之下而不爲深, 先天地生而不
   爲久, 長於上古而不爲老." 이하에서 『莊子』를 인용할 때 편명만 밝히도록 한다.
4) 「知北遊」, "有先天地生者, 物邪? 物物者非物, 物出不得先物也, 猶其有物也. 猶其有物也, 無已."

즉 '비물非物'이고 '도'이다. '도'가 만물을 생겨나게 하기 때문에 만물은 끊임없이 생존한다.

이 '도'는 "시작이 아직 시작되기 이전"(未始有始)과 "없음이 시작되기 이전"(未始有無)이다. "시작이 있으면 시작이 아직 시작되기 이전이 있을 것이고, 시작이 아직 시작되기 이전마저 아직 시작되기 이전이 있을 것이다. 있음이 있다면 없음이 있을 것이고, 또 없음이 시작되기 전이 있을 것이고, 그 전에는 없음이 시작되기 전의 이전이 있을 것이다. 그런데 그런 이치와 관계없이 느닷없이 없음이 있다고 한다면 있음과 없음 가운데 과연 어떤 것이 있는 것이고 어떤 것이 없는 것인지 모른다."[5] 우주는 시작이라는 것이 없고 또한 끝남이라는 것도 없는데 이는 바로 "도에 시작과 끝이 없기"(道無終始) 때문이다.

「어부」편에서 저자는 공자의 입을 빌려 이렇게 말하였다. "도는 만물의 근원이고 모든 사물은 그것을 잃으면 죽고 그것을 얻으면 산다. 일을 처리할 때에도 그것을 거스르면 실패하고 그것을 따르면 성공한다. 그러므로 도가 있는 곳이라면 성인은 그곳을 존중한다."[6] '도'는 만물의 근본이고 각 만물의 근거이다. "밝은 것은 어두운 것에서 생겨나고 유형의 것은 무형에서 생겨나며 정신은 도에서 생겨나고 형체는 본래 정에서 생겨나는데 만물은 형체로써 서로를 생성한다.……하늘은 그것을 얻지 못하면 높아질 수 없고 땅은 그것을 얻지 못하면 넓어질 수 없으며 해와 달은 그것을 얻지 못하면 번창할 수 없다. 이것이 바로 도이다!"[7] 분명한 것은 어두컴컴한 것에서 생겨나고 형체가 있는 것은 형체가 없는 것에서 생겨나며 정신은 도에서 비롯하고 형체는 정기精氣에서 비롯하며 만물은 부동한 형체로써 교접하고 서로 생겨난다. 하늘은 '도'가 없으면 높지 않고 땅은 '도'가 없으면 넓지 않으며 해와 달은 '도'가 없으면 운행할 수 없고 만물은 '도'가 없으면

---

5) 「齊物論」, "有始也者, 有未始有始也者, 有未始有夫未始有始也者. 有有也者, 有無也者, 有未始有無也者, 有未始有夫未始有無也者. 俄而有無矣, 而未知有無之果孰有孰無也."

6) 且道者, 萬物之所由也, 庶物失之者死, 得之者生, 爲事逆之則敗, 順之則成. 故道之所在, 聖人尊之

7) 「知比遊」, "夫昭昭生於冥冥, 有倫生於無形, 精神生於道, 形本生於精, 而萬物以形相生……天不得不高, 地不得不廣, 日月不得不行, 萬物不得不昌. 此其道與!"

번창할 수 없는데 모든 것들은 모두 '도'에 의거하고 '도'에 의하여 결정된다.

2) 장자의 '도'는 보편성을 가지고 있고 매 사물 안에 내재되어 있다

"도라는 것은 만물을 떠받들고 있고 그것은 어마어마하게 크다! 군자는 마음을 텅 비우지 않을 수 없다. 무위로 그것을 실행하는 것을 천天이라고 하고, 무위로 그것을 말하는 것을 덕德이라 하며, 사람을 사랑하고 사물을 이롭게 하는 것을 인仁이라 하고, 다른 것을 같은 것으로 묶는 것을 대大라고 하며, 남다른 특이한 행동을 하지 않는 것을 관寬이라 하고, 온갖 다른 것을 포용하는 것을 부富라고 한다."[8] '고劌'는 없앤다는 의미이다. '고심劌心'은 이기적이고 지혜를 사용하는 마음을 버린다는 것이다. '애崖'는 기슭이고 한계라는 의미이다. 여기서는 스스로 남다른 행동을 하지 않고 사물과 나 사이에 틈이 없는 것을 관용이라 말하였다. 전체 구절의 의미는 '도'가 광대하고 포용하며 되는 대로 내버려둔다는 것이다. 만물을 포용하고 무위의 방식으로써 일을 행하며 사사로움이 없는 군자는 '도'의 풍격을 가지고 있고 '도'에 접근할 수 있다.

"도가 아무리 거대한 것이라고 하여도 도중에 포기하지 않고 아무리 미세한 것이라 하여도 빠뜨리지 않기 때문에 만물에 모두 갖추어져 있다. 넓디넓어서 포용하지 않음이 없고 깊디깊어서 헤아릴 수 없다."[9] '도'는 거대하여 포함하지 않음이 없고 미세하여 들어가지 않음이 없으며 만물을 관통하고 천지를 포괄하며 두루 포함하고 크고 작은 것을 남김이 없으며 너그러울 뿐더러 또한 심원하다. 만물은 모두 '도'를 갖추고 있고 '도'는 모든 만물에 내재되어 있다. '도'가 없으면 만물은 만물이 될 수 없다.

'도'는 없는 곳이 없다. '도'는 심지어 저속하고 불결한 사물에도 존재한다.

---

8) 「天地」, "夫道, 覆載萬物者也, 洋洋乎大哉! 君子不可以不劌心焉. 無爲爲之之謂天, 無爲言之之謂德, 愛人利物之謂仁, 不同同之謂大, 行不崖異之謂寬, 有萬不同之謂富."
9) 「天道」, "夫道, 於大不終, 於小不遺, 故萬物備. 廣廣乎其無不容也, 淵乎其不可測也."

"동곽자가 장자에게 물었다. '도라는 것이 어디에 있습니까?' 장자가 답하였다. '없는 곳이 없습니다.' 동곽자가 말하였다. '예를 들어 말해주십시오.' 장자가 말하였다. '땅강아지나 개미에게 있습니다.' '어떻게 그렇게 하찮은 것을 예로 듭니까?' '돌피에 있습니다.' '어떻게 갈수록 하찮은 것을 예로 듭니까?' '기와나 벽돌에 있습니다.' '어떻게 갈수록 더 심한 것을 예로 듭니까? 똥이나 오줌에 있습니다.'"10) '도'는 없는 곳이 없다. 여기서는 '범도론汎道論'의 의미가 강하다. 진고응은 이렇게 제기하였다. "장자의 도는 결코 허공에 걸려 있는 개념이 아니라 모든 만물에 보편적으로 내재되어 있는 것이다."11) 만물이 모두 '도'를 구비하고 있고 '도'는 모든 만물에 내재되어 있다. '도'가 없으면 만물은 만물이 될 수 없다.

3) 장자의 '도'는 하나의 총체이고 그 특성은 '통함'이다

"도는 처음부터 한계가 없고 처음부터 정해진 기준이 없지만 자기가 옳다고 여기기에 그로부터 구분이 생겨난다."12) '도'는 하나로 혼합되어 이루어진 것이고 어떤 분리도 없고 어떠한 한계, 경계도 없다. '도'는 원만하고 만물을 포함하고 숨기지 않음이 없는데 '천부天府'라 할 수 있다. 동시에 "사물에는 본래 그런 부분이 있고 사물에는 본래 옳은 부분이 있다. 그렇지 않은 사물이 없고 옳지 않은 사물도 없다. 그러므로 이 때문에 작은 풀줄기와 큰 기둥, 보기 흉한 문둥이와 아름다운 서시, 거대한 것, 갑작스럽게 변하는 것, 교묘하게 속이는 것, 이상야릇한 것 등이 도에서 하나로 통한다. 한 사물의 해체는 다른 사물을 이룸이고 한 사물의 형성은 다른 사물의 훼멸이다. 무릇 사물에는 완성도 없고 파괴도 없으며 다시 하나로

---

10) 「知北遊」, "東郭子問於莊子曰: '所謂道惡乎在?' 莊子曰: '無所不在.' 東郭子曰: '期而後可.' 莊子曰: '在螻蟻.' 曰: '何其下邪?' '在稊稗.' 曰: '何其愈下邪?' 曰: '在瓦甓.' 曰: '何其愈甚邪?' 曰: '在屎溺.'"

11) 陳鼓應, 『老莊新論』(上海古籍出版社, 1992), 제188쪽, "莊子的道並非掛空的概念, 而是普遍地內化於一切物."

12) 「齊物論」, "夫道未始有封, 言未始有常, 爲是而有畛也."

뭉뚱그려진다."[13] 여기서는 세상의 사물들이 모두 존재하는 원인, 합리성과 가치가 있고 매 하나의 개체의 기질과 운명은 천차만별이지만 어떠한 차별이 있든, 혹은 형성되고 혹은 훼손되며 여기서 이루어지고 저기서 훼멸되든지를 막론하고 '도'의 측면에서는 결코 부족함이 없고 만물은 모두 서로 적응하고 소통하며 가치상으로는 일치함을 말하였다. 다시 말하면 풀줄기는 작고 기둥은 크지만, 문둥이는 보기 흉하고 서시는 아름답지만, 인위적으로 간섭하지 않고 그대로 내버려 두고 사물에 따라 사물을 교부하며 만물이 스스로 쓰이도록 내버려 두고 각자 그 쓰임을 다하고 각자의 본성을 이룰 수 있다면, 모두 의미가 있고 가치가 있다는 것이다. 만사는 쓰이지 않음 속에 늘 그 쓰임이 깃들어 있고, 날마다 쓰는 것은 바로 세속에서 통용될 수 있는 바이며, 세속에서 통용될 수 있는 바는 반드시 서로 편안하고 서로 이익을 얻는 것이다. '도'는 하나의 총체이고 만물을 관통한다. 장자가 말하는 '일一', '통通', '대통大通'은 모두 '도'이다. 만물은 '도'의 측면에서 '대통으로 되돌아가고'(返於大通) '대통과 같아진다'(同於大通).

4) 장자의 '도'는 '스스로 근본이 되는 것이다'

앞에서 인용하였던 「대종사」편의 "스스로 뿌리가 되고 아직 천지가 있기 전인 태고 때부터 원래 있었다"[14]를 제외하고 「지북유」에서도 큰 단락으로 이렇게 말하였다. "지금 천지의 신명과 순수한 정기는 만물과 함께 온갖 형태로 변해 간다. 이에 사물은 죽기도 하고 살기도 하며 네모나게 되기도 하고 둥글게 되기도 하지만 그 원인을 알지 못하고 두루 퍼져 있는 만물은 옛날부터 본래 존재하였다. 육합이 거대하지만 그 속에서 벗어나지 못하고 추호는 작지만 그것에 의거해야만 개체를 이룰 수 있다. 천하는 이런저런 모습으로 변화하지 않는 것이 없기에 끝까지

---

13) 「齊物論」, "物固有所然, 物固有所可. 無物不然, 無物不可. 故為是舉莛與楹, 厲與西施, 恢恑憰怪, 道通爲一. 其分也, 成也; 其成也, 毀也. 凡物無成與毀, 復通爲一."
14) 自本自根, 未有天地, 自古以固存.

같은 모습을 가지고 있는 것은 없고 음양과 사시의 운행은 각자 질서를 가지고 있다. 어렴풋하여 없는 것 같지만 존재하고 감쪽같이 형체가 드러나지 않지만 신비로우며 만물이 그것으로 길러지지만 알지 못한다. 이것을 근본이라 하고 하늘로부터 볼 수 있다."15) 여기서는 조화가 신묘하여 추측할 수 없고 만물의 변화가 무궁하게 함을 말하였다. 만물은 죽기도 하고 살기도 하며 네모나기도 하고 둥글기도 한데 그러한 원인을 알지 못한다. 천하의 만물은 변화하지 않는 것이 없다. 음양과 사시의 운행에는 또한 질서가 있다. 이러한 변화와 변화 가운데의 질서는 모두 어렴풋하고 없는 듯하지만 존재하는 '도'에서 근원한다. '도'의 신묘한 쓰임은 흔적이 보이지 않고 만물은 그것에 의거하여 길러지지만 스스로 알지 못한다. '도'는 일체의 근본이다. '도'는 어떠한 사물에도 의거하지 않고 스스로 성립하고 만물을 생겨나게 하며 천하의 만물은 '도'의 의거하여 변화하고 발전한다. 천지의 거대함과 추호의 미세함 및 그 흥망과 성쇠의 변화는 모두 '도'의 작용을 떠나지 못한다. '도'는 천지만물의 천변만화에 참여하고 끊임없는 변화의 근본적인 근거이다. '도' 자체가 스스로의 원인이고 또한 우주를 생성하게 하는 원인임을 볼 수 있다. 만물이 '도'에 의거하여 변화를 생성하는 것으로부터 '도'가 우주의 '근본'임을 알 수 있다.

5) 장자의 '도'는 감지하거나 말로 설명할 수 없다

'도'는 객관적으로 유행하는 물체일 뿐만 아니라 또한 주관적인 정신의 경지이고 자연스럽고 무위하며 만물을 너그럽게 받아들이는 특성은 또한 인간의 최고 경지이다. 「지북유」편에서 저자는 '태청泰淸', '무궁無窮', '무위無爲', '무시無始' 네 사람의 대화를 빌려서 '도'를 은유하였다. '태청'은 글자 그대로 아직 혼돈을 알기에

---

15) 「知比遊」, "今彼神明至精, 與彼百化, 物已死生方圓, 莫知其根也, 扁然而萬物自古以固存. 六合爲巨, 未離其內; 秋豪爲小, 待之成體. 天下莫不沈浮, 終身不故; 陰陽四時運行, 各得其序. 惛然若亡而存, 油然不形而神, 萬物畜而不知. 此之謂本根, 可以觀於天矣."

충분하지 않은 '도'이다. 이 단락의 대화에서 '무위' 선생은 단지 '도'가 운행하는 법칙을 알고 있다. '도'에 시작과 끝이 없고 감지할 수 없으며 말할 수 없음을 진정으로 이해한 것은 '무궁', '무시' 선생이다. 태청이 물었다. "선생님은 도를 압니까?"(子知道乎) 무궁이 답하였다. "나는 알지 못합니다."(吾不知) 무시가 말하였다. "도는 들을 수 없는데 들었다면 그것은 잘못된 것이고, 도는 볼 수 없는데 보았다면 그것은 잘못된 것이며, 도는 말할 수 없는데 말한다면 그것은 잘못된 것입니다. 형체가 있는 것을 형체가 있도록 만드는 것은 형체를 드러내지 않는다는 사실을 알 수 있을 것입니다! 도에는 이름을 붙일 수 없습니다."[16] 또 말하였다. "도를 물을 때 대답하는 자가 있다면 도를 모르는 것입니다. 도를 물었던 자도 또한 도에 대하여 듣지 못합니다. 도는 물을 수 없고 묻는다 하여도 대답이 없습니다. 물을 수 없어도 묻는다면 이는 공허한 물음이고, 대답할 수 없어도 대답한다면 이는 내용이 없는 것입니다. 내용이 없는 것으로써 공허한 물음에 대답한다면 그런 사람은 밖으로는 우주를 보지 못하고 안으로는 태초를 알지 못합니다."[17] 물을 수 없는데 억지로 물으려고 하는 것을 '문궁問窮'이라고 하는데, '궁窮'은 바로 빈 것이다. 대답할 수 없어도 마지못해 대답하는 것을 '무내無內'라고 한다. 같은 편에서는 또한 '지知', '무위위無爲謂', '광굴狂屈', '황제皇帝' 네 선생의 이름을 빌려 대화하였다. '지' 선생이 질문하였다. "무엇을 생각해야 도를 알 수 있습니까? 어디에 머물러야 도를 편안하게 받아들일 수 있습니까? 무엇을 따라야 도를 얻을 수 있습니까?"(何思何慮則知道? 何處何服則安道? 何從何道則得道?) 이 말의 뜻은 어떻게 생각하고 어떻게 고려하여야 비로소 도를 알 수 있는가, 어떻게 일을 처리하고 어떻게 실행하여야 도에 부합할 수 있는가, 무엇에 의거하고 어떤 경로를 통하여야만 도를 얻을 수 있는가를 묻는 것이다. 이러한 세 가지 질문에 대하여 '무위위'

---

16) 「知北遊」, "道不可聞, 聞而非也; 道不可見, 見而非也; 道不可言, 言而非也. 知形形之不形乎! 道不當名."

17) 「知北遊」, "有問道而應之者, 不知道也. 雖問道者, 亦未聞道. 道無問, 問無應. 無問問之, 是問窮也; 無應應之, 是無內也. 以無內待問窮, 若是者, 外不觀乎宇宙, 內不知乎太初."

선생은 한마디도 하지 않았는데, "대답을 하지 않은 것이 아니라 어떻게 답해야 할지 몰랐던 것이다"(非不答, 不知答也). '지' 선생은 영문을 몰라서 '광굴' 선생을 만나자 똑같이 세 가지로 질문하였다. '광굴' 선생은 내가 아니까 그대들에게 알려 주겠다고 하였다. '광굴' 선생은 갑자기 멈추더니 "마음속으로 말하려다가 그만 하려던 말을 잊어버리고 말았다"(中欲言而忘其所欲言). '지' 선생은 제왕의 궁전으로 돌아가 '황제' 선생에게 물어보았다. '황제'는 이렇게 대답하였다. "아무것도 생각하지 않아야 비로소 도를 알 수 있고, 어디에도 머무르지 말아야 비로소 도를 편안하게 받아들일 수 있으며, 아무것도 따르지 말아야 비로소 도를 얻을 수 있다."(無思無慮始知道, 無處無服始安道, 無從無道始得道) '지' 선생은 기뻐하면서 우리 둘은 알고 있지만 그들('무위위'와 '광굴')은 아직 알지 못한다고 말하였다. 황제가 말하기를 '무위위'는 실제로 알고 '광굴'은 비슷하지만 우리 둘은 사실 근접하지도 못하였다고 하였다. '도'는 자연스럽고 본래 무위하며 언어로써 표현하고 한정지을 수 있는 것이 아니다.

하지만 '도'는 인간의 생명으로써 체험할 수 있다. 위에서 논의하였던 '무궁', '무시', '무위' 선생 및 「대종사」편에 나오는 '진인眞人', 「소요유」편에 나오는 '천인天人', '신인神人', '지인至人', '성인聖人' 등은 모두 '도'가 구체화된 것이다. '도'가 우주만물의 궁극적인 근원일 뿐만 아니라 동시에 또한 인간의 정신적인 추구의 가장 높은 경지이기 때문이다. 「천하」편에서는 '관윤關尹', '노담老聃'을 "옛날의 박식하고 위대한 진인"(古之博大眞人)이라 칭송하였는데, 그들은 세상의 물욕이 없고 스스로 신명神明과 함께 살며 옛날 도술道術의 전체를 알기 때문이다. "영원한 무를 내세우고 태일을 핵심으로 삼았으며 겉으로 드러난 모습은 유약하고 겸손하였고 텅 빈 마음으로 만물을 훼손하지 않는 것을 실로 삼았다."[18] "만물에 항상 관용을 베풀었고 다른 사람의 것을 빼앗지 않았으니 최고라고 할 수 있다."[19] 「천하」편에서는 장자를 이렇게 칭송하였다. "홀로 천지의 정신과 왕래하면서 만물에 대하여 오만하

---

18) 建之以常無有, 主之以太一; 以濡弱謙下爲表, 以空虛不毀萬物爲實.

19) 常寬容於物, 不削於人, 可謂至極.

거나 무시하지 않았고 옳고 그름을 따지지 않았으며 세속의 사람들과 함께 살았다.…… 위로 조물주와 함께 노닐고 아래로는 삶과 죽음을 도외시하고 시작과 끝이 없다고 여기는 사람을 친구로 삼는다. 근본으로서의 '도'에 대하여 대담하고 탁 트였으며 심원하고 자유분방하였으며 '도'에 대한 탐구는 논리가 분명하였고 최고의 경지에 도달하였다."[20] 「천하」편에서 구가하였던 '관윤', '노자', '장자'는 바로 '도'가 화생化生한 것이었다.

2. 노자와 장자 도론의 연관과 구별

노자와 장자의 '도론'에 많은 같은 점 혹은 연관되는 부분이 있음은 의심할 여지가 없다. 예를 들어 장자의 '도론'이 노자에서 비롯하여 발전한 것이고 노자와 장자의 '도'의 함의에 같은 부분이 적지 않게 들어 있음은 이미 학계의 정설로 되었다. 장묵생張黙生은 이렇게 말하였다. "『노자』의 저자는 최초로 '도'의 의미를 발휘하였을 뿐만 아니라 매우 보편적으로 설명하였다. 장자에 이르러서는 더욱 생기가 넘치는 도가 발굴되었고 『노자』의 저자와 비교해 볼 때 더욱 발전하였다."[21] 왕숙민王叔岷에 의하면 '도道', '상常', '반反', '명明', '화和' 등의 문제에 관하여 "장자가 말한 것이 비록 노자가 말한 것보다 더욱 심오하고 정밀하며 또한 더욱 광범위하지만 결국 노자에서 비롯하였다. 이것이 사마천이 말한 '근본적인 요체는 노자의 말로 귀결된다'(要其本歸於老子之言)는 것이다. 장자의 사상이 노자를 초월할 수 있었던 것은 노자와 비교할 때 더욱 생동하고 얽매이지 않았기 때문이다."[22] 노자의 '도'에

---

20) 「天下」, "獨與天地精神往來, 而不敖倪於萬物, 不譴是非, 以與世俗處,…… 上與造物者遊, 而下與外死生無終始者爲友. 其於本也, 宏大而辟, 深閎而肆; 其於宗也, 可謂稠適而上遂矣."

21) 張黙生 원저, 張翰勛 교주, 『莊子新釋』(齊魯書社, 1993), 제36쪽, "『老子』著作是最先發揮道之意義的, 且說得亦極周遍; 至莊子更將活潑潑的道體揭出, 較『老子』著者尤爲精進."

22) 王叔岷, 『先秦道法思想講稿』(臺北中央研究院 中國文哲研究所, 1992), 제77쪽, "莊子所言雖較老子更深入精細, 亦更廣泛, 但總淵源於老子. 此司馬遷所謂要其本歸於老子之言.' 莊子思想之

관하여 왕숙민은 다음과 같이 일곱 가지로 요약하였다. '도'는 천지만물을 주재하고 영원한 존재이며 말로 형용할 수 없고 끊임없이 운행하며 실제로 존재하고 자연을 본받으며 '덕'의 근본이라는 것이다. 또 이렇게 말하였다. "장자는 '도가 없는 곳이 없다'"23)고 하였다. 이는 노자가 미처 언급하지 않았던 것이다. 이에 근거하면 노자와 장자가 말하는 도에는 여덟 가지 의미가 포함되어 있다."24)

노자와 장자 '도론'의 다른 점, 차이 혹은 구별에 대한 학계의 연구는 이미 적지 않다. 예를 들어 서복관徐復觀은 이렇게 제기하였다. "장자의 주요한 사상은 노자의 객관적인 도를 내재화하여 인생의 경지로 끌어올림으로써 객관적인 정, 신도 내재화하여 마음활동의 성격으로 간주하였다." "노자와 비교할 때 장자는 형이상의 의미가 비교적 약하다."25) 진고응陳鼓應이 보기에 노자와 장자는 모두 '도'가 실제적으로 존재하고 천지만물의 근원임을 주장하였고 장자가 비록 노자를 계승하였지만 "노자의 '도'와 장자의 '도'는 내용적인 함의에서 매우 큰 다른 점이 있다. 개략적으로 말하면 노자의 '도'에는 본체론과 우주론의 의미가 비교적 강하지만 장자는 이를 마음의 경지로 전환시켰다. 다음으로 노자는 특히 '도'의 '반대되는' (反) 법칙 및 '도'의 무위하고 다투지 않으며 부드럽고 뒤에 처하고 겸손하게 자기를 낮추는 특징을 강조하였지만 장자는 이러한 개념들을 모두 지양하였고 경지의 초월을 추구하였다."26) 엽해연葉海煙은 이렇게 말하였다. "장자의 철학과 노자의

所以超越老子, 在其較老子更空靈超脫也."

23) 「知北遊」, "道無不在." 장자는 도가 땅강아지나 개미, 돌피, 기와나 벽돌, 똥이나 오줌에 있다고 하였다.

24) 王叔岷, 『先秦道法思想講稿』(臺北中央研究院 文哲研究所, 1992), 제39쪽, "庄子言道无不在(「知北游篇」, 庄子謂道在螻蟻, 稊稗, 瓦甓, 屎溺) 此老子所未涉及者. 据此, 老, 庄所謂道, 盖有八義矣."

25) 徐復觀, 『中國人性論史─先秦篇』(臺灣常務印書館, 1987), 제387쪽, "莊子主要的思想, 將老子的客觀的道, 內在化而爲人生的境界, 於是把客觀性的精, 神, 也內在化而爲心靈活動的性格."; 제390쪽, "莊子較老子, 形上意味較輕."

26) 陳鼓應, 『老莊新論』(上海古籍出版社, 1992), 제185쪽; 진고응, 白奚, 『老子評傳』(南京大學出版社, 2001), 제276쪽, "老子的道 和莊子的道, 在內涵上有著很大的不同. 槪略地說, 老子的 '道', 本體論與宇宙論的意味較重, 而莊子則將它轉化而爲心靈的境界. 其次, 老子特別強調道的 '反'的規律, 以及 '道的無爲, 不爭, 柔弱, 處後, 謙下等特性, 莊子則全然揚棄這些概念, 而求精神境界的超升." 『老子評傳』에서는 노자의 사회정치적인 측면에서의 유연한 책략 및 그 활

철학 사이에는 확실히 매우 큰 차이가 존재하는데 예를 들어 두 사람은 '도'에 대하여 부동한 관점을 가지고 있다. 노자는 '도'의 초월성과 만물을 창조하는 현묘한 작용을 강조하였지만 장자는 '도'가 만물에 편재하여 있고 이미 천지 사이에서 덕을 갖춘 실존성임을 긍정하였다.…… 장자는 노자에 대하여 초월한 부분이 있는데 우선 소요유를 꼽아야 할 것이다. 하나의 '유'자로 장주지몽의 본의를 설명해낸 것 같다.…… 장자사상의 해박함과 잡다함이 노자를 훨씬 초월함은 분명하다."[27]

1) 노자와 장자 도론의 동질성

　노자와 장자 도론의 연관성 혹은 동질성에는 다음과 같은 몇 가지 측면이 포함된다.

　첫째, 노자와 장자 '도'의 범주의 기본적인 함의가 서로 같거나 혹은 비슷하다. 앞에서 인용하였던 『장자』 「대종사」의 "유정유신有情有信"장은 『노자』 제21장에서 기원한다. "그윽하고 어두우니 그 가운데 실정이 있고 실정은 매우 진실하니 그 가운데 믿음이 있다."[28] '정情'자와 '정精'자는 통가자通假字이다. 노자, 장자 '도'의 범주가 가지고 있는 본체적인 의미, 실존적인 의미, 보편적인 의미, 절대적인 의미, 시공을 초월하는 의미, 전체적인 의미, 자체에 있는 근본적인 의미 및 무한적인 의미 등의 기본적인 함의는 대체로 일치하거나 혹은 비슷하다. 진고응이 보기에 '도'의 전체적인 특성은 바로 장자가 최초로 제기한 것이고 "이 관념은 노자의 철학에는 없었던 것"이다.[29] 하지만 실제로 노자의 '도', '상도常道', '천지도天之道',

　용이 장자에는 없음을 강조하였다.
27) 葉海煙, 『老莊哲學新論』(臺北文津出版社, 1997), 제13쪽, "莊子哲學和老子哲學之間確實存在著重大的差異, 例如二人對道便有不同的看法: 老子強調道的超越性與創生萬物的玄妙作用, 而莊子則肯定了道遍在於萬物, 並已然具德於天地之中的實存性……莊子對老子超萬之處, 應首推其逍遙之遊, 一個遊子似乎可道盡莊周本懷……莊子思想的博與雜顯然遠遠超過老子."
28) 『老子』, 제21장, "窈兮冥兮, 其中有精; 其精甚眞, 其中有信."
29) 陳鼓應, 『老莊新論』(上海古籍出版社, 1992), 제1856쪽, "這個觀念爲老子哲學所無."

'성인지도聖人之道'는 바로 환도圜道이고 전체적인 것이다.[30]

둘째, 노자와 장자 '도론'의 기본적인 구조는 서로 같거나 혹은 비슷하다. 이는 바로 여기서 말하는 본체론, 우주생성론 혹은 본체－우주론의 이론적인 구조이다. 장자는 노자의 본체론, 우주생성론의 영향을 크게 받았다.

셋째, 노자와 장자가 '도'를 체득하는 방법 혹은 그 사유의 방법론이 서로 같거나 혹은 비슷한데 모두 생명으로 체험하고 특히 반대방향(反向) 혹은 부負의 방법을 사용한다.

넷째, 노자와 장자 '도론'의 중요한 부분으로서 인생수양의 공부와 경지론은 서로 같거나 혹은 비슷하다.

제자백가의 기타 여러 학파, 고대 그리스의 철학과 서로 비교할 때 노자와 장자의 '도론'이 대동소이함은 의심할 여지가 없다. 노자와 장자는 모두 '도'가 우주, 사회, 인간과 만사만물에 공통된 보편적인 원리임을 인정한다. '도'는 만물이 생겨나고 발전하는 근거이고 체體이며 체와 용이 일치한 것이고 스스로 원인이 되어 움직인다. '도'에는 주재의 함의와 유행의 함의가 포함되어 있고 현실에서의 유행과 주도, 주체는 둘이 아니다. '도'는 과정이고 만물을 초월하고 시종일관 움직이지 않는 실체가 아니라 모든 사물 및 그 운동 가운데에 편재해 있다. '도'와 '언言'의 긴장관계로 말하면 '도'는 부동한 언설(신체적인 언어를 포함)로써 표현해 내야 하지만 어떠한 제한적인 명언, 개념과 언설로도 무한한 '도'를 철저하게 파헤칠 수 없고 '도'의 방식과 방법은 부정적이고 교묘하게 속이며 허무를 용用으로 한다. '도'는 또한 인생의 경지이고 '도'를 체득하려면 수행이 필요하다. '도론'은 생명체험의 철학이고 매 하나의 현실적인 인간은 모두 제한적인 생명의 수행과 인생의 실천을 통하여 우주 전체의 무한하고 절대적인 '도'를 인식하고 깨닫고 접근할 수 있다. 노자와 장자의 '도론'은 모두 시詩의 철학이고 동양지혜의 매력을 보여주었다. 따라서 도가의 '도' 및 '도론'과 플라톤의 공상共相 관념, 아리스토텔레스의

---

30) 詹劍峰, 『老子其人其書及其道論』(華中師範大學出版社, 2006), 제121~122쪽.

로고스, 상제 및 실체實體의 학설은 모두 다르다.

2) 노자와 장자 도론의 차별성

노자와 장자 도론의 구별과 차이는 다음과 같은 몇 가지 측면에서 나타난다.

첫째, 노자와 장자 '도론'의 본체론, 우주론, 경지론의 함의 혹은 이론구조는 대체적으로 동일하지만 치중점은 서로 같지 않다. 노자는 우주생성론 혹은 본체−우주론(본체−사회론)에 치중하였고 사회정치, 인생, 형이하의 측면에서 전개하기에 유리하다. 물론 장자의 '도론'에도 우주론, 사회정치론이 포함되어 있지만 발달되지 않았고, 정신적인 수양의 공부론과 경지론 특히 자유로운 정신과 절대적인 자유의 마음경지에 대한 추구의 측면에 치중하였다.

둘째, 비교하여 말하면 노자의 '도론'이 창작성이 더 강하고 더욱 간결하며 포용적이고 암시적이어서 포함하는 범위가 더욱 넓다. 장자가 다만 노자에 대하여 주석을 달았다고 할 수는 없지만 그렇다고 장자의 발명을 지나치게 과장할 수도 없다.

셋째, 정신적인 경지에서는 장자가 더욱 성숙하였다. "노담, 관윤은 여전히 '도'의 정밀함과 거침, 체와 용에 나뉘려는 기미가 있음을 주목하였고, 장주는 정밀함과 거침, 체와 용의 구별에 얽매이지 않고 만물과 혼연하게 일체가 되었다."[31] 표현방식에서 장자는 더욱 활발하였고 삼언三言을 교묘하게 이용하여 여러 가지 인물, 이야기로 '도'를 비유하였고 넘쳐흐름에 구애되지 않고 끈적이는 바가 없다. "하나의 논점을 설명하기 위하여 연달아 많은 우화 이야기를 들었고 마음을 다하여 형용하였으며 반복적으로 비유하여 '스스로 말하고 스스로 제거할 수 있게 하였는데 자기도 모르게 깔끔하지 못한 ㄴ낌이 든다."[32]

---

31) 張默生 원저, 張翰勳 교주, 『莊子新釋』(齊魯書社, 1993), 제20쪽, "老聃, 關尹, 仍注意於道的 精粗體用, 還是有分別的跡象; 而莊周則不期於精粗體用的分別, 渾然與造物同體."
32) 王明, 『道家和道敎思想硏究』(中國社會科學出版社, 1984), 제89쪽, "爲了說明一個論點, 往往 連擧好多寓言故事, 極意形容, 反複比喩, 能夠自說自掃, 使人不覺拖泥帶水之感."

넷째, 사상의 패러다임에서 장자의 '도'는 없는 곳이 없고 모든 사물에 내재되어 있다는 사상은 후세의 학자들이 불교의 학문을 받아들이고 송명 성리학을 발전시킴에 있어서 중요한 의의가 있다. 이는 사실상 송명리학 '리일분수理—分殊'의 근원이다.

도가의 종사 및 내부의 여러 학파를 놓고 말하면 노자와 장자의 '도론'에는 확실히 위에 말한 것과 같은 차이가 존재한다. 노자의 '도'의 개방성은 자연, 사회, 인생 등 모든 영역을 향하여 열려 있고, 장자의 '도'도 물론 무궁하고 개방적이지만 현실적인 발전의 측면에서는 오히려 노자에 미치지 못하였다. 장자학파와 현실의 관계는 "즉하면서도 또한 떨어지는"(卽而又離) 방식에서 '떨어지는' 즉 거리를 유지하는 쪽으로 기울었다. 노자와 장자의 수양론과 경지론이 비록 대체로 동일하지만, 장자의 '도론'은 이상적인 인격과 이상적인 경지의 추구로 치우쳤고 자유롭고 무한한 마음과 절대적이고 초월적인 함의가 더욱 고명하다. 장자가 말하는 '삼언'의 방식도 노자보다 우월하였고 선종의 설명방식을 선도하였다. 노자와 장자 '도론'의 사회정치적인 측면에서의 발전은 기본적으로 긍정적이고 적극적이었지만 저급한 활용의 측면에서 노자 정치학의 유폐는 군자의 남면술南面術이 되었고 심지어 부분적으로는 법가의 한 원천이 되었다. 이는 물론 노자 및 그 '도론'이 책임져야 하는 부분이 아니다. 하지만 장자의 학설은 오히려 전제정치 하에서 지식인들의 인생지혜로 되었고 고결한 선비들의 마음속 안식처가 되었는데, 이 또한 사람들이 장자를 높이 평가하는 하나의 원인이다.

종합하여 말하면 노자 철학체계의 핵심은 '도'이다. 노자의 '도'는 '도'의 체와 '도'의 용, 두 가지 측면으로부터 사고하여야 한다. '도'는 형이상의 풍격을 가지고 있고 우주의 본원이며 정미하고 심원하며 '일—', '박樸', '곡谷'이고 무한한 특성을 가지고 있다. '도'는 결코 하나의 추상적인 공상共相이 아니고 하나의 순환하고 변화하는 과정이다. '도'는 두루 유행하여 위태로움이 없고 만물에 유행하는데 즉 왕복순환하고 끊임없이 근본으로 되돌아가는 운행 가운데 형상이 있는 기물器物 세계 즉 '유명有名'의 세계를 실현해 낸다. '도'의 효용, '도'의 창조성은 '도'의 본체가 허무하고 허령하며 가득 차지 않음 즉 다시 말하면 이미 완성되고 정해진, 상식적이고 합리적이며 현실적이고 규범적인 것에 의하여 가득 채워지고 숨 막히지 않음에서 비롯하였다. 장자의 '도'는 우주의 본원이고 또한 초월성을 가지고 있다. 장자의 '도'는 보편성을 가지고 있다. 장자의 '도'는 하나의 총체이고 그 특성은 '통함'(通)이다. 장자의 '도'는 "스스로 근본이 되는 것"이다. 장자의 '도'는 감지할 수도 없고 말할 수도 없다. 객관적으로 유행하는 본체일 뿐만 아니라 주관적인 정신의 경지이고 자연스럽고 무위하며 만물을 너그럽게 받아들이는 특성 또한 인간의 최고 경지이다. 장자의 '진인(眞人)', '지인(至人)', '신인(神人)', '성인(聖人)'은 모두 '도'의 화신이고 '도'와 동체이기 때문에 모두 초월적이고 자유로우며 세속에 구애받지 않고 해탈한 천성을 가지고 있고 실제로는 일종의 정신적인 자유롭고 무궁하며 무한한 경지이다. 이는 인류의 숭고한 이상의 추구와 갈망을 심각하게 표현하였다. 이러한 자연스럽고 무위하며 자유롭게 방임하는 경지는 현묘하여 헤아릴 수 없는 듯하지만 실제로는 결코 현실적인 생활을 떠나는 것이 아니다. 매 시대의 어떤 부류에 속하는 사람, 공동체에 속하는 사람 특히 개체로서의 사람은 비록 속세, 현실에서 살아가지만 언제나 일종의 속세와 현실을 초월하는 이상적인 경지 즉 허령하고 깨끗한 세계를 추구한다. 현실 속의 어떠한 사람이라도 모두 이상이 있고 진, 선, 미에 대한 추구가 있으며, 도가의 이상적인 경지가 바로 지극한 진실(至眞), 지극한 선(至善), 지극한 아름다움(至美)이 하나로 합치되는 경지이다.

3. '좌망(坐忘)', '심재(心齋)'와 '상아(喪我)'

장자는 "무엇에도 이존하지 않는 소요유"(逍遙無待之遊)—"지인은 자기가 없고, 신인은 공적이 없으며, 성인은 이름이 없다"(至人無己, 神人無功, 聖人無名)는 이상적인 인격론을 제기하였다. 여기서는『장자』내편의 「대종사」, 「제물론」, 「소요유」세 편의 글에 대하여 집중적으로 논의하고자 한다.

1) '좌망'은 '도'를 체득하는 공부이다

「대종사」는 '도'혹은 '대도大道'를 가리킨다. '대大'는 찬미함을 나타내는 말이고 '종宗'은 종주宗主이며 '사師'는 학습, 모방이다. 편명 자체가 '도를 사로 간주하는'(以道 爲師) 사상을 표현하였다. 다시 말하면 우주 가운데 종주, 사법師法으로 간주될 수 있는 것은 오직 '대도'뿐이라는 것이다. 이러한 '대도'는 '천天' 즉 자연스러운 생명이 유행하는 본체라고도 부른다. '도'는 객관적인 존재이고 또한 볼 수도 만질 수도 없으며 존재 자체가 다른 사물을 조건으로 하지 않고 다른 사물을 상대하지 않으며 시·공간적으로 무한하다. 하지만 이 '도'는 조물주, 상제 혹은 절대적인 정신적 본체가 아니라 하나의 시작과 끝이 없는 대생명(우주생명)이다. 만물의 생명은 바로 이 우주대생명의 발용發用이고 유행이다. '도'의 생명이 무한하다면 일정한 의미에서 만물의 생명 또한 무한하다고 말할 수 있다. 이른바 생과 사는 낮과 밤이 바뀌는 것에 불과하고 낮을 좋아하고 밤을 싫어할 필요가 없기 때문에 생을 즐거워하고 죽음을 비관할 필요도 없다. 이렇게 하여야만 비로소 생명의 '대도'를 터득하였다고 할 수 있고 형구形軀에 제한된 '소아小我'에서 해방되어 변화와 동체인 '대아'로 되었다고 할 수 있다. 장자가 보기에 사람들은 수양을 통하여 '대도'를 체험하고 접근함으로써 생사에 대한 집착과 외재적인 공명과 관록에 대한 속박에서 벗어날 수 있는 것이다. 하지만 이를 위하여 인위적으로 무언가를 할 필요는 없다. 그의 수양원칙은 "마음으로써 도를 손상하지 않고 자연에 인위적인 행위를 가하지 않는다"(不以心損道, 不以人助天)는 것이다. 이로써 "무궁한 자연과 하나가 되는"(寥天一) 경지에 도달할 수 있는 것이다. 이러한 생명의 체험, 심미적인 체험방식은 직각주의 直覺主義의 '좌망坐忘'이다.

"좌망이란 무엇인가? 안회가 말하였다. '몸의 감각을 물리치고 마음의 자극을 없애버리며 몸의 지각에서 떠나고 마음의 지각에서 멀어지면 대도와 하나가 되는데 이것을 좌망이라고 한다.'"[33] 이 편에서는 공자와 안연의 대화를 이용하여 안연의 입을 통하여 수양공부를 설명하였다. '좌망'은 세속의 세계와 잠시 인연을 끊음을 통하여 지식, 지력, 예악, 인의 심지어 우리의 몸체까지도 망각하여 정신적인 절대적 자유에 도달하는 것이다. '좌망'의 핵심은 인지하는 마음 즉 이해타산, 주객의 대립, 분별과 집착에서 벗어나는 것이다. 이러한 것들(인의예악을 포함)은 자유로운 마음을 방애하고 마음이 밝게 깨닫는 것(明覺) 즉 '도'에 대한 마음의 깨달음과 되돌아감을 방애하기 때문이다. 「대종사」편에 의하면 진인眞人 혹은 성인聖人은 '도'를 알려 주면 3일 만에 "천하를 잊어버릴"(外天下, 세상사를 내버리는 것) 수 있고 7일 만에 "사물을 잊어버릴"(外物, 마음이 사물에 의하여 움직이지 않는 것) 수 있으며 9일 만에 "삶을 잊어버릴"(外生, 자신을 잊는 것) 수 있다. 그 뒤에 "조철朝徹"(사물과 나를 모두 잊으면 아침에 해가 떠오르는 것처럼 활짝 뚫리는 것) 할 수 있고 "견독見獨"(독립적이고 상대함이 없는 '도' 본체를 체험하는 것) 할 수 있으며 이른바 고금이 없고 생사가 없으며 번뇌가 없는 평온한 경지에 들어가게 된다. 여기서는 자연에 순응하고 인위적인 것을 일삼지 않으며, '도'와 더불어 한 몸이 되고 자연과 더불어 성性이 같아지고 천명과 더불어 동화됨을 강조하였다.

2) '제물齊物', '심재心齋'와 '오상아吾喪我'

'좌망'과 서로 연관되어 있는 다른 한 가지 실천공부가 바로 '심재心齋'이다. "마음을 통일시켜 귀로 듣지 말고 마음으로 듣고, 마음으로 듣지 말고 기를 통해 듣는다. 귀는 소리를 들을 뿐이고 마음은 정해진 틀에 맞는 것만 받아들일 뿐이다. 기는 텅 비어서 모든 대상에 대응할 수 있다. 텅 빈 이곳에 도만 남게 된다. 마음을 텅 비게 만드는 것이 심재이다."[34] 이 부분은 공자와 안회의 대화를 빌린 것인데 공자의 입을 통하여 저자의 의도를 나타내고 있다. 귀로써 반응하면 귀로 들은 것에 집착할 수 있는데 이는 마음으로 들음보다 못하다. 마음으로써 반응하면

---

33) 「大宗師」, "何謂坐忘? 顏回曰: '墮肢體, 黜聰明, 離形去知, 同於大通, 此謂坐忘.'"

34) 「人間世」, "若一志, 无聽之以耳, 而聽之以心; 无聽之以心, 而聽之以氣. 聽止於耳, 心止於符. 氣也者, 虛而待物者也. 唯道集虛. 虛者, 心齋也."

마음의 정해진 틀에 서로 부합하기를 기대하고 한 층 위로 올라간다 하더라도 여전히 기를 통해 들음보다 못하다. 기는 없는 곳이 없고 폭넓고 크게 유통하며 텅 비어서 막힘이 없으며 대응함에 감춤이 없다. 따라서 마음이 전일하면 기를 통해 감응하고 모든 기가 비로소 텅 비게 되고 텅 비어 있으면 비로소 '도'의 묘함에 부합하게 된다. 텅 비고 영묘한 마음은 만물에 대응할 수 있다. '심재'는 바로 마음속에 부착된 경험, 선입견, 인식, 감정, 욕망과 가치판단을 비우거나 혹은 씻어 버림으로써 그 마음이 스스로 텅 비게 하고 마음이 밝게 깨닫는 공부를 회복하는 것이다.

「제물론」편과 「대종사」편은 서로 보완하고 서로 완성하며 서로 안팎을 이룬다. 「제물론」편에서는 장주의 "천지는 나와 함께 태어나고 만물은 나와 하나"(天地與我並生, 而萬物與我爲一)라는 사상을 설명하였고, 자연과 인간이 유기적인 생명통일체임을 강조하였으며, 사물과 나 사이는 한 몸이고 융합됨을 긍정하였다. '제물'의 의미는 바로 '만물이 가지런하고'(物齊) 혹은 "'만물에 대한 논의'가 가지런하다"('物論'齊)는 것인데 즉 형형색색의 특성의 가진 부동한 사물, 부동한 논의, 불평등하고 불공정하며 자유롭지 못하고 조화롭지 못한 현실세계의 여러 가지 차별상들, "가지런하지 못한 것"(不齊)을 차별이 없이 "하나로 가지런한다"(齊一)고 간주하는 것이다. 이는 가지런하지 않은 것을 하나로 가지런한 것으로 간주할 것을 요구하는데, 바로 자신의 정신적인 경지를 제고하여 진실한 생활을 받아들이고 직면하는 동시에 몸과 마음을 조절하고 속세를 초월하며 번뇌에서 해탈한다. 이 편에서는 사람들이 조건적이고 제한적인 '지뢰地籟', '인뢰人籟'의 소리에 집착할 필요가 없고 자연스럽고 조화로우며 소리가 없는 소리, 모든 소리의 원천인 '천뢰天籟'에 귀를 기울임으로써 피차의 간극, 시비와 유한한 생명과 무한한 시·공간, 가치, 지성知性, 명언, 개념, 견식 및 번뇌와 무서움 내지는 생사의 속박을 제거함으로써 유한한 영역으로부터 무한한 영역으로 진입할 것을 희망하였다.

장자는 '도론'의 시각으로부터 유아독존을 반대하고 절대적인 우주의 중심이 있음을 인정하지 않았으며, 각자 자신의 견해에 따라서 옳은 것은 옳다고 하고 아닌 것은 아니라고 하는 것을 반대하고 선입견을 없애버리고 다른 사람, 사물 및 여러 가지 학설의 생존공간을 절대 말살하지 말고, 다른 사람의 입장에서 고려하고 시각을 바꿔서 다른 사람을 이해하고 자신의 의지를 남에게 강요하지 말 것을 주장하였다. 「제물론」편에는 '내가 나 자신을 잃었다'(吾喪我)는 주장이 나온다. '상아喪我'는 '심재', '좌망'과 의미가 매우 비슷하다. "몸은 마치 마른 나무와 같다"(形若槁骸)는 바로 "몸의 감각을 물리치는 것"(墮肢體)이고, "마음은 꺼진 재와 같다"(心若死灰)는 바로 "마음의 지각을 없애 버리는 것"(黜聰明)인데 다시 말하면 몸체, 마음으로부터 야기된 여러 가지 갈등, 속박을 없애 버린다는 것이다. '상아'의 다른 한 의미는 "의도함, 기필함, 고집함, 사사로움"(意, 必, 固, 我)을 제거하였다는 것인데 자기 스스로에 대한 집착을 제거하고 스스로에서 벗어나 타자를 향함으로써 다른 사람과 사물을 용납하고 만물과 서로 통하는 것이다. '심재', '좌망'과 마찬가지로 사람들은 '상아'의 공부를 통하여 최종적으로 "사물과 나 자신을 모두 잊게 되는"(物我兩忘) 경지 즉 초월적인 정신적 경지에 도달하고 '도'와 서로 부합하게 되는 것이다.

4. '진인眞人'의 '소요逍遙' 경지

「소요유」편은 『장자』에서 맨 첫 편이고 장자의 인생관을 잘 보여 준다. 그는 어떠한 속박도 받지 않는 자유를 최고의 경지로 간주하여 추구하였고 현실을 잊어버려야만 비로소 사물에서 해탈할 수 있고 비로소 진정한 소요逍遙라고 주장하였다. 이 편의 요지는 "지인은 자기가 없고 신인은 공적이 없으며 성인은 이름이 없다"(至人無己, 神人無功, 聖人無名)는 것이다. '무공無功', '무명無名'이 바로 '무기無己'이고 '무기'는 바로 「제물론」편에서 말하는 '나 자신을 잃어버림'(喪我)이고 「천지」편에서 말하는 '자기를 잊음'(忘己)이다.

1) '소요'의 경지는 "의존하는 바가 없는 것이다"

"의존하는 바가 없다"(無所待)는 것은 바로 외재적인 조건과 외부의 힘에 의존하지 않는 것이다. 붕새는 비록 물보라가 삼천 리 밖까지 솟구치고 구름을 짊어지고 푸른 하늘을 등지고 정처 없이 멀리 날아 구만 리 상공까지 올라가지만 여전히 의존하는 바가 있는데 폭풍과 회오리바람에 의거하여야만 비로소 날아오를 수 있다. 어떤 사람은 재능과 지혜가 한곳의 관직을 충분히 감당할 수 있고, 행위가 한 개 마을, 한 지역을 충분히 칭찬받게 하며, 덕행이 한 나라, 한 군주를 충분히 믿고 복종하게 하여 유가, 묵가의 관점에 근거하면 덕과 재능을 겸비한 사람이라 할 수 있지만, 장자가 보기에 그들은 시시각각 관직 한 자리를 맡을 지혜, 한 마을의 민심을 얻기에 충분한 행실, 한 나라의 군주가 되기에 합당한 덕행, 한 나라를 세울 만한 능력을 추구하기 때문에 여전히 의존하는 바가 있는 것이었다. 송영자宋榮子는 한 수 위였다. 송영자는 "세상 사람들이 모두 그를 칭송하면서 독려하여도 억지로 어떤 일을 하게 할 수 없었고, 온 세상 사람들이 모두 그를 비난하여도 억지로 어떤 일을 그만두게 할 수 없었으며, 내적인 것과 외적인 것의 구분을 분명하게 정해 놓았고 영예로운 것과 치욕스러운 것의 경계를 구분하였는데"(舉世譽之而不加勸, 舉世非之而不加沮, 定乎內外之分, 辯乎榮辱之境) 이미 쉽지 않은 것이었다. 하지만 그는 '자신을 보존할'(存我) 수 있었지 '자신을 잊을'(忘我) 수는 없었고 더욱이 사물과 나 자신 모두를 잊을 수 없었기 때문에 여전히 최고의 경지에 도달한 것은 아니었다. 열자는 한 수 더 위였다. 열자는 하루에 팔백 리를 가고 제멋대로 하여도 편안하고 순리롭지 않은 바가 없으며 많이 볼 필요가 없었지만 여전히 의존하는 것이 있었다. 그에게 바람을 타고 다니고 득의양양하며 세속을 초월하는 기개가 있었지만 바람이 없다면 아무것도 할 수 없고 여전히 소요유라 할 수 없다. "천지의 순수함을 타고 육기의 변화를 몰아 무궁한 곳에서 소요할 수 있다면 다른 무엇에 의존하겠는가?"(若夫乘天地之正, 而御六氣之辯, 以遊無窮者, 彼且惡乎待哉?) 다시 말하면 열자보다 경지가 더 높은 사람이 있다면 그는 만물의 본성을 따르고 만물이 각자 본성을 다하게 하고 추호의 조작도 없으며 대자연의 변화에 따라 변화하고 사물이 오면 순응하고 대화人化와 더불어 하나가 되는데 즉 '도'와 더불어 하나가 되는 것이다. 이렇게 끊임없이 유행하는 '대도'를 따라 노닌다면 의존할 것이 뭐가 더 있겠는가? 따라서 "의존하는 바가 없기" 때문에 비로소 '지안', '신안', '성안'은 소요의 지극한 경지에 도달할 수 있다. 이러한 경지는 바로 장자의 '도체道體'이고 '지안', '신안', '성안', '진안'은 모두 '도체'의 화신이다. 장자가 추구하였던 인생의 최고 경지는 바로 "도와 더불어 한 몸이 되어"(與道同體) 해탈하고 자유로움을 기대하는 것이다.

2) 무엇에도 의존하지 않는 소요유의 기초는 제물론이다

"각자 자신의 본성에 편안한"(各適己性) 자유관의 전제는 "다른 사물에 동화되는"(與物同化) 평등관이다. 무엇에도 의존하지 않는 소요유의 기초는 바로 천뢰의 제물론이다. 장자 자유관의 배경은 관용이고, 자신의 생존, 이익, 개성의 자유, 인격적인 존엄을 인정하려면 반드시 다른 사람의 생존, 이익, 개성의 자유, 인격적인 존엄에 대한 인정을 전제로 하여야 한다. 이러한 평등한 가치관은 여러 가지 서로 대립되는 가치체계를 긍정하고 용납하며 그 의미를 이해하며 절대 다른 사람의 이익, 추구 혹은 다른 학파, 사조의 존재공간을 말살하지 않는다. 이렇게 매 하나의 생명은 긴장과 고집으로부터 해탈될 수 있고 자아초월의 경로를 찾아낼 수 있다. 장태염章太炎의 『제물론석齊物論釋』에서는 바로 장자의 "가지런하지 않음으로써 가지런하게 하는"(以不齊爲齊) 사상으로부터 출발하여 "자유, 평등"의 관념을 해석하였다.[35] "가지런하지 않음으로써 가지런하게 하는 것"은 바로 만사만물이 각자 자신의 자리에 있도록 하고 가지런하지 않음을 보존하고 매 하나의 개체 자신이 가치표준을 가지고 있음을 인정하고 존중하는 것이다. 이는 유가의 "조화를 추구하지만

---

35) 章太炎, 『齊物論釋』(改定本, 『章太炎全集』 제6권, 上海人民出版社, 1986) 참조.

뇌동하지 않고"(和而不同) "자기가 하기 싫은 일은 남에게 강요하지 않는"(己所不欲, 勿施於人) '서도恕道'와 마침 서로 통한다.

유가의 이상적인 인격은 성현의 인격이다. 유가의 마음속 성인 혹은 성왕은 '안으로는 성인의 덕을 쌓고'(內聖) '밖으로는 왕의 도리를 행하는'(外王) 두 가지 측면의 찬란함을 가지고 있다. 비록 '내성외왕'은 「천하」편에서 나온 것이지만 유가의 인격표준이 되었다. '내성'은 도덕적인 수양을 가리키고 '외왕'은 정치적인 실천을 가리킨다. 유가는 '내성'의 토대 위에 '내성'과 '외왕'을 통일시킬 것을 강조하였다. 따라서 유가의 인격이상은 개인의 '선'에 대한 수행일 뿐만 아니라 더욱 중요하게는 책임감과 책임의식이었고 세상을 다스리고 백성을 구제하며 나라와 민족, 백성을 위하여 공훈을 세우고 업적을 쌓고자 노력하며 좌천되더라도 깊은 우환의식으로 백성들의 질고와 나라의 흥망을 걱정한다. 유가에도 초월적인 정신이 있는데 가난하여 좁은 골목에 살아도 스스로 즐거움을 얻고 가난에 구애받지 않고 도를 즐긴다. 도가 장자의 '진인', '성인', '신인', '지인', '천인'의 이상적인 인격은 유가와 구별되는데 그 특성은 바로 홀로 자신의 몸을 선하게 하고 세속에 구속되지 않고 초연하며 스스로 그러하도록 내버려 두고 본성을 이룸에 꾸밈이 없다. 또한 속세의 정취, 사회의 열풍, 정권의 구조, 고관대작들과 거리를 유지한다. 이는 장자와 도가의 정신적 풍격이다. 유가에서 적극적으로 세속에 들어가는 현실적 풍격과 비교할 때 도가에서는 초월과 대범함을 부각시켰고 거리를 유지하려는 마음가짐으로 현실을 비판하고 지양하며 초월하고 지도하고자 하였다.

3) '진인'의 경지

「대종사」편에서는 천인관계로부터 '진인眞人'의 경지를 파악하였다. '진인'이란 무엇인가? 장자가 보기에 '진인'은 선천적으로 자연스러운 사람이고 부질없는 인위적인 조작으로 자신의 천성을 해치지 않고 마음을 비우고 고요하게 하는 수양공부에 전념함으로써 '천인합일'의 경지에 도달한다. '진인'은 마음과 지각의 집착을 제거할 수 있다.—너무 적어도 업신여기지 않고 성공에 자만하지 않으며 잔재주를 부려서 희롱하지 않고, 설령 과실이 있다고 하더라도 후회하지 않으며 일을 처리함에 적당하여도 의기양양하게 여기지 않고, 높은 곳에 올라가도 떨어지는 것을 겁내지 않으며 물에 들어가도 빠져죽는 것을 무서워하지 않고 불을 밟아도 타죽을까 겁내지 않으며 득과 실, 안위의 순간에도 스스로 태연할 수 있다. '진인'은 감각과 지식의 매듭을 풀 수 있다.—잘 때 꿈을 꾸지 않고 깨어나서도 걱정이 없으며, 입, 배, 귀, 눈의 욕구가 없고 호흡이 깊고 무거워 아랫배(丹田)에 직접 통하고 발꿈치까지 직접 통한다. '진인'과 보통 사람의 구별은 보통 사람의 생명기운은 짧고 얕으며 호흡은 다만 인후에 이르고, 좋아함에 대한 욕구가 매우 깊으며 정신적으로 안으로 삼가거나 함축되지 않고 심지心智에 대한 욕구가 뒤엉켜 빠져 버렸고 천연적인 근기는 자연스럽게 적고 얕다. '진인'은 삶과 죽음의 의혹을 제거할 수 있다.—삶에 집착하지 않고 죽음을 싫어하지 않으며 모든 것은 자연에 맡기고 삶과 죽음을 하나가 가고 하나가 오는 것으로 간주하며 온다고 기뻐하지 않고 간다고 저항하지 않는다.[36] '진인'은 생명의 근원을 잘 알기 때문에 오게 된 바를 잊지 않고 죽음의 귀결에 맡길 수 있기 때문에 궁극적인 것을 추구하지 않는다. 생명을 받아 인간이 될 때 자유롭고 번거롭지 않으며 일단 물화物化하게 되면 자신을 잊어버리고 자연으로 되돌아감에 맡긴다. 다시 말하면 자신의 심지心智로 '대도大道'를 손해하지 않고 자연에 자신의 인위적인 행위를 가하지 않는데 이것이 바로 '진인'이라는 것이다. '진인'의 마음은 유연하고 욕심이 없으며 강철마냥 차가울 수 있고 봄처럼 따뜻할 수 있으며 생명의 느낌과 사계절은 서로 통한다. '진인'의 마음은 텅 비고 고요하며 무위하고 천지만물과 더불어 자연스럽게 감응한다.

'진인'의 경지는 '천인합일'의 경지이나. "그러므로 좋아하는 것이나 좋아하지 않는 것이나 한가지고, 같은 것이나 같지 않은 것이나 한가지다. 같은 것은 자연에 속하는 부분이고 같지 않은 것은 인간에 속하는 부분인데, 자연에 속하는 부분과

---

36) 王邦雄, 「莊子思想及其修養工夫」, 臺北『鵝湖』雜誌 1991年 第7期를 참조.

인간에 속하는 부분이 한 몸에서 대립하지 않는 것을 진인이라고 한다."[37] 일반 사람의 좋아하고 싫어함은 언제나 편파적임을 면하지 못하고 '진인'은 좋아함과 좋아하지 않음을 초월하고 인간 심지心智의 상대적인 구분에서 벗어나며 아름다움과 추악함을 잊어버리고 사랑과 증오를 달램으로써 '대도'와 일치하게 되고 순수하고 섞임이 없다. '진인'은 본성과 본분을 지키는데 이는 자연에 속하는 부분이고, 동시에 세속을 따라 행하는데 이는 인간에 속하는 부분이다. 자연적인 이치에 어긋나지 않을 뿐만 아니라 인간사도 떠나지 않는다. 따라서 자연과 인간은 서로 배척하지 않고 이기고자 다투지도 않으며 일치하고 하나로 합치된다. 사물과 나 자신, 주객, 천인이 동일한 경지에 도달한 사람이야말로 비로소 '진인'이다.

4) 생사를 초월하다

생사의 초월에 대한 장자의 관점은 여러 군데에서 찾아볼 수 있다. 장자가 생사를 초월할 수 있었던 것은 바로 안에 덕이 가득하고, 일단 '도'의 경지에 처하게 되면 외물의 소멸과 유행은 원래 모습의 마음과 관련이 없기 때문이다. "죽고 사는 것 역시 중대한 일이지만 그런 것에 의하여 마음이 변하지 않게 할 수 있고 비록 하늘이 무너지고 땅이 뒤집힌다 하더라도 또한 그것들과 함께 사라지지 않는다. 어떠한 것에도 의지할 수 없음을 알기에 사물의 변화에 휩쓸리지 않고 사물의 변화에 맡기면서도 자신의 근본을 지킨다."[38] 그가 중요시하였던 것은 원기를 지킴으로써 외물에 의하여 심지를 어지럽히지 않는 것이었고 그가 추구하였던 것은 '장식藏息' 바로 정신을 시작과 끝이 없는 '대도'에 맡겨둘 뿐만 아니라 만물이 함께 생겨나는 '대도'의 경지에 서식하는 것이다. 마음과 본성이 순수하여

---

37) 「大宗師」, "故其好之也一, 其弗好之也一, 其一也一, 其不一也一. 其一與天爲徒, 其不一與人爲徒, 天與人不相勝也, 是之謂眞人."
38) 「德充符」, "死生亦大矣, 而不得與之變, 雖天地覆墜, 亦將不與之遺. 審乎無假, 而不與物遷, 命物之化, 而守其宗也."

섞임이 없으며 덕성과 우주의 법칙은 서로 통한다. 이른바 "시작도 끝도 없이 무한하게 이어지는 자연의 질서에 숨고 만물이 시작되고 끝나는 도에서 노닌다"(藏乎無端之紀, 遊乎萬物之所終始)는 것이다. 오로지 이러한 경지에 처하여 있어야만 비로소 "죽고 살며 놀라고 두려운 생각이 그 마음속에 들어오지 못하고"[39] 궁극적으로 자신의 몸을 보전하여 생명을 온전하게 하며 자신의 몸을 잘 길러 천수를 누릴 수 있는 것이다. 따라서 장자가 보기에 "그러한 삶에 대한 집착이 매듭이 되어 가슴속에 가로 걸쳐 있다. 이것은 풀어야 한다. 푸는 방법은 여전히 사물의 이치에 대한 투철한 인식을 거쳐야만 편안하게 처할 수 있는 태도에 도달한다."[40] 따라서 장자는 공자의 말을 빌려 생사의 관념에 대하여 논의하였는데 그가 보기에 생사는 사실상 춥고 더움, 빈부, 배고프고 목마른 것과 마찬가지였고 천명이 유행하고 순환하는 것에 불과할 뿐이었다.

장자의 '진인', '지인', '신인', '성인'은 모두 '도'의 화신이고 '도'와 동체이기 때문에 모두 초월하고 자유로우며 세속에 구애받지 않고 해탈하는 기질을 가지고 있는데, 사실상 일종의 정신적으로 자유롭고 무궁하며 무한한 경지이다. 이는 인간의 숭고한 이상의 추구와 염원을 심각하게 나타낸 것이다. 이러한 자연스럽고 무위하며 자유롭고 하늘에 맡겨 내버려 두는(天放) 경지는 현묘하여 헤아릴 수 없는 듯하지만 실제로 결코 현실적인 생활을 떠나는 것이 아니다. 매 시대의 어떤 부류에 속하는 사람, 공동체에 속하는 사람 특히 개체로서의 사람은 비록 속세, 현실에서 살아가지만 언제나 일종의 속세와 현실을 초월하는 이상적인 경지 즉 허령하고 깨끗한 세계를 추구한다. 현실 속의 어떠한 사람이라도 모두 이상이 있고 진, 선, 미에 대한 추구가 있으며 도가의 이상적인 경지가 바로 지극한 진실(至眞), 지극한 선(至善), 지극한 아름다움(至美)이 하나로 합지뇌는 경지이다.

---

39) 「達生」, "死生驚懼不入乎其胷中."
40) 王博, 『莊子哲學』(北京大學出版社, 2004), 제57쪽, "那種對生的執著就成了結, 橫亙在胸中. 這就需要解. 而解的方法仍然是經由對物理的透徹了解, 達到安而處之的態度."

5. '타고난 현명에 따르는 것보다 좋은 것이 없다'는 인식

장자가 보기에 사람들은 늘 "하나의 편견"에 집착하고 구애되기 때문에 피차 분쟁이 생기고 완정한 '도와 천지의 이치에 대한 깨달음을 방해하게 된다. 따라서 반드시 "생겨난 마음"(成心)을 타파하고 독선적이고 제멋대로 행동함을 반대하여야 한다.

1) '생겨난 마음'을 타파하고 '도로써 관찰하여야 한다'

세계에는 일부 이른바 크고 작은, 짧고 긴 차별상이 있는데 이는 사실상 시간, 공간의 상대적인 관념에 의하여 생겨난 것이다. 작고 가는 풀줄기와 굵고 큰 집 기둥, 그믐과 초승을 알지 못하는 아침에 돋아났다가 해가 뜨면 말라죽는 버섯, 봄에 생겨났다가 여름이면 죽어버리는 혹은 여름에 생겨났다가 가을이면 죽어버리는 매미와 수백천 년을 봄으로 삼고 수백천 년을 가을로 삼는 신귀神龜, 대춘大椿은 분명하게 차별이 있는데, 이러한 차별은 '사물을 보는'(物觀)의 시각에서 생겨난 것이다. 높은 산에 서서 지면을 내려다보면 지면에서는 차별이 크게 보이던 물건들이 구별이 없는 것으로 보인다. 만약 '사물의 관점에서 봄'(以物觀之)을 '도의 관점에서 봄'(以道觀之)으로 바꾸면 참조물이 변화하기 때문에 크고 작음과 요수의 차별은 보잘것없는 것처럼 보인다. 무한하고 완정한 '도'로써 살펴보면 많은 구별은 존재하지 않는다. 그러므로 「추수」편에서 해신海神의 입을 빌려 이렇게 말하였다. "도의 관점에서 보면 사물에는 귀천의 구별이 없고, 사물의 관점에서 보면 자기 자신은 귀하고 상대방은 천하며, 세속의 관점에서 보면 귀천의 구별은 자신에게 있지 않다. 차별의 측면에서 보면 크다는 입장에 서서 크다고 여기면 만물 가운데 크지 않은 것이 없고, 작다는 입장에 서서 작다고 여기면 만물 가운데 작지 않은 것이 없다. 천지가 곡식의 낱알과 같음을 알고 털끝이 산언덕과 같음을 안다면 모든 차이가 나는 것들의 원인이 무엇인지 분명해진다."41) 사람들은 현상세계의 차별상

즉 사물의 차이, 모순, 특징 등을 관찰하고 분석하기 쉽다. 장자의 뜻은 이렇게 생겨난 집착을 타파하고 사물의 흐름과 변화를 인식하며 각도(혹은 참조물 혹은 시각)를 바꾸어 사물을 다시 살펴보면 부동한 모습을 보게 됨을 주장하고, '도'의 관점에서 관찰함에 이르면 어떤 차별은 전혀 따지지 않아도 된다는 것이다.

2) 시비의 집착에서 벗어나 '현명을 따르는 것보다 좋은 것이 없다'

시비의 논쟁에 관하여 이렇게 말하고 있다. "가령 내가 너와 논쟁을 한다고 할 때 네가 나를 이기고 내가 너를 이기지 못했다고 해서 과연 네가 옳고 내가 그른 것일까? 내가 너를 이기고 네가 나를 이기지 못했다고 해서 과연 내가 옳고 네가 그른 것일까? 둘 다 옳고 둘 다 그른 것일까? 나와 네가 알 수 없다면 다른 사람들도 정말로 그것을 도저히 알 수 없는 것으로 여길 것이다. 우리는 누구에게 바로잡아 달라고 할 것인가? 너와 같은 의견을 가진 사람에게 바로잡아 달라고 할 것인가? 이미 너와 의견이 같은데 어떻게 바로잡을 수 있겠는가! 나와 같은 의견을 가진 사람에게 바로잡아 달라고 할 것인가? 이미 나와 의견이 같은데 어떻게 바로잡을 수 있겠는가! 너와 나와 다른 견해를 가진 사람에게 바로잡아 달라고 할 것인가? 이미 너와 나와 의견이 다른데 어떻게 바로잡을 수 있겠는가! 너와 나와 같은 견해를 가진 사람에게 바로잡아 달라고 할 것인가? 이미 너와 나와 의견이 같은데 어떻게 바로잡을 수 있겠는가! 그렇다면 나와 너와 다른 사람은 모두 알 수 없으니 그 누구를 기다려야 하는 것인가?"[42] 논쟁을 하는 쌍방이

---

41) 「秋水」, "以道觀之, 物無貴賤; 以物觀之, 自貴而相賤; 以俗觀之, 貴賤不在己. 以差觀之, 因其所 大而大之, 則萬物莫不大; 因其所小而小之, 則萬物莫不小. 知天地之爲稀米也, 知豪末之爲丘山 也, 則差數睹矣."

42) 「齊物論」, "旣使我與若辯矣, 若勝我, 我不若勝, 若果是也? 我果非也邪? 我勝若, 若不吾勝, 我 果是也, 而果非也邪? 其或是也, 其或非也邪? 其俱是也, 其俱非也邪? 我與若不能相知也, 則人固 受其黮闇. 吾誰使正之? 使同乎若者正之? 旣與若同矣, 惡能正之! 使同乎我者正之? 旣同乎我矣, 惡能正之! 使異乎我與若者正之? 旣異乎我與若矣, 惡能正之! 使同乎我與若者正之? 旣同乎我與 若矣, 惡能正之! 然則我與若與人俱不能相知也, 而待彼也邪?"

만약 모두 자신의 표준을 표준으로 삼으면 영원히 시비를 논할 수 없다. 쌍방 이외의 어떤 제3자를 찾아 판단하더라도 제3자는 이것과 같거나 저것과 같을 것이고 혹은 다른 표준을 내세우기 때문에 더욱 많은 시비만을 초래하게 될 것이고 여전히 일치한 결론을 내릴 수 없다.

"도는 단편적인 지식에 가려지고 말은 화려한 수식에 가려진다. 그러므로 유가와 묵가는 옳고 그름을 다투고 저쪽에서 틀렸다고 하는 것을 이쪽에서는 옳다고 하고 저쪽에서 옳다고 하는 것을 이쪽에서는 틀렸다고 한다. 저쪽에서 틀렸다고 하는 것을 옳다고 생각하고 저쪽에서 옳다고 하는 것을 틀렸다고 생각하느니 차라리 현명을 따르는 것보다 좋은 것이 없다."[43] 장자가 보기에 편견이나 단편적인 지식에 집착하는 사람은 겨우 짧은 소견에 근거하여 '대도'를 해명함으로써 '대도'가 은폐되고 사라져 버린다. 사리에 밝지 못한 사람은 화려한 수식어와 변론으로 진리를 갈라놓음으로써 진리가 은폐되고 사라져 버린다. 유가와 묵가의 두 학파 사이의 논쟁 또한 이러한 것이다. 장자는 우선 '현명'(明) 혹은 '현명을 따르는 것'(以明), '현명을 따르는 것보다 좋은 것이 없다'(莫若以明)는 인식방법을 제기하여 이것으로 저것을 밝히고 저것으로 이것을 밝힘으로써 각자의 울타리에서 벗어나 피차를 통찰하고 상대방을 이해하며 자신의 견해를 없어지게 하고 객관적인 평정심으로 피차의 사실을 살펴보며, 나아가 현상 혹은 개념의 피차간의 연관을 이해하고 서로 상대되는 모든 개념에 대한 집착을 없애버릴 것을 주장하였다. 차라리 '현명'(明) 의 방법을 쓰는 것이 낫다는 것은 시비와 진상을 분별하는 첫걸음이다.

3) '도추道樞', '천균天鈞'을 파악하다

이어서 장자는 절대적인 진리를 터득하는 더욱 근본적인 방법을 제기하였는데 바로 '도추道樞', '천균天鈞'을 파악하는 방법이다. 이는 한층 더 깊은 '현명'(明)이다.

---

43) 「齊物論」, "道隱於小成, 言隱於榮華. 故有儒墨之是非, 以是其所非, 而非其所是. 欲是其所非, 而非其所是, 則莫若以明."

장자가 보기에 시비와 피차는 마찬가지로 동시에 공존하고 서로 상대하여 생겨난 것인데, 이렇게 설명하였다. "저것은 이것으로부터 나오고, 이것 또한 저것으로부터 기인하며, 저것과 이것은 함께 발생한다."(彼出於是, 是亦因彼, 彼是方生) "삶과 동시에 죽음이 있고 죽음과 동시에 삶이 있으며, 옳음과 동시에 그름이 있고 그름과 동시에 옳음이 있으며, 참은 거짓에서 나오고 거짓은 참에서 나온다. 이 때문에 성인은 이러한 것들을 따르지 않고 자연을 있는 그대로 바라보는데 이 또한 자기가 옳다고 믿는 바를 따르는 것이다. 이것은 또한 저것이고 저것은 또한 이것이며, 저것은 또한 하나의 시비이고 이것 또한 하나의 시비인데 과연 이것과 저것의 구별이 있는 것일까? 과연 저것과 이것의 구별이 없는 것일까? 저것과 이것이 서로 대립하지 않는 것을 도추라고 한다. 추는 고리의 중심축이고 무궁한 변화에 대응한다. 옳음 또한 하나의 무궁이고 그름 또한 하나의 무궁이다. 그러므로 현명을 따르는 것보다 좋은 것이 없다고 한다."[44]

이것과 저것, 시와 비, 옳음과 그름, (이유의) 성립과 성립되지 않음은 단지 각자 자신이 본 사물의 이치의 한 측면에 근거하여 추측한 것이거나 각자의 입장, 경험, 지식구조, 정보 심지어 취미, 애호에 의거하여 지금 현재 내린 판단이다. 이는 확실히 매우 큰 단편성을 가지고 있다. 성인은 더욱 높은 입장에서 우선 중립의 태도로 자연의 한계 혹은 인위적인 한계를 보류하고 내버려 두며 다음 시와 비, 옳음과 그름 등등의 상대적인 깃을 초월하여 피차 사이의 시비 및 피차로부터 생겨난 시비를 이해하고, 피차와 시비 사이의 복잡한 연관을 통찰하며, 나아가 천지, 자연의 '대도'가 바로 시비와 피차를 통합하는 요점임을 깨닫는다. 최고의 진상眞相, 객관적인 진리는 이른바 '도추道樞' 혹은 '천균天鈞'('天均', '天倪'라고도 칭함)이고 여러 가지 사물, 현상의 인식 및 차원, 계열이 나른 상대석인 진리를 인정하고

---

44) 「齊物論」, "方生方死, 方死方生, 方可方不可, 方不可方可, 因是因非, 因非因是. 是以聖人不由而照之于天, 亦因是也. 是亦彼也, 彼亦是也, 彼亦一是非, 此亦一是非, 果且有彼是乎哉? 果且無彼是乎哉? 彼是莫得其偶, 謂之道樞. 樞始得其環中, 以應無窮. 是亦一無窮, 非亦一無窮也. 故曰: 莫若以明."

포함한다. 최고의 위치에서 바로 가운데 자리하고 있으며 다른 사물 및 관련된 인식, 판단 및 각 층의 상대적인 진리는 모두 이로부터 방사된 축선軸線의 주위를 둘러싸고 있다.

객관적인 자연, '도'(도추, 천균)를 초월하여 모든 것을 바라보고 통찰하면 치우치는 폐단이 없다. 사람들은 자신을 수양하여 성인의 경지에 도달할 수 있고 '도추', '천균'과 서로 호응하고 계합함으로써 그 '중中'을 얻지 않는 때가 없다. 이미 "도에서 하나로 통하고"(道通爲一) "이 때문에 성인은 옳고 그름을 뒤섞어 버리고 천균 가운데 옳고 그름의 판단을 멈추는데 이것을 양행이라고 한다."45) 위에서 논한 바와 같이 성인은 '도'와 한 몸이고 다름을 보존할뿐더러 또한 다름을 초월하여 여러 가지 지식, 여러 가지 상대적인 진리 및 그 시스템이 각자 자신의 자리에 편안하게 함으로써 함께 병행하여도 어그러짐이 없다. 사물과 나, 시와 비, 옳고 그름, 잠재적인 것과 현실, 현실과 이상, 긍정과 부정, 형이하와 형이상은 서로 방애하지 않는데 '양행兩行'이라 이른다. 이러한 것들은 자연의 균등함으로부터 자유롭게 자득함으로써 서로 상대되는 측면, 힘, 움직이는 추세 혹은 가치체계가 각자 자신의 자리에 있게 된다.

「제물론」편에는 "장주가 꿈에 나비가 된" 이야기가 있는데, 꿈속에서 이미 장주가 나비로 되었는지 아니면 나비가 장주로 되었는지 알 수 없었다. 장자의 '물화物化' 관념 하에서 여기에 나오는 '나'가 장주인지 아닌지는 이미 중요하지 않다. "왜냐하면 장자의 꿈속에서 그려낸 철학적인 맥락 안에서 주객 사이의 간격과 대립은 이미 완벽하게 배제되었기 때문이다."46) 꿈속에서 혹은 꿈속의 깨달음을 통하여 주객 사이, 나와 타자 사이의 울타리를 제거하여 사물과 나 자신이 일체가 되는 상태에 도달한다.

일반적으로 교과서에서 장자를 '불가지론'자로 오인하는데 사실 그렇지 않다.

---

45) 「齊物論」, "是以聖人和之以是非, 而休乎天鈞, 是之謂兩行."
46) 鄭開, 『莊子哲學講記』(廣西人民出版社, 2016), 제209쪽, "因爲這個時候, 主客之間的隔閡與對立, 在莊子的夢所描畫的哲學語境中己經被完全地破除了."

장자는 듣고 보고 말하고 앎 및 그 작용을 긍정하였고 또한 '도에서 하나로 통함'(道通 爲一)과 '양행의 이치'(兩行之理)에 근거하여 들을 수 없고 볼 수 없으며 말할 수 없고 알 수 없는 앎을 긍정하였으며, 형이하의 세계에 대한 이해와 형이상의 세계에 대한 깨달음을 결합시켜 전부 받아들였다. 그는 사람들이 얕은 지식으로부터 깊은 지식에 이르고 외적인 것에 대한 지식으로부터 내적인 것에 대한 지식에 이를 것을 희망하였다. 「지북유」편에서는 무시無始를 빙자하여 이렇게 말하였다. "알지 못하는 것은 심오하고 아는 것은 천박하며 알지 못하는 것의 대상은 내적인 것이고 아는 것의 대상은 외적인 것이다."(不知深矣, 知之淺矣; 弗知内矣, 知之外矣) 저자는 현상에 대한 앎을 긍정하는 기초상에서 사람들이 '도를 체득할 것'(體道)을 주장하였고 또한 형이상의 '도'는 체득할 수 있는 것이라 생각하였다.

　　장자는 이렇게 말하였다. "나의 삶은 끝이 있지만 지식은 끝이 없다. 끝이 있는 것으로 끝이 없는 것을 따라가려 함은 위험하다!"[47] 우주의 지식은 무궁무진하고 개체의 유한한 생명으로 무궁한 지식을 추구하는 것은 매우 위험하다는 것이다. 이른바 위험하다는 것은 개체로서의 사람이 깊고 얕음도 모르고 사사로이 지智를 씀으로써 지식의 측면에서 무작정 생활을 요구하고 유한한 것으로 무한한 것에 직면할 때 생명의 다른 측면들을 놓치기 쉽고 항상 불안함이 생기고 심지어 생명을 잃게 될 수 있다는 것이다. '지知'의 방법론상에서 장자는 양생養生의 "중의 도를 따르는 것을 원칙으로 삼는 것"(緣督以爲經)을 배울 것을 주장하였다. '연緣'은 따른다는 의미이고 '독督'은 '독맥督脈'을 가리키는데, 등 뒤의 척추 안에 있고 몸 뒤의 주맥(中脈)이며 중공(中空)의 의미이다. '경經'은 상常이다. 양생의 '도'를 아는 사람은 호흡을 주관하는 '임任'(몸 앞의 주맥)과 '독督' 두 개의 맥을 잘 조리하고 중공(中空)의 일정한 '도'를 굳게 지킨다는 것이다. 대체로 번거로운 일이 다가오면 텅 빈 마음 즉 융통성이 있는 관리지혜로 처리함으로써 '허'와 '실', '무위'와 '유위'가 서로 돕고 합당하게 관리하여 지나치게 피곤함에 이르지 않게 한다. 이러한 방식으로 무한한 지식에

---

47) 「養生主」, "吾生也有涯, 而知也无涯. 以有涯隨无涯, 殆已!"

직면하면 우선 자연에 대한 인식과 인간에 대한 인식을 구분하고 현상세계에 대한 인식과 본체세계에 대한 깨달음을 구분하며 나아가 '물관物觀'으로부터 '도관道觀'으로 상승하고 '도추'와 '천균'을 파악한 뒤에 다시 현상세계로 되돌아온다.

4) '작은 지혜'로부터 '큰 지혜'로 발전하다

이른바 '천天', '인人' 즉 자연과 인위는 간단하게 말하면 다음과 같다. "자연적인 것은 안에 있고 인위적인 것은 밖에 있다.…… 소나 말이 네 발을 가진 것을 자연적인 것이라 하고 말의 머리를 얽어매고 소의 코를 뚫는 것을 인위적인 것이라 한다. 그러므로 인위적인 것으로 자연적인 것을 파괴하지 말고 의식적인 행위로써 자연의 명령을 저버리지 말라고 하였다."[48] 장자가 보기에 자연적인 기밀은 안에 숨겨져 있고 인간사는 밖에 드러나 있으며 '덕'과 자연적인 것이 서로 결합하기 때문에 인위적인 것으로 자연적인 것을 파괴하지 말고 의도적인 조작으로 자연의 명령을 저버려서는 안 된다. 「대종사」편에서는 첫 시작에서 이렇게 요지를 밝혔다. "자연이 하는 일을 알고 인간이 하는 일을 아는 사람이 최고다! 자연이 하는 일을 아는 사람은 자연을 따라 살고, 인간이 하는 일을 아는 사람은 자기 지력으로 헤아릴 수 있는 것으로써 자기 지력으로 헤아릴 수 없는 부분을 수양하여 자연이 내린 수명을 다하고 도중에 요절하지 않는데, 이것이 지식의 최고 경지이다. 하지만 문제는 남아 있다. 대개 지식이란 대상을 통하여 타당함을 얻는데 그 대상이 매우 불안정하다. 그러니 내가 말하는 자연이 인간이 아니라는 것을 어떻게 알겠는가? 인간이 자연이 아니라는 것을 어떻게 알겠는가? 또한 진인이 있고 나서 진지가 있다."[49] 이는 바로 자연을 아는 것과 인간을 아는 것이 인생의 극치라는 것이다.

---

48) 「秋水」, "天在內, 人在外……牛馬四足, 是謂天; 落(絡)馬首, 穿牛鼻, 是謂人. 故曰: 無以人滅天, 無以故滅命."

49) 「大宗師」, "知天之所爲, 知人之所爲者, 至矣! 知天之所爲者, 天而生也; 知人之所爲者, 以其知之所知, 以養其知之所不知, 終其天年而不中道夭者, 是知之盛也. 雖然, 有患. 夫知有所待而後當; 其所待者, 特未定也. 庸詎知吾所謂天之非人乎? 所謂人之非天乎? 且有眞人而後有眞知."

자연이 하는 일은 자연에서 비롯되고 인간이 하는 일은 지력智力에서 비롯된다. 하지만 지력 또한 인간이 태어나면서 가지고 있는 것이고 '자연이 하는 일'에 속한다. 사람은 지력의 성장을 추구해서는 안 되고 지력이 미칠 수 있는 양생의 '도'로써 지력이 미칠 수 없는 수명의 수數를 보양하여 천수를 다하여 중도에 요절하지 않기를 추구하여야 한다는 것이다. 이렇게 하면 지력으로 할 수 있는 일을 다한 것이라 할 수 있다.

다른 지식을 추구하는 것 또한 이와 마찬가지다. 지식은 매우 풍부하지만 인간이 만약 지식에만 의거한다면 얽매이는 바가 있게 된다. 왜냐하면 지력, 지식에는 반드시 상대하는 대상이 있다. 하지만 상대하는 대상은 종잡을 수 없고 파악하기 어렵다. 내가 말하는 자연이 인간이 아니고 인간이 자연이 아님을 당신이 어떻게 알겠는가? 우리가 자연적이라고 말하는 것에는 사실상 인위적인 요소가 섞여 있고 우리가 인위적이라고 말하는 것에는 사실상 자연적인 요소가 적지 않게 들어 있다. 따라서 단지 인간의 지식, 지력에 근거하여 사물의 이치를 헤아리는 것은 믿을 수 없는 것이다. '진지眞知'와 '지의 성인'(知之聖)에 도달하려면 반드시 수양을 거쳐 '진인'의 경지에 이르러야 하고 비로소 '도추'와 서로 호응할 수 있다. 이는 곧 천도天道 이하의 인간사 측면의 문제는 모두 알 수 있는 것이지만 인간의 지력이 유한하고 인간은 서로 같지 않으며 현상세계의 복잡한 측면의 진위와 정확성 여부에 대한 문제는 매우 복잡하기 때문에 알 수 있음을 긍정하는 기초 위에 아집을 타파하고 부동한 지식을 허심하게 이해하고 진리의 인식을 추구하여야 한다는 것이다. 자연과 천도 차원에 관한 인식은 인간의 지력에 의거하여 도달할 수 있는 것이 아니고 온 몸과 마음의 수양을 거쳐 인생체험의 누적에 의거하여 '도와 한 몸이 되는' 경지에 도달할 수 있기를 바란다.

장자는 의심하고 비판하는 정신을 제창하였지만 이는 결코 이른바 '회의론'으로 귀결시킬 수 없다. 장자가 인간의 인식능력, 인간이 집착하는 지식 혹은 진리의 신뢰도에 도전을 제기하였지만 결코 '진지'와 '지의 성인'에 대한 추구를 포기할 것을 주장하지 않았고 단지 맹목성을 낮출 것을 희망하였고, 사람들이 분석으로부터 종합에 이르고 인식으로부터 체험에 이르며 '작은 지혜'(小智)로부터 '큰 지혜'(大智)로 상승할 것을 주장하였다. 「제물론」편에서는 요임금 때의 현자인 설결齧缺과 왕예王倪의 대화를 통하여 이러한 지혜를 해학적이고 함축적으로 나타내었다. "설결이 왕예에게 물었다. '선생님은 모든 것이 다 옳다고 인정하는 것이 무엇인지 아십니까?' '내가 그것을 어떻게 알겠는가!' '선생님은 자신이 모른다는 사실을 아십니까?' '내가 그것을 어떻게 알겠는가!' '그렇다면 우리는 사물에 대하여 알 수 없는 것입니까?' '내가 그것을 어떻게 알겠는가! 하지만 그 문제에 대하여 한번 말해 보겠다. 내가 안다고 말하여도 사실은 알지 못할 수 있지 않는가? 내가 모른다고 말하여도 사실은 알고 있을 수 있지 않는가?"[50] 『장자』에서는 종종 의문을 던져 독자들이 알아서 판단하도록 유도하는데, 해답은 바로 의문 속에서 긍정으로 바뀐다.

왕예의 세 차례의 답변, "첫 번째는 지식의 긍정에 대한 의문이고, 두 번째는 '알 수 없음' 혹은 '알지 못함'에 대한 의문이며, 세 번째는 모든 지식의 진위 가능성에 대한 가설이고 의문이다.…… 이유는 한 사물이 그러한지 그렇지 않은지에 대한 판단인 '다 옳다'(同是)는 주관적인 것이고, 설령 일시적인 보편성이 있다 하더라도 영원한 보편성을 긍정할 수 없다. 다음으로 사물에 대한 앎과 아는 대상 자체의 진위에는 절대적인 옳음도 있고 상대적인 옳음도 있으며 옳은지 옳지 않은지, 그러한지 그렇지 않은지에 대하여 장자는 '그러하여 그러한 것'만이 비로소 진짜 옳은 것이고 진짜 그러한 것이라 간주하였다. '도'는 말로 해석할 수 없는 것이고 일단 말하면 곧 실수하게 된다. 따라서 '내가 그것을 어떻게 알겠는가?'고 하였다. 사물에서 알 수 있는 것은 진위와 그러한지 그렇지 않은지가 이미 하나로 결정되기 어려운 것인데 하물며 '알 수 없는 것'과 '알지 못함'이겠는가? 이것이 두 번째 의문에서 더 넓은 '알지 못함'의 정확성이다. 마지막에 왕예는 반문을 정면으로 대답하였는데 논리적으로는 반문한 의문이다. 왜냐하면 '내가 아는 바'에

---

50) 「齊物論」, "齧缺問乎王倪曰: '子知物之所同是乎?' 曰: '吾惡乎知之!' '子知子之所不知邪?' 曰: '吾惡乎知之!' '然則物無知邪?' 曰: '吾惡乎知之! 雖然, 嘗試言之. 庸詎知吾所謂知之非不知邪? 庸詎知吾所謂不知之非知邪?'"

'알 수 없음'이 들어 있고 내가 '알지 못하는바'도 또한 필연적으로 '앎'이 아닌 것이 아니다. 따라서 '내가 모른다고 말하여도 사실은 알고 있을 수 있지 않는가?'라고 하였다.(공자도 '모르는 것은 모른다고 하는 것이 아는 것이다'라고 하였다.)"[51]

　　요컨대 장자는 우리들이 선입견을 타파하고 울타리를 벗어남으로써 피차, 시비를 초월하여 '도추'를 파악하도록 계발하였다.

　　'도'는 자연스럽고 본래 무위하며 언어로써 표현하고 한정할 수 없지만 인간의 생명으로써 체험할 수 있다. 사람들은 늘 "하나의 편견"에 집착하고 구애되기 때문에 피차 분쟁이 생기고 완정한 '도'와 천지의 이치에 대한 깨달음을 방해하게 된다. 따라서 반드시 "생겨난 마음"(成心)을 타파하고 독선적이고 제멋대로 행동함을 반대하여야 한다. 사람들은 현상세계의 차별상을 매우 쉽게 관찰하고 분석하지만 장자는 이로부터 생겨나는 분별과 집착을 타파하고 사물의 흐름과 변화를 인식하며 각도(혹은 참조물 혹은 시각)를 바꾸어 사물을 다시 살펴보면 부동한 모습을 보게 됨을 주장하고, '도'의 관점에서 관찰함에 이르면 어떤 차별은 전혀 따지지 않아도 됨을 주장하였다. 장자는 '현명'(明) 혹은 '현명을 따르는 것'(以明), '현명을 따르는 것보다 좋은 것이 없다'(莫若以明)는 인식방법을 제기하여, 이것으로 저것을 밝히고 저것으로 이것을 밝힘으로써 각자의 울타리에서 벗어나 피차를 통찰하고 상대방을 이해하며 자신의 견해를 없어지게 하고 객관적인 평정심으로 피차의 사실을 살펴보며, 나아가 현상 혹은 개념의 피차간의 연관을 이해하고 서로 상대되는 모든 개념에 대한 집착을 없애버릴 것을 제기하였다. 또한 장자는 절대적인 진리를 터득하는 더욱 근본적인 방법을 제기하였는데, 바로 '도추道樞', '천균天鈞'을 파악하는 방법이

---

51) 邱棨鐊, 『莊子哲學體系論』(臺北文津出版社, 1999), 제35쪽, "第一次是對肯定知識的懷疑, 第二次是對不可知或不知的懷疑, 第三次是對一切知識的眞假可能性的假設與疑問……理由是: 一物的然否判斷同是主觀的, 卽使有暫時的普遍性, 亦不能肯定永久的普遍性. 其次, 物之知, 與被知之物本身眞假, 有絶對是, 也有相對是, 是不是, 然不然, 莊子認爲然乎然才是眞是, 眞然; 道是不可言詮的, 一說便差失(齬)了. 故曰: '吾惡乎知之? 物之可知者, 眞假然否已難定於一, 更何況所不可知'不知者? 這是第二次疑問更廣羨的不知'之正確性. 最後王倪以反面疑問作爲正面的回答, 卽邏輯上的反問疑問. 因爲吾所知中當有不可知性, 而吾所不知亦不必然非知, 所以說'庸詎知吾所謂不知之非知邪?'(孔子也說: '不知爲不知, 是知也.')"

다. 이는 한층 더 깊은 '현명'(明)이다.

　　장자 마음속의 성인은 더욱 높은 측면에 서서 우선 자연의 한계 혹은 인위적인 한계를 보류하고 내버려 두며, 다음 시와 비, 옳음과 그름 등등의 상대적인 것을 초월하여 피차 사이의 시비 및 피차로부터 생겨난 시비를 이해하고 피차와 시비 사이의 복잡한 연관을 통찰하며, 나아가 천지, 자연의 '대도'가 바로 시비와 피차를 통합하는 요점임을 깨닫는다. 최고의 진상眞相, 객관적인 진리는 이른바 '도추道樞' 혹은 '천균天鈞'이고, 여러 가지 사물, 현상의 인식 및 차원, 계열이 다른 상대적인 진리를 인정하고 포함한다. 성인은 '도'와 한 몸이고 다름을 보존할뿐더러, 또한 다름을 초월하여 여러 가지 지식, 여러 가지 상대적인 진리 및 그 시스템이 각자 자신의 자리에 편안하게 함으로써 함께 병행하여도 어그러짐이 없다. 사물과 나, 시와 비, 옳고 그름, 잠재적인 것과 현실, 현실과 이상, 긍정과 부정, 형이하와 형이상은 서로 방애하지 않는데 '양행兩行'이라 이른다.

　　장자는 밝게 깨닫는 마음으로 되돌아가서 '도'를 깨닫고 '도'와 하나로 계합할 것을 주장하였다. 그의 '마음'은 텅 비고 고요한 마음이며 작용은 관조하는 것이다. "도를 터득한 사람에게는 세상의 군자가 모두 의지한다."52) 이상의 서술로부터 보면, 장자의 '도론', 인생수양론(이상인격론)은 '지론知論'과 서로 통한다.

---

52) 「知比遊」, "大體道者, 天下之君子所繫焉."

4장 병가의 지혜

병가는 춘추春秋, 전국戰國으로부터 한漢대 초기에 이르는 시기에 군사이론을 연구하고 군사활동에 종사하였던 학파이다. 그 시기에 여러 제후국들 사이에서 전쟁이 빈번하였고 권세와 무력이 웅장하고 규모가 컸으며 많은 이름난 군사가, 전례戰例와 병서兵書가 출현하였고 병기는 갈수록 훌륭해지고 병제兵制는 날이 갈수록 완벽해졌으며 병법은 날이 갈수록 체계화되었다. 병가의 주요한 대표 인물에는 손무孫武, 사마양저司馬穰苴, 손빈孫臏, 오기吳起, 위료尉繚, 방연龐涓 등이 있고 한漢대 초기에는 장량張良, 한신韓信 등이 있다. 지금까지 보존되어 있는 병서로는 북송北宋 신종神宗 원풍元豊연간에 정부에서 편찬한 『무경칠서武經七書』인 『손자병법』, 『오자병법吳子兵法』, 『육도六韜』, 『황석공삼략黃石公三略』, 『위료자尉繚子』, 『사마법司馬法』, 『당태종이위공문대唐太宗李衛公問對』 및 1972년에 산동 임기臨沂 은작산銀雀山 한묘漢墓에서 출토된 『손빈병법孫臏兵法』 등이 있다. 이 밖에 저명한 병서로는 당唐대 이전李筌의 『대백음경太白陰經』, 송宋대 인종仁宗 시기 정부에서 편찬하고 증공량曾公亮이 주도하였으며 정도丁度가 편집한 『무경총요武經總要』, 남송南宋의 진규陳規, 탕숙湯璹이 편찬한 『수성록守城錄』, 남송南宋의 진부량陳傅良이 편찬한 『역대병제歷代兵制』 등이다. 병가는 중국뿐만 아니라 세계의 군사사, 학술사, 과학기술사, 문화사에서도 모두 중요한 지위를 차지하였고 심원한 영향을 주었다. 병가의 사상, 모략은 이미 국계를 초월하였고 시대를 초월하였으며 군사 자체도 초월하였다. 여기서는 손무와 손빈의 군사사상에 대하여 간략하게 소개하도록 한다.

1. 손무라는 사람과 그의 저작

손무는 자가 장경長卿이고 춘추春秋 말기의 사람이며 생몰년은 확실하지 않은데 약 공자와 동시대의 사람이다. 손무는 진陳나라 공자公子 완完의 후예이다. 기원전 672년에 진陳나라에서 내란이 발생하였고 공자 완(敬仲)은 제齊나라로 망명하여 환공桓公의 중용을 받았다. 진완(후에 田씨로 성을 바꾸었는데 고대에 陳과 田은 음이 같았고 통용되었음)의 후대들은 제齊나라에서 대대로 관직에 올랐다. 손무의 조부 전서田書는 제齊나라의 대부였는데 거莒나라를 정벌하는데 공을 세웠고, 이에 제齊나라 경공景公은 손孫씨라는 성을 하사하고 낙안樂安(지금의 산동 惠民)을 하사하였다. 손무는 전田씨 가족의 반역과 난을 피하여 어쩔 수 없이 오吳나라로 도망갔다. 『오월춘추』의 기록에 근거하면 손무는 오吳나라로 간 뒤 도피하여 깊이 숨어 지냈기에 아무도 그의 재능을 알지 못하였지만 오원伍員(子胥)의 추천으로 오吳나라의 왕 합려闔閭를 만나게 되었다. 『사기』「손자오기열전」에서는 이렇게 기록하고 있다. "손자는 이름이 무이고 제나라 사람이다. 병법에 뛰어나 오왕 합려를 만나게 되었다. 합려가 말하였다. '그대가 지은 열세 편의 병서는 이미 다 읽었다.…… '"[1] 또 이렇게 말하였다. 오나라가 "서쪽으로는 막강한 초나라를 무찔러 도읍인 영을 점령하고 북쪽으로는 제나라와 진나라를 위협하여 그 용명을 천하에 떨치는 데에는 손자의 힘이 컸다."[2]

손무가 언제 오吳나라의 왕에게 열세 편의 병서를 올렸는지는 아직 더 고찰이 필요하다. 은작산銀雀山에서 출토된 한漢대의 간백 자료 『손자』의 실전된 글 「오문吳問」에 근거하면 오吳나라의 왕과 손무는 진晉나라의 육경六卿 중에서 "누가 먼저 망하고 누가 굳건히 이루는지"(孰先亡, 孰固成)의 문제에 대하여 논의하였다. 손무는 이렇게 대답하였다. 조씨趙氏가 개혁을 실행하여 이랑(畝)을 크게 하고 세금을 가볍게

---

1) 『史記』,「孫子吳起列傳」, "孫子武者, 齊人也. 以兵法見於吳王闔廬. 闔廬曰: '子之十三篇, 吾盡觀之矣.……'"
2) 『史記』,「孫子吳起列傳」, "西破彊楚, 入郢, 北威齊晉, 顯名諸侯, 孫子與有力焉."

하며 조정이 가난하고 선비가 적으며 군주가 공정하고 신하가 수습하여 백성들이 부유해지도록 다스렸기 때문에 진晉나라를 대신하여 나라를 군건하게 할 수 있다. 하지만 나머지 세력들은 이랑(畝)을 작게 하고 세금을 무겁게 하며 조정이 부유하고 선비가 많으며 군주가 자만하고 신하가 사치스러우며 공을 바라고 빈번하게 전쟁을 하기 때문에 먼저 망한다. 패망하는 순서는 차례로 범씨范氏, 중행씨中行氏, 지씨智氏 그리고 마지막에 한韓나라, 위魏나라이다. 분할되기 전의 진晉나라 정치, 경제에 대한 손무의 분석은 비록 훗날의 역사발전과 완전하게 일치하지 않지만(훗날 韓나라, 趙나라, 魏나라가 晉나라를 분할하였음) 신흥계급의 일원으로서 그의 개혁의식과 일정한 전략적인 시각을 엿볼 수 있다.

기원전 512년에 손무는 오吳나라 왕의 중용을 받아 장군으로 임명되었고 오원伍員과 함께 오吳나라의 왕을 보좌하여 나라와 군대를 다스렸다. 오吳나라 왕 합려는 오원과 손무의 건의를 받아들여 초楚나라를 공격할 계획을 세웠고 세 팀의 군대를 조직하여 초楚나라를 교대로 습격하였다. 그들은 한편으로는 초楚나라를 교란하고 피로하게 만들었고 다른 한편으로는 경제, 군사적인 측면에서 더욱 큰 전쟁을 준비하였다. 오吳나라 합려 9년(기원전 506)에 오원과 손무는 합려와 함께 군대를 통솔하여 수로를 따라 북쪽으로 올라갔다가 다시 육로로 바꿔 채蔡나라와 당唐나라를 쟁취하였고 그들의 경내를 통하여 천여 리를 잠행하여 우회함으로써 초楚나라 농북쪽에 이르러 초나라가 생각지도 않는 틈을 타 측면으로부터 초楚나라의 약한 고리를 공격하여 오전오승 하였으며, 삼만 명의 병력으로 이십만 명의 초楚나라 백성들을 접수하여 곧바로 초楚나라의 수도인 영郢에 이르렀다.[3] 오吳나라 부차夫差 12년(기원전 484)에 오吳나라의 군대는 애릉艾陵에서 있었던 전쟁에서 또한 제齊나라를 이겼고, 2년 뒤 황시회맹黃池會盟 때 진晉나라의 패주지위를 대신하였다. 앞에서 인용하였던 『사기』에서 사마천은 오吳나라의 지위가 궐기하였고 서쪽으로는 막강

---

3) 劉向, 『新序』. 또한 자세한 내용은 郭化若, 『孫子譯注』(上海古籍出版社, 1984), 제2~3쪽 참조.

한 초나라를 무찌르고 북쪽으로는 제나라와 진나라를 위협함으로써 그 용명을 천하에 떨치는 데에는 손무의 공헌이 매우 컸다고 하였다. 하지만 손무의 구체적인 역할에 관하여 『사기』에는 자세한 사료가 기록되어 있지 않다. 합려가 죽은 뒤 오원은 백비伯嚭에 의하여 따돌려졌다. 또한 월越나라에 대한 태도에서 의견이 갈리게 되어 오吳나라의 왕 부차는 점차적으로 오원과 멀어졌고 결국 검을 하사하여 스스로 자살하도록 하였다. 이 시기 손무의 운명이 어떠하였는지에 대한 사료 또한 부족하다. 어떤 사람은 손무가 기회를 빌려 물러나 강학과 저술에 종사하였으며 전쟁의 성공과 실패의 경험을 종합하였다고 한다. 이후 그의 문인 혹은 재전再傳제자들의 구전과 기록을 거쳐 점차적으로 『한지漢志』에 나오는 『손자』82편이 형성되었다.4) 『한비자』「오두」에서는 이렇게 말하였다. "나라 안의 사람들이 모두 병법을 말하고 손무와 오기吳起의 책을 집집마다 간직하고 있다."(境內皆言兵, 藏孫, 吳之書者家有之) 이로부터 손자, 오자의 『병법』이 전국戰國 시기에 이미 널리 전해졌음을 알 수 있다. 전국 시기의 『오자』, 『손빈병법』, 『위료자』 등은 모두 『손자』의 군사사상을 인용하고 발전시킨 것이다.

통행본 『손자병법』 13편은 손무 학파 병가의 저작이고 주요한 내용과 핵심적인 사상은 손무의 것이지만 그의 문하생들과 전국 시기의 병가들에 의하여 정리되고 보완되었다. 『손자병법』에서 묘사된 전쟁의 규모는 전국시대의 상황인 것 같다. 또한 전반적인 내용에는 중복되는 부분이 있고 앞뒤는 문체가 완전히 일치하지 않는데 후세의 사람들이 정리하면서 남겨놓은 흔적으로 볼 수 있다. 13편은 구체적으로 「계편計篇」, 「작전편作戰篇」, 「모공편謀攻篇」, 「형편形篇」, 「세편勢篇」, 「허실편虛實篇」, 「군쟁편軍爭篇」, 「구변편九變篇」, 「행군편行軍篇」, 「지형편地形篇」, 「구지편九地篇」, 「화공편火攻篇」, 「용간편用間篇」이다. 매 편의 편명은 바로 해당 편의 주제이고 매 편의 첫머리는 '손자왈孫子曰'의 세 글자로 시작한다.

---

4) 郭化若의 『孫子譯注』(上海古籍出版社, 1984), 제32쪽. 이 장에서 인용한 『孫子』의 원문 및 번역문은 대부분 郭化若의 책을 참조하였음을 밝힌다.

『손자병법』통행본에 대한 가장 훌륭한 주석본은『손자십일가주^{孫子十一家注}』(『十一家注孫子』라고도 부름)이고 송^宋대의 길천보^{吉天保}가 편집한 것이다.『손자병법』은 널리 전해짐으로써 세계 각국의 군사계, 학계의 주목을 받았다.

2. 손빈이라는 사람과 그의 저작

손빈은 전국^{戰國}중기의 뛰어난 군사가이다. 제^齊나라 사람이고 손무의 후손이다. 약 상앙, 맹자와 동시대의 사람이고 제^齊나라에서 태어났다.『사기』「손자오기열전」에서는 이렇게 말하였다. "손무가 죽은 지 백여 년 후에 손빈이라는 사람이 나타났다. 손빈은 아와 견 사이의 땅에서 태어났고 손무의 후손이다. 손빈은 일찍이 방연과 함께 병법을 배웠다. 방연은 학문을 이룬 후에 위나라를 섬겨서 혜왕의 장군이 되었는데 자신의 재능이 손빈에 미치지 못하는 것을 두렵게 생각하여 몰래 손빈을 불러들여 나쁜 계책으로 손빈을 없애려고 하였다. 손빈이 도착하자 방연은 손빈이 자신보다 훨씬 현명하다는 것을 알고 두려워하고 질투한 나머지 죄를 뒤집어씌워 손빈의 두 다리를 자르고 이마에 죄명을 새기면 남 앞에 나서기를 부끄러워하고 세상에 얼굴을 내놓지 못할 것이라고 생각하였다."[5] 손빈이 방연에 의하여 빈형^{臏刑}(무릎에 있는 뼈를 잘라내는 형벌)을 당하였기에 사람들이 그를 손빈이라 불렀고 실명은 오히려 사람들에게 잊혔다. 후에 제^齊나라 사신의 도움으로 손빈은 비밀리에 제^齊나라에 돌아가게 되었고, 제^齊나라의 장군 전기^{田忌}는 손빈의 능력을 알아보고 빈객으로 대우하였으며, 또한 제^齊나라의 위왕^{威王}에게 추천하였고 위왕은 손빈에게 군사^{軍師}를 봉하였다. 손빈은 군사로 있으면서 제^齊나라의 장군 전기를 도와 군사를 부리는 계략을 꾸몄고 수차례나 위^魏나라의 군대를 무찔렀다. 가장

---

5) 『史記』,「孫子吳起列傳」, "孫武旣死, 後百餘歲有孫臏. 臏生阿鄄之間, 臏亦孫武之後世子孫也. 孫臏嘗與龐涓俱學兵法. 龐涓旣事魏, 得爲惠王將軍, 而自以爲能不及孫臏, 乃陰使召孫臏. 臏至, 龐涓恐其賢於己, 疾之, 則以法刑斷其兩足而黥之, 欲隱勿見."

유명한 것이 기원전 353년에 제나라와 위나라 사이에서 있었던 계릉桂陵에서의 전쟁과 기원전 341년에 제나라와 위나라 사이에서 있었던 마릉馬陵에서의 전쟁이다.6) 계릉에서의 전쟁에서 손빈은 "상대방의 허점을 공격하고"(批亢搗虛) "대량으로 달려가며"(疾走大梁)7) "적의 허를 공격하면 반드시 구출하러 오는"(攻其必救) 전술을 이용하여 위나라의 포위를 풀고 조趙나라를 구하였고 계릉에서 위나라의 군대를 크게 격파하였다. 마릉에서의 전쟁에서 위나라가 한韓나라를 공격하려고 할 때8) 제나라의 군대는 "대량으로 직행하고"(直走大梁) 위나라의 군대는 "한나라에서 철수하여 귀국하였다"(去韓而歸). 손빈은 아궁이 수를 줄여서 병력이 약한 것처럼 보이는 전술로 적군을 깊이 유인하고 길 양옆에 복병을 배치하여 마릉에서 위나라의 군대를 크게 격파하였다. 이러한 전쟁으로부터 손빈의 탁월한 군사재능을 찾아볼 수 있었고 이때로부터 손빈은 "이름이 천하에 알려지게 되었고 그의 병법은 세상에서 전해지게 되었다."9) 사마천은 이렇게 말하였다. "제나라의 위왕, 선왕은 손자(빈), 전기를 기용하여 병력이 강하였고, 제후들은 동쪽을 향하여 제나라에 조공을 바쳤다."10) 마릉에서의 전쟁 후 중원의 강국이었던 위나라 내지 삼진三晉(한, 조, 위)은 모두 쇠약해졌다. 삼진은 원래 진秦나라가 중원을 공격함에 있어서 강대한 장벽이었지만 결국 쇠약해졌고, 진秦나라는 이로써 120여 년 후의 중원입성을 미리 준비하였다.

『손빈병법』은 전국 시기부터 한漢대에 이르는 동안 매우 유행하였다. 『한서』

---

6) 『史記』에서는 계릉에서의 전쟁을 기술할 때 방연을 언급하지 않았고 마릉에서의 전쟁을 기술할 때 방연이 피살 혹은 자살하였고 魏나라 태자 申은 포로가 되었다고 기록하고 있다. 하지만 죽간 『孫臏兵法』 「擒龐涓」의 기록에 의면 방연은 계릉에서의 전쟁에서 이미 붙잡혔다.

7) 大梁은 당시 魏나라의 수도이다. 지금의 하남 開封이다.

8) 『史記』에 근거하면 마릉에서의 전쟁의 배경은 魏나라, 趙나라가 함께 韓나라를 공격하였던 시점이지만 곽화약이 역사의 관계와 전장의 방위 측면에 대한 연구에 근거하면 마땅히 위나라와 한나라가 함께 조나라를 공격하였던 시기여야 맞을 것 같다고 한다. 곽화약은 『史記』의 여러 곳에 오타가 있을 것으로 보고 있다. 자세한 내용은 郭化若의 『孫子譯註』(上海古籍出版社, 1984)를 참조.

9) 『史記』, 「孫子吳起列傳」, "名顯天下, 世傳其兵法."

10) 『史記』, 「孟子荀卿列傳」, "齊威王, 宣王用孫子(臏), 田忌之徒, 而諸侯東面朝齊."

「예문지」의 기록에 근거하면 "제나라에 손자 89편이 있었고 그림은 네 권이었다."(齊孫子八十九篇, 圖四卷) 하지만 『수지隨志』에는 이미 아무런 기록이 없다. 1972년에 산동 임기에서 은작산 한묘가 발굴되었을 때 『손빈병법』 죽간본을 발견하였는데 손빈의 언행을 잡다하게 기록한 것이었다. 어떤 사람은 손빈 자신의 저술이라고 주장하고 또 어떤 사람은 제자, 후세 사람들이 기록한 것이라고 주장하였다. 그 후 정리를 거친 간문簡文은 상, 하의 두 편으로 나누어졌으며 각 15편으로 구성되었다.[11] 1985년 9월에 문물출판사에서는 전문가들의 의견에 근거하여 『은작산한묘죽간銀雀山漢墓竹簡』 제1집에서 기록되어 있는 『손빈병법』에 대하여 조절하였고 기존의 상편 15편에 대하여 보충과 삭제작업을 진행하였고 또한 「오교법五敎法」편을 보충하여 16편으로 구성하였다. 기존의 하편 15편의 글은 별도로 "선진논정논병지류先秦論政論兵之類"에 포함시켰다. 이 견해에 근거하면 하편의 15편은 완전히 손빈 및 그 학파에 속하는 것이라 할 수 없는 것 같다.

3. 다섯 가지를 근본으로 삼고 계책으로써 비교하다

우선 손무의 사상에 대하여 살펴본다.

1) 병가의 오경칠계五經七計

『손자병법』 「계편」에서는 다음과 같이 말하고 있다. "손자가 말하였다. 전쟁이란 나라의 큰일이고 사람들이 죽고 사는 길림길이니 나라가 보존되고 망하는 길이니 살피지 않을 수 없다."[12] "그러므로 다섯 가지 일을 근본으로 삼고 계책으로

---

11) 현재 죽간정리소조: 『孫臏兵法』(文物出版社, 1975); 張震澤, 『孫臏兵法校理』(中華書局, 1984); 鄧澤宗, 『孫臏兵法注譯』(解放軍出版社, 1986); 榮挻進, 李丹 譯, 『孫臏兵法白話今譯』(中國書店, 1994) 등이 있다.

써 비교하여 그 실상을 탐색하여야 한다. 첫째는 도이고, 둘째는 하늘이며, 셋째는 땅이고, 넷째는 장수이며, 다섯째는 법이다. 도라는 것은 백성들로 하여금 기꺼이 윗사람과 뜻을 함께하는 것이고 그러면 백성들은 윗사람과 함께 죽을 수도 있고 함께 살 수도 있으며 위험을 두려워하지 않는다. 하늘이라는 것은 음양, 덥고 추움, 계절의 변화를 가리킨다. 땅이라는 것은 멀고 가까움, 험하고 평탄함, 넓고 좁음, 위험함과 안전한 곳이다. 장수라는 것은 지혜, 신의, 인애, 용감함, 엄격함을 뜻한다. 법은 곡제, 관도와 주용을 이른다. 이 다섯 가지는 장수라면 들어보지 못한 자가 없다. 이것을 진정으로 아는 사람은 승리하고 진정으로 알지 못하는 사람은 승리하지 못한다. 그러므로 계책으로써 비교하여 그 실상을 탐색하여야 한다. 임금은 어느 쪽이 도가 있는가? 장수는 어느 쪽이 유능한가? 하늘과 땅은 어느 편이 얻는가? 법령은 어느 쪽이 잘 시행하는가? 군사는 어느 편이 더 강한가? 사병은 어느 쪽이 더 훈련되었는가? 상과 벌은 어느 쪽이 더 분명한가? 나는 이러한 것으로써 승부를 안다."13) 전쟁은 나라의 큰일이고 생사와 존망에 관계된다. 우선 전쟁의 법칙, 전쟁의 승패를 결정하는 주관적, 객관적인 조건과 요소를 알아야 한다.

손자는 다섯 가지 측면을 제기하였다. 도라는 것은 전쟁의 정의성, 민심의 지지와 반대, 백성들이 지지하는지의 여부이고, 군주와 한마음이고 희생정신이 있는지의 여부를 가리킨다. 하늘이라는 것은 자연적인 기후조건으로서 낮과 밤, 갬과 비 내림, 춥고 더움, 사계절의 변화를 가리킨다. 땅이라는 것은 자연적인 지리조건으로서 거리, 지형, 지세, 지모 등등이 포함된다. 장수는 장수의 지휘재능과 지혜모략으로서 신의, 자애로움, 과감함, 엄격함 등등의 인품을 가리킨다. 법이라는

---

12) 『孫子兵法』, 「計篇」, "孫子曰: 兵者, 國之大事, 死生之地, 存亡之道, 不可不察也."
13) 『孫子兵法』, 「計篇」, "故經之以五事, 校(較)之以計而索其情: 一曰道, 二曰天, 三曰地, 四曰將, 五曰法. 道者, 令民與上同意也, 故可以與之死, 可以與之生, 而不畏危. 天者, 陰陽, 寒暑, 時制 也. 地者, 遠近, 險易, 廣狹, 死生也. 將者, 智, 信, 仁, 勇, 嚴也. 法者, 曲制, 官道, 主用也. 凡此五者, 將莫不聞, 知之者勝, 不知者不勝. 故校(較)之以計而索其情, 曰: 主孰有道? 將孰有能? 天地孰得? 法令孰行? 兵衆孰強? 士卒孰練? 賞罰孰明? 吾以此知勝負矣."

것은 조직과 편제, 관리, 직책, 군수물품 등의 규장제도와 기율을 가리킨다. 이러한 다섯 가지 측면의 조건을 진정으로 심각하게 파악하고 구비하여야만 비로소 전쟁에서 이기기 위한 기초를 닦은 셈이다. 동시에 한 걸음 더 나아가 다음과 같은 일곱 가지 요소를 비교하고 분석하여야만 비로소 전쟁의 승패를 판단할 수 있다. 바로 군주는 현명한가, 장수는 재능이 있는가, 하늘이 내린 기회와 조건을 차지하고 있는가, 규율은 엄격한가, 법령은 제대로 관철되고 있는가, 군대의 실력은 강한가, 병사들의 훈련은 어떠한가, 상벌은 분명한가 등등이다.

이상에서 살펴본 것은 『손자병법』에서 첫머리에 요지를 밝혀 강조한 원칙이다. '도'는 '근본'(經)인 다섯 가지 요소의 첫째로서 특히 중요하다. 여기서 좁은 의미의 '도'는 정치 특히 백성과 군주의 소원이 일치한 것을 가리킨다. 왜냐하면 전쟁은 언제나 일정한 정치의 연속이고 전쟁은 반드시 백성들에 의지하여 진행되기 때문이다. 넓은 의미의 '도'는 전반적인 전쟁의 규율을 가리키는데 전쟁과 자연조건, 사회정치, 경제, 문화 등 여러 측면에서의 연관과 전쟁 자체의 객관적인 법칙 및 이러한 법칙을 파악하는 기초 위에 제정된 전략전술의 원칙이 포함된다. '근본으로 삼는 다섯 가지 일'의 기타 네 가지 측면과 '계책으로써 비교하는' 일곱 가지 측면은 모두 넓은 의미에서의 '도'의 발전으로 간주할 수 있다.

손자는 이렇게 말하였다. "옛날의 이른바 전쟁을 잘하는 장수는 쉽게 이길 수 있는 상대와 싸워 이긴 것이다. 그러므로 전쟁을 잘하는 장수의 승리는 지혜나 명성, 용기와 공로도 없다. 그런 까닭에 전쟁의 승리는 어긋남이 없었다. 어긋남이 없다는 것은 그 조치한 바가 반드시 이기는 상황이었으니 이미 패할 수밖에 없는 적을 이겼던 것이다. 그러므로 전쟁을 잘하는 자는 지지 않는 곳에 서서 적을 패배시킬 기회를 놓치지 않았다. 이런 까닭에 승리하는 군대는 먼저 이긴 상태에서 싸우고, 패배하는 군대는 일단 싸운 다음에 승리를 바란다. 군사를 잘 쓰는 사람은 도를 닦아 법을 보존하기 때문에 승패를 다스릴 수 있는 것이다."[14] 여기서 '도를

---

14) 『孫子兵法』, 「形篇」, "古之所謂善戰者, 勝於易勝者也. 故善戰者之勝也, 無智名, 無勇功, 故其

닦아 법을 보존한다'(修道而保法)는 것은 정치를 공명하게 하고 법률과 기율을 엄격하게 준수하는 것이라 해석할 수 있다. 하지만 위아래의 문장으로부터 볼 때 군대를 잘 운용하는 사람의 도, 승리를 취득하는 도는 우선 병력의 많고 적음, 강함과 약함을 포함하는 객관적인 조건을 세밀하고 신중하게 분석하고 쉽게 이길 수 있는 조건에 입각하여 적과 싸우며 매우 주도면밀하고 빈틈없게 배치함으로써 실패할 수 없는 곳에 서서 상대가 실패하게 하는 기회를 절대 놓치지 않는 것이다. 승리하는 군대는 언제나 승리의 여러 가지 측면의 조건을 충분하게 이용하고 준비한 뒤에 다시 싸움을 청한다.

『손자병법』「지형편」에서는 '사통팔달하고'(通), '들어가기 쉽지만 나오기 어려우며'(挂), '준험하여 행군이 어렵고'(支), '좁고 험한 산골짜기'(隘), '거칠고'(險), '먼'(遠) 여섯 가지 지형과 작전의 관계, 대응되는 조치, 방법을 연구하였다. "무릇 이 여섯 가지는 땅의 원리이고 장수의 지극한 임무이기에 살피지 않으면 안 된다."(凡此六者, 地之道也; 將之至任, 不可不察也) 여기서는 지형의 부동한 특징으로부터 출발하여 전쟁의 대책을 연구한 것인데 적군과 아군 쌍방의 지형에 대한 점령상태와 공격, 수비, 도전 여부 및 적을 유인하는 전략을 충분하게 고려하여야 한다는 것이다. 이 편에서는 또한 무릇 군대에 '도주하고'(走) '풀어지며'(弛) '무너지고'(陷) '허물어지며'(崩) '혼란스럽고'(亂) '패배하는'(北) 여섯 가지 상황이 발생하면 이는 자연적인 재해가 아니라 장수의 잘못으로 비롯된 것임을 제기하였다. "무릇 이 여섯 가지는 실패의 요인이고 장수의 큰 책임이기에 살피지 않을 수 없다."(凡此六者, 敗之道也; 將之至任, 不可不察也) 이 편에서는 또 이렇게 제기하였다. "무릇 지형은 군사를 씀에 있어서 보조적인 조건이다. 적의 상황을 헤아리고 승리할 수 있는 계획을 세우며, 험한지 평탄한지 먼지 가까운지를 계산하는 것이 훌륭한 장수의 임무이다. 이를 알고 작전에 활용하는 자는 반드시 승리하고 이것을 모르고 싸우는 자는 반드시 실패한

戰勝不忒. 不忒者, 其所措必勝, 勝己敗者也. 故善戰者, 立於不敗之地, 而不失敵之敗也. 是故勝兵先勝而後戰, 敗兵先戰而後求勝. 善用兵者, 修道而保法, 故能爲勝敗之政."

다."15) 지형은 단지 군사를 씀에 있어서 보조적인 조건이지만 적의 상황을 정확하게 판단하고 지형의 험악함과 도로의 멀고 가까움 등을 고려하여 적을 제압할 수 있는 상응한 계략을 세우는 것은 훌륭한 장군이 반드시 파악하여야 할 원칙이다. 여기서는 장수의 지도하는 역할을 부각시켰다. "전쟁에서 필승의 확신이 서면 군주가 싸우지 말라고 하여도 반드시 싸워야 하고, 필승의 확신이 서지 않으면 군주가 싸우라고 하여도 반드시 싸우지 말아야 한다. 장수는 승리하면서 명예를 좇지 않고 패배하면서 책임을 회피하지 않으며, 오로지 백성들의 안전을 도모하고 나라의 이익에 부합되는 것을 따르는데 국가의 보배이다."16) 모든 것은 전쟁의 실제적인 상황과 발전법칙으로부터 출발하는 것이다. 반드시 승리할 수 있으면 군주가 싸우지 말라고 하여도 장수는 싸움을 견지할 수 있고 승리할 수 없으면 군자가 반드시 싸워야 한다고 하여도 장수는 싸우지 않을 수 있다. 이는 국가의 전반적인 이익으로부터 출발한 것이기 때문에 근본적으로는 군주에게 유리하다. 이러한 장수야말로 국가의 보배인 것이다.

2) 나라를 편안하게 하고 군대를 보전하는 길

'훌륭한 장수의 도', '싸움의 도' 외에도 손자는 '승리를 예측하는 도', '나라를 편안하게 하고 군대를 보전하는 도'에 대하여 제기하였다. "승리를 예측하는 것에는 다섯 가지가 있다. 전쟁을 할 수 있는지 전쟁을 해서는 안 되는지 아는 자는 승리하고, 대, 소규모의 부대를 운용할 줄 아는 자는 승리하며, 장수와 병사 상하의 욕망이 같으면 승리하고, 준비된 상태에서 미리 헤아리지 못한 적과 대적하면 승리하며, 장수의 능력이 뛰어나 군주가 통제하려 하지 않으면 승리한다."17) 판단능

15) 『孫子兵法』, 「地形篇」, "夫地形者, 兵之助也. 料敵制勝, 計險厄遠近, 上將之道也. 知此而用戰者必勝, 不知此而用戰者必敗."
16) 『孫子兵法』, 「地形篇」, "故戰道必勝, 主曰無戰, 必戰可也; 戰道不勝, 主曰必戰, 無戰可也. 故進不求名, 退不避罪, 唯人是保, 而利合於主, 國之寶也."
17) 『孫子兵法』, 「謀攻篇」, "故知勝有五: 知可以戰與不可以戰者勝, 識眾寡之用者勝, 上下同欲者

력이 있으면 적군과 아군의 상황을 판명할 수 있고 싸워서 이길 수 있으면 싸우고 싸워서 이길 수 없으면 싸우지 않으면 승리할 수 있고, 작은 부대를 지휘할 줄 알고 큰 부대를 지휘할 줄도 알면 승리할 수 있으며, 나라의 군대에서 상하의 이익이 함께하면 승리할 수 있고, 수시로 전쟁을 준비하여 준비된 병력으로 준비되지 않은 적군을 기다리면 승리할 수 있으며, 장수에게 지휘재능이 있어서 군주가 강압적으로 간섭하려 하지 않으면 승리할 수 있다는 것이다. "현명한 군주는 헤아리고 뛰어난 장수는 살핀다. 이익이 아니면 움직이지 않고 이득이 아니면 쓰지 않으며 위기가 아니면 싸우지 않는다. 군주는 노엽다고 군사를 일으켜서는 안 되고 장수는 성난다고 해서 전쟁을 해서는 안 되며, 이익에 부합하여야 움직이고 이익에 부합하지 않으면 멈춘다. 노여움은 다시 즐거울 수 있고 성남은 다시 기쁠 수 있지만, 망한 나라는 돌이킬 수 없고 죽은 자는 다시 살아날 수 없다. 그러므로 현명한 군주는 삼가고 훌륭한 장수는 경계하는데, 이것이 바로 나라를 편안하게 하고 군대를 보전하는 길이다."[18] 전쟁에 대하여 현명한 군주와 훌륭한 장수는 반드시 삼가고 또 삼가야 하는데, 매우 유리한 상황이 아니고 승리에 대한 파악이 없으면 싸우지 않고 어쩔 수 없이 마지못해 하는 것이 아니면 싸우지 않는다. 전쟁에 대하여 군주와 장수는 절대 감정적으로 일을 처리하여서는 안 되고 반드시 나라의 이익에 부합하여야만 비로소 행동하고 나라의 이익에 부합하지 않으면 바로 멈춘다. 나라는 망하면 다시 보전될 수 없고 사람은 죽으면 다시 살아날 수 없다. 따라서 전쟁에 대하여 반드시 책임지고 신중하며 경계하는 태도를 취하여야 하는데, 이것이 바로 나라를 안정시키고 군대를 보전하는 근본이다.

손자는 또한 군사를 쓰는 '도'가 기묘하고 융통성이 있으며 변증법적임을 제기하였고 전쟁을 끊임없이 운동하고 변화하는 과정으로 간주하였다. 따라서 『손자병

勝, 以虞待不虞者勝, 將能而君不御者勝. 此五者, 知勝之道也."

18) 『孫子兵法』, 「火攻篇」, "明主慮之, 良將修之. 非利不動, 非得不用, 非危不戰. 主不可以怒而興師, 將不可以慍而致戰; 合於利而動, 不合於利而止. 怒可以復喜, 慍可以復悅; 亡國不可以復存, 死者不可以復生. 故明君愼之, 良將警之; 此安國全軍之道也."

법』에서 말하는 '도' 즉 전쟁 자체의 운동하고 변화하는 과정과 법칙에는 운동과정의 변증성이 포함되어 있다. "병법이란 기만술이다. 능력이 있으면서도 능력이 없는 것처럼 보이고, 병법을 쓰면서도 쓰지 않는 것처럼 보이고, 가까이에 있으면서도 멀리 있는 것처럼 보이고, 멀리 있으면서도 가까이에 있는 것처럼 보이게 한다. 이익으로 유인하고 어지러울 때 공격하며, 상대의 준비가 충실하면 대비하여 지키고 적이 강하면 피하며, 분노하면 부추기고 얕보게 하여 교만하게 하며, 쉬려고 하면 수고롭게 하고 친해지면 떨어지게 한다. 방비가 없는 곳을 공격하고 예상하지 못한 곳으로 나아간다. 이것이 병가에서 승리하는 비결이고 사전에 전할 수 없는 것이다."[19] 군대를 운용하는 것은 신기한 행동이기 때문에 반드시 잘 위장하여 적을 기만하고 마비시키고, 동쪽에서 소리를 내고 서쪽을 공격하며 적을 유인하고, 교만하게 하며 임기응변하고 방비가 되지 않은 곳을 공격하며 예상하지 못한 곳으로 나아간다.

손자는 또한 '세勢'를 매우 강조하였다. '세'에는 위치의 추세(位勢), 움직이는 추세(動勢), 에너지, 물질의 운동 등등의 함의가 있다. 『손자병법』「세편」에서는 이렇게 제기하였다. "세찬 물살의 빠르고 맹렬함이 돌을 떠내려가게 하는 것이 기세이고 사나운 새의 빠르고 맹렬함이 부수고 꺾어버림이 절도이다. 이렇게 때문에 싸움을 잘하는 자는 그 기세가 험하고 그 절도는 순간적이다. 기세는 당겨진 노 같고 절도는 발사하는 기계이다."[20] "싸움을 잘하는 자는 기세에서 승리를 구하고 병사들을 탓하지 않기 때문에 능히 병사들을 선택하여 기세에 맡긴다. 기세에 맡긴다는 것은 병사들이 나무와 돌을 굴리는 것과 같아지는 것이다. 나무와 돌의 성질은 평평한 곳에 있으면 고요하고 위태로우면 움직이며 네모나면 멈추고 둥글면 움직인다. 그러므로 전생을 잘하는 사의 기세는 천 길의 산에서 구르는

---

19) 『孫子兵法』, 「計篇」, "兵者, 詭道也. 故能而示之不能, 用而示之不用, 近而示之遠, 遠而示之近 利而誘之, 亂而取之, 實而備之, 強而避之, 怒而撓之, 卑而驕之, 佚而勞之, 親而離之. 攻其無備, 出其不意. 此兵家之勝, 不可先傳也."
20) 『孫子兵法』, 「勢篇」, "激水之疾, 至於漂石者, 勢也; 鷙鳥之疾, 至於毀折者, 節也. 是故善戰者, 其勢險, 其節短. 勢如弩, 節如發機."

둥근 돌과 같은데 이것이 기세이다."21) 여기서는 전략상에서 기세에 맡기고 기세를 조성하여 거대한 기세 에너지를 형성함으로써 맹렬한 충격속도와 강력한 공격력으로 적을 타격하여야 함을 강조하였다. "기세라는 것은 이로움에 따라 권세가 만들어지는 것이다."22) '세는 바로 유리한 위치의 추세, 위치에너지를 이용하여 탄력적이고 융통성이 있는 변화를 만들어 움직이는 추세, 운동에너지를 형성하는 것이다. '기세를 조성한다'(造勢)는 것은 바로 공동체의 우세, 힘과 속도를 창조하는 것인데, 물살이 센 흐르는 물이 맹렬하게 세차게 흐르는 것과 같고 무수히 많은 동그란 돌들이 갑자기 만 길의 높은 산에서 끊임없이 굴러서 떨어지는 것과 같다.

3) 싸우지 않고 적군을 굴복시키다

"손자가 말하였다. 군사를 쓰는 방법은 적의 나라를 온전하게 두고 이기는 것이 최선이고, 적의 나라를 파괴하고 이기는 것이 차선이며, 적의 군단을 온전하게 두고 이기는 것이 최선이고, 적의 군단을 격파하여 이기는 것이 차선이며, 적의 여단을 온전하게 두고 이기는 것이 최선이고, 적의 여단을 격파하여 이기는 것이 차선이며, 적의 소대를 온전하게 두고 이기는 것이 최선이고, 적의 소대를 격파하여 이기는 것이 차선이며, 적의 분대를 온전하게 두고 이기는 것이 최선이고, 적의 분대를 격파하여 이기는 것이 차선이다. 그렇기 때문에 백번 싸워서 백번 이기는 것은 최선 중의 최선이 아니고, 싸우지 않고 적군을 굴복시키는 것이 최선 중의 최선이다."23) 적군을 전부 굴복시키는 것이 상책이고, 일부분의 병력을 소멸하는 것은 조금 부족하다. 백번 싸워서 백번 이기는 것은 단지 이상일 뿐이고 실제로는

---

21) 『孫子兵法』,「勢篇」, "故善戰者, 求之於勢, 不責於人, 故能擇人而任勢. 任勢者, 其戰人也, 如轉木石. 木石之性, 安則靜, 危則動, 方則止, 圓則行. 故善戰人之勢, 如轉圓石於千仞之山者, 勢也."
22) 『孫子兵法』,「計篇」, "勢者, 因利而制權也."
23) 『孫子兵法』,「謀攻篇」, "孫子曰: 凡用兵之法, 全國爲上, 破國次之; 全軍爲上, 破軍次之; 全旅爲上, 破旅次之; 全卒爲上, 破卒次之; 全伍爲上, 破伍次之, 是故百戰百勝, 非善之善者也; 不戰而屈人之兵, 善之善者也."

불가능한 것이다. 가장 고명한 방법은 모략을 활용하여 싸우지 않고 적군을 와해시키거나 혹은 굴복시키는 것이다. "최선의 방법은 적의 계략을 알아채고 봉쇄하는 것이고, 차선의 방법은 적의 외교를 봉쇄하는 것이며, 그 다음 방법은 적의 군대를 봉쇄하는 것이고, 가장 하위의 방법은 적의 성을 공격하는 것이다. 성을 공격하는 방법은 부득이한 방법이다."[24] 우선 고려하였던 것이 정치, 외교적인 측면에서의 계략이었다. "그러므로 군사를 잘 쓰는 자는 적의 군사를 굴복시키고 싸우지 않으며, 적의 성을 점령하고 공격하지 않으며, 적의 나라를 훼손시키고 오래하지 않으니, 반드시 온전함으로써 천하에서 다투기 때문에 군사를 둔하게 하지 않으면서도 이익을 온전하게 할 수 있는데, 이것은 모공의 방법이다."[25] 이는 손자의 정치가적인 지혜를 보여 준 것이다. 전쟁을 준비하는 전제 하에서 싸우지 않는 방식으로 '온전한'(全) 승리를 얻는 것이 최선의 상책이다. '싸우지 않고 적군을 굴복시키는' 사상은 사람들에 의하여 대대로 전송되었다.

4) 적을 알고 자기를 알면 백번 싸워도 위험하지 않다

전술상에서는 반드시 아군과 적군 병력의 많고 적음, 강하고 약함이 다름에 근거하여 부동한 방침을 취하여야 한다. "군사를 쓰는 방법에는 아군이 열 배면 포위하고, 다섯 배면 공략하며, 배라면 분산하여 공략하고, 적과 필적할 만한 병력이면 싸울 수 있으며, 적보다 병력이 적다면 도망가고, 병력이 적군보다 약하면 싸움을 피한다. 소규모의 군대가 견고하게 수비하면 대규모의 적에게 잡힐 수 있다."[26] 아군의 병력이 절대적인 우세를 점할 때 적어도 두 배 이상으로 많을 때에야 비로소 적군을 포위하고 진공할 수 있다. 아군의 병력이 딘지 적군의 한

---

24) 『孫子兵法』, 「謀攻篇」, "故上兵伐謀, 其次伐交, 其次伐兵, 其下攻城. 攻城之法爲不得已."
25) 『孫子兵法』, 「謀攻篇」, "故善用兵者, 屈人之兵而非戰也, 拔人之城而非攻也, 破人之國而非久也, 必以全爭於天下, 故兵不頓而利可全, 此謀攻之法也."
26) 『孫子兵法』, 「謀攻篇」, "故用兵之法, 十則圍之, 五則攻之, 倍則分之, 敵則能戰之, 少則能逃之, 不若則能避之. 故小敵之堅, 大敵之擒也."

배보다 많으면 아직 부족하고 방법을 세워 적군의 병력을 다시 분산시켜야 한다. 적군과 아군의 병력이 대등하고 예기치 않게 만났다면 과감하고 용감하게 적군의 박약한 부분을 타격하여야 한다. 적군이 강하고 아군이 약하다면 결투를 피한다. 싸울 수 있으면 싸우고 싸울 수 없으면 도망간다. 약소한 군대가 만약 수비를 고집하면 강한 적군에게 생포될 수 있다.

『손자병법』에서는 실제로 이러한 융통성이 있는 전략, 전술을 '도'와 '법' 즉 법칙의 높이로 끌어올렸다. "그러므로 이렇게 말하였다. 적을 알고 나를 알면 백번 싸워도 위태롭지 않고, 적을 알지 못하고 나를 알면 한 번 이기고 한 번 지며, 적을 모르고 나를 모르면 싸움마다 반드시 위태롭다."[27] '지피지기知彼知己'는 적군과 아군 양쪽의 상황에 대하여 전반적이고 깊이 있게 알고 있는 것이고 군사를 쓰는 가장 일반적인 규율과 법칙이다. "아군의 공격 능력만 알고 적군의 방어 능력을 모른다면 승률은 반반이고, 적군의 공격 능력만 알고 아군의 방어 능력을 모른다면 승률은 반반이며, 적군의 공격 능력을 알고 아군의 공격 능력을 알더라도 싸울 수 없는 지형임을 모른다면 승률은 반반이다. 그러므로 군사를 아는 자는 병력을 움직이게 함에 있어서 헷갈리지 않고 병력을 일으킴에 있어서 곤궁하지 않다. 그러므로 아군을 알고 적군을 알면 이김에 위태롭지 않고, 하늘을 알고 땅을 알면 이김이 완전할 수 있다."[28] 적군과 아군을 투철하게 알아야 할 뿐만 아니라 하늘의 때와 유리한 지형을 알고 군사를 쓰는 법칙을 장악하여야만 비로소 적에 의하여 헷갈리지 않고 무궁한 변화로 적을 물리쳐 승리를 거둘 수 있다. 『손자병법』에서는 적의 실정에 대한 이해에 대하여 강조하였고 작위와 봉록, 금전을 내놓기 아까워하여 적의 실정을 이해할 수 없음에 이르는 것은 가장 인자하지 않은 자임을 주장하였다. "명철한 군주와 현명한 장수는 군대를 동원하여 적을

---

27) 『孫子兵法』, 「謀攻篇」, "故曰: 知彼知己, 百戰不殆; 不知彼而知己, 一勝一負; 不知彼, 不知己, 每戰必殆."
28) 『孫子兵法』, 「地形篇」, "知吾卒之可以擊, 而不知敵之不可擊, 勝之半也; 知敵之可擊, 而不知吾卒之不可以擊, 勝之半也; 知敵之可擊, 知吾卒之可以擊, 而不知地形之不可以戰, 勝之半也. 故知兵者, 動而不迷, 擧而不窮. 故曰: 知彼知己, 勝乃不殆; 知天知地, 勝乃可全."

처서 이기고 이룬 공로가 일반 사람들보다 뛰어난 것은 먼저 알았기 때문이다. 먼저 아는 것은 귀신으로부터 취한 것이 아니고, 일의 표면에 드러난 것으로부터 아는 것도 아니며, 상식적인 판단에 의하여 추측할 수 있는 것이 아니라, 반드시 사람을 통하여 적군의 실정을 아는 것이다."[29] 이는 모두 군사가로서 손자의 지혜와 군사법칙에 대한 강조와 파악을 보여 주었다.

4. 실한 곳을 피하고 허한 곳으로 나아가며 기습과 정공이 상생하다

『손자병법』에는 군사변증법의 지혜가 잘 나타나 있다. 손자학파는 전쟁에서 아군과 적군, 주체와 객체, 허와 실, 기이함과 바름, 이익과 해로움, 전진과 후퇴, 공격과 방어, 용감함과 무서워함, 다스림과 반란, 평안함과 움직임, 오래됨과 신속함, 우회와 직진, 수고로움과 안일함, 많고 적음, 강함과 약함, 승리와 패배 등 일련의 모순운동에 대하여 정밀한 동적인 분석을 진행하였다.

1) 적에 근거하여 승리하고 예상하지 못한 곳으로 나아가다

『손자병법』에서는 "오행에서 항상 이기는 것이 없고 사계절은 항상 같은 자리일 수 없음"(五行無常勝, 四時無常位)을 강조하면서 이렇게 제기하였다. "작전의 방식은 물과 같은데, 물의 모습은 높은 곳을 피하여 낮은 곳으로 달리고 작전의 방식은 실한 곳을 피하여 허한 곳을 공격하며, 물은 지형에 따라 흐름의 방향을 정하고 작전은 적의 상황에 따라 승리할 방식을 정한다. 그러므로 작전에는 고정된 방식이 없고 물도 고정된 모습이 없으며 적의 변화에 따라 승리할 수 있는 자를 신이라

---

29) 『孫子兵法』, 「用間篇」, "故明君賢將, 所以動而勝人, 成功出於衆者, 先知也. 先知者不可取於鬼神, 不可象於事, 不可驗於度, 必取於人, 知敵之情者也."

부른다."30) 전쟁은 기동성機動性이 매우 강하고 반드시 수시로 적의 변화에 근거하여
변화하여 적에 따라 승리한다. 작전할 때 적군의 전투력이 강하고 견고한 부분을
잘 피하고 적군의 공격, 동세를 피하며 적군이 병력을 분산하도록 교묘하게 강요하
거나 유인하여 그들의 약점을 만들고 병력을 집중하여 허한 부분을 이용하여
공격하여야 한다. "손자가 말하였다. 싸움터에서 먼저 자리를 잡고 적군을 기다리면
편안하고 뒤늦게 싸움터에 도착하여 서둘러 싸우면 힘들다. 그러므로 잘 싸우는
자는 적에게 나아가지 적에게 불려가지 않는다."31) 적군보다 먼저 요지에 도달하고
요지를 점령하여야 하며, 쉬면서 힘을 비축하였다가 피로한 적군과 싸우고, 적군을
조종하지 적군에게 조종당하지 않는다. "적군이 스스로 오게 하는 것은 (적군에게)
이롭기 때문이고, 적군이 오지 못하게 하는 것은 해롭기 때문이다. 그러므로 적군이
편안하면 수고롭게 하고, 배부르면 배고프게 하며, 편안하면 움직이게 한다."32)
싸움의 주도권을 확실하게 잡고 이익으로 적군을 유인하여 적군이 이익을 탐하여
이쪽으로 오게 함으로써 적군을 혼란스럽게 하고 적군을 조종한다.

　　"적이 출격하지 않는 곳으로 나아가고 적이 예상하지 못한 곳을 출격한다.
천 리를 가도 힘들지 않은 것은 사람이 없는 곳을 가기 때문이다. 공격하여 반드시
취하는 것은 적이 지키지 않는 곳을 공격하기 때문이고, 수비하여 반드시 견고하게
지켜내는 것은 적이 공격하는 않는 곳을 지키기 때문이다." "그러므로 공격을
잘하는 것은 적이 어디를 지켜야 할지 모르게 하는 것이고, 수비를 잘하는 것은
적이 어디를 공격해야 할지 모르게 하는 것이다."33) "진격하여도 적이 방어하지
못하는 것은 그 비어 있는 곳을 찔렀기 때문이고, 퇴각하여도 적이 추격하지 못하는

---

30) 『孫子兵法』, 「虛實篇」, "夫兵形象水, 水之形避高而趨下, 兵之形避實而擊虛, 水因地而制流, 兵
　　因敵而制勝. 故兵無常勢, 水無常形, 能因敵變化而取勝者, 謂之神."
31) 『孫子兵法』, 「虛實篇」, "孫子曰: 凡先處戰地而待敵者佚, 後處戰地而趨戰者勞. 故善戰者, 致人
　　而不致於人."
32) 『孫子兵法』, 「虛實篇」, "能使敵自至者, 利之也; 能使敵不得至者, 害之也. 故敵佚能勞之, 飽能
　　饑之, 安能動之."
33) 『孫子兵法』, 「虛實篇」, "出其所不趨, 趨其所不意, 行千裏而不勞者, 行於無人之地也. 攻而必取者,
　　攻其所不守也; 守而必固者, 守其所不攻也." "故善攻者, 敵不知其所守; 善守者, 敵不知其所攻."

것은 빨라서 따라오지 못하기 때문이다. 그러므로 아군이 싸우고자 하면 적이 비록 보루를 높이고 도랑을 깊이 파고도 싸울 수밖에 없는 것은 적이 반드시 지켜야 할 것을 공격하였기 때문이고, 아군이 싸우고자 하지 않으면 적이 비록 땅을 그어놓고 곳곳을 지키고도 싸우지 못하는 것은 가는 곳이 어긋나기 때문이다."[34] 이것이 바로 진격과 퇴각, 공격과 수비의 문제에서 융통성이 있는 방식을 취하여 적이 예상하지 못한 곳으로 나아가고 적이 지키지 않는 곳을 공격하며 적군의 약점을 갑작스럽게 공격하는 것이다. 또한 동시에 수비를 공고하게 하여야 하는데 적이 공격하는 않는 곳 혹은 공격할 수 있는 힘이 없는 곳을 지킨다. 아군이 진공할 때 적군은 방어하지 못하고, 아군이 퇴각할 때 적군은 미처 예상하지 못한다. 이 밖에 또한 일부는 적의 근거지를 포위하고, 일부는 적의 원군을 섬멸하는 방식으로 움직이는 도중에 적군을 몰살하고 적군의 수비를 파괴하며 적군의 전진노선을 미혹시키고 방해하여 아군을 진공할 수 없게 한다.

"손자가 말하였다. 군사를 쓰는 방법은 장수가 군주로부터 명령을 받아 병사를 징집하고 군대를 한곳으로 모으고 군대를 주둔시켜 적과 대치하는 것인데, 군쟁보다 어렵지 않다. 군쟁의 어려움은 먼 길로 우회하면서 곧바로 가는 것처럼 하고 우환을 이로움으로 삼는 것이다. 그러므로 먼 길을 우회하면서 이로움으로써 적을 유인하면 적보다 늦게 출발하여도 적보다 먼저 도착하게 되니 이를 먼 길을 우회하면서도 곧바로 가는 것처럼 빨리 도착하는 계책을 안다고 하는 것이다."[35] 여기서는 우회와 직진, 이로움과 우환 사이의 관계를 제기하였다. 적군과 대치하면서 먼저 기회를 쟁취하여 적을 제압하는 것이 가장 어렵다. 우회하는 방식으로 적이 예상하지 못한 곳으로 나아가 전략적인 요지에 도달함으로써 정면으로 직진하여 가는 것보다 이로움이 훨씬 많은 것이다. 굽은 길로 우회하고 다시 작은 이로움으로 유인하는

---

34) 『孫子兵法』, 「虛實篇」, "進而不可禦者, 沖其虛也; 退而不可追者, 速而不可及也. 故我欲戰, 敵雖高壘深溝, 不得不與我戰者, 攻其所必救也; 我不欲戰, 雖畵地而守之, 敵不得與我戰者, 乖其所之也."

35) 『孫子兵法』, 「軍爭篇」, "孫子曰: 凡用兵之法, 將受命於君, 合軍聚衆, 交和而舍, 莫難於軍爭. 軍爭之難者, 以迂爲直, 以患爲利. 故迂其途, 而誘之以利, 後人發, 先人至, 此知迂直之計者也."

것은 적군보다 더욱 주동적으로 할 수 있다.

2) 정공으로 대결하고 기습으로 승리하다

"군사는 기만으로써 성립하고 이로움으로써 움직이며 분산시키고 합하는 것으로 변한다."[36] 군사를 쓰고 작전함에 있어서 기이하고 다채로운 방법으로 끊임없이 병력을 분산시키고 집중시킴으로써 전술을 바꿔야 한다. "삼군의 기운을 빼앗고 장군의 마음을 빼앗는다. 이렇기 때문에 아침에 기운이 날카롭고 낮에는 기운이 게으르며 저녁에는 기운이 돌아간다. 그러므로 군사를 잘 쓰는 자는 기운이 날카로운 때를 피하고 게으를 때에 공격하는데, 이는 기운을 다스리는 것이다. 다스림으로써 혼란스러움을 기다리고 고요함으로써 시끄러움을 기다리는데, 이는 마음을 다스리는 것이다. 가까운 것으로써 먼 것을 기다리고 편안함으로써 수고로움을 기다리며 배부름으로써 굶주리기를 기다리는데, 이는 힘을 다스리는 것이다. 바르고 바른 깃발을 맞이하여 싸우지 않고 당당한 적진을 공격하지 않는 것은 변화를 다스리는 것이다."[37] 여기서 '기운을 다스리고'(治氣) '마음을 다스리며'(治心) '힘을 다스리고'(治力) '변화를 다스리는'(治變) 방침을 제기하였는데 주도권을 쥐어야만 먼저 불패의 경지에 우뚝 설 수 있다. "대체로 전쟁을 오래 끌어서 나라에 이로운 적은 아직까지 없었다. 그러므로 전쟁의 해로움을 충분히 알지 못하는 사람은 군사의 이로운 점도 충분히 알지 못한다."[38] 여기서는 오래 끄는 지구전이 나라에 이롭지 않고 군사를 쓰는 자는 반드시 전쟁의 이로움과 해로움을 심사숙고하여야 함을 말하였다. "그러므로 지혜로운 자의 생각은 반드시 이해득실을 아울러 따진다. 이로움을 따져 알면 힘쓰는 일에 믿음을 가질 수 있고 손실을 따져 알면 화난을

---

36) 『孫子兵法』, 「軍爭篇」, "故兵以詐立, 以利動, 以分合爲變者也."
37) 『孫子兵法』, 「軍爭篇」, "故三軍可奪氣, 將軍可奪心. 是故朝氣銳, 晝氣惰, 暮氣歸. 故善用兵者, 避其銳氣, 擊其惰歸, 此治氣者也. 以治待亂, 以靜待嘩, 此治心者也. 以近待遠, 以逸待勞, 以飽待饑, 此治力者也. 無邀正正之旗, 勿擊堂堂之陣, 此治變者也."
38) 『孫子兵法』, 「作戰篇」, "夫兵久而國利者, 未之有也. 故不盡知用兵之害者, 則不能盡知用兵之利也."

미연에 방지할 수 있다."[39] 총명한 장수는 싸움터에서의 이로움과 해로움의 여러 측면을 주도면밀하게 살펴보고 한편으로는 병사들의 사기를 북돋우어 주고 자신감을 제고시키며, 다른 한편으로는 발생할 수 있는 화난 혹은 뜻밖의 상황을 적극적으로 예방한다. "군사를 쓰는 방법은 적이 오지 않을 것이라 믿지 말고 내가 준비하고 기다림을 믿으며, 적이 공격하지 않을 것이라 믿지 말고 나에게 적이 공격할 엄두를 내지 못함이 있음을 믿는다."[40] 적이 쳐들어올 것을 감안하여 충분한 준비를 하게 되면, 결코 적들에 의하여 격파될 수 없고 무너지지 않는다.

『손자병법』 「세편」에서는 이렇게 말하였다. "무릇 전쟁은 정병의 정공으로 대결하고 기병의 기습으로써 승리한다. 기병을 잘 쓰는 자는 (전술의 변화가) 하늘과 땅처럼 무궁하고 강과 바다처럼 마르지 않는다. 해와 달의 운행처럼 끝나면 다시 시작하고 사계절처럼 가고 또 온다. 음계는 다섯 개(궁, 상, 각, 치, 우)일 뿐이지만 다섯 음계의 변화는 다 들을 수 없을 만큼 많다. 색은 다섯 가지(홍, 황, 청, 백, 흑)일 뿐이지만 다섯 가지 색의 변화는 다 감상할 수 없을 만큼 많다. 맛은 다섯 가지(신맛, 단맛, 쓴맛, 매운맛, 짠맛)일 뿐이지만 다섯 가지 맛의 변화는 다 맛볼 수 없을 만큼 많다. 전쟁의 전술도 기습, 정공의 두 가지일 뿐이지만 기습과 정공의 변화는 무궁무진하다. 기습과 정공은 서로 생성하여 끝이 없는 고리와 같으니 누구인들 다할 수 있겠는가?"[41] 여기서는 적의 상황이 천변만화이면 전술 또한 천변만화에 순응하여야 함을 말하였다. 천변만화는 사실상 정공과 기습이 서로 변화하는 것이다. '정正'은 정면으로 대적하는 일반적인 전술이고, '기奇'는 옆에서 기습하는 유연한 전술이다. '정'은 일반적이고 항상 변하지 않는 '도'이고, '기'는 일반적이지 않고 항상 변하는 '도'이다. 손자는 다섯 개의 음계, 다섯 가지 색깔,

---

39) 『孫子兵法』, 「九變篇」, "是故智者之慮, 必雜於利害. 雜於利, 而務可信也; 雜於害, 而患可解也."
40) 『孫子兵法』, 「九變篇」, "故用兵之法, 無恃其不來, 恃吾有以待也; 無恃其不攻, 恃吾有所不可攻也."
41) 『孫子兵法』, 「勢篇」, "凡戰者, 以正合, 以奇勝. 故善出奇者, 無窮如天地, 不竭如江河. 終而復始, 日月是也. 死而復生, 四時是也. 聲不過五, 五聲之變, 不可勝聽也. 色不過五, 五色之變, 不可勝觀也. 味不過五, 五味之變, 不可勝嘗也. 戰勢不過奇正, 奇正之變, 不可勝窮也. 奇正相生, 如環之無端, 孰能窮之."

4장 병가의 지혜   351

다섯 가지 맛의 변화로 비유하면서 변화가 많음을 강조하였고, 정공과 기습은 서로 전환하고 다할 수 없음을 제기하였으며, 적군을 정면으로 견제하는 동시에 기병을 동원하여 측면 뒷부분의 약점을 공격하여야 함을 강조하였다.

3) 유연하고 탄력적이며 계략이 많고 판단이 정확하다

"혼란은 질서에서 생겨나고 겁은 용기에서 생겨나며 약함은 강함에서 생겨난다. 질서와 혼란은 군의 나눔의 문제이고 용감하고 비겁한 것은 군의 기세에 따르며 강하고 약한 것은 군의 태세에 달려 있다."[42] 전쟁에서 많은 요소 혹은 돌발적인 사건들이 병사들에게 영향을 주기 때문에 아무리 엄격하고 가지런하던 군사라도 혼란이 발생할 수 있고, 고조된 사기도 한 번 꺾이면 다시 회복되지 않을 수 있으며, 강성함은 산만하고 쇠약해지며 또한 서로 상반되는 변화도 발생할 수 있다. "위험한 상황에 던져진 뒤라야 생존할 수 있고, 죽음의 땅에 빠진 뒤라야 살아날 수 있다. 무릇 장병들은 불리한 상황 속에 빠진 뒤라야 분전하여 승리할 수 있다."[43] 부득이한 상황에서 병사들이 위험한 경지에 빠지면 오히려 목숨을 내걸고 싸워서 실패를 승리로 전환시킬 수 있다. "그러므로 전면을 대비하면 후면이 약화되고, 후면을 수비하면 전면을 소홀히 하며, 좌측을 대비하면 우측이 약화되고, 우측을 수비하면 좌측을 소홀히 하게 된다. 전, 후와 좌, 우를 모두 방어하면 어느 쪽이나 병력이 약화될 수밖에 없다. 적군이 적은 것은 아군을 수비해야 하기 때문이고, 아군이 많은 것은 적군이 아군을 수비하게 만들기 때문이다."[44]

"그러므로 싸울 곳을 알고 싸울 시기를 알면 천 리의 먼 곳에서 대적하여도 좋지만, 싸울 곳을 알지 못하고 싸울 시기를 알지 못하면 좌측은 우측을 구할

---

42) 『孫子兵法』, 「勢篇」, "亂生於治, 怯生於勇, 弱生於強. 治亂, 數也; 勇怯, 勢也; 強弱, 形也."
43) 『孫子兵法』, 「九地篇」, "投之亡地然後存, 陷之死地然後生. 夫衆陷於害, 然後能爲勝敗."
44) 『孫子兵法』, 「虛實篇」, "故備前則後寡, 備後則前寡, 備左則右寡, 備右則左寡, 無所不備, 則無所不寡. 寡者備人者也, 衆者使人備己者也."

수 없고 우측은 좌측을 구할 수 없으며 전면은 후면을 구할 수 없고 후면은 전면을 구할 수 없는데, 하물며 수십 리의 먼 곳, 수 리의 가까운 곳이겠는가?[45] 수비든 출정이든 모두 모순의 변화과정에 있고, 피동적으로 적군을 방어하고 곳곳마다 병력을 분산시켜 병력이 쇠약해질 바에는 차라리 병력을 집중하여 적군이 피동적으로 아군을 방어하도록 하는 것이 낫다. 나가서 싸움에 있어서 언제 어디에서 싸울지는 늘 예측할 수 없는데, 이는 전과 후, 좌와 우가 서로 어울리지 않는 곤란한 국면을 초래하기 쉽다. 전쟁에서는 적을 속이는 것도 꺼리지 않는데, "거짓으로 도망치면 쫓아가지 말고 사기가 왕성하면 공격하지 말며 미끼로 유인하면 교전하지 말아야 한다."[46] "적이 가까이에 있어도 조용한 것은 지형의 험준함을 믿기 때문이고, 멀리 있어도 도발하는 것은 공격을 유도하려는 것이다." "말투가 겸손하고 방어에 진력하고 있다는 것은 공격을 준비하는 것이고, 말투가 강하고 진격 태세를 취하는 것은 철수하려는 것이며, 경전차가 먼저 나와 측면에 배치되는 것은 진을 치는 것이고, 갑자기 강화를 요청하는 것은 음모가 있는 것이며, 분주하게 뛰어다니며 전차를 배치하는 것은 결전을 준비하는 것이고, 조금씩 전진과 후퇴를 거듭하는 것은 유인하려는 것이다."[47] 이는 절대로 적군의 위장에 미혹되지 말고 냉정하게 의도를 간파하여야 함을 말하는 것이다.

손무는 전면적이고 연관되는 관점으로 전쟁을 분석하였는데, 특히 정치, 외교, 재정, 군량, 물자, 운수, 도로 및 하늘의 때, 땅의 이득, 사람들의 인화 그리고 군주가 현명한지의 여부, 장수의 재능과 소질, 병사들의 훈련정도와 사기 등등을 고려하였고, 따라서 전쟁의 승리와 패배를 분명하게 관찰할 수 있었던 것이다. 『손자병법』에서는 또한 전쟁에서의 여러 가지 모순운동의 변화를 특별히 부각시켜

---

45) 『孫子兵法』, 「虛實篇」, "故知戰之地, 知戰之日, 則可千裏而會戰, 不知戰之地, 不知戰之日, 則左不能救右, 右不能救左, 前不能救後, 後不能救前, 而況遠者數十裏, 近者數裏乎?"
46) 『孫子兵法』, 「軍爭篇」, "佯北勿從, 銳卒勿攻, 餌兵勿食."
47) 『孫子兵法』, 「行軍篇」, "敵近而靜者, 恃其險也; 遠而挑戰者, 欲人之進也." "辭卑而益備者, 進也; 辭強而進驅者, 退也; 輕車先出居其側者, 陳也; 無約而請和者, 謀也; 奔走而陳兵者, 期也; 半進半退者, 誘也."

분석하였고, 낡은 틀을 묵수하는 것을 반대하였으며, 유연하고 탄력적인 작전방침을 주장하였다. 동시에 손자는 군사를 지휘하는 사람의 경솔함과 무모함, 임의적이고 주관적인 병폐를 비판하였고, 또한 장수의 주관적인 능동성 특히 그들의 계략에 대한 기획과 전쟁경험을 강조하여 계략을 많이 세우고 판단이 정확하여야 할 뿐만 아니라 허상을 만들어 적군이 잘못에 빠지게 함으로써 처음부터 끝까지 전쟁의 주도권을 쥐고 있어야 함을 주장하였다.

요컨대 『손자병법』은 여러 가지 측면으로부터 군사의 법칙을 탐구하였는데 특히 전체적이고 종합적이며 동적인 흐름의 방식으로 전쟁의 전체 국면을 파악하였고, 유연하고 탄력적인 전략, 전술과 계략, 임기응변을 보여 주었는데 변증의 지혜로 충만하여 있다. 『손자병법』은 중국 고대 병학兵學의 기초를 다진 저서이고 춘추春秋 시기의 전쟁경험에 대한 철학적인 차원에서의 종합이며 매우 심각하고 풍부하며 치밀한 군사사상이 들어 있는 것으로, 중국과 세계의 군사사상사에서 중요한 자리를 차지한다.

5. '세'를 귀하게 여기고 '도'를 중시하며 균형을 깨뜨리다

아래에 손빈의 사상을 살펴보도록 한다.

1) '도'를 알면 이기고 '도'를 알지 못하면 이기지 못한다

손빈에 의하면, 전쟁은 영원히 사용할 수 있는 수단이 아니고 전쟁에 의거하여 나라를 강하게 할 수 없으며, 승리한 쪽조차도 반드시 이익을 얻을 수 있는 것이 아니고 패배한 쪽은 더 말할 나위가 없다. 그는 이렇게 제기하였다. "전쟁에는 영원히 고정된 것이 아닌 형세가 있다. 이는 선왕으로부터 전해진 도이다. 전쟁에서 이기면 멸망에 직면한 나라도 구하고 끊어져 가는 가계도 이을 수 있다. 전쟁에서 이기지 못하면 국토는 잘리고 사직이 위험해진다. 그러므로 전쟁은 살피지 않으면 안 된다. 전쟁을 경솔하게 일으키는 자는 망하고 승리를 탐하는 자는 굴욕을 당한다. 전쟁은 경솔하게 일으켜서는 안 되고 승리는 탐내는 것이 아니다."[48] 여기서는 전쟁의 엄숙함을 강조하면서 경솔하게 전쟁을 일으켜서는 안 됨을 주장하였다. 전쟁을 좋아하는 자는 전쟁에 근거하여 이익을 얻을 것을 기대하는 자인데 궁극적으로는 스스로 멸망의 길에 들어서게 된다. 이어서 그는 또한 전쟁의 필요성에 대하여 설명하였다. "인의의 도덕을 숭상하고 예악을 사용하고자 하면 천하가 다스려짐을 주장하면서 전쟁을 금지한다. 이는 요임금이나 순임금도 원하지 않은 것은 아니었지만 불가능한 일이었기에 전쟁으로써 천하를 통일하였다."[49] 이 구절의 뜻은 바로 삼왕, 오제, 문무왕, 주공도 결코 인의와 예악으로써 전쟁을 제지하려 하지 않았던 것이 아니라 다만 목적에 도달할 수 없기 때문에 부득이하게 전쟁으로써 포학, 쟁탈, 혼란한 국면을 바로잡았다는 것이다. 천하를 다스리려면 부득이하게 '전쟁으로써 천하를 통일하는'(舉兵繩之) 것이다. 그는 전쟁의 성격에는 정의로운 것과 정의롭지 않은 것의 구분이 있고, 전쟁에서 승리를 취득하려면 반드시 충분한 준비를 하여야 함을 제기하였다. "모든 준비를 끝낸 뒤에 행동한다. 작은 성이라도 수비가 견고한 것은 군수물자가 충분하기 때문이고, 병력이 적어도 전투력이 강한 것은 대의명분이 있기 때문이다. 수비를 함에 군수물자도 비축하지 않고 싸움에 대의명분이 없으면 천하의 어떤 나라도 견고하게 수비할 수 없고 강하게 할 수 없다."[50] 만약 수비를 함에 있어서 군수물자를 비축하지 않고 진공함에 정당한 이유가 없다면 천하의 어떤 군대도 수비하고 진공할 수 없고 싸움에서 이길 수 없다.

48) 『孫臏兵法』, 「見威王」, "夫兵者, 非土恒勢也. 此先王之傳道也. 戰勝, 則所以存亡國而繼絶世也. 戰不勝, 則所以削地而危社稷也. 是故兵者不可不察. 然大樂兵者亡, 而利勝者辱. 兵非所樂也, 而勝非所利也."

49) 『孫臏兵法』, 「見威王」, "曰我將欲責仁義, 式禮樂, 垂衣裳, 以禁爭奪. 此堯舜非弗欲也, 不可得, 故舉兵繩之."

50) 『孫臏兵法』, 「見威王」, "事備而後動. 故城小而守固者, 有委也; 卒寡而兵强者, 有義也. 夫守而無委, 戰而無義, 天下無能以固且强者."

손무와 마찬가지로 손빈도 '도'의 범주를 매우 중시하였다. 손빈은 전쟁의 승패의 근본적인 조건은 '도'를 아는 것에 있음을 제기하였다. '도'를 알면 이기고, '도'를 알지 못하면 이기지 못한다는 것이다. 그는 이렇게 말하였다. "항상 이김에는 다섯 가지가 있다. 군주의 신임을 얻어 지휘권을 전적으로 장악하면 승리한다. 장수가 도를 알고 있으면 승리한다. 부하들의 신임을 얻으면 승리한다. 장수의 왼쪽과 오른쪽이 화합하면 승리한다. 적의 상황을 파악하고 지세를 잘 이용하면 승리한다." "항상 이기지 못함에는 다섯 가지가 있다. 군주가 장수의 지휘를 간섭하면 이기지 못한다. 도를 알지 못하면 이기지 못한다. 장수들 사이에 알력이 있으면 이기지 못한다. 첩자를 이용하지 못하면 이기지 못한다. 부하들의 신임을 얻지 못하면 이기지 못한다."[51] 다시 말하면 장수가 군주의 신임을 얻어 지휘권을 가지고 있고 전쟁의 법칙을 알고 있으며 부하들의 추대를 받고 서로 일치하게 단결하며 적의 상황을 충분히 장악하고 있고 잘 분석하여야만 승리할 수 있고 반대의 경우에는 이길 수 없는 것이다. 그는 이렇게 말하였다. "전쟁의 승리는 병사를 엄선하는 것에 달려 있는데, 용감함은 제도의 실시에 달려 있고, 영민함은 형세를 파악하는 것에 달려 있으며, 전투력은 장수에 대한 믿음에 달려 있고, 덕의 수양은 도의 실행에 달려 있으며, 풍족함은 속전속결에 달려 있고, 강함은 적절한 휴식에 달려 있으며, 상처는 빈번한 싸움에 달려 있다."[52] '찬졸簒卒'은 바로 병사를 엄선한다는 것이다. 그는 군대에서 제도, 기율은 반드시 엄격하고 공정하여야 하며, 작전할 때에는 전쟁의 주도적인 지위와 막강한 실력을 장악하여야 하고, 군대를 다스림에 있어서는 반드시 상과 벌에 믿음이 있어야 하며, 장수는 전쟁의 도의와 법칙을 분명하게 파악하고 속전속결하여 전투력을 비축하여야 함을 강조하였는데, 이러한 것들은 모두 승리를 거두는 조건이다. 손빈에 의하면 적을 물리치고 승리를 거두는

---

51) 『孫臏兵法』, 「篡卒」, "恒勝有五: 得主專制, 勝. 知道, 勝. 得眾, 勝. 左右和, 勝. 量敵計險, 勝." "恒不勝有五: 禦將, 不勝. 不知道, 不勝. 乖將, 不勝. 不用間, 不勝. 不得眾, 不勝."

52) 『孫臏兵法』, 「篡卒」, "兵之勝在於篡卒, 其勇在於制, 其巧在於勢, 其利在於信, 其德在於道, 其富在於亟歸, 其強在於休民, 其傷在於數戰."

조건에는 또한 주관적인 의지, 기술적인 준비, 병사들의 기세, 후방의 지원 등등도 포함된다.

여기서 '덕의 수양은 도의 실행에 달려 있다'(其德在於道)는 것은 '전쟁의 덕'(兵德), '전쟁의 도'(兵道)를 가리킨다. 『손빈병법』「팔진」에서는 이렇게 말하였다. "도를 알지 못하고 실전경험도 부족한 자가 군사를 이끌면 요행을 바라는 것이다. 만승의 천자의 나라를 편안하게 하고 왕의 영향력을 온 나라에 넓히며 온 백성의 생명을 보전하고자 하는 자는 오직 도를 아는 것이다. 도를 안다는 것은 위로는 하늘의 도를 알고 아래로는 땅의 이치를 알며, 안으로는 백성들의 신임을 얻고 밖으로는 적군의 상황을 파악하며, 진을 칠 때에는 여덟 가지 진법의 원리를 활용하고, 이길 때를 파악하면 바로 싸우고 이길 때가 보이지 않으면 교전을 피하는데, 이것이 바로 천자의 장수이다."[53] 전쟁의 법칙을 알지 못하고 전쟁의 실전경험이 없는 사람이 군사를 이끌고 싸우면 요행을 바라고 승리를 얻고자 하는 것이다. 큰 나라의 안전을 수호하려면 반드시 전쟁의 '도'를 알아야 한다. '도'에는 하늘의 도, 땅의 이치, 백성들의 신임, 적군의 상황, 진을 치는 방법이 포함되는데, 바로 전쟁의 모든 요소, 과정 및 그 내재적인 법칙이다. 군사를 씀이 이 '도'에 부합하면 위로 천문을 알고 아래로 땅의 이치를 살피며 백성들의 사정과 마음의 향배向背를 알고 적군의 상황을 파악하며 진법의 변화를 숙지하고 파악이 없는 싸움을 하지 않는데, 이것이 바로 '전쟁의 덕'이다. "(무릇 이 진, 세, 변, 권의 네 가지는)…… 순환하여 도를 이루는 것이다. 그 도를 아는 자는 병사는 공이 있고 천자는 이름을 얻게 된다."[54] 전쟁의 법칙을 존중하고 따르면 전쟁의 승리를 얻을 수 있고 천자는 더욱 명성을 널리 떨치게 된다. 손빈은 또한 전략적인 측면으로부터 '강한 군사의 급선무'(强兵之急)는 '부국富國'에 달려 있음을 제기하였는데, 나라가 부강한 것이야말

---

53) 『孫臏兵法』,「八陣」, "不知道, 數戰不足, 將兵, 幸也. 夫安萬乘國, 廣萬乘王, 全萬乘之民命者, 唯知道. 知道者, 上知天之道, 下知地之理, 內得其民之心, 外知敵之情, 陣則知八陣之經, 見勝而戰, 弗見而諍, 此王者之將也."

54) 『孫臏兵法』,「兵情」, "……所循以成道也. 知其道者, 兵有功, 主有名."

로 군사력을 증강하는 근본이라는 것이다.

2) '진陣', '세勢', '변變', '권權'에서 '세勢'가 중요하다

손빈은 '세勢'를 매우 강조하였다. 『여씨춘추』「신세」에서는 이렇게 말하였다. "손빈은 기세를 중요하게 여겼다."(孫臏貴勢) 앞에서 인용하였던 『손빈병법』「찬졸」에서는 '영민함은 형세를 파악하는 것에 달려 있다'(其巧在於勢)고 하였다. 『손빈병법』에는 단독으로 「세비」편이 있는데 '진陣', '세勢', '변變', '권權'의 네 가지를 준비함이 중요함을 강조하였다. "무릇 전쟁의 도에는 네 가지 있다. 진법, 기세, 변화, 권변이다. 이 네 가지를 살피면 강한 적을 쳐부수고 맹장을 사로잡을 수 있다."[55] 진법은 손빈이 매우 심혈을 기울인 것인데, 그는 여덟 진법을 깊게 알고 있었다. 진을 침에 있어서 세 몫으로 나누고 매 몫에 전선이 있으며 하나로 싸우고 둘로 수비하며 이와 같은 것들이다. 권변權變은 손빈이 더욱 주목하였던 것이다. 하지만 이 편에서는 네 가지 중에서 유독 '세勢'만을 취하여 편명을 지었는데 더욱 중요함을 볼 수 있다. '세'는 동세動勢, 힘이다. 손빈은 병세兵勢를 활에 비유하였다. 화살을 갑자기 발사하여 백보 밖의 적군을 쏘아죽이면 적군은 아직 화살이 어디에서 오는 것인지 모른다. 화살은 사졸이고 활은 장수이며 화살을 쏜 사람은 군주이다. 손빈은 유리한 동세動勢를 조성하여 유리한 정세를 형성하고 험세險勢를 조성하여 유리한 시기를 잡아 벼락 치듯 적을 향해 돌진하여야 함을 주장하였다.

손빈은 매우 풍부한 군사변증법 사상을 가지고 있었다. 그는 적군과 아군의 병력대비에 근거하고 부동한 적의 형세와 지리적 조건에 근거하여 부동한 작전방안을 제기하였다. 그는 군대를 배치하고 진을 치며, 적의 상황을 분석하고, 아군은 막힘이 없게 하고 적군은 막히게 하며, 다섯 가지 공손함과 다섯 가지 포악함, 기병과 기병을 호용하였다. 그에 의하면 군사를 잘 쓰는 사람은 적군의 우세한

---

55) 凡兵之道四: 曰陣, 曰勢, 曰變, 曰權. 察此四者, 所以破強敵, 取猛將也.

실력에 직면하여도 그들을 동원하여 간격을 두고 분산되게 하고 서로 맞물리지 않게 할 수 있다. 적군의 깊은 도랑과 높은 보루도 견고하여 무너뜨릴 수 없는 것으로 간주하지 않고, 적군의 전차가 훌륭하여도 놀라 자빠지지 않으며, 적군의 병사들이 용맹하여도 그들이 잘난 척하지 못하게 한다. 왜냐하면 군사를 잘 쓰는 사람은 지세의 험준함과 평탄함을 이용하여 작전할 때 자유자재로 진공하고 후퇴하기 때문이다. "적군이 대군이라고 하여도 적은 병력으로 기능하게 하고, 군량이 충분하면 계략으로 굶주리게 하며, 편한 곳에 진을 치고 움직이지 않으면 수고스럽게 만들고, 천하의 민심을 얻고 있다면 이간질하고, 한마음으로 단결하여 협조한다면 갈등으로 깨뜨린다."56) 「오명오공五名五恭」편에서 손빈 학파는 다섯 가지 방법으로 다섯 종류의 부동한 적군을 대처하여야 함을 제기하였다. 위풍을 부리고 우쭐대는 상대에 대해서는 약한 척하고, 거만하고 난폭한 상대에 대해서는 신중하고 오래 끌며, 자기의 주장을 고집 피우는 상대에 대해서는 유인하여 깊이 들어가는 방법을 쓰고, 탐욕스럽고 교활한 상대에 대해서는 정면으로 진공하여 두 날개를 습격하여 교란하고 양식을 수송하는 통로를 끊어 버리며, 망설이고 나약한 상대에 대해서는 무력으로 협박하여 나오면 타격하고 나오지 않으면 포위한다. 아군이 적군의 구역에 들어갈 때에는 다섯 번의 관용과 다섯 번의 강제를 교차적으로 사용하여야만 비로소 곤경에 빠지는 것을 피하고 주도권을 장악할 수 있다.

3) 기병을 출동하여 이기고 가득 참과 비어 있음이 서로 변하다

손빈 학파도 손무의 "기습과 정공은 서로 생성한다"(奇正相生)는 사상을 발전시켰다. 그들은 세계에서는 변하지 않는 것과 변하는 것이 있고 기습과 정공이 있음을 제기하였다. 군사를 씀에 있어서도 마찬가지인데, 반드시 적군과 아군 쌍방의 장점과 단점, 유리한 점과 불리한 점 등 여러 가지 측면의 상황을 파악하여야

---

56) 『孫臏兵法』, 「善者」, "敵人眾能使寡, 積糧盈軍能使饑, 安處不動能使勞, 得天下能使離, 三軍和能使枝(背)."

한다. 유리한 형세로 불리한 형세를 대처하는 것은 정공 혹은 '상도常道'이고, 유리한 형세가 없지만 유리한 형세를 만들어 내는 것은 기습 혹은 변통이며, 변하지 않는 것과 변하는 것, 정공과 기습은 서로 보충하고 서로 이루어 주며 다하는 바가 없다. 세상에는 천편일률적인 공격과 방어 패턴이 없다. "특정한 형태의 사물로써 모든 사물의 형태를 제압할 수 없다."(以一形之勝勝萬形, 不可) "적과 같은 전법으로 서로 승리할 수 없기 때문에 적과 다른 기습의 전법을 구사한다. 조용하게 적의 움직임에 대처하는 것이 기奇이고, 편안함으로 적의 수고로움을 대처하는 것이 기奇이며, 배부름으로 굶주림에 대처하는 것이 기奇이고, 다스림으로 혼란을 대처하는 것이 기奇이며, 많음으로 적음에 대처하는 것이 기奇이다. 공개된 행동이 정正이라면 은밀한 행동은 기奇이다. 적이 예상치 못한 곳을 공격하여 대처하지 못하게 하면 이기는 것이다. 여유를 가지고 기습하면 예상을 초월하는 승리를 거둔다."[57] 동일한 전법으로는 승리를 취득할 수 없고 부동한 전법을 사용하여야 비로소 승리할 수 있다. 움직임과 조용함, 수고로움과 편안함, 배고픔과 배부름, 다스림과 혼란, 많고 적음 등은 언제나 서로 변하는 것이다. 얼굴을 맞대고 교전하는 것은 정공이고 변하지 않는 것이고, 등을 돌리고 교전하는 것은 기습이고 변하는 것이며, 드러난 것, 적군에게 발견된 것은 정공이고 변하지 않는 것이고, 드러나지 않은 것, 적군에게 발견되지 않은 것은 기습이고 변하는 것이다. 적의 의표를 찌르고 다양한 방법을 쓰면 승리를 취득할 수 있다.

　『손빈병법』에서는 균형을 능동적으로 파괴하여 쌍방이 대치함을 피면하였다. "집중이 분산보다 낫고 가득 차 있는 것이 비어 있는 것보다 나으며 지름길은 우회보다 낫고 빠름은 느림보다 나으며 많음은 적음보다 낫고 편안함은 수고로움보다 낫다."[58] 집중이 분산보다 낫고, 충실한 것이 박약함보다 나으며, 지름길이 큰 길보다 낫고, 신속함이 굼뜸보다 나으며, 병사가 많은 것이 적은 것보다 낫고,

---

57) 『孫臏兵法』,「奇正」, "同不足以相勝也, 故以異爲奇. 是以靜爲動奇, 佚爲勞奇, 飽爲饑奇, 治爲亂奇, 衆爲寡奇. 發而爲正, 其未發者奇也. 奇發而不報, 則勝矣. 有餘者者, 過勝者也."
58) 『孫臏兵法』,「積疏」, "(積)勝疏, 盈勝虛, 徑勝行, 疾勝徐, 衆勝寡, 佚勝勞."

안일함이 피곤함보다 나으며, 서로 나을 수 있고 서로 변화할 수 있다. "집중으로 집중을 상대하지 말고 분산으로 분산을 상대하지 말며, 가득 참으로 가득 참을 상대하지 말고 비어 있는 것으로 비어 있는 것을 상대하지 말며, 빠름으로 빠름을 상대하지 말고 느림으로 느림을 상대하지 말며, 많음으로 많음을 상대하지 말고 적음으로 적음을 상대하지 말며, 편안함으로 편안함을 상대하지 말고 수고로움으로 수고로움을 상대하지 말라."[59] 절대적인 것에서 반드시 상대적인 것을 보고, 상대적인 것에서 절대적인 것을 보며, 적군과 아군, 피차 사이의 상대성과 상관성을 보아 냄으로써 전환을 촉진하여야 한다. 따라서 집중으로써 집중을 상대할 수 없고, 많은 병력으로써 많은 병력을 상대할 수 없으며, 빠름으로써 빠름을 상대할 수 없고, 늦음으로써 늦음을 상대할 수 없다. '가득 차 있는 것으로써 가득 차 있는 것을 상대함'을 피면할 줄 알아야 하고, '가득 차 있는 것으로써 비어 있는 것을 상대하고' '비어 있는 것으로써 가득 차 있는 것을 상대하며' 작은 부분의 희생으로써 전반적인 승리를 바꾸어야 한다.

손빈 및 그 학파에서는 이러한 전환의 법칙과 특징을 파악하였을 뿐만 아니라 '극에 이르면 되돌아가고'(至則反) '가득 차면 이지러지는'(盈則敗) 도리를 제기하였고, 또한 장수, 병사, 사람에 따라 알맞게 하고, 적군, 지형, 진지의 상황에 따라 알맞게 하여, 날렵한 전술과 주동적인 정신으로 전쟁사 상에서의 기현상(奇觀)을 창조하여야 함을 주장하였다. 그들은 또한 '반드시 공격적인 상황을 유지하고 수동적인 상황에 빠지지 않는다'(必攻不守)는 원칙을 제기하였다. "적이 많고 아군이 적으며 적이 강하고 아군이 약하면"(敵衆我寡, 敵強我弱) 주동적으로 '적의 예봉을 피하고'(讓威) 즉 먼저 한 걸음 후퇴하였다가 뒤에 손을 써서 적을 제압하는 것이다. 적군과 세력이 균형을 이루고 있을 때에는 "적군을 유인하여 분산시키고 아군은 병력을 집중시켜 격파한다."[60] 험난함을 고수하는 적에 대해서는 "적군이 반드시 구하여야

59) 『孫臏兵法』, 「積疏」, "毋以積當積, 毋以疏當疏, 毋以盈當盈, 毋以虛當虛, 毋以疾當疾, 毋以徐當徐, 毋以眾當眾, 毋以寡當寡, 毋以佚當佚, 毋以勞當勞."
60) 『孫臏兵法』, 「威王問」, "營而離之, 我並卒而擊之."

하는 요지를 공격하여 굳게 지키던 진지를 떠나게 한다."[61] 요컨대 『손빈병법』은
중국의 군사과학과 군사변증법에서 매우 소중한 자원이다.

---

61) 『孫臏兵法』, 「十問」, "攻其所必救, 使離其固."

5장 명가의 지혜

명가名家는 전국戰國 시기에 활동하였던 변론가들을 가리킨다. '명변名辯'사조는 선진先秦 시기의 중요한 사조이다. 이 장에서는 혜시惠施(약 BC.370~약 BC.310), 공손룡公孫龍(약 BC.320~약 BC.250)을 중심으로 하여 명가의 지혜에 대하여 소개하도록 한다.

1. 명가

『장자』「천하」편에서는 혜시, 환단桓團, 공손룡을 "변자의 무리"(辯者之徒)라 불렀고 『순자』「비십이자」편에서는 등석鄧析, 혜시가 명사와 개념을 가지고 놀고 대도大道를 어긴 것이라 비판하였다. 사마담은 「태사공자서太史公自序」에서 최초로 이 학파를 '명가名家'라 불렀다. "명가는 사람의 마음을 명분에만 얽매이게 하고 일의 진실을 알아보지 못하게 한다. 그렇지만 그 명실을 바로잡은 점은 살피지 않을 수 없다."[1] "명가의 학문은 가혹하게 관찰하고 집요하게 매달림으로써 다른 사람이 내 의사에 반대할 수 없도록 하는 것이고 오로지 명분에 의한 결정일 뿐이지 인정에 흔들리지 않는다. 그러므로 사람들의 마음을 명분으로 묶어 두고 진실을 보지 못하도록 만든다. 만약 명분으로 제어하고 진실을 질책하고 명과 실을 교착시켜 사실을 명확히 하는 점은 살피지 않으면 안 된다."[2] '가찰苛察'은

---

1) 名家使人儉而善失眞. 然其正名實, 不可不察也.
2) 名家苟察繳繞, 使人不得反其意; 專決於名, 而失人情. 故曰: 使人儉而善失眞. 若夫控名責實, 參

세밀하게 분석하고 고찰하는 것이다. '격요繳繞'는 '달라붙음'이고, '참오參伍'는 '교착시킴'이다. 여기서는 명가의 일부 번다한 논증이 전문적으로 개념의 문제를 토론하였고 일부 기이하고 황당한 논의들이 일반 사람들의 언어습관과 다르지만 명과 실의 관계 문제에 대하여 논의하고 명과 실의 통일을 주장한 것은 명가의 장점임을 말한 것이다. 『한서』「예문지」에서는 명가가 논변과 반박을 좋아하였고 명사를 가지고 놀았으며 그 유폐는 쉽게 천착하고 지리멸렬하지만 장점은 정치의 예법에서 이름을 바르게 하고 이름과 실제가 서로 부합하며 이름에 걸맞은 책임을 강조하였음을 제기하였다.

이름과 실제의 문제에 대한 논의는 우선 정치의 예법문제이고 공자 때에 이미 논의되기 시작하였으며 전국시대 중기에는 이미 상당하게 보편화되었다. 따라서 명가는 "이름과 실제가 어지러웠던" 사회적인 배경과 제자백가의 백가쟁명이라는 문화적인 배경 하에서 생겨난 '찰변察辨'을 특기로 하는 변론가辯士들이다. 그들은 정치예법 측면에서의 '이름과 실제가 서로 부합하고'名實相符 '이름을 따라 실상을 책임지우는'循名責實 실용적인 측면으로부터 한 걸음 더 추상화하고 일반화하여 순수하게 언어, 이름에 대하여 분석하고 해명하였다. 논의의 중심은 '명실'의 문제에서 점차적으로 '동이同異', '견백堅白', '백마白馬', '유후有厚', '무후無厚' 등의 문제로 넘어갔고 전문적으로 변론술을 연구하는 학파가 형성되었다. 선행자는 바로 등석鄧析이었고 주요한 대표 인물은 전국戰國 중기의 혜시, 공손룡, 윤문尹文과 기타 변론가들이었다.

'명학名學', '명변名辯'사조는 결코 명가의 전유물은 아니었다. 백가쟁명의 과정에서 적지 않은 학파가 '찰변'활동에 참여하였고, 변론술 혹은 오늘날 우리가 말하는 논리규칙 등의 문제를 논의하거나 언급하였다.

혜시는 혜자惠子라고도 부르는데 송宋나라에서 태어났고 위魏나라에서 활동하였다고 전해진다. 『사기』에는 전해지는 바가 없고 『한서』「예문지」에서 반고가

伍不失, 此不可不察也.

이렇게 주석을 달았다. "이름은 시이고 장자가 같은 시대에 살았다."(名施, 與莊子幷時) 혜시가 활동하였던 시기는 전국 시기 중기였고 일생동안 위魏나라에서 정치활동에 종사하였다. 혜시는 학문적 조예가 깊었는데 『장자』「천하」편에서는 이렇게 말하였다. "혜시는 여러 가지에 관심이 많았고 책을 다섯 수레나 가지고 다녔다."(惠施多方, 其書五車) "혜시는 날마다 자신이 아는 것으로써 사람들과 논변하였다."(惠施日以其知與人之辯) 남방에 황료黃繚라는 괴상한 사람이 있었는데 "하늘이 무너지지 않고 땅이 꺼지지 않으며 바람이 불고 비가 오고 천둥 번개가 치는 원인을 물었다. 혜시는 사양하지도 않고 응하였고 생각하지도 않고 대답하였으며 만물에 대하여 두루 설명하였다."3) 『장자』「천하」편에서는 혜시에 대하여 비판적이었는데, 그의 "길이 잡다하고 말은 적절하지 않았으며" "이상한 것을 덧붙이고" "다른 사람의 견해에 반대하는 것을 진실이라 여겼고 다른 사람을 이기는 것으로 이름을 얻고자 하였기에 많은 사람과 잘 지내지 못하였다. 본래 모습은 약하고 다른 것에 관심이 강했으며 좁고 굽은 길을 갔다."4) 혜시가 변론술에만 주목하였고 매우 기괴하였으며 대도에서 벗어났고 스스로 재능을 뽐내고 일에 아무런 도움이 되지 않음을 비판하였다.

『한서』「예문지」에는 「혜자」 한 편이 수록되어 있었는데 이미 산실되었고, 수당隨唐 시기의 『지志』에도 기록된 것이 없다. 현재 마국한馬國翰이 집일한 한 권이 전해진다. 혜시의 학설과 행적은 『장자』, 『한비자』, 『여씨춘추』, 『설원說苑』, 『전국책戰國策』 등에 분산되어 나타난다.

공손룡은 성이 '공손'씨이고 이름은 '룡'이며 전국 시기의 변론가이다. 생몰년은 대략 기원전 325년부터 기원전 250년경이다. 본적이 조趙나라 사람이거나 오랜 시간 조趙나라에서 생활하였다. 공손룡은 대략 조趙나라 무령왕武靈王, 혜문왕惠文王으로부터 효성왕孝成王 때 활동하였고 평원군平原君, 연소왕燕昭王, 위魏나라의 공자모公子牟, 공천孔穿, 추연鄒衍, 우경虞卿과 같은 시대의 사람이다. 공손룡은 시대상으로

---

3) 問天地所以不墜不陷, 風雨雷霆之故. 惠施不辭而應, 不慮而對, 遍爲萬物說.
4) "其道舛駁, 其言也不中." "益之以怪." "以反人爲實, 而欲以勝人爲名, 是以與衆不適也. 弱於德, 強於物, 其塗隩矣."

혜시보다 조금 늦은데 혜시와 같은 시대에 존재하였던 변론자의 제자였다.

공손룡은 이름 있는 '변사'였다. "어려서 선왕의 길을 배웠고 커서는 인의의 실천에 대하여 알게 되었는데 합동이合同異, 이견백離堅白, 연불연然不然,, 가불가可不可 이런 논의로 많은 지식인과 대중의 변론을 궁지로 몰아넣었다."5) 중년에는 약 20여 년간 주로 평원군平原君 조승趙勝의 집에서 문객으로 있었다. 공손룡은 일찍이 공자의 6세손인 공천孔穿과 '백마는 말이 아니다'라는 문제를 둘러싸고 변론하였다. 공천은 공손룡이 '백마는 말이 아니다'라는 주장만 버리면 그의 제자가 되겠다고 말하였다. 이에 공손룡은 이렇게 말하였다. "선생의 말은 어긋난 것이고 내가 이름을 얻게 된 까닭은 바로 백마의 주장 때문이다. 지금 나에게 그것을 버리라고 하면 가르칠 것이 없다. 또한 스승으로 삼으려는 자가 앎과 학문에서 배우려는 자보다 못한 것이다. 이제 나에게 그것을 버리라고 하면 이는 먼저 가르치고 후에 스승으로 삼는 것인데 먼저 가르치고 후에 스승으로 삼는 것은 앞뒤가 어긋난 것이다."6) 공손룡의 저서에 관해서는 『한서』「예문지」에 '열네 편'으로 기록되어 있지만 지금까지 전해지는 판본의 『공손룡자』에는 다음과 같은 여섯 편 즉,「적부跡府」,「백마론白馬論」,「지물론指物論」,「통변론通變論」,「견백론堅白論」,「명실론名實論」 만 남아 있다. 「적부」가 문인들이 공손룡의 생애와 행적에 대하여 기록한 것인 외에 나머지 다섯 편은 모두 공손룡 본인의 저술이다. 현재 별도로 간행된 교주본이 있다.

---

5) 『莊子』,「秋水」, "少學先王之道, 長而明仁義之行, 合同異, 離堅白, 然不然, 可不可, 困百家之 知, 窮衆口之辯."

6) 『公孫龍子』,「跡府」, "先生之言悖, 龍之所以爲名者, 乃以白馬之論爾. 今使龍去之, 則無以教焉. 且欲師之者, 以智與學不如也. 今使龍去之, 此先教而後師之也; 先教而後師之者, 悖." 이하에서 『公孫龍子』를 인용할 때 편명만 밝히도록 한다.

2. 혜시의 열 가지 명제

혜시의 학술사상은 주요하게 『장자』「천하」편에 보존되어 있는데 이른바 '사물을 보는'(歷物) 열 가지 방법 즉 열 가지 주요한 명제가 있다.

하나, "지극히 커서 밖이 없는 것을 대일이라고 한다. 지극히 작아서 안이 없는 것을 소일이라고 한다."(至大無外, 謂之大一. 至小無內, 謂之小一) 이 말의 뜻은 진정으로 큰 물건(大一)은 포함하지 않는 바가 없고 한계가 없기 때문에 '밖이 없고' 즉 무한하게 크고 진정으로 작은 물건(小一)은 더 이상 나눌 수 없기 때문에 '안이 없고' 즉 무한하고 작다는 것이다. '대일大一'은 거시적 세계의 무한성과 전체성이고 '소일小一'은 미시적 세계의 무한성과 전체성이다. 『관자』의 「내업內業」, 「심술心術」에서도 정기精氣가 "가늘기로는 안이 없고 크기로는 밖이 없음"(其細無內, 其大無外)을 제기하였다. 『장자』, 『중용』 등에도 유사한 명제가 있다.

둘, "두께가 없는 것은 쌓을 수 없지만 그 크기가 천리가 된다."(無厚, 不可積也, 其大千里) 여기서는 기하에서의 '평면' 개념을 제기하였는데, 두께가 없고 크기만 있으며 체적을 나타내지 않고 면적만을 나타내는 추상적인 개념 혹은 도형을 가리킨다. 여기에는 질점質點이 있고 없음의 문제와 지극한 미세함이 있고 없음의 문제도 포함된다.

셋, "하늘과 땅은 모두 낮고 산과 연못은 모두 평평하다."(天與地卑, 山與澤平) 『순자』「불구」에서는 이렇게 기록하고 있다. "산과 연못은 모두 평평하고 하늘과 땅은 모두 비슷하다."(山淵平, 天地比) 이는 얼핏 보기에는 상식에 어긋나지만 마침 중국 고대의 논리에서 관계논리의 사상이 비교적 풍부하였음을 설명해 준다. "지극히 커서 밖이 없다"(至大無外)는 관념으로부터 비교해 보면 하늘과 땅, 산과 연못의 높고 낮은 관계는 상대적인 것이다. 어떤 산은 단지 옆에 있는 어떤 연못에 상대하여 보면 높고 낮은 구별이 있지만 우주의 관점에서 보면 모든 연못보다 높다고는 말할 수 없다. 하늘과 땅의 차이 또한 이와 마찬가지인데 참조물을 바꿔 놓고 보면 하늘과 땅은 높이가 똑같다.

넷, "해가 중천에 떴다고 하면 기울고 있는 것이고 사물이 태어났다고 하면 죽어가고 있는 것이다."(日方中方睨, 物方生方死) '예睨'는 곁눈으로 보는 것이다. 이 말의 뜻은 해가 막 중천에 떴을 때는 바로 서쪽으로 기울어지기 시작하는 때이고 생명이 막 시작됨과 동시에 죽음으로 향하고 있다는 것이다. 혜시가 보기에 운동의 관점에서 보면 동일한 순간 사물의 공간적 위치와 시간적 순서는 모순, 변화 속에 있는데, 바로 가운데이기도 하고 기울기도 하며 태어나기도 하고 죽기도 하는 것이다. 이는 결코 가운데와 기울어짐, 태어남과 죽음의 한계와 확정성을 부정하는 것은 아니다.

다섯, "크게는 같지만 작게는 다른 것을 소동이라 하고, 모든 것은 같기도 하고 다르기도 한데 이것을 대동이라 한다."(大同而與小同異, 此之謂小同異; 萬物畢同畢異, 此之謂大同異) '대동大同'은 '같지만 다름이 있는 것'(同而有異)이고, '소동小同'은 '다르지만 같음이 있는 것'(異而有同)이며, 이 두 가지 측면을 종합하여 '소동이小同異'라고 한다. 즉 같음 속에서 다름을 분별할 수 있고 다름 속에서 같음을 구할 수 있는 것이다. 우주의 만물은 모두 같은 측면이 있고 공통된 특성이 있는데 '필동畢同'이라 부르고, 만물에는 모두 다른 측면이 있고 개별적인 특성이 있는데 '필이畢異'라 부른다.

여섯, "남쪽은 끝이 없으면서 끝이 있다."(南方無窮而有窮) 당시의 사람들은 남쪽을 지극히 먼 곳이라 여겼다. 혜시는 남쪽이 유한한 것이면서 또한 무한한 것이고 양자는 서로 모순되지 않는 것임을 제기하였다. 이로부터 추론하면 사방 또한 이와 같다.

일곱, "오늘 월나라로 떠났는데 어제 월나라에 왔다."(今日適越而昔來) 이 말의 뜻은 오늘 월나라로 갔는데 어제 이미 도착하였다는 것이다. 이는 '현재'와 '과거' 등 시간적인 측면의 상대성을 보여 주었다.

여덟, "연결된 고리는 풀 수 있다."(連環可解也) 연결된 고리를 풀고 묶인 매듭을 푸는 것은 당시 변론가들의 일대 관심사였다. 상식적으로 연결된 고리는 풀 수 없다. 혜시가 어떻게 풀었는지는 자세하게 알 수 없다. 개념의 분석을 통하여

이 수수께끼를 풀었을 수도 있을 것이다.

아홉, "나는 세상의 중심이 어디인지 알고 있는데 연나라의 북쪽과 월나라의 남쪽이 바로 그곳이다."(我知天下之中央, 燕之北, 越之南是也) 이 또한 지리적, 방위적인 무한성과 상대성의 관념이다. 당시의 사람들은 습관적으로 중원을 세상의 중심으로 여겼는데, 공간의 무한함 혹은 지원설地圓說의 관점에서 보면 북쪽의 연燕나라의 북쪽, 남쪽의 월越나라의 남쪽은 모두 세상의 중심이 될 수 있는 것이었다.

열, "만물을 두루 사랑하라. 천지가 한 몸이다."(氾愛萬物, 天地一體也) 이는 '대일大一'의 시각으로 세계를 본 것으로서 천지만물의 피차는 하나의 조화로운 총체임을 긍정하고 사람들은 만물(사람을 포함)을 대함에 있어서 사랑하는 마음이 있어야 한다는 것이다.

이상의 열 가지 명제로부터 보면 혜시는 세계의 총체성과 보편적으로 연관됨을 강조하였는데 개념론 상에서 확정성(예를 들어 '대일', '소일', '무후')을 인정하였을 뿐만 아니라 상대성을 인정하였고 차별성을 보았을 뿐만 아니라 동일성도 보아 낸 것에서 찾아볼 수 있다. 그는 특히 공간, 시간 개념의 상대성, 유동성과 전환을 강조하였다. 그는 크고 작음, 지극히 큰 것과 지극히 작은 것, 유한한 것과 무한한 것, 가운데와 기울어짐, 삶과 죽음, 같음과 다름, '대동이'와 '소동이', 같음 속에 다름이 있음과 다름 속에 같음이 있음, 닫고 푸는 것, 중심과 변두리 등 상대적인 관계의 개념에 대하여 기본적으로 관계논리의 시각으로 파악하였다. 후자는 전자의 목적어로 전환될 수 있다. 만약 묵가의 논리가 처음부터 이원 술어의 동등한 관계논리를 주목하였다면, 혜시의 논리는 변증법적 관계논리에 주목하였고, 이는 서양의 아리스토텔레스의 간단한 직언直言명제 등 일원 술어의 논리문제로부터 착수하는 방식과 다르다.

『장자』「천하」편에는 혜시와 의기투합하여 서로 논박하였던 한 무리의 변론가들이 제기하였던 21개의 명제가 기록되어 있는데 '이십일사二十一事'라고 부른다. 변론가들은 이러한 명제를 가지고 혜시와 서로 대응하였고 종신토록 끝이 없었다. 그들 사이의 논의는 매우 활발하였고 즐거웠다. 이러한 명제는 바로 다음과 같다.

(1) 알에 털이 있다.(卵有毛) (2) 닭다리가 세 개다.(雞三足) (3) 초나라의 수도 영에 세상이 있다.(郢有天下) (4) 개가 양이 될 수 있다.(犬可以爲羊) (5) 말에 알이 있다.(馬有卵) (6) 개구리에게 꼬리가 있다.(丁子有尾) (7) 불이 뜨겁지 않다.(火不熱) (8) 산은 입에서 나온다.(山出口) (9) 바퀴는 땅에 붙어 있지 않다.(輪不蹍地) (10) 눈이 보는 것이 아니다.(目不見) (11) 손가락이 이르는 것이 아니고 이르면 끊을 수 없다.(指不至, 至不絶) (12) 거북이 뱀보다 길다.(龜長於蛇) (13) 곱자로 네모를 그릴 수 없고 그림쇠로 원을 그릴 수 없다.(矩不方, 規不可以爲圓) (14) 구멍 속에 있는 것은 구멍이 둘러싼 것이 아니다.(鑿不圍枘) (15) 날고 있는 새의 그림자는 움직인 적이 없다.(飛鳥之景未嘗動也) (16) 빠르게 날고 있는 날카로운 화살이 날지도 멈추지도 않는 때가 있다.(鏃矢之疾而有不行不止之時) (17) 개는 개가 아니다.(狗非犬) (18) 누런 말과 검은 소는 셋이다.(黃馬驪牛三) (19) 하얀 개는 검다.(白狗黑) (20) 어미 없는 망아지는 어미가 있었던 적이 없다.(孤駒未嘗有母) (21) 한 자의 회초리를 매일 반으로 줄인다 해도 영원히 없어지지 않는다.(一尺之捶, 日取其半, 萬世不竭) 이러한 명제들은, 일부는 세계의 무한함을 나타내었고 일부는 생명의 발생과 운동을 나타내었으며, 많은 부분에서 개념의 변증법 사상을 보여 주었다.

3. 공손룡의 백마론과 견백론

공손룡자의 사상은 매우 흥미가 있다. '백마는 말이 아니다'(白馬非馬), '군음과 흼과 돌은 셋이 된다'(堅白石三) 등의 명제는 보기에는 궤변 같지만 사실은 중국 논리의 지혜가 넘치는 것이다.

1) 백마는 말이 아니다

'백마는 말이 아니다'는 공손룡이 이름을 날린 명제이다. 그는 이렇게 말하였다.

"말은 형태에 이름을 붙인 것이고, 백은 색채에 이름을 붙인 것이다. 색채에 이름을 붙인 것은 형태에 이름을 붙인 것이 아니다. 그러므로 '백마는 말이 아니다'라고 한 것이다."[7] '백마는 말이 아니다'에서 '백마'와 '말'은 모두 개념사이다. 여기서는 '말'과 '백마'의 함의가 다름을 제기하였다. '말'에는 단지 형제에 대한 규정성만 포함되어 있고, '백마'에는 색깔(하얀색)에 대한 규정성만 포함되어 있기 때문에, '말'과 '백마'는 부동한 두 개의 개념이고 두 가지 고정적이고 확정적인 공상共相에 대하여 표현하였다는 것이다.

한 걸음 더 나아가 그는 개념의 외연에 대하여 이렇게 논증하였다. "말을 구하면 황마와 흑마가 모두 이를 수 있지만, 백마를 구하면 황마와 흑마는 이를 수 없다."[8] '말'의 외연은 넓기 때문에 백마, 황마, 흑마를 포함하지만 '백마'의 외연은 좁기 때문에 황마, 흑마를 포함할 수 없다. 이는 바로 종속種屬개념의 차이를 구분한 것이다. 그는 다음과 같이 설문하고 반박하였다. 만약 백마가 말이 아니라면 황마, 흑마 등 모든 색깔이 있는 말들이 모두 말이 아닌 것이 되는데, 그렇다면 세상에는 말이 없는 것이 아니겠는가? 그는 이렇게 대답하였다. "말에 본래 색이 있다고 여기기 때문에 백마가 있다고 하는 것이다. 말에 색이 없다면 말이 있다고 하면 그만일 것이고 어떻게 백마를 취하겠는가? 그러므로 백이라고 여겨진 것은 말이 아니다. 백마는 말이 백과 함께한 것이다. 말과 백이 함께한 뒤의 말이기 때문에 백마는 말이 아니라고 하는 것이다."[9] 이는 말이 본래 색깔이 있기 때문에 비로소 백마가 있게 되었다는 것이다. 만약 말에 색깔이 없다면 단지 말이 있을 뿐이고 어떻게 백마가 있을 수 있는가? 하지만 어떤 물건이 하얗다고 말하는 것은 단지 그 색깔을 나타내는 것이지 말이 아니다. 이른바 '백마'라는 개념은 '말'과 '백'이 결합된 것이라는 것이다. 말이 이미 백과 결합되었는데 여전히 말이라

---

7) 「白馬論」, "馬者, 所以命形也; 白者, 所以命色也. 命色者非命形也. 故曰'白馬非馬'."
8) 「白馬論」, "求馬, 黃, 黑馬皆可致; 求白馬, 黃, 黑馬不可致."
9) 「白馬論」, "馬固有色, 故有白馬. 使馬無色, 有馬如己耳, 安取白馬? 故白者非馬也. 白馬者, 馬與白也. 馬與白馬也, 故曰白馬非馬也."

고 할 수 있는가?

"말이라고 하면 색을 제거하거나 취하는 것이 없기 때문에 황마, 흑마는 모두 대응할 수 있지만, 백마라고 하면 색을 제거하거나 취하는 것이 있기 때문에 황마, 흑마는 모두 색 때문에 제거되고 오직 백마만이 대응할 수 있게 되는 것이다. 제거되는 바가 없는 것은 제거되는 바가 있는 것이 아니기에 백마는 말이 아니라고 하는 것이다."10) '색을 제거하거나 취하는 것이 없다'(無去取于色)는 것은 결코 '색이 없다'는 것이 아니라 확정된 색깔을 취하지 않는다는 것이다. 공손룡은 결코 말이 가지고 있는 색깔을 부정하는 것이 아니다. '백마는 말이 아님'을 강조하는 것은 '백마'가 '색을 제거하거나 취하는 것이 있음'(有去取于色, 즉 확정된 하얀색)을 말하는 것이고 '말'은 확정된 색깔을 취하지 않는다. 그는 결코 '백마'와 '말'의 함의를 완벽하게 대립시키지 않았을 뿐만 아니라 '백마'와 '말'이 '말'의 부류의 한 가지 색깔(하얀색)과 여러 가지 색깔(임의의 색), 좁은 분류(小類)와 넓은 분류(大類)에 종속種屬되고 포함되는 관계를 긍정하였다. 외연상이든 내용상이든 '백마'가 '말'과 전혀 다르다는 배척관계를 찾을 수 없었고 추리할 수도 없는 것이다. 다시 말하면 '백마는 말이 아니다'(말과 다르다, 白馬非異於馬)는 결코 '백마는 말이다'(말에 속한다, 白馬是屬於馬)의 논리적 포함관계를 결코 부정하지 않는다. 여기서 '비非'는 단지 '다름이 있음'(有異)을 나타내는 것이지 '전혀 다름'(全異)을 나타내지 않는다.11) 공손룡은 이 명제를 제기하여 외연과 내용의 두 가지 측면에서 일반과 특수, 속명屬名과 종명種名이 가리키는 대상(범위)과 속성(내용)이 서로 대등하지 않음을 논증하였다. 이는 부동한 개념의 확정성과 모순되지 않는 특성을 긍정하였다. 그는 '백마는 말이 아님'(말과 다르다)을 인정하였고 또한 '백마는 말임'(말에 속한다)을 긍정함으로써 개체와 일반에 관한 변증법적 인식을 보여 주었다.

---

10) 「白馬論」, "馬者, 無去取于色, 故黃, 黑皆所以應; 白馬者, 有去取于色, 黃, 黑馬皆所以色去, 故唯白馬獨可以應耳. 無去者非有去也, 故曰白馬非馬."

11) 周雲之・劉培育, 『先秦邏輯史』(中國社會科學出版社, 1984), 第89~91쪽 참조.

2) 굳음과 흼에서 떨어지다

공손룡의 「견백론」편도 매우 특색이 있다. 그는 이렇게 설문하였다. 굳음, 흰색과 돌은 셋이 된다고 하는 것은 가능한가? 가능하지 않다고 대답하였다. 또 물었다. 둘이 된다고 하면 가능한가? 가능하다고 대답하였다. 무엇 때문인가 물었다. 공손룡이 답하기를, 굳음이 없이 흰색만 감지할 때 이는 두 가지이고 흰색이 없이 굳음만 감지할 때 또한 두 가지이다 하였다. 그러자 이렇게 물었다. 이미 흰색을 감지하였으면 흰색이 없다고 말할 수 없고, 굳음을 감지하였으면 굳음이 없다고 말할 수 없다. 이 돌을 가지고 말하면 또한 바로 그러한데 이는 셋이 되는 것이 아닌가? 이에 이렇게 답하였다. 볼 때에는 굳음을 보아 낼 수 없고 흰색만 보아내기 때문에 굳음이 없는 것이고, 만질 때에는 흰색을 만져 낼 수 없고 굳음만 만져 내기 때문에 흰색이 없는 것이다. 공손룡은 여기서 부동한 감각기관은 추상적인 사유를 통하여 부동한 명칭이 생겨나게 하고 사물의 부동한 속성과 공통된 특성을 나타냄을 강조하였다. 하지만 그가 보기에 우선은 반드시 사물(돌)과 사물의 속성(굳음과 흼)을 구분하여야지 뒤섞어서는 안 되는 것이었기 때문에 '굳음과 흼과 돌은 둘이 된다'고 할 수 있지만 '굳음과 흼과 돌은 셋이 된다'고 할 수 없다 한 것이다.

공손룡은 부동한 속성(예를 들어 흰색, 굳음)은 서로 독립적인 것이지 서로 포용하는 것이 아니기 때문에 분리되는 것 즉 '숨기는 것'임을 제기하였다. 그는 이렇게 말하였다. "사물이 희다고 여기는 것은 하얗게 되는 곳이 정해져 있지 않기 때문이고, 사물이 굳다고 여기는 것은 굳어지는 곳이 정해져 있지 않기 때문이다. 정해져 있지 않음은 공통된 것인데 어찌 그 돌만이 그렇다고 하는가?"[12] 흰색과 굳음은 다른 물체에서도 모두 감지할 수 있는 것으로, 전적으로 돌에만 속하여 있는 것이 아니고 모든 흰 물건과 굳은 물건에 공통으로 들어 있는 속성이다. 공손룡은 또한

---

12) 「堅白論」, "物白焉, 不定其所白; 物堅焉, 不定其所堅. 不定者兼, 惡乎其石也?"

'흰 돌'과 '굳은 돌', "돌에 있어서는 하나이고 굳음과 흼은 둘이지만 돌에 달려 있음"[13]을 강조하였다. 이는 바로 '흼'과 '굳음'이 모두 돌에 속하는 것임을 긍정한 것이다. 다시 말하면 '흼'과 '굳음'은 이미 돌에 속하는 것이지만 전적으로 돌에만 속하는 것이 아니고 주체의 감각기관과 사유가 명칭과 상(相)을 통하여 파악해 낸 돌의 부동한 속성일 뿐만 아니라 또한 주체가 파악한 모든 흰 물건, 굳은 물건의 공통된 특성(共相)이다.

사실적인 측면에서 공손룡은 굳음과 흼, 돌이 하나의 구체적인 돌에 함께 통합되어 있음을 인정하였다. 언어에 대한 분석의 측면에서 말하면 그는 굳은 특성, 흰 특성, 돌의 특성의 세 가지 추상적인 규정성은 서로 분리되는 것임을 제기하였다. 공상共相으로서 '굳음', '흼'은 독립적이고 돌, 사물과 서로 결합되기 전에는 독립된 것이었지만 숨겨져 있었다. 이렇게 '굳음'과 '흼'이 서로 떨어져 있고, '굳음', '흼'은 또한 돌(사물)과 서로 떨어져 있는 것이다. 이 세 가지가 떨어져 있다는 것은 숨겨져 있음에 대하여 말한 것이다. 그렇다면 공손룡의 견백론을 어떻게 이해할 것인가? 그는 일종의 떨어지기도 하면서 합쳐지기도 하는 지혜 즉 현상 혹은 특성이 언제나 특정된 관계 속에서 드러나는 것임을 표현하였다. 예를 들어 하나의 복잡하고 적어도 이원적인 함수의 관계식 $Y_r = f_r(x, r)$으로 표시하면 Y는 현상 즉 표현해 낸 특성 혹은 특성의 집합이고, x는 변량을 나타내고, f는 이러한 요소 혹은 변량 사이의 관계를 나타내며, r은 상응한 관계변수이다. 만약 '굳음', '흼'을 잠재적인 존재인 x의 공상共相(指)으로 간주한다면 그것들은 떨어지기도 하고 숨겨지기도 하며 겹쳐지고 정해진 바가 없게 된다. 관계변수 r은 부동한 유형의 감각기관(손 혹은 눈)을 나타내고, 표현해 낸 현상인 Y는 개별적인 상(즉 物指)의 굳음 혹은 흼이다. 만약 공상共相, 추상적인 속성인 '지指'가 일원적인 술어라면 구체적인 속성인 개념 '물지物指'는 관계술어인데, 이는 공손룡을 이해하는 중요한 포인트이다. 공식으로부터 볼 수 있듯이, r에 '손'과 '눈'을 동시에 대입하였을

---

13) 「堅白論」, "于石, 一也; 堅白, 二也, 而在于石."

때만이 비로소 '물지物指'로서의 굳음과 흼이 비로소 서로 사귐을 알 수 있다. 물론 이는 단지 일종의 상황이고 하나의 값(解) 즉 '상식적인 이해'이다. 공손룡의 이해는 사람들이 상식에서 벗어나 더욱 복잡하고 더욱 추상적인 상황을 고려하였고, 따라서 두 가지 특성의 문제(예를 들어 '굳은' 특성, '흼' 특성, 혹은 파도의 특성, 미립의 특성 등)와 내재적으로 연관시켰다.

4. 공손룡의 지물론

「지물론」편에서 공손룡은 한 걸음 더 나아가 그의 '공상共相'관에 대하여 서술하였다. 이 편의 내용은 "물은 '지가 아님'이 없고 '지가 아님'을 지한다"(物莫非指, 而指非指)는 명제를 반복적으로 논증한 것이다. 그는 '지指'와 '물'(실물, 현상, 개체)을 서로 대립시켰다. '지'에는 동사 '가리키다', '부르다'의 의미와 명사 '명칭'의 의미가 들어 있는데, 여기서는 주요하게 개념, 공상共相을 가리킨다. 만약 세분화하면 '지指'는 또한 추상적인 속성, 공통된 특성을 가리키는 개념 예를 들어 흰 특성, 굳은 특성 등의 공상共相과 구체적인 사물의 속성을 가리키는 개념 예를 들어 백마의 흼, 굳고 흰 돌의 굳음 등으로 나눌 수 있다. 후자는 어떤 곳에서 '물지物指'라고도 불리는데, 바로 '사물에 의하여 정해지는'(定於物)의 '지指'이다. 공손룡은 개념과 개념이 일컬어 가리키는 사물은 다른 것임을 강조하였다. 세상에는 사물이 있고 사람들은 개념으로 사물을 일컬어 가리킨다. 다른 한편 개념으로 일컬어 가리키지 않는 사물이 없는 것이다.

> 천하에 지指가 없으면 사물을 일컬어 지할 수 없다. 일컬어 지할 수 없는 것은 비지非指이다. 비지라고 하는 것도 사물을 지하지 않을 수 없다. 세상에 지가 없으면 사물을 일컬어 지할 수 없다는 것은 비지가 따로 있는 것은 아니다. 비지가 따로 있지 않은 것은 사물을 지하지 않을 수 없기 때문이다. 사물은 지하지 않음이

없다는 것은 비지 또한 지하기 때문이다.[14)]

천하에는 결코 '지指'가 없기 때문에 '사물은 바로 그것을 일컬어 가리키는 지라 말할 수 없고' 다시 말하면 '지가 일컬어 가리키는 사물이 바로 일컬어 가리키는 사물의 지인 것은 아니다'는 것이다. 하지만 만물은 모두 '지指'로써 가리켜 일컫는다. 이른바 '천하에는 결코 지가 없고 사물은 바로 그것을 일컬어 가리키는 지라 말할 수 없다'는 것은 결코 '지指'로써 일컬어 가리키지 않는 사물이 존재함을 말하는 것이 아니다. '지指'로써 일컬어 가리키지 않는 사물이 존재하지 않는다는 것은 바로 만물은 모두 '지指'로써 일컬어 가리킨다는 것이다. 따라서 만물은 모두 '지指'로써 일컬어 가리키지만 일컬어 가리키는 사물이 바로 일컬어 가리키는 사물의 '지指'인 것은 아니다.

공손룡은 사물에 대한 개념의 독립성을 강조하였다. "지는 비지가 아니고 지가 사물에 참여하면 비지이다."(指, 非非指也; 指與物, 非指也) "또한 지가 원래부터 스스로 비지가 될 수 있다면 무엇 때문에 사물을 기다려야만 비로소 지가 된다고 하겠는가?"[15)] '지指'는 바로 '지指'이고 '지指'로써 사물을 일컬어 가리키는데 여기서 일컬어 가리키는 바는 사물은 '지指'가 아니다. 더구나 '지指'가 본래부터 스스로 사물을 일컬어 가리킬 수 있다면 무엇 때문에 사물과 결합하기를 기다려야만 비로소 일컬어 가리키는 '지指'가 되겠는가? 여기에는 공상共相은 변하지 않고 지성知性의 개념은 확정성을 근본적인 특징으로 하는 사상이 포함되어 있다.

『공손룡자』에서는 주체와 객체가 대화하는 방식을 사용하였다. '객문客問'은 언어의 사용에 대한 일종의 상식적인 관점을 대표하였는데 개념으로서의 언어 표면의 명칭은 '물物'의 부호일 뿐임을 주장하였고 '물物', '실實'의 자유로움과 '지指', '물物'의 소극성, 기생寄生적임을 긍정하였다. 예를 들어 객체는 '지指'가 만물에

---

14) 「指物論」, "天下無指, 而物不可謂指也. 不可謂指者, 非指也. 非指者, 物莫非指也. 天下無指, 而物不可謂指者, 非有非指也. 非有非指者, 物莫非指也. 物莫非指者, 而指非指也."

15) 「指物論」, "且夫指固自爲非指, 奚待于物而乃與爲指?"

각각 이름이 있게끔 하기 위하여 생겨났지만 만물은 결코 그것을 일컬어 가리키는 '지指'가 아니라고 말하였다. '지指'가 아닌 물건을 '지指'라고 하면 '지指'가 아닌 물건이 없게 된다는 것이다. 공손룡은 '주답主答'의 형식으로 '물物'에 대한 '지指'의 일컬어 가리키는 관계에 대한 분석을 통하여 '물物'은 존재하는 것이지만, '물物'의 존재는 사람에 대하여 말하면 또한 개념에 의하여 따라서 언어에 의하여 일컬어 가리켜질 때에야 비로소 의미가 있게 됨을 분명하게 보여 주었다. 인식의 주체를 놓고 말할 때 '물物'의 존재에는 언어적인 공헌이 있다. 따라서 사람을 놓고 말하면 '지指'로써 일컬어 가리킬 수 없는 '물物'이 존재하지 않는다. 다시 말하면 '물物'의 존재는 인간에 대해 말하면 언어에 의하여 결정되는 것이다. "지는 천하에 없는 것이다. 천하에 지가 없다고 하는 것도 사물에 대해서는 지가 없다고 일컬을 수 없다. 지가 없다고 일컬을 수 없는 것은 비지가 따로 있는 것이 아니기 때문이다. 비지가 따로 있는 것이 아니라는 것은 사물을 지하지 않음이 없기 때문이다."16) '지指'는 천하에 없는 것이고 천하에 없는 '지指'라고 하더라도 '지指'가 없으면 사물을 일컬어 가리킬 수 없게 된다. '지指'가 없어 사물을 일컬어 가리킬 수 없다면 '지指'로써 일컬어 가리키지 않는 사물이 존재하지 않게 된다. '지指'로써 일컬어 가리키지 않는 사물이 존재하지 않는 것은 바로 만물은 모두 '지指'로써 일컬어 가리킨다는 것이다.

공손룡은 '지指'가 사물의 본질에 대한 파악이고 경험적인 세계를 초월할 수 있음을 강조하였다. '천하에 사물이 있다'(天下有物), '천하에 지가 없다'(天下無指)에서 '천하'는 경험세계이고 사실세계이다. '지指'가 파악한 사물의 본질은 현상세계에 없는 것이다. 「견백론」에서 상식을 대표하는 '객설客說', 예를 들어 굳음, 흰색과 놀의 세 가지는 서로 떨어지지 않고 바로 본래 이와 같은 것이고 영원히 이와 같은 것이다. 공손룡에 의하면 이는 '사물의 천하'(物天下)에서 감성으로 이해한

---

16) 「指物論」, "且指者, 天下之所無. 天下無指者, 物不可謂無指也. 不可謂無指者, 非有非指也. 非有非指者, 物莫非指."

현상이고 지성으로 통찰하는 공상共相세계에서 세 가지는 분리되어 독립적이고 자유로우며 현상세계에 대해서는 숨겨진 것임을 제기하였다. 공손룡의 공헌은 현상에 대한 인식으로부터 공상共相에 대한 인식으로 들어가고, 사실에 대한 분석으로부터 언어에 대한 분석으로 들어간 것에 있다. 인류는 지성知性의 개념을 빌려 심지心智로써 '물物' 배후의 공상共相을 인식하고 언어에는 공상共相에 대한 지성知性의 인식이 응결되어 있다.17)

5. 공손룡의 명실론

「명실론」에서는 이렇게 말하였다. "천지와 그것을 낳은 모든 것이 사물이다. 사물에서 사물이 되는 곳을 사물답게 만들어서 그것에 지나치지 않게 하는 것이 실제이다. 실제에서 실제가 되는 곳을 채워서 비지 않게 하는 것이 자리이다. 그 자리가 되는 곳을 나가는 것은 자리가 아니고 그 자리가 되는 곳을 자리답게 만드는 것이 올바름이다."18) '물物'은 바로 천지 및 천지에서 생겨난 만물이고 '실實'은 사물이 사물이게끔 하는 그 '형이상'의 본체 혹은 이 사물이 이 사물이게끔 하는 본질적인 속성이다. '실實'에 대한 규정은 반드시 '지나칠'(過) 수 없고 그 범위를 초월하면 이 사물의 실제는 변화가 발생한다. 예를 들어 '말'의 '살'을 알고자 하는데 '백마'를 예로 든다면 바로 '지나친' 것이다. 왜냐하면 '백마'에는 '백'자가 더 붙어 있기 때문이다. 이러한 형이상의 혹은 본질적인 규정성의 '살'은 감지할 수 없어서 사람들이 존재하지 않는 것으로 여기기 쉽고 '비었다'(曠)고 주장한다. 이를 위하여 공손룡은 '자리'(位)의 범주를 제기하였다. 그에 의하면 '실實'은 결코 비어 있는 것이 아니고 '위位'는 '실實'이 '실實'로 간주될 수 있게끔 하는 경계이다.

---

17) 자세한 내용은 周昌忠의 『公孫龍子新論』(上海社會科學院出版社, 1991), 제49~54쪽 참조.
18) 「名實論」, "天地與其所產焉, 物也. 物以物其所物而不過焉, 實也. 實以實其所實而不曠焉, 位也. 出其所位非位, 位其所位焉, 正也."

'위位'는 바로 위치이고 여기서는 사물의 본질이 마땅히 있어야 하는 범위 내에서 충분히 드러나야 됨을 가리킨다. 공손룡은 사물의 실제는 비록 감지할 수 없지만 자신이 바꿀 수 없는 위치가 확실하게 존재하고 이는 실제의 존재를 보장함을 주장하였다. 자리를 나가지 않고 자리에 있는 것을 '올바름'(正)이라고 한다.

공손룡은 이어서 이렇게 말하였다. "올바른 것을 가지고 올바르지 못한 것을 올바르게 하고, 올바르지 못한 것을 가지고 올바른 것을 의심하지 않는다. 그것이 올바르다는 것은 실제가 되는 것을 올바르게 하는 것이고, 실제가 되는 것을 올바르게 하는 것은 그 이름을 올바르게 하는 것이다."[19) '정명正名'은 바로 '실제가 되는 것을 올바르게 하는 것'(正其所實)이고 '실제가 되는 것'(所實)이 바로 '자리'(位)이다. 이름을 어떻게 올바르게 하는가? 「견백론」의 "떨어지는 것은 세상 만물이기 때문에 홀로 떨어져 바르게 된다"(離也者, 天下故獨而正)이라는 결론에 근거하면 '떨어짐'(離)은 '올바름'(正)의 전제이다. 천지만물 및 그 속성과 공통된 특성을 정확하게 이해하고 '지指'와 '물物'의 관계를 정확하게 파악하기 위하여 반드시 개념의 함의와 외연을 정하여야 하고 따라서 우선 개념, 공상共相 예를 들어 흰 것은 흰 것이고, 말은 말이며, 백마는 백마이고, 굳음은 스스로 굳은 것이며, 흰 것은 스스로 흰 것이고, 굳음과 흼은 함께 돌에 충만하지 않음에 대하여 개별적이고 독립적으로 파악하는 것이 낫다. '물'은 다만 언어에 의하여 일컬어 가리켜야만 비로소 의미가 있다. 하지만 언어로 일컬어 가리킴은 반드시 엄격해야 하고 '명名'은 반드시 스스로 절대적으로 동일하여야만 사람들이 교류하고 대화할 수 있다. 그렇지 않으면 '지指'와 '명名'은 사물을 일컬어 가리킬 수 없고 논리적인 혼란을 초래하기 쉽다. "무릇 이름은 실제를 일컫는 것이다. 이것이 이것이 아님을 아는 것은 이것이 이것에 있지 않음을 아는 것이고 그러면 일컫지 않는다. 저것이 저것이 아님을 아는 것은 저것이 저기에 있지 않음을 아는 것이고 그러면 일컫지 않는다."[20) 이 이름(혹은

---

19) 「名實論」, "以其所正, 正其所不正; 不以其所不正, 疑其所正. 其正者, 正其所實也; 正其所實者, 正其名也."

20) 「名實論」, "夫名, 實謂也. 知此之非此也, 知此之不在此也, 則不謂也; 知彼之非彼也, 知彼之不

저 이름)이 이 물건을 가리키는 것이 아님을 이미 알면, 혹은 이 이름(혹은 저 이름)이 지금은 이미 이 물건을 가리키는 것이 아님을 알면 다는 그 이름을 부르지 않는다. 이름, 일컬어 가리킴은 모두 반드시 한결같고 합당하여야 한다. 이름과 실제의 통일이 중요한 것은 이름에 독립성이 있고 일정한 문화, 인식방식의 공상共相에 대한 인식이 응결되어 있으며 오히려 사람들의 사유와 생활에 영향을 줄 수 있기 때문이다. 공손룡의 이름과 실제에 대한 견해(名實觀)와 지물관指物觀은 통일되는 것이다.

공손룡은 「통변론」에서 상술한 원칙을 거듭 천명하였다. 그는 이렇게 설문하고 답하였다. "이에 일이 있는가?"(二有一乎) "이에 일이 없다."(二無一) "이에 오른쪽이 있는가?"(二有右乎) "이에 오른쪽이 없다."(二無右) "이에 왼쪽이 있는가?"(二有左乎) "이에 왼쪽이 없다."(二無左) 이 또한 바로 위에서 서술하였던 이름을 올바르게 하고 자리를 정함에 관한 주장이다. '이二'는 복합적인 개념 예를 들면 '백마'를 가리킨다. 복합적인 개념 자체는 하나의 독립적인 공상共相이고 복합되기 이전의 두 가지 명상名相이 일컬어 가리키는 바는 다르다. 일단 완정하게 결합되면 갈라놓을 수 없는데, 예를 들어 '백마'는 '흼'도 아니고 또한 '말'도 아니며 왼쪽인 '일'도 아니고 오른쪽인 '일'도 아니다. "양과 소는 뿔이 있지만 말은 뿔이 없고, 말은 꼬리가 있지만 양과 소는 꼬리가 없기 때문에(털이 달린 꼬리가 없음을 가리킴) 양과 소를 합하여 말이 아니라고 말한다." "양과 소의 유일하게 다른 점은, 양은 이빨이 있는데 소는 이빨이 없는(소에게 윗니가 없는 것을 가리킴) 것이기 때문에 소가 양이 아니라고 하거나 양이 소가 아니라고 하는 것은 가능하지 않다. 이는 함께 갖추지 않은 것이 있지만 어떤 경우에는 류가 되기도 하기 때문이다." "양은 뿔이 있고 소도 뿔이 있기 때문에 소가 양이라고 하고 양이 소라고 하는 것은 가능하지 않다. 이는 함께 갖추고 있는 것이 있지만 그 류가 다르기 때문이다."[21] 여기서는

在彼也, 則不謂也."

21) 「通變論」, "羊牛有角, 馬無角; 馬有尾, 羊牛無尾(指無毛尾), 故曰羊合牛非馬也." "羊與牛唯異, 羊有齒, 牛無齒(指牛無上齒), 而牛之非羊也, 羊之非牛也, 未可. 是不俱有而或類焉." "羊有角,

'정명正名'의 원칙으로부터 출발하여 '류類'의 개념과 분류의 원칙을 제기하였다. 예를 들어 소와 양은 모두 뿔이 있기 때문에 같은 부류이고, 말은 뿔이 없지만 꼬리가 있고, 소와 양은 뿔이 있지만 꼬리가 없기 때문에 말과 소와 양은 같은 부류가 아닌 것이다. 여기서는 동일한 특성의 '있음에 치우치고'(偏有) '없음에 치우침'(偏無)에 근거하여 부류의 같고 다름을 구분하였다. 부류가 같으려면 반드시 공통의 특성을 가지고 있어야 하고 부류가 다르려면 반드시 동일한 특징의 '있음에 치우치거나' '없음에 치우치는 것'을 표준으로 간주하여야 한다. 비록 양과 소는 이빨이 있고 없음에서 '있음에 치우치고' '없음에 치우치지만' 이것을 가지고 소와 양이 같은 부류가 아님을 단정해서는 안 된다. 마찬가지고 양과 소는 비록 '뿔이 있음'에서는 서로 같지만 결코 그것들이 같은 부류라고 확정지을 수 없다. 이는 표면적인 특징의 '있음에 치우치거나' '없음에 치우침'에만 근거하여서는 안 되고 반드시 부류가 부류이게끔 하는 특수한 속성(혹은 본질적인 속성)의 '있음에 치우치거나' '없음에 치우침'에 의거하여 부류가 같고 다른 표준으로 간주하여야 한다.

공손룡이 보기에 식별(辨識)은 여러 '명칭'에 대한 대표적인 규정의 구별에서 이루어지는 것이었다. '양과 '소', '양과 소'와 '말' 이러한 가리킴에 대한 구별은 바로 여러 '명칭'의 특징적인 규정에 대한 구별이다. 비교적 편리한 것은 식별해 낸 '명칭'과 가장 가까운 '명칭'의 대표적인 규정을 분명하게 파악함으로써 그것들을 서로 구별하는 것이었다. 따라서 공손룡은 '소와 양'을 '닭'과 비교하여서는 안 되고 마땅히 '말'과 비교하여야 하며 이와 같은 등등을 식별하여야 함을 주장하였다. 이는 모두 이름을 올바르게 하고 실제를 가리키는 방법이다.

공손룡은 이름과 실제 등의 문제를 진정한 논리의 문제로 간주하였고 사회정치의 윤리문제로 간주하여 독립적으로 연구하지 않았다. 이는 중국철학사에서 중요한 자리를 차지한다. 하지만 진한秦漢 이후 『공손룡자』는 '궤변'(詭辯)으로 간주되었고 주목받지 못하였으며 사람들을 이해시키기 어려웠다. 위진남북조魏晉南北朝 시기의

牛有角, 牛之而羊也, 羊之而牛也, 未可. 是俱有而類之不同也."

문인들은 서로 '명창'을 논한다고 표방하였지만 모두 명학을 깊이 있게 연구하지는 못하였다. 만청晚淸 이후 공손룡자에 대한 연구가 비로소 크게 성행하였다.

6장 법가의 지혜

법가는 선진先秦, 한漢대 초기에 법치를 주장하였던 하나의 학파이고 『한서』 「예문지」에서는 '구류九流' 중의 하나로 열거하였으며 유가, 묵가, 도가, 명가, 음양가, 병가, 농가 등의 여러 학파와 합쳐서 "제자백가諸子百家"라 부른다.

1. 법가

'법'의 본래 의미는 규율, 먹줄과 자 등이다. 하지만 법가에서는 특수한 함의가 있다. "법은 군주와 신하가 함께 준수하는 것이다."[1] "죽이고 욕보이고 구금하고 주벌하는 것을 법이라 한다."[2] "법은 관청에 명시되어 있는 법령으로 상벌이 백성들의 마음에 깊이 새겨져 있어 법을 잘 지켜 따르면 상을 주고 간사한 짓으로 법을 어기면 엄벌을 가하는데 이는 신하가 확실하게 익혀 두어야 하는 것이다."[3] 법은 군주가 통치하는 도구이고 관건은 '상과 벌의 두 개의 칼자루'(刑賞二柄)를 관장하는 것에 있다. 법가에서 가장 뚜렷한 것은 가혹한 형벌과 법률을 강조하여 군주의 통치지위와 사회에 대한 통제를 확보하는 것이다.

법가는 이이李悝(BC.455~BC.395)로부터 한비韓非(BC.280~BC.233)에 이르는데 바로

---

1) 『商君書』, 「修權」, "法者, 君臣之所共操也."
2) 『管子』, 「心術上」, "殺戮禁誅謂之法."
3) 『韓非子』, 「定法」, "法者, 憲令著於官府, 刑罰必於民心, 賞存乎愼法, 而罰加乎姦令者也, 此臣之所師也."

전국戰國시대에 해당한다. 이 시기 제후의 세력이 강화되었고 주周나라 왕실은 쇠미해졌다. 각 제후국은 천하의 패권을 다투기 위하여 대외적으로는 생존과 발전을 추구하고 대내적으로는 개혁과 통일을 도모하였으며 유능한 인재를 끌어들이느라 분분하였고 일시적으로 제자백가가 벌떼처럼 일어났다. 이른바 "제후들은 각자 다른 정치를 하고 여러 학파들은 제각기 다른 학설을 주장하였으며"4) "제후국 사이에는 일정한 교류가 없었고 선비들은 정해진 주인이 없었다"5). 이것이 바로 당시 정치, 사상, 외교, 민속의 일반적인 상황의 진실한 풍경이었다. 이러한 상황에서 법가가 제기한 문제를 해결하는 방안은 바로 군주의 권력을 강화하고 법을 핵심 내용으로 하는 통일된 제도를 실행하는 것이다. "가깝고 먼 것을 구분하지 않고 귀하고 천한 것을 차별하지 않으며 법에 따라 한 번에 단죄한다."6) 법가는 나라를 다스리고 천하를 태평하게 하는 책략으로서 법치를 주장하였기 때문에 기타의 제자백가와 구별된다.

유가, 도가, 묵가와 비교할 때 법가의 성숙 시기는 상대적으로 비교적 늦다. 법가의 진정한 시조는 이이이고 그 뒤로 오기吳起(BC.440~BC.381), 신불해申不害(BC.385~BC.337), 신도愼到(약 BC.390~315), 상앙商鞅을 거쳐 한비가 집대성하였다. 이 장에서는 주요하게 상앙과 한비를 소개한다.

상앙은 전국 시기 저명한 정치개혁가이고 사상가이며 법가의 대표 인물이다. 약 BC.390년에 태어났고 BC.338년에 죽었다. 성씨는 공손公孫이고 이름은 앙鞅이며 위衛나라 귀족 가정의 출신이고 공손앙公孫鞅 혹은 위앙衛鞅이라고도 불린다. 후에 진秦나라에 의하여 상읍商邑의 땅에 봉해졌기에 상앙商鞅이라고 불리기도 하였다. 진효공秦孝公 원년(BC.361)에 그는 이이의 『법경法經』을 가지고 진秦나라로 갔고 경감景監의 주선으로 효공을 만났고 변법의 주장을 진술하여 관심을 받았다. 진효공 6년에 좌서장左庶長이라는 요직에 발탁되었고 군정軍政의 대권을 관리하였다. 상앙

---

4) 『荀子』, 「解蔽」, "諸侯異政, 百家異說."
5) 顧炎武, 『日知錄』, 권17, "邦無定交, 士無定主."
6) 『史記』, 「太史公自序」, "不別親疏, 不殊貴賤, 一斷於法."

은 일생동안 진秦나라에서 두 차례의 변법(첫 번째는 BC.356, 두 번째는 BC.350)을 시행하였는데, 주요한 내용에는 다음과 같은 것들이 포함된다. 귀족세습제를 폐지하고 실제적인 군공에 근거하여 작위를 부여하며, 정전제를 폐지하고 토지의 자유로운 매매를 허락하며 노예주의 경제적인 특권을 취소하고 일률적으로 조세를 받으며, 경작하며 싸우는 것(農戰)을 장려하고 군대에서 공을 세우면 '벼슬을 올려 주고'(受上爵) 부지런히 농사를 지어 "곡식이나 비단을 많이 바치는 사람에게는 부역과 부세를 면제하며"(粟帛多者復其身), 한 집에 성년 남자가 두 명 이상이면 반드시 집을 따로 하여야 하고 아니면 부역과 납세를 두 배로 하며, 군현제를 실시하고 "작은 향과 읍과 촌락을 모아 현을 만들고"(集小都鄉邑聚爲縣), 이이의 『법경』의 영향을 받아 '십오'제와 '연좌법'을 실행함으로써 국가의 통치를 강화하였다.[7] 효공 24년에 효공이 죽고 혜왕惠王이 즉위하였다. 공자 건虔 등이 상앙이 반란을 일으키려고 한다고 밀고하였고 드디어 추살을 당하게 되었다. 후에 시체는 거열형車裂刑으로 다스려졌고 온 집안으로 화가 미쳤다. 상앙의 주장과 저서는 후학들에 의하여 『상군서商君書』로 편집되었다.

한비는 선진先秦 시기 유명한 사상가이고 법가의 집대성자이다. 약 주난왕周赧王 35년(BC.280)에 태어났고 진왕정秦王政 14년(BC.233)에 죽었다. 한韓나라의 귀족집안 출신이었고 이사李斯와 함께 순경荀卿을 스승으로 섬겼으며 재능이 출중하여 이사는 자신이 한비에 미치지 못한다고 여겼다. 말주변이 없고 언변에 서투르지만 책을 저술함에 소질이 있었다. 한비는 법률에 관한 학문을 좋아하였고 사상 또한 황로黃老 사상의 영향을 많이 받았다.[8] 그가 젊었을 때 한韓나라의 국력은 쇠약하였고 진秦나라에 여러 번 패하여 영토를 할양하고 군사를 잃었다. 이것을 본 한비는 한韓나라 왕에게 여러 차례 글을 올려 간언하였지만 모두 채택되지 않았다. 그는 상앙이 법치를 실행하다가 결국 법을 위하여 목숨을 바친 역사교훈과 당시의 한 어르신인

---

7) 『史記』, 「商君列傳」.
8) 『史記』 「韓非列傳」을 참조.

당계공堂谿公의 충고에도 불구하고 "법술을 내세우고 제도를 만드는" "백성에게 이익을 주고 백성들을 편안하게 만드는 도"9)를 제창하였고 자신의 법치이상과 태도를 분명하게 나타내는 저서 「고분孤憤」, 「오두五蠹」, 「세난說難」 등 십여 만 자의 글을 지었다. 이 책들은 진秦나라에 전해졌고 진나라의 왕이 읽고 난 뒤에 이렇게 말하였다. "과인이 이 책을 쓴 사람을 만나 사귈 수 있다면 죽어도 한이 없겠다!"10) 이사는 진나라 왕에게 한비가 쓴 책임을 알려 주었고 진나라는 군대를 발동하여 한韓나라를 진공하였고 한비를 빼앗고자 하였다. 한나라 왕은 원래 한비를 등용하지 않았지만 이러한 상황에서 어쩔 수 없이 한비를 사신으로 진나라에 보냈다. 한안왕韓安王 5년(BC.234)에 한비가 진나라에 도착하였지만 결코 중용되지는 못하였다. 한비는 진나라 왕에게 글을 올려 먼저 초楚나라와 위魏나라를 진정시키고 조趙나라와 제齊나라를 진공하며 한나라를 진공하는 것을 잠시 유예할 것을 건의하였다.11) 후에 한비는 또 상경上卿 요고姚賈가 제후들과 사사로이 사귀고 있으니 왕한테 경계할 것을 청하였다. 진왕정 14년(BC.233)에 이사, 요고는 왕에게 참언을 하였고 왕이 동의하자 명령을 내려 한비의 죄를 다스렸다. 한비 또한 진나라 왕에게 진술하려고 하였지만 끝내 기회가 찾아오지 않았다. 이사는 사람을 시켜 독약을 보내 한비 스스로 목숨을 끊게 하였다.

한비의 저서는 후에 『한비자』로 편집되었는데 그중에는 다른 사람을 위하여 추가한 내용이 있다. 통행본 『한비자』는 55편으로 되어 있고 도합 약 십만팔천 자이다. 『사기』「한비열전」에서는 한비가 "「고분」, 「오두」, 「내외저」, 「세림」, 「세난」편 등 십여 만 자의 글을 지었다"(作「孤憤」, 「五蠹」, 「內外儲」, 「說林」, 「說難」十餘萬言)고 하였는데, 여기서 제기된 편명들은 통행본에 모두 들어 있으며 믿을 만하다고 볼 수 있다.

---

9) 『韓非子』, 「問田」, "立法術, 設度數." "所以利民萌便眾庶之道."
10) 寡人得見此人與之遊, 死不恨矣!
11) 『韓非子』「存韓」을 참조.

2. 상앙의 공리功利에 관한 사상

1) 변경에서 얻은 이익은 모두 병사에게 돌아가게 하고 시장에서 얻은 이익은 모두 농민에게 돌아가게 하다

상앙이 처음으로 진효공秦孝公을 만났을 때 제왕의 도에 대하여 말하였는데 효공은 결코 마음에 들지 않았고 자는 척하고 듣지 않았다. 후에 천하의 패권을 잡는 강국의 술에 대하여 진술하자 효공이 알아주었고 변법을 맡겼다. 따라서 상앙 변법의 근본적인 목적은 국가의 부강함에 있었다. 국가의 부강과 밀접하게 관련되는 것이 바로 경전耕戰 혹은 농전農戰이다. 상앙은 이렇게 말하였다. "나라가 흥성하는 길은 농사를 지으며 싸우는 농전이다."12) 나라가 부강하여야만 천하의 패권을 장악할 수 있고 나라를 부강하게 하려면 농민과 병사의 적극성을 동원하여 사회생산력과 군사, 정치적인 힘을 발전시키는 것을 중시할 수밖에 없다. 그는 농전을 격려하였고 "변경에서 얻은 이익은 모두 병사에게 돌아가게 하고 시장에서 얻은 이익은 모두 농민에게 돌아가게 한다."13) "이익이 땅에서 나오면 백성들은 힘을 다하여 농사를 짓고 명성이 전쟁에서 나오면 백성들을 죽도록 싸우며 안으로 백성들이 힘을 다해 농사를 지으면 황무지가 없게 되고 밖으로 백성들이 죽도록 싸우면 전쟁에서 이기게 된다. 적을 이기고 황무지가 없게 되면 나라는 부강하게 하는 공은 앉아서도 이룰 수 있다."14) 그는 전쟁을 적극 내세우고 이익과 관록, 관직과 작위 모두 전쟁에서 나옴을 주장하면서 백성들이 "전쟁 소식을 들으면 서로 축하해 주고 앉으나 서나 먹고 마시거나 늘 노래하듯이 언급하는 것이 전쟁이다."15) 실제적인 개혁과 변법활동에서 상앙은 바로 이렇게 실행히었다. 귀족들의

---

12) 『商君書』, 「農戰」, "國之所以興者, 農戰也."
13) 『商君書』, 「外內」, "邊利盡歸於兵, 市利盡歸於農."
14) 『商君書』, 「算地」, "利出於地, 則民盡力; 名出於戰, 則民致死. 入使民盡力, 則草不荒; 出使民致死, 則勝敵. 勝敵而草不荒, 富强之功, 可坐而致也."
15) 『商君書』, 「賞刑」, "聞戰而相賀也, 起居飲食所歌謠者戰也."

세습 제도를 폐지하고 현실에서의 군공에 근거하여 작위를 주고 "경지 간의 가로와 세로의 경계를 터 농사를 짓게 하고"(開阡陌封疆) 토지의 자유로운 매매를 허락하였으며 농사일에 힘써 종사하고 비교적 많은 곡식과 비단을 바친 사람에게는 "부역과 부세를 면제하는"(復其身) 즉 여러 가지 부역을 면제하는 등등은 바로 경작하며 싸우는 것을 격려하는 구체적인 조치들이다.

반면에 다른 업종에 종사하는 사람들 즉 나라의 부강과 결코 직접적인 관계가 없고 심지어 국가법령의 실행에 영향을 주는 사람에 대하여 상앙은 억누르는 태도를 취하였다. 그가 학자를 반대하였던 주요한 원인은 학자들의 존재가 사회의 풍조에 영향을 주고 통치에 불리하였기 때문이다. "농전에 종사하는 사람 천 명, 『시』와 『서』를 익혀 언변이 뛰어나고 지혜가 넘치는 자가 한 명이면 천 명이 모두 농전에 태만해진다."16) 동시에 그는 사대부의 지식에 대한 추구도 금지시켰다. 왜냐하면 사대부는 농업에 종사하지 않고 늘 "널리 듣고 배우거나 속임수로 변론하고 영리한 교지를 사용하며 외지로 돌아다니며 타향에 거주하는데"(博聞, 辯慧, 游居之事) 그러면 농민들이 "기이한 언변과 이상한 학설을 접하여"(聞變見方) "지혜로운 농민은 전부터 해 오던 일에서 벗어나고"(知農離其故事) "우직한 농민은 유가의 학설을 좋아하게 될 것이기"(愚農好學問) 때문이다. 상앙은 "일을 하지 않으면서 밥을 먹고 싸우지 않고서도 영예로우며 작위가 없어도 존경을 받고 녹봉을 받지 않고도 부유하며 관직이 없이 권세를 떨치는"17) 사람을 '오간五奸'이라고 하였다. 또한 "첫째가 나라의 예제를 뜻하는 예악이고, 둘째가 유가의 학문을 뜻하는 시서이며, 셋째가 심신의 수련과 윤리를 뜻한 수선효제이고, 넷째가 성실하고 청렴한 행동을 뜻하는 성신정렴이며, 다섯째가 어질고 의로운 유가의 덕목인 인의이고, 여섯째가 용병을 반대하고 전쟁 자체를 부끄러워하는 비병수전인데"18) 이것을 "여섯 가지 나라를 좀먹는 일"(六蝨)이라 하였다.19) 농민의 수량을 늘리기 위하여 그는 "간사함

---

16) 『商君書』, 「農戰」, "農戰之民千人, 而有『詩』『書』辯慧者一人焉, 千人者, 皆怠於農戰矣."

17) 不作而食, 不戰而榮, 無爵而尊, 無祿而富, 無官而長.

18) 曰禮樂; 曰詩書; 曰修善, 曰孝弟; 曰誠信, 曰貞廉; 曰仁義; 曰非兵, 曰羞戰.

과 악폐를 제거할 것"(除奸擧瓜)을 주장하였고 또한 "효공에게……『시경』과『서경』
을 불태우고 법령을 널리 알리도록 하였다."[20] 상앙은 "우직한 농민은 무지하고
학문을 좋아하지 않게 함"으로써 농민의 수량이 적어지고 놀고먹는 사람이 많아지
는 상황을 피면하고자 하였다. 또한 그가 보기에 상업이나 수공업 활동에 종사하는
사람들은 모두 농전에서 도피하였기에 마땅한 제재를 가하여야 마땅한 것이었다.

2) 벌은 무겁게 하고 상은 가볍게 하며 관직에 머물며 법을 지키다

상앙은 분명하게 '법치'를 주장하였다. 명군은 "잠시라도 법을 잊어서는 안
된다."[21] "법에 일임하고"(一任於法) 통일된 법령은 "나라를 다스리는 근본이다."[22]
"법은 군신이 함께 준수하는 것이다."[23] 법의 실행과 실시는 상과 벌이 관건이다.
상과 벌 문제에서 상앙은 벌을 무겁게 하고 상을 가볍게 하였다. "벌을 무겁게
하고 상을 가볍게 함은 군주가 백성을 아끼는 것이고 백성은 군주를 위하여 목숨을
바치고 상을 무겁게 하고 벌을 가볍게 함은 군주가 백성을 아끼는 것이 아니고
백성은 군주를 위하여 목숨을 바치지 않는다. 흥성한 나라가 형벌을 시행하면
백성은 군주에게 유용하게 사용되고 군주를 경외하고 포상을 시행하면 군주에게
유용하게 사용되고 군주를 경애한다. 나라가 실력이 없으면서 교지를 즐겨 사용하
면 반드시 망한다. 겁이 많은 백성을 형벌로 부리면 반드시 용감해지고 용감한
백성을 포상으로 부리면 군주를 위하여 목숨을 바친다. 겁이 많은 백성이 용감해지
고 용감한 백성이 목숨을 바쳐서 나라에 적수가 없게 되면 강해지고 강하면 반드시
왕이 된다."[24] 또한 상앙은 "형벌을 무겁게 하고 그 죄를 연좌할 것"(重刑而連其罪)을

---

19) 『商君書』, 「靳令」.
20) 『韓非子』, 「和氏」, "敎孝公……燔『詩』『書』而明法令."
21) 『商君書』, 「愼法」, "不可以須臾忘於法."
22) 『商君書』, 「定分」, "爲治之本."
23) 『商君書』, 「修權」, "法者, 君臣之所共操也."
24) 『商君書』, 「去彊」, "重罰輕賞, 則上愛民, 民死上; 重賞輕罰, 則上不愛民, 民不死上. 興國行罰,

주장하였다. 변법의 실천에서 그는 연좌법, 편호編戶제를 실행하고 다섯 집을 '오伍', 열 집을 '십什'으로 하여 한 조로 묶어 서로 잘못을 감시하고 죄를 연좌하도록 하였으며 죄를 알린 사람은 상을 주고 죄를 알리지 않은 사람은 허리를 자르게 하였다. 상앙이 보기에 군주가 나라를 다스림에 있어서 가장 중요한 것은 그 백성들을 제어하는 것이었다. 강한 적과 싸워 이기려면 반드시 먼저 그 백성들을 이겨야 한다는 것이다. 백성이 근본이고 백성을 제어하려면 반드시 법을 중시하여야 한다. "그러므로 잘 다스리는 자는 법으로 백성을 단속한다."[25] 상앙은 법을 주로 하고 벌을 무겁게 하는 것에 대하여 자신만의 해석을 가지고 있었다. 그는 법을 주로 하는 것은 "간략한 법으로써 복잡한 법을 제거함"(以法去法)에 있고 벌을 무겁게 하는 것은 "형벌로써 형벌을 없앰"(以刑去刑)에 있다. 그는 이렇게 말하였다. "형벌을 시행할 때 죄가 가벼운 자에게 무거운 형벌을 내리기도 하고 죄가 가벼운 자에게 무거운 형벌을 내리기도 한다. 죄가 가벼운 자에게 무거운 형벌을 내리면 죄가 가벼운 자가 더는 생기지 않고 죄가 무거운 자도 나타나지 않는다. 이것을 형벌로써 형벌을 없애는 것이라 하고 형벌이 사라지면 모든 일이 이루어진다. 죄가 무거운 자에게 가벼운 형벌을 내리면 형벌이 시행되더라도 여러 가지 일들이 생겨나는데 이것을 형벌이 형벌을 만들어 내는 것이라 하고 이런 나라는 반드시 쇠약해진다."[26] 무거운 형벌을 실행하는 것은 형벌을 없애려는 데 목적이 있다.

상앙이 법치를 주장하면서 군사, 경제, 풍속제도 등을 법치의 궤도에 올려놓았을 뿐만 아니라 군주와 신하, 백성과 귀족을 모두 법치의 범위에 귀속시켰다. 태자가 법을 위반하자 상앙은 이렇게 말하였다. "법이 제대로 시행되지 못하는 것은 위에서부터 지키지 않기 때문이다."[27] 하지만 당시 태자를 처벌하기란 어려운

民利且畏; 行賞, 民利且愛. 國無力而行知巧者必亡. 怯民使以刑必勇; 勇民使以賞則死. 怯民勇, 勇民死, 國無敵者強, 強必王."

25) 『商君書』, 「畫策」, "故善治者塞(遏)民以法."

26) 『商君書』, 「靳令」, "行罰: 重其輕者, 輕其重者. 輕者不至, 重者不來, 此謂以刑去刑, 刑去事成; 罪重刑輕, 刑至事生, 此謂以刑致刑, 其國必削."

27) 『史記』, 「商君列傳」, "法之不行, 自上犯之."

일이었고 상앙은 태자의 태부太傅였던 공자건公子虔의 목을 베고 태사太師였던 공손고公孫賈의 이마에 글자를 새기는 형벌을 내렸다. 그는 통치자들이 "관직에 머물며 법을 지킬 것"[28]을 주장하였다.

3) 천하를 다스리는 데는 한 가지 방법만 있는 것이 아니고 나라를 이롭게 하는 데는 반드시 옛날을 본받아야 하는 것이 아니다

상앙의 변법은 역사관을 이론적인 근거로 삼는다. 그는 예법제도가 결코 역사적으로 답습된 것이 아님을 주장하였다. "하, 은, 주 삼대는 비록 예제는 달랐지만 왕업을 이루었고 춘추오패는 비록 법제는 같지 않았지만 패업을 이루었다."[29] "과거 왕조의 정교가 같지 않으니 어느 조대를 본보기로 삼아야 하는가? 제왕은 과거의 것을 반복하지 않았으니 누구의 예를 따라야 하는가? 복희씨와 신농씨는 백성들을 교화하되 죽이지 않았다. 황제와 요임금, 순임금은 벌하여 죽였지만 과하게 행하지는 않았다. 주나라의 문왕과 무왕에 이르러 각기 시세에 맞춰 법을 만들고 사리에 근거하여 예를 제정하였다. 예와 법은 시세에 맞춰 확정하고 제도와 명령은 각기 관련된 사안에 부합하고 무기와 장비는 각기 쓰기에 편리하여야 한다. 그래서 신이 말하였다. 천하를 다스리는 데는 한 가지 방법만 있는 것이 아니고 나라를 이롭게 하는 데는 반드시 옛날을 본받아야 하는 것도 아니다. 탕왕과 주무왕의 왕업은 옛 법을 준수하지 않았기에 흥성하였다. 은나라와 하나라의 패망은 예제를 바꾸지 않았기 때문이었다."[30] 일반 사람들은 낡은 습속에 편안해하고 변법을 고민하지 않기 때문에 일을 논하기에 충분하지 않고 변화를 논하기에 충분하지

---

28) 『商君書』, 「更法」, "居官而守法."
29) 三代不同禮而王, 五霸不同法而霸.
30) 『商君書』, 「更法」, "前世不同敎, 何古之法? 帝王不相復, 何禮之循? 伏羲, 神農敎而不誅, 黃帝, 堯, 舜誅而不怒. 及至文, 武, 各當時而立法, 因事而制禮. 禮法以時而定, 制令各順其宜, 兵甲器備, 各便其用. 臣故曰: 治世不一道, 便國不必法古. 湯, 武之王也, 不(修)古而興. 殷, 夏之滅也, 不易禮而亡."

않다. 그는 "반드시 옛것을 모범으로 삼지 않음"(不法古)을 제기하였을 뿐만 아니라 "오늘의 것을 고수하지 않음"(不修今) 즉 현 상태를 유지하여야 하는 것이 아님을 주장하였다. 그가 보기에 사회의 인간사는 끊임없이 변화하는 것이었다. 변화된 사회의 현실 및 시대 앞에서 옛날을 본받으면 반드시 낙후하게 될 것이고 현 상태를 유지하게 되면 새로운 시대의 요구를 따라가지 못할 것이다. 사회의 인간사의 변화는 변법으로 세상을 다스리는 근거이다. 군주는 주요하게 "시대의 흐름에 따라 그에 맞는 정책을 펼치고 백성들의 습속을 헤아려 그에 맞는 법령을 시행하며" "법령은 백성들의 실정을 살피지 않고 제정하면 성공할 수 없다."31) 세속의 백성들의 감정은 법령의 근거이다. 상앙은 사회역사의 변법에는 정해진 법칙이 있다고 여겼고, 그는 그것을 '이치'(理)라고 불렀다. 이른바 "사물이 반드시 그렇게 되는 필연적인 이치, 반드시 그러하여야 한다는 시대의 추세"32)이다. 사람은 마땅히 이러한 '필연적인 이치'를 인식하여 천하를 다스려야 한다. "사물이 반드시 그렇게 되는 필연적인 이치를 알고 반드시 그러하여야 한다는 시대의 추세를 알기 때문에 나라가 잘 다스려지는 정사를 펼치고 반드시 용감하게 싸우는 백성을 동원하여 전쟁하고 반드시 사람들이 복종하는 명령을 내리기 때문에 군대가 일단 출정하면 천하무적의 무용을 떨치고 명이 한 번 내려지면 천하의 사람들이 복종한다."33)

상앙은 사회역사의 변화가 상고, 중세를 거쳐 하세에 이르렀다고 여겼다. '삼세'는 연속되어 왔지만 각자의 정황은 결코 서로 같지 않다. "상고 때는 친족을 친하게 여기고 개인의 이익을 귀하게 여겼고, 중고 때는 현자를 존중하고 인의 도덕을 따랐으며, 근고 때는 귀인을 귀하게 여기고 관원을 존중하였다."34) '상고' 고대사회는 '호영昊英'이 다스리던 시대이고 이 시기 사람들은 "나무를 베고 짐승을 잡았으며 사람은 적고 나무와 짐승들이 많았다."(伐木殺獸, 人民少而木獸多) '중세'는 '신농神農'이

---

31) 『商君書』, 「壹言」, "因世而爲之治, 度俗而爲之法." "法不察民之情而立之, 則不成."
32) 『商君書』, 「畫策」, "必然之理, 必爲之時勢."
33) 『商君書』, 「畫策」, "知必然之理, 必爲之時勢, 故爲必治之政, 戰必勇之民, 行必聽之令, 是以兵出而無敵, 令行而天下服從."
34) 『商君書』, 「開塞」, "上世親親而愛私, 中世上賢而說仁, 下世貴貴而尊官."

다스리던 시대이고 사람들은 "남자들이 경작하여 밥을 먹고 여자들이 베를 짜서 옷을 입었다."(男耕而食, 婦織而衣) 이 두 시대는 모두 "형벌과 정령을 사용하지 않아도 잘 다스려졌고 군사를 일으키지 않아도 천하의 왕자로 군림하였다."(刑政不用而治, 甲兵不起而王) 하지만 '하세' 즉 '황제黃帝'의 시대에는 크게 달라졌다. "황제가 군신, 상하의 도의를 포함하여 부자 형제의 예절과 부부와 배우자들 사이의 결합 이치를 제정하고 안으로는 형벌을 사용하고 밖으로는 무력을 사용하였다."[35] 세상일의 변화는 이와 같았고 군주가 세상을 다스리는 방법은 한결같지 않다. 이것이 바로 "세상의 일이 변하여 행하는 도리도 달라지는"[36] 원칙이다. 군주의 다스림은 반드시 변화하는 형세에 부합하여야 한다.

3. 한비가 '법法', '술術', '세勢'를 논하다

한비의 법치사상은 그가 제기하였던 '법'을 중심으로 하고 '법法', '술術', '세勢'가 서로 결합된, 일련의 완정한 군주전제의 집권사상에 집중적으로 나타난다.

1) '법'

한비는 '법'에 대하여 자신만의 정의를 내렸다. 그는 이렇게 말하였다. "법은 관청에 명시되어 있는 법령으로 상벌이 백성의 마음에 깊이 새겨져 있고 법을 잘 지켜 따르면 상을 내리고 간사한 짓으로 법을 어기면 엄벌을 가한다."[37] 또 이렇게 말하였다. "법은 먼저 문서로 엮어 관부에 비치해 두었다가 백성에게 널리

---

35) 『商君書』, 「畫策」, "故黃帝作爲君臣上下之義, 父子兄弟之禮, 夫婦妃匹之合, 內行刀鋸, 外用甲兵."
36) 『商君書』, 「開塞」, "世事變而行道異."
37) 『韓非子』, 「定法」, "法者, 憲令著於官府, 刑罰必於民心, 賞存乎愼法, 而罰加乎姦令者也."

알리는 것이다."38) '법'에는 아래와 같은 몇 가지 특징이 있다. 바로 강제성과 권위성("상벌이 백성의 마음에 깊이 새겨져 있다"[刑罰必於民心]), 보편성과 객관성("관부에 비치해 두었다가 백성에게 널리 알린다"[設之於官府, 而布之於百姓]), 안정성과 공개성("문서로 엮어"[編著之圖籍] "백성에게 널리 알린다"[布之於百姓])이다. 한비는 법치에 관한 상앙의 사상을 계승하고 발전시켰으며 '법'을 공동체 사회의 유일한 행위규범과 표준의 위치에 올려놓았다. 그는 "법으로써 가르치고" "관원을 스승으로 삼는"39) 사상을 제기하였고 유가("학문으로 법을 어지럽힌다"[以文亂法]), 묵가("무예로 금령을 어긴다"[以武犯禁])와 서로 대항하였다. 그는 "상앙의 법이 제대로 시행되지 못하는 것은 위에서부터 지키지 않기 때문이고"40)"관직에 머물며 법을 지킨다"(居官而守法)는 사로를 따라 "대신일지라도 잘못을 저지르면 형벌을 피할 수 없고 선행을 칭송하며 상을 내릴 때 서민이라고 해서 제외하지 않는"41) 사법평등의 사상을 제기하였다. 그는 심지어 군자라고 하더라도 역시 "법을 위반하며 전제하여서는 안 되고"42) 마땅히 "공사의 구분을 명확하게 하고 법제를 분명하게 하며 사사로운 정을 물리쳐야 한다"43)고 주장하였다. 그가 비판하였던 신불해申不害의 실수는 바로 "그 법을 장악하지 못하였고 그 명을 하나로 통합하지 못하였다"(不擅其法, 不一其憲令)는 것이고 "간사한 자가 많아졌다"(姦多)는 것이다.44)

2) '세'

'세'는 군주가 처하여 있는 권세와 지위(勢位) 혹은 군주가 장악하고 있는 통치

---

38) 『韓非子』,「難三」, "法者, 編著之圖籍, 設之於官府, 而布之於百姓者也."
39) 『韓非子』,「五蠹」, "以法爲敎." "以吏爲師."
40) 『史記』,「商君列傳」, "法之不行, 自上犯之."
41) 『韓非子』,「有度」, "刑過不避大臣, 賞善不遺匹夫."
42) 『韓非子』,「南面」, "不得背法而專制."
43) 『韓非子』,「飾邪」, "明於公私之分, 明法制, 去私恩."
44) 『韓非子』,「定法」.

권력을 가리킨다. 한비는 나라를 다스리는 사람은 반드시 군주의 위세에 의거하고 자신의 수중에 있는 권력을 이용하여야만 비로소 천하를 제압할 수 있음을 주장하였다. 반면에 성인은 비록 덕이 요임금과 순임금과 같고 백이처럼 행동하여도 만약 군주의 지위에 있지 않았다면 세 집안도 바르게 할 수 없었을 것이다.[45] 그는 여전히 나라를 다스림은 '덕'과 '현명함'(賢)에 의거해서는 안 됨을 주장하였다. 군주는 위세와 권력을 자신의 손 안에 꽉 움켜쥐고 있어서는 안 되는데 바로 '추세가 어지러운 것'(勢亂)이다. 신도愼到가 "만물에 대하여 선택하지 않고 그들과 함께 나아가는"[46] 물리적인 이치인 '자연지세'만을 말한 것과 달리, 한비자는 '인간이 얻은 바'(人之所得)의 인위적인 '세'도 있음을 주장하였다.[47] 그는 '세'에 대한 인간의 주체적인 지위를 강조하였다. 한비는 군주권력의 주요한 내용이 상과 벌의 두 개의 칼자루(權柄)와 죽이고 살리는 권력(大權)이라 주장하였다. "군주는 권병을 손에 잡고 권세를 배경으로 삼기에 금령을 집행하여 나쁜 짓을 금지할 수 있다. 권병은 사람의 생사를 좌우하는 직권이고 권세는 뭇사람을 제압하는 바탕이다."[48] 군주가 나라를 다스림은 마차를 타는 것과 마찬가지이고 나라는 군주의 수레이고 권세는 군주의 말이다. 마차에 올라타면 금령을 집행하여 나쁜 짓을 금지함으로써 나라는 다스려진다. 만약 마차를 버리고 말에서 내리면 군주는 상과 벌, 살과 생의 권력을 잃고 위세를 잃게 된다. 이렇게 되면 군주는 천하를 호령하지 못한다. 군주는 권세를 잃고 권력이 없으며 권세는 반드시 신하에게 있게 되고 군주는 유명무실해지는데 이것이 위, 아래의 위치가 바뀐 것이다. 위, 아래의 위치가 바뀌면 국가는 위험하다.[49] "상벌의 권한을 군신이 함께 장악하면 권세는 분산되고"[50] "상벌의 권한을 군신이 함께 장악하면 명령이 제대로 행해지지 않는다."[51] 상과

---

45) 『韓非子』「功名」을 참조.
46) 『莊子』, 「天下」, "於物無擇, 與之俱往."
47) 『韓非子』, 「難勢」.
48) 『韓非子』, 「八經」, "君執柄以處勢, 故令行禁止. 柄者殺生之制也, 勢者, 勝眾之資也."
49) 『韓非子』, 「亡徵」.
50) 『韓非子』, 「八經」, "賞罰下共則威分."

벌, 생과 살의 권력은 절대로 남의 손에 들어가게 해서는 안 된다. "무릇 상벌의 도는 예리한 무기와 같다. 군주는 이를 굳게 장악하여 남에게 보여 주면 안 된다."52) 군주가 이 권력을 잃게 되면 신하는 이 권력을 남용하여 백배의 행동을 취할 수 있기 때문이다. "권세는 남에게 빌려줄 수 없고 군주가 하나라도 잃으면 신하는 그것을 백배로 휘두른다."53)

3) '술'

'술'은 군주가 주관하고 있는, 군신과 백관을 제어하는 비술秘術이고 권술權術이다. 한비는 이렇게 말하였다. "술이라는 것은 오직 군주의 마음속에 간직해 두고 여러 증거와 대조하며 은밀하게 신하들을 통제하는 것을 말한다."54) 또 이렇게 말하였다. "술이라는 것은 군주가 신하의 능력에 따라 관직을 주고 건의를 토대로 실적을 추궁하며 신하의 생살권을 쥐고 능력을 시험하는 것이며 군주가 확고하게 장악하고 있어야 한다."55) '술'은 군주의 마음속에 간직해 두고 사람들에게 보여 주지 않지만 신하들을 제어할 수 있다. 이는 신하들이 알지 못하지만 군주가 홀로 장악하고 있는 것이고 '무위에 이르게 되면 하지 않음이 없는'(無爲而無不爲) 군자의 통치술(南面之術)이다. '술'의 구체적인 내용은 "신하의 능력에 따라 관직을 주고"(因任而授官) "건의를 토대로 실적을 추궁하는 것"(循名而責實)이다. '인임이수관因任而授官'은 군주가 사람의 능력을 잘 파악하여 적재적소에 잘 임용하여 능력의 크기에 따라 부동한 관직을 줌으로써 능력과 직위가 서로 합당하게 함을 가리킨다. '순명이책실循名而責實'은 "명칭과 실제를 따져 시비를 결정하고 실제 증거에 근거하여 신하들의

---

51) 『韓非子』, 「外儲說右下」, "賞罰共則令不行."
52) 『韓非子』, 「內儲說上」, "夫賞罰之爲道, 利器也. 君固握之, 不可以示人."
53) 『韓非子』, 「內儲說下」, "權勢不可以借人, 上失其一, 臣以爲百."
54) 『韓非子』, 「難三」, "術者, 藏之於胸中, 以偶衆端, 而潛御群臣者也."
55) 『韓非子』, 「定法」, "術者, 因任而授官, 循名而責實, 操殺生之柄, 課群臣之能者也, 此人主之所執也."

의견을 심사함"[56]을 가리킨다. 그 작용은 신하들의 옳고 그름, 공로와 과실을 감독하고 명칭과 실제를 따지며 직무를 태만하게 하고 직권을 남용하는 행위를 철저하게 막는다. '술'은 비록 전문적으로 신하를 제어하지만 실제적으로는 군주와 신하 사이의 관계를 조절하는 권술이다. 한비의 주장에 근거하면 사람들은 각자 자신의 이익을 생각하기 때문에 군주와 신하의 이익은 필연적으로 서로 모순된다. '신하의 이익이 세워지면'(臣利立) '군주의 이익이 소멸됨'(主利滅)을 면치 못한다. 군주는 주요하게 신하 각자의 부동한 이익을 잘 이용하여 그들을 통제하고 그들이 부득불 군주와 나라를 위하여 힘을 다하도록 하는데 이것이 이른바 "사람들로 하여금 군주를 위하여 일하지 않을 수 없도록 하는 방법"[57]이다. 그는 이렇게 말하였다. "성인이 나라를 다스리는 데는 실로 사람들로 하여금 군주를 위하여 일하지 않을 수 없도록 만드는 방법이 있고 사람들이 군주를 사랑하는 것에 의지하지 않고 스스로 군주를 위하도록 만든다."[58] 군주는 그 형체를 볼 수는 없지만 그 공을 거두는 권술을 조종한다. "명군이 가장 주의해야 할 것은 신중한 언행으로 속마음을 드러내지 않는 것이다. 누군가를 좋아하는 기색을 드러내면 간신은 이를 재빨리 알리고 자신의 은덕으로 삼고 군주의 은덕이 손상을 입게 되고 누군가에 대해 노여워하는 기색을 드러내면 간신은 재빨리 징벌하여 자신의 권세로 삼기에 군주의 권세가 분산된다. 그러므로 명군은 자신의 말이 새어나가지 않도록 철저하게 단속하고 행동을 극도로 신중하게 하며 동정이 밖으로 새나가는 일이 없도록 한다."[59] 군주는 얼굴에 기쁨이 어리지 않고 가슴에 생각을 품어 밖으로 드러내지 않는다. "명군이 권력을 행사할 때는 하늘처럼 공평하게 하고 관원을 부릴 때는 귀신처럼 남이 헤아리지 못하게 하며 하늘처럼 공평하게 권력을 행사하면 비난받을 일이 없고 귀신처럼 관원을 부리면 곤경에 처하지 않는다."[60] 군주에게 '술'이

---

56) 『韓非子』, 「姦劫弑臣」, "循名實而定是非, 因參驗而審言辭."
57) 使人不得不爲我之道.
58) 『韓非子』, 「姦劫弑臣」, "聖人之治國也, 固有使人不得不爲我之道, 而不恃人之以愛爲我也."
59) 『韓非子』, 「八經」, "明主, 其務在周密. 是以喜見則德償, 怒見則威分. 故明主之言, 隔塞而不通, 周密而不見."

없다면 백관을 통솔할 수 없고 간사한 신하를 알아내지 못한다. 상앙에게 부족하였던 것은 바로 "신하의 간사함을 알아내는 술이 없었다."[61]

4) '법', '술', '세' 사이의 관계

한비는 '법', '술', '세' 삼자가 각자 특수한 기능을 가지고 있다고 주장하였다. '법'으로써 공동체 사회의 전체 구성원을 억제하고 '술'은 전문적으로 신하를 통제하고 제어하는 것이며 '세'는 '법'과 '술' 두 가지가 정상적으로 작용을 발휘하고 군주와 나라의 공공이익이 손상되지 않도록 보장해준다. "군주에게 술이 없으면 윗자리에 앉은 채 이목이 가려지고 신하에게 법이 없으면 아래에서 어지러워진다."[62] "법을 쥐고 권세에 의지하면 나라가 잘 다스려지고 법을 어기고 권세를 버리면 나라가 어지러워진다."[63] 한비에 의하면 이 세 가지는 또한 하나로 연결되고 서로 촉진하는 관계이다. '법'의 공동체 사회를 규범화하는 기능은 군주의 '세'력에 의한 강제성과 통치하는 '술'의 방법적인 운용에 의존한다. 군주의 '세'의 견고함과 권위는 '법'의 '금령을 집행하여 나쁜 짓을 금지함'(令行禁止)을 전제로 한다. 그는 이렇게 말하였다. "백성은 본래 권세에 복종하지만 의로움을 품고 따르는 사람은 적다."[64] "신하는 군주와 골육의 친분을 맺고 있는 것이 아니라 군주의 권세에 얽매여 어쩔 수 없이 섬기는 것이다."[65] 백성들의 언행이 반드시 '법'의 궤도 안에 있게 하려면 반드시 '세'의 힘을 빌려야 한다. 다른 한편으로 '법'의 실시와 실행은 반드시 신하들과 관리들을 통하여야 한다. 그들이 법치를 실행하고 "군주를 위하여 일하지 않을 수 없도록 만드는 방법"(不得不爲我之道)이 실행되도록 하려면 반드시 관리들을 통제

---

60) 『韓非子』, 「八經」, "明主之行制也天, 其用人也鬼, 天則不非, 鬼則不困."
61) 『韓非子』, 「定法」, "無術以知姦."
62) 『韓非子』, 「定法」, "君無術則弊於上, 臣無法則亂於下."
63) 『韓非子』, 「難勢」, "抱法處勢則治, 背法去勢則亂."
64) 『韓非子』, 「五蠹」, "民者固服於勢, 寡能懷於義."
65) 『韓非子』, 「備內」, "人臣之於其君, 非有骨肉之親也, 縛於勢而不得不事也."

하고 제어하는 기교가 있어야 하는데 "군주에게 술이 없으면 윗자리에 앉은 채 이목이 가려진다"(君無術則弊於上). 동시에 '세'의 나쁜 행위를 금지하고 아래를 제어하는 기능은 또한 반드시 '법'의 명문으로 최고의 준칙이라 규정하고 통치술로써 관리하고 운용하여야 하며 유행하고 작용을 발휘하는 추동 방법으로 간주한다. 이렇게 하여야만 군주는 비로소 권력을 장악하고 위가 무거워지며 권세에 의지하고 법을 쥐게 되며 천하의 백성들이 모두 군주의 세력 범위 내에 놓이게 된다. 그는 이렇게 말하였다. "군주에게 큰일은 법 아니면 술이다."[66] '법'과 '술' 양자는 "하나도 없어서는 안 되고 모두 제왕이 갖추어야 하는 것이다."[67] 한비의 법치사상은 군주가 반드시 현자가 아니고 반드시 지혜롭지 않다는 점에 입각하였는데 '법'과 '술'의 두 가지를 강조함으로써 이러한 결점을 보완하고자 하였다. 이른바 "법을 쥐고 권세에 의지하면 나라가 잘 다스려지고 법을 어기고 권세를 버리면 나라가 어지러워지며"[68] "군주는 권병을 손에 잡고 권세를 배경으로 삼는다"[69]가 바로 이것이다. 반면에 군주가 '세'가 있어 무법하고 '법' 위에 높이 거하면 권력을 남용함으로서 통치 권력이 규범성을 잃게 되고 궁극적으로 권세를 잃게 됨을 면하기 어렵다. 군주에게 '술'이 없으면 '세'는 반드시 대권이 남의 손에 들어가게 되고 간신이 정권을 잡아 군주의 위엄과 권력은 공고해질 수 없고 '법' 또한 진정으로 집행될 수 없다. 마지막으로 권술의 검증과 감독기능은 한편으로는 물론 '법'을 최고의 규범으로 간주하여야 하고 다른 한편으로는 또한 군주의 위세를 강력한 뒷받침으로 삼아야 한다. 이렇게 하여야만 비로소 사람의 능력을 잘 파악하여 적재적소에 잘 임용하고 "공이 없는 자는 상을 주지 않고 죄를 지은 자는 반드시 벌을 받게 한다."[70] 한비는 군주의 권술에 대한 장악과 운용, 예를 들어 "신하의 능력에 따라 관직을 주고"(因任授官) "건의를 토내로 실적을 추궁하는"(循名責實) 등은 결코

---

66) 『韓非子』, 「難三」, "人主之大物, 非法則術也."
67) 『韓非子』, 「定法」, "不可一無, 皆帝王之具也."
68) 『韓非子』, 「難勢」, "抱法處勢則治, 背法去勢則亂."
69) 『韓非子』, 「八經」, "君執柄以處勢."
70) 『韓非子』, 「姦劫弒臣」, "賞不加於無功, 而誅必行於有罪."

따를 만한 규칙이 없이 사사로운 마음에서 스스로 헤아려 나오는 것이 아니라 '법'을 준거로 삼아야 한다고 주장하였다. "군주가 비록 사람을 부릴 때에는 반드시 일정한 법도를 기준으로 삼고 진언과 실적을 참조하여 확인하며 일을 시킬 때에는 법도에 맞으면 실행하고 법도에 맞지 않으면 제지하며 결과가 진언한 내용과 맞으면 상을 주고 그렇지 않으면 벌을 내린다. 실적과 진언을 바탕으로 신하를 장악하고 법도로 아랫사람을 단속하는 것은 소홀히 할 수 없는 것이다."71) 군주가 권술을 장악하고 법도에 의거하지 않으면 '술'은 실제로 신비하여 추측할 수 없는, 독단적인 계략이고 권모술수가 되어버린다.

'법', '술', '세' 삼자 사이에서 '법'이 중심이다. '세'와 '술'은 모두 법치를 실행하는 두 가지 기본적인 경로이다. 문제는 '법이 군주로부터 나오고'(法出於君) 군주는 무조건적으로 '법'의 이상과 국가의 공공이익을 대표하지만 또한 동시에 반드시 현자가 아니고 반드시 지혜롭지 않다면 이러한 군주는 어떠한 '법'에 의거하여 백성을 다스리고 어떠한 '술'에 의거하여 신하를 제어할 수 있겠는가? 이는 가언假言 적 판단이지만 한비는 실연實然적 판단으로 간주하였다. '법'의 이상과 군주가 반드 시 현자가 아니고 반드시 지혜롭지 않다는 것의 양자 사이에는 모순이 존재하고 군주의 이익과 국가의 공공이익 또한 결코 반드시 완전하게 일치하는 것이 아니다. 이러한 것들은 모두 한비의 법치사상 자체가 해결하지 못한 매듭이다. 따라서 군주는 '세'와 '술'에 의거하여 독재를 실시하고 신하와 백성을 도구로 간주하였음은 피면할 수 없다.

---

71) 『韓非子』, 「難二」, "人主雖使人, 必以度量準之, 以刑名參之, 以事遇於法則行, 不遇於法則止, 功當其言則賞, 不當則誅. 以刑名收臣, 以度量準下, 此不可釋也."

4. 한비의 인성론과 역사관

1) 인성사리론人性私利論

한비 법치사상의 이론적 근거는 그의 인성론에 있다. 한비가 보기에 사람은 모두 동물과 마찬가지로 이로움을 쫓고 해로움을 피한다. 한비의 스승인 순자도 인간의 본성은 악한 것임을 제기하였고 인간의 선함은 후천적인 것이며 '본성을 변화시켜 작위를 일으킴'(化性起僞)을 주장하였다. 순자는 인간이 '본성을 변화시켜 작위를 일으킬' 수 있는 근거는 '비어 있고 고요한 마음'(虛靜之心) 즉 인간의 본성은 비록 악하지만 그 마음은 그렇지 않기 때문이라는 것이다. 하지만 한비는 인간의 마음과 본성 모두 악함을 주장하였다. 이렇게 '본성을 변화시켜 작위를 일으키는' 덕으로써 교화하는 교육의 길을 막아버렸다.

한비는 인간의 본성은 이기적이고(自私自利) 동물과 마찬가지로 이로움을 쫓고 해로움을 피하는 본능을 가지고 있다고 주장하였다. 그는 이렇게 말하였다. "이로움을 좋아하고 해로움을 싫어하는 것은 사람이 모두 가지고 있는 바이다.…… 이로움을 좋아하고 죄를 두려워하는 것은 그렇지 않은 사람이 없다."72) 또 이렇게 말하였다. "편안하고 이로운 쪽으로 가려고 하고 위태롭고 해로운 것을 멀리하고자 하는 것은 인지상정이다.…… 사람들이 어찌 편안하고 이로운 길을 버리고 위태롭고 해로운 길로 나아갈 수 있겠는가?"73) 따라서 사람과 타인의 교류는 스스로에게 이로움을 기본적인 원칙으로 한다. 인간의 사회관계는 이해관계가 아님이 없다. 군주와 신하 사이, 부자 사이, 부부 사이 또한 모두 그러하지 않음이 없다. 군주와 신하 사이의 관계도 사실상 서로 이용하는 사고파는(買賣) 관계이나. "군주는 관석을 팔고 신하는 지혜와 능력을 판다."74) "신하는 죽을힘을 다하여 군주를 섬기면서

---

72) 『韓非子』, 「難二」, "好利惡害, 夫人之所有也……喜利畏罪, 人莫不然."
73) 『韓非子』, 「姦劫弒臣」, "夫安利者就之, 危害者去之, 此人之情也……人焉能去安利之道而就危害之處哉?"

관계를 돈독하게 하고 군주는 작록을 주면서 신하와 불가분의 관계를 맺는다."75) 이렇게 각자 자신의 이로움을 원칙으로 이루어지는 교류는 인간과 인간 사이에 조성되는 모순과 충돌을 피면할 수 없다. 이는 혈연적인 관계의 친족 사이에서도 예외가 될 수 없다. 명예와 이로움을 다투기 위하여 초래되는 서로 잔인하게 죽이는 행위는 궁궐 내부뿐만 아니라 일반적인 가정에서도 심심찮게 볼 수 있는 것이었다. "후비나 부인, 태자가 무리를 이루고 군주가 죽기를 바라는 것은 군주가 죽지 않으면 세력이 커질 수 없기 때문이고 감정이 군주를 증오해서가 아니라 군주가 죽어야 이익을 볼 수 있기 때문이다."76) 궁궐 내의 사람들이 군주가 죽기를 간절히 바라는 것은 결코 군주에 대한 증오에서 비롯되는 것이 아니라 군주가 죽은 후 자신의 위세를 강화하고 이익을 얻을 수 있기 때문이다. "부모가 자식을 대할 때 아들을 낳으면 서로 축하하고 딸을 낳으면 죽여 버린다.…… 아들이면 축하하고 딸이면 죽이는 것은 훗날의 편의를 생각하고 장래의 이익을 헤아린 결과이다. 부모와 자식 사이조차 이렇게 이해타산을 계산하는 마음이 작용하는데 하물며 부모와 자식 사이의 혈연적인 애정도 없는 경우이겠는가?"77) 이기심(自私自利)은 인간의 본성이고 변할 수 없는 것이다. "무릇 사람이 어떤 일을 하는 것은 명예 때문이 아니면 이익 때문이다."78) 전 세계는 바로 "군주와 신하가 서로 계산하고 부자가 서로 싸우는"(君臣交計, 父子相爲) 무정한 세계이다.

한비가 보기에 인간의 이기적인 본성은 변화시켜 작위를 일으키는 것은 불가능할 뿐만 아니라 그럴 필요도 없었다. 왜냐하면 인간의 본성은 군주가 이용할 수 있는 대상이었고 군주가 나라를 다스리고 편안하게 하는 하나의 유리한 조건이었다.

---

74) 『韓非子』, 「外儲說右下」, "主賣官爵, 臣賣智力."

75) 『韓非子』, 「難一」, "臣盡死力以與君市, 君垂爵祿以與臣市."

76) 『韓非子』, 「備內」, "后妃, 夫人, 太子之黨成而欲君之死也, 君不死則勢不重, 情非憎君也, 利在 君之死也."

77) 『韓非子』, 「六反」, "且父母之於子也, 産男則相賀, 産女則殺之.…… 然男子受賀, 女子殺之者, 慮其後便, 計之長利也. 故父母之於子也, 猶用計算之心以相待也, 而況無父子之澤乎?"

78) 『韓非子』, 「內儲說上」, "凡人之有爲也, 非名之, 則利之也."

2) 상과 벌이라는 양날의 칼

한비는 법가의 전통을 계승하여 군주가 천하를 태평하게 다스리려면 반드시 인간의 감정이 좋아하고 싫어하는 것에 의거하여야 한다고 주장하였다. 사람은 모두 이로움을 쫓고 해로움을 피하는데 '법' 또한 사람이 함께 싫어하는 것이고 군주가 '법'을 사용하는 것은 사실상 인간이 이로움을 좋아하고 해로움을 싫어함을 이용하여 그들을 제어하는 것이다. 그는 이렇게 말하였다. "이로움을 찾는 자는 반드시 해로움을 싫어하는데 해로움이 이로움의 반대이기 때문이고 이로움을 바라는 마음과 반대되면 어찌 싫어함이 없을 리가 있겠는가. 잘 다스려지기를 바라는 자는 어지러워짐을 싫어하는데 어지러움이 다스려짐의 반대이기 때문이다. 그러므로 잘 다스려지기를 간절히 바라는 자는 반드시 포상을 후하게 하고 어지러워짐을 싫어하는 자는 반드시 처벌을 중하게 한다."[79] 바로 이로움을 쫓고 해로움을 피하는 본성이 군주가 장악하고 있는 상과 벌의 두 개의 칼자루(權柄)와 죽이고 살리는 권력(大權)이 작용을 발휘하도록 하였다. "이익이 있는 곳에 백성들이 모여들고 이름이 빛나는 곳에 선비들이 목숨을 버린다."[80] 한비는 군주가 신하들을 제어하는 것을 "까마귀를 기름"(畜鳥)과 같은 것이라 간주하였다. "명군이 신하를 길들이는 사례로 까마귀를 기른 일화를 들 수 있다."[81] "까마귀를 길들이려면 날개의 끝을 잘라야 하는데 그러면 반드시 사람에게 의지하여 먹게 되니 어찌 사람에게 길들여지지 않을 수 있겠는가? 무릇 명군이 신하를 기르는 것 또한 그러하다. 신하가 군주가 내려준 봉록을 탐하지 않을 수 없게 하고 군주가 내린 작위 안에서 일하지 않을 수 없게 만들면…… 어찌 복종하지 않을 수 있겠는가?"[82] 군주는 단지 봉록과

---

79) 『韓非子』, 「六反」, "夫欲利者必惡害, 害者, 利之反也, 反於所欲, 焉得無惡. 欲治者必惡亂, 亂者, 治之反也. 是故欲治甚者其賞必厚矣, 其惡亂甚者其罰必重矣."

80) 『韓非子』, 「外儲說左上」, "利之所在, 民歸之; 名之所彰, 士死之."

81) 明主之牧臣也, 說在畜鳥.

82) 『韓非子』, 「外儲說右上」, "馴鳥者斷其下翎, 則必恃人而食, 焉得不馴乎? 夫明主畜臣亦然. 令臣不得不利君之祿, 不得無服上之名……焉得不服?"

작위만을 미끼로 사용하여 신하를 부려 먹고 가혹한 형벌과 법률로써 그들을 위협한다. "무릇 호랑이가 개를 굴복시킬 수 있는 것은 발톱과 이빨 때문이고 호랑이의 발톱과 이빨을 개에게 붙여 사용하게 하면 호랑이가 오히려 개에게 복종할 것이다."[83] 상과 벌에 대한 장악은 물론 인간의 본성이 악하다는 사상을 전제로 한다.

한비가 보기에 인간은 모두 믿을 수 없는 존재였다. "군주의 재난은 사람을 믿는 것에서 비롯하고 사람을 믿으면 그 사람으로부터 제압을 받는다."[84] 군주를 놓고 말하면 모든 사람은 모두 "간겁시신姦劫弒臣"이 될 가능성이 있는 것이었다. "군주가 자신의 자식을 지나치게 신임하면 간신들은 그 자식을 이용하여 사욕을 채우려 하고…… 군주가 부인을 지나치게 신임하면 간신들은 그 부인을 이용하여 사욕을 채우려 하며…… 무릇 아내처럼 가까운 사람과 혈연적인 친분이 있는 자식조차 신뢰할 수 없는데 나머지 사람들은 더 말할 것도 없을 것이다."[85] 인간은 근본적으로 믿을 만한 존재가 아니었고 다만 '법'으로써 그들을 통제하고 제어하여야 하는 것이었다.

3) '경전耕戰'을 중심으로 하다

한비는 군주의 이익을 모든 행위의 선악을 판단하는 가치판단의 기준으로 삼았다. 한비의 관점에 근거하면 군주의 이익과 국가의 이익은 일치한 것이다. 국가의 공공이익은 오로지 군주의 생명상의 안위와 부국강병이었다. 부국강병과 직접적인 관계가 있는 것은 '농전農戰'이었다. 한비는 법가 특히 상앙의 "근본을 중시하고 지엽적인 것을 억제하는"(重本抑末) 중농사상을 발전시켰다. 이른바 '근본'

---

83) 『韓非子』, 「二柄」, "夫虎之所以能服狗者, 爪牙也, 使虎釋其爪牙而使狗用之, 則虎反服於狗矣."
84) 『韓非子』, 「備內」, "人主之患在於信人, 信人則制於人."
85) 『韓非子』, 「備內」, "爲人主而大信其子, 則姦臣得乘於子以成其私,……爲人主而大信其妻, 則姦臣得乘於妻以成其私,……夫以妻之近與子之親, 而猶不可信, 則其餘無可信者矣."

(本)이란 바로 농업이었고 '지엽적인 것'(末)이란 기타의 업종이었다. 한비의 오로지 실제적인 이익과 효과를 중시하는 공리功利사상에 대한 강조는 '농전'을 적극적으로 부추기고 '유협儒俠'을 억제하고 폄하하였다. 그는 유가에서 말하는 '학자學者', 책략가가 말하는 '유세가'(言談者), 묵가에서 말하는 '협객'(帶劍者) 및 이른바 "공허한 학문을 하는 자"(文學之士), "상공인들"(工商之民)을 모두 총칭하여 '오두五蠹'라 불렀고 상앙이 '여섯 가지 나라를 좀먹는'(六蝨) 전통적인 『시』와 『서』를 익히는 사람이라고 불렀던 것과 마찬가지로 모두 배제하여야 될 대상으로 열거하였다. 그에 의하면 학자의 부류에 속하는 사람들의 언행은 국가의 부강에 이롭지 않을 뿐만 아니라 법령의 권위성과 정령의 순리로운 실행에 직접적으로 해를 끼치는데 "말에 확고한 방침이 없고 행동에 일정한 원칙이 없다."86) '오두'와 '육슬'은 모두 "쓸모가 없는"(無用) 사람이다. "공자나 묵적처럼 박학하고 뛰어난 변설과 지혜를 가지고 있을지라도 이들은 농사조차 지을 수 없으니 나라에 무슨 도움이 되겠는가? 증삼과 사추처럼 효행을 닦고 마음을 다스려 욕심이 적을지라도 이들은 전장에서 싸우지 않았으니 나라에 무슨 도움이 되겠는가?"87) 이러한 사람들을 기르는 것은 이른바 "녹을 주어 기르는 자는 위급할 때에 쓸 수 없는 자들이고 위급할 때에 쓰이는 자들은 녹을 주어 기른 자들이 아니다."88) "명군은 실제로 효과를 거둘 수 있는 것만 받아들이고 쓸모없는 공론은 버리며 인의에 관하여 말하지 않고 학자들의 말을 듣지 않는다."89) 모든 나라를 다스리는 조치들, 예를 들어 법률, 상여(賞賜), 공명功名은 단지 국가에 대한 실제적인 공헌에 따라 설치하였다. "법을 세우는 것은 증자나 사어 같은 사람을 다스리기 위해서가 아니라 평범한 군주가 도척의 악행을 제지하기 위한 것이다."90) "포상의 기준을 반드시 공리에 두고 칭송의 기준을 군주에 대한

---

86) 『韓非子』, 「顯學」, "言無定術, 行無常議."
87) 『韓非子』, 「八説」, "博習辯智如孔墨, 孔墨不耕耨, 則國何得焉? 修孝寡欲如曾史, 曾史不戰攻, 則國何利焉?"
88) 『史記』, 「韓非列傳」, "所養非所用, 所用非所養."
89) 『韓非子』, 「顯學」, "明主擧實事, 去無用, 不道仁義者故, 不聽學者之言."
90) 『韓非子』, 「守道」, "立法, 非所以備曾史也, 所以使庸主能止盜跖也."

충성에 둔다."91)

　　법치의 이상에서 비롯된 것인 동시에 또한 공리의 '실實'을 바라는 것인데 한비는 유가의 '덕치'를 극구 반대하였고 "인의에 대하여 언급하지 않음"(不道仁義)을 주장하였다. 그가 보기에 인, 의, 예, 지는 결코 나라를 다스리기에 충분하지 않았다. "지금의 세인들이 모두 말하기를 군주를 존귀하게 하고 나라를 편하게 하는 것은 반드시 인의와 지능이라고 하지만 이들은 군주를 비천하게 하고 나라를 위태롭게 만드는 것 또한 인의와 지능이라는 것을 모른다. 그러므로 치도를 아는 군주는 인의를 멀리하고 지능을 버리며 오직 법으로써 백성들이 복종하게 한다."92) "엄한 집안에 사나운 노비가 없고 자애로운 어머니 밑에서 못된 자식이 나오며 위엄이 있는 권세만이 난폭한 짓을 금지할 수 있고 두터운 덕행은 화란을 막기에 부족하다."93)

　　한비는 군주와 나라의 현실적인 눈앞의 이익만을 유일한 가치표준으로 삼았고 '법'을 공동체 사회의 유일한 행위규범으로 간주하였으며 이로써 사회의 전체 구성원들의 보조가 일치할 것을 요구하였고 군주의 정치이상 즉 부국강병을 실현하고자 하였다. 이렇게 신하와 백성들의 존재가치는 완벽하게 무시되었고 군주가 나라를 다스리는 도구로 전락되었다. 한비는 '법치'를 극단으로 밀고 나아갔고 '법'으로써 인류의 생활과 공동체 사회의 또 다른 혹은 장구한 가치, 이익, 의미를 대체하고자 시도함으로써 '법'이 유일한 강제적인 규범으로 작용하도록 하였음이 분명하다.

4) 시대가 다르면 세상사도 다르고 상황이 다르면 대비책도 변한다

　　한비는 사물은 모두 변화하고 영원히 고정된 것은 없다고 여겼다. "만물의

---

91) 『韓非子』,「八經」, "賞必出乎公利, 名必在乎爲上."
92) 『韓非子』,「說疑」, "今世皆曰: 尊主安國者必以仁義智能, 而不知卑主危國者之必以仁義智能也, 故有道之主, 遠仁義, 去智能, 服之以法."
93) 『韓非子』,「顯學」, "嚴家無悍虜, 而慈母有敗子, 吾以此知威勢之可以禁暴, 而德厚之不足以止亂也."

이치를 포괄하고 있는"(稽萬物之理) '도'라 할지라도 역시 "수시로 변화하지 않을 수 없고 수시로 변화하지 않을 수 없기 때문에 일정한 모습으로 고정되어 있지 않다."[94] 사물 또한 이러하다. "만물이 한때 존재하였다가 사라지고 문득 죽거나 생겨나고 처음에는 왕성하였다가 나중에 쇠퇴하는 것은 상도라 할 수 없다."[95]

'도'가 일정한 모습으로 고정되어 있지 않다는 사상은 인류사회의 역사에 대한 견해에도 나타나 있는데 역사는 끊임없이 변화함을 주장하였다. 한비는 이렇게 말하였다. "상고시대에는 사람이 적고 금수가 많았고 사람들은 짐승과 곤충, 뱀을 이기지 못하였는데 성인이 나타나 나뭇가지를 엮어 새둥지 같은 집을 지으면서 이런 해악을 피하게 되자 사람들이 기뻐하며 그를 천하를 다스리는 왕으로 삼고 '유소씨'라고 불렀다. 사람들은 과실과 풀의 열매, 조개를 먹었는데 비린내가 나고 악취가 심하여 위장을 상하게 하여 많은 질병을 앓게 되자 성인이 나타나 나뭇가지를 비비고 부싯돌을 치는 방법으로 불을 만들어 비린내 나는 것을 구워먹게 되었고 사람들이 기뻐하며 그를 천하를 다스리는 왕으로 삼고 '수인씨'라고 불렀다. 중고시대에는 천하에 큰물로 인한 재해가 잦았는데 곤과 우가 둑을 터서 물을 관통시켰다. 근고시대에는 걸과 주가 나타나 난폭한 보습을 보이자 탕과 무가 나타나 이들을 정벌하였다."[96] 시대는 변화하고 사람들이 마주한 물질적인 생활환경도 서로 다른데 이것이 이른바 "시대가 다르면 일도 다르다"(世異則事異)는 것이다. 물질적인 생활조건의 변화는 사람들이 문제를 해결하는 방식도 다르게 하였는데 이것이 바로 "상황이 다르면 대비책도 바뀐다"(事異則備變)는 것이다. 만약 "하후씨의 시대에 새둥지 같은 집을 짓고 나뭇가지를 비비거나 부싯돌을 치는 방법으로 불을 지피면 반드시 곤과 우에게 비웃음을 살 것이고 상나라와 주나라 시대에 둑을 터서 물을

---

94) 『韓非子』, 「解老」, "不得不化; 不得不化, 故無常操."
95) 『韓非子』, 「解老」, "夫物之一存一亡, 乍死乍生, 初盛而後衰者, 不可謂常."
96) 『韓非子』, 「五蠹」, "上古之世, 人民少而禽獸衆, 人民不勝禽獸蟲蛇, 有聖人作, 搆木爲巢, 以避群害, 而民悅之, 使王天下, 號曰'有巢氏'. 民食果蓏蚌蛤, 腥臊惡臭, 而傷害腹胃, 民多疾病, 有聖人作, 鑽燧取火, 以化腥臊, 而民說之, 使王天下, 號之曰'燧人氏'. 中古之世, 天下大水, 而鯀, 禹決瀆. 近古之世, 桀紂暴亂, 而湯武征伐."

관통시킨다면 탕왕과 주무왕의 비웃음을 살 것이다. 마찬가지로 지금 시대에 요임금과 순임금, 탕왕, 무왕, 우임금을 찬미하는 자가 있다면 반드시 이 시대의 성인의 비웃음을 살 것이다. 성인은 옛날 방식을 따를 것을 바라지 않고 일정한 규범을 고집하지 않으며 현 시대의 상황을 살피고 그에 맞는 적절한 조치를 취한다."97)

한비가 역사의 변화에 일정한 법칙이 없음을 논한 것은 그의 변법이론을 논증하기 위함이었다. "옛날에 남자가 경작하지 않아도 초목의 열매를 충분히 먹을 수 있었고 여자가 길쌈을 하지 않아도 금수의 가죽으로 충분히 입을 수 있었다. 당시 사람들은 힘써 일을 하지 않아도 살아가기에 충분하였고 사람이 적어도 제화도 여유가 있었기에 사람들은 다투지 않았다. 두터운 상을 내리거나 무거운 형벌을 내리지 않아도 백성들이 스스로 다스려진 까닭이다. 지금은 사람들이 자식을 5명이나 두고도 많다고 여기지 않고 자식이 또 5명의 자식을 두니 할아버지가 죽지 않으면 모두 25명의 손자가 있게 되는데 사람들이 많아져 재화가 부족하고 있는 힘껏 일하여도 함께 생활하기에 충분하지 않았기 때문에 사람들이 다투게 된다. 상을 두 배로 주고 자주 벌을 내려도 혼란을 피하지 못한다."98) 따라서 가혹한 형벌과 법률은 필연적인 추세였다. 그가 보기에 고금의 물질적인 조건이 서로 다르기 때문에 군주가 나라를 다스림에 있어서 결코 따를 수 있는 법칙이 없고 또한 지킬 수 있는 변하지 않는 법도 없다. "고대 제왕의 정치로써 현재의 백성을 다스리고자 하는 것은 나무 그루터기를 지키며 토끼를 기다리는 격과 같다."99)

또한 한비에 의하면 역사변화의 방향은 물질적인 조건이 부동함에 따라 이러한 추세를 나타낸다. 즉 "상고시대에는 도덕으로 다투고 중고시대에는 지혜를 쫓았으

---

97) 『韓非子』, 「五蠹」, "今有構木鑽燧於夏后氏之世者, 必爲鯀禹笑矣; 有決瀆於殷周之世者, 必爲湯武笑矣. 然則今有美堯, 舜, 湯, 武, 禹之道於當今之世者, 必爲新聖笑矣. 是以聖人不期脩古, 不法常可, 論世之事, 因爲之備."

98) 『韓非子』, 「五蠹」, "古者, 丈夫不耕, 草木之實足食也; 婦人不織, 禽獸之皮足衣也. 不事力而養足, 人民少而財有餘, 故民不爭. 是以厚賞不行, 重罰不用, 而民自治. 今人有五子不爲多, 子又有五子, 大父未死而有二十五孫, 是以人民衆而貨財寡, 事力勞而供養薄, 故民爭. 雖倍賞累罰, 而不免於亂."

99) 『韓非子』, 「五蠹」, "欲以先王之政, 治當世之民, 皆守株之類也."

며 지금은 기세와 힘으로 다툰다."100) 그가 창도하였던 법치는 당연히 '기세와 힘으로 다투는' 막강한 세계를 '법'의 규범 안에 포함시켰다.

5) "참험"과 "모순"의 방법

이 밖에 한비는 방법론적인 측면에서 한편으로는 "참험參驗"을 주장하고 다른 한편으로는 대립면이 조화되지 않는 특징을 강조하였다. "참험"은 바로 명칭과 실제가 서로 부합하는 원칙을 준수하고 참고하고 검증하는 방법으로 시비와 진위를 판단하는 경험적인 방법이다. "명칭과 실제를 따져 시비를 결정하고 실제 증거에 근거하여 신하들의 의견을 심사한다."101) 여기서 이른바 '참參'은 바로 "여러 증거와 대조하여 살펴보는 것"(偶衆端以參觀) 즉 부동한 사건을 한 군데에 놓고 비교하고 감별하여 편견을 피면하는 것이다. 이른바 '험驗'은 바로 하나의 사상이 실제적인 쓸모가 있는지의 여부를 보는 것이다. "그 말을 들으면 반드시 실제로 쓰일 수 있는지의 여부를 따지고 그 행동을 보면 반드시 공적을 올릴 수 있는지의 여부를 추궁한다."102) 또한 '참험'의 방법은 군주가 신하를 제어하는 방법으로서 간사한 자를 대비할 수 있다. "의견을 들을 때 실제 증거와 대조하지 않으면 권력이 간사한 자에게 분산되고 지력을 발휘하지 않으면 신하 때문에 곤경에 처한다."103) "주장을 뒷받침할 아무런 증거도 없이 단정하는 것은 어리석은 일이다."104) '참험'은 '법치'를 관철하는 일종의 방식이다. 한비는 중국철학사에서 최초로 '모순'이라는 철학적인 범주를 사용한 사람이다.

그는 이렇게 말하였다. "초나라 사람이 방패와 창을 팔았는데 자랑하며 말하기를 '내 방패는 아주 견고하여 그 무엇으로도 뚫을 수 없다'고 하였다. 또 자신의

---

100) 『韓非子』, 「五蠹」, "上古競於道德, 中世逐於智謀, 當今爭於氣力."
101) 『韓非子』, 「姦劫弑臣」, "循名實而定是非, 因參驗而審言辭."
102) 『韓非子』, 「六反」, "聽其言必責其用, 觀其行必求其功."
103) 『韓非子』, 「八經」, "聽言不參則權分乎姦, 智力不用則君窮乎臣."
104) 『韓非子』, 「顯學」, "無參驗而必之者, 愚也."

창을 자랑하며 말하기를 '내 창은 매우 날카로워 그 어떤 것도 뚫리지 않는 것이 없다'고 하였다. 어떤 사람이 묻기를 '그대의 창으로 그대의 방패를 찌르면 어떻게 되는가? 그 사람은 아무 대답도 하지 못하였다. 그 무엇으로도 뚫을 수 없는 방패와 그 어떤 것도 뚫리지 않는 것이 없는 창은 동시에 존재할 수 없고 지금 요임금과 순임금 두 사람을 동시에 칭찬할 수 없는 것도 모순의 이 이야기와 마찬가지다."[105] 한비는 모순의 사상을 법치사상에 이용하였고 "서로 용납할 수 없는 일은 처음부터 양립할 수 없고"[106] "언론에서 군주의 명령을 제외하면 더 이상 귀중한 것이 없고 법은 공과 사 양쪽을 동시에 만족시키지 않음"[107]을 주장하였다. 따라서 '덕치'를 배척하고 '법치'를 힘써 주장하였다.

5. 상앙, 한비의 역사적인 지위 및 그 영향

상앙이 다스렸던 진나라는 "나라가 부유하고 군사가 강하였으며"[108] 진왕정이 중국을 통일시키기 위하여 기초를 마련하였다. 상앙의 변법과 사상은 전국시대에 폭넓게 영향을 주었다. "지금 나라 안의 백성들이 모두 정치를 말하고 상군서와 법가의 서적을 집집마다 소장하고 있다."[109] 그가 주장하였던 '법치', '농전' 정책과 "천하를 다스리는 데는 한 가지 방법만 있는 것이 아니고 나라를 이롭게 하는 데는 반드시 옛날을 본받아야 하는 것도 아니다"(治世不一道, 便國不必法古)라는 기본 사상은 모두 한비에 의하여 계승되었고 한비는 법가를 절정으로 끌어올린 중요한

---

105) 『韓非子』, 「難一」, "楚人有鬻楯與矛者, 譽之曰: '吾楯之堅, 物莫能陷也.' 又譽其矛曰: '吾矛之利, 於物無不陷也.' 或曰: '以子之矛陷子之楯, 何如? 其人弗能應也. 夫不可陷之楯與無不陷之矛, 不可同世而立, 今堯舜之不可兩譽, 矛楯之說也."

106) 『韓非子』, 「五蠹」, "不相容之事不兩立."

107) 『韓非子』, 「問辯」, "言無二貴, 法不兩適."

108) 『韓非子』, 「定法」, "其國富而兵強."

109) 『韓非子』, 「五蠹」, "今境內之民皆言治, 藏商, 管之法者家有之."

사람이다. 하지만 상앙의 가혹한 형벌과 법률은 후세 사람들의 지탄을 많이 받았다. 한비는 법치와 그 현실적인 성과를 긍정하였지만 상앙이 "신하의 간사함을 알아내는 술이 없어서 애써 이룬 부강이 신하들에게 이익으로 돌아갔을 뿐"[110]임을 제기하였다. 태사공은 이렇게 말하였다. "상군은 타고난 성품이 잔인하고 덕이 없는 사람이다.…… 덕이 부족하다."[111] 또한 상앙이 "도를 저버리고 권모술수를 사용하며 덕을 폐지하고 힘에만 의지하며 법을 엄격하게 하고 형벌을 늘려 사나운 풍속을 조성하고 옛 친구를 속이는 것을 공이라 하며 공족에게 형을 가하여 위엄을 세우고 백성에게는 은혜를 베풀 줄 모르고 제후에게는 신의가 없다. 사람마다 서로 이를 원망하고 집집마다 이를 원수로 여겨 비록 공을 세워 봉군이 되었다 하더라도 이는 마치 독이 든 고기를 먹고 배부르지만 곧 그 화를 입는 것과 같다."[112] "상앙의 변법이 진나라를 망하게 하였다."[113] 상앙의 법제는 또한 '법률만능'주의라고 불리기도 하였다.[114]

제갈량과 왕안석 등 사람들은 상앙에 대하여 긍정적으로 평가하였다. "상앙은 이법에 능하였다."[115] "지금의 사람들이 상앙을 비난할 수 없고 상앙은 정령이 반드시 실행되도록 할 수 있었다."[116] 장태염章太炎은 상앙과 후세의 가혹한 관리들을 구분하면서 양자는 하나로 섞어서 논할 수 없고 "상앙이 이천 년 동안 헐뜯음을 당하였는데" 이는 마땅히 해명되어야 함을 주장하였다.[117]

한비는 선진先秦시대 법가사상의 집대성자이고 앞선 법가 인물들의 법치사상과

---

110) 『韓非子』, 「定法」, "無術以知姦, 則以其富強也資人臣而已矣."
111) 『史記』, 「商君列傳」, "商君, 其天資刻薄人也……少恩矣."
112) 『鹽鐵論』, 「非鞅」, "棄道而用權, 廢德而任力, 峭法盛刑, 以虐戾爲俗, 欺舊交以爲功, 刑公族以立威, 無恩於百姓, 無信於諸侯. 人與之爲怨, 家與之爲讎. 雖以獲功見封, 猶食毒肉愉飽而罹其咎也."
113) 『淮南子』, 「泰族」, "商鞅之法亡秦."
114) 『諸子集成』, 「商君評傳」.
115) 『諸葛亮集』(中華書局, 1974), 제47쪽, "商鞅長於理法."
116) 『王文公文集』(上海人民出版社, 1974), 제777쪽, "今人未可非商鞅, 商鞅能令政必行."
117) 『章太炎政論集』(中華書局, 1977), 제68~69쪽, "商鞅之中於讒非也二千年."

정치실천을 종합하였고 '법'을 중심으로 하고 '법', '술', '세' 삼자의 결합을 기본적인 내용으로 하는 법치이론을 제기하였다. 비록 그의 사상은 법가사상이 논리적으로 발전하여 필연적으로 출현한 것이지만 앞선 사상가들에게서 볼 수 없었던 새로운 내용도 포함하고 있다. 동시에 한비는 법가의 사상과 실천을 종합할 때 선진시대의 '백가쟁명'의 학술적인 환경에서 독립되지 않았고 도가, 유가, 묵가, 명가 등 여러 학파의 사상에 대하여 수집하여 법치주의의 기본적인 입장에 쓰이도록 하였다. 이렇게 보면 한비의 사상은 '백가'에서 독립하여 자신만의 역사적인 지위를 확고히 하였을 뿐만 아니라 또한 '백가'에 대한 일종의 보완이었고 편견을 바로잡았다.[118]

한비는 비록 진시황에 의하여 살해되었지만 그의 학설은 진시황에 의하여 받아들여졌다. 진나라는 그의 이론을 활용하여 당시의 중국을 통일하였고 중국 역사에서 최초로 되는 강대한 중앙집권적 전제국가를 설립하였다. 한비 법치사상의 일부 주장들 예를 들어 군주를 높이고 신하를 비하하며(尊君卑臣), 가혹한 형벌과 법률(嚴刑峻法)에 관한 사상은 부동한 정도, 부동한 방식으로 역대의 통치자들에 의하여 이용되었고 '양유음법陽儒陰法' 혹은 '외유내법外儒內法'으로 변화되는 과정을 거쳤다. 역사적으로 일부 개혁에 뜻을 두었던 정치가들도 한비사상의 영향을 받았다. 조조는 정치적으로 "법을 가혹하게 집행하고"(持法峻刻) "혹독하고 잔인하며 거짓말로 속이고"(酷虐變詐) 사람을 씀에 있어서 오직 인재만을 등용하고 "혹은 어질지 않고 효도하지 않더라도 나라를 다스리고 군사를 부리는 전술이 있다면 각기 아는 사람을 천거하도록 하고 남기지 않는다."[119]

제갈량은 촉나라를 다스리면서 "법과 교령에 엄하고 밝으며 상과 벌에 확실하게 믿음이 있어 악이 없으면 징벌하지 않고 선이 없으면 드러내지 않으니 관리에 이르러서는 간사함이 용납되지 않는다." "이름을 쫓아서 내실을 기하도록 하고

---

118) 王邦雄은 다음과 같이 말하였다. "유가, 묵가, 도가의 세 학파 중에서 정치사상이 법가와 필적할 수 있는 것은 오직 유가뿐이다.…… 한비의 '법'을 중심으로 하고 '세'와 '술'을 서로 제어하는 치도는 유가에서 주장하는 도덕적인 교화의 부족한 부분을 보완하기에 충분하다." 그의 저서 『韓非子的哲學』(臺北東大圖書公司, 1979)의 제253쪽 참조.
119) 『曹操集』, 「舉賢勿拘品行令」, "或不仁不孝而有治國用兵之術, 其各舉所知, 勿有所遺."

거짓은 같이하고자 하지 않았으며 끝내 나라 안에서 모두가 경외하면서 아껴주고 형정은 비록 준엄하지만 원망을 사는 일이 없었다."[120] 주희는 한비의 사상에 대하여 결코 완벽하게 부정하지는 않았다. 그는 이렇게 말하였다. "리가 분명해진 뒤에 신불해와 한비의 책을 읽으면 얻음이 있게 된다. '술'은 한비의 「설난」에 이르러 지극하게 정밀해졌다."[121]

하지만 비교해 보면 역사적으로 한비에 대한 비판이 훨씬 더 가혹하였다. 사마천은 이렇게 말하였다. "한비는 먹줄을 친 것처럼 법규를 만들어 세상의 모든 일을 결단하고 옳고 그름을 분명히 하였지만 너무 가혹하여 덕망이 부족하다."[122] 한비의 법가의 학문은 "엄격하지만 덕망이 부족하고" "한때의 계략으로 쓸 수는 있지만 오랫동안 쓸 수는 없다."[123] 반고는 이렇게 말하였다. "교화는 없어지고 인애를 버리며 오직 형법에만 맡겨서 정치가 안정되게 하고자 하여 지극히 친한 사람을 살해하고 은혜를 상하게 하고 두터운 인정을 각박하게 함에 이르렀다."[124] 혹은 본말이 전도되었다고 말하였다. "법을 중시하고 의를 버리는 것은 갓과 신발은 귀하게 여기지만 머리와 발을 잊은 것이다."[125] 한漢대의 왕충은 도덕과 힘을 두루 갖추어야 함을 주장하고 한비의 유가를 금지하고 폭력에 전임하는 사상을 비판하였다. 그는 이렇게 말하였다. "나라를 다스리는 도에는 길러야 할 것이 두 가지가 있다. 첫 번째는 덕성을 함양하는 것이고, 두 번째는 힘을 기르는 것이다.…… 덕으로써 품어야 하는 일이 있고 힘으로써 부수어야 하는 일도 있다.…… 덕만으로 나라는 다스려지지 않고 무력만으로 적을 방어할 수 없다. 한비의 방법으로는 덕행을 익힐 수 없고 언왕의 방법으로는 무력을 당해 낼 수 없으며 양자의

---

120) 『三國志』, 「蜀書·諸葛亮傳」, "科敎嚴明, 賞罰必信, 無惡無懲, 無善不顯, 至於吏不容奸." "循名責實, 虛僞不齒, 終於邦域之內, 咸畏而愛之, 刑政雖峻而無怨者."
121) 『語錄』, 『韓非子輯釋』 附錄, "理明後, 便讀申韓書亦有得. 術至韓非「說難」, 精密至矣."
122) 『史記』, 「韓非列傳」, "韓子引繩墨, 切事情, 明是非, 其極慘礉少恩."
123) 『史記』, 「太史公自序」, "嚴而少恩." "可以行一時之計, 而不可長用."
124) 『漢書』, 「藝文志」, "無敎化, 去仁愛, 專任刑法而欲以致治, 至於殘害至親, 傷恩薄厚."
125) 『淮南子』, 「泰族」, "重法而棄義, 是貴其冠履而忘其頭足也."

논박에 치우침이 있고 모두 부족점이 있다. 무력한 언왕이 당하는 화로부터 한비가 덕이 없어서 반드시 당하게 될 우환을 짐작할 수 있다."126)

　　이상의 역사학자와 사상가들의 비판으로부터 공리만을 추구하고 폭력과 전제 정치를 부추기며 가혹한 형벌과 법률을 강조하고 각박하며 덕망이 부족하고 상과 벌로써 백성들을 마구 부리며 도덕적인 가치와 궁극적인 신념을 추구하지 않는 법가는 비록 한 시기에 유행할 수는 있지만 오래갈 수는 없고 장기적인 태평과 안정을 실현하는 바른 길은 아님을 알 수 있다.

---

126) 『論衡』, 「非韓」, "治國之道所養有二: 一曰養德, 二曰養力……事或可以德懷, 或可以力摧. 外以德自立, 內以力自備. 慕德者不戰而服, 犯德者畏兵而郤……夫德不可獨任以治國, 力不可直任以御敵也. 韓子之術不養德, 偃王之操不任力, 二者偏駁, 各有不足. 偃王有無力之禍, 知韓子必有無德之患."

제3부 선진 이후의 사상과 지혜

1장 현학의 지혜

현학玄學은 삼국三國 위진魏晉 시기에 유행하였던 일종의 사회사조이다. 이는 양한兩漢 시기의 경학에서 드러난 폐단을 비판하고 바로잡은 것일 뿐만 아니라 또한 위진 시기 도가사상의 새로운 발전이다. 현학은 한漢대 경학의 번거로움과 신비함을 고침으로써 사상계에서 사변思辨이라는 신선한 풍조를 일으켰다.

조위曹魏 초기에 대두되었던 명리학明理學은 현학의 맹아로 간주할 수 있다. 명리학은 선진先秦 이래의 명가, 법가 및 황노학의 '형명刑名'학설을 계승하였고 당시에 가장 중요하였던 인재의 표준에 관한 문제를 결합시켜 '재才'와 '성性'의 '이離', '합合', '동同', '이異' 등의 관계를 집중적으로 논의하였고 전통적인 '덕德', '재才'의 이론을 심화시켰다. 사상가들의 논의의 중심은 재빨리 '실實'에서 '허虛'로 전환하였고 특히 위魏나라 제왕齊王 정시正始연간(240~249)에 현학사상의 대폭발이 출현하였다. 이 시기에 재능이 넘치는 현학자들이 대거로 생겨났는데 그들은 사상이 자유로웠고 행위가 활달하였으며 한漢대 경학의 여러 가지 폐단이 불만스러웠고 시선을 선진先秦 시기의 원전으로 돌렸다. 그들은 『주역』, 『노자』, 『장자』의 '삼현三玄'을 중심으로 하고 유무, 본말, 체용, 동정, 언의言意, 자연과 명교名敎 등의 추상적인 논제를 둘러싸고 형이상학적인 현사玄思를 집중적으로 전개하였으며 찬란하고 휘황한 위진현학을 확립하였다. 위진현학의 발전은 대체로 세 가지 단계로 나눌 수 있는데 첫 번째 단계는 정시正始 시기이고 위진현학의 형성기에 해당되며 하안何晏(약 193~249), 왕필王弼(226~249)을 대표로 한다. 두 번째 단계는 죽림竹林 시기이고 현학의 발전기에 해당되며 완적阮籍(210~263), 혜강嵇康(223~262)을 대표로 한다. 세 번째 단계는 원강元康 시기이고 현학의 성숙기에 해당되며 배외裴頠(267~300), 상수向秀(약 227~272), 곽상郭象(?~312)을 대표로 한다.

1. 하안의 '귀무론貴無論'

위魏나라 제왕齊王 조방曹芳 정시正始연간(약 240~249)에 하안과 왕필을 대표로 하는 일군의 학자들은 유교와 도가를 소통하고자 시도하였고 노자와 장자를 조술하였으며 '역과 공자 사이를 종횡무진하였다. 그들은 '무'를 입론의 근본으로 하였고 유무, 본말, 체용 등 추상적인 논제를 탐구하기 시작하였으며 현학의 풍조를 일으키고 위진현학을 열었다. 이 시기에 가장 추앙을 받았던 경전은『논어』,『노자』와『주역』이었다.

하안은 자가 평숙平叔이고 남양완南陽宛(지금의 하남 남양) 사람이며 위진현학 창시자 중의 한 사람으로서 왕필과 함께 병칭된다. 하안의 조부는 한漢대 말기의 대장군 하진何進이고 아버지는 일찍 돌아갔으며 어머니 윤씨는 어린 하안을 데리고 조조에게 재가하였다. 하안은 어릴 때부터 매우 총명하고 슬기로웠으며 조조의 총애를 깊이 받았고, 조조는 그를 친아들마냥 아껴주었다. 하안이 성년이 되자 조조는 딸 금향공주金鄕公主를 그에게 주었다. 하지만 하안이 총애를 믿고 자만하여 조비曹丕의 질투를 받았고 줄곧 중용되지 않았다. 조상曹爽이 집권하기에 이르러 하안은 그에게 의지하여 비로소 높은 자리에 오를 수 있었다. 후에 조상이 사마의司馬懿와의 권력투쟁에서 실패하였고 하안도 부장품陪葬品이 되었다.

『삼국지』「위서·하안전」의 기록에 근거하면 하안은 "노자와 장자의 말을 좋아하였고『도덕론』및 여러 문부를 지었으며 저술이 수십 편에 이른다."[1] 하지만 그의 저서는 대부분 산실되었고 지금까지 완벽하게 보존되어 있는 것은 다만

---

1) 好老莊言, 作『道德論』及諸文賦, 著述凡數十篇.

『논어집해論語集解』와 『경복전부景福殿賦』뿐이다. 이 밖에 『열자』의 장담張湛주에는 하안의 『도론道論』과 『무명론無名論』의 부분적인 내용들이 보존되어 있는데 『도론』 은 하안이 지은 『도덕론』의 일부일 가능성이 크다.

하안은 '정시현풍正始玄風'의 주요 창도자 중의 한 사람이다. 철학적으로 그는 '무無'를 입론의 근본이라 주장하였고 '귀무론貴無論'을 제창하였다.

하안이 보기에 '도'는 『노자』, 『논어』와 『주역』 세 저서에서 모두 최고의 범주였 다. 하지만 '도'에 대한 그의 이해는 앞 사람들과 달랐다. 한편으로 그는 '도'가 『주역』에서 형용한 "근본이 형통하고 날마다 새로워지는 도"(元亨日新之道)라고 주장 하였다. 다른 한편으로 그는 노자철학의 그윽하고 심원하며 들을 수도 볼 수 없는 설법을 차용하여 '도'의 특징을 정의하였다. 근본적으로 말하면 '도'의 본성은 '무'일 수밖에 없다. 그는 이렇게 말하였다. "무릇 도라는 것은 가지고 있는 바가 없다는 것이다."[2] 만약 천지만물이 '가지고 있는 바가 있는 것'(有所有)라면 '도'는 '가지고 있는 바가 없는 것'(無所有)이고 '몸체로 삼을 수 없는 것'(不可體)이다. 하지만 이러한 '가지고 있는 바가 없는'(無所有)의 '도'야말로 천지만물의 근원이다. 따라서 '무어無 語', '무명無名', '무형無形', '무성無聲'이야말로 바로 '도의 온전함'(道之全)이다. 하안이 본체론적인 의미에서 '도'의 개념을 사용한 것은 분명하다. 그가 보기에 세상만물은 단지 현상이고 '도'야말로 본체이며 이러한 본체의 '도'는 세상만물이 생겨나고 존재하는 최후의 근거이다. 여기서 하안은 노자가 말한 "천지만물은 유에서 생겨나 고 유는 무에서 생겨난다"(天地萬物生於有, 有生於無)에서의 '생겨남'(生)을 본체론적인 의미에서의 '존재'로 이해하였지 생성론적인 의미에서의 '창조', '생산'으로 이해하 지 않았다. 이 점은 노자와 다른 것이 분명하다.

노자도 물론 '무'에서 유기 '생겨'남'(有生於無)을 강조하시만 '무'는 결코 절대적인 허무의 '무'가 아니라 '말로 표현함이 없는'(無以名狀) '무'이다. 다시 말하면 이 '무'는 사람들의 감각적인 경험의 범위를 초월하여 볼 수 없고 들을 수 없으며 만질

---

2) 『列子』, 「仲尼篇」, "夫道者, 惟無所有者也." 張湛注에서는 何晏의 『無名論』을 인용함.

수 없지만, 이는 결코 '무'가 온통 비어 있거나 혹은 절대적인 허무임을 의미하지는 않는다. '무'는 사실상 다른 종류의 '유'인데 사람들이 그것을 묘사할 수 없을 뿐이다. 따라서 노자의 철학에서 '무'와 '유'는 일체의 두 가지 측면이고 피차가 서로 관통된다. '도'의 '무'는 결코 비어 없음이 아니라 '도'의 절대성, 초월성, 무규정성과 말로 표현할 수 없는 특성이다. 노자사상의 목적은 우주생성론에 있는데 그가 '무에서 유가 생겨남'을 해석할 때 주목하였던 것은 시간상의 선후질서였지 논리상의 전후관계가 아니었다. 바꾸어 말하면 노자는 우주 간의 천지만물의 생성과정을 더욱 주목하였지 그 배후의 근원은 주목하는 대상이 아니었다. 이로부터 노자는 본체론적인 탐구를 끝까지 관철할 수 없었고 그의 사상은 '우주생성론'의 측면에 머물렀을 뿐 '우주본체론'의 측면으로 철저하게 도달하지 못하였다. 이렇게 본체론적인 탐구를 끝까지 관철하여 체계적인 본체론을 구축하는 임무는 위진 시기 현학자들의 몫이 되었다.

하안은 스스로 본체론적인 시각에서 '유'와 '무'의 관계를 다루었다. 따라서 그는 '도'의 본질을 '가지고 있는 바가 없는 것'(無所有者)이라 정의하였는데 '가지고 있는 바가 없는 것'의 '도'와 천지만물은 사실상 멀리 떨어진 것이다. 이렇게 하여야만 비로소 '도'가 '본체'로 될 수 있기 때문이다. 이러한 의미에서 하안은 '유'와 '무'의 두 가지 중에서 '무'야말로 근본이고 실제로 결정적인 작용을 일으키는 것이라 주장하였다. 그는 이렇게 말하였다. "유가 유로 되는 것은 무에 기대어 생겨난다. 일이 일로 되는 것은 무로 말미암아 이루어진다."3) '무'는 우주 간의 만사만물을 생겨나게 하는 근거이고 근원이며 인류사회의 최고 법칙이다. 이로부터 하안은 '귀무貴無'의 주장을 제기함으로써 본체론적인 현학체계를 초보적으로 구축하였다.

하안에 관하여 주목하여야 할 다른 한 가지는 바로 그와 왕필의 교류이다.

---

3) 『列子』,「天瑞篇」, "有之爲有, 恃無以生, 事而爲事, 由無以成." 張湛注에서는 何晏의 『道論』을 인용함.

학계에서는 두 사람을 병칭하여 '하왕何王'이라고 하는데 이는 그들이 사상적인 측면에서 취지가 서로 맞고 관점이 비슷하며 특히 두 사람의 개인적인 교류가 돈독하였기 때문이다. 하안과 왕필은 망년지우였는데 하안이 왕필보다 30여 살 위이다. 왕필이 약관도 되지 못한 소년일 때 하안은 이미 천하에 이름을 떨쳤고 이부상서吏部尚書로 있었으며 현학의 영수領袖였다. 하지만 그는 왕필이 방문한다는 소식을 듣고 기쁜 나머지 신분을 전혀 고려하지 않은 채 신발을 거꾸로 신고 반겨 맞이하였고 더욱더 떠받들었다. 『세설신어世說新語』에는 이런 이야기가 기재되어 있다. 하안은 줄곧 『노자』를 주석하려는 생각을 가지고 있었고 또한 실천에 옮겼다. 그가 절반 정도를 주석하였을 때 한번은 왕필과 교류를 하였는데 왕필이 자신이 『노자』를 주석하면서 느꼈던 일부 소감에 대하여 이야기하였다. 하안은 왕필의 주석이 자신의 주석보다 훨씬 나을 것이라 판단하였고 이미 절반이 완성된 주석 작업을 포기하고 『도덕론』을 지었다. 그뿐만 아니라 하안은 여전히 왕필에 대한 존경을 조금도 감추지 않았고 이렇게 칭찬하였다. "만약 이 사람 같으면 더불어 하늘과 인간의 관계에 대하여 이야기할 수 있다!"(若斯人者, 可與言天人之際乎!) 또한 당시의 일부 권문에게 왕필을 추천하였다. 하안의 행동은 후한 선배의 재능이 뛰어난 후학에 대한 관심과 보살핌을 남김없이 보여 준다.

2. 왕필의 '무를 근본으로 하고' '뜻을 얻으면 상을 잊는다'는 관점

왕필王弼(226~249)은 자가 보사輔嗣이고 위魏나라 산양고평山陽高平(지금의 산동 금향) 사람이다. 중국철학사에서 보기 드문 소년 천재 절학자이고 위진현학의 가장 중요한 창시자이다. 왕필은 "어려서부터 지혜로웠고 10여 세에 노자를 좋아하였으며 그 이치에 대하여 말할 수 있었다."[4] 왕필은 17세 때 하안을 알게 되었고 "후학이

---

4) 『三國志』, 「魏書·王弼傳」, "幼而察慧, 年十餘, 好老氏, 通辯能言." 주석은 何劭의 『王弼傳』

두려워할 만하다"(後生可畏)고 하였는데 "더불어 하늘과 인간의 관계에 대하여 이야기할 수 있다"(可與言天人之際乎)고 하였다. 그는 당시의 많은 청담명사淸談名士들과 여러 가지 문제를 변론하였는데, 배휘裴徽와 "성인이 무를 체득하는"(聖人體無) 문제를 논의하였고 하안, 종회鍾會와 '성인'에게 희·노·애·락이 있는지 없는지의 문제를 논의하였으며, 순융荀融과 『주역』의 "대연의大衍義"를 논의하였다. 또한 "그가 얻은 것은 빼앗을 수 없는 것이었고"(當其所得, 莫能奪也) 당시 명사들의 총애를 한 몸에 받았다. 하지만 왕필은 "일을 해서 성과를 내는 것 또한 그가 잘하는 바가 아니었기에"(事功亦雅非所長) 벼슬길에서는 별다른 진전이 없었다. 그리고 그가 거만하고 인지상정에 통하지 않았고 "자신의 장점으로 다른 사람을 비웃었기 때문에, 당시의 사군자들이 질투하는 바였다"(頗以所長笑人, 故時爲士君子所疾). 정시正始 10년(24)) 가을에 왕필은 중병에 시달리다가 한창 나이에 죽었는데 겨우 24살이었다.

24년의 짧은 인생에 왕필은 『노자도덕경주』, 『주역주』, 『논어석의論語釋疑』, 『노자지략老子指略』, 『주역약례周易略例』 등 대량의 사변성이 매우 강한 철학저서들을 완성하였고 위진현학의 실제적인 확립을 위하여 이론적인 기초를 마련하였다. 왕필 또한 위진 시기 사상이 가장 심오한 철학자의 한 사람으로 되었다. 그의 작품들은 거의 전부 『왕필집교석王弼集校釋』에 집중적으로 수록되어 있다.[5]

1) '무를 근본으로 하다'

하안과 비슷하게 왕필 철학의 근본적인 주장도 '무'를 논의하는 것이다. 그는 '무를 근본으로 하고'(以無爲本) '근본을 들어서 말단을 통제함'(擧本統末)을 제기하였고 최초로 본·말의 개념을 도입하여 유·무의 관계를 논의하였다.

천하의 사물은 모두 유로써 생겨난다. 유의 시작은 무를 근본으로 삼는다. 유를

을 인용하였다.

5) 樓宇烈, 『王弼集校釋』(中華書局, 1980).

온전하게 하려면 반드시 무로 돌아가야 한다.[6]

무릇 만물이 생겨나고 공적이 이루어지는 까닭은 반드시 무형에서 생겨나고 무명에
서 말미암는다. 무형하고 무명한 것은 만물의 으뜸이다.[7]

왕필은 일련의 사례를 통하여 '동정'으로 말하면 '동'과 '정'은 대등한 것이
아니라 '정'이 근본이고 본원의 상태이며 '동'의 원인과 근거임을 논증하였다. '어묵
語黙'으로 말하면 '언어言語'와 '침묵'(靜黙)도 대등한 것이 아니라 '침묵'이 기본적인
형태이고 '언어'는 '침묵'의 기초 위에 생겨난 것이며 '침묵'을 존재의 전제로 간주한
다. 마찬가지로 천지만물과 바람, 구름의 변화도 결코 본연의 상태인 것이 아니고
"적막하고 고요하여 지극한 무"(寂然至無)야말로 그것의 본체이고 만물의 생멸, 우레
가 울고 바람이 부는 것은 모두 "적막하고 고요하여 지극한 무"에 근거하여 생겨난
것이고 또한 "적막하고 고요하여 지극한 무"로 돌아간 것이다. '동', '언어', 바람과
구름의 변화는 모두 '유'에 속하고 '정', '침묵', '적연寂然'은 모두 '무'에 속한다.
'무'는 '유'가 생겨나고 존재하는 전제이고 근거이다.

노자가 강조하였던 "무는 유의 시작이고 유는 무에서 생겨난다"[8]는 우주생성론
과 다른 점이라면 왕필이 '유'와 '무' 중에서 어느 것이 근본이고 어느 것이 말단인가
의 문제를 더욱 주목하였다는 것이다. '본'과 '말'로 '무'와 '유'를 해석함으로써
'유'에 대한 '무'의 논리적인 우위 관계를 더욱 부각시켰다. '무'를 '모'로 간주하고
'유'를 '자'로 간주하여 '모에서 자가 생겨나는 것'과 유사한 '유'와 '무'의 관계와
비교할 때 왕필의 해석은 '무'의 근원성과 초월적인 의미를 더욱 잘 부각시켰다.
따라서 그의 '무를 근본으로 한다'는 주장이 일종의 본체론적인 색채를 띠고 있음은
분명하다. 이는 하안의 '귀무론'에 대한 계승이고 발전이며 현학과 한漢대의 학술을

---

6) 『老子道德經注』 40장, "天下之物, 皆以有爲生. 有之所始, 以無爲本. 將欲全有, 必反於無也."
7) 『老子指略』, "夫物之所以生, 功之所以成, 必生乎無形, 由乎無名. 無形無名者, 萬物之宗也."
8) 無爲有之始, 有從無中生.

구별하는 하나의 중요한 특징이다. 따라서 『사고전서총목제요四庫全書總目提要』 권1
의 『주역정의제요周易正義提要』에서는 이렇게 말하였다. "왕필이 지극한 병폐를 공격
하여 마침내 한나라 유학자들을 배격하고 스스로 새로운 학문을 표출해 내었다."[9]
요컨대 왕필의 철학을 대표로 하는 현학은 한漢대의 철학과 풍격이 판이하고 본체론
적인 색채를 가지고 있는 '새로운 학문'(新學)이다.

2) '근본을 높여 말단을 그치게 하다'

왕필은 '무를 근본으로 하는' 기초 위에서 한 걸음 나아가 '근본을 높여 말단을
그치게 한다'(崇本息末)는 주장을 제기하였다.

> 『노자』라는 책은 거의 한마디로 요약할 수 있다. 아! 근본을 높여 말단을 그치게
> 하는 것일 뿐이다. 그 비롯되는 바를 살피고 귀결되는 바를 찾아보면 말은 근본에서
> 멀어지지 않고 일처리가 근본을 잃지 않는다. 그 글이 비록 오천 자이지만 그것을
> 관통하는 것은 하나이고 뜻은 비록 넓고 넉넉하지만 모두 같은 부류에 속한다.
> 한마디로 요약한 것을 풀이하면 어둡지만 알지 못할 것이 없고 매사에 각각 뜻을
> 삼고자 한다면 비록 아무리 논변할지라도 더욱 미혹된다.[10]

> 도로써 나라를 다스리는 것은 근본을 높임으로써 말단을 그치게 하는 것이고
> 바름으로써 나라를 다스리는 것은 편벽된 것을 세워서 말단을 공격하는 것이다.
> 근본이 세워지지 못하고 말단이 천박하면 백성들이 갈 곳이 없기 때문에 반드시
> 기이한 술수로 군사를 쓰는 것에 이르게 된다.[11]

---

9) 『四庫全書總目提要』, 권1, 『周易正義提要』, "王弼乘其極敝而攻之, 遂能排擊漢儒, 自標新學."
10) 『老子指略』, "『老子』之書, 其幾乎可一言而蔽之. 噫! 崇本息末而已矣. 觀其所由, 尋其所歸, 言
　　不遠宗, 事不失主. 文雖五千, 貫之者一, 義雖廣贍, 衆則同類. 解其一言而蔽之, 則無幽而不識;
　　每事各爲意, 則雖辯而愈惑."
11) 『老子道德經注』 제57장, "夫以道治國, 崇本以息末; 以正治國, 立辟以攻末. 本不立而末淺, 民
　　無所及, 故必至於以奇用兵也."

철학적으로 왕필은 근본과 말단의 관계를 본체와 현상의 관계로 간주하였다. '근본을 높여 말단을 그치게 한다'는 것은 본체만 필요하고 현상은 필요하지 않다는 것이 아니라 본체가 현상보다 더욱 중요하고 통솔하는 지위와 작용을 가지고 있다는 것이다. 그는 또한 본체의 실천적인 기능의 시각으로부터 '안으로는 성인의 덕을 갖추고 밖으로는 제왕의 능력을 갖추는'(內聖外王)의 '도'를 논의하였다. 현실적인 사회생활에서 이 또한 일종의 관리지혜이다. 즉 거느림에는 우두머리가 있고(統之有宗) 모임에는 근본이 있으며(會之有元) 소수로 많은 사람을 다스리고(以寡治衆) '정'으로 '동'을 제압하며(以靜制動) 간략으로써 넓음을 보존하고(約以存博) 간단으로써 여럿을 구제하는(簡以濟衆) 것이다. 바로 여돈강余敦康이 말한 바와 같이, "'근본을 높여 말단을 그치게 한다'는 명제는 '무를 근본으로 한다'는 명제가 한 걸음 더 발전하고 구체적으로 활용된 것이다.…… '근본을 높여 말단을 그치게 한다'는 명제는 매우 강한 시대적인 느낌을 가지고 있을뿐더러 정치적인 모략사상의 탐구에 집중적으로 활용된다."12)

3) 공자와 노자의 우열을 가리다

'유'와 '무'의 논변에는 결코 피할 수 없는 하나의 이론적인 난제가 존재한다. 바로 공자와 노자 중에서 누가 더 우월한가의 문제이다. 이는 사실상 '양난兩難'의 문제이다. 한편으로 그때 당시 지식인 계층 심지어 백성들의 마음속에서 공자의 '성인'으로서의 지위는 이미 확고하였고 이는 거의 도전할 수 없는 사실이었다. 다른 한편으로 역사적으로 '무'의 문제에 대하여 가장 많이, 가장 철저하게 논의하였던 사상가는 노자이지 공자가 아님이 분명하였다. 혹은 공자는 '유'를 탐구하였고 노자야말로 '무'를 탐구하였다고 할 수 있을 것이다. 이렇게 되면 '귀무론', '무를

---

12) 余敦康, 『何晏王弼玄學新探』(齊魯書社, 1991), 제160~161쪽, "'崇本息末'這個命題是以無爲本的進一步的發展和具體的應用.…… '崇本息末'這個命題帶有强烈的時代氣息, 而且著重運用於政治謀略思想的探討."

근본으로 한다'는 주장은 난처한 국면을 마주하게 된다. 바로 '무'의 가치를 부각시키면 노자의 지위를 높이고 공자의 지위를 낮추는 것이고 노자가 공자보다 우월하게 된다. 하지만 이는 또한 공자에 대한 당시 사람들의 감정과 어긋난다. 왕필은 이러한 이론적인 난제를 교묘하게 해결하였다. 그는 이렇게 말하였다. "성인은 무를 체득하였고 무는 또한 말로 이야기할 수 없기 때문에 말하지 않은 것이다. 노자는 유의 단계에 머물렀기 때문에 항상 부족함이 있는 무를 말하였다."13) 비록 노자가 늘 '무'자를 입가에 올려 강조하였지만 사실상 그는 결코 '무'를 진정으로 알지 못하였고 의도적으로 현학적이었고 감추려 할수록 더 드러났다. 공자는 그렇지 않았다. 비록 그가 '무'를 매우 적게 논하였지만 그야말로 진정으로 '무'의 정신을 깨달은 사람이었다. 다만 '무'가 언어로써 말할 수 없음을 알았기 때문에 '무'에 대하여 함부로 논하려고 하지 않았다. 따라서 왕필에게 있어서 공자는 오히려 '무를 체득한 사람'(體無者)이었고 노자는 '유의 단계에 머무른 사람'(有者)이었다. 바로 이렇게 왕필은 공자의 사상을 도가화(道家化)하는 교묘한 수법으로 '무를 근본으로 하는 것'과 '공자와 노자의 우열을 가리는 것' 사이의 모순을 보기 좋게 해결하였다.

4) '말'과 '뜻'의 논변

"무는 말로 이야기할 수 없다"(無可以訓)는 왕필이 공자와 노자의 우열을 판단하는 관건이다. 이는 사실상 '말'(言)과 '뜻'(意) 두 가지 사이의 관계를 언급한 것이다. '말'과 '뜻'은 중국 전통철학에서 중요한 범주이다. 이른바 '말'(言)은 언설, 명사, 개념 등을 가리키고 '뜻'(意)은 인상, 의리, 정신 등을 가리킨다. '말'과 '뜻' 사이의 관계 문제는 일찍이 선진 시기에 이미 많은 사상가들에 의하여 주목되었다. 『묵자』「경하」, 『장자』「천도」, 『역전』「계사」, 『여씨춘추』「이위」 등의 글에서 이미 관련된 논의가 활발하게 이루어졌다. 위진 시기에 이르러 '말'과 '뜻'의 논변은 현학자들이

---

13) 『三國志』, 「魏書・王弼傳」, "聖人體無, 無又不可以訓, 故不說也. 老子是有者也, 故恒言無所不足." 각주는 何劭의 『王弼傳』을 인용함.

집중적으로 논의하는 주제 중의 하나로 되었고 선후하여 세 개의 대표적인 관점이 형성되었는데 바로 '말은 뜻을 다한다'(言盡意)는 관점, '말은 뜻을 다하지 못한다'(言不盡意)는 관점, '뜻을 얻으면 말을 잊는다'(得意忘言)는 관점이다.

왕필은 '뜻을 얻으면 상을 잊는다'(得意忘象)는 관점의 전형적인 대표 사상가이다. 『주역약례周易略例』에서 그는 '말을 탐구하여 상을 보고'(尋言以觀象) '상을 탐구하여 뜻을 보며'(尋象以觀意) '상을 얻으면 말을 잊고'(得象而忘言) '뜻을 얻으면 상을 잊는'(得意而忘象) 『역』을 해석하는 새로운 방법을 제기하였다. 그는 이렇게 말하였다.

> 대저 상이라는 것은 뜻이 나오는 것이고 말이라는 것은 상을 밝히는 것이다. 뜻을 다함에는 상만한 것이 없고 상을 다함에는 말만한 것이 없다. 말은 상에서 생겨나기 때문에 말을 탐구하여 상을 볼 수 있고 상은 뜻에서 생겨나기 때문에 상을 탐구하여 뜻을 볼 수 있다. 뜻은 상으로써 다하고 상은 말로써 드러난다. 그러므로 말이라는 것은 상을 밝히는 까닭이니 상을 얻으면 말을 잊고, 상이라는 것은 뜻을 보존하는 까닭이니 뜻을 얻으면 상을 잊는다. 마치 올가미라는 것이 토끼에게 있는 까닭이니 토끼를 잡으면 올무는 잊어버리고, 통발이라는 것이 물고기에게 있는 까닭이니 물고기를 잡으면 통발은 잊어버린다.[14]

'뜻을 얻으면 상을 잊는다'는 관점은 왕필이 상수학에서 '글을 살펴서 괘를 따지고'(案文責卦) '상을 보존하고 뜻을 잊는'(存象忘意) 『역』을 해석하는 방법을 배척한 뒤에 제기한, 『역』을 해석하는 일종의 새로운 방법이고 또한 보편적인 의미를 가지고 있는 일종의 현학적인 인식론과 방법론이다. 왕필이 보기에 만물의 근본인 '무'는 말이 없고 형체가 없으며 이름이 없고 상이 없는 것이었다. 만약 사람들이 언사言辭나 개념의 측면에만 머물러 본체인 '무'를 탐색하면 결과적으로 '무'에 대한 인식과 파악에 도달할 수 없게 된다. '무'의 함의를 진정으로 파악하려면

---

14) 『周易略例』, 「明象」, "夫象者, 出意者也; 言者, 明象者也. 盡意莫若象, 盡象莫若言. 言生於象, 故可尋言以觀象; 象生於意, 故可尋象以觀意. 意以象盡, 象以言著. 故言者, 所以明象, 得象而忘言; 象者, 所以存意, 得意而忘象. 猶蹄者所以在兔, 得兔而忘蹄; 荃者所以在魚, 得魚而忘荃也."

반드시 직관적인 '형상'을 통하여야만 비로소 실현할 수 있다. 방법론적인 측면에서 보면 반드시 '상을 탐구하여 뜻을 보고'(尋象以觀意) 나아가 '상을 잊고 뜻을 구한다'(忘象以求意). 왜냐하면 '유가 무에서 생겨나고'(有生於無) '상은 뜻에서 생겨나기'(象生於意) 때문이다. 이러한 왕필의 사상에는 직관적인 인식을 중시하는 합리적인 요소가 포함되어 있다. 말, 상, 뜻 삼자 사이의 관계에서 뜻을 깨닫는 것이 중요한데 바로 말을 통하여 상을 분명하게 하고 상을 통하여 뜻을 보는 것이다. 물론 이는 결코 말과 상을 포기하는 것이 아니다.

3. 완적의 제멋대로 방종함에 대한 주장

'죽림현학竹林玄學'은 위진현학 발전의 두 번째 단계이고, 이 시기에 이름을 날렸던 매우 활약적인 '죽림칠현竹林七玄'이 있다. '죽림칠현'에는 완적阮籍(210~263), 혜강嵇康(223~262), 산도山濤(205~283), 유령劉伶(221~300), 완함阮咸, 상수向秀(약 227~272), 왕융王戎(234~305) 등의 일곱 명의 명사가 포함된다. 이 시기의 매우 현저한 변화 중의 하나가 바로 『장자』가 『논어』의 위치를 대체하였고 『주역』, 『노자』와 함께 '삼현三玄'을 정식으로 구성하였다는 것이다. 완적과 혜강은 '죽림현학'의 대표 인물이다. 완적과 혜강은 명교名教와 자연의 관계를 핵심으로 하여 현학이 탐구하는 문제의 영역을 문학, 미학, 언어, 철학 등의 여러 측면으로 확장시켰고, 또한 자신의 생명으로 현학의 정신을 체험하고 실천함으로써 위진현학을 진정으로 영향력이 있는 사회사조로 거듭나게 하였다.

완적은 자가 사종嗣宗이고 진陳나라 유위씨留尉氏(지금의 하남 개봉) 사람이다. 삼국三國 시기 조위曹魏의 이름 있는 문학가이고 사상가이며 '죽림칠현'의 한 사람이다. 『진서』「완적전」에 의하면 "완적은 본래 세상을 구하려는 뜻이 있었는데 위진 시기에 천하에 변고가 많아서 명사는 온전한 자가 드물었다. 완적은 이로 말미암아 세상사와 함께하지 않았고 마침내 홍겹게 평소대로 술을 마셨다."15) 그의 몸에서는 위진 시기 사상가들의 성격모순이 집중으로 드러나 있다. 한편으로 완적은 거만하고 분방한 사람이었는데 스스로를 매우 높은 사람이라 간주하였고 본래부터 세상을 구하려는 뜻을 가지고 있었다. "일찍이 광무성에 올라 초나라와 한나라가 싸우던 곳을 바라보고 탄식하며 말하였다. 당시 영웅이 없어서 경박한 아이들이 명성을 얻었구나!"16) 다른 한편으로 완적은 또한 매우 신중한 사람이었는데 "남의 장단점을 입에 올리지 않았고"(口不臧否人物) 심지어 마음속으로 경멸하였던 사마씨司馬氏의 그룹과도 오랜 기간 좋은 관계를 유지하였다.

완적의 작품으로는 「영회詠懷」 시 82수가 가장 유명하고 이 밖에 산문과 사부辭賦가 있다. 그 중에서 그의 철학적인 성과를 가장 잘 대표할 수 있는 것이 「대인선생전大人先生傳」, 「통노론通老論」, 「달장론達莊論」, 「통역론通易論」 등이다. 그의 저서는 후세 사람들에 의하여 『완보병집阮步兵集』으로 편집·정리되었다.

완적은 생명으로써 현학을 체험하고 실천하였던 철학자였고 그의 사상은 그의 작품 속에 포함되어 있다기보다는 그의 활동 자체에 드러나 있다. 완적의 활동을 언급하면 술을 말하지 않을 수 없는데 완적에게 있어서 술은 의미가 매우 크다.

전해지는 바에 의하면 사마씨를 대처하기 위하여 완적은 관직에 오르지 않을 수 없었다. 그렇다면 어떤 관직에 오를 것인가? 그는 보병步兵의 군영에 술을 잘 빚는 사람이 있을 뿐만 아니라 맛 좋은 술을 삼백 곡이나 소장하고 있다는 소리를 듣고는 보병교위步兵校尉에 오를 것을 요구하였다. 『세설신어』에는 또 이러한 이야기가 기재되어 있다. 완적의 이웃에 미모의 여주인이 살고 있었고 완적과 같은 기호를 가지고 있었는데 그것이 바로 음주였다. 완적은 매우 기뻐하면서 늘 그를 찾아가 술을 마셨다. 한 번 마시면 마음껏 마셨는데, 여주인이 침내에 곤드라시면 완적도 전혀 개의치 않고 그 옆에서 잠들었다. 이웃의 남주인이 몰래 여러 번

---

15) 『晉書』, 「阮籍傳」, "籍本有濟世志, 屬魏晉之際, 天下多故, 名士少有全者, 籍由是不與世事, 遂酣飲爲常."

16) 嘗登廣武, 觀楚漢戰處, 歎曰: 時無英雄, 使竪子成名!

지켜보았지만 결코 어떠한 불륜행위도 발견하지 못하였다. 완적과 같이 온 세상을 깜짝 놀라게 하고 순진무구한 행동이야말로 바로 위진 풍류의 진실한 모습이다. 완적이 술에 취하였던 최고 기록은 한 번에 취함이 60일간 지속된 것이다. 당시 진晉나라 문제文帝였던 사마소司馬昭가 아들 사마염司馬炎(훗날의 무제)을 위하여 청혼하였는데 완적과 사돈을 맺고 싶어 하였다. 결국 완적이 크게 취하여 60일간 깨어나지 못하는 바람에 사마소가 어쩔 수 없이 포기하였다. 술에 취하는 것은 완적이 이러지도 저러지도 못하는 양난의 처지에서 스스로를 보호하는 방법이었음을 알 수 있다. 그는 사마씨와 한 패거리가 되어 나쁜 짓을 하고 싶지 않았을 뿐만 아니라 또한 사마소의 청혼을 노골적으로 거절할 수도 없어서 결국 마지못해 술을 마셔 끝까지 취하였던 것이다.

완적이 술을 좋아하였던 원인에 대하여 후세 사람인 왕대王大가 비교적 합리하게 말하였다. "완적은 가슴에 울화가 치밀었기 때문에 술로 씻어내야 하였다."[17] '루괴壘塊'는 마음속의 불평스러운 일, 편하지 못한 기를 가리킨다. 완적은 원수처럼 증오하였지만 험난한 상황에 처해 있었고 마음속의 불평은 점차 쌓여가 털어놓을 수가 없어서 어쩔 수 없이 술로 씻어냈던 것이다.

완적의 사상은 도가의 영향을 깊이 받았고 자연의 진치眞致를 숭상하였다. 위진 시기 명사풍류名士風流의 세례 하에 그의 자연적인 진치는 일종의 제멋대로 방종하는 태도로 표현되었다.

그는 사람에 대한 좋아함과 싫어함을 조금도 감추지 않았는데 마음에 드는 사람을 보면 청안靑眼으로 보았고 예속의 선비들을 만나면 백안白眼으로 대하였다. 그의 형수가 친정으로 돌아가려고 하자 완적이 배웅하였는데 일부 사람들이 '실례' 한 것이라고 비난하였다. 그러자 완적이 이렇게 말하였다. "예가 어찌 우리를 위하여 만들어졌겠는가?"[18] 우리와 같은 사람들을 어떻게 번거롭고 일반적인 '예'로

---

17) 『世說新語』, 「任誕」, "阮籍胸中壘塊, 故須酒澆之."
18) 禮豈爲我輩設耶?

써 구속할 수 있겠는가!

바로 이러한 '예'에 구속되지 않는 성격으로 그는 사람을 놀라게 하는 행동을 많이 하였다. 당시 한 병가에 여자가 있었는데 재능과 미모를 겸비하였지만 아깝게도 시집가기 전에 죽었다. 완적은 이 일을 전해 듣고는 비록 그 집안사람들과 전혀 안면이 없지만 곧장 달려가 울면서 조문하였고 애도를 다하고 돌아왔다. 그는 또한 늘 혼자서 수레를 끌고 나들이하였는데 언제나 지름길로 가지 않고 큰 길로 갔다. 더 이상 갈 곳이 없을 때에는 울면서 되돌아갔다. 『세설신어』 「임탄」편에서는 그가 모친상을 당하였을 때의 행동에 대하여 이렇게 기록하고 있다. "완보병이 모친상을 당하자 배령공이 조문하러 갔다. 완보병은 술에 취해 머리를 풀어헤치고 평상에 앉아 있었는데 다리를 쭉 뻗고 앉아 울지도 않았다."[19] 하지만 어머니의 장례를 치르게 되었을 때 그는 살찐 돼지 한 마리를 삶고 술 두 말을 마신 뒤에 '끝났구나!'를 외치더니 곧바로 입으로 피를 토하였다.

완적의 제멋대로 방종하는 행위는 사실상 명교名教와 자연의 관계에 대한 그의 견해를 보여 주었다. 그는 자연을 근본으로 하고 명교를 말단으로 함을 주장하였다. 따라서 그는 자연의 방식에 근거하여 제멋대로 방종하였고 마음껏 술을 마셨으며 '예', '악' 등의 명교에 대하여 거들떠보지도 않았다. 이 점은 그의 「대인선생전大人先生傳」이라는 글에 집중적으로 나타나있다.

이른바 '대인선생大人先生'은 완적 마음속의 이상적인 형상이고 자연적인 정신의 결정체이다. '대인선생'과 대립되는 것이 이른바 '역중군자城中君子'인데 이는 '예', '악' 등의 명교에 구속된 세속의 사람들이다. 완적이 보기에 '대인선생'은 '도'와 같은 몸이고 천지와 더불어 생겨나며 행위가 교묘하고 세속에 구애되지 않으며 천지를 집으로 삼고 조회를 벗으로 삼으며 사연을 생명으로 간주한다. 하지만 '역중군자'는 "의복에 정해진 색깔이 있고 용모에 정해진 법칙이 있으며 말에 정해진 도가 있고 행동에 정해진 양식이 있으며"[20] '예'를 따르고 법칙을 지키며

---

19) 『世說新語』, 「任誕」, "阮步兵喪母, 裴令公往吊之, 阮方醉, 散髮坐床, 箕踞不哭."

"주공과 공자의 유훈을 외우고 요임금과 순임금의 도덕을 찬양하며"[21) 명교를
표준으로 삼는다. 이러한 두 가지 형상은 선명한 대조를 이루고 자연을 숭상하고
명교를 반대하는 완적의 자유로운 정신을 보여 준다.

4. 혜강의 '명교를 초월하여 자연에 임한다'는 관점

혜강은 자가 숙야叔夜이고 초국질현譙國銍縣(지금의 안휘 숙현) 사람이며 삼국 시기
조위曹魏의 이름 있는 문학가, 음악가, 사상이고 '죽림칠현'의 한 사람이다. 혜강은
"어려서부터 뛰어난 재주가 있었고 광매하여 무리를 짓지 않았으며 고명하여
본성에 따라 행동하였고 명예를 닦지 않았으며 마음이 넓어 도량이 있었다. 공부는
스승에게서 배우지 않고 널리 배우고 많이 들었으며 커서는 노장의 학술을 좋아하고
마음이 청정하여 욕심이 없었다. 단약을 복용하는 것을 좋아하여 일찍이 선약을
채집하였다. 글을 잘 짓고 거문고를 타며 시를 읊어 회포 속에서 스스로 만족하였
다."[22) 하나의 우연한 기회로 그는 조조의 증손녀인 장락정주長樂亭主를 아내로
맞았고 상류계층에 진입하였으며 일찍이 중산대부中散大夫에 천거되었다. 하지만
바로 이러한 이유 때문에 그는 정치적인 입장에서 정권을 탈취하였던 사마씨의
그룹과 서로 적대적인 관계였고 사마씨에 대하여 협력하지 않는 태도를 취하였으며
매우 증오하였다. 결국 사마소의 심복이었던 종회鍾會(225~264)의 모함으로 사마씨
의 손에 죽음을 맞이하였다.

혜강의 작품은 시가와 산문을 주로 하는데 그중에서 그의 철학사상이 비교적

---

20) 服有常色, 貌有常則, 言有常度, 行有常式.
21) 誦周孔之遺訓, 嘆唐虞之道德.
22) 『三國志』, 「魏書·嵇康傳」, "少有俊才, 曠邁不群, 高亮任性, 不修名譽, 寬簡有大量. 學不師授,
博洽多聞, 長而好老莊之業, 恬靜無欲. 性好服食, 嘗采禦上藥. 善屬文論, 彈琴詠詩, 自足於懷抱
之中." 裴松之의 주.

집중적으로 반영된 글로는 「성무애락론聲無哀樂論」, 「양생론養生論」, 「석사론釋私論」, 「난자연호학론難自然好學論」, 「여산거원절교서與山巨源絶交書」 등이 있다. 이러한 작품들은 후세 사람들에 의하여 정리되어 『혜중산집嵇中散集』 혹은 『혜강집嵇康集』에 수록되었다.[23]

1) '명교'와 '자연'

'명교名敎'와 '자연自然'의 관계는 혜강철학의 핵심적인 주제였다. '명교'는 사회의 등급명분, 윤리준칙, 도덕법규, 제도규범 등등의 통칭이고 '자연'은 사람의 원초적인 상태 혹은 자연적인 본성을 가리키는 동시에 또한 천지만물의 자연적인 상태를 가리키는 것이다. 위진현학자들은 '명교'와 '자연'의 관계에 대하여 특별히 중시하였다. 왕필은 도가 자연철학의 입장에서 출발하여 양자를 조화시키고 '명교가 자연을 근본으로 함'(名敎本於自然)을 주장하였는데 '자연'을 '무'로, 근본으로 하고 '명교'를 말단으로, 용으로 하며 '명교'는 마땅히 인간의 자연적인 본성에 순응하여야 함을 강조하였다. 완적은 '대인선생'으로 명교에 대한 자연의 타파를 형상적으로 암시하였다. 하지만 혜강에 이르러서야 명교와 자연의 관계가 비로소 철학적인 주제로 분명하게 간주되었고 "명교를 초월하고 자연에 맡긴다"(越名敎而任自然)는 사상적인 주장을 제기하였다.

혜강이 생활하였던 시대에 유가의 명교사상 및 명교사상에서 주장하였던 '충', '효', '절', '의' 등의 규범들은 이미 정권을 탈취하였던 사마씨의 그룹에 의하여 점차적으로 이용되었고 그들이 통치를 수호하고 민심을 억압하는 유력한 도구로 전락하였다. 혜강은 이러한 현상에 대하여 극도로 숭오하였고 사마씨의 설교를 근본적으로 흔들고자 결심하였다. 동시에 도가사상의 영향을 깊이 받아 정신적인 자유와 독립을 추구하였고 사상적인 측면에서도 명교의 규범을 받아들이려고

---

23) 戴明揚, 『嵇康集校注』(人民文學出版社, 1962).

하지 않았다. 이러한 이유로 혜강은 명교와 자연을 대립시켰고 명교는 자연의 본성을 위배하는 것이고 대도大道가 쇠락한(凌遲) 것이라고 주장하였다.

> 사람에 이르러 보존되지 않고 대도가 쇠락하자 비로소 문묵을 짓기 시작하여
> 그 뜻을 전하고 만물을 구별하여 부류와 종족이 있게 하였다. 인의의 도덕을 만들어
> 세워서 사람들의 마음을 단속하고 명분을 제정하여 외부의 행위를 검속하였으며
> 학습을 권장하고 문사를 강론하여 교화를 펼쳤다. 이렇게 되어 육경이 뒤섞여
> 어지럽게 되고 백가들이 복잡하게 일어나 왕성해지며 공명과 이익의 길을 열어서
> 분주히 치달리며 깨닫지 못하였다.[24]

2) '명교를 초월하여 세속에 얽매이지 않다'

이상으로부터 혜강이 노장의 '인을 끊고 의를 버린다'(絶仁棄義)는 사상을 계승하였음을 알 수 있다. 그는 명교야말로 자연이 파괴된 후의 산물이고 자연보다 지위가 낮음을 주장하였다. 자연은 '대도'의 본성에 부합하는 것이고 천지 사이의 최고 법칙이며 또한 가장 진실한 존재이다. 따라서 당시의 사람들이 명교를 추종하는 풍조에 대하여 혜강은 '명교를 초월하여 세속에 얽매이지 않아야 함'을 제기하였고 명교의 '대도'에 대한 해명과 인성에 대한 침해를 반대함으로써 명교를 초월하여 사람들의 자연적인 진심과 본성이 드러나게 하였다.

또한 바로 사마씨가 창도하였던 명교를 반대하였기 때문에 혜강은 권력자에 대하여 협력하지 않는 태도를 취하였다. 그는 죽림호우들과 즐겁게 모여 술을 마셨고 자유롭게 거문고를 타지 않으면 산양山陽에 은거하여 단철鍛鐵로 생계를 유지하고 스스로 즐거움을 얻었다. 그는 자신이 정치와 멀리하였을 뿐만 아니라 벗들이 자신을 팔아 관직을 구하고 정치에 참여하는 것을 반대하였다. 그의 벗이자

---

24) 「難自然好學論」, "及至人不存, 大道凌遲, 乃始作文墨, 以傳其意, 區別群物, 使有類族; 造立仁義, 以嬰其心; 制其名分, 以檢其外; 勸學講文, 以神其教. 故六經紛錯, 百家繁熾, 開榮利之塗, 故奔騖而不覺."

'죽림칠현' 중의 한 사람인 산도山濤(자는 巨源)가 이부랑吏部郞의 직위에서 승진하게 되자 자신의 후임으로 혜강을 추천하였다. 혜강은 이 일을 알고서 「여산거원절교서與山巨源絶交書」를 지어 그와 절교할 것임을 공개적으로 나타내었다.

편지에서 혜강은 정치에 참여하려 하지 않는 원인으로 '도저히 견디지 못하는 것이 일곱 가지이고 절대 적합하지 않는 것이 두 가지'(必不堪者七, 甚不可者二)임을 직언하였는데, 겉으로 보기에는 자신의 생활습관과 성격취미가 정치와 서로 어울리지 않는 부분을 해석하는 것 같지만 실제로는 당시의 예교와 정치에 대한 풍자와 혐오를 교묘하게 표현한 것이다. 특히 그는 '요임금과 순임금을 업신여기고 우임금을 비웃으며'(輕賤唐虞而笑大禹) '탕왕과 무왕을 비난하고 주공과 공자를 가볍게 여긴다'(非湯武而薄周孔)는 대담한 주장을 제기하였고 모순의 화살은 직접 명교의 핵심과 사마씨의 통치를 겨냥하였다.

바로 이러한 이유로 혜강은 줄곧 사마씨의 질투를 깊이 받았다. 비록 그가 스스로 "누추한 시골을 지키면서 자손들을 가르치고 기르며 가끔 친구들과 안부를 물으면서 지나간 인생을 이야기하며 탁주 한 잔 마시고 거문고 한 곡만 탈 수 있다면 내 소원은 다 이루는 것"25)이라고 말하였지만 이렇게 간단한 소원도 그에게 있어서는 지나친 욕망이었다. 그의 사상과 성격이 그의 비극적인 운명을 결정하였다고 할 수 있다.

종회는 혜강의 죽음에서 영광스럽지 못한 역할을 맡아보았다. 종회 역시 당시의 명사名土였고 사마씨의 그룹에 빌붙어 있었으며 권위가 높았고 득의양양하였다. 하루는 종회가 호사스런 차림으로 수행원을 거느리고 산양에 가서 혜강을 방문함으로써 자신의 지위를 높이고자 하였다. 혜강은 대장간 일에 몰입하여 거들떠보지도 않았고 아무도 없는 것처럼 계속하였는데 종회의 체면이 크게 깎이게 되었다. 종회가 멋쩍어 돌아가려고 할 때 혜강이 갑자기 이렇게 물었다. "무엇을 들었기에 여기에 왔고 무엇을 보았기에 돌아가는 것이오?"26) 종회도 매우 약삭빨랐고 이렇게

---

25) 「與山巨源絶交書」, "守陋巷, 教養子孫, 時與親舊敍闊, 陳說平生, 濁酒一杯, 彈琴一曲, 志願畢矣."

대답하였다. "들을 것을 들었기에 왔고 볼 것을 보았기에 돌아가오!"[27] 그러고는
한을 품고 돌아갔다. 종회의 대답은 물론 철학적인 것이었다.

훗날 종회는 사마소의 뜻을 짐작하여 기회를 틈타 혜강을 모함하였고 감옥에
가두게 하였다. 이어서 종회는 또 우물에 빠진 사람에게 돌을 던지는 격으로 사마소
에게 이렇게 상주하였다. 바로 혜강이 "위로는 천자의 신하가 되지 않고 아래로는
제후를 섬기지 않으며 평소에는 세인을 무시하고 물건으로 쓰이지 못하며 지금에
도움이 되지 않고 세속에 실패하였다.…… 지금 혜강을 죽이지 않으면 왕도를
깨끗하게 하지 못한다."[28] 사마소는 자신의 생각과 꼭 들어맞자 명령을 내려 혜강을
처형하게 하였다. 그때 삼천이나 되는 태학생들이 혜강을 스승으로 나배하였고
혜강을 사면할 것을 청하였다. 사마소는 허락하지 않았다. 처형하기 전에 혜강은
낯빛 하나 변하지 않고 거문고를 청하여 「광릉산廣陵散」이라는 곡을 연주하였다.
연주가 끝나자 혜강은 거문고를 내던지면서 이렇게 말하였다. "「광릉산」은 이것으
로 끊어진다!"(「廣陵散」於今絶矣!) 그리고 그는 태연하게 죽음을 맞이하였는데 그때
나이가 40세였다.

혜강의 죽음은 한 철학자의 죽음이었다. 혜강은 바로 그의 생명과 죽음으로써
위진현학의 정신을 보여 주었다고 할 수 있다.

5. 배외의 '숭유론崇有論'과 상수, 곽상의 『장자』주

위진현학은 원강元康 시기에 이르러 세 번째 단계 즉 완벽하고 성숙해지는
단계에 진입하였다. 이 시기의 대표적인 인물로는 배외裴頠와 상수向秀, 곽상郭象이
다. 배외는 현학의 내부에서 '귀무론貴無論'의 오류를 수정하였고 '숭유崇有'의 철학을

---

26) 何所聞而來? 何所見而去?
27) 聞所聞而來, 見所見而去!
28) 上不臣天子, 下不事王侯, 輕時傲世, 不爲物用, 無益於今, 有敗於俗.……今不誅康, 無以淸絜王道

제기하였다. 상수와 곽상은 주요하게 『장자』 텍스트에 대한 해독을 통하여 위진현학을 최고의 수준으로 발전시켰다.

1) 배외의 '숭유론'

배외(267~300)는 자가 일민逸民이고 하동문희河東聞喜(지금의 산서 絳縣) 사람이며 위진 시기 철학자이다. 배외의 아버지가 위진 시기 저명한 학자 배수裴秀(224~271)이다. 배외는 어려서부터 분발하여 공부하였고 박학하고 고상하였으며 원대한 식견이 있었다. 당시의 사람들은 그를 '언담이 가득 모인 수풀'(言談之林藪)이라 불렀다. 그는 일찍이 요직을 담당하였고 훗날 사마씨에 의하여 살해되었는데 그때 나이가 겨우 33세였다.

배외가 생활하였던 시대에 현학의 발전에는 일부 극단적인 현상들이 나타났는데 일부 사람들이 "귀무자연貴無自然"을 표방하면서 '예'가 법을 훼손하지 않으면 바로 자연이라 주장하였고 옷을 하나도 걸치지 않고 술을 마구 마시며 방탕하고 단약을 먹으며 하지 못하는 것이 없었다. 또한 윗사람이 하는 대로 아랫사람이 따라 하여 사회의 풍조를 심각하게 파괴하였고 사회에 나쁜 영향을 끼쳤다. 배외는 이에 대하여 깊은 우려를 표시하였고 『숭유론崇有論』을 지어 '귀무'의 폐단을 보완하고자 하였다.

하안, 왕필의 '귀무론'은 '무를 근본으로 함'을 강조하였고 '무'는 '도'의 본성이고 천지만물의 본원이며 '유'는 모두 '무'에서 생겨난 것이라 주장하였다. 배외는 '귀무론'의 관점을 찬성하지 않았고 세계의 본원은 '유'일 수밖에 없음을 확신하였으며 만물은 '유'에서 생겨나고 심지어 '무' 또한 '유'에서 생겨남을 주장하였다. 그는 이렇게 말하였다.

무릇 지극한 무는 생명을 낳을 수 없으므로 처음 생성하는 것은 저절로 생겨나는 것이다. 저절로 생겨남은 반드시 유를 형체로 삼는데 남겨짐이 있어서 일그러짐이 생겨나는 것이다. 생명은 유로써 자기의 몸을 삼고 있으니 허무는 유가 없어진 것이다.…… 이러한 것으로부터 보면 유를 구제할 수 있는 것은 모두 유이니 허무가 어찌 이미 존재하는 여러 생명들을 이롭게 하겠는가.[29]

우선 발생의 시각에서 보면 '무'가 이미 '무'인 이상 아무런 내용도 없고 어떠한 규정성도 없는 것이다. 이렇게 어떠한 규정성도 없는 '무'는 당연히 규정성이 있는 어떠한 물건도 생겨나게 할 수 없다. 그렇다면 규정성이 있는 물건은 어떻게 생겨난 것인가? 이를 위하여 배외는 일부러 '자생'이라는 관념을 제기하였는데 이러한 규정성이 있는 물건은 사실상 모두 '자기가 자기를 생겨나게 하는' 것이다.

규정성이 있는 물건은 반드시 그러한 규정성을 일정한 형체에 실행시키는데 이것이 바로 '유'이다. '도'는 바로 가장 큰 규정성의 실행이다. 따라서 '도'는 가장 큰 '유'이다. 만물이 '자생'하는 과정은 사실상 만물이 '대유大有'의 '도'를 분할하는 것이다. '무'는 곧 '유가 남겨놓은 것'이고 '대유'가 분할된 후 남겨진 허공虛空이다.

이로부터 배외는 다음과 같은 결론을 도출해 내었다. 바로 '유'야말로 세계의 본원이고 '도'의 본성이라는 것이다. 세상만물은 모두 '유'를 공유함으로써 생겨난 것이고 '무'는 '유'가 거의 다 공유되고 남겨진 허공이다. 근본적으로 말하면 '무' 또한 '유'로부터 생겨난 것이다. '유'만이 '유'에 쓸모가 있고 '허무'는 만물의 산생에 대하여 어찌할 도리가 없다.

이상으로부터 살펴보면 배외는 '숭유'의 입장에서 '무'에 대한 '유'의 결정작용을 설명하였는데 이는 일정한 정도에서 '귀무론'의 이론적인 결함을 보완하고 '유'와 '무'의 관계 문제를 둘러싼 위진현학의 논의가 더욱 전면적이고 깊이 있게 하였다. 하지만 재미있는 것은 배외가 비록 사상적인 측면에서는 '숭유'의 주장을 견지하였지만 사회정치적인 측면에서는 '무위의 다스림'을 좋아하였다. 이는 당시 사상계의

---

29) "夫至無者無以能生; 故始生者自生也. 自生而必體有, 則有遺而生虧矣. 生以有爲己分, 則虛無是有之所謂遺者.……由此而觀, 濟有者皆有也, 虛無奚益於已有之群生矣." 『晉書』「裴頠傳」에 인용된 『崇有論』.

아이러니였을 것이다.

2) 상수, 곽상의 『장자주』

상수向秀는 자가 자기子期이고 하내河內 회懷(지금의 하남 武陟) 사람이며 위진 시기의 현학자이고 '죽림칠현'의 한 사람이다. 상수는 일찍이 벼슬을 좇지 않고 은거할 뜻이 있었다. 혜강이 살해된 후 상수는 화를 피하기 위하여 어쩔 수 없이 일부 한직에 나아갔지만 "조정에 섰으나 직무에 충실하지 않았고 관직에 몸만 담고 있었을 뿐이었다"(在朝不任職, 容迹而已). 상수의 주요한 저서로는 『장자주』가 있다.

곽상郭象은 자가 자운子云이고 하남河南(지금의 하남 낙양) 사람이며 서진西晉 시기 저명한 현학자이다. 『진서』 「곽상전」의 기록에 근거하면, 그는 "어려서부터 재리가 뛰어났고 노장의 학설을 좋아하였으며 청담을 잘하였다"[30]. 심지어 어떤 사람들은 그를 '제2의 왕필'(王弼之亞)이라 하였다. 후에 동해왕東海王 사마월司馬越의 태부주부太傅主簿가 되었는데 당시 사람들의 비난을 받았다. 곽상의 가장 중요한 철학저서는 『장자주』이다.

『장자주』의 저자에 관한 문제는 줄곧 학술사상의 일대 안건(公案)이었다. 『세설신어』 「문학」편과 『진서』 「곽상전」의 주장에 근거하면 『장자주』의 원저자는 상수였고 생전에 「추수秋水」와 「지락至樂」의 두 편을 제외한 나머지 주석을 완성하였다. 하지만 상수는 일찍 죽었고 또 그의 아들은 나이가 어려서 무지하였다. 결국 "덕이 없고 뛰어난 재주가 있었던"(爲人薄行, 有雋才) 곽상이 빈틈을 노려 상수의 성과를 가로채었고 「추수」와 「지락」 두 편의 주석을 보충하였으며 또한 「마제馬蹄」편의 주석을 바꾸어 자신의 명의로 발표하였다는 것이다. 하지만 『진서』 「상수전」에는 또 다른 주장이 기록되어 있다. 바로 상수가 『장자』를 은밀하게 해석하여(隱解) "기이한 의취를 밝혀내고 현학의 풍조를 일으켰으며" "혜제 때에 곽상이 또 조술하

---

30) 『晉書』, 「郭象傳」, "少有才理, 好老莊, 能淸言."

여 넓힘으로써 유교와 묵자의 자취가 낮아지고 도가의 주장이 번성하게 되었다."[31]

　현재 학계에서는 두 번째 주장을 대부분 받아들이고 있다. 바로 곽상의 『장자주』
는 상수가 장자를 주석하였던 성과를 받아들이는 기초 위에 '조술하여 넓힘으로써'
(述而廣之) 완성된 것이라는 주장이다. 이 책은 전반적으로 상수와 곽상 두 사람이
공동으로 작업한 것이라 할 수 있지만 사상의 주요한 요지는 곽상을 주로 한다.

　곽상은 우선 '유'와 '무'가 서로 생겨나게 하는 문제에 주목하였다. 그는 배외의
'무는 유를 생겨나게 할 수 없다'(無不能生有)는 관점에 찬성하였는데 만약 '무'가
'유'를 생겨나게 할 수 있다면 또 어떻게 '무'라고 불릴 수 있는 것인가 반문하였다.
따라서 '유'는 결코 '무'로부터 생겨난 것이 아니다. 이로부터 '귀무론'의 '무를
근본으로 하는' 관점을 부정하였다. 하지만 곽상은 배외의 '유를 구제할 수 있는
것은 모두 유'(濟有者皆有也)라는 '숭유'의 관점도 찬성하지 않고 '유'가 '무'를 생겨나
게 할 수 없을뿐더러 '유'도 생겨나게 할 수 없음을 주장하였다.

3) '스스로 생겨나고' '스스로 존재하다'

　'유'는 '무'에서 생겨난 것도 아니고 '유'에서 생겨난 것도 아니다. 그렇다면
'유'는 어디에서 온 것인가? 곽상이 보기에 '유'는 다만 '스스로 생겨나고' '스스로
존재하는' 것일 수밖에 없는 것이었다.

　　그렇다면 낳고 낳는 것은 누구인가? 홀로 스스로 생겨날 뿐이다. 스스로 생겨날
　　뿐이지 내가 낳는 것이 아니다. 내가 사물을 낳지 못하고 사물 또한 나를 낳을
　　수 없으니 나는 스스로 그러한 것이다. 자기 스스로 그러한 것이니 천연이라고
　　부른다. 본래 그러할 뿐이고 인위적인 것이 아니기 때문에 하늘로 말한다. 하늘로
　　말하는 것은 자연을 밝히려는 것일 뿐 어찌 저 창창한 하늘을 말하는 것이겠는가!
　　혹자는 천뢰가 만물을 부려서 자기를 따르게 한다고 말한다. 하늘조차도 스스로

---

31) "發明奇趣, 振起玄風." "惠帝之世, 郭象又述而廣之, 儒墨之跡見鄙, 道家之言遂盛焉."

어떤 일물로 존재하지 않는데 하물며 다른 사물을 소유할 수 있겠는가! 그러므로 천이라는 것은 만물의 전체적인 명칭일 뿐이다. 어느 것이나 모두 천이니 누가 부리겠는가? 그러므로 만물은 각각 스스로 생겨날 뿐이지 낳는 자가 있는 것이 아닌데 이것이 천도이다.[32]

 곽상이 보기에 만물은 허무로부터 생겨난 것이 아니고 만물이 서로 작용하여 생겨난 것도 아니었다. 그렇다면 이른바 '조물자造物者'로부터 생겨난 것인가? 이에 대하여 곽상은 특별히 신비한 조물자의 관념을 논의하였다. 만약 조물자가 존재하지 않음을 확신하면 만물은 어떻게 나타나는가? 만약 조물자의 존재를 확신한다고 하여도 이렇게 많은, 형태가 서로 다른 만물을 창조해 낼 수 없다. 따라서 그는 진정한 조물자는 바로 만물 자체이고 스스로 자신을 생겨나게 하는 것임을 강조하였다. 만물의 출현과 존재는 스스로 출현하고 스스로 존재하는 것일 수밖에 없다는 것이다. 이른바 '자自'가 바로 '자연自然'이고 바로 스스로 그러한 것이고 다른 사물을 기다리지 않고 그러한 것이다.

4) '현명의 경지에서 홀로 변화하다'

 만물이 어떻게 '스스로 생겨나고'(自生) '스스로 작용하고'(自爲) '스스로 존재할' (自有) 수 있는가? 이 질문에 대답하기 위하여 곽상은 만물이 '현명의 경지에서 홀로 변화한다'(獨化於玄冥之境)는 사상을 제기하였다. '독화獨化'는 바로 '의지함이 없는'(無待) 변화이다. "의지하는 것을 따져서 그 유래를 찾으면 찾아 따지는 것이 끝이 없다. 마침내 무엇에도 의지함이 없음에 이르게 되어 홀로 변화하는 이치가 분명해진다."[55] 만물이 생겨나고 변화하는 조건과 원인을 반드시 거슬러 올라간다

---

32) 『莊子注』, 「齊物論」, "然則生生者誰哉? 塊然而自生耳. 自生耳, 非我生也. 我旣不能生物, 物亦不能生我, 則我自然矣. 自己而然, 則謂之天然. 天然耳, 非爲也, 故以天言之. 以天言之, 所以明其自然也, 豈蒼蒼之謂哉! 而或者謂天籟役物, 使從己也. 夫天且不能自有, 況能有物哉! 故天者, 萬物之總名也, 莫適爲天, 誰主役物乎? 故物各自生, 而無所出焉, 此天道也."

면 무궁무진한 인과의 악성순환 속에 빠지게 될 것이다. 따라서 세상의 만사만물의 생성과 변화는 독립적이고 어떠한 조건에도 의존하지 않으며 "밖으로 도에 의지하지 않고 안으로 자신에게 말미암지 않았으며 확 비워 버림으로 스스로 얻어서 홀로 변화한다."³⁴⁾ 사물은 각자 스스로 '홀로 변화할'(獨化) 뿐만 아니라 피차 사이에 서로 전환하는 관계가 존재하는 것도 아니다. '현명의 경지'(玄冥之境)는 만물이 '홀로 변화하는' 장소이고 경지이며 일종의 차별이 말살되고 시비가 제거되며 피차가 나뉘지 않고 스스로 만족하는 경지이다.

　　만물이 '홀로 변화하는' 다른 하나의 근거는 만물이 "각자 정해진 분수가 있음"(各有定分)에 있다. 곽상은 장자 「제물론」의 사상을 개조하였고 큰 붕과 작은 새에 각자 정해진 분수가 있음을 제기하였다. "크고 작은 차이에 따라 각기 정해진 분수가 있고 부러워한다고 해서 미칠 수 있는 것이 아니다."³⁵⁾ 따라서 서로를 부러워할 필요가 없고 마땅히 '각자 자신의 본성을 따르는'(各適其性) 것이다. '각자의 본성에 만족할'(自足其性) 수만 있다면 '크고 작음에 모두 만족할'(大小俱足) 수 있는 것이다.

　　'각자 자신의 분수를 편안히 여기고'(各安其分) '각자 자신의 본성에 따라 선택하는'(各適其性) 관점으로부터 출발하여 곽상은 '명교'와 '자연'의 관계를 조화시켜야 함을 주장하였는데 그가 보기에 명교가 바로 자연이고 자연이 바로 명교이다. 그는 이렇게 말하였다. "소와 말이 뚫고 들어옴을 마다하지 않으면 천명이 진실로 합당한 것이다. 합당한 천명은 비록 인간사에 기탁하지만 근본은 하늘에 있다."³⁶⁾

　　따라서 '인의'와 같은 부류의 도덕규범은 결코 인간의 본성 밖에 있지 않고 바로 인간 본성의 자연적인 일부분이다. 사람들이 만약 '각자 자신의 타고난 본성을 편안히 여기고'(各安其天性) 명교의 규범에 순응하면 각자 자신의 욕망을 실현하고

---

33) 『莊子注』, 「齊物論」, "若責其所待而尋其所由, 則尋責無極. 卒至於無待, 而獨化之理明矣."
34) 『莊子注』, 「大宗師」, "外不資於道, 內不由於己, 掘然自得而獨化也."
35) 『莊子注』, 「逍遙遊」, "小大之殊, 各有定分, 非羨欲所及."
36) 『莊子注』, 「秋水」, "牛馬不辭穿落者, 天命之固當也. 苟當乎天命, 則雖寄之人事, 而本在乎天也."

자신의 본성을 다하며 자연을 실현할 수 있다. 이러한 주장을 논증하기 위하여 곽상은 특히 성인을 예로 들었다. 성인이 명교라는 보따리 속에 처하여 있어서 자연적인 본성을 실현할 수 없을 것 같다. 하지만 실제로는 그렇지 않은데 '자연무위自然無爲'는 결코 하루 종일 '산 속에서 두 손을 맞잡고 묵묵히 있음'(拱默乎山林之中)이 아니고 본성을 따르기만 하면 '수레에 황금으로 만든 덮개를 씌우고 옥새를 가지고 있으며'(戴黃屋, 佩玉璽) '산천을 두루 돌아다니고 백성과 함께 일할'(歷山川, 同民事)지라도 자연무위의 본성을 개변하지 못한다. 따라서 "성인이 비록 조정의 높은 지위에 있지만 마음은 산림 속에 있는 것과 다름이 없다."[37]

---

37) 『莊子注』, 「逍遙遊」, "大聖人雖在廟堂之上, 然其心無異於山林之中."

2장 불선의 지혜

불교는 양한兩漢 시기 인도에서 중국으로 전해졌고 이백 년 정도의 전파를 거쳐 후한後漢 말년에 이르러 이미 민간에 상당한 영향을 주었다. 이로부터 다시 삼백여 년의 발전을 거쳐 중국 불교는 수당隋唐 시기에 전성기에 도달하였다. 이 시기 중국화된 불교의 사상체계와 종파가 형성되었는데 천태종天台宗, 화엄종華嚴宗, 선종禪宗이 바로 그 중에서 대표적인 것이다.

독특하고 선명한 이론적인 색채로 선종은 중국 철학사와 중국 불교사에서 모두 한 자리를 차지하고 있다. 중국의 모든 불교종파에서 선종은 영향력이 가장 넓고 규모가 가장 크며 지속된 시간이 가장 긴 종파이다. 불교의 다른 종파가 혹은 정치적인 원인으로 혹은 이론적인 원인으로 점차 역사의 무대에서 사라져 갈 때 선종은 여전히 중국 문화의 토양에서 생기발랄하게 활약하였다.

선종은 불심종佛心宗, 달마종達磨宗, 무문종無門宗이라고도 부른다. 『오등회원五燈會元』 권1에서는 이렇게 말하였다. "세존이 영산회상에서 꽃을 들어 중생들에게 보여 주었다. 그때 중생들은 모두 침묵하고 있었다. 오직 가섭 존자만이 얼굴에 미소를 지었다. 세존이 말하였다. 나한테 있는 정법안장, 열반묘심, 실상무상, 미묘한 법문, 불립문자, 교외별전을 마하가섭에게 부촉한다."[1] 이러한 설은 또한 『대범천왕문불결의경大梵天王問佛決疑經』에서도 볼 수 있는데 선종은 마음에서 마음으로 전하고(以心傳心) 언교言敎에 의지하지 않으며 교외별전敎外別傳에 속한다. 『단경

---

[1] 『五燈會元』, 권1, "世尊在靈山會上拈花示衆. 是時, 衆皆默然. 唯迦葉尊者破顔微笑. 世尊曰: 吾有正法眼藏, 涅槃妙心, 實相無相, 微妙法門, 不立文字, 敎外別傳, 付囑摩訶迦葉."

壇經』등 문헌의 설법에 근거하면 선종은 가섭迦葉(?~?)을 창시자로 하고 아난阿難 등을 거쳐 보리달마에 이르는 28인은 서천西天 28조祖이다. 보리달마는 양梁의 무제武帝 시기에 남쪽의 천축天竺으로부터 건업建業(지금의 남경)에 이르러 중국 선종의 창시자가 되었다. 달마가 처음 중국에 들어왔을 때 무제를 만났지만 뜻이 일치하지 않았고 결국 숭산嵩山의 소림사에서 9년 동안 벽을 보고 좌선하여 도를 깨달았다. 후에 혜가慧可(487~593)에게 법을 전수하였고 혜가가 승찬僧璨(?~606)에게, 승찬이 도신道信(580~651)에게, 도신이 다시 홍인弘忍(601~674)에게 전수하였다. 오조五祖 홍인은 기주蘄州 황매동산黃梅東山에 머물렀고 육조六祖 혜능慧能(638~713)에게 법을 전수하였다. 오조 이후 신수神秀 계열이 따로 나왔고 북쪽에서 선법을 발전시켰다.

혜능은 종통을 이어 육조가 된 후 남쪽으로 피난하였고 15년 후 조계曹溪에서 크게 선禪의 풍조를 일으켜 남종선南宗禪의 시조가 되었다. 혜능의 법을 전수받은 제자는 사십여 명이 있었는데 그 중에서 남악회양南岳懷讓(677~744), 청원행사靑原行思(671~738), 남양혜충南陽慧忠(?~775), 영가현각永嘉玄覺(643~713), 하택신회荷澤神會(685~760)가 유명하다. 그 뒤로 선은 중국에서 두루 유행하게 되었고 오가五家와 칠종七宗을 형성하였다. 오가는 임제종臨濟宗, 위앙종潙仰宗, 조동종曹洞宗, 운문종雲門宗, 법안종法眼宗이고 칠종에는 오가 이외에 임제종의 두 갈래 분파인 황룡파黃龍派와 양기파楊岐派가 추가된다.

남악회양은 육조로부터 법통을 이어받아 중생을 교화하였는데 장장 30년에 달하였고 그로부터 법을 전수받은 제자가 아홉이었는데 그 중에서 마조도일馬祖道一(709~788)의 지위가 가장 높았다. 마조는 강서江西 공공산龔公山에서 선법을 거양擧揚하였는데 호되게 꾸짖고 때리고 소리치며(棒喝) 먼지떨이를 세우는(竪拂) 기풍을 열고, 마음을 일으키고 생각을 움직이게 하며(起心動念) 눈썹을 치켜뜨고 눈을 깜빡이는(揚眉瞬目) 등의 일상적인 몸과 마음의 활동이 모두 불성佛性임을 주장하였다. 마조의 문하에는 제자가 백여 명이 있었는데 그 중에서 백장회해百丈懷海(720~814), 남전보원南泉普愿(748~834), 서당지장西堂智藏(735~814), 대매법상大梅法常(752~839), 장경회휘章敬懷暉(756~816), 대주혜해大珠慧海(생몰년 미상)가 유명하다.

1. 본심불성과 돈오성불

아래에서는 오직 『단경壇經』을 핵심으로 하여 초기 선종의 사상을 분석하도록 한다. 『단경』은 판본이 매우 많고 판본마다 내용도 차별이 비교적 큰데 이 장에서는 종보본宗寶本을 텍스트로 사용하였다.

1) 불성설佛性說

선종의 불성설佛性說은 대승불교 및 도생道生(?~434) 등의 "모든 중생에게 모두 불성이 있다"(一切衆生皆有佛性)는 관점을 계승한 것이다. 『단경』「행유품제일行由品第一」의 기록에 근거하면 혜능이 홍인을 스승으로 모시려 하자 홍인이 이렇게 물었다. "너는 영남의 무지렁이인데 어떻게 부처가 될 수 있겠는가?" 혜능이 이렇게 대답하였다. "사람은 비록 남쪽 사람과 북쪽 사람이 있지만 불성은 본래 남북이 없고 무지렁이의 몸은 중과 같지 않지만 불성이야 어찌 다르겠습니까?"[2] 이는 선종의 불성 평등 관념을 보여 준다. 혜능은 또 이렇게 제기하였다. "범부가 곧 부처이고 번뇌가 곧 보리이다."[3] 양자의 구별은 다만 미혹(迷)과 깨달음(悟) 사이에 있을 뿐이다.

『단경』에서 불성은 '본심本心', '자성自性', '도道', '진여본성眞如本性', '함장식含藏識'(즉 제8아뢰야식) 등으로도 불린다. 혜능은 오조가 『금강경金剛經』을 해설할 때 자성을 크게 깨달았고 이렇게 말하였다. "어찌 자성이 본래 청정함을 알았겠습니까? 어찌 자성이 본래 생멸하지 않음을 알았겠습니까? 어찌 자성이 본래 구족함을 알았겠습니까? 어찌 자성이 본래 동요하지 않음을 알았겠습니까? 어찌 자성이 만법을 낼 수 있음을 알았겠습니까?"[4] 자성은 본래 스스로 청정하고 생멸하지

---

2) 『壇經』, 「行由品第一」, "汝是嶺南人, 又是獦獠, 若爲堪作佛?" "人雖有南北, 佛性本無南北; 獦獠身與和尙不同, 佛性有何差別?" 이하에서 『壇經』을 인용할 때 편명만 밝히도록 한다.
3) 「般若品第二」, "凡夫卽佛, 煩惱卽菩提."
4) 「行由品第一」, "何期自性, 本自淸淨; 何期自性, 本不生滅; 何期自性, 本自具足; 何期自性, 本無動搖; 何期自性, 能生萬法."

않으며 스스로 구족하고 동요하지 않으며 만법을 낼 수 있는 여러 가지 특성을 가지고 있다. 자성이 본래 스스로 청정하고 만법을 낼 수 있는 특성을 가지고 있다는 관점은 『능가경楞伽經』의 여래장如來藏 사상과 일치하다. 또한 혜능은 유식唯識의 이론으로써 "자성이 만법을 낼 수 있음"(自性能生萬法)을 해석하였는데 이렇게 말하였다. "자성이 만법을 포함할 수 있기 때문에 함장식이라 하는 것이고 만약 생각을 일으키면 곧 전식이다. 6식을 내어 6문을 나와 6진을 보게 되는데 이와 같이 18계가 모두 자성으로부터 일어나는 것이다."[5) 이로부터 불성은 '함장식'이라고도 부르는데 바로 유식종에서 말하는 제8아뢰야식이고 그의 자성이 만법을 나게 한다는 이론은 유식종에서 말하는 제8식으로부터 만법이 난다는 관점에 부합하는 것임을 알 수 있다.

혜능은 한편으로 성性으로써 불佛을 말하였는데 성즉시불性卽是佛이고 성性을 떠나서 별도로 불佛이 없다고 하였다. 또한 다른 한편으로 즉심즉불卽心卽佛이고 마음을 떠나서 별도로 불佛이 없다고 하였다. 그가 보기에 마음과 성性 사이는 엄격하게 구별되는 것이 아니었고 서로 안과 밖이 되는 것이었다. 뇌영해賴永海는 이렇게 말하였다. "일체의 제법으로부터 말하면 성은 만물의 근원이다. 생불의 범위 안에서 말하면 마음은 모든 불성의 근본이다. 중생계에서 마음과 성은 하나이면서 둘이고 둘이면서 하나이다. 만법의 본원으로서의 진여 본성은 중생계에 대하여 말하면 중생 스스로의 마음이고 마음을 떠나서 별도로 불성이 있는 것이 아니기 때문에 '즉심즉불'이라고 한 것이다. '즉심즉불'은 바로 '자성시불'이 생불관계에서의 구체적인 표현이다."[6) 혜능은 생불生佛을 일심一心에 귀결시켰는데 이는 하나의 큰 발명이다.

---

5) 「付囑品第十」, "自性能含萬法, 名含藏識; 若起思量, 卽是轉識. 生六識, 出六門, 見六塵, 如是一十八界, 皆從自性起用."

6) 賴永海, 『中國佛性論』(上海人民出版社, 1988), 제185쪽, "就一切諸法上講, 則性是萬物之源. 就生佛範圍內說, 心是衆佛之本. 在衆生界中, 心之與性, 是一而二, 二而一的. 作爲萬法本原之眞如本性, 對於衆生界來說, 也就是衆生之自心, 離心無別佛, 故曰卽心卽佛. 可見, 卽心卽佛乃是自性是佛在生佛關系上的其體表述."

2) 돈오성불설頓悟成佛說

도생은 일찍이 『화엄경華嚴經』 「십지품+地品」(『十住經』이라고도 부른다.)에 근거하여 그의 돈오관頓悟觀을 제기하였는데, 맨 처음부터 십지+地(+住) 보살에 이르기까지는 모두 점수漸修이고 십지 이후부터 비로소 돈오頓悟하여 성불할 수 있음을 주장하였다. 당시 승조僧肇(384~414) 등 사람들은 칠지七地에서 '작은 돈오'(小頓悟)가 있게 되고 십지에 이르면 '큰 돈오'(大頓悟)가 있게 된다고 주장하면서 최초의 돈오 관련 논변이 시작되었다.

선종의 돈오설은 도생의 주장과 크게 다르다. 도생은 돈오하기 전에 엄격한 순서와 계급이 있음을 강조하였는데, 반드시 십지에 도달하여야만 비로소 돈오하여 성불할 수 있음을 주장하였다. 하지만 선종이 보기에 돈오는 어떠한 계급도 초월하는 것이었다. 혜능은 이렇게 말하였다. "앞생각이 어두웠으면 곧 범부이고 뒷생각에 깨달으면 곧 부처이다. 앞생각이 경계에 집착하면 곧 번뇌이고 뒷생각이 경계를 떠나면 곧 보리이다. …… 깨닫지 못하면 부처가 바로 중생이고 한 생각에 깨달으면 중생이 곧 부처이다. …… 만약 자성을 알아서 한번 깨달으면 바로 부처의 자리에 이르게 된다."7) 선종이 보기에 범부의 자리에서도 찰나 사이에 바로 부처의 자리에 이를 수 있는데 이러한 전환의 관건이 바로 돈오이다. 이로부터 도생의 돈오설이 선종에 영향을 주었다는 근대 학자들의 관점은 오해였음을 알 수 있다.

"한 번 깨달으면 부처의 자리에 이름"(一悟卽至佛地)이 정확한지의 여부에 대해서는 기타 종파 및 선종의 내부에서도 줄곧 쟁론이 끊이지 않았다. 유식종에서는 순서를 수정하여 다섯 자리로 나누었고 '오도悟道'는 다만 가운데의 '견도위見道位'(通達位라고도 부름)에 있는 것이고 그 뒤에 '수습위修習位'와 '구경위究竟位'가 있는데 아직도 멀고도 먼 길을 걸어야만 비로소 원만하게 성취할 수 있음을 주장하였다. 유식종의 관점에 근거하면 '묘관찰지妙觀察智', '평등성지平等性智', '대원경지大圓鏡智', '성소

---

7) 「般若品第二」, "前念迷, 卽凡夫; 後念悟, 卽佛. 前念著境卽煩惱, 後念離境卽菩提. …… 不悟, 卽佛是衆生; 一念悟時, 衆生是佛. …… 若識自性, 一悟卽至佛地."

작지成所作智'를 합하여 사지四智라 부르는데 유루有漏의 제8식, 제7식, 제6식 및 전 오식五識을 전환한 것이고 부처의 네 가지 지혜이다. 그 중에서 '묘관찰지'와 '평등성지'는 '통달위', '수습위'에 도달하면 일분一分을 증득證得할 수 있고 '대원경지' 와 '성소작지'는 반드시 '구경위'에 이르러야만 비로소 증득할 수 있다. 『능엄경』 등 불교경전에서는, 리理는 돈오하는 것이고 사事는 점차적으로 제거하는 것이며 깨달은 뒤에도 여전히 점수가 필요함을 주장하였다. 하지만 『단경』에서는 종문宗門 의 깨달음이 계급을 초월하고 한 번 깨달으면 '삼신사지三身四智'를 구비하게 됨을 주장하였다.

물론 『단경』에서도 깨달음 이후의 수행을 부정하지 않는다. 「기연품제칠機緣品 第七」의 기록에 근거하면 남악회양 선사가 혜능을 방문할 때 대화하다가 크게 깨달았다. 회양 선사는 깨달은 후에도 혜능의 주변에서 15년을 머무르면서 '날로 깊은 경지에 이르렀는데'(日臻玄奧) 이는 회양에게 계속하여 세밀화할 부분이 있었음 을 설명한다. 혜능에 의하여 '지견종도知見宗徒'라 불렸던 신회도 깨달음 이후의 점수를 제기하였다. "우리의 육대 대사들은 한 사람 한 사람이 모두 단도직입적이어서 곧바로 견성함을 말하였지 점차 계합해 들어가는 것을 말하지 않았는데, 도를 배우는 사람은 모름지기 돈오하고 점수하여야 하고 □□을 벗어나지 않음으로써 해탈을 얻는 것이다."[8] 신회는 이러한 돈오가 "어머니가 갑자기 자식을 낳음"(母頓生 子)과 같은데 아이의 성장에는 여전히 "우유를 먹여 점차적으로 길러야 아이의 지혜가 자연스럽게 늘어난다"[9] 하였다. 당唐나라 말 이후 선종에는 초관初關, 중관重 關, 뇌관牢關의 삼관三關설이 생겨났다. 삼관에 관해서도 여러 가지 주장이 있었는데 '명자본심明自本心'을 '초관을 부수는 것'(破初關)으로 간주하고 '공성기용空性起用'으로 부터 '진성묘용眞性妙用'을 아는 것을 '중관을 부수는 것'(破重關)이라 부르며 깨달음의 흔적을 제거하여 스스로 그러하여 무애無碍한 경지에 도달하는 것을 '최후의 뇌관을

---

8) "我六代大師一一皆言單刀直入, 直了見性, 不言階漸, 夫學道者須頓悟漸修, 不離是□□而得解 脫." 胡適이 교정한 敦煌本 『神會語錄』 제3殘卷.
9) 위와 같음, "與乳, 漸漸養育, 其子智慧自然增長."

타파하는 것'(踏末後牢關)이라 부른다. 물론 후기의 선종에서도 어떤 사람은 '한 번 깨달으면 부처의 자리에 이르게 된다'는 관점을 수호하면서 삼관을 설치할 필요가 없음을 주장하였다. 이로부터 선종의 '한 번 깨달으면 바로 부처의 경지에 들어간다는 설'(一悟卽入佛地說)도 많은 쟁론을 불러일으켰고 천고에 가리기 어려운 현안이었음을 알 수 있다.

2. 혜능의 '선'의 의미에 대한 해석의 전환

'선'은 본래 산스크리트어(梵語)이고 '사유수思維修', '정려靜慮', '선정禪定' 등의 함의가 있다. 이는 인도의 여러 종교의 종파와 불교의 공통된 수행방법 중의 하나이다. '선정禪定'은 마음이 어떠한 대상에 집중하여 난잡하지 않은 상태에 도달하는 것이다. 인도불교에는 사선팔정설四禪八定說이 있다.

불교에서는 '선정'이 불교와 외도外道의 공법共法이고 지혜야말로 불교 고유의 불공법不共法이라고 주장하였다. 단지 '선정'에만 의거하면 소승小乘에서의 아라한阿羅漢이 될 수 없고 대승大乘에서의 반야般若지혜도 얻을 수 없다. 용수龍樹(Nagarjuna)의 『대지도론십칠大智度論十七』에는 다음과 같은 이야기가 기록되어 있다. 석가모니의 한 제자가 '사선四禪'을 증득하고는 자신이 '사도四道'를 얻고 아라한과阿羅漢果를 얻은 것으로 여기면서 진보를 추구하지 않았다. 석가모니는 이 제자가 '사선'을 '사도'에 비유하여 자신이 아라한을 얻었다고 하는 것은 잘못된 것이라 하였다.

『단경』에서는 '선禪'과 '정定'에 대하여 두 가지로 이해하였다. 초기에 혜능은 전통적인 이해에 근거하여 원래 의미의 '선정'에 대하여 배격하였다. 후에 혜능은 '선정'의 함의에 대하여 창조적으로 전환하였고 '선정'과 '반야'의 지혜를 동일시하였다.

1) 전통적인 의미의 '선정禪定'에 대하여 배격하다

혜능은 15년의 은둔을 거쳐 광주廣州 법성사法性寺에서 선종의 심법心法을 전파하였다. 법성사法性寺 인종印宗 법사가 물었다. "황매에서 부촉하실 때 어떻게 가르쳐 주었습니까?" 혜능이 말하였다. "가르쳐 준 것이 따로 없었고 오직 견성만을 논하고 선정과 해탈은 논하지 않았습니다." 인종이 말하였다. "어찌하여 선정과 해탈을 논하지 않는 것입니까?" 혜능이 말하였다. "두 가지 법이 되어서 불법이 아니기 때문이고 불법은 두 가지 법이 아닙니다."10) 여기서 혜능은 전통적인 이해에 근거하여 '선정'을 정의하였는데 불법의 근본은 '견성見性'에 있고 '선정'과는 무관한 것이라 주장하였다. 다만 '선정'의 법에만 주목하면 불법에 부합하지 않는 '두 가지 법'(二法)이 된다고 여겼다. 「의문품제삼疑問品第三」에서 혜능은 '무상송無相頌'을 지어서 이렇게 말하였다. "마음이 평등하다면 구태여 계를 지키겠는가? 행실이 곧은데 참선할 필요가 있겠는가?"11) 그는 본심을 인식한 뒤에 참된 마음(眞心)으로 일을 행하면(行事) 자연스럽게 '도'에 부합하여 별도로 '선정'을 닦을 필요가 없음을 제기하였다.

2) '선정'과 '정'에 대한 창조적인 전환

『단경』의 제사품에서 제구품에 이르는 내용에서 혜능은 '정定', '선정禪定', '좌선坐禪' 등에 대하여 새롭게 해석하고 새로운 함의를 부여하였다.

북종北宗의 신수는 문인 지성志誠한테 광동廣東에 가서 혜능의 법을 듣게 하였다. 혜능은 지성에게 신수의 교육방법에 대해 물었고 지성은 이렇게 말하였다. "항상 가르치기를 마음을 머물러 고요함을 관하고 늘 앉아서 눕지 말라고 하였습니다." 혜능이 이렇게 제기하였다. "마음을 머물러 고요함을 관함은 병이고 선이 아니며

---

10) 「行由品第一」, "黃梅付囑, 如何指授?" "指授卽無, 惟論見性, 不論禪定解脫." "何不論禪定解脫?" "爲是二法, 不是佛法, 佛法是不二之法."

11) 心平何勞持戒? 行直何用修禪?

앉기만 하여 몸을 구속함이 어찌 이치에 유익하겠는가? 내 게송을 들으라. 살아서는 앉아서 눕지 못하고 죽어서는 누워서 앉지 못하니 원래 냄새나는 송장덩이인데 어떻게 무슨 공을 세우겠는가."[12) 측천무후則天武后(624~705)와 당唐나라 중종中宗(656 ~710, 당나라의 제4대와 제6대 황제, 어머니가 측천무후임)이 설간薛簡에게 광동에 가서 혜능을 청해오라고 명령하였고 혜능은 아프다는 이유로 사양하였다. 설간이 혜능에게 이렇게 말하였다. "경성의 선덕들이 모두 말하기를 '도를 알려면 반드시 좌선하여 정을 익혀야 하고 만일 선정에 의거하지 않고 해탈한 자는 있은 적이 없다'고 합니다. 스님께서 설하시는 법은 어떠합니까? 대사가 말하였다. 도란 마음으로 깨닫는 것인데 어찌 앉는 것에 있겠는가? 경에서 말하기를 만일 여래를 말하여 앉는다거나 눕는다거나 한다고 하면 이는 사도를 행함이다. 무슨 이유겠는가? 좇아서 온 바도 없고 또한 가는 바도 없으며 생도 없고 멸도 없는 것이 여래의 청정선이고 모든 법이 비어서 고요함이 여래의 청정좌이다. 마침내 얻음이 없는데 어찌 하물며 앉는 것일까?'[13) 신수 등 사람들이 가르친 '마음을 머물러 고요함을 관함'(住心觀靜)은 전통적인 '선정'이고 의식으로써 마음을 관조하는 것에 속하는데, 의식이 점차적으로 고요하게 하여 일정한 '선정'의 경지에 도달한다.

혜능이 보기에 진정한 '정'은 본심을 깨달은(契悟) 이후 수지修持하여야 하는 것이었다. 홍인이 이렇게 말하였다. "본심을 알지 못하면 아무리 법을 배워도 유익하지 않다."[14) 본심과 본성을 안 뒤에 본심(진심, 혜, 본성, 불성, 함장식이라고도 칭함)으로부터 관조하여 불법이 두 가지 법이 아니고 번뇌와 보리, 생과 멸, 상常과 무상無常, 비悲와 해害, 희喜와 진瞋 등이 모두 두 가지 법문이 아니며 언제 어디서나 모두 '대정大定' 속에 있음을 스스로 알게 된다는 것이다. 본심과 본성을 깨달은

---

12) 「頓漸品第八」, "常指誨大衆, 住心觀靜, 長坐不臥." "住心觀靜, 是病非禪; 長坐拘身, 於理何益? 聽吾偈曰: 生來坐不臥, 死去臥不坐, 一具臭骨頭, 何爲立功課."

13) 「護法品第九」, "京城禪德皆云: 欲得會道, 必須坐禪習定; 若不因禪定而得解脫者, 未之有也. 未審師所說法如何? 師曰: 道由心悟, 豈在坐也? 經云: 若言如來若坐若臥, 是行邪道. 何故? 無所從來, 亦無所去; 無生無滅, 是如來淸淨禪; 諸法空寂, 是如來淸淨坐, 究竟無證, 豈況坐耶?"

14) 「行由品第一」, "不識本心, 學法無益."

사람은 자연스럽게 "도가 일체 경전의 법을 꿰뚫어 출입할 때 양쪽을 모두 여의어서 자성을 움직여 쓰는 것과 사람과 함께 말을 함에 있어서 밖으로는 상에 대하여 상을 떠나고 안으로 공에 대하여 공을 떠난다."[15] 이로부터 신수 등이 가르치는 '선정'은 망심妄心(제6식)에서 공부를 하는 것이고 벽돌을 갈면서 거울이 되기를 바라는 것이며 공부가 궁극의 경지極處에 이르게 되면 망념이 잠복해 있는 제6식의 고요함을 본심을 깨달은 것으로 잘못 간주할 수 있는데 이것이 바로 신수의 "몸이 보리수라면 마음은 밝은 거울틀이다. 때때로 부지런히 털고 닦아서 때가 끼고 먼지가 앉지 않도록 한다"[16]는 것이다.

이를 겨냥하여 혜능도 게송을 지었는데 다음과 같다. "보리에 본래 나무가 없고 밝은 거울 또한 틀이 아니다. 불성이 늘 청정한데 어디에 때가 끼고 먼지가 앉겠는가!"[17] 혜능의 이 게송을 어떻게 이해할 것인가?

혜능이 말하였다. "내가 말하는 법은 자성을 떠나지 않는다."[18] 혜능은 제6식인 망심妄心을 출발점으로 하는 '선정'에 대한 관점을 타파하고 본심과 자성의 시각으로 '선', '정'에 대하여 새롭게 해석하였다. "나의 이 법문은 정혜를 근본으로 삼으니 대중은 미혹되어 정과 혜가 다르다고 하지 말라. 정과 혜는 일체이고 둘이 아니며 정은 혜의 본체이고 혜는 정의 작용이며 곧 혜일 때 정이 혜에 있고 곧 정일 때 혜가 정에 있다. 만약 이 뜻을 알면 곧 이것이 정과 혜를 같이 배우는 것이다. 여러 도를 배우는 사람은 먼저 정이 있고 혜가 발한다거나 먼저 혜가 있고 정이 발한다거나 하여 각각 다르다고 하지 말라. 이러한 견해를 가지는 자는 법에 두 상이 있는 것이고 입으로는 선한 말을 하지만 마음은 선하지 않으며 공연히 정혜가 있다고 하지만 정과 혜가 같지 않은 것이다. 만약 마음과 입이 함께 선하면 안과

---

15) 「付囑品第十」, "道貫一切經法, 出入卽離兩邊, 自性動用, 共人言語, 外於相離相, 內於空離空."

16) 身是菩提樹, 心如明鏡台. 時時勤拂拭, 勿使惹塵埃.

17) '불성이 늘 청정한데'(佛性常淸淨)는 敦煌本 『壇經』에 근거한 것이다. 기타 여러 판본의 『壇經』에서는 '본래 하나의 물건도 없는데'(本來無一物)로 기록하고 있다. 郭朋, 『壇經導讀』(巴蜀書社, 1987), 제29쪽, "菩提本無樹, 明鏡亦非台. 佛性常淸淨, 何處染塵埃!"

18) 「頓漸品第八」, "吾所説法, 不離自性."

밖이 한가지이고 정과 혜가 곧 같은 것이다.…… 정과 혜가 무엇과 같은가? 마치 등불과 등불 빛 같다. 등불이 있으면 빛나고 등불이 없으면 어두운데 등불은 등불 빛의 본체이고 등불 빛은 등불의 작용이다. 등불과 등불 빛은 이름은 비록 두 가지지만 본체는 같은 하나이다. 정과 혜도 이와 같은 것이다."[19] 여기서 혜능은 망심에 근본을 두고 있는 '먼저 정이 있고 혜가 발한다거나 먼저 혜가 있고 정이 발한다'(先定發慧, 先慧發定)고 하는 '선정'에 관한 주장을 비판하였고 '정과 혜는 일체' (定慧一體)라는 관점을 제기하였는데 이는 전통적인 관점에 대한 지양이다. 『유마힐 경維摩詰經』에서 유마힐도 숲속에 가만히 앉아서 '선정'을 닦던 자들을 질책하였다. "마음이 무엇에 걸리지 않으면 도가 곧 통하여 흐르고 마음이 만약 무엇에 걸려 있으면 이는 스스로 얽힌 것이다. 만약 앉아서 움직이지 않음이 옳다고 하면 저 사리불이 숲속에 가만히 앉아 있다가 유마힐에게 오히려 꾸중을 들은 것과 같다. 선지식이여, 또 어떤 사람은 앉아서 고요히 마음을 보아 움직이지 않고 일어나지 않으면 이로부터 공이 된다고 가르치는데 어두운 사람이 알지 못하고 오히려 뒤집힌 것이다. 이러한 자들이 적지 않은데 이러한 상교는 크게 그릇된 것임을 알라."[20] 혜능의 선법이 본질적으로 여전히 대승불교와 일맥상통한 것이었음을 알 수 있다.

3) '좌선'과 '선정'에 대한 새로운 해석

혜능은 '본심을 바로 가리키는'(直指本心) 풍격에 근거하여 '선정'과 '좌선坐禪'에

---

19) 「定慧品第四」, "我此法門, 以定慧爲本, 大衆勿迷, 言定慧別. 定慧一體, 不是二; 定是慧體, 慧是 定用, 卽慧之時定在慧, 卽定之時慧在定. 若識此義, 卽是定慧等學. 諸學道人, 莫言先定發慧, 先 慧發定各別. 作此見者, 法有二相, 口說善語, 心中不善, 空有定慧, 定慧不等; 若心口俱善, 內外 一如, 定慧卽等.……定慧猶如何等? 猶如燈光. 有燈卽光, 無燈卽暗; 燈是光之體, 光是燈之用. 名雖有二, 體本同一. 此定慧法, 亦複如是."

20) 위와 같음, "心不住法, 道卽通流; 心若住法, 名爲自縛. 若言常坐不動是, 只如舍利弗宴坐林中, 卻被維摩詰訶. 善知識, 又有人教坐, 看心觀靜, 不動不起, 從此置功, 迷人不會, 便執成顚. 如此 者衆, 如是相教, 故知大錯."

대하여 새롭게 해석하였다. '좌선'의 본래 의미는 단정히 앉아서 가부좌跏趺坐를 하는 것인데 마음(의식으로의 마음을 가리킴)이 어느 한 대상에 얽매임으로써 '선정'에 들어가는 것이다. 그는 이렇게 말하였다. "이 문의 좌선은 원래 마음을 잡는 것도 아니고 아무것도 없음을 잡는 것도 아니며 또한 움직임을 잡는 것도 아니다. 만약 마음을 잡는 것이라고 하면 마음은 원래 망령된 것이고 마음이란 환상 같은 것임을 알기 때문에 잡을 바가 없다. 만약 아무것도 없음을 잡는다면 사람의 성품은 본래 아무것도 없음을 망념 때문에 진여가 묻힌 것이니 다만 망념만 없으면 성품이 저절로 청정해진다. 마음을 일으켜 아무것도 없음을 잡는다는 것은 오히려 아무것도 없다는 망념을 내는 것이고 망념이 처하는 바가 없으니 잡는 것은 망념이다. 아무것도 없음이 형상이 없으니 아무것도 없는 티를 내어 공부한다고 하는 것이고 이렇게 하는 것은 오히려 아무것도 없음에 얽매여 자기 본성을 막는 것이다."21) 그는 좌선을 하는 자는 마음이 아무것도 없다는 생각에 얽매이지 않을 것을 요구하였는데 아무것도 없다는 생각 자체가 바로 하나의 망상妄想이기 때문이다. 다니고 멈추고 앉고 눕는(行住坐臥) 과정에 집착이 있어서는 안 되고 "모든 사람들을 대할 때 남의 시비와 선악, 과환을 보지 않으면"22) 본심을 깨닫고 '자성'을 체증體證할 수 있다.

따라서 혜능은 이렇게 종합하여 말하였다. "걸리고 막힘이 없어서 밖으로 일체 선악경계에 마음과 생각이 일어나지 않는 것이 '좌'이고 안으로 자성을 보아 움직이지 않는 것이 '선'이다."23) 「좌선품제오坐禪品第五」에서 혜능은 또 이렇게 말하였다. "무엇을 선정이라 하는가? 밖으로 상을 떠나는 것이 '선'이고 안으로 어지럽지 않은 것이 '정'이다. 밖으로 만약 상에 걸리면 안으로 마음이 곧 어지럽게 되고 밖으로 만약 상을 떠나면 마음도 어지럽지 않게 된다. 본성은 저절로 아무것도

---

21) 「坐禪品第五」, "此門坐禪, 元不著心, 亦不著淨, 亦不是不動. 若言著心, 心元是妄, 知心如幻, 故無所著也. 若言著淨, 人性本淨, 由妄念故, 蓋覆眞如, 但無妄想, 性自淸淨. 起心著淨, 却生淨妄, 妄無處所, 著者是妄. 淨無形相, 却立淨相, 言是工夫; 作此見者, 障自本性, 却被淨縛."

22) 위와 같음, "見一切人時, 不見人之是非善惡過患."

23) 無障無礙, 外於一切善惡境界, 心念不起, 名爲坐; 內見自性不動, 名爲禪.

없고 스스로 안정한데 다만 경계를 보고 경계를 생각하기에 곧 어지럽게 되는
것이다. 만약 모든 경계를 보아도 마음이 어지럽지 않으면 이는 참된 정이다.……
밖으로 상을 떠나면 곧 선이고 안으로 어지럽지 않으면 곧 정이며 외선과 내정이
바로 선정이다."24) 혜능은 '본심', '본성'으로부터 출발하여 '선정', '좌선'에 대하여
새롭게 해석하였고 이에 근거하여 '밖으로 경계에 걸림이 없으면 바로 본심, 본성을
깨닫게 된다'는 선종의 독특한 선법을 형성하였다. 이는 『금강경』의 "어느 곳에도
마음을 머물지 않게 하여 마음을 일으키라"(應無所住而生其心)에 대한 기발한 활용이다.

'선정', '정혜', '좌선' 이러한 명사에 대한 혜능의 이해는 전통적인 이해와 본질적
으로 구별되고 인도의 전통과 소승의 '선정'이론에 대한 지양이다. 혜능은 이러한
명사에 새로운 의미를 부여하였다. 신수(당시 유행하였던 천태 등 종파의 법사들도 포함)
등 사람들은 줄곧 의식인 망심妄心을 출발점으로 하여 '선정'을 이해하고 수지修持하
였는데 이는 대승불교를 오해한 것이다. 혜능의 근본적인 시각의 전환이 선종의
교육방법이 비약을 가져오게 되었고 대승의 불법이 문자의 속박을 초월하여 중국
대지에서 자유롭게 표현될 수 있었다.

3. '무념無念', '무상無相', '무주無住'의 인식론

혜능은 이렇게 말하였다. "내가 말하는 법은 자성을 떠나지 않는다."25) 이는
혜능의 모든 이론의 출발점이고 귀결점이다. 혜능은 이렇게 제기하였다. "나의
이 법문은 위로부터 내려오는 것을 따라 먼저 무념을 세워 종으로 삼고 무상으로
체를 삼으며 무주로 근본을 삼는다."26) 이는 본심과 사성의 속성이고 또한 본심과

---

24) 「坐禪品第五」, "何名禪定? 外離相爲禪; 內不亂爲定. 外若著相, 內心卽亂; 外若離相, 心卽不亂.
本性自淨自定, 只爲見境思境卽亂. 若見諸境心不亂者, 是眞定也.……外離相卽禪, 內不亂卽定;
外禪內定, 是爲禪定."
25) 「頓漸品第八」, "吾所說法, 不離自性."

자성을 인식하는 방법이다. 이 세 가지는 본래 일체인데 '무념'이 핵심이고 '무주'는 안으로 마음에 대하여 말한 것이고 '무상'은 밖으로 경계에 대하여 말한 것이다.

1) '무념'

'무념無念'에 대하여 『단경』에서는 여러 군데에서 해석하였는데 그 핵심은 본심과 자성의 본체의 특성을 설명하는 것이다. 「반야품제이」에서 혜능은 만약 본심을 깨닫게 되면 자연스럽게 무념할 수 있음을 제기하였다. 그는 이렇게 말하였다. "무엇을 무념이라고 하는가? 만약 일체 법을 보아도 마음에 물들고 집착함이 없기에 무념이다. 쓰면 모든 곳에 두루 통하고 또한 모든 곳에 걸리지 않는다. 다만 본심을 맑게 하여 육식이 육문으로 통하게 하되 육진 속에 섞여서 물들지 않고 오고 감이 자유로워서 통하여 씀에 막힘이 없는데 바로 반야삼매이고 자유롭게 해탈하여 무념행이라 이름한다."27) 이는 일종의 본심으로부터 출발한 생각이고 무념의 상태이다. 한 걸음 나아가 그는 또 이렇게 제기하였다. "무념법을 깨달은 자는 만법에 모두 통하고 무념법을 깨달은 자는 모든 부처의 경계를 보며 무념법을 깨달은 자는 부처의 지위에 이른다."28) 이러한 무념법으로 만법에 모두 통하는 부처의 경지에 도달할 수 있는 것이다. 혜능은 무념이란 마음이 죽은 재와 같은 공적空寂의 상태인 것이 아니라 "염에서 염이 없음이고"(於念而無念) 생각과 생각 사이에 인연을 따라 자유롭고 "생각과 생각 사이에 앞 경계를 생각하지 않는 것이다"(念念之中, 不思前境).

혜능은 특히 세속의 '선정'을 수행하는 사람들의 '생각이 끊어진'(絶念) 상태를 비판하였다. 그는 이렇게 말하였다. "만약 아무것도 생각하지 않아서 생각이 아주

---

26) 我此法門, 從上以來, 先立無念爲宗, 無相爲體, 無住爲本.

27) 「般若品第二」, "何名無念? 若見一切法, 心不染著, 是爲無念. 用卽遍一切處, 亦不著一切處; 但 淨本心, 使六識出六門, 於六塵中, 無染無雜, 來去自由, 通用無滯, 卽是般若三昧, 自在解脫, 名 無念行."

28) 悟無念法者, 萬法盡通; 悟無念法者, 見諸佛境界; 悟無念法者, 至佛地位.

끊어지게 한다면 이것은 곧 법에 얽히는 것이고 변견이라고 한다."29) '아무것도 생각하지 않는' '생각이 끊어진' 법은 일종의 상이 걸린 외도外道의 변견邊見이고 대승불교의 교의에 부합하지 않는다. 「기연품제칠機緣品第七」에서 한 와륜臥輪 선사가 게송 한 수를 이렇게 적었다. "와륜이 재주가 있어 백 가지 생각을 끊었네. 경계에 대하여 마음이 일지 않으니 보리가 날마다 자라네."30) 이 게송이 표현한 것이 바로 당시에 유행하였던 선정관이다. 혜능은 이 게송을 듣고 이렇게 말하였다. "이 게송은 아직 마음을 밝히지 못한 것이니 만약 그대로 행하면 더욱 얽매이게 될 것이다."31) 그리고는 혜능도 게송을 지어 응답하였다. "혜능은 재주가 없어서 백 가지 생각을 끊지 않았네. 경계에 대하여 마음이 자주 일어나니 보리가 어떻게 자라겠는가."32) 이로부터 혜능의 '무념'은 마음이 일어나지 않고 생각이 움직이지 않게 하는 '단념斷念'이 아니라 인연과 사물에 대하여 장애가 없고 집착이 없는 것이다.

2) '세 가지 무에 관한 법'

'무상無相'은 본심과 자성을 깨달은 자가 밖으로의 경계에 대한 인식이다. 혜능은 이렇게 말하였다. "밖으로 일체의 상을 여의면 무상이라 하고 능히 상을 여의면 곧 법체가 청정해지는데 이것이 곧 무상으로써 체를 삼는 것이다."33) 여기서 '무상'은 결코 외재적인 '절상絶相'을 두절하는 것이 아니라 "상에 대하여 상을 여의는 것이다"34).

'무주無住'는 바로 본심을 깨달은 사람의 마음에 '머무는 곳이 없는'(心無所住)

---

29) 若百物不思, 當令念絶, 卽是法縛, 卽名邊見.
30) 臥輪有伎倆, 能斷百思想. 對境心不起, 菩提日日長.
31) 此偈未明心地, 若依而行之, 是加系縛.
32) 慧能沒伎倆, 不斷百思想. 對境心數起, 菩提作麼長.
33) 「定慧品第四」, "外離一切相, 名爲無相; 能離於相, 卽法體清淨; 此是以無相爲體."
34) 위와 같음, "於相而離相."

상태이다. 혜능은 이렇게 말하였다. "무주라는 것은 사람의 본성이 세간의 선악과 밉고 고움과 원수와 친한 사람과 또 말을 주고받고 찌르고 속이고 다툴 때에도 모두 공한 것으로 여겨서 해칠 생각을 하지 않고 생각과 생각 가운데 앞 경계를 생각하지 않는다."[35] 본심으로 보면 세간의 일체 선악과 밉고 고움은 모두 원인이 있고 결과가 있는 인연을 따라 스스로 나타나는 것이고 이른바 '선악과 밉고 고움'(善惡好醜)은 단지 사람들의 마음에 세워진 상이지 본래는 '공空'이다. 이로부터 "생을 좋아하고 사를 싫어하며 생각과 생각이 변하여 흐름"[36]이 모두 꿈이고 거짓임을 알 수 있는데 이렇게 하면 일체 집착을 초월하여 본심을 깨달을 수 있다.

'삼무의 법'은 바로 선종의 인식론이고 또한 선종의 공부론이자 실천론이다. 이러한 '무념', '무상', '무주'의 법문은 당시에 유행하였던 '6식인 망심妄心'으로 점수하는 불교의 각 학파를 겨냥하여 제기한 것이다. 이러한 본심, 자성을 출발점으로 하고 또한 본심, 자성을 귀결점으로 하는 인식론은 간단하고 실행하기 쉬운 효과에 도달하였다.

4. '마음이 곧 부처이고' '평상심이 곧 도이다'

마조도일(약 709~788)은 남악회양의 제자이고 조계 혜능의 제3대 전수자 중한 사람이다. 혜능의 남종은 마조도일, 석두희천石頭希遷(700~790)에 이르러 대성하였다. 마조와 석두는 모두 남쪽 선종의 역사에서 중심을 열었던 인물이다. 혜능의 생명지혜, 선종의 독특한 정신은 그들에 이르러 더욱 확대되고 발전되었다. 마조는 주요하게 홍주洪州(지금의 남창)에서 선을 전수하였고 제자들이 구름같이 모여들었다.

---

35) 위와 같음, "無住者: 人之本性, 於世間善惡好醜, 乃至冤之與親, 言語觸刺欺爭之時, 並將爲空, 不思酬害, 念念之中, 不思前境. 若前念, 今念, 後念, 念念相續不斷, 名爲系縛. 於諸法上, 念念不住, 卽無縛也. 此是以無住爲本."
36) 「機緣品第七」, "好生惡死, 念念遷流."

홍주종洪州宗 혹은 강서江西 선 계열에서 뛰어난 인물로는 마조 문하의 3대 보살인 백장회해百丈懷海(720~814), 남전보원南泉普愿(748~834), 서당지장西堂智藏(735~814) 및 대주혜해大珠慧海(생몰년 미상) 등이 있다. 이하에서는 마조선馬祖禪의 함의에 대하여 간략하게 살펴보도록 한다.

1) '마음이 곧 부처이다'—개체성에 대한 강조

위에서 혜능의 '자성이 곧 부처이고'(自性是佛) '마음이 곧 부처임'(卽心是佛)을 서술하였다. '자신의 마음이 곧 부처'(自心是佛)는 본래 육조 혜능 선사상의 핵심이었다. 혜능은 외재적인 권위를 마음속에 포함시켰고 인간의 자성을 확대하였으며 인간의 각성을 촉진하였다. 마조는 한 걸음 더 나아가 인간의 주체성과 개체성을 소중하게 여기고 인간 스스로의 내재적인 가치와 능력을 긍정하였다.

> 그대들은 지금 각자 자신의 마음이 곧 부처임을 믿어라. 이 마음이 곧 부처의 마음이다. 그러므로 달마대사가 남천축국에서 오셔서 최상승의 일심법을 전하여 그대들로 하여금 깨닫게 하였다. 또 그대들이 뒤바뀌어 이 일심의 법을 제각기 지니고 있음을 믿지 않을까 염려하여 여러 차례 『능가경』의 문장을 인용하여 중생들의 마음 바탕을 인증하였다. 그러므로 『능가경』에서 말하기를 '부처님의 말씀은 마음을 종지로 삼고 문이 없음을 법문으로 삼는다'고 하였다. 또 말하였다. '무릇 법을 구하는 자는 구하는 바가 없이 구하여야 한다.' 마음 밖에 따로 부처가 없고 부처 밖에 따로 마음이 없다.[37]

여기서는 달마 이래의 '명심견성明心見性'의 사상을 계승하였고 '자기의 마음이 청정하고'(自心清淨) '스스로 닦고 스스로 지으며'(自修自作) '스스로 행함이 부처님의

---

37) 『祖堂集』, 권14, "汝今各信自心是佛, 此心卽是佛心. 是故達磨大師從南天竺國來, 傳上乘一心之法, 令汝開悟. 又數引『楞伽』經文, 以印眾生心地, 恐汝顛倒, 不自信此一心之法, 各各有之. 故『楞伽經』云: '佛語心爲宗, 無門爲法門.' 又云: '夫求法者應無所求.' 心外無別佛, 佛外無別心."

행이고'(自行佛行) '스스로 불도를 이루는 것임'(自成佛道)을 더욱 긍정하였다. '마음'(心)과 '부처'(佛)의 통일은 선종의 진수이다. 이는 바로 외재적인 권위, 우상, 불경, 지식, 명언, 지계持戒, 수증修證, 의궤에 대한 집착을 타파하고 '세계', '부처'와 '나'를 통일하며 내적인 체험의 중요성을 강조하고 내재적인 보물을 스스로 깨달으며 자성을 스스로 헤아리고 밖에서 따로 구하지 않는 것이다.

대주혜해 법사가 처음 마조선사를 참례하면서 불법을 구하고자 하였다. 마조가 말하였다. "나에게는 아무것도 없는데 무슨 불법을 구하겠는가? 자기 집의 보물은 돌보지 않고 집을 버리고 돌아다니면서 무엇을 하는 것인가!" 혜해가 물었다. "무엇이 혜해의 보물입니까?" 마조가 말하였다. "지금 나에게 묻는 것이 그대의 보물이다. 모든 것이 구족하여 조금도 부족함이 없으며 사용함에 자유자재한데 왜 밖에서 구하는 것인가?" 대주혜해는 이로부터 깨달았고 "스스로 본심을 알았다"38).

마조는 자신의 가치를 중시하고 자기 집에 보물이 완벽하게 갖추어져 있음을 긍정하였으며 '자기 집의 무진장한 보배를 버려두는 것'(拋却自家無盡藏)을 반대하였다. 또한 '부처'와 '나' 사이의 시간적·공간적인 간격을 타파하였고 세계와 나를 일체로 융합하였으며 바로 부처의 경지를 체험하였다. 이는 맹자와 장자 사상의 영향을 받은 것이다. 맹자의 "만물이 모두 나에게 갖추어져 있고"(萬物皆備於我) "자신을 돌이켜보아 성실함"(反身而誠)의 취지와 같은데, 맹자와 마조가 말한 '내가 일체를 구비하였음'은 외재적인 사물이나 공명功名을 가리키는 것이 아니라 도덕의 근거가 자기에게 있음을 말한 것으로, 원래 부족함이 없고 모든 것을 구비하였다는 것이다. 도덕적인 정신의 측면에서 탐구하는 대상은 나 자신의 안에 존재한다. 장자의 "천지는 나와 함께 태어나고 만물은 나와 하나이며"(天地與我並生, 而萬物與我爲一) "홀로 천지의 정신과 왕래하는"(獨與天地精神往來) 경지와 동일한데 마조는 사물의

---

38) 『五燈會元』, 권3, "我這裏一物也無, 求什麼佛法? 自家寶藏不顧, 拋家散走作麼!" "阿那個是慧海寶藏?" "即今問我者, 是汝寶藏. 一切具足, 更無欠少, 使用自在, 何假外求?" "自識本心."

형상을 풀어내어 정신적인 해탈과 초월을 얻고자 하였다. 이러한 정신적인 자유는 최고의 본체에 대한 심오한 깨달음을 전제로 한다.

'마음이 곧 부처'(即心是佛)라는 명제는 안으로부터 전환하고 안으로부터 수행하며 자신의 마음에서 공부함을 강조함으로써 도덕의 주체성과 개체성을 부각시키고 인격을 더욱 훌륭하게 성취한다. 마조는 상대에 따라 설법하였는데 밖에서 부처를 구하는 사람에 대해서는 '마음이 곧 부처임'(即心是佛)을 말하였고 자신의 마음에 집착하는 사람에 대해서는 '마음도 아니고 부처도 아님'(非心非佛)을 말하였다. 공안公案: "어떤 스님이 물었다. '화상은 어찌하여 마음이 곧 부처라 하십니까? 대사(마조를 가리킴)가 말하였다. '아이의 울음을 그치게 하기 위해서다.' 말하였다. '울음을 그쳤을 때는 어찌합니까? 선사가 말하였다. '마음도 아니고 부처도 아니라고 말한다.' '이 두 가지를 제외한 사람이 오면 어떻게 지시합니까? 대사가 말하였다. '그에게 물건도 아니라고 말한다.' '갑자기 그 속의 사람을 만나서 올 때는 어떠합니까? 대사가 말하였다. '그로 하여금 대도를 체득하였다고 가르친다.'"[39] 부처를 밖으로부터 구하는 사람은 자신이 좋아하는 물건을 얻지 못하면 큰소리로 우는 아이와 마찬가지다. 이는 '마음이 곧 부처임'을 알려 주어 계발하여야 한다. 깊은 차원에서 '마음이 곧 부처임'을 이해하지 않고 표면적인 의미에만 집착하며 맹목적으로 자성을 떠벌리는 사람은 잠시 자신이 좋아하는 물건에 미련을 갖는 아이와 마찬가지다. 따라서 '마음도 아니고 부처도 아님'을 알려 주어 집착을 풀어내야 한다. 나아가 마조는 사람들에게 물건이 물건도 아닌 것이 '도'의 표현임을 알려 주었다. 이는 '마음도 아니고 부처도 아님'에 대한 집착을 피하기 위함이다. 진정으로 깨달음이 있는 사람은 흘러가는 대로 행하고(任運而行) 기틀에 응하여 사물에 접하며(應機接物) 눈에 띄면 바로 '도'이다(觸目即道).

대매법상大梅法常은 마조도일의 '마음이 곧 부처'라는 설로부터 계발을 받아

---

39) 『古尊宿語錄』, 권1, "問: '和尙爲什麼說卽心卽佛? 師(按卽馬祖)曰: '爲止小兒啼.' 曰: '啼止時如何? 師曰: '非心非佛.' 曰: '除此二種人來, 如何指示? 師曰: '向伊道: 不是物.' 曰: '忽遇其中人來時如何? 師曰: '且敎伊體會大道.'"

철저하게 깨달았다. 이후 법상은 이 종지를 파악하여 마조가 다시 '마음도 아니고 부처도 아님'을 설하여도 '마음이 곧 부처임'만을 고려하였다. 마조는 이렇게 칭찬하였다. "매실이 익었구나."[40] '마음도 아니고 부처도 아님'을 운운한 것이 다만 사람들의 '마음이 곧 부처'에 대한 이해를 돕기 위한 것이었음을 충분히 알 수 있다. 법상은 이에 대하여 아주 깊게 체험하였고 다는 여러 가지 언교言敎의 엄폐를 받지 않았으며 여러 가지 치우친 집착에 제한되지 않았다. 도덕의 완성, 생명의 체험은 언제나 개체의 일이었다. 마조는 내재적인 개발을 중시하였을 뿐만 아니라 '부처'와 '나'를 통일시켰고 '도'의 수행을 인간의 구체적인 생활에 관통시켰다.

2) '평상심이 도이다'―생활화의 발전

마조는 대중에게 이렇게 보였다. "도는 수행이 필요하지 않으니 다만 더럽히지만 말라. 무엇을 더럽힌다고 하는가? 생사의 마음을 갖고서 조작하고 취향하면 모두 더럽히는 것이다. 만약 그 도를 당장 알고자 하면 평상심이 도이다. 평상심이란 조작이 없고 시비가 없으며 취사가 없고 단상이 없으며 범성이 없다. 경에서 말하기를 '범부의 행도 아니고 성현의 행도 아닌 것이 보살의 행이다'고 하였다. 지금처럼 다니고 멈추고 앉고 눕는 등 기틀에 응하고 사물에 접하는 것이 모두 도이다."[41] "평상심이 도"(平常心是道)라는 것은 바로 중국 전통의 "고명을 다하고 중용을 따르는"(極高明而道中庸) 사상의 탈바꿈이다. 외재적인 초월의 이념을 억지로 추구하지 않고 일상적인 생활 속에 포함시켰다. 이는 자신의 마음에서 공부를 하는 '마음이 곧 부처'라는 논의의 발전이고 보완이다. 앞에서 인용한 공안에서 마조는 진정으로 깨달은 바가 있는 사람에 대하여 '부처'(佛), '마음'(心), '물건'(物)을 말하지 않고

---

40) 『五燈會元』, 권3, "梅子熟也."
41) 『景德傳燈錄』, 권28, "道不用修, 但莫汙染. 何爲汙染? 但有生死心, 造作趣向皆是汙染. 若欲直會其道, 平常心是道. 謂平常心無造作, 無是非, 無取舍, 無斷常, 無凡無聖. 經云: 非凡夫行, 非聖賢行, 是菩薩行. 只如今行住坐臥, 應機接物, 盡是道."

단지 흘러가는 대로 행하고 기틀에 응하여 사물에 접할 것을 가르쳤는데, 바로 이러한 의미이다.

마조는 "어디를 가나 진실에 맡긴다"[42]는 명제를 제기하였다. '어디를 가나 진실에 맡긴다'는 사람의 마음 깊은 곳에서 불성이 자연스럽게 드러난 것이고, 사람이 옷을 입고 밥을 먹고 물을 긷고 땔나무를 나르고 사람을 만나고 사물에 접하는 일상생활 속에서 선의 이치를 밝게 하고 경지를 끌어올리는 것이다. 이는 선을 세속의 생활 속으로 끌어들인 것이다. 만약 '마음이 곧 부처'라는 것이 부처가 되려는 이념을 안으로 자신의 마음으로 전환하였다면 '평상심이 도'라는 것은 부처가 되는 길을 불경에 대한 암송, 좌선의 수행으로부터 세속의 일상적인 생명활동으로 전환한 것이다.

마조의 문인 남전南泉이 조주趙州의 '무엇이 도인가'(如何是道)의 질문에 대답할 때 마조는 '평상심이 도'(平常心是道)라는 명제를 거듭 천명하였다. 조주가 물었다. "나아갈 방향이 있습니까?" 남전이 말하였다. "향하려 하면 틀린다." 조주가 말하였다. "하려 하지 않으면 어떻게 도를 알 수 있습니까?" 남전이 말하였다. "도란 안다거나 알지 못한다에 속하지 않는다. 안다는 것은 망령된 지각이고 알지 못한다는 것은 아무 생각이 없는 것이다. 만약 참으로 의심이 없는 도를 통달하면 마치 드넓은 태허와 같은 것이니 어찌 구태에 잘잘못을 가리겠는가?"[43] 조주는 이 말 끝에 이치를 깨달았다. 이는 바로 부처의 '도', 부처의 이치는 가설하고 설정한 규칙이 아니고 이성적인 지식 혹은 일반적인 시시비비가 아니라 일생생활 속에 깃들어 있는 매 사람이 모두 체험하고 깨달을 수 있는 인생의 지혜이다. '도'는 진실한 생활을 떠날 수 없고 개체의 사람이 생존하는 구체적인 장소를 떠나지 않는다. 선의 지혜는 평범하고 세속적인 생활에서 실행되고 하나로 융합됨으로써 생활이 평범하지 않고 세속적이지 않은 가치를 가지게 하며 사람들이 망령된

---

42) 『祖堂集』, 권14, "隨處任眞."
43) 『五燈會元』, 권4, "還可趣向也無?" "擬向卽乖." "不擬爭知是道?" "道不屬知, 不屬不知. 知是妄覺, 不知是無記. 若眞達不疑之道, 猶如太虛, 廓然蕩豁, 豈可强是非耶?"

생각을 끊고 번뇌에서 해탈되어 세속의 숭고함, 즐거움, 아늑함을 체험하도록 한다. 선의 지혜는 세속에 신성함이 깃들게 하여 세속적임을 신성함으로 전환시키고 과거에 집착하지 않고 물욕에 대한 추구 등의 고된 인연(苦緣)을 해소하며 당장 생활의 충실함과 생명의 자유를 얻는다.

대주혜해는 원율사元律師의 '어떻게 공력을 쓰는가'라는 질문에 대답하여 이렇게 말하였다. "배고프면 밥을 먹고 피곤하면 잠을 잔다." "모든 사람들이 모두 그러한데 스님과 똑같이 공력을 쓰고 있잖습니까?" "똑같지 않다." "어째서 똑같지 않습니까?" "다른 사람들은 밥을 먹을 때 밥만 먹지 않고 온갖 분별심을 일으키고, 잠을 잘 때 잠만 자지 않고 온갖 잡념을 동반하기 때문에 똑같지 않다."[44] 일반 사람들은 세속적인 생활에 얽매이고 공명과 관록을 추구하며 인간관계의 호응으로 언제나 온갖 사려와 분별이 있게 되고 늘 괴로움에 제대로 잠들지 못하고 식사도 하지 못한다. 선의 지혜는 사람들의 외재적인 출세와 추구를 비워 내고 망령된 생각, 번뇌의 속박에서 해탈하며, 자연스럽고 평범한 생활에 안주함으로써 평상함 속에서 생명의 참됨을 깨닫는다. 평상平常은 생명이 본래 참된 것(本眞)이고 평상심은 '공空'에 대한 깨달음의 지혜이다. 평상함을 부정하고 항상되지 않음을 항상됨으로 간주하며 여러 가지 환상과 망녕된 생각에 의하며 좌우되면 자기 집의 보물을 잃어버리게 된다. 오늘날 많은 사람들은 '정상적인 것'과 '비정상인 것'을 뒤바꾸어 현실적인 공리만을 지칠 줄 모르고 추구하여 결국 자기 자신을 잃어버리고 만다. 다른 한편 대주혜해가 말한 "배고프면 밥을 먹고 피곤하면 잠을 잔다"(饑來吃飯, 困來卽眠)는 것은 일종의 평상심의 경지이지만 결코 간단한 일이 아니고 배척하는 것이 아니라 오히려 평상적이지 않은 수양을 포함한다고 말하는 편이 나은데 이렇게 하여야만 비로소 진정으로 이러한 경지에 도달할 수 있다.

선의 지혜는 생활의 진실에 순종하는 과정에서 분별하고 따지는 마음을 부정하

---

44) 『五燈會元』, 권3, "如何用功." "饑來吃飯, 困來卽眠." "一切人總如是, 同師用功否?" "不同."
   "何故不同?" "他吃飯時不肯吃飯, 百種須索; 睡時不肯睡, 千般計較, 所以不同也."

고 평범함을 초월하며 얽매임에서 벗어난다. 마조의 공헌은 바로 선을 생활화하기 위하여 노력한 것에 있는데 아무 때나 옷을 입고 밥을 먹는 중에 성태聖胎를 기르고 이해타산을 부각시키지 않으며 과거의 죄악감 혹은 영예감을 내려놓고 정신적인 부담을 제거하며 어디를 가나 진실에 맡기고 몸에 닿는 대상에 모두 이러하다. 이러한 이유로 그는 선법의 혁신을 촉진하였다.

5. '꾸짖거나 때리고 소리치는 것'과 '스스로 본심을 아는 것'

두계문杜繼文·위도유魏道儒의 『중국선종통사中國禪宗通史』에서는 권덕여權德輿가 정원貞元 7년에 지은 「당고홍주개원사석문도일선사탑명병서唐故洪州開元寺石門道一禪師塔銘並序」와 남당南唐 천주泉州 소경사昭慶寺의 정靜, 균筠 두 법사가 함께 편찬한 『조당집祖堂集』에 근거하여, 마조도일의 핵심사상이 "부처는 사람과 멀리 있지 않고 마음으로 증득하며"(佛不遠人, 卽心而證) "법에 집착함이 없이 대상에 접촉하면 모두 그러하며"(法無所著, 觸境皆如) "어디를 가나 진실에 맡기는"(隨處任眞) 세 가지임을 제기하였다. 깨닫는 방식에 대해서는 다만 언어와 경론에 관한 집착을 제거하는 것일 뿐이다. 송宋대에 이르러 도일의 선법에는 비로소 매우 큰 변화가 있게 되었는데 『경덕전등록景德傳燈錄』이 바로 그것이다. 『고존숙어록古尊宿語錄』에 이르러서는 더욱 확대되었고 "도일은 '도를 수행함'을 격렬하게 반대하는 한 사람이 되었고" "사람을 깨닫게 함에 있어서 때리고 고함을 지르는 등의 방식을 도일이 창시한 것처럼 간주되었는데 이는 역사사실과 거리가 멀다."45)

---

45) 杜繼文·魏道儒, 『中國禪宗通史』(江蘇古籍出版社, 1993), 제234쪽, "道一成了一個激烈反對 '修道的人.'" "似乎用打, 喝等方式悟人, 卽創始於道一, 這距離史實愈遠了."

1) 꾸짖거나 때리고 소리침―깨달음 방식의 혁명

마조가 기운을 영접하는(接機) 방식에서 후세의 '꾸짖거나 때리고 소리치는'(機鋒棒喝) 방식의 선하를 열었는지의 여부에 관해서는 연구자에 따라 견해가 다르다. 홍수평洪修平의『중국선학사상사강中國禪學思想史綱』에서는 '꾸짖거나 때리고 소리치는' 선법은 마조가 창시한 것이라고 주장하였고, 고위강顧偉康의『선종: 문화의 융합과 역사의 선택』(禪宗: 文化交融與歷史選擇)에서는 기운을 영접하는 방식의 혁신이자 홍주종의 특색임을 주장하였다.46) 저자가 보기에 마조선 혹은 홍주종의 전체를 놓고 말하면 '꾸짖거나 때리고 소리치는' 방식은 심원한 영향을 준 선법혁명임에 틀림없다. 마조 본인이 이미 그 시작을 열었고 제자와 재전, 삼전 제자들에 의하여 더욱더 명확해졌으며 대대로 전수되었고 갈수록 더 확대되었다. 이러한 선법은 개체적이고 생활화 된 선의 관념을 부각시키기 위한 필연적인 요구이고 실천이다.

『조당집』의 기록에 근거하면 분주汾州 화상이 좌주로 있을 때 42장의 경론을 강하였다. 그리고 그는 마조에게 와서 가르침을 청하였다. "종문의 뜻은 어떠합니까?" "선사(마조를 가리킴)가 좌우를 돌아보면서 말하였다. '좌우에 사람이 많으니 일단은 가거라.' 분주가 문을 나오는데 발이 문턱에 걸치자마자 선사가 좌주를 불렀다. 분주가 돌아보면서 '예'하고 대답하였다. 선사가 말하였다. '이것이 무엇인가? 분주가 당장에 깨닫고 절을 하였다.…… "47) 마조는 갑자기 분주의 이름을 부르고 '이것이 무엇인가'라고 질문함으로써 분주가 당장에 깨닫도록 하였다. 스스로 42경에 대하여 많이 안다고 자부하였던 분주 좌주는 여기에 이르러서야 비로소 참된 의미를 깨닫고 이렇게 말하였다. "오늘 만약 화상을 만나지 않았더라면 일생을 헛되이 보낼 뻔했습니다." "백장이 불자를 세움으로써 대답하니 선사가 물었다.

---

46) 洪修平,『中國禪學思想史綱』(南京大學出版社, 1994), 제179쪽; 顧偉康,『禪宗: 文化交融與歷史選擇』(知識出版社, 1990), 제60~61쪽.

47)『祖堂集』, 권14,「宗門中意旨如何?" "(師(指馬祖)乃顧示雲: '左右人多, 且去.' 汾州出門, 腳才跨閫閞, 師召座主. 汾州回頭應喏. 師雲: '是什麼?' 汾州當時便省, 遂禮拜.……"

'다만 이것뿐인가, 아니면 따로 더 있는가?'[48] 이상의 공안에서 마조는 이름을 부르고 갑자기 질문하는 방식으로 백장이 불자를 세우는 동작으로 상대를 대하자(接引) 그의 자성을 불러내고 참모습을 간파하며 내재적인 정신을 스스로 깨닫도록 촉진하였다. 마조선에서 이와 유사한 예는 일일이 다 셀 수 없다. 『전등록傳燈錄』의 기록에 근거하면 이고李翱가 서당西堂에게 마조대사의 가르침에 대하여 묻자 서당 지장智藏은 그 이름을 직접 부르는 방법으로 대답하였다. 이씨가 대답하자 서당이 감탄하면서 말하였다. "북과 고동 소리가 나는구나."(鼓角動也) 이고는 불교에 대하여 일정한 기초가 있고 마조의 '마음이 곧 부처이고' '마음도 아니고 부처도 아님'에 가르침에 대해서도 자신의 견해를 가지고 있었다. 서당이 지적하여 깨닫게 한 것은 다만 마조의 가르침이 바로 자성을 직접 가리킨다는 것이다.

마조가 들오리로 백장을 깨닫게 한 공안에 관해서는 사람마다 모두 알고 있기 때문에 여기서는 다시 서술하지 않도록 한다. 여기서 마조가 손으로 백장의 코끝을 비튼 것은 특수한 수법이고 또한 일반적인 "이것이 무엇인가"(是什麼), "어디로 갔느냐"(又道飛過去) 등의 질문으로 백장이 자성을 깨닫고 외부의 경계에 의하여 빼앗기지(들오리를 따라 날아가지) 않도록 계발하였다. 백장은 "조금 전에는 울다가 이제는 웃는다"(適來哭, 如今笑)라며 정면으로 스승과 형제들의 질문에 대답하지 않았는데, 외부의 경계에 집착하지 않음을 의미한다. 마지막으로 백장은 또 "자리를 말아버리는"(卷却席) 동작과 묻지 않은 바를 대답하는 것으로 마조의 질문에 응답하자 마조는 그가 이미 '도'를 깨달았음을 알았다.

규봉종밀圭峰宗密(780~841)은 작용견성作用見性이 바로 홍주종의 특색이라고 주장하였다. "마음을 일으키고 생각을 움직이며 손가락을 튕기고 기침을 하며 눈썹을 치켜뜨고 눈을 깜빡이는 등 모든 행동은 모두 불성 전체의 작용이고 다른 주재하는 것은 없다. 밀가루로 여러 가지 음식을 만들더라도 하나하나가 모두 밀가루인 것과 같다. 불성 역시 그러한데 전체의 탐, 진, 치, 선악을 만들고 고락을 느끼는

---

48) "今天若不遇和尚, 泊合空過一生." "百丈豎起拂子對師云: '只這個, 當別更有?'"

하나하나가 모두 불성이다.”[49] 마조선이 견문각지見聞覺知로부터 동작, 언어, 몸과 마음의 활동, 생명현상으로부터 ‘꾸짖거나 때리고 소리치며’(機鋒棒喝) ‘눈썹을 치켜 뜨고 눈을 깜빡이는’(揚眉瞬目) 등등의 방식을 통하여 말로 전할 수 없는 마음의 체험을 가르침을 받는 대상에게 전달하고 그들이 스스로 본심을 알고 견성성불見性成佛하도록 계발하였음을 알 수 있다. 이는 불선 수행의 개성화를 다시 한 번 보여 주는 것이다.

2) 본심을 스스로 알다―유교와 선의 조화를 이끌다

웅십력熊十力은 선종의 근본이 “스스로 본심을 알고 참된 근원(참된 근원은 우주의 본체를 말한다. 자신의 마음이 만물과 동체임을 알면 참된 근원을 밖에서 구할 필요가 어찌 있겠는가?)을 바로 꿰뚫음”[50]에 있다고 제기하였다. 그가 보기에 이 또한 유학의 근본이다. 그는 대주혜해가 처음 마조를 만났을 때의 공안을 발휘하여 ‘자기 집의 보물’(自家寶藏)이 바로 본심이고 모든 변화의 근원이며 만물의 근본임을 제기하였다. 이른바 ‘집을 버리고 돌아다님’(抛家散走)은 양지量智 혹은 지식을 밖에서만 추구하고 탐색함에 의지하는 것을 가리킨다. 웅씨가 보기에 본체는 외재적인 물건으로 간주하여 헤아릴 수 없고 미혹된 자들은 실제로 구할 수 있는 불법이 존재한다고 여기는데 실제로는 부처의 깨달음이고 다만 이 마음일 뿐이다. 만약 자신의 마음을 떠나면 얻을 수 있는 부처가 없고 또한 얻을 수 있는 법도 없다. ‘자유자재로 사용함’(使用自在)에 관하여 웅씨는, 이 보물은 내가 생겨나는 이치이고 또한 바로 천지만물의 형체가 이루어지는 이치인데, 이는 나와 천지만물의 본원이 동일하고 갈라놓을 수 없기 때문이라고 하였다. 이로부터 이 보물이 예측할 수 없는 변화가 무궁하고 신묘한

---

49) 『圓覺經大疏抄』, “起心動念, 彈指謦咳, 揚眉瞬目, 所作所爲, 皆是佛性全體之用, 更無第二主宰. 如面作多般飮食, 一一皆面. 佛性亦爾, 全體貪嗔癡, 造善惡, 受苦樂, 故一一皆性.”

50) 熊十力, 『新唯識論』(『熊十力論著集』 1, 中華書局, 1985), 제551쪽, “自識本心, 直徹眞源(自注: 眞源, 謂宇宙本體. 識得自心與萬物同體, 眞源豈待外求?)”

작용이 끝없음을 알아야 한다. 나의 일생생활로 말하면 이 보물은 닿기만 하면 바로 응답하고 감통하지 않음이 없다. 웅씨는 '본심本心'과 '습심習心'의 논변으로 이 공안을 해석하였다. 일반 사람들은 '습심'대로 대상으로 나아가고 불법을 물건으로 간주하여 추구하지만 무엇이 자기 집의 보물 혹은 본래의 마음인지 스스로 인식하지 못하고 자기가 자기를 모른다. 그는 이렇게 제기하였다. "나와 천지만물이 동체라는 보물은 본래 지극히 숭고하다.…… 이 지극히 숭고한 것은 바로 평범한 것이다. 만약 이것을 깨달으면 바로 우리의 진실한 생명이다. 쉽게 말하면 이것이야 말로 참된 자신이고 어찌 평범하지 않겠는가?…… 마조는 망령된 습심이 제거되지 않은 점을 감안하여 밖으로 쫓는 것을 꾸짖고 자기 집의 보물을 반성하여 깨닫도록 하였으며 또한 구할 수 있는 물건이 없음을 보여 주었다. 혜해가 일단 가슴속의 복망을 비워서 확 트이자 생생하게 흥분하면서 무엇이 자기 집의 보물인지 묻기 시작하였다. 마조는 바로 당시의 마음을 반성하여 깨달았는데 바로 그때 당시의 흥분한 마음이고 광명하고 순수하며 강렬한 태양이 공중에 떠 있듯이 조금의 가림도 용납하지 않는데, 이것이 자기 집의 보물이 아니고 무엇이겠는가? 만약 시시때때로 항상 이때와 같은 마음을 보존할 수 있다면 바로 약산이 말한 피부가 모두 탈락하고 다만 진실만 있을 뿐이다."[51] 혜해가 마조에 의하여 분발되어 습심이 우연히 멈추게 되어 본심의 밝음이 갑자기 드러났다. 하지만 망령된 습심이 잠재되어 여전히 본심의 밝음을 가릴까 두려웠다. 따라서 보존하고 놓치지 않는 것은 매우 중요하다. 이것이 바로 맹자가 말한 "놓아버린 마음을 찾는다"(求放心)의 참뜻이다.

웅십력은 일생동안 마조가 백장의 코끝을 비틀었던 공안을 마음에 새겨 가장 잊지 못하였는데, 독립된 개체(獨體)를 보여 주고 보살피는 공부가 가장 친절하다고

---

51) 熊十力,『新唯識論』(『熊十力論著集』 1, 中華書局, 1985), 제552~553쪽, "吾人與天地萬物同體的大寶藏, 本崇高無上……此崇高無上的, 正是平平常常的. 若悟得這個, 才是我的眞實生命. 易言之, 這個才是眞的自己, 豈不平平常常?……馬祖鑒其妄習未除, 於是呵其外逐, 令反悟自家寶藏, 又示以無物可求. 而慧海乃一旦廓然空其胸中伏莽, 始躍然興問, 誰是自家寶藏? 馬祖則直令其反悟當下之心, 卽此時興問之心, 光明純淨, 如赤日當空, 不容纖毫翳障, 此非自家寶藏而何? 若時時在在, 恒保任得如此時之心, 便是藥山所謂皮膚脫落盡, 唯有一眞實也."

주장하였다. 회해가 거의 성숙할 무렵 마조는 들오리가 날아오르는 것을 보았고 기회를 타서 따져 묻고 유인하여 들어가게 하였다. 회해는 습심의 경계를 쫓음에 막혀 깨달음을 얻을 수 없었다. 마조가 다시 따져 물었는데 회해가 깨닫지 못한 듯하자 마조는 코끝을 비틀어 독립된 개체임을 스스로 알도록 하였다. 마조는 기회를 잡아서 잘 유도하였고 의미가 심원하였다. 웅씨는 마조의 다니고 멈추고 앉고 누우며(行住坐臥) 기틀에 응하여 사물에 접하는(應機接物) '도'와 유교와 도가의 '도'가 다만 하나의 '도'일 뿐임을 강조하였다. 더욱이 그는 맹자의 놓아버린 마음을 구하고 보호하고 지켜내어 잃음이 없으며(保任無失) 깊이 연구하여 스스로 얻고 자원을 발굴하며 좌우에서 학문 수양의 원천을 얻는다는 주장과 마조의 본심을 스스로 알고 마음이 곧 부처이며 항하의 모래 같은 묘한 작용이 법계를 벗어나지 않는다는 설은 서로 발명할 수 있는 것이라 주장하였다.

스스로 본심을 아는 것이야말로 비로소 해탈의 근원이지만 본심은 습심(밖에서 추구하고 따지고 분별하는 마음)과 서로 헛갈리기 쉽고 습심 혹은 무명無明은 본심을 발명함에 있어서 장애가 된다. '명심견성'은 바로 이러한 장애를 비우거나 혹은 초월하는 것이다. 마조선은 혜능의 지혜방향을 따르고 『맹자』, 『장자』 등 본토의 자원을 빌려 자기 자신으로 되돌아가고 자신과 천지만물이 일체가 되는 생명의 본원을 찾으며 자기 집의 보물이 원래 부족함이 없이 충분하고 완벽하며 참된 마음과 참된 성품(부처의 마음과 불성)을 진실하게 드러냄을 강조하였다. 그 요지는 조건을 창조하여 세속의 일상생활 속에서 생명의 의의와 가치를 부각시키는 것이다. 이 점에서 선종과 유가는 서로 통하는 것이다. 마조선은 불교를 인간의 구체적인 생명으로 환원시켰고 다시 인간의 세속적인 생활을 부처의 경지로 끌어올림으로써 부처와 동체인 내재적인 생명의 발굴을 통하여 제한적인 개체가 심성의 신비와 자유를 깨닫고 나아가 한계를 초월하여 영원으로 향하게 한다.

요컨대 마조선은 개체로서의 인간 자신이 바로 부처이고 수시로 '도'를 깨닫고 더욱 간단하고 쉬우며 직접적인 방식으로 당장에서 해탈을 얻을 수 있음을 강조하였다. 그리고 개체의 내재적인 가치를 드러내고 자신의 자원을 개발하였다. 닦을 것도 없고 증득할 것도 없으며(無修無證) 생각도 없고 집착도 없는(無念無着) 선기禪機는 '인간'(人)의 지위, '개체성'의 지위를 더욱 부각시켰고 자유롭게 계발하는 방식은 더욱 창조적이다. 마조 및 그 선의 관념, 선법禪法은 중국사상사에서 중요한 지위를 차지하고 있는데 송명宋明 시기 심성心性 학문의 중요한 자원일 뿐만 아니라 현대 신유학에서 주목하였던 부분이다. 동작과 행위, 말하고 침묵하고 울고 웃는 가운데 깨달음의 절정에 대한 창의성이 넘친다. 또한 밖에서 구하지 않는 방식, 모든 흐름을 끊어버리는 폭발력, 언어를 빌리지만 또한 언어의 한계를 초월하는 불교의 지혜는 오늘날의 사유술, 언어철학과 해석학에서 모두 매우 높은 가치가 있다.

3장 주자의 지혜

주희朱熹(1130~1200)는 자가 원회元晦이고 호는 회암晦庵이며 휘주徽州(지금의 안휘) 무원婺源(지금의 강서) 사람이고 복건福建 우계尤溪에서 태어났다. 주희는 '유가로 이름 난 집안'(以儒名家)의 '훌륭한 가문'(著姓)에서 태어났고 어려서부터 '오경五經'을 힘들 게 공부하였다. 후에 무이武夷의 세 선생(胡原仲, 劉致中, 劉彦沖)을 사사하였고 불교와 노자의 학문에 드나들었으며 제자의 책을 두루 널리 섭렵하였다. 양시楊時(1053~ 1135)의 재전 제자 이동李侗(1093~1163)을 스승으로 모실 때 미발未發의 중도를 체험하 였고 그 뒤로부터 학문적 입장이 확고해지기 시작하였다. 그 후 동시대의 여러 학자들과 활발하게 변론하는 과정에서 이정二程의 리학理學을 종宗으로 하고 주돈이 周敦頤, 장재張載, 소옹邵雍 등 사람들의 학문을 흡수하고 융합함으로써 공·맹의 도통을 계승하여 송宋대 이후의 전통사회에서 넓고 심오한 리학체계를 확립하였다. 주희의 저서는 매우 풍부하고 경학, 사학과 문학 등의 영역을 두루 포함하였으며 그의 철학사상은 주요하게 『주문공문집朱文公文集』(100권, 『속집』 11권, 『별집』 10권), 『주자어류朱子語類』(140권)와 『사서장구집주四書章句集注』 등의 저서에 집중되어 있다. 후세 사람들은 현존하는 전부의 저서 및 연보 등을 엮어서 『주자전서朱子全書』를 편찬하였다. 주희에 의하여 형성된 학파는 후세 사람들에 의하여 '민학閩學'이라 불렀다.

주자 일생의 대부분 시간은 학문을 강의하고 '도'를 논하면서 보냈고, 정작 벼슬을 지냈던 시간은 길지 않았지만 그는 진정으로 정무에 힘쓰고 백성들을 사랑하는 관리였다. 주희가 지남강知南康, 절동제거浙東提擧로 있을 때 힘써 농업을 장려하고 이재민을 구제하였으며 민력을 널리 구제하고 빈곤한 지역의 부세와 오래된 묵은 빚을 감면하기 위하여 여러 차례 조정에 주청奏請하였다. 주자는 기근의 구제를 위하여 백여 편의 주장奏狀, 찰자札子, 방문榜文, 포고布告를 지었고 일련의 방법을 강구하여 조정의 재상이 그의 구제조치를 동의하지 않을 수 없게 하였다. 주자는 일찍이 송宋나라 효종孝宗에게 직접 일곱 개의 찰자를 상주上奏하였고 효종이 정무를 주관해 온 20년 동안의 병폐를 냉혹하게 비판하였다. "천하의 정치가 행하여지지 않았는데 자리에 알맞은 사람을 임용하지 못하였고 간사하게 아첨하는 사람들로 꽉 차서 막혀 있으며 재화와 뇌물을 공공연하게 주고받고 군사들은 원망하고 백성들은 수심에 잠겨 있으며 도적이 틈을 타 일어나고 도처에 이재민이 가득하며 백성들이 안심하고 생활할 수 없다."[1] 주자는 근심 걱정으로 애를 태웠고 백성을 환자처럼 보살폈으며, 기근에 대한 구제책을 크게 수정하고 관량官糧, 의창義倉을 배분하였으며, 진휼미를 바친 부잣집에는 정책적으로 특혜를 주었고 기회를 틈타서 곡식 값을 다투어 올리고 고리대금을 놓는 자는 타격하였으며, 돈과 세력이 있는 호족들을 억제하고 탐관오리를 엄격하게 처벌하였다. 그는 산간벽지에 깊이 들어가 가난한 사람들을 문안하고 돌보았으며, 기근에 대한 구체적인 대응방법을 제기하였고, 도적을 가두어 넣고 메뚜기를 잡으며 수리시설을 일으키는 등의 일을 주목하였다.[2] 주자는 백성들의 질고를 주목하였을 뿐만 아니라 교육을 추진시킬 방법을 강구하였다. 수차례의 고찰을 거친 뒤 이미 황폐된 지 오랜 백록동白鹿洞서원을 복구하였고, 자신이 직접 학생들을 위하여 강학하는가 하면 당시에 재능이 있는 일부 학자들을 초빙하였다. 예를 들어 육구연陸九淵은 당시 주자의 요청을 받아 '의리지변義理之辨'을 강의하여 학생들에게 매우 큰 계발을 주었는데, 약간 추운 날씨였음에도 불구하고 모두 부끄럽고 흥분되어 땀이 멈추지 않고 흘러내렸고 심지어 어떤 학생은 목 놓아 대성통곡하였다. 주자의 표창과 추진 하에서 백록동서

---

1) 大政未擧, 用非其人, 邪佞充塞, 貨賂公行, 兵怨民愁, 盜賊間作, 哀鴻遍野, 民不聊生.
2) 주자의 생애에 관해서는 束景南의 『朱子大傳』(增訂版, 復旦大學出版社, 2016)을 참조하였음을 밝혀 둔다.

원은 천하에 이름을 떨친 4대 서원 중의 하나로 부상하였다. 훗날 주자가 장사長沙에서 단기간 재직할 때에는 또 악록岳麓서원을 복구하였다. 이렇게 주자는 어디로 가든지 학문을 강연하고 교육을 추진시켜야 함을 시시각각 잊지 않았다. 이와 동시에 그는 꾸준히 저서를 지었는데 가상한 것은 그가 결코 쉽게 글을 짓지 않았고 문장 혹은 저서를 '도'와 밀접한 관계가 있는 것으로 간주하였기 때문에 끊임없이 문장을 수정하고 완벽을 기하기 위하여 더욱 노력하였다. 『대학』에 대한 주해만 보아도 전후로 근 30년의 시간을 들여 수정하고 보완하였다.

강직하고 아첨하지 않는 주자는 백성들의 질고에 주목하고 교육을 강연하였을 뿐만 아니라 일부 탐관오리들에 대하여 탄핵을 진행하였다. 따라서 당시의 일부 권신들은 주자와 주자의 학문에 불만을 품었고 싸잡아서 죄명을 날조하여 주자의 학문을 위학僞學이라고 하였는데 이것이 바로 "경원당금慶元黨禁"[3])이다. 60명에 가까운 주자의 벗과 제자들이 연루되었고 갑자기 많은 사람들이 가문을 바꾸고 멀리 피하였지만 주자는 이 뜻밖의 재난을 태연스럽게 대하였고 많은 제자들이 주자의 인격과 학문에 깊이 감화되어 차마 떠나지 못하였다. 그리하여 가장 어려운 시간에도 주자와 제자들은 강학을 멈추지 않았고 주자는 시종일관 유자의 걱정하지 않고 두려워하지 않는 진면목을 유지하였으며 맹자의 "비록 천만 명이 있더라도 내가 가서 당당하게 대적하겠다"(雖千萬人吾往矣)는 정신을 실천하였다. 제자들은 훗날 걱정하지 않고 두려워하지 않았던 주자를 이렇게 회상하였다.

평상시 거처할 때에는 날이 밝기 전에 일어나 심의와 복건, 모난 신발을 신고 가묘에 가서 절하고 선성에까지 미쳤다. 물러나서 서재에 있을 때에는 반드시 책상을 바르게 놓고 서적과 물건들은 반드시 정리하였다. 음식을 먹을 때에는 국과 밥을 놓는 위치가 정해져 있었고 수저를 들고 놓음에도 정해진 곳이 있었다. 피곤해서 쉴 때에는 눈을 감고 단정하게 앉았고 쉬다가 일어나서는 바른 걸음걸이로 서서히 거닐었다. 한밤중에야 잠들었고 자다가도 깨어나면 이불을 쓰고 앉아서

---

3) 高全喜, 『理心之間: 朱熹和陸九淵的理學』(生活・讀書・新知三聯書店, 2008), 제63쪽.

아침을 맞기도 하였다. 어릴 때부터 늙을 때까지, 추울 때나 더울 때나 잠시 동안이
라도 위의 있는 행동에서 벗어나지 않았다.[4)]

이 시기 주자의 의·식·주·행 등의 일상생활에서 신성한 의미를 엿볼 수
있음을 알 수 있다. 이른바 평범하지만 신성한 것인데 그 여유로운 기상 속에서
경건함을 볼 수 있고 온화함 속에 강인함이 있고 소박함 속에 중후함이 있으며
넓고 크지만 정밀하고 깊음을 잃지 않고 화기애애하지만 근엄하다. 온화하고 따사
로운 기운이 광채 속에 넘치고 생명으로써 인격의 모범을 보여 주었으며 세상만사의
격정을 궁극적으로 마음의 풍요로움과 평온함으로 전환시켰다. 실로 자연스럽게
저절로 도에 들어맞고 몸으로써 진정으로 '도'를 실천하였다고 할 수 있다.

주자가 이렇게 모든 하천을 받아들여 고요하고 깊은 기상을 가지게 된 것은
몸으로써 직접 '도'를 실천한 그에게 학문과 '도'에 대한 진실하고 절실한 파악이
있었기 때문이다. 주자의 철학사상은 태극론, 리기론, 성리론(심성론) 및 상응한
수양론을 핵심으로 한다. '무극이태극無極而太極', 리와 기는 혼연한 일체라는 리학관
을 강조하였고 미발未發, 이발已發, 중화中和 및 인학仁學 등의 문제에 대한 논의를
통하여 '심', '성', '정' 등의 범주에 대하여 세밀하게 분석하였으며 '심통성정心統性情'
으로 전통적인 심성론을 발전시키고 인간 본성의 선악에 대한 논변에서 '기질지성'
의 중요한 의의를 긍정하였다. 또한 거경궁리居敬窮理의 수양을 집중적으로 강조하였
고 오직 '조존함양操存涵養'과 '격물치지格物致知'의 두 가지 차원의 수양을 통하여야만
비로소 인간의 근본을 세우고 생명의 정화淨化와 승화昇華에 도달할 수 있음을
주장하였다. 주희는 심성론적 측면에서의 '인심도심人心道心', '천리인욕天理人慾'의
논변으로부터 나아가 역사관의 측면에서 삼대三代에는 천리가 행하여졌지만 그

4) 束景南, 『朱熹年譜長編』(華東師範大學出版社, 2014), 제1429쪽, "其閑居也, 未明而起, 深衣
幅巾方履, 拜於家廟, 以及先聖. 退坐書室, 幾案必正, 書籍器用必整. 其飲食也, 羹食行列有定位,
匙箸舉措有定所. 倦而休也, 瞑而端坐. 休而起也, 整步徐行. 中夜而寢, 旣寢而寤, 則擁衾而坐,
或至達旦. 威儀容止之則, 自少至老, 祁寒盛暑, 造次顚沛, 未嘗有須臾之離也."

뒤로는 인욕이 행하여졌다고 파악하면서 삼대의 지극한 다스림을 회복하려면 반드시 천리를 보존하고 인욕을 멸하여야 하며 왕도를 존중하고 패도를 천하게 여겨야 함(尊王賤覇)을 강조하였다. 이러한 것들은 모두 『대학』의 삼강령, 팔조목의 가르침이 깊이 있고 구체적으로 나타난 것이다.

1. '무극이태극無極而太極'

주희철학의 핵심 개념이 이정二程의 이락학(伊洛學5))에서 '천리'범주를 계승하고 발전시킨 것임에는 의심할 여지가 없다. 하지만 주희 철학체계의 큰 틀은 주돈이周敦頤(1017~1073)의 「태극도설太極圖說」에서 확정된 사고의 맥락을 계승하였다. 이것이 그가 「태극도설」을 『통서通書』보다 중요하게 생각하였던 이유이고 강서江西의 육씨陸氏 형제와 '무극이태극'의 연원과 계통에 대한 논변을 이어 가면서 오래도록 포기하려 하지 않았던 원인이다. 주희의 전반적인 리학체계를 놓고 볼 때 '무극이태극'은 확실히 아주 중요하다. 하나는 전반적인 도통道統이 정통인지의 여부와 밀접하게 연관되기 때문이고, 다른 하나는 주희 사상의 사변적 기초가 탄탄하고 믿음직한지의 여부와 관련되기 때문이다.

육구연 형제는 '극極'을 '중中'으로 해석하면서 '무극이태극'은 글자 자체로도 말이 안 되는 것임을 주장하였다. 또한 선진先秦 유가의 경전에서 '태극'만을 말하였고 '무극'은 말하지 않았음을 내세우면서, '무극'은 노자로부터 비롯된 것이기 때문에 유가의 중용의 학문에 반대되는 이단임을 강조한다. 따라서 '무극이태극'을 유가 사상체계의 기초로 간주하는 것은 바로 공·맹의 도통에 위배되는 것이라 주장한다. 하물며 '태극'을 '천리'로 해석하면 '천리'의 완벽한 규정 속에 '무극'이라는 수식어를

---

5) 역자 주: 伊洛은 二程 즉 程顥와 程頤 형제가 강학하던 伊川과 洛陽의 앞 글자를 딴 것이다. 후대에 宋대 성리학을 뜻하는 말로 쓰였다.

붙일 필요가 없기 때문에 '무극이태극'이고 하는 것은 평상 위에 평상을 거듭 놓는 것(床上疊床)과 다름이 없다는 것이다. 이로부터 '무극이태극'이 주돈이가 세운 최종 개념임을 부정하였다.

주희 철학사상의 핵심 및 그 출발점은 '태극'이고, '태극'은 바로 '리'이다. 하지만 육씨 형제와 다른 점은 주희는 '극極'을 '지至'로 해석한다. '태극'은 '리'를 가리키고 '무극'은 '태극'에 대한 수식이다. 그는 '무극'에 세 가지 의미가 있다고 주장한다. 첫째, 형체가 있는 구체적인 사물세계를 놓고 말할 때 '무극은 곧 '무형'이고 이는 '태극'이 하나의 사물이 아니고 '태극'에 형상이 없고 사물로 말할 수 없는 것임을 보여 준다. 둘째, 형이상의 세계를 놓고 말할 때 '무극'은 '태극' 위에 결코 하나의 초월적인 절대적 존재가 없음을 긍정한 것이다. 이로부터 '태극'이 논리적으로 우선하는 최고의 존재이고 확실하고 진실한 것이며 형상의 변동에 따라 흐르지 않고 사물의 환현幻現에 따라 비거나 없어지지 않는 존재임을 긍정하였다. 셋째, 형이상과 형이하를 관통하는 세계를 놓고 말할 때 '무극'은 유형有形에 대한 부정일 뿐만 아니라 동시에 '태극' 자체에 포함된 부정적인 요소이다. '태극'은 사물의 밖에 별도로 존재하는 하나의 사물이 아니고 '태극'이 곧 본연의 리이다. "무극이라 한 것은 바로 태극이 방소도 없고 형상도 없음을 말한 것이고 어떠한 사물이 있기 전부터 존재하고 사물이 있은 뒤에는 세워지지 않은 적이 없으며 음양의 밖에 있으면서 음양 가운데에 작용하지 않은 적이 없으며 전체에 관통하여 없는 곳이 없고 애초에 소리도 냄새도 그림자도 메아리도 말할 수 없는 것이다."[6]

이 밖에 육씨 형제의 연이은 비판에도 주희가 '무극이태극'의 관점을 견지할 수 있었던 것은, 그가 주돈이의 「태극도설」 텍스트에 대한 교감에서 분명한 근거를 가지고 있었기 때문이다. 육구연이 '무극이태극'의 주장이 주돈이가 젊었을 때의 관점일 것이라고 추측할 때 주희는 바로 텍스트를 대조하고 검증하면서 강력하게

---

6) 「太極圖說解」, "謂之'無極', 正以其無方所無形狀; 以爲在無物之前, 而未嘗不立於有物之後; 以爲在陰陽之外, 而未嘗不行於陰陽之中; 以爲通貫全體, 無乎不在, 則又初無聲臭影響之可言也."

반박하였다. 총체적으로 보면 주희는 무극, 태극의 논변에서 글자에 구애되지 않고 '무극'을 깨닫고 이해하였다. '무극이태극'에 대한 해석을 통하여 그는 한편으로는 주돈이가 확립한 도학체계를 옹호하였고 다른 한편으로는 정주리학의 사상적인 함의를 심화시켰다. 그는 이렇게 말하였다. "무극을 말하지 않으면 태극은 일물과 같아져서 모든 변화의 근본이 되기에 부족하고, 태극을 말하지 않으면 무극은 공적에 빠져서 모든 변화의 근본이 될 수 없다."[7] 당시에 주희가 직면하였던 문제는 유가 내부의 도통 문제뿐만 아니라 노자와 불교를 비판하여야 하는 문제도 안고 있었다. 그는 불교와 도가사상을 비판적으로 받아들였고 유가사상을 창의적으로 발전시킴으로써 전반적인 유학체계에 튼튼하고 확실한 기초를 마련해 주었다.

2. 리기론

1) '리'와 '기'는 서로 떨어지지도 않고 서로 섞이지도 않는다

태극은 단지 하나의 '리'일 뿐이고 천지만물의 이치일 뿐이다. '리'는 '기'와 떨어지지 않고 '기'도 '리'와 떨어지지 않으며 '리'와 '기'는 서로 즉卽하는데 이른바 태극은 바로 '리'와 '기'가 일체─體로 뒤섞여서 이루어지는(混成) 특징을 보여 주는 것이다. '기'는 사물의 형질形質의 본체를 형성하는 근원이고 형기形器의 실질적인 존망存亡과 생멸生滅은 모두 '기'의 모임과 흩어짐이며 '기'의 모임과 흩어짐의 근거는 바로 '리'이다. '리'는 '기' 속에 있고 '리'와 '기'는 일체로 뒤섞여서 이루어지며 '리'와 '기'는 이 세계를 구성하는 두 가시 근서이나. 이러한 '리'가 있으면 이 세계는 존재의 근거, 가치와 의의가 있게 되고 '리'는 이 세계에 존재하는 차별상들을

---

7) 『文集』, 권36, 「答陸子美」 1, "不言無極, 則太極同於一物, 而不足爲萬化之根; 不言太極, 則無極淪於空寂, 而不能爲萬化之根."

통일시키는 것이며 이 '리'는 장엄하고 엄숙하며 순결하고 드넓다. 이러한 '기'가 있으면 형질의 세계를 형성하고 '기'는 영원히 멈춤이 없는 유행하는 물체이며 '기'의 모임과 흩어짐, 덮어서 숨김에는 임의성과 우연성이 가득하다. '리'와 '기'가 일체로 뒤섞여서 이루어지는 세계에서 보면 태극은 천지만물의 '리'이고 천지로 말하면 천지 가운데 태극이 있는 것이며 만물로 말하면 만물 가운데 각자 하나의 태극이 있고 뒤섞여서 이루어진 '리'는 천지 사이의 만사만물에 구비되어 있는 것이다.

『주자어류』 권1에서는 이렇게 말하였다. "천하에는 리 없는 기가 없고 또한 기 없는 리도 없다."[8] 또 이렇게 말하였다. "천지 사이에는 리도 있고 기도 있다. 리라는 것은 형이상의 도이고 만물을 생성하는 근본이다. 기라는 것은 형이하의 기이고 만물을 생성하는 도구이다. 그러므로 인간과 만물이 생성됨은 반드시 리를 품부받은 뒤에야 본성이 있게 되고 반드시 기를 품부받은 뒤에야 형태가 있게 된다."[9] '리'가 있으면 반드시 '기'가 있고 '기'가 있으면 반드시 '리'가 있으며 비로소 진실하고 실제적인 천지와 만사만물을 생성할 수 있다. 하지만 '리'는 형이상의 도이고 만물을 생성하는 근원이며 '기'는 형이하의 기이고 만물을 생성하는 도구이다. 인간과 만물은 이 '리'를 품부받음으로써 자체의 인간의 본성 혹은 사물의 본성을 이루고 이 '기'를 품부받음으로써 자신의 형체와 기질을 완성한다. 바로 '리'와 '기'가 이 세계의 인간과 만물에 대한 생성작용이 다르기 때문에 '리'와 '기'는 비록 일체로 뒤섞여서 이루어지지만 양자가 서로 구별되는 것을 방해하지 않는다. 주자는 이렇게 말하였다. "이른바 리와 기는 절대로 두 가지가 아니다. 사물상으로 보면 이 두 가지는 혼륜해 있어서 나누어 각각 다른 곳에 존재할 수 없지만 두 가지가 각각 한 사물이 되는 것을 해하지 않는다. 이치상으로 보면 비록 사물이 아직 있지 않아도 사물의 이치는 이미 있지만 역시 다만 리가 있을

---

8) 『朱子語類』, 권1, "天下未有無理之氣, 亦未有無氣之理."
9) 『文集』, 권58, 「答黃道夫」 1, "天地之間有理有氣. 理也者, 形而上之道也, 生物之本也. 氣也者, 形而下之器也, 生物之具也. 是以人物之生, 必稟此理然後有性, 必稟此氣然後有形."

뿐이고 아직 사물은 실제로 있지 않다."10) '사물상으로 보면'(在物上看)은 구체적이고 진실한 사물로부터 본다는 것인데 이는 일종의 상식적인 시각이라고 할 수 있다. '이치상으로 보면'(在理上看)은 사물의 본원, 근거로부터 본다는 것인데 이는 일종의 철학적인 시각이라고 할 수 있다. 구체적이고 진실한 사물로부터 보면 '리'와 '기'는 일체로 혼륜해 있어서 나눌 수 없고, '리'와 '기'는 떨어지지 않지만 사물의 본원, 근거로부터 보면 '리'는 '리'이고 '기'는 '기'이며, '리'는 형이상자이고 '기'는 형이하자이며, '리'와 '기'는 같은 부류가 아니고, '리'와 '기'는 '절대로 두 가지 사물이다'(絶是二物). 또한 '기'와 비교하면 '리'는 더 근본적이고 '리'는 사물이 존재하는 근거이다. 이것이 바로 주자의 '리'와 '기'는 서로 떨어지지도 않을뿐더러 서로 섞이지도 않는다는 사상이다.

2) '리', '기'의 선후 문제

『주자어류』권1에서는 이렇게 기록하고 있다.

어떤 사람이 물었다. 리가 먼저고 기는 나중인가. 대답하였다. 리와 기는 본래 선후를 나누어 말할 수 없다. 하지만 근원을 미루어 올라가면 리가 먼저이고 기는 나중인 것 같다.11)

어떤 사람이 물었다. 반드시 리가 있은 뒤에 기가 있다는 것은 무슨 뜻인가? 대답하였다. 이것은 본래 선후를 나누어 말할 수 없지만 반드시 그 근원을 미루어 따지고자 한다면 반드시 먼저 리가 있다고 말하여야 한다.12)

---

10) 『文集』, 권46, 「答劉叔文」 1, "所謂理與氣, 此絶是二物. 但在物上看, 則二物渾淪, 不可分開各在一處, 然不害二物之各爲一物也. 若在理上看, 則雖未有物而已有物之理, 然亦但有其理而已, 未嘗實有是物也."

11) 或問: 理在先, 氣在後. 曰: 理與氣本無先後之可言. 但推上去時, 卻如理在先, 氣在後相似.

12) 或問: 必有是理然後有是氣, 如何? 曰: 此本無先後之可言, 然必欲推其所從來, 則須說先有是理.

어떤 사람이 먼저 리가 있은 뒤에 기가 있다는 말에 대하여 물었다. 대답하였다. 그렇게 말할 필요가 없는데 지금 먼저 리가 있은 뒤에 기가 생겼는지 리가 나중에 생기고 기가 먼저 있었는지 알 수 있겠는가? 모두 따질 수 없는 것이다. 하지만 그 뜻을 생각해 보면 아마도 기가 리에 의지해서 유행하는 것이라고 할 것이다. 기가 모이면 리 또한 거기에 있는 것이다. 대체로 기는 응결하고 조작할 수 있지만 리는 감정이나 생각이 없고 조작이 없다.13)

상술한 세 단락의 대화기록은 기본적으로 '리', '기'의 선후 문제에 대한 주자 만년의 최종 관점을 대표하는 것이다. 위의 인용문으로부터 주자에게 있어서 '리'는 만물의 본성을 구성하고 '기'는 만물의 형체를 구성하며 인간과 사물은 '리와 기의 합'으로 생성되기 때문에 세계의 구성 혹은 '리'와 '기'가 일체로 뒤섞여서 이루지는 시각으로 보면, '리'는 '기'를 생겨나게 할 수 없고 '기' 또한 '리'를 생겨나게 할 수 없으며 '리'와 '기'는 두 가지 부동한 존재일 뿐이고 결코 생성하는 관계나 시간의 선후 간격으로 말할 수 없음을 알 수 있다. 위의 인용문에서 주자가 말하는 '리와 기는 본래 선후를 나누어 말할 수 없다'는 것도 이 점을 설명해 주는 것이다. 이로부터 보면 주자는 '리'와 '기'가 선, 후를 말할 수 없음을 주장하였다. 하지만 '리'와 '기'의 선후 문제에서 주자 및 그 문인들은 이러한 이해에 만족하지 못하였고 대체 '리'와 '기' 중에서 어느 것이 먼저인지에 대하여 끊임없이 캐묻고자 하였다. 몇 차례의 대화로부터 주자의 이른바 '미루어 올라가고'(推上去) '그 근원을 미루어 따지는'(推其所從來) 의미로부터 보면, 그들이 이렇게 '먼저인 것'(先)을 꼬치꼬치 캐물은 것은 시간적인 선후의 '먼저'가 아니라 '리'와 '기' 중에서 어떤 것이 더욱 근본이 되는가이다. 바로 진래陳來가 말한 바와 같이, "주희의 이러한 주장에 근거하면 첫째, '리'와 '기'는 실제로 이른바 선, 후가 없다. 둘째, 논리적으로 '미루어 올라가고' '그 근원을 미루어 따지면' '리'가 '기'보다 먼저라고 할 수 있다. 여기서 주목하여야

---

13) 或問先有理後有氣之說. 曰: 不消如此說; 而今知得他合下是先有理後有氣邪? 後有理先有氣邪? 皆不可得而推究. 然以意度之, 則疑此氣是依傍這理行. 及此氣之聚, 則理亦在焉. 蓋氣則能凝結造作, 理卻無情意, 無計度, 無造作.

할 것은 추론한 결과 '리'가 시간적으로 '기'보다 앞선다는 것이 아니라 이러한 추론 및 그 결과 자체가 단지 '리'와 '기'의 선후는 일종의 논리적인 관계임을 보여 준다는 것이다."14) 주자 및 그 문인들이 '리'와 '기' 중에서 어떤 것이 더욱 근본이 되는지의 의미에서 '먼저 리가 있은 뒤에 기가 있다'(先有理後有氣)고 할 때 '리'와 '기' 중에서 도대체 어떤 것이 먼저인가에 대한 그들의 이해는 일종의 철학적인 이해였음은 의심할 여지가 없고, '먼저 리가 있은 뒤에 기가 있다'는 명제가 하나의 철학명제였음도 의심할 여지가 없다.

아래에 주자가 도대체 어떻게 철학적인 이해의 시각에서 '먼저 리가 있은 뒤에 기가 있다'는 명제를 구체적으로 설명하였는지를 살펴보도록 한다. 주자는 이렇게 말하였다. "요점을 말하면 먼저 리가 있다. 단지 오늘은 리가 있고 내일은 기가 있다고 말할 수는 없지만 반드시 선후는 있다. 만약 산과 강, 대지가 모두 무너져도 어디까지나 리는 여기에 있을 뿐이다."15) 주자는 여기서 '리'가 먼저고 '기'가 나중이라는 주장에 '오늘', '내일'과 같은 시간적인 개념을 뒤섞을 수 없음을 분명하게 제기하였다. 요컨대 '리'와 '기'의 선후는 논리적인 선후를 가리키는 것이지 시간적인 선후를 가리키는 것이 아니다. '리'와 '기'는 이 세계에서 있으면 같이 있는 것이고, '리'가 없는 '기'가 없고 '기'가 없는 '리'도 없다. 하지만 '반드시 선후는 있고'(也須有先後) '산과 강, 대지'(山河大地)는 모두 사물이고, 사물에는 생존과 훼멸이 있으며, '리'는 언제나 존재함에 멈춤이 없고, 천지의 '리'는 언제나 존재함에 멈춤이 없기 때문에 다시 천지만물을 생겨나게 할 수 있는 것이다. 주자는 여기서 천지의 '리'의 항상성으로 '먼저 리가 있은 뒤에 기가 있다'는 철학명제를 설명하였다. 주자가 말하였다. "본체로 말하면 리가 있은 뒤에 기가 있는 것이다."16) 여기서

---

14) 陳來, 『朱熹哲學硏究』(生活・讀書・新知三聯書店, 2010), 제111~112쪽, "按照朱熹這些說法, 第一, 理與氣實際上無所謂先後. 第二, 從邏輯上推上去', '推其所從來', 可以說理在氣先. 這裏要注意的是, 不是說推論的結果理在時間上先於氣, 而是說這種推論及其結果本身只表明理氣的先後是一種邏輯上的關系."

15) 『語類』, 권1, "要之, 也先有理. 只不可說是今日有是理, 明日卻有是氣, 也須有先後. 且如萬一山河大地都陷了, 畢竟理卻只在這裏."

주자가 말하는 '본체'는 바로 사물의 존재 혹은 발생의 근거이다. 주자에게 있어서 '본체로 말하면' '리'는 근본이고 체體이며 사물의 존재 혹은 발생의 근거이고 '리'가 '기'를 결정한다. 주자는 여기서 본체, 본원의 시각에서 '리'와 '기'의 선후 문제를 추론하고 설명하였다. 주자가 말하였다. "리는 기와 떨어진 적이 없다. 그러나 리는 형이상의 것이고 기는 형이하의 것이다. 형이상과 형이하로 말한다면 어찌 선후가 없겠는가."[17] '리'와 '기'가 숨을 들이쉬고(吸) 내쉬며(呼) 시작(始)과 끝(終)과 같이 순환하고 끝이 없으며, '리는 기와 떨어진 적이 없지만' '리'는 필경 형이상의 것에 속하고 '기'는 형이하의 것에 속하기 때문에 위에서부터 아래에 이르고, '리'로써 '기'를 말하며 '리'가 먼저고 '기'가 나중이다. 주자는 여기서 형이상과 형이하의 구분이라는 시각으로부터 '리'가 먼저고 '기'가 나중임을 설명하였다. 위에 말한 바에 의거하면 '먼저 리가 있은 뒤에 기가 있다'(先有理後有氣)는 철학명제는 '리'가 궁극적인 실재이고 만사만물의 본원이고 근거이며, '리'가 '기'를 결정하지 '기'가 '리'를 결정하는 것이 아님을 보여 준다.

물론 주자가 '먼저 리가 있은 뒤에 기가 있다'에 대하여 철학적으로 이해하고 설명한 목적은 유가의 인륜도덕을 우주본체론적으로 논증하기 위해서였다.

> 군신 관계가 있기 전에 이미 군신의 리가 여기에 있었고 본래 아무것도 없었는데 안배되기를 기다린 것이 아니다.[18]

> 이 일이 있기 전에 이 이치가 먼저 있었다. 군신 관계가 있기 전에 이미 군신의 리가 먼저 있었고, 부자 관계가 있기 전에 이미 부자의 리가 먼저 있었다. 본래 이 이치가 없었는데, 군신과 부자를 기다려 이치가 그 안으로 들어간 것이란 말인가?[19]

---

16) 『孟子或問』, 권3, "以本體言之, 則有是理然後有是氣."
17) 『語類』, 권1, "理未嘗離乎氣. 然理形而上者, 氣形而下者. 自形而上下言, 豈無先後."
18) 『語類』, 권95, "如未有君臣, 已先有君臣之理在這裏, 不是本無, 卻待安排也."
19) 『語類』, 권95, "未有這事, 先有這理. 如未有君臣, 已先有君臣之理; 未有父子, 已先有父子之理.

주자가 보기에 군신, 부자 사이의 충忠과 효孝의 '리'가 군신, 부자의 관계를 결정하고 군신 관계와 부자 관계를 처리하는 근거였다. 따라서 이러한 의미에서 보면, "군신 관계가 있기 전에 이미 군신의 리가 먼저 있었고, 부자 관계가 있기 전에 이미 부자의 리가 먼저 있었다." 또한 주자의 철학체계에서 인륜도덕의 '리'와 궁극적인 실재로서의 우주본체론적인 '리'는 관통되고 일치한 것이다. 궁극적인 실재로서의 우주본체론적인 '리'가 항상성, 보편성을 가지고 있기 때문에 유가의 인륜도덕의 '리' 또한 항상성, 보편성을 가지고 있고 유가의 인륜도덕을 우주본체론적으로 논증하고 설명하였다. 주자의 이러한 유가의 인륜도덕에 대한 우주본체론적인 논증과 설명은 이정二程의 '리본론理本論'에 대한 계승이고 또한 이정의 '리본론'에 대한 발전이며 '리본론'을 더욱 사변적이고 이론적으로 심화시켰다.

3) '리일분수'

'리일분수理一分殊'의 관념은 정이에서 비롯하였고 주희의 철학에서 한층 더 풍부해지고 발전되었다. 그는 주요하게 '태극'의 관념으로 '리일분수'를 설명하였다.

대개 합하여 말하면 만물은 전체로 하나의 태극이고 나누어 말하면 일물은 각각 하나의 태극을 갖춘 것이다.[20]

태극은 단지 천지만물의 리이다. 천지에 대하여 말하면 천지 가운데 태극이 있고 만물에 대하여 말하면 만물 가운데 각각 태극이 있다.[21]

본래 하나의 태극뿐이지만 만물에 각각 품수되었고 또한 각각의 만물은 모두 하나의 태극을 갖추고 있다. 마치 달이 하늘에 있는 것과 같은데 달은 하나일

不成元無此理, 直待有君臣父子, 卻旋將道理入在裏面?"

20) 「太極圖說解」, "蓋合而言之, 萬物統體一太極也; 分而言之, 一物各具一太極也."

21) 『語類』, 권1, "太極只是天地萬物之理. 在天地言, 則天地中有太極; 在萬物言, 則萬物中各有太極."

뿐이지만 강과 호수에 반사되어 가는 곳마다 보이는데 달이 나누어졌다고 말할 수는 없는 것이다.[22]

주자가 보기에 천지만물의 총체를 놓고 말하면 단지 하나의 태극 혹은 하나의 '리'만 있을 뿐이고, 이 태극, 이 '리'가 만물에 반사되어 만물이 각자 하나의 태극, 하나의 '리'를 갖추게 되는데 이것이 바로 '리일분수'이다. 그러므로 이러한 의미에서 주자는 "단지 이 하나의 리가 만물에 나누어져 체가 된 것"[23]이라 주장하였다. "천하에 공통된 리가 있는 것이지 한 사물에 갖추어져 있는 리가 있는 것이 아니다."[24] 이는 주자에게 있어서 '리'는 모두 보편적인 것이고 특수한 것이 없으며 '리일理 '과 만물에 각각 갖추어져 있는 '리'의 관계는 결코 우리가 말하는 일반과 개별, 추상적인 것과 구체적인 것, 전체와 부분의 관계가 아니라 통일성, 보편성을 가지고 있는 본체의 '리'와 이 '리'가 만물에서의 용用 사이의 관계이고 만사만물의 '리'는 모두 통일성, 보편성을 가지고 있는 본체의 '리'의 발현임을 보여 준다. 주자는 늘 '월인만천月印萬川'과 '수기취량隨器取量'의 두 가지를 예로 들어 '리일분수'의 함의를 해석하였다.

'월인만천'은 본래 불교에서 참됨(眞)과 거짓(假) 세계의 일一과 다多의 상섭相攝이론을 해석하면서 사용된 것이다. 주자는 이를 차용하여 불교의 이론적 함의는 제거하고 정호의 "본체와 현상은 근원이 하나이고 드러남과 은미함에는 간격이 없음"(體用一源, 顯微無間)을 배경으로 하여 태극의 '리'가 인간과 사물의 분수의 '리'를 통섭함을 주장하였다. '수기취량'을 예로 들면서 주자는 이렇게 말하였다. "사람과 사물이 생겨날 때 하늘이 부여한 리는 다른 적이 없었지만 사람과 사물이 부여받으면서 자연스럽게 다름이 생겨났을 뿐이다. 마치 강물을 자네가 숟가락으로 뜨면 한 숟가락

---

22) 『語類』, 권94, "本只是一太極, 而萬物各有稟受, 又自各全具一太極爾. 如月在天, 只一而已, 及散在江湖, 則隨處而見, 不可謂月已分也."
23) 『語類』, 권94, "只是此一個理, 萬物分之以爲體."
24) 『語類』, 권94, "是有天下公共之理, 未有一物所其之理."

만 뜰 수 있고 공기로 뜨면 한 공기만 뜰 수 있으며 통이나 항아리의 경우에도 각각 그릇에 따라 물의 양이 달라지기 때문에 리 또한 그에 따라 달라진다."25) 성질로 놓고 말하면 그릇에 따라 취하는 물의 양이 비록 다르지만 모두 물인데 이는 사람과 사물이 품부받은 '리'는 하나임을 비유한 것이다. 하지만 그릇에는 크고 작음이 있기 때문에 부동한 그릇의 물에는 많고 적음의 구별이 있는데 이는 사람과 사물이 품부받은 '리'는 비록 하나이지만 각자 품부받은 '기'의 순수한 정도가 다르기 때문에 '리는 하나이지만(理一) 각각의 구체적인 사람과 사물에서의 표현에는 치우침도 있고 완전함도 있음을 비유한 것이다. 종합하여 말하면 주희는 "만 가지가 한 가지이고 한 가지가 만 가지인"26) 도리를 설명하고자 하였다.

주자의 스승 이동은 일찍이 이렇게 말하였다. "유가의 학문이 이단과 다른 까닭은 리일분수이다. 리가 하나가 아님은 염려할 것이 없지만 어려운 것은 분수이다."27) 주자는 바로 이러한 '리일분수'의 사상을 밝혀냄으로써 불교와 노자의 사상을 비판하고 유가의 인륜규범을 옹호하였다.

리는 단지 하나일 뿐이고 도리는 같지만 나누어진 면은 다르고 임금과 신하에게는 임금과 신하의 도리가 있고 아버지와 아들에게는 아버지와 아들의 도리가 있다.28)

만물은 모두 리가 있고 리는 모두 하나의 근원에서 나왔지만 처한 위지가 다르기 때문에 리의 쓰임도 하나가 아니다. 예를 들어 임금이 되어서는 반드시 어질어야 하고, 신하가 되어서는 반드시 공경해야 하며, 자식이 되어서는 반드시 효도해야 하고, 아버지가 되어서는 반드시 자애로워야 한다. 물건마다 각각 리를 갖추고 있고 물건마다 각각 쓰임을 달리하지만, 하나의 리가 유행하는 것이 아님이 없다.29)

---

25) 『語類』, 권4, "人物之生, 天賦之以此理, 未嘗不同, 但人物之稟受自有異耳. 如一江水, 你將勺去取, 只得一勺; 將碗去取, 只得一碗; 至於一桶一缸, 各自隨器量不同, 故理亦隨以異."

26) 『語類』, 권94, "萬個是一個, 一個是萬個."

27) "吾儒之學, 所以異於異端者, 理一分殊也, 理不患其不一, 所難者分殊耳." 趙師夏의 「跋延平答問」에서 인용함.

28) 『語類』, 권6, "理只是這一個, 道理則同, 其分不同, 君臣有君臣之理, 父子有父子之理."

주자를 놓고 말하면 만물의 근원인 '일리一理' 즉 통일성, 보편성을 가지고 있는 본체의 '리'가 '분수分殊'를 통하여 그 쓰임을 드러내는 것이다. 여러 가지 구체적인 인륜도덕규범은 모두 '일리'의 체현이고 '일리'의 쓰임인 '분수' 즉 여러 가지 구체적인 인륜도덕규범을 이해하지 못하면 '일리'는 곧 '비어 있는'(空) '리'이고 불교, 노자와 다름이 없다. 따라서 그는 이렇게 강조하였다. "분수 가운데의 구체적인 사물에서 일마다에 있는 당연의 리를 이해할 수 있어야만 비로소 리의 근본이 하나로 관통됨을 알게 된다. 만 가지로 다른 사물들이 각각 하나의 리가 있다는 것을 알지 못하고 오로지 리일만을 말한다면 리일이 어디에 있는지 알지 못한다."30)

주자는 특히 '리일'이 '분수' 혹은 '쓰임'(用)에서의 차등이 있는 사랑 및 부동한 대상에 대하여 개인이 짊어져야 하는 의무의 구별을 주목하였다. 그는 이렇게 말하였다. "천지로 말하면 그 중에는 분별이 있고 만 가지로 다름을 보면 그 중에도 분별이 있다. 하나의 리로 인식할 수 없는데 다만 하나로 합쳐서 보면 여기에는 각자 스스로 등급과 차별이 있다. 마치 한 가족의 사람에도 등급의 구별이 있는 것과 같다. 따라서 건은 아버지를 칭하고 곤은 어머니를 칭하는데 자신의 부모를 버리고 건, 곤을 자신의 부모로 간주할 수 없는 것이다. '백성은 나의 동포'라는 말과 같이 자신의 형제, 동포와도 또한 스스로 구별되는 것이다."31)

한 사람은 우선 자신의 부모를 사랑한 뒤에 다시 다른 사람과 사물로 사랑이 미치고, 부모, 형제, 다른 사람 및 만물에 대하여 짊어진 의무에도 등급과 차별이 있는데, 이는 순서가 자연스럽게 이러한 것이다. '리일분수'사상에 대한 주자의 해석은 바로 유가의 차등과 순서가 있는 사랑 및 부동한 대상에 대하여 개인이

---

29) 『語類』, 권18, "萬物皆有此理, 理皆同出一原, 但所居之位不同, 則其理之用不一, 如爲君須仁, 爲臣須敬, 爲子須孝, 爲父須慈. 物各具此理, 而物物各異其用, 然莫非一理之流行也."
30) 『語類』, 권27, "蓋能於分殊中事事物物, 頭頭項項理會得其當然, 然後方知理本一貫. 不知萬殊各有一理, 而徒言理一, 不知理一在何處?"
31) 『語類』, 권98, "自天地言之, 其中固有分別; 自萬殊觀之, 其中亦自有分別. 不可認是一理了, 只滾做一看, 這裏各自有等級差別. 且如人之一家, 自有等級之別. 所以乾則稱父, 坤則稱母, 不可棄了自家父母, 卻把乾坤做自家父母看. 且如'民吾同胞', 與自家兄弟同胞, 又自別."

짊어지는 의무에도 차별이 있는 이러한 '유가적' 풍격을 보여 주고 부각시키기 위한 것이었다.

3. 심성론

주희는 불교와 노자의 학문에 드나들다가 다시 유학으로 돌아왔는데 이는 '이발', '미발'의 '중화中和'의 기상氣象에 대한 인식(體認)과 매우 밀접한 관련이 있다. 주희의 '중화'에 대한 인식은 병술丙戌(1166)년의 깨달음과 기축己丑(1169)년의 깨달음의 두 가지 중요한 단계를 거친다. 주희는 스승 이동으로부터 유학의 가치를 진정으로 재인식하게 되었고 유학으로 돌아오게 되었으며 이후 유학에 대한 한결같은 추구와 실천을 확립하였다. 그러나 아쉽게도 당시에 주희는 이동의 학문방식을 완벽하게 이해하지 못하였는데, 이동이 세상을 떠났다. 하지만 주자는 이 때문에 유학의 가치를 추구하는 포부를 개변하지 않았고 학문의 길도 포기하지 않았다. 한동안 마땅한 스승과 벗이 없었던 그는 북송北宋 이래 주돈이, 장재, 이정과 이정의 제자 등 사람들의 저서들을 폭넓게 수집하고 열독하였다. 바로 이러한 열독과 몸소 수양하는 과정에서 주자는 심성론에 관한 초기의 관점을 확립하게 되었는데, 이것이 바로 병술년의 깨달음이다. 그는 "사람은 어린아이 때부터 늙어서 죽을 때까지 비록 어묵과 동정은 같지 않지만 그 대체는 이발이 아닌 것이 없는데 특히 미발이라고 하는 것은 아직 발한 적이 없는 것만을 말하는 것"[32]이라는 도리를 깨닫게 되었다. 이는 사실상 인간은 태어나서부터 죽기까지 비록 어묵동정語默動靜의 부동함은 있지만 인생은 기본적으로 희·노·애·락의 '이발'의 감정세계에 속하고 '미발'의 본체는 발전된 적이 없으며 여전히 안으로 응집하고 함축될 뿐이라

---

32) 『文集』, 권75, 「中和舊說序」, "人自嬰兒以至老死, 雖語默動靜之不同, 然其大體莫非已發, 特其未發者爲未嘗發耳."

는 것이다. 여기서 '미발'의 본성과 '이발'의 감정은 확연하게 분리되었다. 그는 또한 "마음은 이발이고 본성은 미발이다"(心爲已發, 性爲未發)라고 주장하였는데, 당시 심·성·정의 세 가지 사이의 관계에 대하여 분명하고 확실하게 파악하지 못하였음을 볼 수 있다. '도'를 구하려는 열정은 주자로 하여금 이러한 견해를 안고 장식張栻 (1133~1180)을 대표로 하는 호상湖湘학파와 학문을 논의하도록 하였는데 이는 이미 호굉胡宏(1105~1161)의 저서에서 검증되었다. 주자는 자신의 관점에 대하여 더욱 자신하였고 이때 「관서유감觀書有感」이라는 제목의 시를 지었는데 시에 나오는 "마르지 않는 샘에서 새 물이 흘러나와 그렇다네"(爲有源頭活水來)라는 구절이 아마도 당시의 심정을 가장 잘 설명할 수 있는 말인 것 같다. 주자는 결코 이러한 이유로 학문에 대한 추구를 멈추지 않았고 제자리걸음하거나 낡은 것을 붙잡고 놓지 않는 것이 아니라, 한편으로는 여러 학자들과 적극적으로 논의하고 변론하였으며, 다른 한편으로는 실제적으로 수양함으로써 언제나 열린 마음가짐을 유지하였다. 그는 중화구설 시기의 수양에 의거하여 나타난 기상과 고대 성현들의 기상을 서로 비교하였고 자신이 말하고 일할 때 급박하고 천박하며 또한 경박한데 이는 분명 성현의 기상과 너무 거리가 먼 것임을 발견하였다. 그는 이렇게 말하였다. "말하고 일하는 사이에도 드러나는 것이 항상 급박하고 들떠서 고대 성현의 기상이 없다."33) 이는 그를 고뇌하게 만들었고 한때 자신을 어떻게 처신하여야 할지 몰랐다. 바로 이러한 자신이 있으면서도 불안하기도 한 모순의 충돌과 격동 속에서 주자는 학문적으로 새롭게 발전하는 계기를 마련하게 되었다. 그는 친구와 서신을 주고받는 과정에서 중화구설 시기의 수양론이 실제로 편파적임을 발견하였다. 그가 보기에 이러한 급박하고 들뜨는 결함은 바로 마음만을 '이발'로 간주하였기 때문에 '이발'의 마음에 한해서만 수양을 하게 되는데 그것이 바로 일의 본말, 시작과 끝(端倪)을 '찰식察識'하는 것이다. 이는 동動의 측면에 치우친 것이고, 이때 주자는 마음에 실제로 '미발'의 측면도 있고 마음이 아직 발하지 않았을 때의

---

33) 『文集』, 권67, 「已發未發說」, "其發之言語事爲之間, 亦常躁迫浮露, 無古聖賢氣象."

수양이야말로 앞에서 제기하였던 여러 폐단을 줄일 수 있음을 확신하였다. 주희는 이에 대하여 이렇게 반성하였다. "여태껏 사색을 강론함에 있어서 마음을 이미 발한 것으로만 보고, 일상의 공부도 또한 다만 일의 본말, 시작과 끝을 살펴 아는 것만을 최초로 공부할 바로 삼았기 때문에, 평소에 함양하는 쪽의 공부를 빠뜨려 사람의 가슴속이 들뜨게 하고 깊이 잠기고 순수한 맛이 없게 하였다."[34] 실제로 이는 이미 주자의 중화신설 즉 기축년의 깨달음 시기의 주장이다. 이로부터 주자는 유학의 가치를 확신한 뒤 줄곧 성현을 완성하는 구체적인 수양을 탐색하였는데 주돈이, 이정과 사량좌謝良佐 등 사람들의 문헌을 직접 정리하였을 뿐만 아니라 천 리 길도 마다하지 않고 호남湖南으로 가서 장식에게 가르침을 구하고 학문을 논의하였으며 또한 학문의 견해를 몸소 실천하였음을 알 수 있다. 그는 자신이 수양을 거친 뒤의 기상과 옛 성현의 기상을 서로 비교하여 편파적임을 발견하고는 용감하게 고쳤는데, 이 점에 대하여 절대로 해이하거나 눈감아 주지 않았다. 주희가 중화학설을 깨닫는 과정에서 그의 성인의 '도'에 대한 경모와 학문을 구하는 진정성이 가장 잘 드러난다. 그는 시시각각 성현의 기상으로 자신을 독려하고 요구하는 것을 잊지 않았고 '오늘의 나'로 '어제의 나'를 부정함을 주저하지 않는 정신으로 자신의 학문과 수양을 수정하였으며, 결국 심성론에 대한 성숙한 관점 즉 기축년의 깨달음을 확립하였고 "참으로 어느 날 새로워지면 날마다 더욱 새롭게 하고 또 날로 새롭게 하는"(苟日新, 日日新, 又日新) '도'를 경모하고 학문을 구하는 과정을 진정으로 실천하였다. 유술선劉述先이 보기에, "주자의 도를 구하는 성의는 그로 하여금 끊임없이 자신의 관점을 바꾸도록 하였는데 이는 탄복할 만한 것이다."[35]

기축년의 깨달음으로 주희는 이미 장식 등의 호상학자들과의 변론을 거쳐 '중화'의 문제에 대하여 새롭게 인식하였다. 「여호남세공론중화제일서與湖南諸公論中

---

34) 『文集』, 권64, 「與湖南諸公論中和第一書」, "向來講論思索, 直以心爲已發, 而日用工夫亦止以察識端倪爲最初下手處, 以故缺却平日涵養一段工夫, 使人胸中擾擾, 無深潛純一之味."

35) 劉述先, 『朱子哲學思想的發展與完成』(吉林出版集團有限責任公司, 2014), 제100쪽, "朱子求道之誠使他不斷屢易其說, 這是可佩服的."

和第一書(『문집』, 권64), 「이발미발설己發未發說」(『문집』, 권67), 「호자지언의의胡子知言疑義」
(『문집』, 권73), 「인설仁說」(『문집』, 권67) 등의 글에서 주자는 '미발'의 중中은 '성'이고
마음의 '체'이며, '이발'의 '정'은 마음의 '용'이고 마음이 '성'과 '정'을 주로 하며
'이발'과 '미발' 사이를 관통하는 것이라 주장하였다. 인·의·예·지는 '성'이고,
측은·수오·사양·시비는 '정'이며, '인애仁愛', '의오義惡', '예양禮讓', '지지智知'로
하는 것은 마음이다. '인'이라는 것은 마음의 덕德이고 사랑의 '리'이며 천지만물의
마음이고 사물에 즉하여 존재한다. 그 본체로 말하면 '성'에는 선하지 않음이 없고
발하여 쓰임으로 말하면 가끔 선한 것이다. 따라서 '이발', '미발'의 요지, '중화'의
'도'에 통달하려면 마음은 반드시 경敬으로써 '성'과 '정'을 주로 하고 일상생활에서
성찰하고 추리하여 밝히는데 이것이 바로 '용경用敬', '치지致知'의 학문적 수양이다.
아래에 기축년의 깨달음 및 그 이후의 사상적인 발전에 근거하여 주자의 심성론을
비교적 자세하게 정리하도록 한다.

1) 이어가는 것이 선이고 이루어진 것이 성임을 논하다

'성性'이라는 개념에는 여러 가지 함의가 들어 있는데 주희가 말하는 '성'은
하나는 '천명지성', '본연지성'을 가리키는 것인데 이때의 '성'은 사람과 사물이
'천리'를 품부받아 생겨난 '성'이기 때문에 '천리의 성'이라 할 수 있다. 다른 하나는
'기질지성'을 가리키는데 '기질지성'은 '천명지성'을 상대하여 말하는 것이지 결코
별도로 하나의 '성'이 있는 것이 아니다. 하지만 기질이 품부받음으로 말하면 '리'와
'기'가 일체로 뒤섞여 이루어져 사람과 사물에 존재하는 '성'을 가리킨다. '천명지성'
은 본연으로부터 말한 것이고 '리'의 측면으로부터 말한 것이지만 '기질지성'은
'리'와 '기'를 겸하여 말한 것이고 매 사람이 직접적으로 작용을 발생하는 현실적인
사람의 '성'으로부터 말한 것이다.

공자는 "인간의 본성은 비슷하나 습성은 서로 다름"(性相近, 習相遠)을 말하였지만
결코 '인간의 본성이 비슷한' 이유에 대해서는 결코 분명하게 밝히지 않았다. 맹자는

마음으로 본성을 말하였고 본성에 선하지 않음이 없지만 결코 '본연지성'과 '기품지
성氣稟之性'의 차별을 분명하게 밝히지 않았다. 순자는 본성이 악함을 말하였지만
천리를 저버리고 정욕情欲으로 본성을 말하였으며 '성'을 기질의 악함과 동일시함으
로써 고자의 본성론에서 한 걸음 더 하락하였다. 하지만 공자 이후 『중용』에서는
'천도'와 '성명'을 직접 결합시켜 첫머리에서 바로 "하늘이 명한 것을 성이라 한다"(天
命之謂性)고 함으로써 위로 『시경』의 "오직 하늘의 명이 화목함을 그만두지 않는구
나"(惟天之命, 於穆不已)의 읊음을 계승하였고 아래로 『역전』의 "이어 가는 것은 선이고
이루어진 것이 성이라는"(繼之者善, 成之者性) 거대한 이론을 열었다. 바로 하나의
깨끗하고 순수한 '본연지성'을 제기하였는데 주희는 이러한 기초 위에서 '성'에
대하여 이렇게 논의하였다.

> '이어 가는 것이 선이고 이루어진 것이 성이다.' 이 리가 천지 사이에 있을 때에는
> 오직 선할 뿐이고 선하지 않은 것이 없다. 사물들이 생겨난 뒤에야 비로소 '성이라
> 일컫는다. 다만 이 리일 뿐이니 하늘에서는 '명이라 말하고 사람에게서는 '성이라
> 말한다.36)

> 이천이 말하였다. '하늘이 부여한 것은 명이고 만물이 받은 것은 성이다.' 리는
> 하나이다. 하늘이 만물에 부여한 것으로부터 말하였기 때문에 명이라 이르고 사람
> 과 사물이 하늘로부터 품부받은 것으로부터 말하였기 때문에 성이라 이른다. 사실
> 상 말하는 위치나 입장이 다를 뿐이다.37)

주자가 보기에 천지의 '리'는 천지 사이에서 유행하고 끊임없이 멈추지 않으며
(恒常不已) 잠시라도 중단됨이 없고 사람과 민물 모두 이 천도人道, 천리人理를 품부받아

---

36) 『語類』, 권5, "“繼之者善, 成之者性.” 這個理在天地間時, 只是善, 無有不善者. 生物得來, 方始
   名曰"性". 只是這理, 在天則曰"命", 在人則曰"性"."
37) 『語類』, 권95, "(伊川言: "天所賦爲命, 物所受爲性." 理一也. 自天之所賦與萬物言之, 故謂之命;
   以人物之所稟受於天言之, 故謂之性. 其實, 所從言之地頭不同耳."

생겨나기 때문에 사람과 만물은 모두 좋지 않음이 없는 순선純善의 '성'을 갖추고 있는 것이다. 인간의 만물의 영장으로서 이 천도, 천리의 '성'을 품부받을 뿐만 아니라 이 천리, 이 '좋지 않음이 없는' '성'을 이어서 회복하여 드러내는데, 이것이 바로 이른바 "이어 가는 것은 선이고 이루어진 것이 성이다"(繼之者善也, 成之者性也)라는 것이다. 물론 이 천리, 이 '천명지성'에는 '말하는 위치나 입장이 다르지만(所從言之地頭 不同) 양자 사이는 일치하다.

'성즉리性卽理'는 "인간의 본성이 서로 비슷한"(性相近) 측면만을 해석하였다. 본성이 서로 비슷한 것에는 완벽하게 같게 할 수 없는 요소가 들어 있다. 주자는 자신의 경험으로부터 다음과 같은 것을 체험하였다. "인간의 본성은 모두 선하다. 하지만 태어나면서 선한 사람이 있고 태어나면서 악한 사람이 있는데 이는 품부받은 기가 다르기 때문이다."[38] 주자가 보기에 인간의 본성은 본연으로부터 보면 선하지 않음이 없지만 인간에게는 선하고 악한 구별이 있는데 이는 부여받은 기질이 다르기 때문이다. 이로부터 그는 맹자의 선선후악先善後惡 함닉설陷溺說에 대하여 비판하였고, 맹자의 부족점이 바로 "성을 논하면서 기를 논하지 않아서 완전하지 않은 것"[39]이고, '악'의 근원 및 인간이 태어나면서 악이 있는 사실을 해석할 수 없는 것이라 주장하였다. 또한 한 걸음 나아가 동중서의 '탐성貪性', 양웅의 '성선악혼性善惡混', 한유의 '성삼품설性善惡三品說'은 모두 일정한 정도에서 성인의 '성명'의 이치를 왜곡한 것이고 부여받은 기의 작용을 똑바로 보지 못한 것임을 제기하였다. 주자는 그의 리기론으로부터 출발하여 '성'을 '천명지성'과 '기질지성'으로 나누어 분석하고 설명하였다.

2) 천명지성과 기질지성을 논하다

주희의 리기론은 '리'와 '기'가 각자 하나의 사물임을 주장하는데 인성론의

---

38) 『語類』, 권4, "人之性皆善, 然而有生下來善底, 有生下來便惡底, 此是氣稟不同."
39) 『語類』, 권4, "論性不論氣, 有些不備."

측면에 반영되면 '천명과 '기'는 비록 서로 떨어진 적이 없지만 '기'와 서로 섞이지도 않는다. 주희는 이렇게 제기하였다. "비록 기 가운데 있다고 하지만 기는 원래부터 기이고 성은 원래부터 성이어서 서로 섞이지 않는다."[40] 따라서 "성의 본체는 원래 떨어진 적이 없고 또한 섞인 적도 없다."[41] '리'와 '기'가 일체로 뒤섞여 이루어진 것으로부터 볼 때 천명과 기질은 "또한 서로 섞여 있고 천명이 있으면 곧 기질이 있어서 서로 떨어질 수 없다. 만약 하나라도 빠지면 사물이 생겨날 수 없다. 천명이 있어도 반드시 기가 있어야 비로소 리를 부여받을 수 있다. 만약 기가 없으면 리를 어떻게 두겠는가!"[42] "성은 기품과 떨어질 수 없는데 기품이 있어야 비로소 성이 그 안에 존재하게 되고 기품이 없으면 성은 기탁할 곳이 없게 된다."[43] 하지만 매 사람의 '천명지성'이 같지 않음이 없고 또한 선하지 않음이 없다고 하지만 '기'는 구별이 있다. 주희는 이렇게 말하였다. "대개 기는 형체가 있는 것이다. 형체가 있게 되면 곧 아름다움과 추함이 있게 된다."[44]

바로 사람이 부여받은 기질에 청명하고 혼탁하며 순수하고 잡박한 구별이 있기 때문에 '천명지성'과 섞여서 일체를 이룰 때 투명하거나 숨겨지는 작용이 있게 되는데 이 작용은 '천명지성'을 놓고 말할 때 선과 악의 구별이 있게 된다. 주자와 장재, 정이 두 사람이 이해한 '기질지성'은 결코 서로 다른 것이다. 장재에게 있어서 '기질지성'은 바로 기질 자체의 공격하고 취하며 느리고 빠른 '성'이고, 경험적인 측면의 재질材質의 '성'이며, 정이도 마찬가지로 사람에게 부여된 기질로 '기질지성'을 논하였지 본연의 초월적인 '성' 즉 '천지지성'으로 이론을 내세우지 않았다. 따라서 장재와 정이 두 사람이 말하는 '기질지성'은 모두 기질의 '성'인데 이는 기질의 '성'과 천지의 '성'이 서로 독립적이고 부동한 영역에 따로 속하여

---

40) 『語類』, 권4, "雖其方在氣中, 然氣自是氣, 性自是性, 亦不相夾雜."
41) 『語類』, 권95, "性之本體元未嘗離, 亦未嘗雜."
42) 『語類』, 권4, "亦相袞同, 才有天命便有氣質, 不能相離, 若闕一, 便生物不得. 既有天命, 須是有此氣, 方能承當得此理. 若無此氣, 則此理如何頓放!"
43) 『語類』, 권94, "性離氣稟不得, 有氣稟, 性方存在裏面; 無氣稟, 性便無所寄搭了."
44) 『語類』, 권4, "蓋氣是有形之物, 才是有形之物, 便自有美有惡也."

있음을 의미한다. 주자는 이러한 관점을 취하지 않았고 '기질지성'은 실제로 '천지지성'이 기질 속에 떨어져서 기질에 의하여 가려진 뒤 표현된 '성'임을 주장하였다. 따라서 '기질지성'은 '본연지성'(천지지성)과 기질의 두 가지 측면을 겸하여 말한 것이라는 것이다. 바로 이명휘李明輝 교수가 제기한 바와 같다. "횡거(장재), 이천(정이)에게 있어서 '기질지성'과 '천지지성'(성의 근본)은 두 가지 각자 독립된 개념이고 각각 부동한 영역에 속한다. 주자에게 있어서 '기질지성'과 '천지지성'은 두 가지 '성'이 아니라 근본적으로 동일한 '성'이다."45) 다시 말하면 주자의 '본연지성'과 '기질지성'은 본질적으로 같은 것이지만 표현된 것에 다름이 있을 뿐이라는 것이다. '기질지성'은 바로 '본연지성'이 기질의 영향을 받아 드러난 형태이다. 주희는 늘 '본연지성'과 '기질지성'의 관계를 구슬이 물에 있고 촛불이 종이바구니 안에 있는 것으로 비유하는데 구슬과 촛불은 물의 맑고 혼탁함, 종이의 두께가 다름에 따라 드러나 보임이 다르다. '성'의 발현 또한 마찬가지인데 이른바 '기질지성'은 바로 기질의 작용을 겸하여 말한 것이고 '천명지성'까지 포함하여 함께 말한 것이다.

만약 '기질지성'의 함의를 자세하게 논의하면 우선 주자는 이렇게 주장하였다. "천지지성을 논하면 오직 리만을 가리켜 말한 것이고 기질지성을 논하면 리와 기를 섞어서 말한 것이지 기를 성명으로 간주하는 것이 아니다."46) '리'와 '기'는 본래 서로 섞이지 않고 '리'는 '리'이고 '기'는 '기'이며 두 가지 사물이라고 하여도 무방하지만, '리'와 '기'가 섞여서 일체를 이루는 것으로 말하면 '섞임'(雜)으로 '리'와 '기'가 함께 하나의 사물을 이룸을 말할 수 있다. 다음 주자는 '성'을 말하게 되면 이미 기질을 겸하여 말한 것이고 '본연지성'은 '기질지성' 안에 있게 되며 '기질지성'은 '기로써 성을 만드는'(用氣爲性) 전통에서 말하는 '기성氣性'이 아니라 "성이 기질

---

45) 李明輝,「朱子論惡之根源」, 鍾彩鈞,『國際朱子學會議論文集』(臺北中央研究院 中國文哲研究所 籌備處, 1993), 제559쪽, "在橫渠(張載), 伊川(程頤), '氣質之性'與天地之性(性之本)是兩個各 自獨立的概念, 各屬於不同的領域. 在朱子, '氣質之性'與 天地之性'卻不是兩種性', 而根本是同 一性."

46)『文集』, 권56,「答鄭子上」14, "論天地之性, 則專指理言; 論氣質之性, 則以理與氣雜而言之, 非以氣爲性命也."

속에 덜어짐으로써 기질을 따라 스스로 하나의 성이 된 것이다."⁴⁷⁾ 다시 말하면 '기질지성'은 '천명지성'이 기질의 영향을 받아 형성된 일종의 전환된 형태이다. 마지막으로 주자가 보기에 '천명지성'은 선하지 않음이 없고 '기질지성'은 선도 있고 악도 있는 것이었다. 사람과 사물은 생겨나면서부터 이미 기질을 갖추고 있기 때문에 또한 천성적으로 반드시 선도 있고 악도 있지만 선하지 않음이 없는 '천명지성'은 하나의 초월적인 존재자이다. 이러한 기초 위에 주자는 한 걸음 더 나아가 인·의·예·지의 성체性體는 측은, 수오, 사양, 시비의 정용情用에 근거하여 밖으로 발현된 것이라 주장하였다. '미발'의 성체로부터 '이발'의 정용에 이르는 과정에서 주자는 특히 '마음이 성과 정을 주관한다'(心主性情)는 '도'를 발명하는 것을 강조하였다.

3) '심' 및 '인심', '도심'을 논하다

주자의 철학에서 '심'에 대한 논의는 주요하게 아래와 같은 몇 가지가 있다.

심은 사람의 신명이고 모든 리를 갖추고 만사에 응하는 것이다.⁴⁸⁾

심이란 사람의 지각이고 신체를 주관하여 사물에 응하는 것이다.⁴⁹⁾

성은 심의 리이고, 정은 심의 용이며, 심은 성과 정을 주재한다.⁵⁰⁾

주자가 보기에 '심'은 '신명한 지각', '모든 리를 갖추고' '신체를 주관하며' '만사에 응하고' '성과 정을 통섭하는' 등의 특징을 가지고 있는 것이다. '심'의

---

47) 『文集』, 권58, 「答徐子融」, "性墜在氣質之中, 故隨氣質而自爲一性."
48) 『孟子集註』, 「盡心上」, "心者人之神明, 所以具衆理而應萬事者也."
49) 『文集』, 권65, 「大禹謨解」, "心者人之知覺, 主於身而應事物者也."
50) 『文集』, 권67, 「元亨利貞說」, "性者心之理也, 情者心之用也; 心者, 性情之主也."

‘신명한 지각’, ‘신체를 주관하고’ ‘만사에 응하는’ 특성 및 그 기능에 대하여 그는 늘 거울에 비추는 것에 비유하여 이렇게 설명하였다. “사람의 마음은 맑고 허명하여 거울이 비어 있는 것과 같고 저울대가 평평한 것과 같으며 몸의 주인이 되는 것은 참으로 진체의 본연이다.”51) “사람의 마음은 거울과 같아서 처음에는 하나의 영상도 없다가 사물이 다가오면 비로소 아름다움과 추함을 비추어 보인다. 만약 어떤 영상이 먼저 거울 안에 있다면 어떻게 사물을 비출 수 있겠는가! 사람의 마음은 본래 맑고 허명하여 사물이 다가오면 느낌에 따라 응하여 자연스럽게 높고 낮음, 가볍고 무거움을 알 수 있고 사물이 지나가면 곧 전과 같이 비어 있기에 비로소 얻는다.”52) 주자가 거울에 비추는 것으로 ‘심’을 설명한 것을 보면 마음이 ‘신체를 주관하며’ ‘만사에 응할’ 수 있는 것은 주요하게 ‘사람의 마음이 본래 맑고 허명하기’ 때문이다. 이로부터 ‘허령虛靈’이 곧 ‘신명한 지각’이고 ‘심’의 주요한 특징임을 알 수 있다.

　　‘심’이 ‘허령’ 즉 ‘신명한 지각’을 주요한 특징으로 한다면 어떻게 ‘심’이 ‘모든 리를 갖추는’ 것인가? 『주자어류』의 기록에 근거하면 “심이 리를 지니고 있는 까닭은 성이 있기 때문이다.”53) “물었다. ‘마음은 지각이고 성이 리이면 마음이 어떻게 리와 하나로 관통될 수 있는가? 대답하였다. ‘관통하는 것에 집착할 필요가 없고 본래 관통하고 있다.’ ‘어떻게 본래 관통하고 있다는 것인가? 대답하였다. ‘리는 마음이 없으면 붙어 있을 곳이 없다.’”54) “마음과 리는 하나이고 리가 앞에 있어서 하나의 사물이 되는 것이 아니라 리는 바로 마음속에 있지만 마음이 포괄할 수 없기 때문에 일에 따라 드러나는 것이다.”55)

---

51) 『大學或問』, 권2, “人之一心, 湛然虛明, 如鑑之空, 如衡之平, 以爲一身之主者, 固其眞體之本然.”
52) 『語類』, 권16, “人心如一個鏡, 先未有一個影像, 有事物來方始照見妍醜. 若先有一個影像在裏, 如何照得! 人心本是湛然虛明, 事物之來, 隨感而應, 自然見得高下輕重, 事過便當依前恁地虛方得.”
53) 『語類』, 권1, “心之所以具是理者, 以有性故也.”
54) 『語類』, 권5, “問: ‘心是知覺, 性是理, 心如何與理貫通爲一? 曰: ‘不須去著貫通, 本來貫通.’ ‘如何本來貫通? 曰: ‘理無心, 則無著處.’”
55) 『語類』, 권5, “心與理一, 不是理在前面爲一物, 理便在心之中, 心包蓄不住, 隨事而發.”

천지만물의 통체統體가 하나의 태극 즉 '일리—理'인데 이 '일리'가 하늘에 있으면 하늘의 '도'이고 사람과 사물에 있으면 사람의 사물의 본성이 된다. 하지만 사람과 사물에는 또한 같지 않음이 있는데 사람은 '심'이 있기 때문에 이 '리', 이 사람의 본성은 사람의 '심'에 나타난다. 바로 이렇게 때문에 '리는 하늘에서 얻어져 마음에 갖추어진다'(理得於天而具於心)는 주자가 늘 사용하였던 표현방식이다. 물론 주자에게 있어서 '심'과 '리'는 서로 구별되고 같지 않은 것이지만 여기서 이른바 '심과 리가 하나'(心與理—)라는 것은 결코 '심'과 '리'가 구별이 없고 동일한 것임을 말하는 것이 아니라 '리가 곧 마음속에 있고'(理便在心之中) '본래 관통하고 있다'(本來貫通)는 의미에서 '심과 리가 하나'임을 말한 것이다. 이러한 점은 아래와 같은 주자의 말에서도 확인할 수 있다. "마음은 대개 관리와 같고 하늘의 명은 바로 임금의 명령이며 성은 맡은 바의 직무와 같다. 이 또한 대략 그러하다는 것이다.……성은 비록 비어 있지만 모두 실재하는 도리이고 마음은 비록 일물이지만 비어 있기 때문에 온갖 리를 포함할 수 있다."[56]

주자가 '심'과 '리' 혹은 '성'에 같지 않은 바가 있다고 주장한 것은 '리/기'의 이분법으로 '심'을 분석하고 설명한 결과이다. 그는 이렇게 말하였다. "사람은 리와 기가 합쳐지기 때문에 생겨날 따름이다. 천리는 본래 넓고 끝이 없지만 기가 아니면 비록 리가 있다고 하더라도 머무를 곳이 없게 된다. 그러므로 반드시 음과 양 두 기가 교감하고 응결하여 모인 위에야 리가 붙어 있을 곳이 있게 된다. 무릇 사람이 말을 하고 움직이며 생각하고 일을 도모할 수 있는 것은 모두 기이지만 거기에는 리가 있다. 그러므로 발하여 효·제·충·신과 인·의·예·지가 되는 것은 모두 리이다."[57] "사람과 사물이 생겨날 때 이 성을 가지고 있지 않은 것이 없고 또한 이 기를 가지고 있지 않은 것이 없다. 하지만 기로써 말하면 지각,

---

56) 『語類』, 권5, "心大槪似個官人, 天命便是君之命, 性便如職事一般. 此亦大槪如此,……性雖虛, 都是實理, 心雖是一物却虛, 故能包含萬理."

57) 『語類』, 권5, "人之所以生, 理與氣合而已. 天理固浩浩不窮, 然非是氣, 則雖有是理而無所湊泊. 故必二氣交感, 凝結生聚, 然後是理有所附著. 凡人之能言語動作, 思慮營爲, 皆氣也, 而理存焉. 故發而爲孝悌忠信仁義禮智, 皆理也."

운동은 사람과 사물이 다르지 않은 듯하지만 리로써 말하면 인·의·예·지의 본성을 부여받음이 어찌 물건이 얻어서 온전히 할 수 있겠는가."[58] 주자에게 있어서 사람은 '리'와 '기'의 합이고, '리'와 '기'는 사람에게 있어서 모두 표현되는 바가 있다. 사람의 '심' 또한 예외가 아닌데, 이 '심'은 '모든 리를 갖추고 있기' 때문에 효·제·충·신의 행위로 발할 수 있고, '생각하고 일을 도모하며' '지각하는' 등의 '심'의 활동은 '기'의 발함에 뿌리를 두고 있다. 이는 바로 마음의 '지각' '생각하고 일을 도모하는' 것은 '기'를 물질적인 기초로 함을 말한 것인데, "지각되는 것은 마음의 리이고 지각할 수 있는 것은 기의 신령함이다"[59]라는 것은 바로 '심'에 대한 주자의 이러한 견해를 보여 준 것이다.

바로 주자가 말하는 '심'이 곧 '모든 리를 갖추고' 또한 '기'를 물질적 기초로 하는 것이기 때문에 '인심'과 '도심'의 구분이 있게 된 것이다. 그는 이렇게 말하였다. "심이란 사람의 지각이고 신체를 주관하여 사물에 응하는 것이다. 형기의 사사로움에서 생겨나는 것으로 말하면 인심이라고 이르고 의리의 공정함에서 발하는 것으로 말하면 도심이라고 이른다."[60] "마음의 허령지각은 하나일 뿐이다. 인심과 도심의 다름이 있다고 하는 것은 혹은 형기의 사사로움에서 나오고 혹은 성명의 올바른 것에서 근원하기 때문에 지각한 것이 같지 않기 때문이다. 그러므로 혹은 위태로워 편안하지 못하고 혹은 미묘하여 찾아보기 어렵다."[61] 주자의 견해에 근거하면 '심'은 비록 단지 '일심一心'일 뿐이지만 이 '일심'의 지각, 활동이 만약 '성명의 올바름에서 근원하면'(原於性命之正) 즉 '의리의 공정함에 발하면'(發於義理之公) '도심'이고 이 '일심'의 지각, 활동이 만약 '형기의 사사로움에서 생겨나면'(生於形氣之私)

---

58) 『孟子集註』, 「告子上」, "人物之生, 莫不有是性, 亦莫不有是氣. 然以氣言之, 則知覺運動, 人與物若不異也, 以理言之, 則仁義禮智之稟, 豈物之所得而全哉."
59) 『語類』, 권5, "所覺者, 心之理也. 能覺者, 氣之靈也."
60) 『文集』, 권65, 「大禹謨解」, "心者人之知覺, 主於身而應事物者也. 指其生於形氣之私而言, 則謂之人心. 指其發於義理之公者而言, 則謂之道心."
61) 「中庸章句序」, "心之虛靈知覺, 一而已矣. 而以爲有人心道心之異者, 則以其或生於形氣之私, 或原於性命之正, 而所以爲知覺者不同. 是以或危殆而不安, 或微妙而難見也."

즉 형기에 뿌리를 두고 발하면 '인심'이다. 물론 '인심'도 '모두 좋지 않은 것은 아니고'(不是全不好底) 다만 형기의 사사로움, 인욕의 병폐로 흐르기 쉽기 때문에 '위험한'(危) 특징을 가지고 있는 것이다.

4) '심통성정'을 논하다

주자가 말하는 '심'이 '허령' 혹은 '신명한 지각'의 특징을 가지고 있고 또한 '인심'과 '도심'의 구별이 있기 때문에 그는 '심통성정心統性情'을 매우 강조하였다. '심통성정'은 본래 장재가 제기한 것이지만 장재는 결코 더 자세한 설명을 하지 않았다. 주자는 이렇게 주장하였다. "이천이 '성이 곧 리다'라고 말한 것과 횡거가 '마음이 성과 정을 통괄한다'고 한 두 구절은 절대로 뒤집을 수 없다."[62] 주자가 장재의 이 주장을 주목하고 높이 평가하였던 이유는 그가 보기에 장재의 '심통성정'이 '심', '성', '정' 삼자 사이의 관계를 가장 잘 설명하고 표현할 수 있었기 때문이다. 기축년의 깨달음 이후 '심', '성', '정' 삼자의 관계에 대한 주자의 견해와 이해를 살펴보면 다음과 같다. "하늘에 있으면 명이 되고 사람에게 부여하면 성이 되며 이미 발하면 정이 된다. 이것은 그 맥락과 조리가 매우 충실하고 분명하여 알기 쉽다. 오직 마음만이 비어 있고 밝아서 훤히 통하니 선(성)과 후(정)를 통괄하여 말할 뿐이다."[63] "마음이 성과 정을 통괄하고 '통'은 '겸'과 같다."[64]

"성은 그 리이고, 정은 그 용이다. 심은 성과 정을 겸하여 말한 것이다. 성과 정을 겸하여 말하는 것은 성과 정을 포함하는 것이다."[65] 주자를 놓고 말하면 '성'은 '체'이고 '미발'이며, '정'은 '용'이고 '이발'이다. '심'은 '비어 있고 밝아서 훤히 통하는' 특성과 기능을 가지고 있기 때문에 '성'과 '정'을 통괄할 수 있고

---

62) 『語類』, 권5, "伊川'性卽理也', 橫渠'心統性情'二句, 顚撲不破."

63) 『語類』, 권1, "在天爲命, 稟於人爲性, 旣發爲情. 此其脈理甚實易曉. 唯心乃虛明洞徹, 統前後而爲言耳."

64) 『語類』, 권98, "心統性情, 統猶兼也."

65) 『語類』, 권20, "性, 其理; 情, 其用. 心者, 兼性情而言. 兼性情而言者, 包乎性情也."

'심통성정'은 바로 '심포성정心包性情'이다. 그는 이렇게 말하였다. "성이라는 것은 리이다. 성은 체이고 정은 용이며, 성과 정은 모두 심에서 나오기 때문에 심이 통솔할 수 있다. 통은 통솔하다는 통의 뜻이니 어떤 것을 주재할 수 있음을 말한다."66) "심이 성과 정을 주재하지만 내 마음을 살펴보면 미발일 때에도 지각이 어둡지 않은 것은 심이 성을 주재하는 것이고 이발일 때에도 품절이 어그러지지 않는 것은 심이 정을 주재하는 것이다."67) "마음은 주재하는 것을 말하고 움직일 때와 고요할 때를 모두 주재하는 것이지 고요할 때에는 작용하지 않다가 움직일 때 비로소 주재하는 것이 아니다."68) 주자는 '성'과 '정'을 체와 용, 동과 정, 미발과 이발의 차원과 구조로 양분한 기초 위에 '심'이 '성'과 '정'의 상대적인 체와 용, 동과 정, 미발과 이발에서 모두 주재한다고 주장하였기 때문에 '심통성정'은 곧 '심포성정'이고 또한 '심주성정心主性情'을 가리킨다.

4. 거경궁리론

'미발'의 중中을 체험하고 '이발'의 '정情' 및 '밝은 덕을 밝혀'(明明德) "지극한 선에 이르려면"(止於至善) 반드시 '마음을 다하는'(盡心) 공부에서 '조존함양操存涵養'하고 '정일집중精一執中'하여야만 비로소 '도심'의 미묘함을 발하게 하고 '인심'의 위태로움을 제거할 수 있다. '인심'의 위태로움, '도심'의 미묘함은 대개 물욕에 의하여 가려졌기 때문에 반드시 격물궁리格物窮理에서 '천리를 밝혀야 한다'(明天理). 주자는 정이의 "함양은 모름지기 경으로써 하고 학문의 정진은 치지에 달려 있다"(涵養須用敬,

---

66) 『語類』, 권98, "性者, 理也. 性是體, 情是用. 性情皆出於心, 故心能統之. 統猶統兵之統, 言有以主之也."
67) 『文集』, 권42, 「答胡廣仲」, "心主性情, 但以吾心觀之, 未發而知覺不昧者, 卽是心之主乎性, 已發而品節不差, 則是心之主乎情."
68) 『語類』, 권5, "心, 主宰之謂也. 動靜皆主宰, 非是靜時無所用, 及動時方有主宰也."

進學則在致知)는 관점을 계승하여 '존덕성'을 강조할 뿐만 아니라 '도문학'도 강조하는 양쪽 모두 원만한 '도'로써 자신만의 '거경궁리居敬窮理'의 수양론을 발전시켰다.

1) 거경입기居敬立己

주희는 이천(정이)의 전통을 계승하여 특별히 거경함양居敬涵養의 측면을 강조하였다. 『역전』에서는 이렇게 말하였다. "경으로써 마음을 바르게 한다."(敬以直內) '경'은 수신修身의 지름길이고 몸과 마음을 함양하는 '자신을 위한 학문'(爲己之學)이다. '경'이란 무엇인가? 이천은 "마음을 하나로 모으는 것을 경이라 한다"(主一之謂敬)고 하였고, 주자는 한 걸음 나아가 "마음을 하나로 모은다는 것은 물론 '경'자에 대한 풀이이다"[69]라고 하였다. '거경'의 목적은 바로 이 마음을 맑고(湛然) 전일專一하게 하고 자신의 정신을 여기에 가다듬는 것에 있으며 "내가 하나의 밝은 마음을 본래 이 안에 지니고 있음을 이른 것이다"[70].

'경'은 '외畏', '공恭'과 같은데 밖으로부터 말하면 '경'은 "시동처럼 앉고 재계할 때처럼 서 있음"(坐如尸, 立如齋)인데, 행동거지는 모두 정직하고 엄숙한 모습이지만 경직된 치레가 아니고 점잔을 빼거나 위장하여 남을 기만하는 것은 더더욱 아니다. '경'은 신명神明의 성실(誠)로 나아가기 위한 것이다. 안으로부터 말하면 '경'은 바로 "몸과 마음을 거두어들여서 몸가짐이 가지런하고 마음이 순수하게 하나가 되어 멋대로 방종하지 않는 것이 곧 경이다."[71] '지경持敬'이라고도 하는데 "오직 이 마음을 일깨워 밝게 알면 일에 대하여 알지 못하는 것이 없으니 오랜 시간이 지나면 저절로 강건해지고 힘이 생겨난다."[72] 거경함양居敬涵養은 반드시 마음과 본성의 본체를 추궁하여야 한다. 주자는 이렇게 말하였다. "사람이 마음과 본성은

---

69) 『語類』, 권12, "主一又是敬'字注解."
70) 『語類』, 권12, "只是謂我自有一個明底物事在這裏."
71) 『語類』, 권12, "只收斂身心, 整齊純一, 不恁地放縱, 便是敬."
72) 『語類』, 권12, "只是提撕此心, 教他光明, 則於事無不見, 久之自然剛健有力."

경건하면 늘 보존되고 경건하지 못하면 보존되지 않는다."[73] '경'의 마음을 보존하고(存心) 본성을 기르는(養性) 수양이 몸과 마음을 환하고 순결해지게 하면 '인'의 마음과 본성은 찬란하고 밝게 비추는데 이것이 "천리가 항상 밝고 인욕이 억제되어 사라지는"(天理常明, 人欲窒消) 원인이다. '지경'은 비록 분노를 경계하고 욕망을 억제하는(懲忿窒慾) 기능이 있지만 '거경居敬'과 '극기克己'는 필경 주안점이 다르다. '거경'은 극기하지 않을 수 없고 더욱이 극기의 공功을 소홀히 할 수 없으며 극기하려면 마땅히 '경'을 행하여야 한다. '지경'의 이러한 함의는 주자의 「경재잠敬齋箴」에 잘 나타나 있다.

> 의복을 바르게 하고 눈빛은 존중하듯 한다. 마음을 가라앉혀 상제를 대하고 있는 듯한다.
> 발길은 반드시 무겁게 하고 손짓은 반드시 공손하게 한다. 땅을 가려서 밟고 개미집도 돌아간다.
> 집을 나가면 사람을 손님처럼 대하고 제사를 받들 듯 일을 한다. 두려워하고 조심하며 혹시라도 안일하게 하지 않는다.
> 입 다물기를 병을 막듯이 하고 마음 지키기를 성을 지키듯 한다. 공경하고 조심하여 혹여라도 가볍게 하지 말라.
> 서쪽으로 할 것을 동쪽으로 하지 말고 북쪽으로 할 일을 남쪽으로 하지 말라. 일을 당하여 집중하고 다른 곳에 마음을 주지 말라.
> 두 가지라고 두 마음을 하지 말고 세 가지라고 세 마음을 하지 말라. 오직 마음을 하나로 하여 만 가지 변화를 살핀다.
> 이것을 따라 섬기는 것을 경을 지키는 것이라 한다. 움직임과 그침에 어긋나지 말고 겉과 속을 바르게 한다.
> 잠시라도 사이에 틈이 있으면 사욕이 만 갈래로 흩어진다. 불이 아니라도 열이 나고 얼음이 아니라도 추워진다.
> 조금이라도 차이가 있다면 하늘과 땅이 뒤바뀐다. 삼강이 무너지고 구법이 없어진다.

---

73) 『語類』, 권12, "人之心性, 敬則常存, 不敬則不存."

아, 아이야, 기억하고 조심하라! 먹으로써 써서 경계하는 글을 써 마음에 알리노라.[74]

「경재잠敬齋箴」은 주자가 벽에 써놓고 자신을 경계하고 독려하였던 잠언箴言이다. 대체적인 의미는 정좌할 때 의복을 단정하게 하고 눈빛은 공손하고 온화하게 하며 마음은 신명이 좌우에 있는 것처럼 집중하고 진지하게 한다. 행동할 때 발걸음은 침착하고 행동거지는 공경하며 상황이 급박하여도 걸음걸이 자태는 침착하고 법도를 잃지 않는다. 문을 나설 때에는 손님을 맞이하는 듯한 심정을 유지하고 일을 처리할 때에는 큰 제사를 도맡아서 하듯 정중하고 조심하며 감히 소홀히 하지 않는다. 입을 다물기를 병을 막듯이 하고 함부로 말하지 않으며 성을 지키듯이 사사로운 마음이나 잡념이 마음속에 들어가 침해하는 것을 방지하고 공경하고 신중하며 감히 느슨하게 하지 않는다. 생각에 전념하고 갈팡질팡 헤매지 않으며 하는 일에 온 마음을 진력하고 절대 마음이 들뜨게 하지 않는다. 다른 곳에 한눈을 팔지 말고 더욱이 마음을 여러 갈래로 분산시키지 않으며 한곳에 집중하는 수양을 하고 바깥 사물의 천변만화에 정확하게 대응한다. 이러한 것을 해낼 수 있다면 '경을 지키는 것이라 할 수 있는데, 움직일 때나 고요할 때나 막론하고 모두 어긋나지 않음으로써 마음과 사물 모두 각자 자신의 자리로 돌아가 스스로 이룬 바를 즐긴다. 만약 한순간이라도 '경'을 지키는 수양을 중단하면 사람들은 여러 가지 욕망이 솟구치고 욕망의 불꽃에 실컷 구워지고 사사로운 염원에 실컷 유폐된다. 일을 처리할 때 천리와 인욕의 선택에 조금이라도 차이가 있다면 결과는 하늘과 땅의 차이가 생겨나고 인간의 윤리가 무너지고 기자箕子가 진술하였던 아홉 가지 나라의 정사를 다스리는 법도가 폐기된다. 그대여! 이것을 항상 읽음으로써 경을 지켜야

---

74) 『文集』, 권85, 「敬齋箴」, "正其衣冠, 尊其瞻視. 潛心以居, 對越上帝." "足容必重, 手容必恭. 擇地而蹈, 折旋蟻封." "出門如賓, 承事如祭. 戰戰兢兢, 罔敢或易." "守口如瓶, 防意如城. 洞洞屬屬, 罔敢或輕." "不東以西, 不南以北. 當事而存, 靡他其適." "弗貳以二, 弗參以三. 惟精惟一, 萬變是監." "從事於斯, 是曰持敬. 動靜弗違, 表裏交正." "須臾有間, 私欲萬端. 不火而熱, 不冰以寒." "毫釐有差, 天壤易處. 三綱旣淪, 九法亦斁." "於乎小子, 念哉敬哉! 墨卿司戒, 敢告靈台."

함을 잊지 말거라! 먹으로써 써서 이 마음을 저버리지 않는다. 이로부터 주자의 「경재잠敬齋箴」에서 인간이 침묵하고 움직일 때 모두 공경하고 신중하여야 하며 신명이 좌우에 있는 것처럼 마음은 진지하고 한결같아야 하며 잠깐이라도 이 '도'를 떠나지 않고 하나의 일도 놓치지 않음을 강조하였음을 알 수 있다. 그렇지 않으면 사욕이 싹트고 괴로움에 시달려 일을 처리하면 인간의 윤상과 일을 처리하는 법도를 파괴하게 된다. 따라서 '경'을 지키는 것은 자신을 단속할 수 있어야 할뿐더러 더욱이는 시시각각 신명神明의 성실로 나아가고자 노력하여야 하는데 바로 주자가 말하는 스스로 경계하고 자립하며 몸과 마음을 가다듬는 것이다. 이러한 몸과 마음을 수양하는 '경'을 지키는 수양에는 매우 강한 종교정신이 들어 있고 수양의 일거일동은 모두 신성하고 순결하다.

'거경'은 또한 '자신을 세움'(立己)이다. '입기'의 요점은 하나는 스스로 주재하는 것이고, 다른 하나는 '성실한'(誠) '도'를 굳게 지키는 것이다. 하지만 다른 한편으로 '경'은 마음을 밝게 하는 기초 위에 격물格物·궁리窮理하여야 한다. 마음은 생각할 수 있을 뿐만 아니라 또한 생각하는 과정에서 번식하지 않음이 없다. 주자는 생각을 끊고 사려를 멈춤으로써 '고요함'(寂)으로 들어가는 '고목선枯木禪', '묵조선黙照禪'에 대하여 비판하였고, 마음의 최고 존재는 바로 '도심道心'의 광명에 있음을 주장하였다. 하지만 이는 격물·궁리하고 진리를 체득하며 물욕의 병폐를 제거할 것을 요구한다.

2) 격물궁리

주자는 『대학』의 핵심이 '격물格物'의 두 글자에 있다고 주장하였다. 이른바 '격물'이란 주자가 정이의 관점을 계승한 것으로 '격'을 '지至'로 해석하였다. "격은 이름이다. 물은 사와 같다. 사물의 이치를 궁구하여 그 지극한 곳에 이르지 않음이 없고자 하는 것이다."75) 이른바 '궁리窮理'에서 주자가 보기에 중점은 사물의 "마땅히 그러하여야 하는 법칙"과 "그렇게 되는 까닭"76)을 궁구하는 것에 있었다. 전자에 대하여 그는 이렇게 말하였다. "부모를 섬길 때에 효도하여야 하고 형을 섬길 때에 공경하여야 하는 것과 같은 부류는 바로 마땅히 그렇게 하여야 하는 법칙이다. 하지만 부모를 섬길 때 무엇 때문에 반드시 효도하여야 하고 형을 섬길 때 무엇 때문에 반드시 공경하여야 하는 것은 바로 그렇게 되는 까닭이다."77) 후자에 대하여 주자는 이렇게 말하였다. "사물의 당연한 이치는 반드시 그 까닭이 있다. 천명을 아는 것은 그 까닭을 아는 것이다."78) 또 이렇게 말하였다. "그 까닭은 천명지성에서 근원하지 않는 것이 없다."79) 이로부터 주자가 주장하였던 '격물궁리'는 사실상 사람들이 인륜의 실천과 성명性命의 본원에서 실행하고 탐색할 것을 요구한 것임을 알 수 있다.

주자가 '격물궁리'를 주장하였던 까닭은 "이 리가 형기 가운데에 떨어져 있으니 온전한 성의 본체가 아님"80)을 고려하였기 때문이다. "기가 지극히 맑아서 리가 가려짐이 없는"81) '태어나면서부터 아는'(生而知之) 성인을 제외하고 일반 사람들은 자신이 가지고 있는 '성' 혹은 '리'가 부여받은 혼탁하고 편벽된 기질에 의하여 가려져도 근본적으로 성인처럼 "천지지성과 간격이 없어서 의리의 당연함이 배우지 않아도 가슴에 분명할"82) 수는 없다.

따라서 주자는 일반적인 사람은 반드시 '격물궁리'를 통하여 '배움으로써 통할 것을 구하여야 함'(學以求其通)을 강조하였다. 여기서 반드시 주목하여야 할 것은 바로 주자가 말하는 '격물궁리'에서의 '리'는 결코 사물 자체의 특수한 원칙과 특수한 규칙을 가리키는 것이 아니라는 것이다. 주자에게 있어서 '리'는 단지 "천하

---

75) 『大學章句』, "格, 至也. 物, 猶事也. 窮至事物之理, 欲其極處無不到也."

76) 『大學或問』, 권1, "所當然之則." "所以然之故."

77) 『語類』, 권18, "如事親當孝, 事兄當弟之類, 便是當然之則. 然事親如何卻須要孝, 從兄如何卻須要弟, 此卽所以然之故."

78) 『語類』, 권23, "此事此物當然之理, 必有所從來. 知天命是知其所從來也."

79) 『論語或問』, 권8, "其所以然, 則莫不原於天命之性."

80) 『文集』, 권61, 「答嚴時亨」, "此理墮在形氣之中, 不全是性之本體矣."

81) 『文集』, 권56, 「答鄭子上」, "氣極淸而理無蔽."

82) 『論語或問』, 권16, "於天地之性無所間隔, 而凡義理之當然, 有不待學而了然於胸中."

의 공통된 리이고 하나의 사물에 갖추어진 리는 있지 않다."83) 이는 바로 천지만물은 모두 동일한 '리'이고 다만 만물에 널려 있어서 만물이 각각 하나의 '리'를 갖추고 있을 뿐이라는 것이다. 이것이 바로 '리일분수'이다. 여기서 '리일'과 만물에 각각 갖추어진 '리'의 관계는 통일성, 보편성을 갖춘 본체의 '리'와 이 '리'가 만물에서의 쓰임(用)의 관계이다. 또한 주자의 견해에 근거하면 이 통일성, 보편성을 갖춘 본체의 '리'는 사람들이 본래 갖추고 있고 또한 사람 자신이 본래 가지고 있는 인의仁義의 '성性'이기 때문에 그가 말하는 '물리物理'는 바로 유가의 도덕원칙과 인륜규범이고, '격물'의 '격'은 윤리와 관련된 사물이고, '궁리'의 '궁'은 윤리와 관련된 '리'이다. 그는 이렇게 말하였다. "격물에 관한 논의에서 이천의 뜻은 비록 눈앞의 것이 물건이 아님이 없지만 이르게 되면 모름지기 선후와 환급의 순서가 있게 되는데 어찌 하나의 풀과 나무, 기와 용 사이에 마음을 보존하여 갑자기 깨닫는다고 여기겠는가! 지금 학문을 하면서 천리를 궁구하고 인륜을 밝히며 성인의 말을 강론하고 세상의 연고에 통하지 못한 채 우두커니 하나의 초목, 기용 사이에만 마음을 둔다면 이것이 무슨 학문이겠는가! 이렇게 하여 터득하는 바가 있기를 바라는 것은 모래를 지어 밥이 되기를 바라는 것과 같다."84) "군신, 부자, 형제, 부부, 벗들 사이에 모두 없을 수 없는 것이지만 다만 배우는 자는 반드시 궁구하기를 다하여야 한다. 부모를 섬김에는 마땅히 효를 다하여야 하고 형제와 함께 지냄에는 마땅히 우애를 다하여야 하니 이와 같은 것들이다. 반드시 극진히 해서 알아야 하고 만약 한 터럭만큼이라도 다하지 않음이 있으면 곧 궁격함이 지극하지 못한 것이다."85) 다른 한편으로 주자가 '격물궁리'를 강조한 것은 '리'에 대하여 허공에

---

83) 『語類』, 권94, "天下公共之理, 未有一物所具之理."
84) 『文集』, 권39, 「答陳齊仲」, "格物之論, 伊川意雖謂眼前無非是物, 然其格之也, 亦須有緩急先後之序, 豈遽以爲存心於一草一木, 器用之間而忽然是懸悟哉! 且如今爲此學而不窮天理, 明人倫, 講聖言, 通世故, 乃兀然存心於一草木, 一器用之間, 此是何學問! 如此而望有所得, 是炊沙而欲其成飯也."
85) 『語類』, 권15, "君臣, 父子, 兄弟, 夫婦, 朋友, 皆人所不能無者, 但學者須要窮格得盡. 事父母, 則當盡其孝, 處兄弟, 則當盡其友, 如此之類. 須是要見得盡, 若有一毫不盡, 便是窮格不至也."

뜨고 추상적인 연상을 하고 사욕을 천리로 간주함에 이르러서도 스스로 모르는 것을 방지하기 위한 것이다. 주자는 '일관一貫'과 구체적인 사물 사이는 밧줄로 작은 돈을 꿰뚫는 것과 마찬가지이고 작은 돈들을 떠나서 꿰뚫음을 논의할 수 없음을 강조하였다. 이는 바로 '꿰뚫고'(貫穿) '관통貫通'하는 것은 추상적으로 파악할 수 없고 '천리'도 반드시 사물의 이치에 대한 구체적인 고찰을 거쳐야만 비로소 실제적으로 파악할 수 있음을 보여 준다. '리일'의 '리'는 절대로 추상적이고 멀리 떨어져 있는 '리'일 수 없기 때문에 반드시 다시 구체적인 사물로 돌아가 구체적인 사정에 따라 여러 가지 환경과 시기에 직면하여 나타날 수 있어야 한다. 다시 말하면 사람들은 '리'에 대한 감상, 찬탄 심지어 놀음에 그칠 수 없고 반드시 이 '성', '리'를 구체적인 사물에서 실행함으로써 만사만물에 다시 구현하여야 한다.

만약 주자가 말한 사물의 '마땅히 그러하여야 하는 법칙'(所當然之則)을 궁구하는 것이 사람들로 하여금 효·제·충·신 등의 인륜규범을 알게 하기 위한 것이라면, 그가 말한 '그 까닭은 천명지성에서 근원하지 않는 것이 없다'(其所以然, 則莫不原於天命之性)는 사람들로 하여금 효·제·충·신 등의 인륜규범이 보편적인 '천리'와 인간 자체가 가지고 있는 '천명지성'에 근본함을 깨닫고 인식하게 하기 위함이다. 또한 주자는 사람들이 어떻게 '격물치지'를 통하여 '활연하게 관통하고'(豁然貫通) "내 마음의 온전한 본체와 큰 작용에 밝혀지지 않음이 없음"[86]에 이르는지에 대하여 누적과 관통, 멀고 가까움, 정밀하고 조박함, 깊고 얕음 등의 많은 자세한 수양 방법을 제기하였다. '활연관통'은 사실상 세 가지 의미를 포함하는데 첫째, 사람들은 사물에 즉하여 이치를 궁구하여 지극하게 하여야만 비로소 천리에 대하여 분명하게 파악할 수 있다. 둘째, 마음으로 알려면 천리로써 자신의 기품을 성찰하고 물욕 등의 간섭을 제서하며 '리'에 대한 가려짐을 줄이는 것이다. 마지막으로 마음은 성리性理에 근거하여 '이발'의 감정을 조절하여 발한 것이 중절의 화和에 이르게 하여야 한다. 즉 구체적인 사정에 근거하여 이 성리性理를 만사만물에 실해하는

---

86) 『大學章句』, "吾心之全體大用無不明."

것이다. '관통'의 이러한 세 가지 의미는 '격물치지'의 완벽한 수양론을 구성하는데, 밖으로부터 안에 이르고 다시 밖에 되돌아감은 마침 하나의 완정한 순환체계를 이룬다. 물론 주자를 놓고 말하면 사람은 일단 '활연하게 관통하고'(豁然貫通) '내 마음의 온전한 본체와 큰 작용에 밝혀지지 않음이 없는'(吾心之全體大用無不明) 경지에 도달하면 자각적이고 주동적으로 효·제·충·신의 윤리규범에 복종하고 실천한다.

'격물궁리'를 지행知行관에 반영시키면 바로 내성외왕內聖外王의 '도'에서 '리'를 인식하고 실천하며 '리'를 지행의 근거로 삼고 양자가 하나로 합쳐지는 까닭으로 간주하는 것이다. 지와 행은 어느 한쪽을 버릴 수 없다. "순서를 논하면 치지를 먼저 해야 하고 중요성을 논하면 역행을 중시하여야 한다."[87] 주자는 특히 '진정한 앎'(眞知)과 '진정한 행위'(眞行)를 강조하였다. "아는 것이 분명할수록 행동이 더욱 독실해지고 행동이 독실할수록 아는 것이 더욱 분명해진다."[88] 지와 행은 서로 발전하고 학문의 '도'는 우선 진정함(眞)을 귀하게 여기는 것에 있다. 이는 또한 심성수양의 '공경독실恭敬篤實' 네 글자로 돌아가는 것이다.

'거경함양'과 '격물치지'는 주자 수양론의 가장 주요한 부분이고 주자가 보기에 양자는 수레의 두 바퀴, 새의 두 날개, 사람의 두 발과 마찬가지로 분리할 수 없고 하나라도 없으면 안 된다. 두 가지 수양을 함께하게 되면 서로 발명하고 촉진하는 효과를 일으키는데, '격물궁리'는 '리'가 분명해지고 마음으로 알게 함으로써 '거경함양'의 공부가 날이 갈수록 멈추지 않게 할 수 있고 '거경함양'은 사욕의 간섭이 줄어들게 하고 스스로 분발하고 경계함으로써 '격물궁리'의 수양이 더욱 세밀해지게 한다. '거경함양' 가운데 '격물궁리'의 공도 포함되는데 이른바 '함양'이란 바로 '격물경리'로 분명해진 '리'를 보존하고 기르는 것이고 '격물궁리' 가운데 '거경함양'의 결과도 포함되는데 이른바 '격물궁리'란 바로 함양하려고 하는 이 '성'과 '리'를 궁구하는 것이다. 반면에 만약 이 '성'과 '리'에 대하여 자각과 인식이

---

87) 『語類』, 권9, "論先後當以致知爲先, 論輕重當以力行爲重."
88) 『語類』, 권14, "知之愈明則行之愈篤, 行之愈篤則知之益明."

없다면 어떻게 보존하고 기르는지도 모르고 보존하고 기르는 효과도 얻을 수 없으며 만약 보존하고 기르는 깊은 함양의 공부가 없어도 의리義理의 정미한 곳을 지극하게 다할 수 없다. 따라서 '거경함양'과 '격물궁리'의 두 가지는 어느 한쪽을 버릴 수 없고 서로 쓰임이 되고 서로 포함하고 이익이 된다. 주자가 보기에 양자는 본래 선후라는 것이 없고 모두 동일한 수양의 목적을 향하여 서로 촉진하지만 실제로 수양할 때에는 여전히 '거경함양'을 우선으로 하여야 하는데 '함양'을 근원으로 하고 물욕의 간섭을 줄이는 것은 또한 '치지'의 기초이다. 만약 '거경함양'이 다분히 '미발', '안'(內), '고요함'(靜), '본체'(體)의 측면에 치우친다면 '격물궁리'는 '이발', '밖'(外), '움직임'(動), '용用'의 측면에 더욱 치우친다. 사실상 '거경함양'이든 '격물치지'이든 모두 '미발'과 '이발', 안과 밖 등의 두 가지 측면과 관련되는데 주자의 수양론은 이미 그의 심성론과 대응되는 수양이 가능한 여러 가지 측면을 언급하였고 수양론을 지극히 정밀한 경지로 밀고 나갔다고 할 수 있다.

주자는 절대로 이론적인 추구와 탐구의 측면에 머무른 것이 아니라 몸소 실천하였고 평생토록 학문이 이 '도'를 떠나지 않고 이 일이 아님이 없음을 끊임없이 논하였다. 황간黃榦의 『주희행장朱熹行狀』에 근거하면 "선생께서는 병환이 위독하자 편지를 써서 제자와 문인 범염덕范念德, 황간에게 간절한 마음으로 학문에 힘쓰고 유서를 수정할 것을 부탁하는 말을 남겼다. 다음 날 아침 문하의 시질자가 가르침을 청하자 선생이 말하였다. '간고함이다.' 온공이 『상례』에 대하여 묻자 대답하였다. '소략하게 하라.' 『의례』에 대하여 묻자 고개를 끄덕였다."[89] 채심蔡沈은 이렇게 기록하였다. "3월 8일 계해에 정사의 여러 제자들이 문병하러 오자 선생께서는 일어나 앉아서 말씀하셨다. '여러 제자들이 멀리서 왔지만 도리는 단지 이와 같을 뿐이다. 니희들이 서로 이끌어서 굳세게 고붕을 이겨가는 공부를 하여 견고하게 발을 딛고 서면 바야흐로 진보하는 부분이 있을 것이다.'"[90] 주자는 생명의 마지막

---

89) 束景南, 『朱熹年譜長編』(華東師大學出版社, 2014), 제1411쪽, "先生疾且革, 手爲書囑其子在與門人範念德, 黃榦, 尤拳拳以勉學及修正遺書爲言. 翌旦, 門人侍疾者請敎, 先生曰: '堅苦.'問溫公『喪禮』, 曰: '疏略.' 問『儀禮』, 頷之."

순간까지 여전히 간절한 마음으로 강학하였고 여전히 '소략疏略함'에 불만하였으며 학문을 배우러 온 사람한테 간고하게 수양하여야 함을 주문하였다. 이는 주자의 마지막 목소리였고 그에게 있어서 유학은 일종의 신앙이었음을 알 수 있다. 주자는 죽으나 사나 고민하였고 자나 깨나 생각하였으며 위급한 경우에도 반드시 이러하였다.

5. 중국철학과 문화사에서의 주희의 위치

중국철학과 문화는 동주東周 이래로 몇 번의 기복이 있었고 마침내 송명宋明에 이르러 리학이 융성하였다. 리학의 융성은 실제로 리학의 여러 학자들에 의한 것이지만 그중에서 주자의 공은 특히 두드러지고 결정적이다. 주자가 불교와 노자를 비판하고 여러 학파들을 융합하며 유학을 종합하고 도통을 따른 것은 어디를 가도 성적이 뛰어나다. 정치의 치도治道, 교육의 사도師道, 경사박고經史博古와 문장자집文章子集의 여러 측면에서 전반적으로 개척하였다. 그는 사상을 창조하였을 뿐만 아니라 체계의 구축에 주목하였는데, 당시 및 이후의 역사에서 최고봉이었다고 할 만하다. 주자는 정주리학程朱理學의 체계를 확립하였고 왕성하고 광범위한 생명력으로 민족의식의 깊은 곳에 침투되어 뿌리를 내렸다.

주자는 유학의 발전에 크게 공헌하였다. 유학을 재해석하는 과정에서 주자는 선현들의 업적을 기초로 하여 문화를 아래로 이행시키는 작업을 하였다. 송宋대에 중국 엘리트문화의 방향은 중심이 아래로 이동하였고 사회문명화의 수요에 적응하였다. 학풍 면에서 선진先秦 시기 자학의 논변을 숭상하는 비판적인 학술정신을 재현하였다. 그는 불교와 노자를 비판하였을 뿐만 아니라 당시 유가의 여러 학파들 내부에서도 치열한 사상논쟁을 전개하였는데 호상학파, 강서江西 육씨의 심학,

---

90) 束景南, 『朱熹年譜長編』(華東師範大學出版社, 2014), 제1412쪽, "初八日癸亥, 精舍諸生來問病, 先生起坐, 曰: '誤諸生遠來, 然道理只是恁地, 但大家借率做些堅苦工夫, 須牢固著脚力, 方有進步處.'"

절동浙東의 사공事功학문 사이에서 벌어진 논변은 모두 한 시대 철학자의 사상적 풍격을 깊이 있게 보여 주었다. 이 밖에 주자의 서원에 대한 지지와 건립은 유학의 전파 및 학문의 아래로의 이행에 모두 큰 공헌을 하였다. 주자는 송宋대 이래의 도학 내지는 공·맹 이래 전반적인 유학사상을 종합하였고 사상이 심오하고 체계가 방대한 일련의 유학체계를 확립하였는데 특히 경학과 리학이 대표적이다.

주자의 리학은 북송北宋과 남송南宋 리학의 종합과 발전의 최고봉이다. 송宋대 초기의 주돈이의 염학濂學이 도학의 풍조를 열었고, 유가에서 말하는 '성체誠體'를 확립하였으며, 우주와 인생을 관통하는 일련의 '무극이태극'의 사변적 구조를 구축하였고, 이는 후에 주자에 의하여 창조되고 충실해졌다. 장재의 관학關學은 일련의 '태허가 곧 기'(太虛即氣)라는 학문을 밝혔고 기론의 기초 위에 귀신을 사라지게 하였다. 주자는 '리'로써 '기'를 모으고 '리'와 '기'가 일체로 뒤섞여 이루어짐으로써 횡거의 학문에 실제 부족함을 보완하였다. 또한 "귀신이라는 것은 음과 양 두 기의 양능"(鬼神者, 二氣之良能)이라는 기초 위에 귀신과 사람이 감하여 통하는 '리'를 가지고 있음을 주장함으로써 유가의 예학 및 종교정신에 하나의 든든한 안식처가 생기게 되었다. 이정에 대하여 주희는 도남지결道南指訣에 대한 반성을 통하여 직접적으로 위로 정이의 낙학洛學을 계승하였는데 특히 정이를 정통으로 하였다. 이정이 말하는 '천리', '성즉리性卽理', '심즉리心卽理'에서 주자는 '천리'를 자신의 학문의 핵심적인 개념으로 간주한 것 외에 심성론의 측면에서 횡거의 '심통성정'의 관점을 집중적으로 계승하고 발전시켜 '성이 곧 리'이고 심성은 "진실로 하나의 리"(固共一理)이지만 마음은 '성'이 아님을 주장하였고, '심통성정'은 '성'과 '정'을 마음의 '체'와 '용'으로 삼았으며, 마음의 '체'는 신명한 지각이고 '성'의 '체'는 '인덕仁德'이며 '마음과 리는 하나이고'(心與理　) 마음과 '성'은 근원저에서 '천리'와 통한다 하였다. 역사관의 측면에서 주자는 '인심'과 '도심', '인욕'과 '천리'가 대립하는 이분적인 구조를 확립하고 소옹의 역수학易數學의 기초 위에 역사에 대하여 한 번 다스려지고 한 번 어지러우며 삼대三代에는 '왕도王道'로 이기고 삼대 이후에는 '패도霸道'로 이기는, '패도'로써 '왕도'를 이기고 힘으로써 덕을 이기는 도덕퇴화론道

德退化論을 제기하였다. 그 중에는 이러한 관념들 즉 '도심', '인심', '천리', '인욕', '왕도', '패도', '도덕', '힘'이 포함되는데 바로 역사가 굴곡적으로 변화하는 원인이고 동력이다. 하지만 순환하고 반복되며 처음과 끝이 마치 둥근 고리와 같은데(終始若環) 도덕적 이상주의의 입장에서 출발하여 주자는, 역사는 언제나 정 아래에서 원이 시작되는(貞下起元) 시각이 있고 미래는 '천리', '도심'과 '왕덕'이 주재하고 유행하는 밝은 세계일 것임을 굳게 확신하였다.

물론 주자의 리학과 북송北宋오자의 학문에는 차별이 있다. 주돈이, 이정, 장재, 소옹은 대부분 유가의 생명의 기상과 경지에서 말을 하고 인식하였는데, 주돈이는 "공자와 안자가 즐거워한 곳"(孔顏樂處)에서 놀고자 하였고, 이정은 "사물과 더불어 한 몸이 되기를"(與物同體) 희망하였으며, 장재는 "백성과 나는 동포이고 만물은 나의 벗임"(民胞物與)을 창도하였고, 소옹은 '역'과 '시'와 함께 살았고 리학가의 광활하고 자유로운 공간에 생활하였다. 주자는 그들과 달리『중용』의 "덕성을 높이고 문학을 말미암으며 고명을 다하고 중용을 따른다"(尊德性而道問學, 極高明而道中庸)는 종지를 충분히 발휘하여 성현의 기상과 인격생명의 배양은 '경'으로써 함양하고 학문의 앎을 지극히 하는 두 가지 공부에 달려 있는 것이라 주장하였다. 앞선 현자들과 서로 비교할 때 주자는 특히 '격물궁리'와 구체적인 사회, 정치, 윤리의 실천적인 측면을 강조하였다. 그는 차례대로 한 걸음씩 앞으로 나아가고 착실하게 책을 읽고 학문을 하며 수양에 힘쓸 것을 강조하고 '성리'를 공론하고 배우려 하지 않는 공허한 학풍을 반대하였다. 바로 이 점이 주자를 위대한 리학가로 되게 하였을 뿐만 아니라 동시에 위대한 경학가로 되게 하였고 학자와 철인을 한 몸에 집대성하여 일대 종사宗師가 되게 하였다. 역사적으로 주자의 학문은 동아시아에서 폭넓게 전파됨으로써 인문정신의 자원을 공유하였고 동아시아 사회에 깊이 있게 영향을 주었다.

4장 왕양명의 지혜

왕수인王守仁(1472~1529)은 자는 백안伯安이고 절강浙江 여요餘姚 사람이다. 늘 회계산會稽山의 양명동陽明洞에서 강학講學하였기에 스스로 호를 양명자陽明子라 지었고 학자들은 양명陽明선생이라 불렀다. 양명의 일생은 전기적인 색채가 다분하였는데 그는 열한두 살 때 이미 '성현이 되는 것을 배우려는' 뜻을 세웠고 이를 위하여 일찍이 말타기와 활쏘기, 군사, 서법, 시문에 빠져 있었으며 불교와 노자를 넘나들었고 최종적으로는 공·맹의 학문에 입적하였으며 '심즉리心卽理', '지행합일知行合一', '치양지致良知'의 사상을 제기하였다. 그중에서 '치양지'설은 양명이 만년에 제기한 것인데 그가 '백 번의 죽을 고비와 천 번의 난관'(百死千難) 끝에 얻어낸 것이다. '치양지'설은 양명에 의하여 성문聖門의 '정법안장正法眼藏'이라 불렸는데 양명의 모든 사상의 종합이다. 따라서 양명학은 '양지학良知學'이라 불리기도 하였다. 왕양명은 일생동안 강학을 열애하였는데 정치나 군사 업무가 바쁠 때에도 강학을 그만두지 않았다. 후에 왕양명의 제자 및 그 재전제자들의 광범위한 전파를 거쳐 '양지학'은 점차적으로 국내외에 전파되었고 주자학과 어깨를 나란히 하는 학문으로 부상하였다. 왕양명은 우리 생활 속의 매 시각마다, 곳곳마다 모두 몸과 마음을 수양하는 도장道場이라 주장하였고 실제적인 일을 하면서 단련함(事上磨練)을 견지하였는데 일상적인 생활이든 간난신고를 겪는 중이든 모두 양지를 지극하게 하는(致良知) 수양을 견지하여야 하는 것이다. 따라서 그의 인생경지는 끊임없이 제고되었다. 만년에 이르러 그의 모든 언행은 모두 양지 본심의 자연스러운 드러남이 아닌 것이 없었고 "거월에 간 뒤 잡는 바가 더욱 익숙해지고 얻는 바가 더욱 없어져 항상 옳고 그름을 알고 항상 옳고 그름이 없어서 입을 열면 바로 본심을 얻으니 더 이상 어딘가에 기댈 필요가 없었다. 이는 마치 붉은 해가 하늘 공중에 떠 있어서 만상을 모두 비추는 것과 같았다."[1] 공자의 "마음이 내키는 대로 하여도 법도를 넘지 않는"[2] 경지에 도달하였던 것이다.

왕양명의 공적은 고대 유자들 중에서 가장 뛰어나다. 그는 일찍이 '삼정三征'하였는데 남강(南贛)의 반적을 평정하였고 영왕寧王의 난, 사은思恩과 전주田州 지방의 토적을 토벌하였다. 남감의 정벌은 정덕正德 11년(1516)부터 13년(1518) 사이에 발생하였다. 양명은 조금도 두려워하지 않고 강서江西, 복건福建, 광동廣東, 호남湖南 일대의 반적을 평정하였고 정덕 14년(1519)에는 정덕 황제의 삼촌인 영왕 주신호朱宸濠의 반란을 평정하였는데 남창南昌을 거점으로 하여 구강九江을 부수고 십만 대군을 이끌고 동쪽으로 내려와 남경南京에 이르렀다. 영왕의 반란 소식을 듣자 양명은 즉시 결단을 내려 반란을 토벌할 것을 창도하였고 35일 만에 주신호를 사로잡았다. 가정嘉靖 7년(1528)에 조정으로부터 사은·전주 지방(전해 5월에는 어려운 상황에서 광동과 광서 총독 등의 군사사무와 정벌 임무를 받았다.)의 토적을 토벌하라는 명을 받았고 56세의 양명은 앓는 몸으로 길을 떠나 견디기 어려운 폭염과 전염병이 기승을 부리는 남방으로 향하였다. 광서廣西의 사은, 전주 등 지방의 토적을 토벌한 후 그는 일련의 유력한 조치를 취하여 치안을 강화하였고 교화를 베풀었다.

양명은 유가의 너그러운 정치(寬政)를 주장하였고 정무에 힘쓰고 직무에 충실하며 백성을 환자처럼 보살피고 백성들을 안락하게 하는 도로써 백성들을 부리며, 관리 인원들은 백성들의 이익으로부터 출발하여야 하고 수고스러워도 원망하지 말아야 함을 주장하였다. 그는 가혹한 정치와 전쟁이 민생에 가져다주는 손상과 훼손이 얼마나 심각한지를 알았기 때문에 정치를 하는 측면이든 반란을 평정하는 측면이든 모두 아래 조직으로부터 인륜과 교화를 부흥시키고 사회의 치안을 안정시

---

1) 『明儒學案』, 「姚江學案」, "居越以後, 所操益熟, 所得益化, 時時知是知非, 時時無是無非, 開口即得本心, 更無須假借湊泊, 如赤日當空而萬象畢照."

2) 『論語』, 「爲政」, "從心所欲不逾矩."

키며 당지의 민생을 보장하고자 노력하였다. 양명은 사람마다 모두 양지와 선한 본성을 가지고 있음을 믿었다. 설사 비적 앞에서도 그는 언제나 차마 하지 못하는 마음으로 그들을 대하였고 교화하고 감화시킴으로써 선을 향하게끔 인도할 수 있기를 희망하였다. 양명은 위정자들의 정치를 하는 방식을 반성하였고 "유사가 직무를 잘못 수행함"[3]을 비판하였다. 그는 늘 상서를 올려 부역과 조세를 가볍게 하고 백성들과 더불어 휴식하며 백성들의 질고를 덜어 줄 것을 요구하였고 백성들을 위하여 좋은 일을 많이 하였다.

왕양명의 사상과 그의 반드시 성현이 되려는 의지, 호걸다운 기질, 생사의 갈림길을 넘나드는 경력과 파란만장한 인생은 밀접하게 연관되어 있는데, 그의 생존 경험과 생명의 지혜가 가득할뿐더러 용감하게 나아가고 왕성한 기개와 활력으로 충만하여 있다. 왕양명은 후세의 사람들에 의하여 "덕을 세우고(立德) 공을 세우고(立功) 말을 세우는(立言)" '진정으로 영원히 없어지지 않는 세 가지'(眞三不朽)를 세운 인물로 간주되었고 또한 '고금의 완벽한 사람'(古今完人)이라 칭송되었다. 그의 일생의 어록과 편지 및 기타의 학문적인 시와 문장은 후세 사람들에 의하여 수집되어 『왕문성공전서 王文成公全書』로 편집되었고 세상에 전해졌다.

1. '심즉리'설

송명리학 宋明理學에서 육구연과 왕양명은 병칭되는데 그들이 모두 '심즉리 心卽理'의 관점과 입장을 견지하였고 또한 '심즉리'의 관점을 그들 사상의 기초로 간주하였기 때문이다. 하지만 두 사람이 '심즉리'를 얻어낸 경로는 서로 다르다. 만약 육구연의 '심즉리'가 "맹자의 책을 읽고 스스로 얻은"[4] 것이라면 왕양명의 '심즉리'는

---

3) 『禁革輕委官吏』, "有司之失職."
4) 『陸九淵集』, 권35, 「語錄下」, "讀孟子書而自得之."

주자학과의 오랜 기간의 대화와 스스로의 끊임없는 탐색과 증명을 거쳐 얻어낸 것이다.

1) 주자학을 떠나다

양명이 오랜 기간 동안 주자학과 대화를 겪었다고 하는 것은 그가 명明대의 주자학을 의식형태로 하는 전반적인 분위기 하에서 성장하였고 주자의 학설이 그가 문제를 사고하고 해결하는 방식에 깊이 영향을 주었기 때문이다. 예를 들면 그가 열다섯, 여섯 살 때 친구와 함께 주자의 격물格物설에 근거하여 정자 앞에 있던 대나무의 '리'를 추구하여 이르게 하고자 하였는데 친구는 3일 만에 병으로 쓰러지고 자신도 7일 만에 쓰러졌다. 그러자 그들은 탄식하면서 이렇게 말하였다. "성현이 될 수는 없는 것이고 물건의 이치에 이르게 될 만한 힘을 갖지 못하였다."5) 27세 때에는 또 주자의 독서법을 따라하였는데 결국 여전히 "사물의 이치와 나의 마음이 끝내 둘로 분리되었다"6). 이로부터 주자학이 그에게 깊은 영향을 주었을 뿐만 아니라 주자학에서의 일부 문제가 줄곧 그를 괴롭혔음을 알 수 있다.

후에 그는 귀주貴州 용장龍場으로 좌천되었는데 "용장에 있으면서 곤경에 처하였다"(居夷處困). "스스로 속세의 득실과 영욕을 모두 초월할 수 있었고 오로지 생사의 일념만이 아직 남아서 없어지지 않자 그는 석관을 만들어 스스로 맹세하며 '나는 다만 천명을 기다릴 뿐이다'라고 말하였다. 밤낮으로 말없이 조용히 앉아서 마음을 깨끗이 하고 고요함만을 추구하였다. 이렇게 함이 오래되자 마음이 훤하게 시원해졌다.…… '성인이 여기에 있는데 다시 어디에 도가 있겠는가? 생각하다가 밤중에 홀연히 격물치지의 종지를 크게 깨닫게 되었고 꿈속에서 누가 말한 듯이 자기도 모르게 소리치고 펄쩍 뛰자 따르는 사람들이 모두 놀랐다. 비로소 성인의 도가 나의 본성에 갖추어져 있고 사물에서 도리를 추구하는 것은 잘못된 것임을 알게

---

5) 『傳習錄』 下, "聖賢是做不得的, 無他大力量去格物了."
6) 「年譜」 1, "物理吾心終若判而爲二也."

되었다."7)

양명은 용장에서 "성인의 도는 나의 본성만으로 충분하고 예전에 사물에서 이치를 구하였던 것은 잘못임"(聖人之道, 吾性自足, 向之求理於事物者誤也)을 터득하였다. 이는 다년간 줄곧 그를 괴롭혔던 격물의 문제가 해결되었음을 표명하는 동시에 이로부터 주자의 격물설을 완벽하게 포기하였음을 의미한다. 또한 그는 주자학으로부터 벗어난 후 '심즉리'의 관점을 제기하였고 육구연의 사상과 방향이 서로 일치하게 되었다. 물론 양명이 주자학과의 오랜 기간의 대화와 스스로의 끊임없는 탐색과 증명을 거쳐 얻어낸 것이 바로 '심즉리' 관점이기 때문에 육구연이 주장하는 '심즉리'의 관점과 비교하면 양명의 '심즉리'에 포함된 내용과 설명이 더욱 구체적이고 깊이가 있으며 충실하다.

2) '심즉리'

양명은 제자 서애(徐愛)와의 대화에서 처음으로 '심즉리' 명제를 제기하였다.

서애가 물었다. "지극한 선을 오직 마음에서만 구한다면 아마 천하의 사리는 다할 수 없을 것 같습니다." 선생이 말하였다. "마음이 곧 리인 것이다. 천하에 또 마음 밖의 일이 있고 마음 밖의 리가 있가 있겠는가?" 서애가 말하였다. "아버지를 섬기는 효도, 임금을 섬기는 충성, 친구와 사귀는 믿음, 백성을 다스리는 어짊 사이에는 많은 리가 존재하는데 아마 살피지 않으면 안 될 것 같습니다." 선생이 탄식하면서 말하였다. "그러한 설에 의하여 가려진 지는 오래되었는데 어찌 한마디 말로써 깨닫게 할 수가 있겠는가! 지금은 그저 질문한 말에 대하여 말한다. 아버지를 섬기는 일 같은 것은 아버지에게서 효도의 리를 구할 수 있겠는가? 임금을 섬기는 일은 임금에게서 충성의 리를 구할 수 있겠는가? 친구를 사귀고 백성들을 다스림에

---

7) 「年譜」 1, "自計得失榮辱皆能超脫, 惟生死一念尙覺未化, 乃爲石槨自誓曰: '吾惟俟命而已!' 日夜端居澄默, 以求靜一; 久之, 胸中灑灑……因念: '聖人處此, 更有何道? 忽中夜大悟格物致知之旨, 寤寐中若有人語之者, 不覺呼躍, 從者皆驚, 始知聖人之道, 吾性自足, 向之求理於事物者誤也."

있어서 친구에게서, 백성에게서 믿음과 어짊의 리를 구하겠는가? 모두 단지 자기의
마음에 달려 있는 것이고 마음이 곧 리이다. 이 마음에 사사로운 욕심에 의하여
가려진 것이 없다면 곧 천리 밖으로부터 조금이라도 보탤 필요가 없는 것이다.
이 천리에 순수한 마음을 발휘하여 아버지를 섬기면 곧 효도이고 임금을 섬기면
곧 충성이며 친구를 사귀고 백성을 다스리면 곧 믿음과 어짊이다. 다만 자기의
마음에서 욕망을 버리고 천리를 보존하려는 노력만 하면 되는 것이다."8)

양명의 견해에 근거하면 마음이 곧 '리'이기에 '리'를 밖에서 구할 필요가 없다.
효도의 '리'를 부모에게서 구할 수 없고 충성의 '리'를 임금에게서 구할 수 없으며
믿음의 '리'를 친구에게서 구할 수 없고 어짊의 '리'를 백성에게서 구할 수 없다.
왜냐하면 효도, 충성, 믿음, 어짊의 '리'는 사실상 사람이 도덕적인 실천 중에서
마음의 '리'를 행위와 사물에 부여한 것이다. 이에 대하여 그는 이렇게 설명하였다.
"리라는 것은 마음의 조리이다. 이 리를 부모에 대하여 발하면 효도가 되고 임금에
대하여 발하면 충성이 되며 친구에 대하여 발하면 믿음이 된다. 천변만화가 다할
수 없음에 이르는데 나의 한마음에서 발한 것이 아님이 없다."9) 양명이 보기에
어짊, 효도, 충성, 믿음의 '리'는 '마음의 조리'(心之條理)이고 모두 '나의 한마음에서
발한 것'(發於吾之一心)이며 '나의 한마음'(吾之一心)이 발하고 유행하는 과정에서 나타
난 자연적인 조리 즉 도덕적인 준칙과 질서이다. 따라서 이 어짊, 효도, 충성,
믿음의 '리'는 '나의 한마음'을 근본으로 하는 것이지 부모, 임금, 친구, 백성에
존재하는 것이 아니다.

---

8) 『傳習錄』上, "愛問: '至善只求諸心, 恐於天下事理有不能盡.' 先生曰: '心卽理也. 天下又有心外
之事, 心外之理乎?' 愛曰: '如事父之孝, 事君之忠, 交友之信, 治民之仁, 其間有許多理在, 恐亦不
可不察.' 先生歎曰: '此說之蔽久矣, 豈一語所能悟! 今姑就所問者言之, 且如事父不成去父上求個
孝的理? 事君不成去君上求個忠的理? 交友治民不成去友上, 民上求個信與仁的理? 都只在此心,
心卽理也. 此心無私欲之蔽, 卽是天理, 不須外面添一分. 以此純乎天理之心, 發之事父便是孝, 發
之事君便是忠, 發之交友治民便是信與仁. 只此心去人欲, 存天理上用功便是.'"
9) 「書諸陽卷」, "理也者, 心之條理也. 是理也, 發之於親則爲孝, 發之於君則爲忠, 發之於朋友則爲
信. 千變萬化至不可窮竭, 而莫非發於吾之一心."

3) '심'과 '물'

양명과 서애의 다른 한 단락의 대화에서는 '심즉리'의 '심心'과 '물物'의 관계에 대하여 이렇게 논의하였다.

서애가 말하였다. "어제 선생님의 가르침을 듣고 어렴풋이나마 공부는 반드시 그와 같이 하여야 함을 알게 되었습니다. 지금 이 이 말을 듣고서는 더욱 의심스러운 점이 없어졌습니다. 저는 어제 생각한 끝에 '격물'의 '물'자가 곧 '사'자라는 것은 모두 마음으로부터 말한 것임을 알게 되었습니다." 선생이 말하였다. "그렇다. 몸을 주재하는 것은 바로 마음이고, 마음이 발한 것이 바로 뜻이다. 뜻의 본체는 바로 앎이고, 뜻이 있는 곳이 바로 물이다. 만약 뜻이 부모님을 섬기는 데 있다면 곧 부모님을 섬기는 것이 바로 하나의 물이고, 뜻이 임금을 섬기는 데 있다면 곧 임금을 섬기는 것이 바로 하나의 물이며, 뜻이 백성을 사랑하고 물건을 아끼는 것에 있다면 곧 백성을 사랑하고 물건을 아끼는 것이 바로 하나의 물이고, 뜻이 보고 듣고 말하고 행동하는 데 있다면 곧 보고 듣고 말하고 행동하는 것이 바로 하나의 물이다. 따라서 '마음 밖에 리가 있는 것이 아니고 마음 밖에 물이 있는 것이 아니다'라고 말한 것이다."[10]

양명이 말하는 '물'은 '심즉리'의 '심'과 서로 관련되어 있는 '물物'이고, '물'의 '리'도 이 '심'이 발하는 바에 따라 '물'에 부여된 것이다. 따라서 그가 말하는 '물'은 바로 의미구조, 실천행위 속의 '사事'이고 '물'의 '리'도 실제로 '선善'의 '리' 즉 도덕적인 원리와 도덕적인 법칙을 가리키는 것이지 객관적인 지식의 '리'를 가리키는 것이 아니다. 바로 양명이 '물'을 '사'로 간주하고 '심즉리'의 '심'을 '물'의

---

10) 『傳習錄』上, "愛曰: '昨聞先生之教, 亦影影見得功夫須是如此. 今聞此說, 益無可疑. 愛昨曉思格物的物字即是事字, 皆從心上說.' 先生曰: '然. 身之主宰便是心, 心之所發便是意, 意之本體便是知, 意之所在便是物. 如意在於事親, 即事親便是一物; 意在於事君, 即事君便是一物; 意在於仁民愛物, 即仁民愛物便是一物; 意在於視聽言動, 即視聽言動便是一物. 所以某說無心外之理, 無心外之物.'"

'리'의 본원이고 근거로 간주하였기 때문에 그는 '마음 밖에 리가 있는 것이 아니고 마음 밖에 물이 있는 것이 아니다'(無心外之理, 無心外之物)라고 주장하였다. 또한 그는 이러한 관심에 대하여 한층 더 깊게 해석하였다. "마음 밖에 물이 없고, 마음 밖에 사가 없으며, 마음 밖에 리가 없고, 마음 밖에 의도 없으며, 마음 밖에 선함도 없다. 나의 마음으로 사물을 처리하면 천리에 순일하여 인위적인 것의 섞임이 없는데 이것을 선이라 이르고 사물에 구할 수 있는 바가 정해져 있는 것이 아니다. 사물을 처리하는 것이 의이고 나의 마음이 마땅함을 얻는 것이다. 의는 밖에서 엄습하여 취할 수 있는 것이 아니다."[11] 양명의 견해에 근거하면 '나의 마음'으로 사물을 처리하여 마땅함을 얻는 것이 '의'이기 때문에, 이 '의' 즉 '선善' 혹은 '리'는 '나의 마음'을 근본으로 하는 것이지 '물' 혹은 '사'에서 비롯되는 것이 아니다. 만약 이 '의' 혹은 '리'가 '물' 혹은 '사'에서 구하여 얻을 수 있다고 간주한다면 그것은 바로 일종의 맹자에 의하여 비판되었던, 전형적인 '의외설義外說'이다. 따라서 '의' 혹은 '리'는 절대로 밖으로부터 엄격하여 취할 수 없다는 것이다. 바로 '의' 혹은 '리'가 '나의 마음'을 근본으로 함을 강조하기 위하여 양명은 '물'을 '사'로 간주하고 '리'를 '의' 혹은 '선'으로 간주하였을 뿐만 아니라, '마음 밖에 물이 없고 마음 밖에 사가 없으며 마음 밖에 리가 없고 마음 밖에 의도 없으며 마음 밖에 선함도 없는' 매우 강한 표현방식을 취하였다.

4) '마음 밖에 물이 없다'는 것은 무엇인가

'마음 밖에 물이 없다'(心外無物)는 표현방식이 외부 사물의 객관적인 실재성의 유무에 대한 사람들의 질의를 불러일으키기 매우 쉬움에는 의심의 여지가 없다. 『전습록』의 기록에 근거하면 다음과 같다.

---

11) 「書王純甫」, "心外無物, 心外無事, 心外無理, 心外無義, 心外無善. 吾心之處事物, 純乎天理而無人僞之雜謂之善, 非在事物之有定所之可求也. 處物爲義, 是吾心之得其宜也. 義非在外可襲而取也."

선생이 남진에 놀러갔을 때한 친구가 바위 사이의 꽃나무를 가리키면서 물었다. "천하에는 마음 밖에 물이 없다고 하였는데 이러한 꽃나무가 깊은 산속에서 스스로 피었다가 스스로 지고 있다면 저의 마음에 또한 무슨 상관이 있겠습니까?" 선생이 말하였다. "네가 이 꽃을 보지 않았을 때 이 꽃은 너의 마음과 함께 적막 속으로 돌아가 있었다. 네가 와서 이 꽃을 보았을 때에는 이 꽃의 색깔들이 일시에 분명해졌을 것이고 곧 이 꽃이 너의 마음 밖에 있지 않음을 알게 될 것이다."[12]

양명의 '마음 밖에 물이 없다'는 관점에 대하여 어떤 사람이 '꽃나무가 깊은 산속에서 스스로 피었다가 스스로 지고 있다면 저의 마음과 무슨 상관이 있는지' 물었는데, 질의하고 토론한 것이 바로 외부 사물의 객관적인 실재성의 유무와 '나의 마음'으로부터 독립하여 존재하는지 아닌지의 문제이다. '네가 이 꽃을 보지 않았을 때 이 꽃은 너의 마음과 함께 적막 속으로 돌아가 있었다'고 대답하였을 때 양명은 '보지 않았을' 때의 '꽃' 즉 외부의 사물이 '나의 마음'으로부터 독립된 존재임을 인정하였을 뿐만 아니라 '꽃' 즉 외부 사물의 객관적인 실재성도 긍정하였다. '적寂'은 단지 활동하지 않는다는 것이지 존재하지 않는다는 것이 아니다. 이러한 전제와 기초 위에 양명은 비로소 뒷부분의 해답으로 질문자의 문제를 전환시켰고 질문자가 그의 '마음 밖에 물이 없다'는 주장을 진정으로 이해할 수 있기를 기대하였다.

위에서 살펴본 바와 같이 양명이 말하는 '물'은 물질적인 구조를 가리키는 것이 아니라 '나의 마음'과 서로 관련되어 있는 '사事'를 가리킨다. 그렇지 않으면 '물'은 가치가 없을뿐더러 의미도 없게 된다. 양명은 바로 이러한 의미에서 '마음 밖에 물이 없음'을 선언하였고 '꽃'도 물론 예외는 아니었다. '이 꽃의 색깔'이 '일시에 분명해지고' 의미와 가치가 있게 되는 것은 '네가 와서 보기' 때문이다. '네가 와서 보는' 것은 '너의 마음'의 지배를 받는 것이기 때문에 '꽃의 가치, 의미와

---

12) 先生遊南鎭, 一友指岩中花樹問曰: "天下無心外之物, 如此花樹在深山中自開自落, 於我心亦何相關?" 先生曰: "你未看此花時, 此花與汝心同歸於寂. 你來看此花時, 則此花顔色一時明白起來, 便知此花不在你心外."

심미의 주체인 '너의 마음'은 구분할 수 없고 실제로는 '너의 마음'의 영명靈明이 부여한 것이다. 따라서 만약 주체의 참여가 없다면 '너의 마음'과 무관한 '꽃'은 '분명해질' 수 없고 '이 꽃' 또한 사람에게 자체의 가치와 의미를 드러낼 수 없기 때문에 '너의 마음과 함께 적막 속으로 돌아가 있다.' '분명해질' 수 있는 것은 또한 '너의 마음'이 '꽃'의 가치와 의미를 드러나게 한 것이기 때문에 '너의 마음 밖에 있지 않게 되는 것'이다.

양명이 '마음 밖에 물이 없음'을 선언할 때 그는 결코 외부 사물의 객관적인 실재성의 유무, '나의 마음'으로부터 독립하여 존재하는지의 여부 등의 문제에 견주어 제기한 것이 아니라 '물'에 대한 특수한 규정 및 그의 전반적인 사상체계와 밀접하게 관련되어 있다.

2. '지행합일'설

양명은 용장龍場에서 '도'를 깨달은 이듬해에 귀주貴州의 제학부사提學副使인 석서席書의 초청으로 귀양貴陽서원에서 강학하였는데 이때로부터 '지행합일知行合一' 을 창도하기 시작하였다.

1) '지행합일'과 '심즉리'의 연관

당시 학자들은 "의견이 서로 같지 않았고 들어갈 바를 몰랐는데"13) 이러한 상황에 직면하여 양명은 "깨달은 바를 알려 줌"14)을 제외하고 후에 또 "제생들과 함께 절에서 정좌하면서 스스로 성체를 깨닫도록 하였다."15) 양명이 "말하였던

---

13) 「年譜」 1, "紛紛異同, 罔知所入."
14) 「年譜」 1, "告之以其所悟."
15) 「年譜」 1, "與諸生靜坐僧寺, 使自悟性體."

지와 행의 본체에 대하여…… 문득 크게 깨닫게 된"16) 석서는 일찍이 이렇게 진술하였다. "성인의 학문이 오늘날 다시 살아나고 있고…… 나의 본성이 본래 스스로 밝아지기를 구하는 것이다."17) 이로부터 보면 양명의 '지행합일'설과 그가 용장에서 깨달은 "성인의 도는 나의 본성만으로 충분하고 예전에 사물에서 이치를 구하였던 것은 잘못이다"(聖人之道, 吾性自足, 向之求理於事物者誤也)라는 주장은 매우 깊은 관련이 있다. 또한 양명이 용장에서 깨달은 "성인의 도는 나의 본성만으로 충분하고 예전에 사물에서 이치를 구하였던 것은 잘못이다"는 주장의 요지는 바로 다름 아닌 그의 '심즉리' 사상이다. 따라서 양명의 '지행합일'설과 용장에서 깨달은 '도' 사이의 관련은 사실상 그의 '지행합일'설과 '심즉리' 사상 사이의 관련이다. 또한 양명 스스로도 일찍이 이렇게 분명하게 주장하였다. "마음 밖에서 리를 추구하면 이는 지와 행을 둘로 나누는 근거이고 내 마음에서 리를 추구하면 이는 성인의 학문에서 지와 행이 하나로 합쳐지는 가르침이다."18) 이는 양명의 '지행합일'설이 그의 '심즉리' 사상의 기초 위에 정초된 것이고 '심즉리' 사상을 제쳐놓고 그의 '지행합일'설을 이해할 수 없음을 보여 준다. 이 점을 감안하여 아래에 양명의 '심즉리' 사상과 연관시켜 그의 '지행합일'설을 분석하고 논의하도록 한다.

2) '지와 행의 본체가 바로 양지와 양능이다'

양명은 그의 '지행합일'설을 논의할 때 반복적으로 다음과 같이 말하였다. "지와 행의 본체는 본래 이러한 것이다."19) "지와 행의 체는 본래 이러한 것이고 자신의 의견으로 억누르고 들어내고 하면서 잠시 그렇게 말함으로써 일시적인 효과를 구차하게 노린 것이 아니다."20) "지금 지와 행이 하나로 합쳐짐을 말하고

---

16) 「年譜」 1, "擧知行本體,……豁然大悟."
17) 「年譜」 1, "聖人之學複睹於今日,……求之吾性本自明也."
18) 「答顧東橋書」, "外心以求理, 此知行所以二也; 求理於吾心, 此聖門知行合一之教"
19) 『傳習錄』 上, "知行本體, 原來如此."
20) 『傳習錄』 中, "然知行之體, 本來如是, 非以己意抑揚其間, 姑爲是說, 以苟一時之效者也."

비록 기울어짐을 바로잡고 폐해를 고친다고 하지만 지와 행의 체단은 또한 본래 이러한 것이다."[21]

　　양명은 '지행합일'설을 제기하면서 이와 같이 '지와 행의 본체'(知行本體), '지와 행의 체'(知行之體), '지와 행의 체절'(知行體段)을 강조하였는데, 이는 이른바 '지와 행의 본체', '지와 행의 체', '지와 행의 체절'이 그의 '지행합일'설을 놓고 말하면 매우 중요함을 설명한다. 그렇다면 '지와 행의 본체'는 또한 어떤 의미와 연관되는 것인가? 양명이 말하는 "지와 행을 어떻게 따로 분리할 수 있겠는가? 이것이 바로 지와 행의 본체"[22]라는 것으로부터 볼 때 '지와 행의 본체'는 바로 지와 행이 본래 서로 연관되고 서로 포함되는 일체임을 가리키고 '본체'는 곧 본래적인 의미, 본래적인 모습이라는 의미이다. 따라서 지와 행이 분열되는 현상은 물론 지와 행의 본래적인 의미를 위반하고 지와 행의 본체를 위반한 것이다. 하지만 만약 양명이 말하는 "'지'와 '행'의 두 글자는 역시 공부에 대하여 말하는 것이고 만약 지와 행의 본체로 말하면 바로 양지와 양능이다"[23]라는 것으로부터 보면 양명이 말하는 '지와 행의 본체'는 양지와 양능을 가리킨다. 또한 양명의 이러한 '지와 행의 본체'가 곧 양지와 양능이라는 견해와 양명의 "마음 밖에서 리를 추구하면 이는 지와 행을 둘로 나누는 근거이고, 내 마음에서 리를 추구하면 이는 성인의 학문에서 지와 행이 하나로 합쳐지는 가르침이다"[24]라는 관점은 일관되고 일치한다. 이로부터 보면 양명이 말하는 '지와 행의 본체'에는 두 가지 의미가 있다. 한 가지 의미의 '지와 행의 본체'는 지와 행이 서로 연관되고 서로 포함되며 갈라놓을 수 없고 하나로 합치됨을 가리키고, 다른 한 가지 의미의 '지와 행의 본체'는 양지와 양능 즉 '심즉리'의 '심' 혹은 '마음의 본체'를 가리킨다. 두 가지 의미를 서로 비교해 보면 두 번째 '지와 행의 본체'의 의미가 더욱 근본적임은 의심의 여지가 없다.

---

21)「書·答友人問」, "某今說知行合一, 雖亦是就令偏補救弊說, 然知行體段亦本來如是."
22)『傳習錄』上, "知行如何分得開? 此便是知行的本體."
23)『傳習錄』中, "'知行'二字亦是就用功說; 若是知行本體, 卽是良知良能."
24) 外心以求理, 此知行所以二也; 求理於吾心, 此聖門知行合一之教.

'지와 행의 본체'에 포함된 두 가지 의미 특히 '지와 행의 본체' 즉 양지와 양능 즉 '심즉리'의 '심'의 의미에 대하여 요해한 기초 상에서 아래에 '지행합일'에 관한 양명의 논의를 살펴보도록 한다.

　　서애가 말하였다. "지금 사람들은 누구나 아버지에게는 효도를 다하고 형에게는 아우 노릇을 다하여야 함을 알고 있지만 효도하지 못하고 아우 노릇을 다하지 못하는데 바로 지와 행이 분명히 두 가지 일인 것 같습니다." 선생이 말하였다. "거기에는 이미 사욕에 의한 차단이 있기 때문에 지와 행의 본체는 아닌 것이다. 알면서도 행하지 않는 자는 있을 수 없다. 알면서도 행하지 않는다면 다만 알지 못하는 것이다. 성현들이 사람들에게 가르친 것은 바로 지와 행의 본체로 회복하자는 것이지 너희들이 제멋대로 행하게 두는 것이 아니었다. 그러므로 『대학』에서는 참된 지와 행을 지적하여 사람들에게 보여 주면서 '아름다운 색깔을 좋아하는 것과 같고 '악한 냄새를 싫어하는 것과 같다고 말하였다. 아름다운 색깔을 보는 것은 지에 속하고 아름다운 색깔을 좋아하는 것은 행에 속한다. 다만 그 아름다운 색깔을 보았을 때 이미 자연스럽게 좋아하게 되는 것이지 보고 난 뒤에 다시 결심하고 좋아하는 것이 아니다. 악한 냄새를 맡는 것은 지에 속하고 악한 냄새를 싫어하는 것은 행에 속한다. 다만 그 악한 냄새를 맡았을 때 이미 자연스럽게 싫어하게 되는 것이지 맡고 난 뒤에 다시 결심하고 싫어하는 것이 아니다."25)

　　양명을 놓고 말하면 사람이 '지행합일'을 할 수 있는 것은 사람 자체가 본래 가지고 있는 '지와 행의 본체'로서의 '양지와 양능' 혹은 '심즉리'의 '심'에 달려 있다. '심즉리'가 표명하는 것은 이 '지와 행의 본체' 자체가 바로 입법의 원칙이라는 것이고 '양지와 양능'이 표명하는 것은 이 '지와 행의 본체' 자체가 판단의 원칙과

---

25) 『傳習錄』上, "愛曰: '如今人盡有知得父當孝, 兄當弟者, 卻不能孝, 不能弟, 便是知與行分明是兩件.' 先生曰: '此已被私欲割斷, 不是知行的本體. 未有知而不行者. 知而不行, 只是未知. 聖賢教人知行, 正是複那本體, 不是著你只恁的便罷. 故『大學』指個眞知行與人看, 說如好好色, '如惡惡臭. 見好色屬知, 好好色屬行. 只見那好色時已自好了, 不是見了後又立個心去好. 聞惡臭屬知, 惡惡臭屬行. 只聞那惡臭時已自惡了, 不是聞了後別立個心去惡.'"

실천의 원칙을 겸한다는 것이다. '심즉리'의 '심'이 입법의 원칙이라는 것은 이 '심'이 바로 '리'이기 때문에 '마음 밖에서 리를 추구할'(外心以求理) 필요가 없고 '나의 마음에서 리를 구하면'(求理於吾心) 된다. '양지와 양능'이 판단의 원칙과 실천의 원칙이라는 것은 "지는 마음의 본체여서 마음이 자연스럽게 알 수 있다. 아버지를 보면 자연스럽게 효도를 알게 되고, 형을 보면 자연스럽게 아우 노릇을 알게 되며, 어린아이가 우물에 빠지려고 하는 것을 보면 자연스럽게 측은해함을 알게 되는데, 이것이 바로 양지이고 밖에서 구할 필요가 없다"26)이기 때문이다. 또한 알면 반드시 행할 수 있는데 '지와 행의 본체'로서의 '심즉리'의 '심' 자체가 자신이 세운 도덕법칙을 실현하는 힘을 가지고 있다. 어린아이가 우물에 들어가려고 할 때 사람들은 즉각 측은해하는 마음이 일어나고 즉각 뛰어가서 구원의 손길을 보내고 힘을 모아 구조한다. 이는 바로 사람이 본래 가지고 있는 '지와 행의 본체'로서의 '심즉리'의 '심'이 자연스럽게 드러나고 발한 것으로, 아름다운 색깔을 보았을 때 자연스럽게 좋아하고 악한 냄새를 맡았을 때 자연스럽게 싫어할 수 있는 것과 마찬가지이기 때문에 사람의 '양지와 양능'이라고 부르기도 한다. 바로 이러한 사람의 '양지와 양능'이 곧 '지와 행의 본체'이기 때문에 양명은 이렇게 말하였다. "지는 행의 시작이고 행은 지의 완성이다. 만약 무엇을 깨달았을 때 오직 한 가지 지만을 말하지만 이미 스스로 행도 거기에 존재하는 것이고 오직 한 가지 행만을 말하지만 이미 스스로 지도 거기에 존재하는 것이다."27)

3) "한 가지 생각이 발동하는 곳이 바로 행이다"

인간 자체가 본래 가지고 있는 '심즉리'의 '심'이야말로 '지와 행의 본체'라면

---

26) 『傳習錄』 上, "知是心之本體, 心自然會知. 見父自然知孝, 見兄自然知弟, 見孺子入井自然知惻隱, 此便是良知不假外求."
27) 『傳習錄』 上, "知是行之始, 行是知之成. 若會得時, 只說一個知, 已自有行在; 只說一個行, 已自有知在."

물욕과 사욕에 의하여 가려지고 차단된 마음은 물론 '지와 행의 본체'가 아니기 때문에 양명은 사람들이 '그 본체를 회복할'(複那本體) 것을 요구하였고 그 본체가 '사욕에 의하여 차단되게' 하면 안 됨을 주장하였다. 그가 사람들이 정좌하도록 가르친 까닭도 사람들이 물욕과 사욕의 얽매임에서 벗어나고 몸과 마음을 가다듬어 스스로 '성체(性體)'를 깨달음으로써 이러한 '성체' 혹은 '마음의 본체'를 '지와 행의 본체'로 간주하고 사람들이 진정으로 지와 행의 합일을 이루도록 하기 위함이다. 인간 자체가 본래 가지고 있는 '성체' 혹은 '마음의 본체'가 바로 '지와 행의 본체'이기 때문에 양명은 이렇게 말하였다. "내가 지금 '지행합일'을 말하는 것은 바로 한 가지 생각이 발동하는 곳이 바로 행임을 알게 하려는 것이고, 생각이 발동하였을 때 선하지 않음이 있으면 곧 이 선하지 않은 생각을 극복하여 넘어뜨려야 하는데 반드시 뿌리째로 철저하게 함으로써 그 선하지 않은 단 한 가지 생각이라도 가슴속에 숨겨져 있지 않도록 하여야 한다."[28]

양명에게 있어서 '지와 행의 본체'로서의 '성체' 혹은 '마음의 본체'가 발한 생각은 반드시 행할 수 있는 것이기 때문에 '한 가지 생각이 발동하는 곳이 바로 행이다'라고 주장하였다. 하지만 '선하지 않은 생각'은 '지와 행의 본체'로서의 '성체' 혹은 '심의 본체'에서 발한 것이 아닐 뿐만 아니라 오히려 '지와 행의 본체'로서의 '성체' 혹은 '심의 본체'가 가려지고 차단된 것이기 때문에 그는 반드시 선하지 않은 악한 생각을 철저하게 뿌리째로 제거하여야만 비로소 '그 본체를 회복할' 수 있고 진정으로 '지행합일'을 이룰 수 있음을 주장하였다.

4) '밝게 깨닫고 정밀하게 살피는 것'과 '참되고 절실하며 독실한 것'은 갈라놓을 수 없다

양명이 비록 주요하게 '지와 행의 본체'로서의 '성체' 혹은 '심의 본체'의 기초

---

28) 『傳習錄』 下, "我今說個知行合一, 正要人曉得一念發動處, 便卽是行了, 發動處有不善, 就將這不善的念克倒了, 須要徹根徹底, 不使那一念不善潛伏在胸中."

상에서 '지행합일'을 논하였다고 하지만, 수양론의 측면에서도 종종 '지행합일'을 논의하였다. 수양론의 측면에서 이루어진 논의는 주자의 '지선행후知先行後'설 및 당시 사대부의 풍조에서 알면서도 행동하지 않는 병폐를 겨냥하여 이루어진 것이다. 그는 이렇게 말하였다.

> 지금 사람들은 지와 행을 두 가지 일로 나누어 실행하고 반드시 먼저 안 뒤에야 행동할 수 있다고 생각한다. 우리는 지금 배우고 토론하며 지에 대한 공부를 함으로써 지가 참됨을 기다린 뒤에야 비로소 행의 공부를 하여야 한다고 생각한다. 그러므로 결국에는 평생토록 행동하지 못하거나 평생토록 알지 못하게 된다.[29]

> 어떤 사람이 효도를 알고 어떤 사람이 아우 노릇을 안다고 말한다면 반드시 그 사람은 이미 효도를 행하거나 아우 노릇을 하고 있기 때문에 그가 효도를 알고 아우 노릇을 안다고 말할 수 있다. 다만 효도나 아우 노릇에 관한 말만 할 줄 안다고 해서 곧 효도나 아우 노릇을 안다고 말할 수는 없다.[30]

도덕적인 활동과 일반적인 인식활동의 중요한 차별은 도덕적인 활동은 반드시 행동으로 보이지만 인식활동은 꼭 행동으로 보이는 것이 아님에 있다. 양명이 완벽하게 도덕으로부터 출발하여 지와 행의 공부를 논의하였기 때문에 그가 보기에 지는 반드시 행으로 표현되어야 하고 알 수 있으면 반드시 행할 수 있다. 다시 말하면 도덕적인 실천에서 지의 공부와 행의 공부는 서로 즉하여 떨어지지 않는데 하나로 합치는 것이다. 또한 양명에게 있어서 도덕적인 실천에서 지와 행은 서로 떨어질 수 없을 뿐만 아니라 동일한 공부과정의 부동한 측면이다. 그는 이렇게 말하였다. "행을 밝게 깨닫고 정밀하게 살펴야 할 곳이 바로 지이고 지를 참되고

---

29) 『傳習錄』 上, "今人卻就將知行分作兩件去做, 以爲必先知了, 然後能行, 我如今且去講習討論, 做知的工夫, 待知得眞了方去做行的工夫, 故遂終身不行, 亦遂終身不知."
30) 『傳習錄』 上, "就如稱某人知孝, 某人知弟, 必是其人已曾行孝行弟, 方可稱他知孝知弟. 不成只是曉得說些孝弟的話, 便可稱爲知孝弟."

절실하며 독실해야 할 곳이 바로 행이다. 만약 행하면서 정밀하게 살피고 밝게 깨닫지 못하면 그것은 곧 명행이고 바로 '배우기만 하고 생각하지 않으면 속임이다' 라는 것이기 때문에 반드시 지를 말하여야 한다. 알(知)면서 참되고 절실하며 독실하지 못하면 그것은 곧 망상이고 바로 '생각하기만 하고 배우지 않으면 위태롭다'는 것이기 때문에 반드시 행을 말하여야 한다. 하지만 원래는 다만 하나의 공부였다."[31] '밝게 깨닫고 정밀하게 살핌'(明覺精察)은 원래 지의 특징에 대한 일종의 규정이고, '참되고 절실하며 독실함'(眞切篤實)은 원래 행의 특징에 대한 일종의 규정이지만, 양명은 지의 과정에서 '참되고 절실하며 독실한' 태도를 취하고 행의 과정에서 '밝게 깨닫고 정밀하게 살핌'을 유지할 것을 요구하였고 그렇지 않으면 명행冥行이 아니면 망상이라는 것이다. 이는 양명이 보기에 지와 행은 서로 포함되고 서로 촉진하며 동일한 공부과정의 갈라놓을 수 없는 두 개 측면이고 지의 과정이든 행의 과정이든 반드시 동시에 양자를 구비하여야 하는 것임을 표명한다. 따라서 양명의 '지행합일'은 도덕적인 실천에서 지이자 행이라 여겼고 바로 지이고 바로 행이라 할 수 있다.

3. '치양지'설

양명은 죽기 전에 일찍이 이렇게 말하였다. "나의 평생 강학은 다만 '치양지' 세 글자일 뿐이다."[32] 이로부터 '치양지'설이 양명의 평생 사상의 종합임을 알 수 있다. '치양지'설이 제기된 구체적인 시간에 대한 주장은 일치하지 않는데 대체로 영왕寧王 수신호朱宸濠의 반란을 평정한 후 즉 정덕正德 15년(1520) 전후라고 확정할

---

31) 「書·答友人問」, "行之明覺精察處, 便是知; 知之眞切篤實處, 便是行. 若行而不能精察明覺, 便是冥行, 便是學而不思則罔, 所以必須說個知; 知而不能眞切篤實, 便是妄想, 便是思而不學則殆, 所以必須說個行; 元來只是一個工夫."

32) 「寄正憲男手墨二卷」, "吾平生講學, 只是致良知三字."

수 있다. '치양지'라는 이론의 형식은 '삼과 '라', 지와 행, 도덕적인 수양과 사회적인 실천이 하나로 융합된 것이고 양명철학의 창의성을 충분히 나타낸 것이다.

1) 양지의 함의

'양지'라는 관념은 『맹자』「진심상」에서 비롯하였다. "사람이 배우지 않고도 능한 것은 양능이다. 생각하지 않고도 아는 것은 양지이다. 어린아이가 부모를 사랑할 줄 모름이 없고 성장함에 미쳐서는 그 형을 공경할 줄 모름이 없다."[33] 이 주장에 근거하면 양지는 사람이 환경, 교육에 의거하지 않고 선천적으로 가지고 있는 도덕의식과 도덕감정이다. '배우지 않음'(不學)은 그 선험성을 나타내고, '생각하지 않음'(不慮)은 그 직각성을 나타내며, '양(良)'은 이러한 양자를 겸하여 말하는 것으로 부모를 사랑하고 웃어른을 공경하는 것은 그것이 가장 처음 자연스럽게 표현된 것이다. 양명은 맹자의 사상을 계승하여 이렇게 말하였다. "지는 마음의 본체이고 마음은 자연스럽게 알 수 있다. 아버지를 보면 자연스럽게 효도를 알게 되고 형을 보면 자연스럽게 아우 노릇을 알게 되며 어린아이가 우물에 들어가는 것을 보면 자연스럽게 측은해함을 알게 되는데 이것이 바로 양지이고 밖에서 구할 필요가 없다."[34] '자연스럽고' '밖에서 구할 필요가 없음'은 양지가 결코 외부에서 얻어지는 것이 아니라 주체가 선천적으로 본래 가지고 있는 것이고 내재적으로 구비하고 있는 규정성을 나타낸다. 양명은 또한 양지에 더욱 풍부한 함의를 부여함으로써 체와 용을 관통하는 근본적인 성격을 가지게 하였다. 그는 "마음의 본체가 바로 성이고 성이 곧 리"[35]라 주장하였고 이로부터 '마음이 곧 리'라는 결론을 도출하였다. 이렇게 천리, 본성, 본심의 세 가지를 관통시킴으로써 본심이 직접적으

---

33) 『孟子』,「盡心上」, "人之所不學而能者, 其良能也. 所不慮而知者, 其良知也. 孩提之童, 無不知愛其親者; 及其長也, 無不知敬其兄也."
34) 『傳習錄』 上, "知是心之本體, 心自然會知: 見父自然知孝, 見兄自然知弟, 見孺子入井自然知惻隱, 此便是良知不假外求."
35) 『傳習錄』 上, "心之本體卽是性, 性卽是理."

로 천리의 구체적인 표현이자 생겨나고 발하는 근원이 되게 하였다. 하지만 양명이 제기한 양지개념은 주요하게 '수시로 옳고 그름을 아는'(隨時知是知非) 특징을 가리키고 양지의 자동적으로 마음에 나타나고 주체에 의하여 지각되는 풍격을 더욱 부각시켰으며 '자'의 색채가 더욱 짙다. 양지는 바로 인간의 지극히 선한 본성이 직접적으로 시비의 지각 속에서 즉각 밝게 드러난(朗現) 것이다. 따라서 양명은 이렇게 강조하였다. "양지는 단지 시비의 마음일 뿐이다."[36] "시비의 마음은 생각하지 않아도 알고 배우지 않아도 할 수 있는 것인데 이른바 양지라는 것이다."[37] "대체로 양지는 오직 하나의 천리를 자연스럽게 밝게 깨닫고 발견하는 것이고 다만 하나의 참된 정성과 남을 동정하는 마음이 바로 그 본체이다."[38] 양지는 바로 지극히 선한 본체가 시비의 지각 속에서 즉각 밝게 드러난 것이다. 이러한 시비의 지각(자연스럽게 영명하고 밝게 깨닫는 것)은 반드시 사람이 도덕적인 선택의 한 방향을 결정함에 있어서 마땅히 어떠하여야 한다는 도덕적인 원칙 다시 말하면 천리를 포함하고 있다. 양명은 양지가 '본체와 작용이 일원'(體用一源)임을 주장하였다. "본체가 작용이 되는 까닭을 알면 작용이 본체가 되는 까닭도 알게 되는 것이다."[39] 그는 본체와 작용을 초월하여 존재하는 양지는 인정하지 않았는데 이렇게 말하였다. "본체란 곧 양지의 본체이고 작용이란 곧 양지의 작용인데 어찌 다시 본체와 작용 밖에 초연히 있을 수 있겠는가?"[40] 양지가 바로 지극히 선한 본체가 시비의 지각에서 즉각 나타난 것이고 즉각 논변하고 단정한(辨斷) 것 혹은 시비의 지각에 대하여 즉각 논변하고 단정하여(辨斷) 나타난 지극히 선한 본체임이 매우 분명하다.

　　전통 유학에서 우주에서의 인간의 지위에는 일관된 주장이 있었다. 바로 "사람은 천지의 마음이다."[41] 양명의 '치양지'설은 이러한 전통을 계승하였다. 양명이

---

36) 『傳習錄』 下, "良知只是個是非之心."
37) 『傳習錄』 中, 「答聶文蔚」, "是非之心, 不慮而知, 不學而能, 所謂良知也."
38) 『傳習錄』 中, 「答聶文蔚」 2, "蓋良知只是一個天理, 自然明覺發現處, 只是一個眞誠惻怛, 便是他本體."
39) 「書‧答汪石潭內翰」, "知體之所以爲用, 則知用之所以爲體者矣."
40) 『傳習錄』 中, "體卽良知之體, 用卽良知之用, 寧復有超然於體用之外者乎?"

보기에 양지는 바로 '천지의 마음'(우주의 마음)이었고 또한 천지만물의 근원이었다. 그는 이렇게 말하였다. "사람의 양지는 바로 풀과 나무나 기와나 돌의 양지와 같은 것이다. 만약 풀과 나무나 기와나 돌에 사람의 양지가 없다면 풀과 나무나 기와나 돌로써 존재할 수 없을 것이다. 어찌 다만 풀과 나무나 기와나 돌만 그러하겠는가. 하늘과 땅에도 사람의 양지가 없다면 또한 하늘과 땅으로써 존재할 수 없을 것이다. 천지만물과 사람은 원래 한 몸이고 그 중 감각기관으로써 가장 정밀한 곳이 바로 사람 마음의 한 가지 영묘하고 밝은 작용이다."[42] 다시 말하면 사람의 마음(양지)─만물의 마음(양지)─천지의 마음(우주의 마음, 양지)은 궁극적으로 하나의 마음(양지)이고, 이 마음(양지)은 천지만물(사람도 포함)의 내재적인 근거(근원)이고 바로 최고의 우주본체이다. 천지만물과 사람은 본래 일체이고 한 기로 서로 통하지만, 부여받은 기가 치우치고 바르며 통하고 막힘이 서로 다르기 때문에 인간의 양지 즉 '사람 마음의 한 가지 영묘하고 밝은 작용'(人心一點靈明)이야말로 천지만물의 의미가 감각기관으로써 '가장 정밀한 곳'(最精處)이다. 양명은 또한 한 걸음 나아가 이렇게 제기하였다. "양지는 조화의 정령이다. 이러한 정령이 하늘을 낳고 땅을 낳으며 귀신을 이루고 하나님을 이루었으니 모든 것이 여기에서 나온 것이고 진실로 만물에 대하여 절대적인 존재이다."[43] "나의 영명함은 바로 하늘과 땅과 귀신의 주재자이다. 하늘도 나의 영명함이 없다면 누가 그것을 높다고 우러르겠는가? 땅도 나의 영명함이 없다면 누가 그것을 깊다고 굽어보겠는가? 귀신도 나의 영명함이 없다면 누가 그것이 길흉과 화복을 내려 주는 것이라 분별하겠는가? 하늘과 땅이나 귀신과 만물도 나의 영명함을 떠나면 곧 하늘과 땅이나 귀신과 만물이 존재할 수 없게 된다."[44] 양지는 가치적인 의미의 창조적인 근원이고 절대성

---

41) 『禮記』, 「禮運」 제9의 2, "人者, 天地之心也."

42) 『傳習錄』 下, "人的良知, 就是草木瓦石的良知, 若草木瓦石無人的良知, 不可以爲草木瓦石矣, 豈惟草木瓦石爲然, 天地無人的良知, 亦不可爲天地矣. 蓋天地萬物與人原是一體, 其發竅之最精處, 是人心一點靈明."

43) 『傳習錄』 下, "良知是造化的精靈. 這些精靈, 生天生地, 成鬼成帝, 皆以此出, 眞是與物無對."

44) 『傳習錄』 下, "我的靈明, 便是天地鬼神的主宰. 天沒有我的靈明, 誰去仰他高? 地沒有我的靈明,

을 가지고 있다. 양명은 여기서 결코 존재론적인 입장에서 주장한 것이 아니라 만물에 나타난 의미에서 주장하였음이 분명하다. 양명이 우주와 인생의 가치적인 의미의 최종적인 근원인 양지에 대하여 심각한 인식과 높은 자신감이 있었기 때문에 이렇게 감탄하였다. "사람이 만약 다시 그것을 얻게 되면 완전해져서 자그마한 결함도 없게 되고 스스로 깨닫지 못하는 사이에 손과 발을 움직이며 춤추게 되는데 하늘과 땅 사이에 이것을 대신할 만한 것이 무엇이 또 있을 수 있겠는가?"[45] 또한 "'치양지'는 바로 학문의 근본이고 바로 성인이 사람들을 가르친 첫째 뜻임"[46]을 확신하였다.

2) '치양지'의 함의

용장에서의 '도'를 깨달은 후 얼마 지나지 않아서 양명은 문인 서애와 "지가 마음의 본체임"(知是心之本體)에 대하여 논의할 때 '그 지에 이르게 되면'(致其知) 곧 "마음의 양지가 아무런 장애도 받지 않고 가득차서 유행할 수 있게 된다"[47] 여겼다. 동시에 '그 지에 이르게 되는 것이 바로 "그 측은한 마음을 확충해 나가는 것"(充其惻隱之心)임을 제기하였는데, 여기에는 분명 '치양지'의 의미가 포함되어 있지만 양명은 그때 당시 이 점을 스스로 깨닫지 못하였다.

양명은 만년에 "내 마음의 양지를 이르게 하는 것이 치지임"[48]을 분명하게 제기하였고 '치양지'로 『대학』의 '격치'를 해석하였다. 양명은 한 걸음 나아가 「대학문大學問」에서 '치양지'의 함의를 이렇게 해석하였다. "'치'는 '지'인데 마치 '상사란 슬픔을 이르게 하는 것'이라 할 때의 '이름'과 같다. 『역경』에서는 '이름을 앎으로써

　　誰去俯他深? 鬼神沒有我的靈明, 誰去辨他吉凶災祥? 天地鬼神萬物離却我的靈明, 便沒有天地鬼神萬物了."
45) 『傳習錄』 下, "人若復得他完完全全, 無少虧欠, 自不覺手舞足蹈, 不知天地間更有何樂可代."
46) 『傳習錄』 中, 「答歐陽崇一」, "'致良知'是學問大頭腦, 是聖人敎人第一義."
47) 『傳習錄』 上, "心之良知更無障礙, 得以充塞流行."
48) 『傳習錄』 中, 「答顧東橋書」, "致吾心之良知者, 致知也."

이르게 된다'고 하였는데 '이름을 안다'는 것은 지이고 '이르게 된다'는 것은 치이다. '앎이 이른다'고 말한 것은 후세의 유자들이 말하는 것처럼 그 지식을 충실하게 하고 넓히는 것을 이르는 것이 아니다. 나의 마음의 양지를 이르게 하는 것이다."[49] 이는 바로 『대학』의 '치지'가 객관적인 대상에 대한 지식을 확충하는 것이 아니라 '내 마음의 양지를 이르게 하는 것'(致吾心之良知)이라는 것이다. 양명은 또 이렇게 말하였다. "나의 양지가 알고 있는 것이 일그러져 흠이 나거나 가려지고 덮여짐이 없어서 지극한 극치에 이를 수 있게 되는 것이다."[50] '지至'로 '치致'를 해석하였는데, 여기서 '지'는 '지극함에 이른다'(至乎極)는 의미이고, '지'는 극점, 궁극적이라는 의미를 나타내는 명사이기도 하고 극점을 향하여 운동한다는 의미를 나타내는 동사이기도 하다. '치양지'는 바로 양지를 지극함에 이르게 하고 확충하여 그 지극함에 이르는 것인데, 바로 양지의 본체를 확충하여 전체가 드러나고 충만하여 유행하는 경지에 이름에 "일그러져 흠이 나거나 가려지고 덮여짐이 없음"(無有虧缺障蔽)이다.

양명은 이렇게 말하였다. "어린아이라도 그 부모를 사랑할 줄 모르는 사람이 없고 그 형을 공경할 줄 모르는 사람이 없는데 오직 이 마음의 영묘한 능력이 사사로운 욕망에 의하여 막히지 않고 제대로 다 확충되면 곧 완전해지고 완전히 그 본체가 되어 바로 하늘과 땅의 덕과 합치된다."[51] 이는 양지에 본체가 있고 작용이 있음을 말해준다. 어린아이의 사랑과 공경은 양지의 본체가 자연스럽게 표현된 것이지만 양지의 본체의 전부는 결코 아니다. 이렇게 발견한 양지를 한 걸음 더 나아가 확충하여 지극함에 이르게 되어야만 양지의 본체가 비로소 전부 드러날 수 있다. 물론 인생에서 양지를 확충하여 지극함에 이르게 하는 과정은 무한하다. '지극함에 이른다'(至極)고 하는 것은 양지가 드러남이고 바로 그러한 것이다. 무한하다고 말하는 것은 현실 속의 사람은 양지의 발현과 유행이 영원히

---

49) 「大學問」, "致者, 至也, 如云 '喪致乎哀'之'致'. 『易』言'知至至之', '知至'者, 知也; '至之'者, 致也. '致知'云者, 非若後儒所謂充廣其知識之謂也, 致吾心之良知焉耳."

50) 「大學問」, "吾良知之所知者無有虧缺障蔽, 而得以極其至矣."

51) 『傳習錄』 上, "孩提之童無不知愛其親, 無不知敬其兄, 只是這個靈能不爲私欲遮隔, 充拓得盡, 便完; 完是他本體, 便與天地合德."

지극함에 이를 수 없고 절대적으로 원만한 경지에 영원히 도달할 수 없음을 가리킨다. 성인은 언제나 최고의 도덕적이고 이상적이며 인격적인 존재이기 때문에 양명은 '양지'의 "두 글자는 사람마다 스스로 가지고 있기 때문에 비록 지극히 어리석은 하품이라도 언급하기만 하면 깨닫는다. 만약 그 지극함에 이르면 비록 성인이라도 천지에 유감이 없을 수 없기 때문에 이 두 글자는 궁겁함을 다할 수 없다고 말하는 것이다."[52]

한편으로는 양지의 본체의 지극히 선함, 절대성과 보편성은 사람들의 도덕적인 실천과 성현이 되려는 추구를 위하여 내재적인 근거와 근본적인 보장을 제공하였다. "사람들의 가슴속에는 각기 모두 성인을 지니고 있고"(人胸中各有個聖人) "사람마다 모두 요·순이 될 수 있다"(人人皆可成堯舜)는 도덕적인 통찰은 도덕적인 주체를 확립하고 도덕적인 이상에 대한 추구를 효과적으로 격려할 수 있다. 다른 한편으로는 양지의 본체가 현실적인 환경에서의 작용과 유행의 상대성, 구체성 및 '치양지' 과정의 무한성에 대하여 분명하게 인식함으로써 도덕적인 주체의 자아팽창, 난폭함 및 허무("情識而肆, 玄虛而蕩")를 방지한다. 바로 이러한 점을 감안하여 양명은 "실제로 하나하나 그것을 따라서 해 나가고" "어떤 광경으로 여기지"[53] 말 것을 간곡하게 타일렀다.

3) '치양지'는 '곧 내가 말한 지행합일이다'

'치양지'의 다른 한 가지 기본적인 의미는 양지에 의거하여 행동하는 것인데 양명은 이러한 측면의 의미를 더욱 강조하였고 이러한 측면으로부터 나아가야만 비로소 이전의 '지행합일'설과 결합시킬 수 있음을 주장하였다. 양명은 이렇게 말하였다. "그대가 가지고 있는 양지야말로 그대 자신의 준칙이 되는 것이다.

---

52) 「寄鄒謙之」, "兩字人人所自有, 故雖至愚下品, 一提便省覺. 若致其極, 雖聖人天地不能無憾, 故說此兩字窮劫不能盡."
53) 「年譜」 2, "實實落落依著他做去." "把作一種光景玩弄."

그대의 뜻이 생각하고 있는 일에 대하여 그것이 옳으면 곧 그것이 옳다고 알고 그것이 그르면 곧 그것이 그르다고 앎으로써 조금이라도 속일 수가 없다. 그대가 오직 그것을 속이려고 하지 않고 실제로 하나하나 그것을 따라해 나간다."[54] 여기서 양명은 양지가 옳고 그름을 아는 것이고 속일 수없는 것이며 인간의 도덕적인 준칙임을 주장하였다. '치양지'는 바로 "실제로 하나하나 그것을 따라해 나감"(實實落落依著他做去) 즉 양지에 의거하여 해나가는 것이다. 양명은 또 이렇게 말하였다. "양지라는 것은 이른바 '천하의 대본'이다. '치'는 양지를 따라 행하는 것이고 이른바 '천하의 달도'이다."[55] 이는 모두 양지의 이끎(指導)에 근거하여 행하여야만 비로소 '양지에 이르는 것'(致良知)이라 할 수 있음을 말한 것이고 양지의 앎을 일상적인 도덕실천 속에서 관철하고 실행하여야 함을 강조하였다. '치致'자는 '행行'자에 상당하고 '치양지'는 바로 '양지를 행하는 것'이며 양지에 의거하여 실행하는 것이다. "이는 또한 '행'이 '치양지'의 내재적인 요구이고 규정임을 설명한다." "'양지'가 바로 '지'이고 '치'에는 역행의 의미가 있기 때문에 양명은 '치양지'가 지행합일의 정신을 체현하였다고 말할 수 있다고 주장하였다."[56] 이는 양명학설의 전후 일관성을 보여 준 것이다. 다시 말하면 양지의 이끎에 근거하여야만 비로소 행을 '치양지'라 이를 수 있다는 것이다. 양지는 주재함이고 준칙이다. 양명의 「영량지시詠良知詩」의 1과 3에서는 이렇게 말하였다.

사람들은 누구나 마음속에 공자를 두고 있지만	個個人心有仲尼
보고 들어 배운 것들이 가리고 속여서 고생하였다	自將聞見苦遮迷
지금 너에게 너의 참된 얼굴을 알려 주는데	而今指與眞頭面

---

54) 『傳習錄』下, "爾那一點良知, 是爾自家底准則. 爾意念著處, 他是便知是, 非便知非, 更瞞他一些不得. 爾只不要欺他, 實實落落依著他做去."
55) 「書朱守乾卷」, "是良知也者, 是所謂天下之大本也. 致是良知而行, 則所謂天下之達道也."
56) 陳來, 『有無之境─王陽明哲學的精神』(人民出版社, 1991), 제181쪽, "這也說明'行'是致良知的一個內在的要求和規定" "正因爲'良知'爲知, '致'則有力'行之義, 所以陽明認爲致良知可以說體現了知行合一的精神. 故說致良知'卽吾所謂知行合一'."

바로 양지이니 더 이상 의심하지 마라	只是良知更莫疑
사람마다 타고난 나침반이 있고	人人自有定盤針
만 가지 변화의 근원은 언제나 마음에 달려 있다	萬化根源總在心
지난날의 생각들이 옳지 않았음을 웃는데	却笑從前顚倒見
이것저것 자잘한 것들을 마음 밖에서 찾았다	枝枝葉葉外頭尋

양명은 우리들의 양지를 일깨워 주고 "스스로 타고난 무한한 보물을 멀리 버려두고 남의 집 대문마다 구걸하며 거지들을 배워서는"(抛却自家無盡藏, 沿門持缽效貧兒) 안 됨을 주장하였다. 우리는 정신적인 기아가 아니고 반드시 내재적인 양지를 확립하여야 하는 동시에 양지의 앎을 일상적인 도덕실천 속에서 관철하고 실행하여야 한다.

'치양지'설은 간단하고 직접적일 뿐만 아니라 또한 내용이 풍부하고 양명의 전반적인 철학사상을 완벽하게 서술하였다. 이는 양명철학의 구축이 최종적으로 완성되었음을 의미한다.

4. '일체가 되는 인'(一體之仁)에 대한 생명적인 배려

1) 사상적인 근원

양명의 생명에 대한 관심과 생태적인 지혜는 송宋대의 유가에서 근원한다. 송宋의 유가는 선진 시기의 유가를 계승하였고 더욱 확대하고 발전시켰다. 장재는 맹사의 "마음을 나하면 본성을 알고 하늘을 알게 되는"(盡心, 知性, 知天) 사상을 발휘하였고 성인은 "천하의 만물이 모두 내가 아닌 것이 없다고 간주함"(視天下無一物非我)을 제기하였으며 사람이 만약 "마음을 크게 하면"(大其心) 바로 "천하의 만물을 체득할 수 있다"(能體天下之物). 그가 보기에 유가의 '대인大人'이야말로 세우면 자신을 세우고 남을 세워 주며, 이루면 자신을 이루고 사물을 이루어 주며, 알면 자신을 알고 남을 알고 사물을 알며, 사랑하면 자신을 사랑하고 남을 사랑하고 사물을 사랑한다. 「서명」에서 장재는 특히 '성을 다하는'(盡性) 혹은 '마음을 크게 하는' '대인'이 '천하의 만물을 체득할 수 있는' 경지에 대하여 이렇게 논하였다.

건을 아버지라 칭하고 곤을 어머니라 칭한다. 내 이 작은 몸이 혼합하여 천지의 중간에 있다. 그러므로 천지 사이에 가득한 것이 나의 형체가 되고 천지의 장수(이치)가 나의 본성을 이루었다. 백성들은 나의 동포이고 만물은 나와 함께 있다. 군주는 내 부모님의 장자이고 그 대신은 장자의 가신이다. 연세가 많은 사람을 공경하는 것은 나의 어른을 어른으로 섬기는 것이고 고아와 약한 자를 자애롭게 하는 것은 나의 어린이를 어린이로 사랑하는 것이다. 성현은 천지의 덕에 합치되고 현자는 다른 사람보다 뛰어나다. 무릇 천하의 병들어 노쇠하거나 불구자, 의지할 곳이 없는 사람과 홀아비, 과부는 모두 나의 가난하고 고통스러워도 어디 하소연할 곳조차 없는 사람들이다.…… 나 살아서 삶에 충실하고 나 죽어서 편히 쉬리라.[57]

천하는 본래 한 집안이고 천지는 바로 우리의 조상이고 부모이다. 천지의 '큰 부모'의 품속에서 뭇사람들과 만물은 더 이상 사람과 관련이 없는 고독한 외재자가 아니라 나와 혈연적으로 서로 연계되어 있는 일체이고 동포인 형제이며 나의 친절하고 가장 친한 벗이다. 그러므로 연세가 많은 사람을 공경하고 고아와 약한 자를 자애롭게 하며 병들어 노쇠하거나 불구자, 의지할 곳이 없는 사람과 홀아비, 과부 그리고 가난하고 고통스러워도 어디 하소연할 곳조차 없는 동포와 형제에 대하여 우리가 구원의 손길을 보내 주고 아끼며 구제하는 것은 우리가 마땅히 해야 할 책임이고 천지 부모에 대하여 직책과 효도를 다하는 것이다. 「서명」

---

57) 張載, 「西銘」, "乾稱父, 坤稱母, 予玆藐焉, 乃混然中處. 故天地之塞, 吾其體; 天地之帥, 吾其性. 民吾同胞, 物吾與也. 大君者, 吾父母宗子; 其大臣, 宗子之家相也. 尊高年, 所以長其長; 慈孤弱, 所以幼吾幼. 聖其合德, 賢其秀也. 凡天下疲癃殘疾, 煢獨鰥寡, 皆吾兄弟之顚連而無告者也.…… 存, 吾順事. 沒, 吾寧也."

에서 장재가 강조하였던 '인'··'의'··'충'·'효'의 '리'는 '천지의 성'(天地之性)을 근거로 한다. 그가 설명하였던 '하늘과 사람이 일체가 되고'(天人一體), '백성들은 나의 동포이고 만물은 나와 함께 있으며'(民吾同胞, 物吾與也) '인'··'의'··'충'··'효'의 인사人事를 다하는 것은 바로 하늘을 섬기는 경지이고 유가의 '대인'이 본성을 다하거나 '그 마음을 크게 한' 뒤 천하의 만물을 체득하고 '천하의 만물이 모두 내가 아닌 것이 없다고 간주하는' 고상한 경지이다. 장재는 평범한 사람이라도 범속한 생활세계에서 이러한 고명한 경지를 추구할 수 있다고 주장하였다.

정호程顥는 한 걸음 나아가 "인이라는 것은 천지만물을 한 몸으로 여기고"(仁者, 以天地萬物爲一體) "혼연히 만물과 더불어 동체가 되는 것"(渾然與物同體)이라는 사상을 제기하였다. 장재, 정호는 왕양명의 생명에 대한 관심과 생태적인 지혜의 직접적인 근원이다. 정호는 이렇게 말하였다. "의서에서는 손과 발의 마비를 불인으로 간주하는데 이 말이 (인을) 가장 잘 설명한다. 인이라는 것은 천지만물을 한 몸으로 여기니 어느 것이든 자기가 아닌 것이 없다. 자기로 인식할 수 있으면 어느 곳인들 이르지 못하겠는가? 만약 자기에게 속하지 않는다면 자연스럽게 자기와 아무 상관이 없게 된다. 마치 손과 발이 불인하여 기가 이미 관통하지 못하기 때문에 모두 자기에게 속하지 않는 것과 같다. 그러므로 '박시제중'은 바로 성인의 작용이다."[58] 정호의 '인'에 대한 논의에서 가장 유명한 것이 바로 "배우려는 자는 반드시 먼저 인을 인식하여야 한다. 인이라는 것은 혼연히 만물과 더불어 한 몸이 되는 것이다. 의·예·지·신은 모두 인이다."[59] 정호는 자신의 생명실천 속에서의 진실한 느낌과 깨달음, 구체적인 생활 속의 사례로부터 '만물과 일체가 되는' '인'임을 지적하였다. 정호의 이러한 '인'에 대한 진실한 설명에서 '인심仁心'의 약동, '인심仁心'의 감통은 만물로 하여금 '나'의 사지와 백체百體를 형성하게 하기 때문에 전지만물은

---

58) 『二程遺書』, 권제2상, "醫書言手足痿痺爲不仁, 此言最善名狀. 仁者, 以天地萬物爲一體, 莫非己也. 認得爲己, 何所不至? 若不有諸己, 自不與己相幹. 如手足不仁, 氣已不貫, 皆不屬己. 故博施濟衆, 乃聖之功用."
59) 위와 같음, "學者須先識仁. 仁者, 渾然與物同體. 義, 禮, 知, 信皆仁也."

'나'에게서 생명이 서로 이어지고 혈맥이 서로 연결되며 기운이 서로 통하는 하나의 큰 몸체가 되었다. 만약 '나'라는 사람이 '몸에 돌이켜 보아 성실하지'(反身而誠) 못하고 '인심仁心'이 '감통'하지 못하면 '나'라는 사람과 천지만물 사이는 '두 가지 사물이 대립하고 '자연스럽게 자기와 아무 상관이 없는' 일종의 분리 상태일 뿐이다. 이는 마치 사람의 손과 발에 혈기가 관통할 수 없어서 나타난 일종의 감각이 없고 아픔도 가려움도 모르는 마비증상과 마찬가지인데, 의서에서는 이러한 손과 발의 마비 증상을 '불인不仁'이라고 부른다. 따라서 정호는 "맥을 짚어 보면 인을 가장 잘 체득할 수 있다"[60]고 주장하였다. 정호에게 있어서 '인심仁心'의 약동, '인심仁心'의 감통, '인심仁心'의 일체는 멈출 수 없는(不容已) 감정이고 바로 인간의 "천지만물을 한 몸으로 여기는"(以天地萬物爲一體) 실천동력이고 힘이다. 또한 이러한 '인심仁心'의 약동을 도덕적인 실천의 진실한 원동력과 힘으로 간주하기 때문에 '천지만물을 일체로 여기는 것'은 결코 일종의 미적 '상상'이 아니고 단지 일종의 주체적인 마음속 경지인 것도 아니며 또한 일종의 신비로운 체험의 결과도 아니다. 그것은 존재론 상에서 본래 이와 같은 존재 상태이고 더욱이 인간의 도덕적인 실천에서 추구하는 이상과 목표이다.

「식인편識仁篇」에서 정호는 "인이라는 것이 혼연히 만물과 더불어 한 몸이 되는 것"(仁者渾然與物同體)임을 강조하는 동시에 "의·예·지·신이 모두 인"(義禮知信皆仁也)임을 주장하였다. 정호에게 있어서 '인심仁心'의 감통은 간극과 한계가 없이 천지만물로 미루어 나감으로써 '한 몸이 되는 인'(一體之仁)을 이룰 뿐만 아니라 인간의 구체적인 도덕실천 속에서 '인심仁心'이 직면한 것은 차서差序와 두꺼움과 얇음(厚薄)이 가지런하지 않고 선과 악, 시와 비, 허와 실이 섞여 있는 현실세계이다. 이것이 바로 현실적인 생활세계에서 진실한 존재의 자연적인 순서, 조리와 상황이기 때문에 '인심仁心'의 발동과 감통은 이러한 자연적인 순서, 조리와 상황을 따를 때 필연적으로 '의·예·지·신'으로 나타난다. 정호가 말하는 '인이라는 것이 혼연

---

60) 『二程遺書』, 권3, "切脈最可體仁."

히 만물과 더불어 한 몸이 된다'는 것에 사실상 이미 '의·예·지·신' 이러한 방향이 내재적으로 포함되어 있음을 알 수 있다. 이는 유가에서 '한 몸이 되는 인'(一體之仁)의 이상을 내세움과 동시에 또한 현실주의의 성격을 내재적으로 가지고 있음을 보여 준다.

2) 일체가 되는 '인'

양명은 '만물일체萬物一體'에 관하여 학생과 토론할 때 우선 "같은 한 가지 기운"(同此一氣)의 기초 위에서 천지만물이 일체임을 설명하였다. "바람과 비, 이슬과 우레, 해와 달, 별과 별자리, 새와 짐승, 풀과 나무, 산과 강, 흙과 돌은 모두 사람과 원래 일체이다. 그러므로 오곡이나 짐승의 부류로 모두 사람들을 양육할 수 있고 약이나 돌의 부류로 모두 사람의 병을 치료할 수 있는데 오직 같은 한 가지 기운으로 이루어졌기 때문에 서로 통할 수 있는 것이다."[61] 바람과 비, 이슬과 우레, 해와 달, 별과 별자리, 새와 짐승, 풀과 나무, 산과 강, 흙과 돌은 모두 기로 구성되었고 피차 사이의 기는 서로 통하고 서로 생겨나며 서로 길러 주고 원래 일체이다. 천지만물의 '같은 한 가지 기운'의 기초 위에서 양명은 천지우주 사이에 단지 하나의 영명함이 있음을 긍정하였다. "청하여 물었다. 선생이 말하였다. '네가 보기에 이 하늘과 땅 사이에서 무엇이 하늘과 땅의 마음이 되겠는가? 대답하였다. '일찍이 사람이 하늘과 땅의 마음이라고 들었습니다.' '사람은 또 무엇을 마음이라 부르는가?' '단지 사람의 영명함일 뿐입니다.' '하늘에 가득 차고 땅을 다 메우고 있는 그 사이에는 오직 이 영명함만 존재함을 알 수 있을 것이다. 사람은 오직 형체로 말미암아 그것으로부터 떨어져 있는 것이다. 그러나 나의 영명함은 바로 하늘과 땅과 귀신의 주재자이기도 하다. 하늘도 나의 영명함이 없으면 누가 그것을 높다고 우러르겠는가? 땅도 나의 영명함이 없으면 누가 그것을 깊다고 굽어보겠는

---

61) 『傳習錄』 下, "風雨露雷, 日月星辰, 禽獸草木, 山川土石, 與人原自一體. 故五穀禽獸之類, 皆可以養人; 藥石之類, 皆可以療疾: 只爲同此一氣, 故能相通耳."

가? 귀신도 나의 영명함이 없다면 누가 그것을 길흉과 화복을 내려 주는 것이라 분별하겠는가? 하늘과 땅이나 귀신과 만물도 나의 영명함을 떠나면 곧 하늘과 땅이나 귀신과 만물이 존재할 수 없게 된다. 나의 영명함도 하늘과 땅이나 귀신과 만물을 떠나서는 존재할 수 없게 된다. 이렇게 되면 곧 한 가지 기운으로 유통되는 것인데 어떻게 그것들 사이를 떼어놓을 수 있겠는가!"[62]

양명에게 있어서 양지는 바로 '영명함'(혹은 허령한 명각, 밝은 영각)이고 바로 이러한 '영명함'으로 천지와 우주 사이에 가치와 의미가 가득한 것이다. 또한 천지와 우주 사이의 이러한 '영명함'은 하늘에 속할 뿐만 아니라 사람에게도 속한다. 사람이 하늘과 땅의 마음, 만물의 영장이라 불리는 까닭은 바로 천지와 우주 사이에서 사람만이 이러한 '영명함'을 깨닫고 자신의 '양지'를 자각할 수 있기 때문이다. 따라서 자신의 '양지'를 깨닫는 사람은 천지만물이 본래 일체임을 자각할 뿐만 아니라 천지만물에 대하여 책임지려고 한다. 왕양명은 이렇게 말하였다.

대인이라면 천지만물을 일체라 여기는 자이고 천하를 한 집안같이 보며 중국을 한 사람같이 여긴다. 만약 형체가 다른 것을 두고 차별하여 너와 나를 나누는 것은 소인이다. 대인이 천지만물을 일체라 여길 수 있는 것은 의식적으로 그렇게 하는 것이 아니라 마음의 '안'이 본래 그러하여 천지만물과 하나가 되는 것이고 어찌 오직 대인만 그러하겠는가? 비록 소인의 마음이라고 할지라도 그렇지 않음이 없고 그들은 오히려 스스로 자신을 작게 만들고 있는 것이다. 그러므로 어린아이가 우물에 빠지려고 하는 것을 보면 반드시 놀라고 두려워하며 동정하고 가슴이 아픈 마음을 가지게 되는데 이는 그의 '안'이 어린아이와 더불어 한 몸이 되었기 때문이다. 어린아이는 그래도 같은 종류의 사람이고 새나 짐승들이 슬피 울고 두려워서 떨고 있는 것을 보면 반드시 동정하는 마음을 가지게 되는데 이는 그의

---

62) 『傳習錄』下, "請問. 先生曰: '你看這個天地中間, 什麼是天地的心?' 對曰: '嘗聞人是天地的心.' 曰: '人又什麼敎做心?' 對曰: '只是一個靈明.' 可知充天塞地中間, 只有這個靈明, 人只爲形體自間隔了. 我的靈明, 便是天地鬼神的主宰. 天沒有我的靈明, 誰去仰他高? 地沒有我的靈明, 誰去俯他深? 鬼神沒有我的靈明, 誰去辯他吉凶災祥? 天地鬼神萬物離卻我的靈明, 便沒有天地鬼神萬物了. 我的靈明離卻天地鬼神萬物, 亦沒有我的靈明. 如此, 便是一氣流通的, 如何與他間隔得!"

'안'이 새나 짐승들과 더불어 한 몸이 되었기 때문이다. 새나 짐승은 그래도 같은 지각이 있는 것이고 풀이나 나무가 꺾이고 부서진 것을 보면 반드시 안 되었다는 마음을 가지게 되는데 이는 그의 '안'이 풀이나 나무와 더불어 한 몸이 되었기 때문이다. 풀이나 나무나 풀은 그래도 같은 생기가 있는 것이고 기와나 돌이 깨진 것을 보면 반드시 아까운 마음을 가지게 되는데 이는 그의 '안'이 기와나 돌과 더불어 한 몸이 되었기 때문이다.[63]

양명의 뜻은 '안'의 덕이 있는 사람은 어린아이가 우물에 빠지려고 하는 것을 보면 반드시 두려워하고(놀라고 무서워하며) 측은해하는(동정하고 가엽게 여기는) 마음이 생겨나는데, 이는 그의 '안'의 마음이 아이와 더불어 한 몸으로 합쳐졌기 때문이라는 것이다. 물론 어린아이는 '대인'과 같은 부류이다. 하지만 부류가 다른 새나 짐승들이 슬피 울며 두려워하는 것(무서워서 부들부들 떠는 것)을 보아도 차마 하지 못하는 마음이 생겨나는데, 이는 그의 '안'의 마음이 새나 짐승과 더불어 한 몸으로 합쳐졌기 때문이다. 물론 새나 짐승은 사람과 마찬가지로 지각이 있다. 하지만 사람이 풀이나 나무가 꺾인 것을 보면 반드시 불쌍하게 여기는(불쌍하여 보살펴 주려는) 마음이 생겨나는데, 이는 그의 '안'의 마음이 풀이나 나무와 더불어 한 몸으로 합쳐졌기 때문이다. 물론 풀이나 나무는 생명이 있는 것이다. 하지만 사람이 기와나 돌이 깨져 있는 것을 보면 반드시 아까워하는 마음이 생겨나는데, 이는 그의 '안'의 마음이 기와나 돌과 더불어 한 몸으로 합쳐졌기 때문이다. 양명은 이렇게 말하였다. "이처럼 한 몸이 되는 인은 비록 소인의 마음이라 하더라도 반드시 지니고 있는 것이다. 그것이 바로 하늘이 명한 본성에 뿌리를 박고 자연스럽게 영묘하고 분명하게 드러나는 것이기 때문에 '명덕'이라 이르는 것이다."[64] 지각이 있는 동물이든,

---

63) 「大學問」, "大人者, 以天地萬物爲一體者也, 其視天下猶一家, 中國猶一人焉. 若夫間形骸而分爾我者, 小人矣. 大人之能以天地萬物爲一體也, 非意之也, 其心之仁本若是, 其與天地萬物而爲一也, 豈惟大人, 雖小人之心亦莫不然, 彼顧自小之耳. 是故見孺子之入井, 而必有怵惕惻隱之心焉, 是其仁之與孺子而爲一體也. 孺子猶同類者也, 見鳥獸之哀鳴觳觫, 而必有不忍之心焉, 是其仁之與鳥獸而爲一體也; 鳥獸猶有知覺者也, 見草木之摧折而必有憫恤之心焉, 是其仁之與草木而爲一體也; 草木猶有生意者也, 見瓦石之毀壞而必有顧惜之心焉, 是其仁之與瓦石而爲一體也."

생명이 있는 식물이든, 아니면 기와나 돌과 같은 부류의 생명이 없는 물체든 그것들이 파괴되거나 손상되었을 때 사람들마다 모두 마음으로부터 '차마 하지 못하는 마음'(不忍人之心), '불쌍하게 여기는 마음'(憐恤之心), '아까워하는 마음'(顧惜之心)이 생겨나고 또한 그것들을 자신의 몸의 한 부분을 간주하여 보호하고자 한다. 이로부터 사람이 가지고 있는 '인애'의 마음은 '사람을 사랑함'(愛人)으로부터 '사물을 사랑함'(愛物)으로 확충되고 나아가 사람과 천지만물을 유기적으로 결합시킴을 알 수 있다.

왕양명은 '밝은 덕을 밝히는 것'(明明德)이 천지만물이 한 몸이 되는 체를 세우는 것이고, '백성을 친근하게 함'(親民)은 천지만물이 한 몸이 되는 용에 통달하는 것이며, 나의 아버지와 친근한 것으로부터 남의 아버지에게 미치고 온 천하 사람들의 아버지에게 미침으로써 나의 '인'과 한 몸이 되는 것이라 주장하였다. 오륜의 확충으로부터 "산과 강, 귀신, 새와 짐승이나 풀과 나무에 이르기까지 모두 실로 그들과 친근함으로써 나와 한 몸이 되는 인에 도달하게 된 뒤에 나의 밝은 덕이 비로소 밝아지지 않음이 없어서 진실로 천지만물과 한 몸이 될 수 있는 것이다."[65] 반면에 지극한 선이 내 마음에 있음을 모르고 사사로운 지혜로써 마음 밖의 사물들을 생각하고 헤아리면서 옳고 그름을 어둡게 하고 지리멸렬의 상태가 되며 이욕에 마음이 미혹되어 거만하고 방자하면 천리가 없게 된다.

양명의 '천지만물이 한 몸이 된다'(天地萬物一體)는 사상은 선진先秦 유가와 송宋대 유가에서 비롯하였는데 특히 장재, 정호의 사상에서 근원하였다. 양명의 공헌은 천지만물이 모두 양지, 영명함 등 정신적으로 한 몸 안에 있고 모두 양지, 영명함을 가지고 있음을 특히 강조한 것에 있다. 이러한 의미에서 인류는 산과 강, 동물이나 식물보다 결코 높지 않고 산과 강, 새나 짐승, 풀과 나무, 기와나 돌 등에도 정신이 있고 가치가 있다. 양명은 사람과 만물이 한 몸이 되고 근원이 같은 깨달음을

---

64) 「大學問」, "是其一體之仁也, 雖小人之心必有之, 是乃根於天命之性, 而自然靈昭不昧者也, 是故謂之'明德'."

65) 「大學問」, "以至於山川鬼神鳥獸草木也, 莫不實有以親之, 以達吾一體之仁, 然後吾之明德始無不明, 而眞能以天地萬物爲一體矣."

강조하였다. 이렇게 사람만이 비로소 만물에 대하여 절절한 사랑과 관심을 유지할 수 있고 천지만물을 자신의 생명과 서로 밀접하게 연결되어 있는 것이라 간주한다. 이러한 가치근원에 대한 합의에 의거하여 유가의 생태윤리는 "천지의 조화를 범위로 하여도 지나치지 않고 만물을 곡진하게 이루어 남김이 없는"(範圍天地之化而不過, 曲成萬物而不遺) 생명공동체를 구축할 수 있고 우주의 생태체계를 사람과 만물이 공생하고 공존하는 생명의 고향이라 간주하였다.

3) 자연스러운 조리

위에서 살펴본 바와 같이 왕양명은 '천지만물이 한 몸이 되는 인'(天地萬物─體之仁)을 인식하였지만 또한 인류는 동·식물 등 만물을 취하여 쓸 수 있음을 주장하였다. 그렇다면 인간과 동·식물의 차이를 어떻게 보아야 하는 것인가? '사랑에 차등이 있음'(愛有差等)을 어떻게 해석할 것인가? '한 몸이 되는 인'도 친근함과 소원함, 두껍고 얇음, 멀고 가까운 구분이 있다는 것인가?

사람의 양지란 바로 풀과 나무나 기와나 돌의 양지와 같은 것이다. 만약 풀과 나무나 기와나 돌에 사람의 양지가 없다면 풀과 나무나 기와나 돌이 될 수 없을 것이다. 어찌 다만 풀과 나무나 기와나 돌만이 그러하겠는가. 하늘과 땅에도 사람의 양지가 없다면 또한 하늘과 땅이 될 수 없을 것이다. 천지만물과 사람은 원래 한 몸이고 그 중 감각기관으로써 가장 정묘한 곳이 바로 사람 마음의 한 가지 영묘하고 밝은 것이다. 바람과 비, 이슬과 우레, 해와 달, 별과 별자리, 새와 짐승, 풀과 나무, 산과 강, 흙과 돌은 모두 사람과 원래 한 몸이다. 그러므로 오곡이나 짐승의 부류로 모두 사람들을 양육할 수 있고 약이니 돌의 부류로 모두 사람의 병을 치료할 수 있는데 오직 같은 한 가지 기운으로 이루어졌기 때문에 서로 통할 수 있는 것이다.[66]

---

66) 『傳習錄』下, "人的良知, 就是草木瓦石的良知. 若草木瓦石無人的良知, 不可以爲草木瓦石矣. 豈惟草木瓦石爲然, 天地無人的良知, 亦不可爲天地矣. 蓋天地萬物與人原是一體, 其發竅之最精

여기서는 앞에서 강조하였던 바와 같이 천지만물에 모두 양지, 영명함 등의 정신적인 것이 있지만 생물권에서는 또 구별이 있음을 주장하였다. 사람은 오곡과 새와 짐승으로 길러질 수 있고 약이나 돌로 질병을 치료할 수 있다.

이에 학생이 이렇게 물었다. "대인과 사물이 한 몸이라고 하셨는데 어떻게 『대학』에서는 또 친한 것에는 두텁게 하고 먼 것에는 박하게 대하는 것을 말하였습니까?"(大人與物同體, 如何『大學』又說個厚薄?) 선생이 이렇게 답하였다.

다만 도리에 스스로 두텁고 박한 것이 있기 때문이다. 예를 들어 몸은 한 몸인데 손과 발을 가지고 머리와 눈을 지키는 것과 같은데 어찌 손과 발을 박하게만 대하려는 것인가? 그 도리가 바로 그렇게 되어 있는 것이다. 새와 짐승이나 풀과 나무는 다 같이 사랑해야 할 것이지만 풀과 나무를 가지고 새와 짐승을 기르면서도 또한 그대로 견디어 간다. 사람과 새나 짐승은 다 같이 사랑해야 할 것이지만 새와 짐승을 잡아서 부모를 봉양하고 제사상에 차리며 손님들을 대접하지만 마음은 또한 그대로 견디어 간다. 지극히 친한 사람과 행인은 다 같이 사랑해야 할 사람이지만 만약 한 그릇의 밥과 한 대접의 국이 있고 그것을 먹으면 살고 먹지 못하면 죽게 되는 양쪽 모두 원만할 수 없다면 차라리 지극히 친한 사람을 구해 주고 행인을 구해 주지 않지만 마음은 또한 그대로 견디어 간다. 이것은 도리가 마땅히 이러하여야 하기 때문이다. 나의 몸과 지극히 친한 사람에 대해서는 피차간의 두텁고 박함을 더욱 분별할 수 없게 된다. 그것은 백성을 사랑하고 사물을 사랑하는 정이 모두 여기로부터 나오기 때문이고 이런 정도 어기고 그대로 견딜 수 있다면 더더욱 그대로 견디어 내지 못할 것이란 없게 된다. 『대학』에서 말하는 두텁고 박함이란 바로 양지에 있어서 자연스러운 조리이고 그것은 뛰어넘을 수 없는데 이것을 곧 의로움이라 이른다. 이 조리를 따르는 것을 바로 예라 이르고 이 조리를 아는 것을 바로 지혜라 이르며 처음부터 끝까지 이 조리를 지키는 곳을 바로 믿음이라 이른다.[67]

處, 是人心一點靈明. 風雨露雷, 日月星辰, 禽獸草木, 山川土石, 與人原只一體, 故五穀禽獸之類, 皆可以養人; 藥石之類, 皆可以療疾. 只爲同此一氣, 故能相通耳."

67) 『傳習錄』下, "惟是道理, 自有厚薄. 比如身是一體, 把手足捍頭目, 豈是偏要薄手足, 其道理合如此. 禽獸與草木同是愛的, 把草木去養禽獸, 又忍得. 人與禽獸同是愛的, 宰禽獸以養親與供祭祀,

양명이 말하는 '양지에 있어서의 자연스러운 조리'(良知上的自然的條理)는 바로 '차등이 있는 사랑'(差等之愛)이고 친척을 친하게 하고(親親) 백성을 사랑하며(仁民) 물건을 아낌(愛物) 사이에는 차별이 있다. 양명은 사람이 손과 발로 머리와 눈을 보호함을 예로 들면서 결코 사람이 의식적으로 머리와 눈을 후하게 대하고 손과 발을 업신여기는 것이 아니라 손과 발이 이렇게 몸을 보호하는 일을 하기에 적합한 것이고 이는 손과 발의 본성이 결정한 것임을 설명하였다. 만약 반대로 비록 만물과 사람이 한 몸이라도 사람의 몸에 머리, 눈과 손, 발의 구분이 있는 것과 마찬가지로 만물과 한 몸을 이룸에도 마찬가지로 피차간의 두텁고 박함이 존재하는데 이는 도리가 자연스럽게 그러한 것이다. 만약 의식적으로 이러한 구분을 무시한다면 그것은 억지로 알지 못하는 것을 아는 것으로 여기고 억지로 어질지 않은 것을 어질다고 여기는 것인데 '성도誠道'와 '인도人道'에 위배됨이 있음이 분명하다. 양명은 심지어 하나의 극단적인 상황 혹은 사상의 실험을 구상하였다. 어떠한 극단적인 상황에서 마침 적은 양의 음식 즉 한 그릇의 밥과 한 대접의 국 밖에 없는데 누가 만약 이것을 얻는다면 살 수 있고 남과 함께 나누기에도 충분하지 않은, 양쪽 모두 원만할 수 없는 상황이라면 먼저 지극히 친한 사람을 구해 주는데 이는 도리가 마땅히 이러하여야 하기 때문이고 결코 아무도 이기적이라고 비난할 수 없다. 오히려 이렇게 하지 않으면 인간의 정에 위배됨이 있는 것이고 마음이 허위적이고 마비되었음을 설명하며 더욱이 이 마음을 확충하여 진정하게 백성을 사랑하고 물건을 아낄 수 없다. 이러한 극단적인 상황이 결코 반드시 존재하는 것이 아니지만 이를 통하여 드러내고자 하였던 '사랑에 차등이 있다'는 의미는 이처럼 진실하고 인간의 본성에 부합하며 바로 이러한 자연적인 순서에서 배양되고 확충되며 확대된 다함없는 사랑의 의미에는 허망하고 사실적인 근거가 없는 허구의

燕賓客, 心又忍得, 至親與路人同是愛的, 如簞食豆羹, 得則生, 不得則死, 不能兩全, 寧救至親, 不救路人, 心又忍得, 這是道理合該如此, 及至吾身與至親, 更不得分別彼此厚薄, 蓋以仁民愛物, 皆從此出; 此處可忍, 更無所不忍矣. 『大學』所謂厚薄, 是良知上自然的條理, 不可逾越, 此便謂之義; 順這個條理, 便謂之禮; 如此條理, 便謂之智; 終始是這條理, 便謂之信."

병폐가 절대로 없다.

사람과 만물은 비록 모두 하늘과 땅에서 생겨나지만 양자는 또한 구별되는 것이다. 맹자는 이렇게 말하였다. "군자가 물건에 대해서는 아끼기만 하고 인하지 않으며 백성에 대해서는 인하기만 하고 친하지 않다. 친척을 친하게 하고서 백성을 사랑하고 백성을 인하게 하고서 물건을 아낀다."[68] '인仁'은 인륜을 가리키고 자신을 미루어 남에게 이를 수 있다는 것인데 "내 노인을 노인으로 섬겨서 남의 노인에게까지 미치고 내 어린아이를 어린아이로 사랑해서 남의 어린아이에게까지 미치는"[69] 것과 같다. '애'는 물륜物倫을 가리키는데 사람과 사물이 한 몸이고 근원이 같음에 기초하여 사람으로부터 미루어 나간 것이다. 친척으로부터 타인에 이르고 다시 만물에 이르면서 사랑의 표현은 갈수록 소원해지는데 이는 결코 갈수록 중요하지 않다는 것이 아니라 구분하는 방식과 단계가 다르다는 것이다. 유가에서는 부동한 인륜의 성격에 근거하여 사랑에 대하여 부당한 정의를 내렸다. 경험세계의 매하나의 구체적인 사람은 직책이 다르고 베풀어 주는 사랑도 차등이 없을 수 없다. 사랑은 보편적인 것인데 '리일'과 같고 구체적인 사랑은 '분수'와 같다. 유가의 사랑은 보편적이면서 또한 구체적이다. 이른바 보편적이라는 것은 유가에서 누구든 지 막론하고 모두 모든 사람과 만물에 대하여 사랑하는 마음이 있어야 하고 측은해 하는 마음이 있어야 하며 도덕적인 감정이 있어야 함을 요구한다는 것이다. 이른바 구체적이라는 것은 유가에서 '인애'라는 보편적인 사랑을 실현함에 있어서 또한 절차가 있음을 말하는 것이다. 차등이 있게 사랑을 베푸는 것은 유가 '인애'의 이상적인 실천절차 혹은 과정이다. 인간은 하느님이 아니고 인간은 구체적인 역사의 인간이기 때문에 일정한 시·공간의 조건 하에서 사람과 만물에 대하여 보편적으로 사랑을 베풀도록 요구할 수 없다. 이는 현실적이지 않은 것이다. '아끼기만 하고 인하지 않음'(愛之而弗仁)의 의미는 매우 분명한데 만물에 대하여 사랑하는

---

68) 『孟子』, 「盡心上」, "君子之於物也, 愛之而弗仁; 於民也, 仁之而弗親. 親親而仁民, 仁民而愛物."
69) 『孟子』, 「梁惠王上」, "老吾老以及人之老, 幼吾幼以及人之幼."

태도를 가져야 하지만 결코 만물에 대하여 모두 사람의 '도'를 강조하는 것은 아니다. 인류, 물류는 구별과 대립이 있는 단계의 차이이다.

실제로 유가에서는 만물에 대하여 모두 사랑하는데 이는 만물이 각자 가지고 있는 가치로부터 이러한 사랑을 확정한 것이다. 각각의 만물에 내재된 가치는 모두 '하늘과 땅'이 부여한 것이고 인간 자신의 가치와 근원이 같기 때문이다. 유가에서 동물에 대한 사랑도 동물 자체의 생명가치로부터 출발한 것이다. 예를 들어 순자는 단계를 논의하면서 내재적인 가치의 높고 낮음으로 배열하였는데 지금의 말로 하면 무기물에서 유기물에 이르고 식물에서 동물에 이르며 동물에서 다시 인간에 이른다. 이러한 가치순서에서 동물이 인간과 가장 가깝고 부여받은 내재적인 가치도 인간을 제외하면 가장 높다. 짐승과 새, 포유동물에게는 비록 인간처럼 높은 지혜, 감정이 없지만 대신 그들에게는 일정한 지각이 있고 동일한 부류에 대하여 일정한 감정의식이 있는데 이는 기타 물건의 종류를 훨씬 초과하는 것이다. 맹자는 이렇게 말하였다. "물건이 똑같지 않음은 물건의 실정이다."[70] 만물의 내재적인 가치에는 매우 큰 차이가 있고 인간이 그들을 사랑하는 방식에도 다름이 있어야 하는 것이다.

동물이 풍부한 감각능력을 가지고 있기 때문에 유가에서는 동물에 대하여 많은 동정을 나타내었다. 『맹자』「양혜왕상」에서는 이렇게 말하고 있다. 제齊나라 선왕宣王이 소를 끌고 가서 죽여 그 피로 종鐘의 틈을 바르려고 하는 것을 보았다. 선왕은 소가 죽임을 당할 때 무서워서 벌벌 떨 것을 생각하자 '측은해하는 마음'(惻隱之心)이 생겨났는데 이것이 바로 맹자가 말하는 '인의 단서'(仁之端)이다. 동물이 고통을 겪음에 대한 '차마 하지 못함'(不忍)은 비록 사람에 대한 '차마 하지 못함'과 다르지만 양자는 결코 모순되지 않는다. 왜냐하면 사람이 고통을 겪음에 대한 '차마 하지 못함'이 있기 때문에 동물에 대한 '차마 하지 못함'이 자연스럽게 유발되기 때문인데, 이는 '인'한 마음의 자연스러운 확충이다. 사람에 대한 '차마 하지

---

70) 『孟子』, 「藤文公上」, "夫物之不齊, 物之情也."

못함'은 '백성을 사랑하는'(仁民) 표현이고, 동물에 대하여 '차마 하지 못함'은 '물건을 사랑하는'(愛物) 표현이다. 물론 자세하게 따져보면, 여기서 선왕의 소에 대한 동정에는 두 가지 함의가 포함되어 있다. 첫째, 사람은 세계에서 유일한 도덕적인 주체이고 살생은 결코 선한 행위가 아니며 사람이 동물의 고통을 보게 되면 반드시 내재적인 도덕적 반성을 일으키게 된다. 선왕의 '차마 하지 못하는' 마음 안에는 필연적으로 주체의 도덕적인 반성에 대한 내용이 포함된다. 둘째, 동물은 도구적 가치존재일 뿐만 아니라 자신의 내재적인 가치를 가지고 있고 고통을 느낄 수 있는 것은 동물 특유의 내재적인 가치의 표현이다. 선왕은 자신이 '양으로 소를 바꾸게 한 것'(以羊易牛)은 결코 인색함에서 그런 것이 아니다. 당시 소에 대한 태도는 결코 도구적 가치의 태도만이 아니고 동물이 고통스러워함을 차마 볼 수 없었던 '측은해 하는 마음'에 동물의 내재적인 생명가치에 대한 인정이 포함되어 있음을 보여 준다.

왕양명이 말하는 '자연스러운 조리'(自然的條理)는 맹자의 이러한 사상의 연장선 상에 있다. 지금 사람들의 견해에 근거하면 자연의 만물에 대하여 취하여 쓰는 것은 자연적인 선택의 결과이고 동물에 대한 사람의 사랑은 '차마 하지 못하는' 마음을 확충한 것이다. 양명의 '만물과 내가 한 몸이고 근원이 같다'(萬物與我 一體同源)는 관점은 유가의 생태윤리에 대한 기본적인 인식이다. 양명은 도구적 가치의 입장에서 생태자원을 취하여 쓰는 동시에 그것의 내재적인 가치를 소홀히 하지 않음을 주장하였다. "백성을 근본으로 하여 물건을 쓰는 것"(民本物用, 도구적 가치)과 '물건을 사랑하고'(愛物) "물건의 본성을 다하는 것"(盡物之性, 내재적인 가치)은 또한 유가의 물건을 대하는 '도'를 구성하였다.

4) 인간의 본성에 대한 반성

왕양명의 '치양지'의 가르침은 인간의 선한 본성과 양심을 불러일으키고 인간 욕망의 팽창을 억제하는 것이다. 인간의 사사로운 뜻과 작은 지혜, 권모와 술수는 인애와 동정하는 마음을 손상하였다. 양명은 인간 본성의 부정적인 면을 이렇게 제기하였다. "욕망에 의하여 움직이고 사사로움에 가려지며"(動於欲, 蔽於私) "물건을 손상시키고 같은 부류의 것들까지 해쳐서 하지 못할 것이 없게 되는데 심지어 골육 간에도 서로 해치는 짓을 하는 것은 한 몸이 되는 인이 없어졌기 때문이다."[71] 바로 양국영楊國榮이 말한 바와 같다. "사사로움의 핵심은 개체의 이익이다. 사사로운 욕구로부터 출발한다는 것은 이익의 계산을 주체 사이에서 교류하는 원칙으로 간주함을 의미한다. 왕양명이 보기에 이로부터 초래된 논리적인 결과는 바로 주체 사이의 상호 분리 내지는 배척과 충돌이었다."[72] 양명은 주체 사이의 감정의 소통 즉 '차마 하지 못하는' 마음을 자신으로부터 미루어 남에게 미칠 것을 강조하였다.

양명은 이렇게 말하였다. "사람들이 오직 지극한 선이 나의 마음에 있음을 알지 못하고 사사로운 지혜를 써서 밖으로부터 구함으로써 옳고 그름을 판단하는 원칙을 어둡게 하고 자기 멋대로 날뛰면서 분열하는 지경에 이르면 인욕이 방자해지고 천리가 사라져서 천하의 밝은 덕과 백성을 친근하게 하는 학문은 크게 혼란스러 워진다.…… 무릇 이것을 대인의 학문이라 일컫는다. 대인은 천지만물을 한 몸이라 여기는 것이다. 무릇 그렇게 된 뒤에야 천지만물과 한 몸이라 여길 수 있게 된다."[73] 양명은 대인의 학문을 발전시키고 사람들에게 마땅히 천지만물과 한 몸이 되는 경지에 대한 추구가 있어야 함을 강조하였다. 사사롭게 지혜를 쓰고 인간의 욕구가 넘쳐흐르면 필연적으로 타인과 자연의 만물을 해치게 되고 만물이 한 몸이 되는 생명의 고향을 파괴하게 된다. 앞에서 사랑의 두텁고 박함에 관한 왕양명의 논의를 인용하였는데 그가 유가의 '덕으로써 물건을 취함'(以德取物) 즉 취하여 씀에 사랑이

---

71) 「大學問」, "則將戕物圯類, 無所不爲, 其甚至有骨肉相殘者, 而一體之仁亡矣."
72) 楊國榮, 『心學之思: 王陽明哲學的闡釋』(生活・讀書・新知三聯書店, 1997), 제152쪽, "私的核 心是個體之利, 從私欲出發, 卽意味著以利益計較爲主體間交往的原則, 而在王陽明看來, 由此導 致的邏輯結果, 則是主體間的相互分離乃至排斥與沖突."
73) 「親民堂記」, "人惟不知至善之在吾心, 而用其私智以求之於外, 是以昧其是非之則, 至於橫鶩決 裂, 人欲肆而天理亡, 明德親民之學大亂於天下.……夫是之謂大人之學. 人人者, 以天地萬物爲一 體也. 夫然後能以天地萬物爲一體."

있고 질서가 있으며 절제가 있고 도가 있는 등의 생태윤리사상을 한 걸음 더 발전시키고 해석하였음을 볼 수 있다. 양명은 식물, 동물 내지 전반적인 자연계의 생존하고 발전하는 권리를 인정하였고 덕으로써 물건을 취하는 것은 바로 현대 생태윤리학의 중요한 이론적 기초이다. 인류사회의 지속적인 발전의 시각에서 보면 '덕으로써 물건을 취함'은 '물건을 취하여도 물건이 끝이 없는' 이상의 실현을 보장하였다. 중국의 유가, 도가, 불교의 여러 학파에서는 일찍이 자연자원은 제한적이지만 인류의 욕구는 무한함을 인식하였고 양자 사이의 모순을 해결하기 위하여 인류의 무제한적인 욕망을 절제하고 하늘과 사람의 덕을 합하며(天人合德) 대자연 자체가 가지고 있는 내재적인 가치를 인정하는 기초 위에 자연자원을 합리적으로 이용하고 지구에 대한 파괴적인 개발과 이용을 반대함으로써 인류의 끊임없이 낳고 낳음(生生不息)을 실현하여야 함을 주장하였다.

생태보호에 관한 양명의 관념은 하늘과 땅의 낳고 기르는 '도'를 따를 뿐만 아니라 인간의 본성과 물욕에 대하여 절제하려는 목적에서 비롯된 것이다. 인류가 만약 자신의 욕망을 절제하지 못하면 전적으로 자신의 이익에 근거하여 생태자원을 남용하고 자손 후대의 서식처를 지나치게 사용하여 반드시 자아의 본성을 잃게 되고 잘못된 길에 들어서게 된다. 왕양명의 '치양지'는 바로 '참된 정성과 남을 동정하는'(眞誠惻怛) 사랑하는 마음을 발휘하고 확충하며 실현함으로써 만물에 대응하고 만물이 각자 자신의 위치에 편안하고 각자 자신의 본성을 이루게 하였다. '치양지'에는 인간의 본성으로부터 자신에 대한 반성 그리고 인간의 탐욕, 소유욕 및 자연의 만물 자체의 권리와 가치에 대한 비존중 및 이로부터 생겨난 과도한 사용과 개발에 대한 반성이 포함된다.

양명학은 우리에게 일상생활에서 천지만물과 한 몸이 되는 '인'을 발하게 함으로써 노인을 공경하고 부모를 사랑하며 동·식물을 애호하고 생태환경을 보호하며 자연의 낭비를 철저히 막아야 함을 알려준다. 한 몸을 하게 되면 한 몸의 양지를 인식하게 되고, 한 몸의 양지를 인식하면 한 몸을 실천하여야 하는데, 이 도리는 매우 간단하다. 양명 심학은 지금 사람들이 도덕을 실천하고 스스로를 완벽해지게 할 용기를 줄 수 있다.

5. 양명학의 현대적 의의

　양명학의 현대적 의의는 사실상 양명학 자체의 특징에 의하여 결정된 것이다. 양명학 자체는 바로 자유롭고 활발하며 적극적이고 주동적이며 창의성이 매우 풍부하다. 양명학의 첫 번째 근본적인 특징은 바로 인간의 도덕적인 주체성 즉 도덕적인 자유를 강조한 것이다. 양명학은 우리에게 양지는 마음의 본체이고 지와 행의 본체임을 알려준다. 인간은 양지가 있고 끊임없이 양지를 발명하고 실천하여야 하며 인간의 정신적인 생명을 분발시켜야 한다. '치양지'는 학문수양의 영혼이고 첫째가는 원칙이다. 왕양명의 '치양지'는 바로 '참된 정성과 남을 동정하는'(眞誠惻怛) 사랑하는 마음을 발휘하고 확충하며 실현함으로써 만물에 대응하고 만물이 각자 자신의 위치에 편안하고 각자 자신의 본성을 이루게 하였다. '치양지'에는 인간의 본성으로부터 자신에 대한 반성 그리고 인간의 탐욕, 소유욕 및 자연의 만물 자체의 권리와 가치에 대한 비존중 및 이로부터 생겨난 과도한 사용과 개발에 대한 반성이 포함된다. 양명은 우리에게 하나의 도덕적인 인격상승의 통로를 제시하였고 인간의 본성 본래의 빛깔을 드러내 주었으며 인간 본성의 빛깔은 우리 자신을 비추어야 할 뿐만 아니라 심지어 타인도 밝게 비추어야 함을 강조하였다. 인간은 아래로 타락하여서는 안 되고 물욕에 가려져서도 안 되며 이화異化(catabolism)에 빠져 자신의 인간 본성을 부정해서는 안 된다. 이 점은 현대인의 냉담하고 공리적이며 세속적인 마음을 물러일으키고 사회의 배금주의, 향락주의, 허무주의에 반발하니 현새의 생태위기, 신앙위기, 도덕윤리의 위기를 구제할 수 있다.
　양명학의 두 번째 특징은 바로 '지행합일'이다. 여기서 '지'는 양지를 가리키는데 양명은 참된 지와 참된 행을 강조하였다. 지금 우리가 유학을 논하면 늘 이러한 문제에 맞닥뜨리게 된다. 어떤 사람은 당신이 말한 것은 모두 매우 훌륭하지만 자기는 그렇게 하지 못한다고 말한다. 양명학에서 말하는 지행합일은 바로 이런 문제를 겨냥한 것이다. 하지 못하는 것은 확실하게 이해하지 못하였기 때문이고 확실하게 이해하였다면 자연스럽게 해낼 수 있다. 양명학은 일상적인 생활 가운데서 예악과 형정刑政 사이에서 천지만물이 한 몸이 되는 '인'을 발하게 함으로써 노인을 공경하고 부모를 사랑하며 몸을 닦고 집을 가지런하게 하며 윤리와 직책을 다 하고 정치를 하며 일을 처리한다. 한 몫을 하게 되면 한 몫의 양지를 인식하게 되고, 한 몫의 양지를 인식하면 한 몫의 도리를 실천하여야 한다. 이 점은 사람들이 도덕을 실천하고 스스로를 완벽해지게 할 용기를 줄 수 있다.

양명의 직접적인 체험은 우리에게 정치의 '도'가 '명덕明德' '친민親民'에 있음을 일깨워 준다. 양명은 "대학의 도는 명덕을 밝히고 백성을 친하게 하며 지극한 선에 그치게 함에 있다"(大學之道, 在明明德, 在親民, 在止於至善)를 해석하면서 특히 명덕을 밝히는 기초 상에서 백성을 친하게 함을 강조하였다. 그는 우선 위정자들이 덕으로써 몸을 닦고 '인덕仁德'을 핵심적인 가치로 삼아 정치적인 정의를 이끌고 실현하여야 함을 강조하였다. 관덕官德은 일종의 직업도덕일 뿐만 아니라 정부사업에서 인간 양지의 직접적인 활용이다. 관리가 관덕을 논하지 않으면 바로 양지를 거스르는 것이다. 한 걸음 나아가 '친민'은 바로 백성을 근본으로 하고 백성을 혈연적인 가족으로 간주하며 백성들의 마음과 뜻을 존중하고 백성들의 질고를 헤아리는 것이다. 구체적인 정치실천에서 양명은 출중한 정치지혜로 사회의 교화, 다스림 및 구체적인 행정수단을 결합시키고 많은 다스리기 힘든 곳을 다스림으로써 백성이 정치를 혼란스럽게 하지 않고 사방이 모두 편안함을 실현하였다. 양명이 강조하는 관리의 '도'는 오늘날 인간의 수양을 강화하고 사회의 모순을 해결하며 정부의 기능을 전환함에 있어서 시사점이 크다.

양명은 진정으로 뛰어난 대가였고 생명의 지혜에 통달한 사람이었다. 그는 일생동안 덕을 세우고(立德) 공을 세우고(立功) 말을 세우는(立言) 측면에서 모두 탁월하고 비범하며 세계가 주목하는 성과를 이룩함으로써 후세에 의하여 '진정으로 영원히 없어지지 않는 세 가지'(眞三不朽)를 이룩하였다고 불린다. 그의 『전습록』은 함의가 매우 풍부한 저서이고 양명학은 방대하고 심오한 사상체계이다. 양명 및 양명 심학은 사백 년 이래 심원한 영향을 주었고 매우 강한 현실적 의미를 가지고 있다. 학문은 스스로 깨달음이 중요하고(學貴自得) 실제적인 일을 하면서 단련하며(事上磨練) 고본 『대학』을 내세우고 '성의誠意'를 강조하는 등의 중요한 사상은 모두 자세히 음미하고 이해할 필요가 있다. 주자학이 차례로 한 걸음씩 앞으로 나아갈 것을 강조함으로써 일반적인 사람이 주자를 배울 때 보다 쉽게 '도'에 들어갈 수 있다면, 양명학은 바로 본체를 깨달음을 강조하기 때문에 타고난 성질과 기량(根器)이 훌륭하고 선천적인 재능이 뛰어난 사람이 양명을 배우면 더욱 부합할 수 있다. 실제로 주자학과 양명학은 제각기 특성을 가지고 있고 주자와 양명의 차이는 다만 유학의 내부에서 서로 다른 학문방식이지 결코 우열과 높고 낮음의 구분이 있는 것이 아니다. 주자와 양명은 모두 매우 세밀한 공부를 주장하였는데, 주자는 세밀한 가운데 태산과 같이 근엄한 기상이고 양명은 세밀한 가운데 강, 바다와 같이 활달한 기상인데 당연히 서로 촉진하고 도와야 하는 것이다. 양명학의 전제는 주자학이고 주자와 북송오자北宋五子를 모르면 양명도 알지 못한다. 따라서 양명만을 읽고 주자를 읽지 않으면 빗나가기 쉽다. 물론 진정으로 양명을 이해하고 양명학을 이해하려면 가장 좋은 방법이 다 함께 양명의 저서들을 음미하면서 읽는 것보다 나은 것이 없다.

5장 중국의 관리지혜

중국 고대철학의 지혜는 동아시아 근대화의 과정에서 갈수록 거대한 작용을 발휘하였다. 중국의 관리 철학은 확실히 많은 측면에서 주목할 만하고 다시 발휘하고 창조할 만한 가치가 있다.

1. 관리의 일곱 글자 요결

중국 관리의 주요한 지혜와 기본적인 원칙에 있어서 특히 중요한 것은 바로 일곱 글자―'무無', '생生', '변變', '화和', '중中', '경敬', '군群'이다.

1) '무'의 지혜

여기서는 주요하게 도가의 "무위하지만 하지 않음이 없고"(無爲而無不爲) "무용의 용이 바로 대용"(無用之用乃爲大用)이라는 방법론을 가리키는데, 관리에서 소프트웨어를 강조하는 것이다. 리처드 파스칼(Richard Tanner Pascale)과 앤서니 아토스(Anthony G. Athos)가 다년간 미국 회사와 일본 회사에 대해 비교연구한 것에 근거하면, 미국과 일본 회사의 하드웨어적인 요소 즉 구조, 제도, 전략 측면에서는 모두 매우 유사하였지만, 주요한 차별은 일본회사가 소프트웨어적인 요소 즉 기교, 수법, 인원과 최고 목표를 각별히 중시하였다는 것에 있었다. 도가의 '도'는 공허하고 영묘하여 어둡지 않으며(虛靈不昧) '무용'의 '대용'이다. 기업정신, 기업철학, 기업가치관, 기업풍격, 기업응집력 등은 보기에는 결코 실제적인 쓸모가 없고 허무하며 추상적이지만 기업 관리의 유형하고 유용한 여러 측면에 침투됨으로써 이른바 "유가 이로울 수 있는 것은 무를 용으로 삼기 때문이다."[1] '실유(實有)'의 '용'은 유한한 '용'이고 '허무'의 '용'은 무한한 '용'이다. 관리에서 과학적이고 도구적인, 예를 들어 재무, 원가 혹은 계산적인 관리는 유한한 '용'이고 기업의 문화정신, 한 세대 사람들의 풍속을 배양하는 것은 무한한 '용'이다. 관리는 구조, 계획, 규정, 통제, 분공의 원칙을 제공할 뿐만 아니라 더욱 중요한 것은 개념, 가치, 신앙, 분위기, 문화이다. 따라서 성공한 기업은 모두 자체만의 독특한 가치신념을 형성하였고 일종의 응집력을 형성하였으며 직원들이 자각적으로 기업의 목표를 위하여 노력하게 할뿐더러 이러한 문화정신은 직원들에 의하여 대대로 전승된다. 이것이 바로 기업의 성공과 실패, 흥망성쇠의 근본이다.[2]

2) '생'의 원칙

'생(生)'의 원칙은 바로 창의성의 원칙이다. 『주역』 「계사전」에서는 이렇게 말하였다. "천지의 큰 덕을 생이라 하고"(天地之大德曰生) "낳고 낳음을 역이라 이른다"(生生之謂易). 중국철학에서는 '낳고 낳는 덕'을 숭상하였는데 바로 인간의 창의적인 정신을 천지, 건곤, 부모의 '크게 낳고'(大生) '넓게 낳는'(廣生) 덕에 배합시킴으로써 인간의 능력을 다하여 하늘의 본성을 크게 하였다. 중국의 '생을 존중하는'(尊生) 전통은 바로 창의적인 생명정신을 존중하고 발양하며 인간의 잠재력을 전면적으로 발휘하고 천지의 화육에 참여하며 이성적으로 적응하고 나아가 천지를 주재할 것을 강조하였다. 관리학에서 『주역』의 관리지혜는 바로 '스스로 힘씀에 쉬지 않고'(自强不息) '끊임없이 낳고 낳는'(生生不已)의 주체정신이고, "원元, 형亨, 이利, 정貞"의 변화하

---

1) 『老子』 제11장, "有之以爲利, 無之以爲用."
2) 唐亦男, 「道家無的智慧與現代企業」, 『法言』 雜誌 1992年 12月.

고 창조하는 객관적인 과정과 천지를 본받는 자연의 '도'를 결합시켰다. 이렇게 일방적으로 개척하고 창조하며 변하여 바뀜을 구하여 통할 것을 강조하는 것이 아니라 일정한 정도에서 자연에 순응한다는 의미를 포함하고 있다. 따라서 열림과 닫힘, 상법을 고수함과 변화에 대응함, 원칙성과 융통성, 창의성과 계승(창업과 이루어 낸 것을 지킴)의 변증법적인 통합이 바로 기업 관리의 고급 지혜이고 예술이다.

3) '변'의 원칙

'변變' 또한 일종의 '생生'이다. 하지만 '생'의 함의는 주요하게 '생명의 창조'(創生), '생육의 변화'(生化)이고, '변'의 함의는 주요하게 '변통變通', '알맞게 함'(制宜)이다. 『주역』은 사람들이 '변경變經'이라고 부르고, 『노자』의 오천여 자에서는 전체에서 변화의 '도'를 말하였으며, 『손자병법』의 전략, 책략 또한 시시각각 일어나는 온갖 변화에 대응하는 경전이다. 『주역』, 『노자』, 『손자병법』의 예측, 관리와 모략에 관한 학문은 자연, 인간사의 정·반 측면의 경험과 교훈을 종합하였고, 길흉, 화복, 궁달, 존망, 생사, 이해의 여러 관계에 대하여 파악함에 있어서 재빨리 피하는 최선의 모형과 변화에 대처하는 최선의 방법을 제공하였다. 음과 양, 부否와 태泰, 박剝과 복復, 손과 익, 혁革과 정鼎, 기제旣濟와 미제未濟 사이에서 조건의 변화에 근거하여 끊임없이 변화를 추구하는 계기를 찾는다. 이로부터 때와 장소, 사물과 자리에 알맞아야 한다는 요구를 제기하였다. 이른바 '알맞음'이란 주관적인 가치와 객관적인 실제가 적절하게 배합하는 것인데 관건은 관리 주체가 감통感通하고 화재化裁하는 공에 있다.

중국철학은 일종이 고급적인 변통의 지혜를 제공하였는데 이러한 지혜는 서양의 과학적 관리방법과 달리 근원적인 성격의 지혜 혹은 일종의 인문적 예지叡智를 가지고 있고 관리를 인간의 가치주체를 귀착점으로 하는 것이라 간주한다. 어떤 학자는 '도지道智' 혹은 '도술道術'이라 부름으로써 서양의 지적인 과학적 관리와 구별한다. 다른 한편, 『노자』, 『역경』, 『역전』, 『손자병법』에서 강·유, 정正·기奇,

명明·회晦 등등의 임기응변의 전략사상은 시장 마케팅, 가격전 등 측면에서 융통성이 있는 전술과 계략, 시장의 권모술수 등의 변증법적 지혜를 제공하였다. 시장이 전장과 마찬가지여서 군사 변증법을 시장에 적용할 수 있는 것이다.

4) '화'의 원칙

'화和'는 주요하게 '조화' 및 '다양성의 통일'을 가리킨다. 공자는 "조화를 추구하고 뇌동하지 않음"[3]을 말하였고, 유자는 "조화가 중요함"[4]을 말하였으며 사묵史墨(춘추 시기 晉나라의 대부)은 이렇게 말하였다. "조화에서 실제로 사물이 생육되고 뇌동하면 계속 이어지지 못한다. 다른 것을 가지고 다른 것과 화평하게 하는 것을 화라 이른다."[5] 『예기』에서는 이렇게 말하였다. "화라는 것은 천하의 공통된 도이다."[6] 중국철학에서 천, 지, 인, 물, 아 사이에 관한 '조화'사상, '관용'사상은 인류 자연환경의 생태균형과 인문환경의 생태균형에 예지를 제공하였고 사람들이 일방적으로 '투쟁철학'에 집착하는 부정적인 영향을 바로잡을 수 있을 뿐만 아니라 현대의 사회 관리와 기업 관리의 중요한 사상자원이다. 현대 관리에서는 사람과 자연, 사람과 사회, 사람과 사람, 사람과 사물, 사람과 내재적인 자아의 조화로운 관계를 강조하고 일종의 우주는 일체이고 보편적으로 조화를 이루는 전체적인 관념을 강조한다. 유교와 도가에서 예전부터 긍정하고 발휘한 "하늘과 땅은 나와 더불어 함께 생겨나고 만물은 나와 더불어 하나가 되며"[7] "백성은 나의 동포이고 만물은 나와 함께 있으며"[8] "인이라는 것은 천지만물을 한 몸으로 여기는"(仁者以天地萬物爲一體) 우주가족 사상 및 자기를 미루어 남에게 미치고(推己及人) 만물을 적시고

---

3) 『論語』, 「子路」, "和而不同."
4) 『論語』, 「學而」, "和爲貴."
5) 『國語』, 「鄭語」, "和實生物, 同則不繼, 以他平他謂之和."
6) 『禮記』, 「中庸」, "和也者, 天下之達道也."
7) 『莊子』, 「齊物論」, "天地與我並生, 而萬物與我爲一."
8) 張載, 「西銘」, "民吾同胞, 物吾與也."

은혜가 만물에 미치게 하는(潤物及物) 의식은 미래사회에서 갈수록 중요한 작용을 발휘하고 기업 사이 및 기업 내부의 인간관계의 처리 내지는 기업 수익의 창출에 중요한 의의를 지니고 있다.

5) '중'의 원칙

'중中'은 '중도中道'를 가리키고 지나침도 없고 모자람도 없는 것이며 '화'와 약간 다름이 있다. '화'는 서로 다른 인재, 의견을 수용하고 일종의 생태적인 관계를 유지할 것을 강조하지만, '중'은 일을 처리함에 있어서 장악하여야 하는 '절節'과 '도度'를 가리킨다. '중용'은 다만 일상적인(平常) 도리이고 일상적인 생활 속에서 '도'를 보아낸다. '상중尙中', '집중執中'의 관리전략은 '지나침'(過)과 '모자람'(不及)의 두 끝에 대하여 동적인 통일을 지키는 것이고 여러 가지 힘과 이익을 혼합하여 조절하고 서로 보충하여 대소, 강약, 주소, 질서, 고하, 질속, 동정 사이에서 탄력을 유지하며 일종의 리듬감을 가지고 있는데 참으로 출중한 관리미학이다.

6) '경'의 원칙

여기서는 인재에 대한 존중과 직업정신을 가리킨다. 엄격하게 말하면 중국철학에서는 '인仁', '성誠', '충忠', '신信', '경敬', '공恭'의 범주를 구분한다. 송宋대 진순陳淳의 『북계자의北溪字義』에서는 이에 대하여 적지 않게 해명하였는데 여기서는 개괄적으로 말하고자 한다. 현대 기업의 경영방법은 정상적인 시장경제 질서의 제약 하에서 이루어지는 일종의 건강하고 효과적인 경쟁이어야지 절대 위조품이 천하를 갈라놓는 것이 아니다. 근본적으로 인재를 영입하고 사용하고 대하는 측면, 내부 직원들의 직업정신 측면, 제품의 질에 대한 신용 측면 즉 안과 밖에 대하여 마땅히 성실하고 신용을 지키며 속임이 없는 태도를 취하여야 한다. 맡은 바 직책에 충실하고 부지런하고 빈틈없으며 공동체 의식, 진정한 주인의 태도와 책임의식은 기업윤리 혹은 사업윤리의 건설로서 현대 기업 관리에서 가장 중요한 전제임은 의심할 바 없다. 어떤 사람은 유가의 윤리는 체계적인 통합을 유지하는 가치만 강조하고 목표를 달성하는 가치는 중시하지 않기에 경쟁과 효율에 불리하다고 주장한다. 이러한 견해는 일방적이다. 장기적인 배경으로부터 볼 때 동양의 현대화와 서양의 현대화는 다르다. 바로 동양의 문화정신이 사업윤리 속에 축적되어 있기에 개인주의를 동력으로 삼지 않고 부동한 사람들의 이익을 중시하는 동시에 부지런하고 화목하며 일에 전념하고 여럿이 모여서 즐기며 서로 협조하고 공동체에 대한 충성, 헌신, 책임을 더욱 긍정한다. 다른 한편, 관리자는 여러 인재, 여러 계층의 직원에 대하여 그들의 덕德, 위位, 녹祿, 용用이 서로 어울리게 하고 각자 본성을 따르고(各逐其性) 제각기 자신의 재능을 나타내게 하여 불평의 감정이 생김에 이르지 않게 하는 것 또한 유가에서 천하를 태평하게 다스리는 하나의 중요한 원칙이다. 이는 현대사회와 기업 관리에서도 매우 중요한 하나의 현실적인 문제이다.

오늘날 세계 각지의 판매상들은 모두 하나의 새로운 경영방법 즉 창의력으로 고객의 기대를 초월하는 방법을 발견하였다. 제품이 고객의 기대를 초월하는 것은 고객을 확보하고 충성도를 높이는 가장 효과적인 방법이다. 만족스러웠던 고객들은 종종 재방문하게 되고 기업을 위하여 공짜로 홍보까지 해 준다. 고객을 위한 서비스는 제품의 질 다음으로 기업이 전력투구하여야 할 목표로 간주되었다. 고객에 대한 서비스의 품질을 개선하고 고객의 이익으로부터 출발하여 고객이 만족하게 하는 것은 사실상 기업의 관리에서 가장 중요한 원칙이다. 이 밖에 마케팅에서 솔직하고 성실하게 대하는 규칙이 생겨났다. 자신의 제품이 사람들의 마음속에 깊이 침투하도록 하는 가장 효과적인 방법이 먼저 자신의 부족을 인정하는 것이다. 왜냐하면 잠재적인 고객들은 당신이 자신의 단점을 인정할 때 비로소 당신의 장점을 발견할 수 있기 때문이다. 이는 모두 '성誠', '경敬'의 원칙에 대한 활용이라 할 수 있다.

7) '군'의 원칙

여기서는 공동체의 본위, 협력 정신을 가리킨다. 현재 현대화 과정에서 개체와 총체의 통합과 상호 작용의 원칙을 다시 제정할 것이 요구된다. 전통적인 예치禮治사회에는 공동체의 가치를 중시하고 개체와 공동체의 이익, 의지, 관계를 조화시키는 일련의 방법이 있다. 그것의 부정적인 측면은 바로 개체의 독립성이 종종 사회 공동체의 윤리질서 속에 파묻히는 것이다. 개체를 원점 혹은 세포로 하는 시장경제의 생활 질서 속에서 전통사회와 비교할 때 현대사회의 거대한 발전이 바로 개체성의 확립이다. 다시 말하면 개체의 생존권리, 사유재산, 경제적 권익, 정치권리, 교육권리, 인격독립과 존엄 및 도덕가치의 실현권리는 박탈할 수도 없고 양도할 수도 없으며 법률적인 보장과 여론의 보장을 받는데, 이는 질서 있는 현대 사회생활의 관건이다. 이러한 기초 위에 시장경제에 적합한 전반적인 사회질서와 공공이익을 재건하고 공평한 경쟁을 보장하며 다른 사람 및 전반적인 사회의 권익실현을 인정하고 긍정하며 사회의 공정, 정의 등의 도덕원칙을 재건하고 개체와 총체의 관계, '의'와 '리'의 관계를 조절하는 것은 현대 관리의 중요한 부분이다. 동아시아 현대화의 성공적인 경험 중의 하나가 바로 전통적인 문화자원에 근거하여 '노勞'와 '자資', '민民'과 '관官', '사私'와 '공公', 개체 혹은 가족의 기업권익과 정부의 행정공정行政工程, 개인주의 동력과 공동체 의식의 신념 그리고 국가와 사회에 대한 충성 사이의 관계를 조절하는 것이다. 이는 분명 현실적인 의의를 가지고 있고 서양의 일부 '현대병'을 극복할 수 있다.

중국철학이 현대의 관리학에 여러 측면의 지혜를 제공하였는데 그 핵심은 바로 사람을 기업 최대의 자산 혹은 진정한 자원으로 삼는 것이다. 사람이야말로 사업, 기업의 성공과 실패를 결정하는 관건이고 사업, 기업의 경쟁은 바로 사람의 경쟁이며 관리는 바로 사람의 요소를 충분하게 동원하고 사람의 자원을 충분하게 개별하며 사람의 적극성과 창의성을 충분하게 발휘하고 사람과 사람 사이의 여러 가지 관계를 충분하게 조절하는 것이다. 인문학적인 관리는 순수 과학적인 관리보다 더욱 심오한 가치가 있고 양자는 마땅히 서로 돕고 서로 보완하여야 한다.

2. '음과 양이 서로 보충하고' '만물이 일체가 되는' 관리모식

아래에 중국 관리학의 근본적인 방법을 살펴본다. 근본적인 방법의 시각에서 중국 관리 지혜의 전체적인 관점, 유기적인 체계관점, 동적인 균형관점 등을 강조하고자 한다. 중국철학에서는 세계를 개방되고 융합된, 서로 받아들이고 유기적으로 연결된 총체로 인식하였다. 중국의 관리학도 관리의 대상을 고립되고 정지되며 변하지 않고 움직이지 않는 혹은 기계적으로 배열된 것으로 간주하지 않았다.

1) '음과 양이 서로 보충하고' '오행이 상생하고 상극하는' 관리모식

중국의 선현들은 '음과 양이 서로 보충하는' 방식으로 사물 사이의 기본적인 관계―두 가지 힘이 서로 기다리고 서로 의존하며 서로 제약하고 서로 보완하며 서로 연계되고 서로 존재하는 조건을 표현하였다. 『주역』「계사상전」에서는 이렇게 제기하였다. "한 번 음이 되고 한 번 양이 되는 것을 도라 이르고"(一陰一陽之謂道) "음과 양의 헤아릴 수 없음을 신이라 이른다"(陰陽不測之謂神). 이는 사물이 운동하고 변화하는 원리는 음과 양의 두 가지 세력 사이의 상호 제약, 보충, 조절, 작용임을 보여 준다. 음과 양이 서로 영향을 주고 줄어들고 자라나며 가득차고 텅 비는 것(消息盈虛)은 사물의 연관과 관계의 객관성과 과정성을 표현하였다. 일반적으로 말하면 양은 긍정적이고 현실적인 힘을 대표하고, 음은 부정적이고 잠재적인 힘을 대표한다. 음과 양은 서로 조화를 이루고 협조한다. 음과 양이 서로 작용하여 표현해 낸 것이 일종의 우주질서이다. 송대의 과학자 심괄(沈括)은 이렇게 제기하였다. "음과 양이 서로 뒤섞여서 변화를 낳고" "음과 양의 덕을 합쳐 만물을 화생한다."[9] 자연, 사회, 인간의 생명 등의 모든 현상에는 서로 의지하고 서로 기다리며 대립되고 통일되는 음과 양의 두 가지 세력, 활동, 에너지 혹은 정보가 아닌 것이 없고 그들의 상호 작용은 사물에 여러 가지 변화를 발생하게 하고 만사만물이 형성되고 존재하며 발전하는 내재적인 원인이자 내재적인 근거이다. 자연의 '도', 인간사의 '리', 생명의 법칙은 바로 음과 양 두 가지의 통합이고 화합이며 서로 촉진하고 제약하며 서로 극복하고 전환한다. 어떠한 한쪽이라도 일방적으로 이기면 '서로 통하고 혼합하여 조화를 이룰'(交通成和) 수 없고 '음과 양이 크게 변화하는'(陰陽大化) 질서를 잃게 된다. 음과 양이 조화를 잃게 되면 문제가 발생하게 되고 "만물이 생길"(物生焉) 수 없다. 따라서 사람들은 "음과 양을 조화시킴에"(燮理陰陽) 능숙하여야 하는데 바로 사물의 가장 근본적인 연관과 관계를 조화하고 다스리는 것이다.

"오행의 상생 및 상극"(五行生克)의 관계 또한 전반적이고 체계적인 관리지혜를 표현하였다. 오행은 수, 화, 목, 금, 토의 성격을 가지고 있는 다섯 가지 기(다섯 가지 물질, 힘, 능력, 활용)의 활동과 기능을 가리킨다. 피차 사이는 서로 돕고 서로 이루어 주며 서로 촉진하고 서로 전환하며 서로 억제하는 원리 및 음양, 사시, 만물의 성장과 수집과 관계된다. 왕조의 교체, 정치의 다스림으로 부연되면 여러 가지 역량 사이의 상호 균형, 제약을 강조하고 인간의 몸에 활용되면 다섯 가지 기(五氣), 다섯 장기(五臟)의 상생과 상극, 조화와 균형을 강조하며 이로써 생리와 병리, 정신적인 심리 등을 해석한다. 이는 사물 사이의 유한한 직접적인 관계와 무한한 간접적인 관계와 관련된다.

음양오행의 학설은 주요하게 세계가 살아 숨 쉬고 변화함을 설명하는 데 쓰이는데, 자연계, 인류사회, 인간의 몸의 현실적인 존재와 미래의 추세는 드러남 혹은 감춤, 긍정 혹은 부정, 형태가 모두 다른 부동한 물질, 요소, 움직임의 자세(動勢), 에너지의 상호 작용에 의하여 결정된 것이다. 또한 여러 가지 요소, 힘 특히 내재적인 정·반의 움직임에 따라 저쪽이 사라지면 이쪽이 자라나며 변화한다. 이 관점은 사물 안팎의 힘, 기능의 차이성, 다양성, 유동성 및 물질, 에너지, 정보의 상생과

---

9) 『夢溪筆談』, 권5, "陰陽相錯而生變化." "陰陽合德, 化生萬物者也."

상극의 동적인 질서를 긍정하였고 전환의 계기를 포착하였으며 과정과 미래를 예측하여 사물이 좋은 방향을 향하여 발전하도록 촉진한다. 음양오행의 학설은 또한 인간사의 조리와 자연적인 질서의 상호 연관과 상호 감응을 매우 강조한다. 예를 들어 중의학에서는 인간의 몸에서 각 경맥經脈과 낙맥絡脈, 각 폐장肺腸을 하나의 서로 연관되는 전체로 간주할 뿐만 아니라 인간과 자연도 하나의 서로 연관되는 전체로 간주하였다. 다섯 장기 사이 또한 서로 상생하고 상극하는 관계이고 어느 한쪽이 일방적으로 왕성하면 다른 한쪽의 쇠락을 일으키게 된다. 이 장기의 병이지만 문제는 다른 장기에 있을 수 있는 것이다. 따라서 머리가 아프면 머리를 치료하고 발이 아프면 발을 치료함을 반대하였다. 이 또한 사회 관리와 기업 관리에 일정한 계발을 준다.

2) ‘만물은 일체이고’ ‘삼재의 도’는 전체적이고 체계적인 관념이다

중국의 고전철학에서는 천, 지, 인, 물, 아가 각자 독립되고 서로 대치하는 관계가 아니라 피차간에 서로 불가분의 연관이 있음을 주장하였다. 모두 다 같이 하나의 생기로 넘치는 생명의 큰 흐름 속에 처하여 있다는 것이다. 중국의 철학자들은 우주와 인생을 관찰함에 있어서 일종의 ‘통관統觀’, ‘회통會通’의 방식을 견지하였는데, 즉 천, 지, 인, 물, 몸과 마음 모두 부동한 체계 혹은 ‘장場’ 안에 처하여 있음에 착안하여 여러 체계, 요소의 내, 외가 서로 의존하고 밀접하게 연관되어 있음을 긍정하였다. 사람의 소우주는 하나의 유기적으로 연결된 총체이고 세계의 대우주도 하나의 유기적으로 연결된 총체이다. 고대철학에서는 ‘통체統體’, ‘일체一體’ 혹은 ‘도’, ‘일’, ‘태극’, ‘대전大全’, ‘태화太和’ 등으로 이러한 총체를 나타내었다.

『역경』과 『역전』에서는 우주를 전반적으로 원만하고 광대하고 조화로우며 방통旁通하고 통괄하는 존재로 간주하였다. “『역』의 책은 광대하고 모두 갖추었다. 천도가 있고 인도가 있으며 지도가 있다. 삼재를 겸하여 두 번 거듭하기 때문에 여섯이 된다. 여섯은 다름 아닌 삼재의 도이다.”[10] 여기서는 『주역』이라는 책이 방대하고 일체를 망라함을 말하였다. 천상天象의 규율도 있고 인간사의 '리'도 있으며 지리의 법칙도 있고 천, 지, 인의 삼재를 총괄하여 반복하여 일어나기 때문에 매 괘에는 여섯 개의 효가 있다. 여섯 개의 효는 다른 것이 아니라 바로 삼재의 규율이다. '천, 지, 인 삼재의 도'(天地人三才之道)는 여러 가지 사물 사이의 복잡한 연계와 제약 관계를 여러 차원의 서로 제약하는 천도, 지도, 인도의 세 가지 큰 측면 혹은 체계로 귀납하였다.

'천도', '지도', '인도'의 사상, '천', '지', '인' 삼재의 사상은 모두 창조된 생명 정신이 하늘 위, 땅 아래, 사람들 사이에 관통하는 것이라 여긴다. '천도'(건도, 건원)는 우주에서 가장 강건剛健하고 창의적인 것이고, '지도'(곤도, 곤원)는 우주에서 가장 유순하고 승계적인(承接性) 것이다. 『역전』과 『중용』에서는 사람이 하늘과 땅 사이에 있고 하늘의 창조성과 땅의 연속성을 겸비하고 있으며 천지의 변화와 생장에 참여, 찬조贊助, 배합, 협조함으로써 나아가 천지와 더불어 정립하여 셋이 된다. 사람은 천지 사이의 중추이다. 폭넓고 심후한 천지의 도는 만물을 생육함에 도를 헤아릴 수 없다. 사람은 천지의 정신을 학습하고 모방하고 빛내며 인간의 본성과 만물의 본성을 최대한 발휘함으로써 다른 사람과 사물이 각자 자신의 자리에 안정되고 각자 본성을 이루게 한다. 『순자』와 『예기』「예운」에서는 모두 인간이 하늘과 땅 사이 물건의 종류 가운데서 생명이 있고 지각이 있으며 도덕이 있는 존재이고 우주에서 가장 높은 위치에 있고 천지의 '덕'과 천지의 마음임을 긍정하였다.

노자가 말하였다. "그러므로 도도 크고 하늘도 크고 사람 또한 크다. 세상에는 네 가지 큰 것이 있는데 그 중에서 사람이 첫째를 차지한다. 사람은 땅을 본받고, 땅은 하늘을 본받으며, 하늘은 도를 본받고, 도는 자연을 본받는다."11) '도', '천',

---

10) 『周易』, 「繫辭下傳」, "『易』之爲書也, 廣大悉備. 有天道焉, 有人道焉, 有地道焉. 兼三才而兩之, 故六. 六者非它也, 三才之道也."

11) 『老子』 제25장, "故道大, 天大, 地大, 人亦大. 域中有四大, 而人居其一焉. 人法地, 地法天, 天法道, 道法自然."

'지', '인'은 우주의 네 가지 위대한 존재이다. 사람은 땅을 법칙으로 삼고, 땅은 하늘을 법칙으로 삼으며, 하늘은 도를 법칙으로 삼고, 도는 자체의 모습을 법칙으로 삼는다. 다시 말하면 인간은 각자의 구체적인 실정에 맞게 적절한 대책을 세워야 하는데, 땅을 씀에 있어서 천시의 변화에 근거하여야 하고, 변화에는 자연계에 존재하는 법칙성이 있다. '도'는 천지, 자연의 가장 근본적인 법칙이고 전반적인 과정이며 천, 지, 인의 세 가지 체계를 통섭한다.

중국화된 불교종파 화엄종의 철학에서는 구슬 빛이 서로 비추어 빛나고 무궁無窮을 중첩重疊시켜 우주의 만사만물 피차 사이의 서로 원만하고 서로 포함하며 무궁무진한 연관을 비유하였다. 또한 모든 사물과 현상은 모두 고립적으로 존재할 수 없다고 주장하였다. 현상과 현상, 현상과 본질, 전체와 부분, 일一과 다多, 동일함과 차이점, 생성과 훼멸 사이에는 여러 가지로 뒤엉켜 복잡한 관계가 있는데 서로 의지하고 서로 원인과 결과가 되며 서로 두루 퍼져 서로 돕고(互遍相資) 서로 기다려 포함되며(相待互涵) 상즉상입相卽相入하고 무한함이 얽히고설켜(重重無盡) 원융무애圓融無碍하다. 세계를 무한하고 풍부한 세계로 간주하였고 부동한 단계의 상대적인 가치체계를 융섭融攝하는 절대적인 가치체계로 간주하였다. 하나의 무한하고 조화로운 존재에서 주체와 객체 또한 서로 의지하고 서로 관련되어 있는 것이다.

3. '변하고 움직여 한곳에 거하지 않고' '사물이 극에 달하면 반드시 되돌아오게 된다'는 과정에 대한 관리

1) '변하고 움직여 한곳에 거하지 않고' '낳고 낳음을 쉬지 않다'

중국철학에서 변화, 발전의 관점은 가장 보편적인 관점이다. 공자는 일찍이 밤낮으로 쉬지 않고 흐르는 강물로 세계가 온통 끊임없이 흐름을 형용하였다.

"공자가 냇가에 서서 말하였다. '가는 것이 이와 같구나! 밤낮을 가리지 않는구나.'"[12) 노자는 이렇게 말하였다. "회오리바람은 아침 한때를 마칠 수 없고 소나기는 하루 종일 마칠 수 없다. 누가 이렇게 만드는 것인가? 하늘과 땅이다. 하늘과 땅에서도 오래갈 수 없는데 하물며 사람이겠는가!"[13) 하늘과 땅의 세력이라도 회오리바람이 아침 내내 불어칠 수 없고 소나기도 하루 종일 쏟아질 수 없음을 말한 것인데, 모든 사물은 모두 잠시 머무르고 쉽게 가 버리며 우주는 끝이 없이 되풀이하는 과정임을 알 수 있다. 장자는 만물의 끊임없이 낳고 낳음이 마치 말이 질주하는 것과 같다고 말하였다. 모든 사물의 운동, 변화와 발전은 없는 곳이 없고 없는 때가 없는 것이다. 모든 것은 변동과 전환 속에 있으며 변화는 보편적이고 마지막이 없다.

『시경』에는 "천명은 일정하지 않도다"(天命靡常)라는 시구가 있다. 사묵은 이렇게 말하였다. "사직은 항상 받들 수 없고 군주와 신하는 항상 그 지위를 누리는 것이 아닌데 자고로 그러하였다."[14) 이는 하늘의 명령은 끊임없이 변화하고 사직社稷에는 고정된 주인이 없으며 군주와 신하의 조리 또한 고정적인 것이 아니라는 것이다. 여기서 '미상靡常', '무상無常'은 모두 항상성을 부정하는 방식으로 변하여 바뀐다는 의미를 표현한 것이다. 『주역』의 '역'자 자체에도 변하여 바뀐다는 의미가 있다. 『손자병법』에서도 "고정된 형세가 없고"(無常勢) "고정된 형태가 없으며"(無常形) "항상 이기는 것이 없고"(無常勝) "항상 제자리에 있지 않는다"(無常位)로써 발전하고 변화하는 사상을 표현하였다.

우주의 운동과 변화를 가장 상세하고 세밀하게 연구한 것이 『역전』이다. 『역전』에서는 모든 사물은 모두 대화化의 유행 중에 있고 전체 우주는 하나의 '변하고 움직여 한곳에 거하지 않고'(變動不居) '낳고 낳음에 쉬지 않는'(生生不息) 큰 과정이라 주장한다. 『역전』에서 변화는 하나의 근본적인 사실이고 하늘에서는 상象이 되고

---

12) 『論語』, 「子罕」, "子在川上曰: '逝者如斯夫! 不舍晝夜.'"
13) 『老子』 제23장, "飄風不終朝, 驟雨不終日. 孰爲此者? 天地. 天地尙不能久, 而況於人乎!"
14) 『左傳』, 소공 32년, "社稷無常奉, 君臣無常位, 自古以然."

땅에서는 형形이 되며 이러한 형상으로부터 변화의 영원함을 알 수 있다. 사물의 운동과 변화의 근원은 바로 음과 양의 상호 대립과 통일이다. "한 번 음이 되고 한 번 양이 되는 것을 도라 이르고 계속하는 것이 선이고 갖추어져 있는 것이 성이다."[15] 여기서 '도'는 음과 양의 두 가지 기의 동적인 통일이고 만사만물이 운동하는 과정 혹은 궤적이다. '계'는 계속하여 멈춤이 없다는 뜻이고 여기서는 인도가 천도를 계승하여 자연스럽게 선이 있음을 가리킨다. 인간의 본성은 바로 천도에 의거하여 사업을 성취하는 것이다. 『역전』에서는 음과 양의 두 가지 기의 대립과 교감을 우주의 만물이 운동, 변화하는 근원과 규칙으로 간주하였다. 『역전』에서 천지음양의 도가 만물을 생육하였음을 말하였는데 이는 얼마나 위대한 품격인 가! 『주역』 「계사상전」에서는 또 이렇게 말하였다. "풍부하게 소유하는 것을 대업이라 이르고 날로 새로워지는 것을 성덕이라 이르며 낳고 낳음을 역이라 이른다."[16] 천지가 만물을 창조하고 만물의 생, 장, 장, 노를 촉진하는데 이는 거대한 업적이다. 날마다 새로운 발전이 있음을 숭고한 품성이라 부르고 끊임없이 화생化生하는 것을 '역'이라 부른다. 여기서는 자연이 만물을 화육하고 신진대사가 그치지 않는 상태를 찬양하였다.

중국의 철학자들은 자연의 만물은 변화의 흐름 속에 있지 않음이 없고 한순간도 멈춤이 없으며, 변하여 바뀌는 자체에는 따를 수 있는 고정된 공식 같은 것이 없고 변화의 본질은 창조이며, 우주는 하나의 낳고 낳음에 그침이 없고 날마다 새로워짐에 끝이 없는 과정으로서 모든 것은 창조, 발전하고 있다고 주장하였다. 『역전』에서는 『주역』에서 말하는 도리는 수시로 변화, 이동하고 정지된 것이 아니라 보편적으로 유동하며 일상(常態), 요강(綱要), 공식 혹은 원칙(敎條)에 구애되거나 견지하지 않고 단지 그것의 변화에 적용한다. 『역전』에서는 또 '건乾'의 양과 '곤坤'의 음의 기가 한 번 열리고 한 번 닫히는 것을 변화라 부르고 변화의 왕래에 끝마침이

---

15) 『周易』, 「繫辭上傳」, "一陰一陽之謂道, 繼之者善也, 成之者性也."
16) 『周易』, 「繫辭上傳」, "富有之謂大業, 日新之謂盛德, 生生之謂易."

없는 것을 통달通達이라 한다. 음과 양의 세력이 서로 제약함은 변화에 있고 변화의 이치를 따라 밀고 나가는 것은 통달에 있다. "궁하면 변하고 변하면 통하고 통하면 오래간다."(窮則變, 變則通, 通則久) 『주역』의 도리는 곤경에 처하면 개혁하고 개혁하면 통하게 되고 통하게 되면 오래 멀리 갈 수 있다. 변화와 통달은 시대, 시세, 현실의 수요에 적응하는 것이다. 이는 바로 천지자연이 쉬지 않고 유행함을 본받아 인간사의 '도'도 실제로부터 출발하여 시대의 조류에 순응하여 시대와 함께 나아가야 한다는 것이다.

2) '동과 정이 서로 포함하고' '변과 상은 두 가지가 아니다'

중국철학은 흔히 '동動'과 '정靜', '변變'과 '상常'으로써 구체적인 사물의 운동과 법칙을 표현한다. 일반적으로 말하면 '동'과 '정'은 절대적인 운동과 상대적인 정지 사이의 관계를 가리키고, '변'과 '상'은 운동과 법칙의 관계를 가리킨다. 노자는 모든 사물이 모두 변화하지만 맨 마지막에는 뿌리로 돌아감을 말하였는데 이것이 바로 '정'이고 '명을 회복하는 것'(復命)이라고도 한다. 순환하고 왕복하는 것은 '상'이라고 하고 상'을 인식하는 것을 '명明'이라고 한다. '상'을 인식하지 못하면 경거망동하게 되고 결과는 반드시 길하지 않다.

중국의 고대철학에서 '동'과 '정'은 우선 사물이 존재하는 두 가지 상태 즉 변동하는 상태와 정지된 상태를 가리킨다. 순자는 '동'과 '정'이 동시에 존재하는 것이라 주장하였다. 『역전』에는 '움직임과 고요함에 일정한 법칙이 있다'(動靜有常)는 말이 있는데, 바로 사물의 변동과 정지에 내재적인 법칙성이 있다는 것이다. 위진魏晉 시기 현학자 왕필은 『노자』와 『주역』을 주식하였는데 '동'이 '정'을 근본으로 함을 강조하였다. 그는 '동'이 '정'에서 일어나고 또한 다시 '정'으로 돌아감을 주장하였다. 곽상은 『장자』주를 지었는데 변화의 보편성을 긍정하고 하늘과 땅, 크고 작은 산은 모두 낡은 것을 버리고 새 것을 추구하며 오늘의 나는 결코 어제의 나가 아니고 모든 것은 변화하고 나아감(推移)을 제기하였다. 동진東晉 시기의 승려 승조僧

肇(384~414)도 '동' 중에 '정'이 있고 '정' 중에 '동'이 있으며 '동'과 '정'은 서로 떨어지지 않는다는 관점을 제기하였다. 송명宋明 시기의 리학자들은 운동과 정지는 서로 침투되고 서로 일체가 되는 것이며, '동' 중에 '정'이 있고 '정' 중에 '동'이 있으며, '동'이 극에 달하여 '정'이 되고 '정'이 극에 달하여 '동'이 되며, 한 번 '동'하고 한 번 '정'하는 것이 서로 그 뿌리가 됨을 주장하였다. '동'과 '정' 사에는 서로 포함하고 서로 갈라놓을 수 없다. 이것이 바로 변화의 근거이고 또한 운동의 신축성이다.

중국의 철학자는 대부분 변화가 실재하고 우주는 하나의 강물과 같은 큰 흐름이며 만물은 모두 변하고 움직여 한곳에 거하지 않음을 긍정하였다. 동시에 많은 사상가들은 또 변화는 문란紊亂한 것이 아니라 조리가 있음을 주장하였다. 변화 속에 변하지 않는 것, 오래도록 지속되는 것이 있는데 그것을 '상常'이라 부른다. '상'은 변화 속에서 변하지 않는 의義이고 변하지 않는 법칙이며 변화 자체도 하나의 '상'이다. 중국의 철학자들은 변화 속의 '상'을 긍정하였을 뿐만 아니라 변화와 '상' 사이의 변증법적 관계도 논의하였다. 왕부지王夫之(1619~1692)는 '상'이 '일一'이고 '만萬'으로 변함을 제기하였다. "상은 일이지만 만으로 변하고, 상은 만이지만 그 일을 고치지 못한다." "변하지만 그 상을 잃지 않는다." "상 또한 변화 속에 있다."[17] '상'과 '변'도 서로 의존하고 서로 침투됨을 알 수 있다. 왕부지는 "상으로써 변화를 다스리고"(以常治變) "상을 잡고 변화를 맞이함"(執常以迎變)을 강조하였다. 사물의 변화는 보편적으로 존재하고 영원한 것이다. 변화 속에는 변하지 않는 법칙(常則)이 있다. 변화의 법칙을 파악하는 것은 매우 중요하다. 법칙은 운동, 변화 속에 있으며 운동과 변화를 떠난 상칙은 없다. 상칙도 사물의 운동과 변화에 따라 변화할 수 있기 때문에 원칙적인 방식으로 상칙을 고집해서는 안 된다. 변화와 상칙은 변증법적 관계이다.

---

17) 『周易外傳』, "常一而變萬, 常萬而未改其一." "變而不失其常." "常亦在變之中."

3) '차근차근 쌓으면 드러나게 되고' '드러남으로 한미함을 나타내다'

중국의 선민先民들은 변화하는 과정에 양적인 축적과 질적인 비약의 관계가 있음을 주목하였다. 일상생활 속의 일부 성구, 예를 들어 '새털도 쌓이면 배를 가라앉히고'(積羽沉舟), '말채찍만 다 던져도 강물의 흐름을 막을 수 있으며'(投鞭斷流), '물이 모여 연못이 되고'(積水成淵), '흙을 모아 산이 되며'(積土成山), '쌓는 공도 한 삼태기의 흙으로 이지러진다'(功虧一簣) 등등은 모두 양과 질이 서로 변한다는 관점을 포함하고 있다.

노자는 이렇게 말하였다. "천하의 어려운 일은 반드시 쉬운 것으로부터 시작하고 천하의 큰일은 반드시 작은 일에서부터 시작한다."[18] "한 아름 크기의 나무도 터럭처럼 작은 것으로부터 생겨난 것이고, 9층의 누대도 흙이 쌓여서 생겨난 것이며, 천 리의 길도 발아래에서부터 시작되는 것이다."[19] 여기서 '쉬움'과 '어려움', '작은 것'과 '큰 것', '터럭'과 '한 아름 크기의 나무', '흙의 쌓임'과 '9층의 누대', '발아래'와 '천리'는 모두 '점점'(漸)으로부터 '드러남'(著)에 이르고 양적인 변화로부터 질적인 변화에 이르는 것이다. 순자도 "한미한 것이 모이면 드러난다"(積微者著)는 관점을 제기하였다. 그는 이렇게 말하였다. "작은 것들이 쌓이면 커지고 한미한 것이 모이면 드러난다."[20] "절반짜리 걸음이 쌓이지 않으면 천 리에 이를 수 없고 작은 흐름이 모이지 않으면 강과 하천이 될 수 없다."[21] "흙이 쌓여 산이 되고 물이 모여 바다가 되며 아침과 저녁이 쌓이면 한 해가 된다."[22] 한비도 일이 커지기 전에 미리 막아야 한다(防微杜漸)는 관점을 제기하였다. 그는 이렇게 말하였다. "천 길 둑도 개미구멍으로 무너지고 백 척의 고대광실도 굴뚝 틈의 불씨로 타 버린다."[23]

---

18) 『老子』 제63장, "天下難事, 必作於易; 天下大事, 必作於細."
19) 『老子』 제64장, "合抱之木, 生於毫末, 九層之台, 起於累土, 千裏之行, 始於足下."
20) 『荀子』, 「大略」, "盡小者大, 積微者著."
21) 『荀子』, 「勸學」, "故不積跬步, 無以至千裏; 不積小流, 無以成江海."
22) 『荀子』, 「儒效」, "積土而爲山, 積水而爲海, 旦暮積謂之歲."
23) 『韓非子』, 「喩老」, "千丈之堤以螻蟻之穴潰, 百尺之室以突隙之煙焚."

이러한 것들은 모두 양적인 변화로부터 질적인 변화를 일으킨다는 관점에 관한 것이고, 또한 모두 양적인 변화가 어떻게 질적인 변화로 이어지는지의 문제에 주목하였다. 특히 한비의 일이 커지기 전에 미리 막아야 한다는 "천 리 둑도 개미구멍으로 무너진다"(千里之堤, 潰於蟻穴)는 관점은 양적인 변화가 질적인 변화를 일으킴에 관한 격언이다.

4) '사물이 극에 달하면 반드시 되돌아오게 되고' '낡은 것을 제거하고 새것을 확립하다'

"평탄하면서도 비탈지지 않은 것은 없고 가면 돌아오지 않는 것이 없다."[24] 평평하여 변하지 않음이 없는 것이 비탈길이고 밖으로 나간 자는 돌아오지 않음이 없다. 여기서는 어떤 사물의 발전이든지 자체의 반대적인 측면을 향하거나 혹은 원래의 상태로 되돌아오는 것이 필연적임을 제기하였다. 『시경』의 "높은 언덕도 골짜기가 되고 깊은 골짜기도 구릉이 된다"(高岸爲谷, 深谷爲陵)에서도 사물이 자체와 반대되는 측면을 향하는 것이 보편적임을 표현하였다. 사물의 발전이 자신과 반대되는 측면을 향하여 귀속됨에 대하여 가장 많이 제기하였던 사람이 노자이다. 예를 들어 사물이 성장하면 노화를 향하게 되고, 정상적인 것이 비정상으로 변할 수 있고 선량함이 요망한 것으로 변할 수 있으며, 완벽함을 요구함은 하지 않는 것보다 못하고, 날카롭고 예리함은 오래도록 유지되기 어렵, 재물과 보배가 방에 가득하지만 누가 지켜 낼 수 있고, 교만하고 사치스럽고 음란하면 스스로 재앙을 찾게 되고, 성공하면 바로 은퇴하는 것이 하늘의 법칙이라는 것 등등이다. 요컨대 자연으로부터 인생에 이르고 역사로부터 현실에 이르기까지 어떠한 사물이든지 자신의 반대 측면을 향하여 운동하지 않음이 없다는 것이다. 노자는 많은 자연, 사회, 역사현상으로부터 만사만물의 근본적인 법칙 즉 "되돌아감이 도의

---

24) 『周易』, 「泰卦」, "無平不陂, 無往不復."

운동임"[25]을 개괄하였다. 서로 반대되는 방향을 향하여 변화하는 것이 바로 '도'의 운동이다.

왕충王充은 흥망과 성쇠로써 양자가 서로 전환함을 표현하였다. "번성하면 반드시 쇠약해짐이 있고 흥성하면 반드시 쇠퇴함이 있다."[26] 현학자 왕필은 더욱 직접적으로 "사물이 극에 달하면 반드시 되돌아오게 된다"(物極則反)는 주장으로 발전에 대한 관점을 표현하였다. 전환의 한계를 '극極'이라 부른다. 그는 이렇게 말하였다. "무릇 사물이 극에 달하면 반드시 되돌아오게 된다."[27] 또한 『역전』의 사상을 발휘하여 이렇게 말하였다. "무릇 만물은 궁하면 변할 것을 생각하고 곤궁하면 통할 것을 도모한다."[28]

위의 논의는 주요하게 두 가지 측면의 함의를 나타내고 있다. 첫째, 어떤 사물의 발전이든지 모두 자신과 반대되는 측면을 향한다. 둘째, 어떤 사물의 발전이든지 자신의 원래 출발점을 향하는 방식을 통하여 실현한다. 사물의 변화가 일정한 단계에 이르면 형식상에서는 출발점으로 되돌아간 것이지만 실제로는 생과 사, 시작과 끝의 변화를 겪은 것으로 새로운 사물이 되었거나 혹은 많은 새로운 함의, 새로운 요소를 포함한 것이다.

'혁革'과 '정鼎'은 『주역』의 두 괘명이다. "혁은 옛것을 버림이고 정은 새것을 취함이다."[29] '혁고革故'는 옛 폐단을 버림이다. 왕조의 설립은 반드시 '정鼎'을 세워 새로운 권력을 상징하였기 때문에 '정'은 반드시 새것을 취함이다. '혁고정신革故鼎新'은 바로 낡은 것을 제거하고 새것을 건립한다는 의미인데, 특히 사물이 스스로 낡은 것, 묵은 것을 버리고 스스로 새로운 것을 구하는 것을 가리킨다. 이는 바로 중국 변증법의 자아부정, 자아발전의 상징이다. '혁고정신'은 중국 변증법의 부정론이다.

---

25) 『老子』 제40장, "反者道之動."
26) 『論衡』, 「治期」, "昌必有衰, 興必有廢."
27) 『周易註』, 「大畜」, "凡物極則反."
28) 『周易註』, 「困」, "凡物, 窮則思變, 困則謀通."
29) 『周易』, 「雜卦傳」, "革, 去故也. 鼎, 取新也."

중국 철학자들은 늘 '인因'과 '혁革'의 관계 문제를 논의하였다. '인'은 바로 그대로 따르고 답습하며 계승한다는 것이고, '혁'은 바로 새롭게 바뀌고 변혁한다는 것이다. 서한西漢 시기 양웅揚雄은 '인과 '혁'의 부동한 작용 및 상호 관계에 대하여 변증법적으로 설명하였다. "도에는 그대로 따름이 있고 개혁하여 변화함이 있다. 그대로 따라서 도와 신명을 통하고 개혁하여 변화해서 시기에 적합하게 한다. 그러므로 그대로 따르면서도 개혁할 수 있어야 하늘의 도를 비로소 얻게 되고 개혁하면서도 그대로 따를 수 있어서 하늘의 도가 비로소 순종한다."[30] 자연의 '도'에는 그대로 따름이 있고 변화가 있다. '혁'은 바로 시간에 서로 적합한 변화이다. 하늘의 '도'가 중정中正의 '도'인 것은 거기에 그대로 따르면서도 개혁하고 개혁하면서도 그대로 따르는 두 가지 측면이 포함되어 있기 때문이다. 그가 보기에 하늘의 '도'에는 그대로 따름도 있고 개혁함도 있으며 또한 만물에서도 그대로 따름이 있고 개혁함이 있다. "물은 그대로 따르지 않으면 생겨나지 못하고 개혁하지 않으면 이루어지지 못한다. 그러므로 그대로 따를 줄만 알고 개혁할 줄을 모르면 물은 그 법칙을 잃고 개혁할 줄만 알고 그대로 따를 줄 모르면 물은 그 고름을 잃는다. 개혁함에 시기가 아니면 물이 터전을 잃고 그대로 따름을 이치에 맞게 하지 않으면 물이 그 기강을 잃는다."[31] 이는 바로 천지와 만물의 발전이 모두 긍정과 부정, 계승과 변혁의 통일이고 어느 한쪽에 치우치면 발전의 바른 '도'가 아님을 말하는 것이다. 변혁은 반드시 적절하여야 하고 시기를 잘 파악하여야 하며 계승은 구애되고 고수하는 것과 같지 않다. '인과 '혁' 사이에는 갈라놓을 수 없는 연관이 존재한다.

북송 시기의 왕안석王安石은 이렇게 말하였다. "삼십 년이 한 세대이면 그대로 따르는 바가 있고 반드시 개혁이 있다. 개혁의 요점은 중을 잃지 않는 것일 뿐이다."[32] 그가 보기에 세대와 세대 사이에는 계승하는 관계가 있을 뿐만 아니라 변혁하는

---

30) 『太玄』, 「玄螢」, "夫道有因有循, 有革有化. 因而循之, 與道神之; 革而化之, 與時宜之. 故因而能革, 天道乃得, 革而能因, 天道乃馴."

31) 위와 같음, "夫物不因不生, 不革不成. 故知因不知革, 物失其則; 知革不知因, 物失其均. 革之非時, 物失其基; 因之非理, 物喪其紀."

32) 『周官新義』의 부록 『考工記』 卷上, "三十年爲一世, 則其所因, 必有革. 革之要, 不失中而已."

관계도 있다. '인'과 '혁' 사이에서 '중'을 잘 지켜야 하고 '도度'를 잘 파악하여야 한다. 이러한 중도中道는 바로 '인'과 '혁'의 변증법적 통일이다. 그는 "한 세대에는 반드시 개혁이 있고 개혁은 한 세대만 하는 것이 아니다"(世必有革, 革不必世)라는 주장을 명확하게 제기하였고, '혁'이란 바로 하는 바가 있어야 하는 것임을 강조하였다. 왕부지는 '인'과 '혁'이 사회의 발전 속에서 동시에 작용을 발휘한다고 주장하였다. 덮어놓고 그대로 따르기만 하고 변혁하지 않으면 구차하게 안일함을 탐내는 것이고 다스리는 자는 화근을 남겨둘 수 있다. 하지만 만약 덮어놓고 변혁하기만 하고 따르지 않으면 혁신하기도 전에 혼란이 개혁을 따라 일어나게 될 것이다. 그는 '인'과 '혁' 사이에는 정해진 법칙이 없고 고정된 공식이 없기에 변증법적으로 처리하여야 함을 주장하였다. 왕안석과 왕부지에게는 모두 낡은 것을 없애고 개혁하며 시세의 흐름을 따라 새롭게 바꾸려는 의식이 매우 강하였지만 또한 변혁의 '시기'(時)와 '인'과 '혁'의 '정도'(度)를 신중하게 파악하여야 함을 주장하였다.

'혁고정신'은 또한 사물 발전의 전진성前進性과 곡절성曲折性이 서로 통일되는 사상을 보여 주었다. 한편으로 이른바 "낳고 낳음에 쉬지 않고"(生生不息) "대화가 유행하며"(大化流行) "날로 새로워지는 것을 성덕이라 한다"(日新之謂盛德) 등은 모두 사물이 발전하는 추세의 전진성에 대하여 말한 것이다. 다른 한편으로 군자는 동시에 "편안하되 위태함을 잊지 않고, 보존하되 망할 것을 잊지 않으며, 다스리되 어지러워짐을 잊지 않는다"[33]. 사람들은 시시각각 서로 반대되는 가능성을 경계하여야 하는데, 편안할 때도 위기를 생각하고 반복성과 곡절성에 주의하여야 하며 사물이 좋은 방향으로 발전하고 개척하도록 적극 추진하여야 한다. "화는 복이 의지하는 바이고 복에는 화가 잠복되어 있다."[34] 일정한 조건 하에서 나쁜 물건이 좋은 결과를 이끌어 낼 수 있고 좋은 물건도 나쁜 결과를 이끌어 낼 수 있다. 발전도 리듬감을 유지하여야 하는데 "한 번 긴장하고 한 번 이완하면 문무의

---

33) 『周易』, 「繫辭下傳」, "安而不忘危, 存而不忘亡, 治而不忘亂."
34) 『老子』 제58장, "禍兮福之所倚, 福兮禍之所伏."

도이다"[35]. 이러한 파도식의 전진 혹은 나선형의 상승운동은 바로 사물 발전의 전진성과 곡절성의 통일이다.

4. '기습과 정공은 서로 생성하고' '조화를 추구하고 뇌동하지 않는' 경영전략

1) '적을 알고 나를 알며' '기습과 정공은 서로 생성한다'

손무는 군사를 쓰는(用兵) '도'에 입각하여 "적을 알고 나를 알면 백번 싸워도 위태롭지 않다"(知彼知己, 百戰不殆)는 전제 하에서 일련의 '기습과 정공은 서로 생성한다'(奇正相生)는 사상을 발전시켰다. "전쟁의 전술도 기습, 정공의 두 가지일 뿐이지만 기습과 정공의 변화는 무궁무진하다. 기습과 정공은 서로 생성하여 끝이 없는 고리와 같으니 누구인들 다할 수 있겠는가?"[36] 전쟁 및 그 승패는 주요하게 기습과 정공에 의존하고, 기습과 정공의 상호 의존과 상호 전환은 무궁무진한 연환(連環)과 같다. '정(正)'은 정면으로 대적하는 일반적인 전술이고, '기(奇)'는 옆에서 기습하는 유연한 전술이다. '정'은 일반적이고 항상 변하지 않는 '도'이고, '기'는 일반적이지 않고 항상 변하는 '도'이다. 손자는 변화무쌍함을 강조하였고 정공과 기습은 서로 전환하고 다할 수 없음을 제기하였으며 적군을 정면으로 견제하는 동시에 기병을 동원하여 측면 뒷부분의 약점을 공격하여 방비가 없는 곳을 공격하고 예상하지 못한 곳으로 나아가야 함을 강조하였다. 따라서 그는 또 이렇게 말하였다. "무릇 전쟁은 정병의 정공으로 대결하고 기병의 기습으로써 승리한다. 기병을 잘 쓰는 자는 (전술의 변화가) 하늘과 땅처럼 무궁하고 강과 바다처럼 마르지 않는다."[37] 다시 말하면 대체로 전쟁은 일반적으로 정병의 정공으로 적과 대결하고 기병의

---

35) 『禮記』, 「雜記下」, "一張一弛, 文武之道."
36) 『孫子兵法』, 「勢篇」, "戰勢不過奇正, 奇正之變, 不可勝窮. 奇正相生, 如環之無端, 孰能窮之."
37) 위와 같음, "凡戰者, 以正合, 以奇勝, 故善出奇者, 無窮如天地, 不竭如江河."

기습으로 승리한다. 따라서 기병을 잘 이용하여 승리하는 장수는 그 전술의 변화가 천지처럼 무궁하고 강과 바다처럼 마르지 않는다. 손빈은 지세의 우세(形勝)와 기습·정공을 결합시켰다. "적과 같은 전법으로 서로 승리할 수 없기 때문에 적과 다른 기습의 전법을 구사한다. 조용하게 적의 움직임에 대처하는 것이 기이고, 편안함으로 적의 수고로움을 대처하는 것이 기이며, 배부름으로 굶주림에 대처하는 것이 기이고, 다스림으로 혼란을 대처하는 것이 기이며, 많음으로 적음에 대처하는 것이 기이다. 공개된 행동이 정이라면 은밀한 행동은 기이다. 적이 예상치 못한 곳을 공격하여 대처하지 못하게 하면 이기는 것이다. 여유를 가지고 기습하면 예상을 초월하는 승리를 거둔다."[38] 기습과 정공으로부터 작전과 휴식에 이르는 서로 생성하는 관계는 모두 대립되는 양자의 상호 통일이고 기병을 이용하여 승리하는 전제 혹은 기초이다. 그는 전쟁에 지킬 수 있는 낡은 규칙이 없고 움직임과 조용함, 수고로움과 편안함, 배고픔과 배부름, 다스림과 혼란, 많고 적음은 서로 변하는 것이다. 손빈은 기병을 이용하여 승리하고 '실'을 피하고 '허'로 나아가는 전략으로 제齊나라의 장군 전기田忌를 도와 위魏나라의 포위를 풀고 조趙나라를 구하였으며, 한단邯鄲의 포위를 풀고 위魏나라의 군대를 크게 격파하였다. 『손자병법』과 『손빈병법』에서는 군사 변증법의 지혜가 반짝이고 있다. 중국 고대의 병가는 서로 반대된 후에 서로 이루어 주는(相反以後相成) 도리에 정통하였고 전쟁에서의 아군과 적군, 주체와 객체, '허'와 '실', 기습과 정공, 이익과 해로움, 전진과 후퇴, 공격과 방어, 용감함과 위축됨, 다스림과 혼란함, 편안함과 움직임, 지속됨과 신속함, 돌아감과 직진, 작전과 휴식, 많음과 적음, 강함과 약함, 승리와 패배 등 일련의 모순 운동에 대하여 유연하고 주도면밀하게 분석하였다. 이러한 것들이 상업전쟁에 대하여 심각한 계발을 줄 수 있음은 의심할 여지가 없다.

---

38) 『孫臏兵法』, 「奇正」, "同不足以相勝也, 故以異爲奇. 是以靜爲動奇, 佚(逸)爲勞奇, 飽爲饑奇, 眾爲寡奇, 發而爲正, 其未發者奇也. 奇發而不報, 則勝矣."

2) '하나가 둘로 나뉘고' '둘이 합쳐져서 하나가 된다'

『장자』「천하」편에서는 전국 시기 변론가들의 흥미로운 명제에 대하여 기록하고 있다. "한 자 길이의 채찍을 날마다 절반씩 취하면 만세라도 끝내지 못한다."[39] 뜻인즉 한 자 길이의 막대기(혹은 말채찍)를 하나의 통일체로 보고 매일 두 부분으로 나누는데 이렇게 줄곧 나누어 나가면 영원히 완결됨이 없다는 것이다. 여기서는 하나가 둘로 나뉘는 문제를 제기하였고 모순의 무한성에 관한 사상을 포함하고 있다.

장재는 모순학설에 대한 사상적인 인식으로부터 출발하여 "하나의 사물에 두 개의 체가 있다"(一物兩體)는 명제를 제기하였다. 그는 모순되는 두 측면은 서로 작용하는데 이는 사물이 변화하는 근본 원인이라고 주장하였다. 그가 보기에 '기氣'는 하나의 사물의 두 개의 체 즉 음과 양이 대립하는 통일체이다. 서로 대립함이 있기 때문에 변화가 발생하고 대립되면서도 또한 통일되기 때문에 예측할 수 없는 묘용妙用이 있는 것이다. 그에게 있어서 음과 양의 대립을 기초로 하지 않으면 이른바 통일도 없게 되고 만약 통일을 볼 수 없다면 대립면의 상호 작용도 멈추게 된다. 이는 대립되는 양쪽이 서로 의존하고 제약함을 보여 준다. 대립되는 두 가지 측면 예를 들어 '허'와 '실', 움직임과 고요함, 모임과 흩어짐, 맑음과 혼탁함 등은 결국 모두 통일되는 것이다. 통일됨이 있으면 사물이 비로소 상대적인 안정성을 가지고 존재하게 되고 대립됨이 있으면 사물에 발전하고 변화하는 잠재적인 기초를 마련하게 된다. 장재는 하늘과 땅의 변화를 모두 양쪽 끝으로 귀결시켰고 "밖으로부터 움직이게 되는 것이 아님"(動非自外)을 주장하였다. 바로 사물이 운동하고 변화하는 원인이 사물 내부의 모순성에 있다는 것이다. 중국 고대의 사상가들은 매 하나의 사물이 모두 음과 양의 두 가지 측면으로 나뉠 수 있고 매 하나의 모순되는 측면은 각자 다시 하나가 둘로 나뉘어 무궁함에 이르게 됨을 강조하였다.

---

39) 『莊子』, 「天下」, "一尺之捶, 日取其半, 萬世不竭."

방이지方以智(1611~1671)는 "하나가 둘로 나뉘는"(一分爲二) 전제 하에서 "둘이 합쳐져서 하나가 된다"(合二而一)는 명제를 제기하였다. 그는 이렇게 제기하였다. "하나가 있으면 반드시 둘이 있고 둘은 하나를 근본으로 한다."[40] 동시에 또 이렇게 제기하였다. "교라는 것은 둘이 합쳐져서 하나가 되는 것이다."[41] 그는 일찍이 물과 국물이 섞여 있는 상태로 '둘이 합쳐져서 하나가 됨'을 설명하였다. '교交'는 바로 대립면의 상호 교감, 연결, 침투이고 대립면의 통일이다. 방이지는 또 이렇게 말하였다. "무릇 교라고 말하는 것은 이 '중中'에서 양쪽 옆의 끈이 모두 서로 얽힘을 이르는 것이다."[42] 바로 모순되는 양쪽이 서로 침투하는 것은 직접적으로 여기에서 저기에 이르거나 저기에서 여기에 이르는 것이 아니라 '중中'을 매개로 하여 서로 연계되는 것이다. 즉 '중'의 통섭을 통하여 대립되는 양쪽이 일체로 관통되는 것이다.

왕부지는 높은 수준의 변증법적 지혜로 '하나가 둘로 나뉘고' '둘이 합쳐져서 하나가 됨'을 결합시켰다. 그는 어떠한 사물이든지 모두 음과 양을 겸비하고 있는 통일체임을 주장하였다. "유독 양만 있는 사물이 없고 유독 음만 있는 사물 또한 없다.…… 양단을 한 몸으로 합치면 몸을 겸하지 않음이 없게 된다."[43] "동과 정으로 나뉘어 둘이 되고 도달하여 이룸에 또한 음과 양을 합하여 하나가 된다."[44] 그는 또한 모순이 결코 "분명하게 분석되는 것"(截然分析之物)이 아니고 "되돌아오는 것에는 되돌아오지 않음이 존재하는데"(反者有不反者存) 대립되는 사물 혹은 하나의 사물에서 대립되고 반대되는 관계를 도끼로 나무를 자르듯이 혹은 도랑으로 물의 흐름을 갈라놓는 것과 같이 파악할 수 없다. 음과 양의 대립은 "부서져서 두 쪽이 된 것"(破作兩片) 즉 완전하게 분리되거나 절대적으로 대립되는 것이 아니라 서로 전환하여 새로운 통일체를 구성할 수 있는 것이다. 그는 모순운동의 변증법에 대하여 이렇게 개괄하였다. "천하의 변화는 만 가지지만 요점은 양단에 귀결되고

---

40) 『東西均』,「反因」, "有一必有二, 二本於一."
41) 『東西均』,「三征」, "交也者, 合二而一也."
42) 『易餘』,「三冒五衍」, "凡言交者, 謂其互此中, 而兩旁之綸皆彌也."
43) 『張子正蒙注』, 권1, "無孤陽之物, 亦無孤陰之物……合兩端於一體, 則無有不兼體者也."
44) 위와 같음, "因動靜分而爲兩, 迨其成又合陰陽於一也."

양단은 한곳으로 귀결된다."[45] 따라서 "나뉘어서 갈라짐을 분석하고"(破析分歧) "그 중 하나만을 견지할"(孤持其一) 수 없고 "마음에 양단의 용이 있어서 반드시 하나로 합쳐짐"[46]을 주장하였다. 왕부지는 또한 이렇게 제기하였다. "만 가지 다름이 생겨남은 두 가지 기에서 비롯하고 두 가지 기가 합쳐져서 만 가지 다름에 대처한다."[47] 모순의 대립과 통일이 만사만물 속에 관통되어 있음을 알 수 있다. 요컨대 왕부지는 사물의 내재적인 모순, 대립과 투쟁하는 관계를 부정하지도 않았고 이것이 사물이 존재하고 발전하는 동적인 원인임을 제기하였다. 또한 모순의 양쪽을 고립시키고 떼어 놓지 않았으며 사분오열의 분석방식으로 음과 양의 두 가지 측면의 범위를 나누거나 임의로 한 가지 물건을 두 쪽, 네 쪽으로 나누는 문자유희를 반대하였는데 이렇게 하면 '자연의 리'에 어긋난다고 주장하였다. 그는 궁극적으로 모순의 변증법적 종합을 주장하였는데 바로 대립 속에서 통일을 파악하고 통일 속에서 대립을 파악함으로써 모순운동의 결과는 언제나 전환하고 화합하여 새로운 모순의 통일을 이룰뿐더러 새로운 모순의 교합交合운동이 잠복하여 있고 포함되어 있다는 것이다. 그의 이해에 근거하면 모순은 서로 관련이 없는 양단이 아니고 간단하게 '이것이 아니면 곧 저것'일 수 없다. 정·반 양쪽은 언제나 '너 안에 내가 있고' '내 안에 네가 있으며' 서로 융합되고 관통하며 한층 더 높은 종합을 향하여 끊임없이 나아간다.

3) '조화를 추구하고 뇌동하지 않으며' '두 끝을 잡아 가운데를 쓴다'

고대 철학자들은 '화和'와 '동同'에 대하여 비교하였고 '화'를 긍정하고 '동'을 부정하였다. 서주西周 시기의 사백은 이렇게 말하였다. "조화에서 실제로 사물이 생육되고 뇌동하면 계속 이어지지 못한다. 다른 것으로써 다른 것을 화평하게 하는 것을 화라 이르고 풍성하게 자라고 만물이 생겨날 수 있게 된다. 만약 같은

---

45) 『老子衍』, "天下之變萬, 而要歸於兩端, 兩端歸於一致."
46) 『尙書引義』, "益稷", "心有兩端之用, 而必合於一致."
47) 『張子正蒙注』, 권1, "萬殊之生, 因乎二氣; 二氣之合, 行乎萬殊."

것에 같은 것을 보태면 결국 모두 버려지게 된다. 그러므로 선왕은 흙과 쇠·나무·물·불을 섞어서 만물을 이루게 하였다."48) 이는 부동한 성격의 다섯 가지 재료를 서로 화합하여 풍부하고 다채로운 만사만물을 구성할 수 있다는 것이다. '다른 것으로써 다른 것을 화평하게 하는 것'(以他平他)은 대립되는 사물의 조화와 통일을 가리킨다. '화'는 무엇인가? 춘추 시기 안영晏嬰은, '화'는 국과 같은데 다섯 가지 맛의 조화이고, '화'는 음악과 같은데 여덟 음의 조화라고 말했다. 요컨대 '화'는 바로 차별이 있고 차별을 포함하는 다양성의 통일이다. 반면에 '동'은 차별을 포함하지 않는 양자의 절대적인 동일함이고 물로써 물을 바꾸는 것과 마찬가지로 맛이 단일하다. 단일한 물건은 비교할 수 없고 새로운 사물을 생겨나게 할 수 없다. 실제로 같음 속에 다름이 있고 다름 속에 같음이 있다. 많음이 하나에 깃들어 있고 하나는 또 많음에 깃들어 있다. 차별이 있고 대립이 있으며 모순이 있어야 비로소 새로운 사물이 생겨나게 할 수 있는데 이는 사물이 발생하고 발전하는 원칙이다. 이것은 중국 고대의 조화로운 변증법의 시작이었다.

공자는 인생 실천의 시각에서 사백의 '화를 높이고 동을 버리는'(尙和去同) 사상을 계승하였다. 공자는 이렇게 제기하였다. "군자는 화합을 추구하고 뇌동하지 않지만 소인은 뇌동할 뿐 화합하지 않는다."49) 여기서 '화'와 '동'은 두 가지 부동한 사람의 풍격을 가리킨다. 군자는 자신의 정확한 의견으로 다른 사람의 잘못된 의견을 바로잡음으로써 모든 것이 적당하게 들어맞게 하지만 맹목적으로 뇌동하지 않는다. 소인은 단지 맹목적으로 뇌동할 뿐 자신의 부동한 의견을 보여 주려 하지 않는다. 여기서 '화'는 여전히 차별이 있는 통일을 가리킨다.

'화'는 만물이 생존하고 발전하는 근거이다. 이에 대하여 중국의 철학자들은 매우 많은 관점을 주장하였다. 예를 들어 사백의 "조화에서 실제로 사물이 생육된다"(和實生物), 『예기』 「악기」의 "조화롭기 때문에 온갖 사물이 모두 따라서 변화한

---

48) 『國語』, 「鄭語」, "和實生物, 同則不繼. 以他平他謂之和, 故能豐長而物生之. 若以同裨同, 盡乃棄矣. 故先王以土與金木水火雜以成百物."
49) 『論語』, 「子路」, "君子和而不同, 小人同而不和."

다"50), 『순자』「악론」의 "악이라는 것은 변할 수 없는 조화이다"51), 『회남자』「범론」의 "음과 양이 조화를 이루어 평안하다", "하늘과 땅의 기는 조화보다 큰 것이 없다"52) 등등이다. 장재에 이르러 원래의 '화'는 '태화太和'라 불리게 되었다. 이러한 '태화'는 바로 현실적인 '화'와 '합'의 기초이고 근거이다. '태화'는 『주역』 건괘 「단사」의 "보존하고 합하여 크게 화합시킴"(保合太和)을 근본으로 하는데, 여기서는 음과 양이 나뉘지 않은 '기'를 가리킨다. 여기에는 음과 양의 두 가지 '기'가 포함되는데 양기의 성격은 떠오르고 상승하며 움직이는 것이고, 음기의 성격은 가라앉고 내려가며 고요한 것이다. 이러한 두 가지 기의 성격은 서로 대립하고 서로 감통하기 때문에 서로 부딪치고 서로 흩어지며 혹은 이기고 혹은 지며 혹은 굽히고 혹은 펴는 운동과 변화가 생겨나기 시작한다. 왕부지는 장재의 '태화'설을 해석할 때 '태화'는 모순의 통합이고 서로 돕고 서로 이루어 주는 것의 종합이라고 주장하였다. "굳세고 부드러움, 추움과 따뜻함, 살리고 죽임은 반드시 서로 반대되고 서로 적이 되지만 이치를 궁구해 보면 서로 이루어 주어 결국에는 서로 대적하는 이치가 없어진다."53) 모순의 양쪽은 영원히 대치할 수 없고 객관적인 조건 하에서 필연적으로 전환이 발생한다. 따라서 장재가 말한 "원수는 반드시 화해로 풀고"(仇必和而解) 왕부지가 말한 "화해로 풀면 사랑이다"(和而解則愛)라는 것은 낡은 모순에 대한 해체일뿐더러 또한 새로운 모순의 시작이다.

이 밖에 적당하고 적합함을 강조하는 '화', '중'과 '중화'의 함의도 유학에서 충분하게 발전하였다. 『중용』에서는 이렇게 말하였다. "기뻐하고 노하고 슬퍼하고 즐거워하는 감정이 발하지 않은 것을 중이라 이르고, 발하여 모두 절도에 맞는 것을 화라 이른다. 중이라는 것은 천하의 큰 근본이고, 화라는 것은 천하의 공통된 도이다. 중과 화를 지극히 하면 천지가 제자리를 편안히 하고 만물이 잘 생육된다."54)

---

50) 『禮記』, 「樂記」, "和, 故百物皆化."
51) 『荀子』, 「樂論」, "樂也者, 和之不可變者也."
52) 『淮南子』, 「氾論訓」, "陰陽和平." "天地之氣, 莫大於和."
53) 剛柔, 寒溫, 生殺, 必相反而相爲仇; 乃其究也, 互相以成, 無終相敵之理.
54) 『中庸』, "喜怒哀樂之未發, 謂之中; 發而皆中節, 謂之和. 中也者, 天下之大本也; 和也者, 天下之

인간의 기뻐하고 노하고 슬퍼하고 즐거워하는 감정이 아직 나타나지 않았을 때를 '중'이라 하고 나타나서 예절禮節에 부합할 수 있음을 '화'라 부르는 것이다. '중'은 천하에서 가장 중요한 근본이고 '화'는 천하에서 통용되는 길이다. '중화'의 원리를 극도로 발휘하면 천지는 태평해지고 만물의 생장은 무성해진다. 여기서 '화' 혹은 '중화'는 인생의 실천에서 도달할 수 있는 최고의 경지이고 실천을 통하여 현실과 이상의 통일을 추구한다는 의미를 담고 있다.

중국의 철학자들은 전체의 조화와 물·아의 상통함을 강조하였다. 그들은 자연을 하나의 조화로운 체계로 간주하고 사회의 조화와 안정, 민족과 문화 사이의 공존과 상호 존중, 인간관계의 조화와 질서를 위하여 노력할 뿐만 아니라 천, 지, 인, 물, 아 사이의 조화를 추구하였다. 유교와 도가의 여러 학파에서는 모두 자연과 인문의 화합, 인간과 천지만물의 화합을 추구함을 나타내었다. 중국 사람에게는 "천하가 한 집안이고 중국이 한 사람"(天下一家, 中國一人)이라는 문화이상이 있는데, 몇천 년의 역사에서 끊임없이 민족융합과 문화융합이 이루어졌고 모든 것을 받아들이고 다 같이 공존하며 서로 존중하고 서로 조절하며 서로의 장점을 더욱 돋보이게 하고 서로 촉진함으로써 궁극적으로 위대한 중화민족과 위대한 전통문화를 형성하였다. 『예기』 「중용」에서는 이렇게 말하였다. "만물이 함께 길러져 서로 해치지 않고 도가 함께 행하여져 서로 위배되지 않는다. 작은 덕은 냇물의 흐름이고 큰 덕은 조화를 도탑게 한다."55) 『주역』 「계사전」에서는 이렇게 말하였다. "천하가 돌아가는 곳은 같은데 가는 길은 다 다르고 이르는 곳은 하나지만 백 가지 생각이 있다."56) 이는 민족융합과 문화융합의 역사과정에서 생겨나고 누적된 정신적인 동력이고 민족의 '집체무의식集體無意識'이다. 관용, 평화, 모든 것을 받아들이고, 방대하고(博大) 드넓은(恢宏) 풍격이야말로 바로 조화로운 변증법의 풍격이다.

達道也. 致中和, 天地位焉, 萬物育焉."
55) 『禮記』, 「中庸」, "萬物並育而不相害, 道並行而不相悖. 小德川流, 大德敦化."
56) 『周易』, 「繫辭傳」, "天下同歸而殊途, 一致而百慮."

중국철학은 극단으로 나아가지 않고 일종의 동적인 균형을 추구하며 융통성을 유지하고 일종의 전반적인 조화를 추구하며 원칙성과 융통성을 통일시킨다. 변통變通의 방법을 알지 못하는 것은 곧 한쪽을 고집하는 것이다. 이는 바로 '중'은 결코 언제나 고정된 것이 아니고 경직된 원칙이 아니라는 것이다. '중'은 대립되는 두 끝에서 같은 거리에 있는 가운데의 점에 처해 있는 것이 아니고 언제나 어떤 점에 있는 것도 아니며 구체적인 정황과 구체적인 조건의 변화에 따라 변화하는 것이다. 중국의 변증법은 대립되고 모순되는 양자 사이에 고정불변하고 분명하게 넘을 수 없는 계선(界限)이 존재함을 인정하지 않는다. 만약 어떤 계선이 존재한다고 하면 그 계선은 상대적이고 움직이는 것이다. 따라서 『중용』에서는 공자의 말을 인용하여 이렇게 말하였다. "군자가 중용을 함은 군자이면서 때에 맞게 하기 때문이다."(君子之中庸也, 君子而時中) 여기서 '시중時中'은 때에 따라 절제하고 중도에 부합함을 가리킨다. 유가에서 말하는 '취시趣時'는 시세의 변화에 근거하여 일정한 정도에서 일반적인 규정을 타파하고 적절한 조치를 취하는 것이다. '시중'도 사실상 '때를 따라 새롭게 바꾼다'(趣時更新)의 부분적인 내용을 포함하고 있다.

"아우르면 중심이 있고 모으면 시작이 있다."(統之有宗, 會之有元) 이상에서 살펴본 중국 고전 변증법의 요점은 중국 경영관리의 근본적인 방법으로서 심각한 내용이 있다. 물론 현대의 구체적인 경영관리 활동과 결부시켜 융합하고 관통하여 실천하고 발전시킬 필요가 있다. 하지만 어찌하였든 중국의 관리 지혜와 경영전략의 도는 세계적 수준의 보물이고 생명력이 있는 것이다. 이는 결코 작은 기교가 아니라 큰 지혜이며 소중하게 여기고 발굴하고 발전시킬 만한 가치가 있다.

5. 관리 소프트웨어: 덕성수양과 안신입명

현대화 건설의 소중한 자원 중의 하나인 전통문화와 전통철학의 자원은 늘 사람들에 의하여 무시되거나 의심의 눈초리를 피할 수 없다. 이는 사실상 이미 많은 대가를 치른 것이다. 현대관리는 관리의 주체에 대하여 매우 높은 요구를 제기하였다. 관리는 우선 자아관리이다. 관리는 계략이나 권모술수가 아니라 관리자 자신이 몸과 마음을 닦고 지와 행이 합일되는 것이다.

1) 현대성에 대한 반성

저자가 보기에 현대화의 정상적인 발전이 직면한 여러 가지 문제는 갈수록 우리가 서양, 동아시아에서의 현대화의 경험과 중국 자체의 현대화 실천의 기초 위에 중국문화와 중국철학의 자원을 다시 발견하고 발굴하고 회수하며 또한 적당하게 조절하여 위로 도달하는 발전을 필요로 한다. 여러 가지 문제들 중 특히 인간과 인성의 전면적인 발전의 문제, 인생의 안착과 인간의 가치, 의의, 궁극적인 관심의 문제, 인간과 천·지·인·아의 관계의 소외와 긴장의 문제, 도구이성이 과도하게 팽창하여 목적이성을 재구축하는 문제, 금전과 권력의 배물교拜物敎 하에서 사회의 민심에 유대가 부족한 문제, 도덕의 위기, 교육의 위기, 인구소질의 빈약함, 평면적이고 일방적인 문제, 현대의 사회 관리와 기업 관리의 약간의 소프트웨어 문제, 전반적인 국민의 교양 문제, 그들의 사업윤리, 직업도덕, 공민의식 내지는 양지와 자아의 재구축 문제, 시장경제질서가 요구하는 개체성의 원칙과 전체성의 원칙에 대한 자리매김의 문제 등등이 대표적이다. 일정한 의미에서 현대화의 과정은 중국 인문정신의 재구축, 재발견의 과정이라 할 수 있다.

동아시아의 새로운 궐기는 서양문명의 '현대성', 그리고 전통적인 동양문화와 현대화의 관계에 대하여 새롭게 평가하도록 하였다. 이는 관리 작업에서 반영될 뿐만 아니라 인간의 궁극적인 관심과 정신적인 기대의 측면에서도 반영된다. 인류는 근시안적이고 간단하고 직접적이며 눈앞의 성공과 이익에만 급급하고 가까운 우환만을 고려하고 앞날을 대비하지 않는 크리퍼(Creeper)가 아니고 혹은 되어서도 안 된다. 오늘날 상업적인 조류가 팽배하고 사람들이 반드시 이익을 말하는 분위기에서 지식인들이 고려하는 것은 어떻게 인간의 본래 위치를 회복하고 인간의 존엄을 유지할 것인가의 문제이다. 시장경제, 민주제도, 과학기술, 이성정신, 자유, 인권, 개체 인격의 해방과 법률 앞에서 사람마다 평등함 등 이러한 일부 가치의 뿌리는 중국 현대화의 주요 조류이고 또한 중국이 서양을 배워야 하는 근본임에 틀림없다. 다른 한편으로 물질의 번성과 과학기술의 발달이 어느 정도에 이르든지 막론하고 인간의 궁극적인 희망과 안신입명의 문제는 언제나 과학 혹은 물질로 대체할 수 없는 문제이다. 현대사회는 하나의 천·지·인·아가 날이 갈수록 소외되는 사회이고 중국철학에서 제공하는 근원의식과 인문적인 예지는 마침 이러한 부류의 현대병을 구제할 수 있다.

중국의 개혁이 직면한 최대의 난제는 사실상 경제적인 무질서에 있을 뿐만 아니라 도덕적인 타락에도 있다. 몇십 년래 전통적인 도덕은 새로운 도전에 직면하였는데, 특히 금전지상주의, 탐오와 부패의 도전에 직면하였다. 몇천 년래 유가의 인문정신은 현대인의 마음을 다독일 수 있는 소중한 자원이고 동양 현대화의 동력으로서 교육을 중시하고 스승을 높이고 '도'를 중시하며 도덕적인 인격과 소질의 배양을 중시하는 등 민족의 전통미덕은 새로운 상황에서 재인식하고 재발굴하여야 한다. 이는 현대화에 필요한 건강한 인재를 대대로 배양함에 있어서 매우 중요한 하나의 측면이다. 그렇지 않으면 지금의 인문환경을 다스릴 수 없고 미래 현대화에 필요한 도덕과 직업을 모두 갖추고 소질이 매우 훌륭한 인재를 키워낼 수 없다. 전 세계 각 지역의 현대화를 개관하면 민족전통의 인문정신에 호소하고 전통의 가치로 현대화의 부정적인 측면을 비판하는 것이 거의 일대 조류로 되고 있고 매우 현실적이고 절박한 문제로 부상하였다.

2) 마음의 안식처

하나의 민족, 한 사람이 세계에서 살아가려면 언제나 '집'이 있어서 돌아갈 수 있어야 한다. 공업화, 상업화, 현대화가 현대인들에게 가져다 준 병이 바로 정신적인 길거리 유랑이고 돌아갈 수 있는 집이 없는 것이다. 직권을 남용하여 뇌물을 받고 지위가 올라 부자가 되며 공명과 관록, 주색을 추구하지만 마음의 한 구석, 양지는 이미 타락을 선고하였고 이는 온 세상을 잃은 것과 마찬가지이다. 사람들은 명예와 이익의 쟁탈에 진저리가 난 뒤에야 비로소 마음의 쉼터와 고향을 찾는다. 따라서 중국철학의 인간이 인간이게끔 하는 '도'에 대한 추구, 정신적인 경지와 인격적인 수양에 대한 제창, 지조와 절개, 도의, 책임에 대한 존숭, 인간됨의 원칙과 세상을 다스리는 원칙에 대한 거듭 천명, 인생의 의의와 가치에 대한 천명은 오늘날 시대에 뒤떨어진 것이 아닐 뿐만 아니라 모더니즘과 포스트모더니즘의 의의와 전 세계적인 보편적인 가치를 가지고 있다. 서양의 현대화를 포함하는 전 세계 범위의 현대화를 놓고 보면 자체 민족의 전통적인 정신문화자원의 도움을 받지 않으면 근본적으로 성공할 수 없다. 서양의 현대화는 그리스로마문명, 기독교 정신과 근대 인문주의를 동력으로 간주하고, 동양의 현대화는 중국의 송명末明리학의 정신을 포함하는 유교문화를 동력으로 삼고 있다. 따라서 중국 대륙의 현대화는 전통적인 엘리트 문화를 헌신짝 버리듯이 버려서는 절대 안 된다. 그렇지 않으면 그것은 바로 근본이 없는 현대화이다. 오늘날의 현대화 건설에서 사람들은 이미 물질자원의 결핍을 호소하기 시작하였지만 더욱 많은 사람들, 지식인들을 포함한 대부분의 사람들은 아직 정신자원의 결핍이 근대 이래 전통에 대한 지나친 훼방으로 초래된 것임을 인식하지 못하고 있다. 물질자원의 결핍은 눈으로 볼 수 있는 문제이지만 정신자원의 결핍은 눈으로 볼 수 없는 문제이다. 눈에 보이지 않는 문제는 없는 곳이 없고 틈만 있으면 파고든다.

따라서 저자가 보기에 21세기 중국 사상사의 중요한 방향은 이별로부터 귀환으로, 비판으로부터 재건으로, 성현을 모욕하던 데로부터 민족정신의 재건으로, 숭고함을 파기하던 데로부터 재구축으로 나아감으로써 유교, 불교, 도교 엘리트 문화의 주류와 정통을 이어받아야 한다. 도통을 다시 확립하고 도통道統, 학통學統, 정통政統, 치통治統이 서로 제어하며 세상의 인심을 순결하게 하는 것과 법제사회와 시장경제의 질서구축은 결코 서로 모순되지 않는데 하나의 가장 훌륭한 보완이라고 하는 편이 낫다. 이는 단지 사회측면의 문화건설을 놓고 말한 것이고 만약 인간의 생존상황을 놓고 말하고 인생의 궁극적인 경지의 안립安立으로부터 말하며 생명을 의탁할 곳을 찾고 우리의 인생을 안착시키는 것으로부터 말하면 유교, 불교, 도교의 문화이상은 오늘날 여전히 매우 중요한 자원이고 진지하게 발굴하고 발전시킬 가치가 충분하다. 민족의 조상들이 확립하고 이어온 민족정신을 대하는 마음가짐에서 우리는 따뜻한 정과 경의의 태도를 제창하여야지 근대의 대규모 비판운동과 같이 단장취의斷章取義하여 헐뜯고 왜곡하여서는 안 된다. 전통문화의 부정적인 측면은 현대화의 과정에서 탈락되고 대사가 이루어지는데 각 민족의 현대화에서 모두 일어나는 자연스러운 하나의 과정이지 주요 문제는 아니다. 지금의 주요 문제는 전통문화가 현대화 과정에 제공하는 도덕자원, 가치자원을 어떻게 발굴하고 다시 이룩할 것인가이다.

3) 하늘과 인간의 관계와 성명의 근원

유가의 경전 '사서'와 '오경'에서는 하늘과 인간의 관계(天人之際)와 성명의 근원(性命之原)에 대하여 말하였다. 우리가 생활하고 있는 우주의 큰 생명과 개체의 작은 생명은 서로 연관된다. 하늘은 우리에게 인간의 본성을 부여하였는데 인간이 인간이게끔 하는 본성이고 목적이성이고 도덕이성이다. 유가의 형이상학은 천도天道와 성명性命, 초월적인 것과 내재적인 것을 모두 통하게 하였다. "하늘이 명한 것을 성이라 이르고, 성을 따르는 것을 도라 이르며, 도를 닦는 것을 교라 이른다. 도라는 것은 잠시라도 떨어질 수 없는 것이고 떨어질 수 있다면 도가 아니다." "오직 천하의 지극히 성실한 사람이여야 그 성을 다할 수 있다. 그 성을 다하면 사람의 성을 다할 수 있다. 사람의 성을 다하면 물건의 성을 다할 수 있다. 물건의 성을 다하면 천지의 화육을 도울 수 있다. 천지의 화육을 도우면 천지와 더불어 참여할 수 있다."[57] 이는 바로 우리 사람들의 생존은 하늘과 땅을 토대로 하고 본심에서 분명하게 드러나는 것임을 말하는 것이다. 우리에게는 물질적인 욕구,

감정적인 욕구가 있고 평범한 생활을 떠날 수 없지만 윤리를 다하고 직책을 다하며 사회를 위하여 책임과 의무를 다하는 것이 바로 '성을 따르는 것'(率性) 즉 천성天性을 따르는 것인데 이것이 바로 '도'이다. 이른바 '교'는 바로 '도를 닦는 것'(修道)에 지나지 않고 바로 매 사람마다 '도'를 따라야 함을 깨닫게 하는 것이다.

중국의 전통교육은 인문적인 교육이고 실천을 이행하는 과정에서 사람들의 도덕적인 인격을 배양하는 것이다. 일단 사람이 자신의 생명이성, 도덕이성을 충분히 유지할 수 있다면 자신의 본성을 전면적으로 발휘할 수 있고 하늘과 땅의 생명정신에 반응할 수 있으며 인간의 정신을 하늘과 같은 경지로 끌어올림으로써 하늘, 땅과 더불어 셋이 정립한다. 유가의 학문은 모두 인간의 생명의 가치와 의의에서 실행되어야 한다. 우주에서의 인간의 지위는 이로써 확립되었다. 유가에서는 인애仁愛의 마음, 사단四端의 마음, 양지良知의 마음을 확충함을 통하여 타인에 이르고 심지어 기와나 돌, 풀과 나무, 새와 짐승에 이름으로써 인간의 정신을 일반적인 인간과 나, 사물과 나 사이의 분별을 초월하는 '천인합알'의 경지로 끌어올리는 것이다.

서양철학에서 외재적인 초월을 강조하고 이성으로써 가치의 근원을 추구하는 것과 달리 중국철학에서는 내재적인 초월을 강조하고 가치의 근원이 하늘에 있으며 하늘이 부여한 인간의 본성과 개체로서의 자신의 마음속에 있다. 마음의 집이고 초월적인 상제가 아니며 또한 근원지가 되었다. 서양의 종교와 철학은 초월적인 경지와 현실적인 경지의 분열과 긴장을 강화하였다. 중국에는 서양적인 의미의 종교가 없고 중국철학이 종교의 기능을 대체하였으며 이상적인 경지와 현실적인 인생을 통일시켰고 '인의 실천은 자기에게 달려 있고'(爲仁由己) '마음을 다하고 하늘을 아는'(盡心知天, 결코 외향적인 경로가 아님) 것을 통하여 사실(혹은 현실)세계와 가치(혹은 초월)세계를 통일시켰다. 이렇게 형이상과 형이하가 관통하고 맞물렸으며

---

57) 『禮記』, 「中庸」, "天命之謂性, 率性之謂道, 修道之謂教. 道也者, 不可須臾離也, 可離非道也." "唯天下之至誠, 爲能盡其性. 能盡其性, 則能盡人之性. 能盡人之性, 則能盡物之性. 能盡物之性, 則可以贊天地之化育. 可以贊天地之化育, 則可以與天地參矣."

형이상학을 초월하고 내재적인 형이상학으로 점화되었으며 본성을 다하는 공부를 통하여 가치이성이 현실적인 인생에서 완벽하게 실현되게 하였다. 이렇게 현실세계에 비천과 거침, 어둠이 있음을 면할 수 없지만 사람들은 그 속에서 생활하면서 초월하고 해방될 수 있으며 정신을 위로 끌어올림으로써 초월적인 이상을 현실세계에서 완성하고 실현한다.

인류의 이성으로 구상할 수 있는 '천', '도'는 우주만물, 인류생명의 본원이고 또한 모든 가치의 근원이다. 유가는 조숙한 문화지혜로 원시종교의 현묘함을 도덕의 의궤儀軌로 전환시켰고 이성적인 도덕가치로 마음의 정서를 지배하였다. 이는 세계의 문화사에서도 유례가 없고 매우 드문 정신유산이다.

4) 의미치료와 생명의 학문

현대의 물욕이 넘쳐흐르고 속세가 시끄러우며 사람들이 쫓고 쫓김에 지치고 마음이 긴장하고 초조하며 여러 겹으로 마음의 경계를 늦추지 않고 여러 가지로 우려하며 이익을 최고로 여기고 가족애와 우정이 타락하며 인생이 하늘가에서 떠돌아다니는 것과 같고 정처 없이 방황할 때, 유가에서 제창하는 '거경居敬', '체인體仁', '존양存養', '입성立誠'은 치료학적인 의미를 가지고 있는데 이는 더 이상 말할 필요가 없는 것이다. 마음의 '집'이 편안하게 세워지지 않을 때 인간의 존재 기초는 필연적으로 동요하게 된다.

유가와 달리 도교에서는 부정의 방법을 통하여 인생의 걱정을 없어지게 한다. 도가의 인생철학과 인생지혜는 현실에서 이상에 이르고 유한한 것에서 무한한 것에 이르며 지극히 넓고 크고 정미함을 다하며 층층의 생명경지를 돌아다니고 정신적인 초월과 해방을 추구하며 개체와 무한한 우주가 계합契合하여 사이가 없는 "천지는 나와 나란히 생겨났고 만물은 나와 하나가 됨"(天地與我並生, 而萬物與我爲一)에 이르도록 인도한다. 불교의 지혜는 사람들이 생활의 무거운 부담, 우환과 고통에서 해탈하도록 계발한다. 현대인은 자신의 마음, 생명 및 가치의 취향에 대한 반성이 부족하고 자신의 사상과 행위에 대하여 지나치게 자신하며 도구이성에 지나치게 집착하는데 불교의 인생지혜로 치료하고 해결할 수 있다.

물론 중국의 유교, 불교, 도가에도 병폐가 있지만 우리가 만약 원시적인 의미를 겸허하게 깨닫게 되면 모두 '생명의 학문'이고 특수한 지혜가 모두 '인생의 방향에서 실천됨을 쉽지 않게 발견할 수 있다. 이런 특수한 인생지혜는 인류 존재의 가장 깊은 차원의 문제를 깊이 탐구함으로써 사람들이 생명의 의의와 인생의 가치를 다시 반성하고 실의에 빠진 자신을 찾는 데 도움이 된다. 유·불·도 삼교의 현대적인 가치는 앞에서 서술하였던 몇 가지 측면에만 국한되는 것이 아니다. 전통적인 자원을 다시 발견하고 비판적으로 계승하며 창조적으로 전환함으로써 현대화의 건전한 발전을 촉진하는 것은 민족문화를 건설하는 중요한 작업 중의 하나이다.

중국의 현대화라는 거대한 체계적 공정에서 사람들은 부동한 사유시각으로부터 부동한 건설측면을 관심한다. 저자의 관심은 물질적인 측면의 관심이 아니고 제도적인 측면의 관심도 아니며 심지어 사상문화적인 측면의 관심도 아님이 분명하다. 다만 현대화와 관련된 심성心性에 주목하는 것이다. 만약 우리가 시대의 조류를 따르는 식으로 서양의 현대화와 동양의 현대화를 반성하지 않고 마음을 가라앉히고 감정에 사로잡히지 않으면 인류의 현대화에서 중요한 하나의 건설측면이 바로 심성의 측면임을 어렵지 않게 발견할 수 있다. 우리는 서양의 현대병을 초극하고 동시에 현대화의 건설에서 직면한 난제를 해결하여야 하며 장기적인 관점에서 볼 때 심성의 구축을 일정한 높이에서 진행하여야 한다. 중국의 전통은 교육을 나라의 근본으로 삼는데, 교육을 과학지식의 주입이라고 일방적으로 이해해서는 안 되고 과학정신과 인문정신의 재건으로 이해하여야 한다. 중국 인문교육의 궁극적인 목적은 민족정신을 배양하고 사회의 풍속을 순박하게 하며 마음의 소양을 제고하고 사람들이 몸과 마음을 수양하도록 도움으로써 일종의 진·선·미가 통일된 인격경지에 도달하는 것이다.

인간은 언제나 궁극적인 신념, 자연생태, 사회관계, 자아의식과 감정 등의 사차원적인 공간에서 생존한다. 중국의 인문정신은 사람들이 천도天道의 '끊임없이 낳고 낳는' '덕'에 부합하고 스스로 진정한 자아를 인식함으로써 일종의 개인적인 도덕가치의 숭고한 감정이 생겨나게 하며 천하의 만물, 감정이 있는 중생 등 각자의 내재적인 가치에 대하여 크나큰 동정심을 가짐으로써 하늘과 땅이 근원이 같고 만물이 일체임을 간파하도록 한다. 중국철학은 일종의 공정하고 평화로운 마음가짐을 제창함으로써 모든 생명, 만물, 존재가 부동한 존재영역에서 각자 자신의 자리에 편안하게끔 한다.

중국의 전통철학의 자원 특히 본체론, 우주론, 인생론의 사상은 현대인들의 정신적인 당혹감, 형이상학적인 상실감, 존재의 위기, 생명의 번뇌를 해결함에 도움이 되고 현대인의 "위로는 하늘에 있지 않고, 아래로는 땅에 있지 않으며, 밖으로는 사람에 있지 않고, 안으로는 나에게 있지 않는"(上不在天, 下不在田, 外不在人, 內不在我) 황당한 처지를 구제함에 도움이 된다. 생활환경이 복잡하기에 동일한 사람이라도 부동한 주·객관적인 상황에서 부동한 마음경지가 있을 수 있기 때문에 다중인격이 나타난다. 인생이 처한 부동한 의의와 가치의 네트워크 안에서 존재의 다중성은 인생의 경지에 차별이 생기게 한다. 우리의 과학기술, 상업이 얼마나 발달하고 우리가 종사하는 현대적인 직업이 얼마나 선진적이고 정밀하든 관계없이 인성의 배양, 마음속 경지의 제고, 실연實然적인 사람으로부터 응연應然적인 사람으로의 초월은 언제나 대신할 수 없는 것이다. 이는 인류, 민족과 자아를 놓고 말할 때 생명과 관련이 있는 큰 문제이다. 중국문화와 중국철학의 자원은 '작용'(用)의 측면(사회와 기업의 관리)뿐만 아니라 '본체'(體)의 측면(인신입명)에서 모두 현대화의 동력이고 결코 가벼이 여길 수 없다.

맺는말

오늘날 중국의 지혜 특히 중국철학의 지혜를 논의하면서 아무런 반성도 없이 서양철학의 범주를 중국 고대의 텍스트에 활용하고 중·서 철학의 범주를 절대적으로 대립되고 통약通約 불가능한 것으로 간주함을 반대한다.

1. 중국 지혜의 '문제의식'

미국 학자 벤저민 슈워츠(Benjamin I. Schwartz, 1916~1999)는 이렇게 말하였다. "자연, 이성, 과학, 종교, 자유와 같은 술어들이 '도', '리', '기'와 같이 중국문화의 내부에서 마찬가지로 복잡한 역사를 가지고 있는 술어들과 마침 부합한다는 것은 상상할 수 없다."[1] 동·서양의 철학범주를 활용할 때 특히 주의하여야 할 점이 바로 철학범주, 술어의 의미범위, 어떠한 맥락에서 어떤 방식으로 사용되고 있는가이다. 다른 한편으로 "언어, 역사와 문화 및 푸코가 말한 '언어'의 장애를 초월한 사상 비교연구는 가능하다. 이러한 신념은 인류의 경험이 동일한 하나의 세계를 공유한다고 확신한다."[2] 따라서 중국과 서양의 지혜, 중국과 서양의 철학은 비교할 수 있고 통약할 수 있는 것이다.

중국철학의 중심 문제 및 문제의식은 서양철학과 같음도 있고 다름도 있으며, 또한 같음 속에 다름이 있고 다름 속에 같음이 있다. 유대-기독교식의 창세創世설이 가장 큰 다른 점인데 중국에는 지고무상의 조물주, 상제가 없었다. 모복례牟復禮는

---

1) 벤저민 슈워츠, 程鋼 역, 劉東 교정, 『古代中國的思想世界』(江蘇人民出版社, 2004), 제12쪽, "不能設想, 諸如自然, 理性, 科學, 宗教和自由之類的術語能夠與諸如'道', '理 和'氣'之類在中國文化內部同樣有著複雜歷史的術語恰好吻合."
2) 위와 같음, "超越了語言, 歷史和文化以及福柯所說話語障礙的比較思想研究是可能的, 這種信念相信: 人類經驗共有同一個世界."

이렇게 말하였다. "중국에는 창세의 신화가 없는데 이는 모든 민족 가운데서 고대든 현대든, 원시적이든 개화적이든 막론하고 중국 사람이 유일하다. 이는 중국들이 보기에 세계와 인류는 창조된 것이 아니라 본래부터 그러하고 스스로 생겨난 우주의 특징이고 이러한 우주에는 조물주, 상제, 궁극적인 까닭, 절대적으로 초월적인 의지가 없었음을 의미한다." "신앙을 이성의 위에 배치할 필요가 없었고 윤리와 사회사무의 이성을 강조하였으며 지식 문제에서 도리로써 해명할 수 없는 신앙을 언급한 것이 매우 드물다."3) 중국 고대의 신화는 기본적으로 영웅에 관한 신화이지 생명을 창조함에 관한 신화는 아니다. 물론 중국에도 반고盤古가 하늘을 열었다는 이야기가 있고 서남쪽 소수민족에게도 유사한 전설이 있지만 기본적으로 늦게 나온 것으로 기원 3세기에 이르러서야 비로소 최초의 기록을 찾아볼 수 있는데 인도에서 전해진 생명의 창조에 관한 신화와 관련이 있을 가능성이 크다.

우주가 어떻게 형성되었는지의 문제를 해석함에 있어서 "중국의 우주생성론이 주장하는 것은 하나의 유기적인 과정이고 우주의 여러 부분은 모두 하나의 유기적인 총체에 종속되며 모두 본래부터 그러하고 스스로 생겨나는 생명과정의 상호 작용 속에 참여하는데, 이는 천부적인 재능이 출중하다는 관념이다.…… 조지프 니덤은 중국인의 우주모식을 분석한 뒤 '지배함이 없지만 조화롭고 질서가 있다'고 하였다. 니덤이 묘사한 중국인의 유기적인 우주는 우리의 눈이 휘둥그레지고 의아해하게 하지만 인류의 역사에서 우주에 관한 다른 관념들과 서로 비교해 보면 중국인의 관념은 얼마나 특별한가."4) 우주의 발전은 어떠한 외력에도 의지할 필요가 없고

---

3) 牟復禮, 王立剛 譯, 『中國思想之淵源』(北京大學出版社, 2009), 제19 · 25쪽, "中國沒有創世的神話, 這在所有民族中, 不論是古代的還是現代的, 原始的還是開化的, 中國人是唯一的. 這意味著中國人認爲世界和人類不是被創造出來的, 而這正是一個本然自生的宇宙的特征, 這個宇宙沒有造物主, 上帝, 終極因, 絶對超越的意志, 等等." "無須置信仰於理性之上, 它强調倫理和社會事務上的理性, 它的知識問題很少涉及那些無法用道理來闡明的信仰."

4) 위와 같음, 제21~22쪽, "中國的宇宙生成論主張的是一個有機的過程, 宇宙的各個部分都從屬於一個有機的整體, 它們都參與到這個本然自生的生命過程的相互作用之中, 這是個天才卓穎的觀念.……李約瑟分析了中國人的宇宙模式之後, 稱之爲沒有主宰卻和諧有序, 李約瑟描述的中國人的有機宇宙讓我們瞠目驚訝, 和人類歷史上其他關於宇宙的觀念相比, 中國人的觀念是何等特別."

중국철학의 기론氣論과 우주의 스스로 생겨나고(自生) 생명을 창조하는(創生) 관념은 여러 철학학파의 공통된 인식이다.

전신조錢新祖는 이렇게 제기하였다. "중국의 전통철학은 인간과 하늘을 본체의 측면에서 두 가지 부동한 존재로 분명하게 나누었을 뿐만 아니라 존재의 측면에서 인간과 하늘은 일체임을 주장하였고 인간이 신이 되고 성인이 되는 것은 인간 본성의 자아실천임을 주장하였다. 따라서 중국의 전통철학에서는 인간을 긍정할 때에도 동시에 하늘을 긍정하였고 하늘을 긍정할 때에도 동시에 인간을 긍정하였다."[5] 전신조가 보기에 중국과 서양의 인문주의는 두 가지 부동한 유형인데 중국은 내재적인 인문주의이고 서양은 외재적인 인문주의이다. 중국 전통의 개인주의는 관계적인 혹은 통합적인 개인주의이지 원자론原子論적인 개인주의가 아니다. "중국 전통철학의 출발점은 종종 공동체가 아니라 개인이었다. 예를 들어 『대학』에서 강조하는 '팔조목' 중에서 첫 조목이 바로 수신인데 수신의 신은 바로 개인의 자기 자신을 가리킨다."[6] 중국인은 사람과 사람 사이의 현실적인 관계와 연관을 긍정하지만 서양에서 인간윤리(人倫) 세계의 윤리도덕은 여전히 신이라는 조물주의 존재에 의거하여야만 존재하기 때문에 개인 사이에는 결코 내재적이고 직접적인 상호 관계가 존재하지 않는다. 매 한 사람 모두 상제가 만들어 낸 것이고 개인 사이의 관계는 신이라는 조물주와의 공통적인 관계를 매개로 하기 때문이다.

역사적으로 중국 사람들은 소위 말하는 '계시의 진리'(啟示的眞理)의 존재를 인정하지 않았다. "진리가 지고무상, 초인적인 신이 인간에게 내린 계시임을 인정하지 않고 진리는 인간사에서 찾아낼 수 있고 또 반드시 인간사에서 찾아내야 하는 것이었다.…… 중국인들이 보기에 진리는 역사적인 과정에서 나타나는 것이었고

---

5) 錢新祖, 『中國思想史講義』(臺灣大學出版中心, 2013), 제35쪽, "中國的傳統哲學不但不把人和天在本體上截然劃分爲兩種不同存在, 並且還認爲人和天在存在上是一體的, 以爲人之成神, 成聖是人的本性的自我實踐. 所以中國的傳統哲學, 在肯定人的時候, 也同時肯定天; 在肯定天的時候, 也同時肯定人."

6) 위와 같음, 제43쪽, "中國傳統哲學的出發點往往不是團體, 而是個人. 譬如說, 『大學』裏所講的 '八條目', 其中的第一條目就是修身, 修身的身就是指的個人一己的自身."

반드시 역사적인 과정에서 추적하고 증명되어야 하는 것이며 또한 반드시 우리 매 개인의 일상생활에서 체험하고 실천하여야 한다."[7] 따라서 중국의 철학자들은 '지행합일知行合一', '즉지즉행卽知卽行'을 긍정하였을 뿐만 아니라 중국인에게는 매우 강한 역사적인 감각이 있고 가장 유구하고 또한 종래로 단절된 적이 없는 사학史學전 통이 있다. 동시에 역사적인 서술에는 옳고 그름이나 선과 악에 대한 판단(褒貶) 즉 가치평가가 포함되어 있다.

모종삼牟宗三은 서양식의 지식을 중심으로 하고 이성유희를 특징으로 하는 독립적인 철학과 달리 중국철학은 "생명을 중심으로 하고 이로부터 그들의 교훈, 지혜, 학문과 수행을 전개하였음"[8]을 제기하였다. 여기서 말하는 생명은 자연적인 생명이 아니라 도덕실천에서의 생명이다. "그것의 주안점은 생명과 덕성에 있다. 그것의 출발점 혹은 진로는 하늘을 경외하고 백성을 사랑하는 도덕실천이고 인을 실천하고 성인이 되는 도덕실천이며 이러한 실천으로부터 '성명과 천도가 서로 관통됨'에 주목함으로써 열어 가는 것이다."[9] 여기에는 서양식의 신神을 중심으로 하는 계시啓示의 종교가 없고 세속의 살아 숨 쉬는 사람이 성현의 전통 하에서 인격을 수양하고 생명과 생활을 실천하며 현실 속에서 생명의 의의에 대한 추구만이 있을 뿐이다.

중국철학의 지혜에는 약간의 차원이 있다. 첫째는 인간과 지고무상의 신神인 천天, 제帝 및 천도天道, 인간과 자연 혹은 조상의 신령 즉 넓은 의미의 천인天人, 신인神人 관계의 문제이다. 둘째는 인간과 우주, 천지의 관계로, 우주론 특히 우주생 성론의 문제이다. 오늘날 우리가 말하는 인간과 자연의 관계이다. 셋째는 인간과

---

7) 위와 같음, 제46쪽, "不承認眞理是由一個高高在上, 超人的神所啓示給人的, 而是認爲眞理是可 以, 也必須在人事中找尋得到的.……中國人認爲眞理是在歷史的過程裏顯現, 必須在歷史的過程 中去追尋和求證, 也必須在我們每個個人的日常生活裏去體驗和實踐的."

8) 牟宗三, 『中國哲學的特質』(上海古籍出版社, 1997), 제6쪽, "是以'生命'爲中心, 由此展開他們 的教訓, 智慧, 學問與修行."

9) 牟宗三, 『中國哲學的特質』(上海古籍出版社, 1997), 제10쪽, "它的著重點是生命與德性, 它的 出發點或進路是敬天愛民的道德實踐, 是踐仁成聖的道德實踐, 是由這種實踐注意到性命天道相 貫通'而開出的."

사회, 인간과 인간, 자아와 타인의 관계로, 사회윤리 관계의 문제이다. 넷째는 성性과 천도天道, 몸과 마음, 심心·성性·정情·재才의 관계 문제로, 군자의 인격과 인물의 감정(品鑑), 수양의 공부론과 경지론 등이다. 다섯째는 말(言), 상象, 뜻(意) 사이의 관계로, 상수象數 사유, 직관적인 깨달음의 문제이다. 여섯째는 고금의 관계 즉 사회역사관의 문제이다. 사마천은 "하늘과 인간의 관계를 탐구하고 과거와 현재의 변화를 통찰하여 일가의 설을 이루어야 함"(究天人之際, 通古今之變, 成一家之言)을 말하였는데 하늘과 인간의 문제를 제외하고 중국인들은 특히 사회의 정치와 역사의 발전을 중시하였고 고금의 관계와 서로 연관되는 여러 문제들을 주목하고 논의하였다. 이는 모두 중국철학의 지혜의 관건이다.

이러한 철학문제와 문제의식 하에서 중국철학에서는 천인관계론, 우주생성론, 군기群己관계론, 치신치국治身治國론, 천도·성명과 심·성·정·재의 관계에 대한 논의, 덕성수양의 공부론과 경지론, 지행관계와 고금관계에 대한 논의, 도덕적인 직관으로부터 이성(智性)적인 직관에 이르는 등의 논의가 비교적 발달하였다.

2. 중국철학 지혜의 여섯 가지 특징

무릇 우주, 인생의 여러 큰 문제를 사고하고 큰 지혜를 추구하는 것은 모두 철학의 범주에 속한다. 이른바 '중국철학'이란 내용이 매우 복잡한데 학파로부터 보면 제자백가, 유·불·도, 송명리학, 현대의 여러 철학 학파 등이 있다. 어떠한 개괄이든지 모두 위험한데 하나를 인용하고 만 개를 빠뜨리거나 한 측면으로 전체를 개괄함을 면치 못한다. 저자는 유, 불, 도의 여러 학파의 철학으로부터 상대적으로 공통된 사상적인 경향과 중국철학의 특징을 보여 주는 약간의 함의들을 찾아내어 여섯 가지로 귀납하였는데 다음과 같다.

첫째, 존재의 연속과 생기生機자연이다. 이른바 '존재의 연속'(存有的連續)이란 바로 무생물, 식물, 동물, 인류와 영혼은 모두 우주의 거대한 흐름 속에서 서로 밀접하게 연관되어 있고 서로 융합되는 연속체로 간주하는 것이다. 이러한 관점은 존재의 세계를 신계神界와 범계凡界로 갈라놓는 서양의 형이상학과 구별된다. 중국에는 세상을 창조하는 신화가 없고 첫째가는 원인 혹은 궁극적인 본질 등의 추상적인 답안을 밖으로부터 추구하지 않는다. 중국철학에서는 자연을 일종의 끊임없이 활동하는 과정으로 간주하는데 각 부분은 일종의 생기가 있는 총체의 형식이고 주체와 객체, 물질과 정신 사이의 구분을 강조하지 않았으며 일종의 자연적인 대응이다. 중국철학의 우주론은 생성론이지 구성론이 아니고 세계는 통제적인 구조가 아니라 여러 가지 주체가 참여하는 것임을 주장하였다. 중국철학은 기氣의 철학이지 원자론原子論의 철학이 아니고, 기의 철학이 보여 주는 것은 연속적인 존재가 변하고 움직여 한곳에 거하지 않고(變動不居) 크게 변화하고 유행하며(大化流行) 생기가 무한하다. 우주는 절대로 고립되고 정지된 혹은 기계적으로 배열된 것이 아니라 창조적인 발전을 멈추지 않고 항상 생겨나고 변화하는 것이다. 이로부터 인류가 생존할 수 있는 우주는 하나의 무한한 우주이고 창조적으로 발전하는 우주이며 보편적으로 연관되는 우주이고 만물을 통괄하며 만상萬象을 통섭한다.

둘째, 전체적인 조화와 천인합일이다. 중국인에게는 천, 지, 인, 물, 아 사이의 서로 느껴 통하고 전체적으로 조화되며 동적이고 융통성이 있는 관념과 지혜가 있다. 중화민족은 장기간의 생존체험으로 우주와 세계에 대한 독특한 인식과 특수한 신앙, 신념을 형성하였다. 즉 천도天道와 성명性命 사이의 간격을 타파하고 인간과 초월적인 자연, 인간과 자연, 인간과 타인, 인간과 내재적인 자아 사이의 간격을 타파하였으며 피차 사이의 서로 의지하고 서로 상대하며 서로 돕고 서로 이루어 줌을 긍정하였다. 이러한 우주 관념과 서로 연관되는 것이 너그럽고 평화로운 마음가짐이다.

중국인에게는 하늘, 하늘과 땅에 대한 정신적인 신앙 및 천도, 천명에 대한 경외가 있을뿐더러 자신의 경지를 "천지의 정신과 더불어 서로 왕래하는"(與天地精神相往來) 경지로 끌어올린다. 이러한 정신적인 일치와 총명은 사람들로 하여금 일종의 개인도덕가치의 숭고한 감정을 불러일으키기에 충분하다. 이로부터 천하의 만물, 감정이 있는 중생의 내재적인 가치에 대하여 크나큰 동정심이 자연스럽게 생겨나고 나아가 하늘과 땅이 근원이 같고 만물이 일체임을 간파하는 것이다. 유가의 자신을 세우고 남을 세우며(立己立人) 자신을 이루고 만물을 이루며(成己成物) 널리 베풀고 뭇사람들을 구제하며(博施濟衆) 백성을 어질게 하고 물건을 아끼는(仁民愛物) 어진 마음, 도가의 만물이 나와 하나가 되고 천뢰天籟, 제물齊物의 관용, 불교의 중생을 제도하고 천하를 동정하는 감정은 모두 이러한 정신의 결정체이다.

셋째, 자강불식과 창조적인 혁신이다. 중국철학은 '생을 존중하고'(尊生) '생을 중시하며'(重生) 날마다 새로워지는 철학을 창조하였는데 숭배하였던 '생'이 바로 창의성 자체이다. 『주역』「계사상전」에서는 이렇게 말하였다. "넉넉히 가지는 것을 대업이라 하고 날마다 새로워지는 것을 성덕이라 한다."10) 우주에서 가장 높고 가장 큰 원리가 바로 만물이 모두 창조적인 진화의 흐름 속에서 발전하고 세계는 하나의 낳고 낳음에 멈춤이 없고 날마다 새롭게 변화하는 과정이며 나서 자라고 쇠망하며 낡은 것이 없어지고 대신 새것이 생겨나며 영원히 멈추지 않는다. 중국의 역, 유교, 도가, 불교의 여러 사상의 원류源流는 '도'를 떠받드는데 바로 천지자연 혹은 인문세계의 영원한 운동과 발전, 변화이다.

세계 자체의 영원한 운동, 창조, 변화, 발전 그리고 스스로 새롭게 바뀌고 스스로 부정하며 날마다 생겨나고 날마다 이루며 날마다 그 덕을 새롭게 하고 혁고정신革故鼎新하며 낡은 것을 제거하고 새로운 것을 건립하는데 이는 중국철학의 주요 논조이다. 창조의 동력은 사물 자체 내부의 장력 혹은 모순에서 비롯된다. 중국철학에서는 적극적으로 유위하고 자강불식自强不息의 정신을 부각시키고 창의적으로 진취함 즉 인간은 하늘과 땅의 정신을 배워야 함을 강조하였다. 수많은 자애롭고 정의로운 사람(仁人志士)들이 분발하여 앞으로 나아가고 열악한 환경, 세력에 굴복하지 않았으며 외래 침략자들의 모욕과 압박에 머리를 숙이지 않았는데 바로 이러한 강인하고 굳센 정신이 그렇게 한 것이다.

넷째, 덕성의 수양과 내재적인 초월이다. 중국철학에서는 특히 도덕문명의

---

10) 『周易』, 「繫辭上傳」, "富有之謂大業, 日新之謂盛德, 生生之謂易."

측면에서 표현되는데 도덕으로써 종교의 기능을 대체하였다. 유, 불, 도의 3대 사상자원과 사상전통의 가장 근본적인 부분은 인간이 되는 것인데 인간의 덕성수양과 인문교육을 강조하였다. 3개 사상전통 및 그 내부의 각 학파는 근본적인 목적의 측면에서 결코 큰 차별이 없고 그들 피차간의 분기 혹은 분쟁은 주요하게 몸을 닦는 공부에 들어가는 방법의 문제이다. 유가의 이상적인 인격은 성인, 현인, 군자로 되는 것이고, 도가의 이상적인 인격은 진인眞人, 성인聖人, 신인神人, 지인至人, 천인天人이 되는 것이며, 불교의 이상적인 인격은 부처, 보살이 되는 것이다. 그들의 수양취지는 속세, 현실에서 생활하는 사람이 언제나 일종의 속세와 현실을 초월하는 이상적인 경지를 끊임없이 추구함을 보여 준다. 송명리학은 유가, 불교, 도교의 창조적인 종합이다.

내재적인 초월의 정신은 중국 전통철학이 초월성과 내재성의 문제에 직면하여 구현한 공통된 정신이다. 유가의 천도天道와 성명性命의 학문, 자신을 위한 학문(爲己之學), 도가의 도덕론과 소요逍遙하는 사상, 선종의 밝은 마음으로 불성을 발견하고(明心見性) 식을 바꾸어 지혜를 이루며(轉識成智) 자신의 불성을 발견하여 부처가 되는 것(見性成佛) 및 송명리학에서는 모두 내재적인 초월성을 나타내었다. 내성외왕內聖外王의 '도'는 마찬가지로 중국 전통철학의 여러 학파에 공유되었고 이것을 이상사회에 도달하는 근본적인 방법으로 간주하였다.

다섯째, 구체적인 이성과 상수 사유이다. 중국의 이성은 구체적인 이성이다. 중국 고대에는 추상적인 사유가 부족하지 않았고 명확한 개념, 범주 및 관련된 분석이 있었다. 서양에서 이성적인 사변의 방식으로 형이상학의 대상을 고찰하고 탐구하였던 것에 비하면 중국의 철학자들은 존재에 대한 체험, 생명의 의의와 인생의 가치를 중시하였고 이상의 추구와 실천공부의 달성에 주력하였다. 중국철학의 실천성은 매우 강하였고 '개념왕국'에 머무르지 않았다. 이는 중국철학에 '개념', '논리', '이상'이 없음을 말하는 것이 아니라 정반대로 중국철학에는 자체만의 체계가 있고 중국철학의 '도道', '인仁' 등 일련의 개념, 범주는 자체의 체계 안에서 이해하여야 한다. 중국철학의 '천도', '지도', '인도'와 관련된 질서에는 자체의 내재적인 논리, 이성 내지는 도덕적, 미학적, 생태학적인 함의를 포함하고 있다.

중국철학에는 서양의 언어, 논리, 인식이론과 다른 부분이 있는데, 예를 들어 주관적인 수양과 객관적인 인식 사이에 밀접한 관계가 있음을 강조하고 중국어 자체의 특성과 관련된 '말言', '상象', '뜻意'의 논변 등이다. '상'을 매개로 하여 경험과 이성으로 '상'의 전체 혹은 '상'에 함축된 사유를 직관적으로 파악하고 이해하는 것인데 몸에 의한 '체험'(體) 즉 몸과 마음이 서로 감응하는 '깨달음'(體悟)에 의지하여야 한다. 『주역』을 대표로 하는 중국의 사유방법은 상수 사유이다. 이러한 사유방법은 '상'을 취하여 유추하고 하나로부터 추리하여 다른 것을 알며 음과 양이 균형을 이루고 강함과 부드러움이 조화를 이룰 것을 주장한다. 또한 생명의 리듬에 주목하고 생명의 리듬이 발전하는 주기와 서열, 전반적인 종합과 통일적으로 계획하는 방법을 긍정한다.

여섯째, 경세치용과 지행합일이다. 중국에는 경세치용經世致用의 정신이 있고 지행합일知行合一, 경세제민經世濟民을 강조하였으며, 문사文事와 무비武備, '체'를 밝히는 것(明體)과 '용'에 도달하는 것(達用)을 두루 중시하였고 큰소리로 공론하는 것을 반대하였다. 지와 행의 관계 문제는 중국 철학자들이 특별하게 중시하였던 문제 중의 하나로, 양지의 즉각적인 나타남 즉 이론적인 이성과 실천적인 이성의 통일을 포함하고 있다. 고대 철학자들의 관심은 이론체계를 구축하는 것에 있지 않았고 사상과 관념의 체계를 표현해 내기만 하면 목적에 도달한 것이 아니라 언행의 일치, 지행의 통일에 있었다. 그들은 힘써 실천하였고 자신이 말한 것과 자신의 몸과 마음의 수련을 반드시 서로 결부시켰다. 지와 행의 상호 작용을 강조하였는데 자신의 칠획신념에 근거하여 생활하고 몸소 체험하고 힘써 실천하였으며 지식과 미덕을 한 몸에 모으고 끊임없이 자신을 수양하여 초월적인 경지에 이르고자 하였다. 중국철학은 강단에서 가르치는 지식유희가 아니라 구체적인 인간의 살아 숨 쉬는 인격생명이고 그 철학은 마음속으로부터 흘러나온 것이다.

3. 중국철학 지혜의 장점과 세계에 대한 공헌

첫째, 하늘과 인간의 상호 작용이다. 오랫동안 서양에서는 일원적이고 외재적이며 초월적인 상제, 순수한 정신이 우주의 창조자였다. 인간과 신, 마음과 물건, 차안此岸과 피안彼岸, 사유의 세계(致思界)와 존재의 세계(存在界), 몸과 마음, 주관과 객관, 가치와 사실, 이성과 감정 내지는 여여히 움직이지 않는(如如不動) 창조자와 그에 의하여 창조되는 생동하고 활발한 세계는 모두 두 쪽으로 나누어진다. 중국철학에서는 피차의 간격을 타파하고 양자 사이의 상호 작용과 상호 보완을 강조하였다. '천인합일天人合一'의 주장에는 실제로 하늘과 인간, '물物'과 '아我'를 구분한 뒤 다시 긍정한 인간과 자연, 인간과 초월적인 자연의 통일이 포함되고 일방적으로 정복하고 절대적으로 점유하는 것이 아니라 자연에 순응할 것을 강조하였다. 중국 철학자들은 전체적인 조화와 '물'과 '아' 사이가 서로 통함을 강조하였다. 그들은 자연을 하나의 조화로운 체계로 간주하였고 사회의 조화와 안정, 민족, 문화 사이의 공존과 상호 존중, 인간관계의 조화와 질서화를 목표로 하여 노력하였을 뿐만 아니라 천, 지, 인, 물, 아 사이 관계의 조화를 추구하였다.

둘째, 이상과 현실의 관통이다. 유가의 "고명을 다하고 중용을 따르며"(極高明而道中庸) 불교의 "평상심이 곧 도심이다"(平常心卽道心)는 모두 현실과 이상의 통일을 보여 주었다. 사람마다 모두 요·순이 될 수 있고 사람마다 모두 불성佛性을 갖출 수 있다는 것은 유가와 불교의 최고 신앙이다. 실제로 유교, 도가, 불교와 송명리학에서는 모두 일종의 이상적이고 고상한 사회를 추구하려고 하였다. 따라서 그러한 것들의 공통점은 모두 이상적인 인격경지를 배양함에 있고 출세적인 정신으로 입세적인 사업을 이룬다.

중국 사상전통의 도덕정신은 결코 사회의 엘리트층에 머무른 것이 아니라 반대로 교화를 통하여 민간사회, 종교와 문화의 여러 가지 방식 예를 들어 몽학蒙學, 가훈家訓, 가례家禮, 희문戱文, 향약鄕約, 행규行規 등을 통하여 '인애仁愛'를 중심으로 하는 오상五常, 사유四維, 팔덕八德 등의 가치가 백성들의 일상에 침투되게 함으로써 그들의 일상생활의 윤리로 되게 하였다. 중국인들은 '인의仁義'를 최고의 가치로 삼고 군자의 인격을 숭상하며 "부귀가 마음을 방탕하게 하지 못하고 빈천이 절개를 옮겨 놓지 못하며 위무가 지조를 굽히지 못하는"(富貴不能淫, 貧賤不能移, 威武不能屈) 대장부 정신을 강조하였다. 또한 지극히 크고 강한 정의감(正氣)과 '나 아니면 또 누가 있겠는가'(舍我其誰)의 포부 내지는 "일자무식이라도 나는 반드시 떳떳하게 살아가야 한다"(不識一個字, 亦須還我堂堂地做個人)는 기개를 발양하고 사람마다 모두 내재적인 가치와 부화뇌동하지 않는 독립적인 의지가 있음을 강조하였다.

중국철학은 특히 이상사회의 추구와 현실사회의 관리를 중시하였고 사회의 관리에 대한 체계적인 지혜와 제도가 있다. '예禮', '악樂', '형刑', '정政'이 서로 보완하고 서로 조절하는 사회의 관리책략에서 '예'는 종교적이고 도덕적인 생활규범이다. 이러한 '예'라는 윤리질서에는 인도적인 정신과 도덕적인 가치가 포함되어 있다. 고대에는 "한 가장이 토지 100무를 받고자"(一夫授田百畝) 하는 요구가 사람 수를 헤아려 토지를 주는 제도(計口授田制)로 전환되었고 양로제도와 '백성들을 이동시켜 농사를 짓게 하는'(移民就谷) 등의 구제정책이 있었으며 이재민, 외롭고 의지할 곳이 없는 사람들(홀아비[鰥]와 과부[寡], 고아[孤]와 독거노인[獨])과 귀머거리, 벙어리 등 장애인에 대하여 구제하고 보호하는 제도가 있었다. 예악문화는 사회의 질서화를 촉진하였을 뿐만 아니라 '만민을 조화시킴'(諧萬民)에 목적이 있었는데 바로 사회의 조화를 촉진하고 백성들의 문명수준을 제고하는 것이다.

셋째, 생태의 균형이다. 중국의 지혜는 현대인의 위기를 구제할 수 있다. 물건을 사용함에 있어서 '이롭게 쓰고 백성들의 생활을 넉넉하게 함'(利用厚生)을 강조하였지만 자연에 대한 일종의 통제, 제어, 파괴를 초래하지 않는다. 또한 인문의 구축을 강조하고 미신을 비판하였지만 '하늘'에 대한 경외와 인간이 가지고 있는 종교정신, 궁극적인 신념과 신앙을 절대 제거하지 않는다. 중국철학은 심지어 인간의 본성과 물건의 본성에 모두 신적인 의미가 들어 있기 때문에 인간은 반드시 인간, 물건(풀과 나무, 새와 짐승, 기와와 돌, 산과 물 등을 포함) 내지는 마음을 다하고(盡心) 본성을 알며(知性) 하늘을 아는(知天), 마음을 보존하고(存心) 본성을 기르며(養性) 하늘을 섬김(事天)을 존중하여야 함을 주장하였다. 지극히 성실함은 신神과 같고 이 마음이 곧 하늘의 마음임을 깨닫게 되고 일종의 정신적인 경지에 도달하게 되는데 이는 종교적인 혼란, 배타성과 종교전쟁을 초래하지 않을뿐더러 안신입명의 궁극적인 배려를 가지게 한다. 중국철학은 결코 생활세계, 일상생활에서 벗어나지 않고 정반대로 평범한 속세의 생활에서 정신적인 초월을 추구한다. 외왕外王의 사공事功, 사회의 정치사무, 과학기술의 발전은 바로 인간의 정신생명의 전개이다. 따라서 중국의 지혜는 참으로 서학, 현대문명과 서로 배합할 수 있고, 종교, 과학기술 및 현대성의 병폐를 보완할 수 있으며, 인문과 종교, 과학기술, 자연의 조화롭고 건강한 발전을 추구할 수 있다.

넷째, 인생의 경지이다. 중국의 인문정신은 특히 인생의 지혜와 경지에서 표현된다. 유가의 덕성과 예악교화의 지혜는 수신修身의 실천공부를 통하여 마음을 다하고 본성을 앎으로써 하늘을 알게 된다. 도가는 공령空靈, 소요逍遙, 방달放達의 지혜로써 물욕을 초월하고 자아를 초월하며 자유로움을 얻을 것을 강조하고 생명자아의 빼어남과 초월을 구가하며 물·아 사이가 한 몸이고 융합됨을 긍정하였다. 불교는 해탈하고 집착이 없는 지혜로써 사람들이 외재적인 추구를 내려놓고 마음속의 고집을 제거하며 자신의 울타리를 부셔 버리고 생명의 원 상태를 직접 깨닫도록 한다. 유·불·도는 모두 생명의 학문이고 서로 보완하며 사람들이 생활 속에서 천천히 깨달음을 얻고 가치, 의미, 존엄이 있는 삶을 살도록 하며 좌절에 직면하였을 때 침착하고 태연하게 대처할 수 있게 한다. 혹자는 유가는 세상을 다스리고 도가는 몸을 다스리며 불교는 마음을 다스린다고 말하지만, 사실상 세 개의 학파 모두 세상을 다스리고 몸을 다스리며 마음을 다스림에 쓰일 수 있고 모두 조율성을 가지고 있다.

다섯째, 보편적인 조화이다. '인애仁愛'사상은 중화민족의 핵심적인 가치이념이다. 공자는 '사람을 사랑함'(愛人)을 '인仁'으로 간주하였는데 사람을 사랑하고 동정하며 관심함에는 타자, 하층 백성들에 대한 사랑, 동정, 관심도 포함되고 이는 바로 '인仁'의 취지이다. '충忠'과 '서恕'는 '인仁'에 가깝다. '충'은 자신의 마음을 다하는 것이고 "자기가 서기를 원하면 남 또한 서게 해 주고 자기가 통달하고자 하면 남 또한 통달하게 하는 것"(己欲立而立人, 己欲達而達人)이다. '서'는 자신의 마음을 미루어 나가는 것이고 "자기가 싫어하는 것을 남에게 강요하지 않는 것"(己所不欲, 勿施於人)이다. 종합하면 바로 충서의 '도', 혹은 혈구絜矩의 '도'이다. '충'과 '서'는 인도仁道라는 본체의 두 가지 측면이다. 이는 사람과 사람 사이 관계의 인도仁道원칙일 뿐만 아니라 미루어 확충하면 국가, 민족, 문화, 종교 사이의 상호 연관되는 준칙 내지는 인류와 자연의 보편적이고 조화로운 '도'이다.

요컨대 중국지혜의 천, 지, 인, 물, 아 사이의 '조화', '관용'과 관련된 사상은 인류 자연환경의 생태적인 균형과 사회 인문환경의 생태적인 균형을 위하여 지혜를 제공하였을 뿐만 아니라 현대사회의 중요한 사상자원이다. 중국철학은 자연과 인문의 화합, 인간과 천지만물의 화합에 대한 추구를 표현하였다. 관용, 평화, 전부 받아들이고(兼收并蓄) 넓고 크고 광대한(博大恢弘) 풍격은 전 인류를 위하여 공헌할 수 있다.

후기

이 책은 중국 고대의 주요한 철학자들의 큰 지혜를 있는 그대로 해석한 것이다. 이 책을 읽으면 그 안의 도리를 파악하여 일상생활에서 체험하고 발전시키며 실천함으로써 우리의 지혜가 자연스럽게 늘어나고 총명해진다.

여기서 논한 것은 보잘것없는 재주가 아니라 큰 지혜이다. 이러한 큰 지혜는 우리가 이해하고 자신의 일상생활에서 창조적으로 전환할 필요가 있는데 이렇게 하여야만 비로소 진정으로 우리의 지혜가 될 수 있고 내재적인 지혜를 각성시킬 수 있다.

제자백가, 불교의 선종禪宗과 송명리학宋明理學은 중국의 주요한 사상전통이다. 이러한 사상전통을 철저하게 이해하면 우리는 백 가지에 통할 수 있게 된다. 이러한 사상전통에는 무궁무진한 보물이 들어 있는데 특히 개인적인 수신修身, 제가齊家, 사회와 국가의 관리, 자연의 생태보호 등 측면에서 매우 많은 참고 의의가 있다. 사람과 사람, 사람과 사회, 사람과 자연, 사람과 내재적인 마음의 관계 측면, 인류의 영원한 존재와 발전의 측면에서 우리는 반드시 선현들의 지혜를 열심히 받아들여야지 오늘날처럼 지나치게 자기중심적이고 스스로 팽창하여서는 절대 안 된다.

저자의 서재는 크지 않은데 책이 너무 많아서 책궤가 천장을 떠받치고 우뚝 서는 바람에 에어컨을 설치할 수 없다. 설상가상으로 무한의 올해 여름은 유난히 무덥다. 비록 작은 선풍기가 돌아가고 있지만 매일 컴퓨터 앞에서 작업하다 보면 어느새 땀이 옷을 흠뻑 적시고 테이블 위에는 양 팔뚝의 땀자국이 남겨진다. 한두 시간을 작업하고는 얼른 에어컨이 설치된 거실에 나가서 땀을 식히며 잠깐 휴식을 취하고는 다시 작업을 이어 갔다. 이런 과정을 반복하면서 이 책을 완성하였다.

이 책이 완성되기까지 동료들의 도움이 컸다. 제3부 1장은 진평秦平 교수가 지었고, 제3부 2장의 앞 세 개 절의 내용은 손경송孫勁松 교수가 지었으며, 제3부 3장과 4장의 앞 세 개 절의 내용은 문벽방文碧芳 교수가 지었다. 이 자리를 빌려 그들에게 깊은 고마움을 전하고 싶다. 이상의 장절을 제외하고는 모두 저자가 지은 것이다. 원고를 취합한 뒤 최종적으로 저자가 수정하고 검토하였으며, 잘못된 부분과 부족한 부분은 모두 저자가 책임져야 할 부분이다.

신작굉申作宏 선생, 이홍초李洪超 선생의 아낌없는 지지와 성원에 깊이 감사드린다. 그들의 세심한 편집 과정이 없었더라면 이 책은 고품격으로 세상에 나오지 못하였을 것이다. 여러 독자들이 읽어 주어서 고맙고, 더 완벽한 수정을 위해 기탄없는 질정을 바란다.

곽제용郭齊勇
2017년 9월 8일

찾아보기

618